国家社科基金西部项目

光明社科文库

中国古代身体思想研究

伍小涛◎著

光明日报出版社

图书在版编目（CIP）数据

中国古代身体思想研究 / 伍小涛著 . -- 北京：光
明日报出版社，2022.3

ISBN 978 - 7 - 5194 - 6524 - 7

Ⅰ . ①中… Ⅱ . ①伍… Ⅲ . ①思想史—研究—中国—
古代 Ⅳ . ①B215

中国版本图书馆 CIP 数据核字（2022）第 061261 号

中国古代身体思想研究
ZHONGGUO GUDAI SHENTI SIXIANG YANJIU

著　　者：伍小涛

责任编辑：杜春荣　　　　　　责任校对：郭嘉欣
封面设计：中联华文　　　　　　责任印制：曹　净

出版发行：光明日报出版社
地　　址：北京市西城区永安路 106 号，100050
电　　话：010 - 63169890（咨询），010 - 63131930（邮购）
传　　真：010 - 63131930
网　　址：http://book. gmw. cn
E - mail：gmrbcbs@ gmw. cn
法律顾问：北京市兰台律师事务所龚柳方律师

印　　刷：三河市华东印刷有限公司
装　　订：三河市华东印刷有限公司

本书如有破损、缺页、装订错误，请与本社联系调换，电话：010-63131930

开　　本：170mm×240mm
字　　数：557 千字　　　　　　印　　张：31
版　　次：2022 年 3 月第 1 版　　印　　次：2022 年 3 月第 1 次印刷
书　　号：ISBN 978 - 7 - 5194 - 6524 - 7
定　　价：158.00 元

摘　要

　　中华传统文化源远流长、博大精深。在中国迅速现代化的进程中，如何使传统文化与现代社会相结合，在古为今用、洋为中用的基础上推陈出新？这既是一个与时俱进的重大理论问题，又是一个事关中华文化复兴的重要实践问题。

　　现代社会是一个处于高科技急剧发展的信息时代，是一个消费社会和景观社会。在这个社会中，主要的政治与道德问题愈益聚焦于人类身体的本体反思及其社会性批判。因此，积极发掘传统文化中的身体思想，既可以拓宽传统文化综合体系研究的视野，并突破传统文化因现代性而凸显的复杂困境，又可以使微观身体理论扬弃西方主流社会的理论和实践范式，发展具有中国时代特色的身体理论和身体实践。通过系统整理、总结和研究中国古代身体思想，可以解决因现代性而带来的身体过分消费、身体享乐、身体失范等一系列问题，具有重要的现实指导意义。本课题以马克思主义身体观为指导，合理地吸收运用西方身体理论，在传统经典研究的基础上，参考有关的研究著作、论文，对中国古代身体思想做出逻辑梳理、科学分析和辩证批判。

　　本文分三大部分。序言部分主要以习近平总书记关于传统文化的重要讲话和2017年1月中共中央办公厅、国务院办公厅联合印发的《关于实施中华优秀文化传承发展工程的意见》为切入点，论述选题的缘起和意义。指出在西方政治哲学身体转向的同时，中国从20世纪90年代起也开始了对传统文化的身体关注。这一身体范式的转变，对传统文化研究、身体研究和当下政治具有重要的现实指导性意义。在此基础上，对国内外身体思想做一述评，并指出存在的不足，从而确定为什么选择中国古代身体思想作为研究的内容，并对研究的方法和时段进行了具体说明。正文部分分三章展开论述。在第一章中，主要对先秦时期的身体图式展开叙述。它分为十一节。第一节主要通过对《山海经》的文本解读，论述身体生成的主要内容。第二节通过对《周易》的考察，分析身体符号所代表的意蕴及其影响。第三节主要论述《黄帝内经》是如何通过阴阳、五行和日月星辰进行身体体认的。第四节通过对《道德经》的解读，分析老子

"贵身""积德"及对王、民的身体规训思想。第五节主要阐释《庄子》中的身体映像思想。第六节主要论述孔子通过仁、礼对士进行身体规训。第七节主要通过对《孟子》中"仁"的思想进行分析，论述其是如何实现身体的自我认同和他者认同的。第八节主要论述《荀子》中的礼作为生命权力对身体进行统治的思想。第九节主要阐释《管子》中的身体治理思想，指出中国古代的身体治理思想比西方福柯的身体治理思想早了两千多年。第十节从威仪身体观的视角，论述《韩非子》身体思想的主要内容，并对韩非子身体思想和老子身体思想进行区隔。第十一节主要从身体生产的角度，探讨《墨子》身体生产的主要内容及其进步性和局限性。第二章主要从身体叙事的视角，简单概述两汉魏晋南北朝时期身体言说的六种形式，即天的身体叙事、道的身体叙事、气的身体叙事、仙的身体叙事、相的身体叙事和神的身体叙事，并对这六种身体叙事产生的语境和影响做了进一步的说明。本章具体分为六节。在第一节中，主要通过对董仲舒《春秋繁露》的考察，揭示天的身体叙事的主要内容及其产生的背景与影响，指出天的身体叙事既可以为封建君主专制统治提供政治合法性，又可以通过天人感应和天谴来规范君主的身体行为。第二节主要通过对刘安《淮南子》道的身体叙事的论述，揭示出道的身体叙事对后世的深刻影响。第三节主要阐释王充《论衡》气的身体叙事的主要内容及其影响，指出《论衡》气的身体叙事既有重大的现实意义，又有深远的历史意义。第四节主要是对葛洪《抱朴子》内篇和外篇的分析，指出《抱朴子》仙的身体叙事的主要内容及其对后世的影响。第五节主要考察《金刚经》相的身体叙事主要内容及其影响，指出《金刚经》相的身体叙事，与中国传统的天的身体叙事、道的身体叙事、气的身体叙事和仙的身体叙事相比较，是不同的话语体系，当这些话语体系碰撞的时候，自然会产生冲突与交融，从而共同成为中国传统文化身体叙事的重大部分。第六节主要论述《弘明集》神的身体叙事的内涵及其产生的背景，分析佛教的身体观念与儒家、道家身体观念的异同，并指出中国古代身体思想是在各种不同文化冲突、融合中发展起来的。第三章主要通过对唐宋元明清时期身体社会化的概述，指出这一时期不是身体的退隐时期，而是身体的进一步升华时期。它分为七节展开论述。在第一节中，主要通过对《坛经》身体世俗化内容的考察，指出《坛经》不但开启了佛教的新革命，而且开启了新儒学新道教身体新路径，它使思想界从身体的言说转向心性的言说。第二节以《近思录》为切入点，分析北宋时期理学家周敦颐、张载、"二程"是如何使身体形而上化的及其对后世的深刻影响。第三节主要阐释朱熹身体道德化思想的主要内容、产生的背景及其影响。指出朱熹身体道德化思想开启了身体思想从"外向"到"内敛"的新路径，重构了儒家道统身体规训机制，但也产生了双面人格。第四节主要是对王阳明身体践形化思想的分析，得出王阳明时期开始了身体的复兴运动，阳明心学又叫阳明身学。第五节主要论述王艮身体平民化思想、颜钧身体日常化思想和罗近溪身体精神化思想，指出三者代表着阳明后学身体多元化思想发展的要求。第六节主要是对李贽身体自由化思想的论述，揭示出其进步性与局限性。第七节主要通过对王夫之身体民主化思想的考察，指出王夫之身体思想不仅是中国历史上身体思想集大成者，而且对近代思想界学术界身体觉醒与身体革命有重大的影响。最后部分是结论。通过对中国古代身体思想的检视，表明：①身体生成伊始就是自然进化和社会进化过程的产物，不但受生物性过程影响，而且受政治、经济、文化和社会各方面的影响；②随着身体的发展，政治、经济、文化、社会结构不断形塑着身体；③身体对政治、经济、文化和社会关系、结构的建构和认同也具有重大的作用，指出身体思想的着力点一是要正确处理好身体与道的关系，二是要正确处理好身体与心灵的关系，三是要正确处理好身体与国家的关系。

总之，中国古代身体发展史是一部从奴隶社会到封建社会的身体铭刻史。与西方身体思想发展经过自然身体思想观、神学身体思想观、社会身体思想观三个时期一样，中国身体思想发展也经过三个时期，即先秦身体图式时期、两汉魏晋南北朝身体叙事时期和唐宋元明清身体社会化时期。它分别对应中国奴隶社会瓦解封建社会形成时期、封建社会进一步发展时期和封建社会繁荣衰落时期。它详细地展示了身体的多重面相和权力、话语在身体打下的烙印。

目 录
CONTENTS

绪 论

一、选题的缘起与意义

习近平总书记在十八届中央政治局第十二次集体学习时指出："在 5000 多年文明发展进程中，中华民族创造了博大精深的灿烂文化，要使中华民族最基本的文化基因与当代文化相适应、与现代社会相协调，以人们喜闻乐见、具有广泛参与性的方式推广开来。"① 2017 年 1 月 25 日中共中央办公厅、国务院办公厅又联合印发了《关于实施中华优秀文化传承发展工程的意见》，该《意见》指出："随着我国经济社会深刻变革、对外开放日益扩大、互联网技术和新媒体快速发展，各种思想文化交流交融交锋更加频繁，迫切需要深化对中华优秀传统文化重要性的认识，进一步增强文化自觉和文化自信；迫切需要深入挖掘中华优秀传统文化价值内涵，进一步激发中华优秀传统文化的生机与活力；迫切需要加强政策支持，着力构建中华优秀传统文化传承发展体系。"为此，党和国家为发展中华优秀传统文化与提高国家文化软实力，提出了一个重大的理论和实践命题，即如何使中国传统文化与现代社会有机地辩证结合，推陈出新、古为今用及文化复兴的问题。

随着 20 世纪科学技术的迅猛发展与人类社会的急剧变化，人类文明体现出一种全新的面貌。现代社会既是一个消费社会，又是一个景观社会。在马克思主义理论的基本语境下，这种社会归根结底是人类更充分认识与运用自然规律及社会发展趋势的文明演进。一方面，人及其物种的本质就在于所有当下社会关系的统合，如马克思在《关于费尔巴哈的提纲》中所说："人的本质不是单个人所固有的抽象物，在其现实性上，它是一切社会关系的总和。"② 对人本身的

---

① 习近平. 习近平谈治国理政［M］. 北京：外文出版社，2014：161.

② 中共中央马克思恩格斯列宁斯大林著作编译局. 马克思恩格斯选集（第 1 卷）［M］. 北京：人民出版社，1995：56.

认识或黑格尔所谓的"自我意识",一切社会关系的分析探索构成问题的核心,并且必须遵循辩证唯物主义的根本立场。另一方面,在马克思主义关于社会经济的研究框架和体系中,社会再生产包括物质资料的生产方式和人自身的再生产两个基本环节,它们都是人类存在和发展的基础。因而人的身体自始构成了社会关系及其存在和发展的基点,这也是马克思主义唯物主义认识论的出发点。"在这个肉体社会中,我们主要的政治与道德问题都是以人类身体为渠道表现出来的。因此,在一个技术迅速扩展的社会中,人的身体体现的社会、经济和法律地位方面的这些宏观变化产生的后果是,人类身体已成为许多社会科学与人文学科研究的焦点。"① 这就导引出一个基本问题:在马克思主义基本原则下,中国特色的身体研究议题是否能运用到中国传统文化中去?怎样经由科学的身体观以扩展和提升当代传统文化研究的理论视阈与实践机制?问题的症结要害在于回归文化历史的本源与系谱。要回答这些问题,有必要对身体的发展历程做一简单的描述。20 世纪 70 年代前,身体在文化理论和社会理论中一直缺席。70 年代后,随着女权主义、消费主义和享乐主义的出现,身体逐渐成为社会关注的重点。英国身体社会学家克里斯·希林对身体关注出现的原因有过具体的分析。他说:"首先,'第二波'女性主义在 20 世纪 60 年代的兴起及其随后的发展,将有关生育控制和堕胎权利的议题列入了政治议程。这些趋势还奠立了女性当中更为广泛的规划的背景,就是从男性的控制和滥用中'索回'对自己身体的'权利要求'。……那么第二个因素就在于西方社会中老年人口的增多。……使身体在当代社会中越来越受到关注的第三点因素在于,20 世纪下半叶,发达资本主义社会的结构发生了转换。大体说来,强调的重点不再是生产领域的辛勤劳动,以及消费领域的俭省和放弃。相反,以倾向于储蓄并投资的劳动力为基础的那种竞争性资本主义逐渐式微,每周工时历史性地缩短,休闲导向的生产繁荣兴旺,激励着现代个体既努力工作,生产各种物品与服务,也致力于消费。"②

基于上述三点因素,一些西方学者开始对身体进行了深入的理论分析和探讨。比较有名的研究学者有福柯、布隆迪厄、布莱恩·特纳、约翰·奥尼尔、马克·勒伯、托马斯·拉克尔和约翰·罗布等。其中福柯提出了身体规训、身体权力与话语和身体统制等理论;布隆迪厄阐释了身体场域、身体习性、身体区隔和身体资本等概念;布莱恩·特纳对身体的发展历程及身体与社会的关系

---

① 特纳. 身体与社会 [M]. 马海良,赵国新,译. 沈阳:春风文艺出版社,2000:8.

② 希林. 身体与社会理论 [M]. 2 版. 李康,译. 北京:北京大学出版社,2010:29—33.

做了较为充分的社会学解释；约翰·奥尼尔对身体的五种形态做了深刻的论述；马克·勒伯考察了身体的艺术特征，论述各种象征意义是如何依附身体得以体现的；托马斯·拉克尔着力于发掘身体中的生理因素所包含的文化与社会内涵；约翰·罗布在其所著《历史上的身体：从旧石器时代到未来的欧洲》则考察了4万年间身体在生活、艺术和死亡中被如何对待的漫长发展历程。总之，20世纪70年代后，身体哲学和身体社会学获得了蓬勃的发展，俨然成为社会科学研究的学术新宠。

在哲学身体转向的同时，西方身体思想发展史的脉络凸显出来。西方最早对身体进行关注和思考的先驱是柏拉图，他构建了身体与灵魂相对立的二元论理论。他说："灵魂和肉体的分离，处于死的状态就是肉体离开了灵魂而独自存在，灵魂离开了肉体而独自存在。"[1]

到中世纪，柏拉图对立的二元观得到了进一步改写。阿奎那指出："人在本质上就是人的理智灵魂，而不是人的肉体或感性的本性。"[2] 这样，灵魂备受奉扬，身体遭到压制，禁欲主义为此盛行。

到17世纪，经过文艺复兴，身体的作用开始显现。西方近代哲学之父笛卡尔首先指出："我们不能光说理性灵魂驻扎在人的身体里面，就像舵手住在船上一样，否则就不能使身体肢体得以运动，那是不够的，灵魂必须更加紧密地与身体连接和统一在一起，才能在运动以外还有同我们一样的感情和欲望，这才构成一个真正的人。"[3] 笛卡尔第一次全面而科学地肯定了身体的作用。

马克思虽然没有对身体做过系统的论述，但在其广泛而深刻的著作中，身体思想一直在场。他说："人直接的是自然存在物。人作为自然存在物，而且作为有生命的自然存在物，一方面具有自然力、生命力，是能动的自然存在物，这些力量作为天赋和才能、作为欲望存在于人身上；另一方面，人作为自然的、肉体的、感性的、对象性的存在物，和动植物一样，是被动的、受制约的和受限制的存在物，也就是说，他的欲望的对象是作为不依赖于他的对象而存在于他之外的；但这些对象是他的需要的对象，是表现和确证他的本质力量所不可缺少的、重要的对象。说人是肉体的、有自然力的、有生命的、现实的、感性的、对象性的存在物，这就等于说，人有现实的、感性的对象作为自己的本质即自己的生命表现的对象；或者说，人只有凭借现实的、感性的对象才能表现

---

① 柏拉图. 斐多：柏拉图对话录之一 [M]. 杨绛，译. 沈阳：辽宁人民出版社，2000：13.

② 段德智. 上帝没有激情——托马斯·阿奎那论宗教与人生 [M]. 武汉：湖北人民出版社，2001：29 .

③ 笛卡尔. 谈谈方法. [M]. 王太庆，译. 北京：商务印书馆，2000：46-47.

自己的生命。"① 在这里，马克思充分肯定了身体的社会性，这为现代身体思想的完善和发展打下了坚实的理论基础。

尼采在此基础上，提出了"一切以身体为准绳"的观点。他说："要以肉体为准绳。假如'灵魂'是一种吸引人的和神秘的思想，那么哲学家们当然有理由同它难解难分——而今，哲学家们学着把它放到恰如其分的位置上，因而它变得越发诱人了，更加神秘莫测了。这就是人的肉体，一切有机生命发展的最遥远和最切近的过去靠它又恢复了生机，变得有血有肉。"② 尼采把身体摆在了一个重要的位置，赋予身体作为哲学的中心地位，开辟了西方哲学享乐主义的新方向。

萨特、梅洛-庞蒂在马克思和尼采的理论基础上，进一步把身体哲学发展到身体现象学。萨特指出："因为我既不是我的存在的基础也不是一个这样的存在的基础，就是处在自为层次上的身体。在这个意义上，人们能够把身体定义为我的偶然性的必然性所获得的偶然形式。……因此，身体无异于自为的处境，因为对自为来说，存在和处于是一回事；另一方面，它与整个世界同一，因为世界是自为的整个处境，是自为的实存的衡量尺度。"③ 梅洛-庞蒂也是这样认为的。他说："当有生命的身体成了无内部世界的一个外部世界时，主体也就成了外部世界的内部世界，一个无偏向的旁观者。"④ 这样，身体作为哲学的主体性开始呈现。

福柯又将各种各样的权力技术与话语置于身体的规划、生产和统制中，揭示出身体是生命政治和历史的中心。他说："身体是事件被铭写的表面（语言对事件进行追记，思想对事件进行解散），是自我被拆解的处所（自我具备一种物质整体性幻觉），是一个永远在风化瓦解的器具。"⑤ 由此，从柏拉图—阿奎那—笛卡尔—马克思—尼采—萨特—梅洛-庞蒂到福柯，西方身体思想发展史脉络清晰地呈现出来了。

与西方身体思想转向相适应，中国从 20 世纪 90 年代起也开始关注身体问题。最先是台湾一些学者，如杨儒宾、蔡壁名、黄金麟和黄俊杰等人对身体进

① 中共中央马克思恩格斯列宁斯大林著作编译局. 马克思恩格斯全集（第 42 卷）［M］. 北京：人民出版社，1979：167-168.
② 尼采. 权力意志——重估一切价值的尝试［M］. 张念东，凌素心，译. 北京：商务印书馆，1996：152.
③ 萨特. 存在与虚无［M］. 陈宣良，等译. 北京：生活·读书·新知三联书店，2007：384.
④ 庞蒂. 知觉现象学［M］. 姜志辉，译. 北京：商务印书馆，2001：85.
⑤ Foucaul. Language, Counter-Memory, Practice, Bouchard, 1981：148.

行了研究。其中重要的著作有杨儒宾的《中国古代思想史中的气论与身体观》（台北：巨流图书公司 1993 年版）、《儒家身体观》（台北："中央研究院"中国文哲所 1996 年版）、蔡璧名的《身体与自然——以〈黄帝内经素问〉为中心论古代思想传统中的身体观》（台北：台湾大学出版社 1997 年版）和黄金麟的《历史、身体、国家：近代中国的身体生成：1895—1937》（北京：新星出版社 2006 年版）、《政体与身体：苏维埃的革命与身体：1928—1937》（台北：联经出版社 2005 年版）等。黄俊杰的论文《中国古代思想史中的"身体政治论"特质与涵义》《古代儒家政治论中的"身体隐喻思维"》《"身体隐喻"与古代儒家的修养工夫》对古代身体思想的研究也有相当的见地。无论是杨儒宾、蔡璧名，还是黄金麟、黄俊杰，他们的研究都是基于思想史和哲学史的三种视角：①作为思维方法的"身体"；②作为精神修养之呈现的身体；③作为政治权力展现场所的身体。① 其中杨儒宾在《中国古代思想史中的气论与身体观》中指出：中国思想家对身心关系的处理，极具中国文化特质；与古代西方柏拉图或近代西方笛卡儿式的身心二分有本质上的差异。② 并为此研究了中国传统文化的二源三派身体观，其中二源指的是威仪观与血气观，三派指的是孟子的践行观、荀子的礼仪观以及散见诸种典籍的自然气化观。③ 这样，传统文化从身体思想史的视野被纳入到现代生活当中。

　　大陆对身体的关注稍晚于台湾。随着对尼采、萨特、梅洛-庞蒂、罗兰·巴特、德勒兹、福柯等现当代哲学家思想的研究及现象学、后现代思潮的不断了解与深入，大陆学者开始关注身体问题。汪民安、陈永国等人通过对罗兰·巴特、尼采和福柯的研究，发现"身体具有一种强大的生产力，它生产了社会现实，生产了历史，身体的生产就是社会生产"。④ 于是他们主（合）编了《后身体：文化、权力和生命政治学》（长春：吉林人民出版社 2003 年版）、《身体的文化政治学》（郑州：河南大学出版社 2004 年版）和《身体、空间与后现代性》（南京：江苏人民出版社 2006 年版）等论文集，这就有力地推动了国内哲学、政治学和史学的身体转向。著名史学家冯尔康在《近年大陆中国社会史的研究趋势——以明清时期的研究为例》指出，"身体史"已成为大陆社会史研究

① 黄俊杰. 中国思想史中"身体观"研究的新视野 [J]. 现代哲学，2002（3）：55-66.
② 黄俊杰. 中国思想史中"身体观"研究的新视野 [J]. 现代哲学，2002（3）：55-66.
③ 杨儒宾. 儒家身体观 [M]. 台北："中央研究院"中国文哲所，1996：27.
④ 汪民安，陈永国. 后身体：文化、权力和生命政治学 [M]. 长春：吉林人民出版社，2003：16.

的第九大发展趋势。① 在这种背景下，一些学者开始把研究视角置入中国传统文化的身心关系中。比较出名的著作有周与沉的《身体：思想与修行——以中国经典为中心的跨文化观照》（北京：中国社会科学出版社 2005 年版）和张再林的《作为"身体哲学"的中国古代哲学》（北京：中国社会科学出版社 2008 年版）等。在与西方身体思想的观照中，有学者指出："如果说西方传统的政治学是一种基于'心识'的'心识政治学'的话，那么中国古代的政治学乃是一种根于'身体'的'身体政治学'。与西方的心识政治学不同，这种中国古代的身体政治学更多强调的是身国的合一而非身国的对立，是生命的对话原则而非理性的独自原则，是群己和谐的族类学方法而非群己二分的社会学方法。"② 这样，西方主流话语中的身体思想与中国传统文化的"根身性"批判地区隔开来。这标志中国身体思想的研究已有自己的特色。

所谓身体思想，顾名思义，就是一些思想家、学者和典籍对身体的论述和言说，是其身体观念的系统化和理论化。在中国传统文化浩如烟海的古籍中，有许多关于身体的阐释和理论。认真挖掘、整理、总结和研究这些理论和思想，有着重大的学术价值和现实意义。

首先，就学术价值来说，它既拓宽了传统文化研究的视野，又拓宽了身学研究的范围。

所谓身学，就是以身体为研究对象，探讨身体形态、图式、社会化和身体发生、发展过程及其规律的一门学说。它是身体美学、身体哲学、身体社会学、身体史学和身体政治学等学科的综合。

随着社会从传统向现代性的转型，中国传统文化出现了社会转型中的固有发展困境。诚如王宁所言："传统意义上的文化有着淡出我们视界的趋势，经典文化受到挤压和排斥；影视、通俗小说报刊、卡拉 OK、MTV 等大众文化、通俗文化、'快餐文化'的盛行；好莱坞大片对中国电影市场的冲击；图书出版受到话语权利和市场经济的制约越来越带有商业化的特征，等等。"③ 对于这些社会现象和问题，《人民论坛》为此专门进行了分析，认为当前传统文化困境主要有以下几方面：①民族自卑情节的心理阻碍；②文化交流的被动接受；③西方中心论的冲击；④传统文化认同艰难。④ 这些困境是文化不自觉和文化不自信的

---

① 冯尔康. 近年大陆中国社会史的研究趋势——以明清时期的研究为例 [J]. 明代研究通讯, 2002（5）：1-9.

② 张再林. 中国古代身体政治学发微 [J]. 学术月刊, 2008（4）：22-31.

③ 王宁. 全球化与文化：西方与中国 [M]. 北京：北京大学出版社, 2002：214.

④ 蒋云美，何三宁. 转型期传统文化走出去困境考量 [J]. 人民论坛, 2013（37）.

表现。因此，有必要大力弘扬和创新传统文化，使传统文化适应现代性的高度
发展的需要。

中国传统文化的"根身性"可以治理身体备受现代主义权力话语的奴役问
题，规避日益沦为抽象化的、计量化的和无人身性的商业符号和政治指令所带
来的身体无处安放的危机。正如张再林教授所指出，我们要把"目光从西方转
向东方，向中国古老而悠久的身体政治理论敞开自己的视域。这是因为，中国
古代的身体政治学是一种不无彻底的根身主义的政治学理论，这种真正的社会
本体论意义的身体一种体二不用的方式为我们不无建设性地解决了当代西方身
体政治学理论难以逾越的身与国、身与政治之间的二元对立，从而形成了一种
人类不无自洽的身体政治学体系。除此之外，更为重要的是，这种中国式的身
体政治学理论并非仅停留在思想和言说层面，而是知行合一地付诸可以躬行的
现实社会的政治生活实践，使得这种中国式的身体政治学业从应然走向了实然，
作为当今人类政治学中的一笔重要的思想资源，作为人类历史中的一种绝无仅
有的稀缺的政治经验，为今天人类向生活世界回归的身体政治学的建设提供难
能可贵、亲切可感的历史借鉴。"① 中国传统文化中身体理论和身体思想可以在
相当程度上解决现代和后现代消费社会、享乐社会所带来的种种身体问题。从
这种角度上说，中国传统文化的身体转向，一使中国传统文化研究有了一种新
的范式，即身体范式，从而可以从新的视野来审视传统文化，大大地拓宽传统
文化的研究范围和方向；二使身学不只是停留在模仿、追逐和吸纳西方的理论
和借鉴的社会实践层面。中国也有一套自己的身体思想体系和身体实践机制。
二者相结合，拓展和提升了身学理论、范畴和应用范围，为身学中国化、本土
化提供了坚实可行的理论视域和实践基础。

其次，从社会现实意义来说，它可以提供经验和指导。现代社会作为消费
社会，它不但消费大量物质，而且也在消费身体。鲍德里亚指出："在消费的全
套装备中，有一种比其他一切都更美丽、更珍贵、更光彩夺目的物品——它比
负载了全部内涵的汽车还要负载了更沉重的内涵——这便是身体。"② 现代消费
社会一个最大的特点就是身体享乐和身体消费。

时下，一些党员领导干部成为这种享乐和消费的主体。正如习近平总书记
所指出，一些领导干部"热衷于个人享受，住房不厌其大其多，车子不厌其豪
华，菜肴不厌其精美，穿戴讲究名牌，对超出规定的生活待遇安之若素，还总

---

① 张再林. 中国古代身体政治学发微 [J]. 学术月刊，2008 (4).
② 鲍德里亚. 消费社会 [M]. 刘成富，全志钢，译. 南京：南京大学出版社，2008：120.

嫌不够。有的要求超规格接待，住高档酒店，吃山珍海味，喝美酒佳酿，觥筹交错之后还要'意思意思'。有的兜里揣着价值不菲的会员卡、消费卡，在高档会馆里乐不思蜀，在高级运动场所流连忘返，在名山秀水间朝歌夜弦，在异国风情中醉生梦死，有的甚至到境外赌博场所挥金如土啊！"① 针对这一情况，中国共产党对党员领导干部进行了身体规训。《中国共产党纪律处分条例》明确规定："违反有关规定组织、参加公款支付的宴请、高消费娱乐、健身活动，或者用公款购买赠送、发放礼品，对直接责任者和领导责任者，情节较轻的，给予警告或者严重警告处分；情节较重的，给予撤销党内职务或者留党察看处分；情节严重的，给予开除党籍处分。"② 而这些身体规训思想和实践机制，在中国传统文化中，都可以找到它的源头。如荀子在肯定身体享受是人之常情的同时指出："故人之情，口好味而臭味莫美焉，耳好声而声乐莫大焉，目好色而文章致繁妇女莫众焉，形体好佚而安重闲静莫愉焉，心好利而谷禄莫厚焉；合天下之所同愿兼而有之，睪牢天下而制之若制子孙，人苟不狂惑戆陋者，其谁能睹是而不乐也哉！"（《荀子·王霸》）强调礼对身体的统制作用。他说："凡是血气、志意、知虑，由礼则治通，不由礼则勃乱提僈；食饮、衣服、居处、动静，由礼则和节，不由礼则触陷生疾；容貌、态度、进退、趋行，由礼则雅，不由礼则夷固僻违，庸众而野。故人无礼则不生，事无礼则不成，国家无礼则不宁。"（《荀子·修身》）这充分显示我国古代早就认识到了身体享乐所造成的危害，主张对身体进行规训和管辖。这些观点和主张对根治当下社会的享乐主义不无现实意义。

修身不仅是中国传统文化的基本主题，而且是中国古代身体思想的一项重要内容。早在先秦时期，孔子就指出"德"是"修身"的主要内容，主张"以德化人"。他说："德之不修，学之不讲，闻义不能徙，不善不能改，是吾忧也。"（《论语·述而》）而荀子认为"无有作好，遵王之道""无有作恶，遵王之路"才是修身的关键。他说："君子贫穷而志广，隆仁也富贵而体恭，杀势也；安燕而血气不惰，柬理也；劳倦而容貌不枯，好交也；怒不过夺，喜不过予，是法胜私也。《书》曰：'无有作好，遵王之道；无有作恶，遵王之路。'此言君子之能以公义胜私欲也。"（《荀子·修身》）荀子主张修身"遵王之道""遵王之路"。先秦时期这些修身主张到宋明理学和心学发展时期得到了进一步

---

① 习近平. 习近平谈治国理政［M］. 北京：外文出版社，2014：370.

② 中央纪委法规室. 《中国共产党纪律处分条例》学习辅导［M］. 北京：中国方正出版社，2015：53-54.

张扬。朱熹有言："臣闻《大学》之道，自天子以至庶人，壹是以修身为本，而家之所以齐，国之所以治，天下之所以平，莫不由是出焉。"（《癸未垂拱奏札》）在这里，朱熹明确指出"自天子以至庶人，壹是以修身为本"。在此基础上，明朝王畿提出了日常生活身心修炼方式。他说："医家以喜怒过纵为内伤，忧思过郁为内伤。纵则神驰，郁则神滞，皆足以致疾。眼看色，不知节，神便着在色上；耳听声，不知节，神便着在声上。久久皆足以损神致疾，但人不自觉耳。惟戒慎不睹，恐惧不闻，聪明内守，不着于外，始有未发之中。有未发之中，始有发而中节之和。神凝气裕，冲衍欣合，天地万物且不能违，宿疾普消，特其余事耳。"（《王龙溪先生全集·留都会记》卷五十一）总之，"修身"是中国传统文化一项重要议题。

正如张再林教授所指出："故为中国古代政治学所大力发明的'修身'这一身体修炼功夫，不仅没有在今天过时，并且理应成为当代人类政治中的至为根本、不容回避的课题。而这种'修身'所直面的首要问题，是要解决身体中恶性膨胀的权力欲望所造成的整个人类社会有机体的阴阳失衡。"① 中国传统文化的"修身"思想对当前领导干部的党性修养和党性锻炼非常重要。习近平总书记语重心长地强调："干部的党性修养、思想觉悟、道德水平不会随着党龄的积累而自然提高，也不会随着职务的升迁而自然提高，而需要终生努力。成为好干部，就要不断改造主观世界、加强党性修养、加强品德陶冶。要时刻用党章、用共产党员标准要求自己，要有'与人不求备，检身若不及'的精神，时刻自重自省自警自励，努力做到'心不动于微利之诱，目不眩于五色之惑'，老老实实做人，踏踏实实干事，清清白白为官。"② 其中"与人不求备，检身若不及"和"心不动于微利之诱，目不眩于五色之惑"就是中国传统文化"修身"思想中的至理名言。习近平总书记通过传统文化中的修身主张来加强当下领导干部的党性修养和党性锻炼。由此可见一斑，传统文化身体思想对现实社会具有重大的理论指导和实践指导功能。

至于"知行合一"，则是传统文化身体思想又一着力点，它强调的是身体的实践性。王阳明指出："知行二字即是功夫，但有浅深难易之殊耳。良知原是精精明明的，如欲孝亲，生知安行的只是依此良知，实落尽孝而已；学知利行者只是时时省觉，务要依此良知尽孝而已；至于困知勉行者，蔽锢已深，虽要依此良知去孝，又为私欲所阻，是以不能，必须加人一己百、人十己千之功，方

---

① 张再林. 中国古代身体政治学发微 [J]. 学术月刊, 2008, 40（4）: 22-31.
② 习近平. 习近平谈治国理政 [M]. 北京: 外文出版社, 2014: 417.

能依此良知以尽其孝。圣人虽是生知安行，然其心不敢自是，肯做困知勉行的功夫。"（《王阳明全集》，第109页）这一观点对当前领导干部抓落实有重大的启示意义。习近平总书记指出："道不可坐论，德不能空谈。于实处用力，从知行合一上下功夫，核心价值观才能内化为人们的精神追求，外化为人们的自觉行动。成功的背后，永远是艰辛努力。"① 这里的"知行合一"就来源于中国传统文化的"知行说"。总之，传统文化中身体思想对现实有重大的指导性作用。

二、国内外研究述评

1. 国外研究现状

国外对中国传统文化身体思想的研究，源于20世纪70年代女权主义、消费主义、享乐主义和后现代主义的兴起。最先研究中国古代身体思想的是日本学者汤浅泰雄。他在1977年出版的《身体：东洋的身体论の试み》（中译本为《灵肉探微——神秘的地方身心观》，北京：中国友谊出版社1990年版）中指出，中国传统文化身体观最突出的特点是身心合一。这就开启了国外汉学界研究中国传统文化身体思想的先河。紧接着美国学者克里斯托弗·希珀（Kristopher Schipper）在《道家身体观》（University of Californ iaPress，1993）中对中国道家身体的生成和主要内容做了具体的说明。美国汉学家安乐哲的《中国古典哲学中身体的意义》则认为中国古代哲学中的"身体"是一种"身心互渗的过程"。美国学者费侠莉的《繁盛之阴：中国医学史中的性（960—1665年）》（南京：江苏人民出版社2006年版）对中医身体观的历史做了深入探讨。美籍华裔学者吴光明的《论中国的身体思维：一种文化阐释学》则从文化学的角度对中国古代身体的模式做了一定的阐述。② 总之，国外对中国古代身体思想的研究，是以西方或东亚日本的身体概念和身体模式来观照中国传统的身体思想，有一定的偏见，且缺乏一定的本土性和适应性。正如一学者指出，在中国古代身体思想中，"既没有那种为西方政治哲学所玄思的高深的认识哲理，也没有那种为西方政治科学所制定出的严密的行为程序，有的只是'无思无为'的并深植于每一个人身体、近乎生物本能的对于其生命同类的恻隐之心，也即一种'他人有心，予忖度之'、'人心己心一如也'的族类的类化之心。"③ 但西

---

① 习近平. 习近平谈治国理政［M］. 北京：外文出版社，2014：173-174.

② 以上国外研究现状，同时见李清良. 中国身体观与中国问题——兼评周与沉《身体：思想与修行》［J］. 哲学动态，2006（5）：21-27.

③ 张再林. 中国古代身体政治学发微［J］. 学术月刊，2008，40（4）：22-31.

方和东亚日本对中国传统文化身体思想的探讨，毕竟提供了一种新的研究视角和研究方法，对中国古代身体思想研究内容和研究范围的进一步拓展有一定的借鉴作用。

2. 国内研究现状

最早对中国传统文化身体思想进行探讨的是中国台湾学者。1991 年"中国古代思想中的气论与身体观"的国际研究会议在台湾召开，会后出版了由杨儒宾主编的《中国古代思想中的气论与身体观》论文集。这是第一部探讨中国古代身体思想的论文集。紧接着，蔡璧名出版了《身体与自然——以〈黄帝内经素问〉为中心论古代思想传统中的身体观》一书（台北：台湾大学出版社1997）。杨儒宾又出版了《儒家身体观》（台北："中央研究院"中国文哲所1996 年版）著作。黄俊杰先后发表了《中国古代思想史中的"身体政治论"特质与涵义》《古代儒家政治论中的"身体隐喻思维"》和《"身体隐喻"与古代儒家的修养工夫》等论文。台湾地区的中国古代身体思想研究出现了一时的繁荣。从台湾学者的研究来看，由于研究者都是具有深厚的传统文化功底的学者，其对中国古代身体思想的把握非常到位，研究的深度和广度都达到了很高的水平，这些对本课题的研究具有重大的借鉴和指导意义。

大陆对中国古代身体思想进行探讨始于 2000 年初期。一是出版了一些关于古代身体研究方面的著作。重要的有周与沉的《身体：思想与修行——以中国经典为中心的跨文化观照》（北京：中国社会科学出版社 2005 年版）、张艳艳的《先秦儒道身体观及其美学意义考察》（上海：上海古籍出版社 2007 年版）、张再林的《作为"身体哲学"的中国古代哲学》（北京：中国社会科学出版社2008 年版）和《中国古代身道研究》（北京：生活·读书·新知三联书店 2014年版）、李建民的《发现古脉：中国古典医学与数术身体观》（北京：社会科学文献出版社 2007 年版）、陈立胜的《王阳明"万物一体"——从"身一体"的立场看》（上海华东师范大学 2007 年版）、许晖的《身体的媚术：中国历史上的身体政治学》（北京：商务印书馆 2013 年版）、马家忠的《仁术、中和与天道——中华文化身体学与生命伦理思想的多元历史建构》（南京：东南大学出版社 2013 年版）和李贞德主编的《性别、身体与医疗——生命医疗史系列》（北京：中华书局 2012 年版）等。

从这些著作中可以看出，对中国古代身体的研究内容多样，既有对经典中"身体"概念的剖析，又有对医学、数术身体在场的阐释；既有身体的媚术，又有身体的仁术。研究视角既有身体哲学，又有身体政治学；既有身体美学，又有身体文化学和身体史学。基本上传统的哲学社会科学和人文科学都加入了对中国古代身体思想的探讨。这样，中国大陆对古代身体的研究，基本上形成了本土的身体研究范式和身体研究框架，即借鉴西方身体理论，来观照中国古代的身体思想。这就产生了理论上研究的不足。正如李清良所指出："从哲学上看，当代西方思潮大讲'身体'，最终是为了解构传统的'主体'与'主体性'；但就中国的文化传统与历史现状而言，我们探讨中国身体观是否也是为了这个目的？依据中国文化精神，是否还存在一种不同于西方所讲的'主体'与'主体性'？为中华民族与中华文化的发展与前途，是否不该简单否认'主体性'，而当强调一种不同于西方传统的'新主体性'？"① 因此，对中国古代身体思想的研究，还有很大的拓展空间。

二是发表了一系列文章。从中国整个历史时期来看，研究的论文主要有张再林的身体系列研究：《作为"身体哲学"的中国哲学的历史》[《西北大学学报》（哲学社会科学版）2007 年第 3 期]、《身体·对话·交融——身体哲学视阈中的中国传统文化的现代阐释问题》[《西北大学学报》（哲学社会科学版）2007 年第 4 期]、《中国古代宇宙论的身体性》[《西北大学学报》（哲学社会科学版）2006 年第 4 期]、《中国古代伦理学的身体性》[《陕西师范大学学报》（哲学社会科学版）2006 年第 5 期]、《中国古代宗教观的身体性》（《人文杂志》2006 年第 6 期）、《作为"身体哲学"的中国哲学的历史》[《西北大学学报》（哲学社会科学版）2007 年第 3 期]、《中国古代身体政治学发微》（《学术月刊》2008 年第 4 期）、《试论中国古代"体知"的三个维度》（《自然辩证法研究》2008 年第 9 期）、《中国古代"体知"的基本特征及时代意义》（《西安政治学院学报》2008 年第 4 期）和《身体哲学视阈中的"为仁由己"》（《人文杂志》2016 年第 5 期）等。除此之外，还有燕连福的《中国哲学身体观研究的三个向度》（《哲学动态》2007 年第 11 期）、葛兆光的《宇宙、身体、气与"假求于外物以自坚固"——道教的生命理论》（《中国哲学史》1999 年第 2 期）、王庆节的《中国思想传统中的身体观与儒家的"亲近学说"》（《哲学动态》2010 年第 11 期）、冯溪屏、彭毅力的《身体的退隐与自在的精神——佛教追寻自由的致思路向》（《浙江传媒学院学报》2014 年第 1 期）、李亮的《早期佛教佛身问题研究》（陕西师范大学 2016 年宗教学硕士论文）、吕有云的《道教身体政治学论纲》（《西南大学学报》2012 年第 5 期）和周建强的《论全真道的身体观与儒佛身体观的比较》（《华夏文化》2016 年第 3 期）等。

---

① 李清良. 中国身体观与中国问题——兼评周与沉《身体：思想与修行》[J]. 哲学动态，2006（5）：21-27.

从历史某一阶段来看，研究的论文主要有白振奎的《魏晋士人的身体"发现"与身体"反叛"——"魏晋风度"的身体视角解读》（《学术月刊》2009年第7期）、王晓声的《魏晋身体观念与审美风尚之关系》（河北师范大学2009年文艺学硕士论文）、邱志诚的《国家、身体、社会：宋代身体史研究》（首都师范大学2012年中国古代史博士论文）、方英敏的《身体之思：先秦中华民族主体意识觉醒的参照系》（《云南社会科学》2008年第5期）、《贵身：身体的本体认定——先秦身体哲学的一个核心命题》（《江西社会科学》2010年第3期）、《修身与赤身：两种不同的处"身"理想——先秦身体哲学的一个核心命题》（《贵州大学学报》2011年第7期）、《以气论身：身体构成论——先秦身体哲学的一个核心命题》（《中华文化论坛》2013年第4期）、杨普春的《魏晋南北朝道教身体哲学建设论纲》（《宝鸡文理学院学报》2015年第4期）和邓万春的《载心之身——中国轴心时代的身体思想》（《江淮论坛》2017年第1期）等。

从某一历史时期某一人物和某一著作的身体思想来看，研究的论文主要有李剑虹的《自然与自由：庄子身体观研究——以〈内七篇〉为中心》（安徽大学2011年中国哲学博士论文）、方尔加的《荀子修身论简析》（《北京社会科学》1993年第2期）、郭敬东的《身体观视野下的儒家政治义务观分析——以孟子为中心的考察》（《理论界》2013年第10期）、洪涛的《身心观视阈下的孟子工夫论研究》（上海师范大学2016年中国哲学硕士论文）、伍小运的《身心一如：孟子身体思想研究》（安徽师范大学2014年中国哲学硕士论文）、张艳艳的《孟子"践形"的德性身体观初探》（《汕头大学学报》2007年第3期）、冯孟的《身体力行——基于墨子身体观的大学生劳动教育研究》（《智库时代》2020年第1期）、石超的《从修身到治国——孔门威仪观背后的微观身体政治哲学初探》（《西南大学学报》2016年第9期）、聂春华的《从"论心"到"显己"——由〈春秋繁露〉看汉儒对身体政治性之发现》（《河北师范大学学报》2012年第3期）、郑毅的《论〈淮南子〉身体叙事的诗学构成》（《四川师范大学学报》2012年第5期）和《身体美学视野下的〈淮南子〉研究》（四川师范大学2012年中国古代文学博士论文）、张再林的《王夫子的身体哲学思想》（《陕西师范大学学报》2008年第1期）和《作为身体符号系统的〈周易〉》（《世界哲学》2010年第4期）、方英敏的《王阳明的身体哲学思想》（《江西社会科学》2015年第3期）、杨普春的《王艮"吾身是个矩"说的身体思想探析——兼论道教身体论对王艮的影响》（《宝鸡文理学院学报》2018年3期）、余红的《万物皆备我身——王门泰州学身体观的一种诠释》（《哲学动态》2009年第4期）、胡维定的《王艮"身本论"的主体存在价值》（《湖北师范大学学报》2001年第1期)、姚文放的《王艮"尊身论"对舒斯特曼"身体美学"的支持和超越》(《中国社会科学院研究生院学报》2017年第2期)、徐春林的《王艮的身体观与儒学转向》(《学海》2007年第4期)、张树俊的《王艮身本语意及其自我解读》(《菏泽学院学报》2017年第6期)、童伟的《颜钧平民主义美学的身视角》(《扬州大学学报》2013年第1期)、陈立胜的《"身不自身":罗近溪身体论发微》(《西北大学学报》2012年第1期)和许定国的《王船山的身体美学观》(《船山学刊》2009年第1期)及《王船山身体美学观与身体审美体验创造》(《衡阳师范学院学报》2009年第2期)等。

从以上这些发表的论文可以看出,中国古代身体思想的研究主要集中在先秦时期、魏晋南北朝时期和明朝时期,研究的人物主要集中在老子、孔子、孟子、庄子、董仲舒、刘安、王阳明、王艮、颜钧、罗近溪、王夫之等几个人身上,研究的方向主要集中在儒、道、佛三个领域。研究内容丰富,研究成果之多,令人瞩目,而且研究的视角多样,除了宏大叙述外,还有微观的实证研究。但是也存在一些不足。主要是研究的内容过于零碎,研究的人物过于简单,研究的时段过于狭窄。须知,中国传统文化博大精深,源远流长。从内容上来讲,中国传统文化不只是儒家文化、道家文化和佛教文化,还包括法家、墨家、医家、阴阳家等多家思想。中国传统的身体观,除了儒、道、佛身体观外,还应包括法家、墨家、医家、阴阳家等身体观,从这一点来讲,中国古代身体思想,还有很大的研究空间。从时段来讲,中国文化上下五千年,每一时段都有思想家对身体做了一定的探讨,不只是局限于某一时期或某一个别人物。系统地整理、总结和研究这些思想,正是中国古代身体思想史所要拓宽的范围。但上述论文为中国古代思想史的拓展打下了坚实的理论基础和史料基础。

总之,国内对古代身体思想的研究取得了重大的成绩,但也存在一些不足,还需进一步地深入探讨。

三、本文的研究方法与时段

1. 研究方法

法国当代身体思想家福柯指出,历史研究不仅要"对文献进行组织、分割、分配、安排、划分层次、建立序列,从不合理的因素中提炼出合理的因素,测定各种成分,确定各种单位,描述各种关系",而且要"将界限、变化、独立系统、限定序列——这些历史学家们经常使用的概念——变成理论,从中找出一般后果，乃至派生出可能的蕴涵"①。也就是说，在研究中国古代身体思想发展的过程中，既要看到身体思想是建立在一定经济基础之上的上层建筑中的意识部分，它适应一定时代的需要，反映一定社会阶级、阶层、集团的利益，它具有阶级性和时代性；又要看到它的演变过程和规律。本课题在研究某一身体思想时，基本上采取先叙述其身体思想的主要内容，再分析其社会背景和社会影响。这符合马克思所指出的："物质生活的生产方式制约着整个社会生活、政治生活和精神生活的过程。不是人们的意识决定人们的存在，相反，是人们的社会存在决定人们的意识。"② 因此，本课题的研究方法是：以马克思主义身体观为指导，批判地运用西方身体思想理论，在阅读大量传统经典的基础上，对中国古代身体思想进行分析。这一方法，也是传统思想史研究所常用的方法。

基于中国传统文化人物思想和经典著作在出版介绍时，对人物生平做了详细的说明，本课题在研究某一经典著作和某一人物身体思想时不再做介绍，直接导入其身体思想内容。且由于某一经典著作和某一人物身体思想内容繁杂，不可能面面俱到，本课题只能选取其最具代表性的身体思想进行研究。这也算是本课题的一大创新之处。

2. 研究时段

关于这一点，张再林教授根据身体运行模式认为分为三个时期，即先秦哲学：身体的挺立；宋明哲学：身体的退隐；明清哲学：身体的回归。③ 笔者认为张教授的划分，没有很好地展现身体思想的发展历程与发展规律。因为按照张教授的观点，中国的两汉魏晋南北朝时期没有身体思想，恰恰相反，中国两汉魏晋南北朝时期是身体思想繁荣的时期。而宋明时期，身体并未缺席，只不过身体发生了转向，从"身"向"心"发展。这揭示身体思想发展到一个更高级的阶段。而且，张教授的划分打断了历史的连续性。基于此，笔者认为中国身体思想像西方身体思想经过：自然身体观、神学身体观、社会身体观三个时期一样，也应经历三个时期，即先秦身体图式时期、两汉魏晋南北朝身体叙事时期和唐宋元明清身体社会化时期。本课题的研究时段分这三个时期展开。这三个时期分别对应中国奴隶社会瓦解封建社会形成时期、封建社会进一步发展时

---

① 福柯. 知识考古学［M］. 谢强，马月，译. 北京：生活·读书·新知三联书店，2007：6–13.

② 中共中央马克思恩格斯列宁斯大林著作编译局. 马克思恩格斯全集［M］. 第2卷. 北京：人民出版社，1995：32.

③ 张再林. 作为"身体哲学"的中国哲学的历史［J］. 西北大学学报（哲学社会科学版），2007，37（3）：52–63.

期和封建社会繁荣衰落时期。因此，中国古代身体思想史实际上是一部封建社会的身体铭刻史，它详细地展示了身体的各个面相和权力、话语打下的时代烙印及历史线索。

第一章　先秦时期身体图式概述

先秦时期是中国历史上一个重大的时期，它被西方学者称为轴心时代。德国哲学家卡尔·雅斯贝斯在《历史的起源与目标》中指出："世界历史的轴心似乎是在公元前 800 年至 200 年之间发生的精神历程之中。那时出现了时至今日我们与之共同生活的人。……这个时代的新的东西比比皆是，人们开始意识到在整体中的存在，自我以及自身的极限。他感觉到了世界的恐怖以及自己对此的无能为力。他提出一些极端的问题，在无底深渊前寻求着解脱和救赎。在清楚意识到自己的极限时，为自己确立了最崇高的目标。在自我存在之深层以及超越之明晰中，他体验到了绝对性。"[1] 同时，雅斯贝斯又认为在这一时期，在生命与历史的意识水平、政治自由的观念等方面，中国和印度都是没有办法跟西方相提并论的。[2] 而生命意识是身体意识一个重要方面。是否意味着这一时期中国没有身体意识和身体思想？笔者回答是否定的。台湾学者杨儒宾教授就认定：儒家身体观的原始模式在先秦时期业已建立。[3] 这就说明，中国身体思想在先秦时期如雨后春笋般开始破土而出，许多方面达到了或甚至超过了后来西方身体思想的跨时代高度。这也是我们把先秦时期身体思想作为中国古代身体思想开端的原因。

一、先秦时期身体图式的种类

先秦时期身体思想的最大特点之一就是身体图式的出现。身体图式，按照英国身体社会学家克里斯·希林的解释是：自我认同与社会行动都有赖于我们针对自己的肉身外观、尺码和能力，塑造出某种非自觉的心理图景，从而奠定

---

① JASPERS K. Vom Ursprung und Ziel der Geschichte［M］. Zurich：Artemis-Verlag, 1949：19-20.

② JASPERS K. Vom Ursprung und Ziel der Geschichte［M］. Zurich：Artemis-Verlag, 1949：214.

③ 杨儒宾. 儒家身体观［M］. 台北："中央研究院"中国文史研究所, 1996：2.

基础，让我们能够协调自己各种感官能力和运动能力。① 先秦时期身体图式主要有如下八种。

第一，关于"身体"概念的建构。在先秦时期，已出现"身体"一词，如"襄王闻之，颜色变作，身体战栗"（《战国策·楚策四》）；"利身体，便形躯，养寿命，垂拱而天下治"（《管子·任法》）等。但这里的"身体"只是人的肉体，缺乏现代意义"身体"的意蕴，即身体不仅是生物性的身体，而且是社会性的身体。

相反，先秦时期"身""体""形""躯""躬"等词具备现代"身体"意义的特征。

在先秦的诸家学说中，有许多关于"身"的叙述。如儒家《论语》中的"恶不仁者，其为仁矣，不使不仁者加乎其身"。（《论语·里仁》）《孟子》中的"乡为身死而不受，今为宫室之美为之；乡为身死而不受，今为妻妾之美为之；乡为身死而不受，今为所识穷乏者得我而为之，是亦可以已乎？此之谓失其本心"。（《孟子·告子章句上》）《荀子》中的"立身则从佣俗，事行则遵佣故，进退贵贱则兴佣士，之所以接下之人百姓者，则庸宽惠，如是者则安存"。（《荀子·王制》）《礼记》中的"心好之，身必安之；君好之，民必欲之"。（《礼记·缁衣》）道家《庄子》中的"与之为无方则危吾国，与之为有方则危吾身"。（《庄子·人间世》）法家《管子》中的"使人有礼，遇人有理，行发于身而为天下法式者，人唯恐其不复行也。身行不正，使人暴虐，遇人不信，行发于身而为天下笑者，此不可复之行，故明主不行也"。（《管子·管子解》）《韩非子》中的"人主有三守。三守完，则国安身荣；三守不完，则国危身殆"。（《韩非子·三守》）墨家《墨子》中的"故节于身，诲于民，是以天下之民可得而治，财用可得而足。"（《墨子·辞过》）等。从这些叙述中可以看出，先秦的"身"不只是指人的肉体，而且还有"亲自""亲身""亲自体验"和"生命"的含义。这里的"身"不仅具有生理性，而且具有社会性、伦理性和实践性。这就充分说明，先秦时期的"身"的概念已具备现代"身体"概念的雏形。

同时，"体""形"和"躯"像"身"一样，也具备现代"身体"的特质。

关于体，《庄子》曾指出："滋味、动静，生之养也；好恶、喜怒、哀乐，生之变也；聪明当物，生之德也。是故圣人齐滋味而时动静，御正六气之变，禁止声色之淫，邪行亡乎体，违言不存口，静然定生，圣也。"（《庄子·内

---

① 希林. 身体与社会理论［M］. 2版. 李康，译. 北京：北京大学出版社，2010：217.

言》）这里的"体"，不仅指人的身体各个器官，而且还有"体验"之意。美国学者内森·席文就是这样认为的，他说："一般关涉到具体的生理身体（physical body）、四肢或者生理形体（physical form）。它也意味着'体现'（embodiment），并可能关涉个体对某些事物的人格化（personification）。"① 这就表明，先秦时期"体"的概念也兼具生物性和社会性。

关于形，《黄帝内经》道："上古之人，其知道者，法于阴阳，知于术数，食饮有节，起居有常，不妄作牢，故能形与神俱，而尽终其天年，度百岁乃去。"（《黄帝内经·素问·上古天真论》）《庄子》说："夫欲免为形者，莫如弃世。弃世则无累，无累则正平，正平则与彼更生，更生则几矣。事奚足弃则生奚足遗？弃世则形不劳，遗生则精不亏。夫形全精复，与天为一。"（《庄子·达生》）无论《黄帝内经》中的"形"还是《庄子》里的"形"，除了指身体的轮廓和身体的结构外，还指轮廓结构外看不见的气质。诚如安乐哲教授说"形"是"形体或外形，是人类生长过程的立体的（three-dimensional）气质或构形（configuration）"。② 这就是说，"形"也兼具生物性和社会性。

关于躯，《荀子》指出："君子之学也，入乎耳，著乎心，布乎四体，形乎动静……小人之学也，入乎耳，出乎口。口耳之间则四寸耳，曷足以美七尺之躯哉！"（《荀子·劝学》）这里的"躯"，在高度上是可以被刻画的，在品性上又可表现为小气和低级的身体载体。这也表明，"躯"也具有身体的社会特征。

除此之外，先秦时期的"心""性"和"志"等也可以纳为"身体"的范畴。《大学》道："所谓修身在正其心者；身有所忿懥，则不得其正；有所恐惧，则不得其正；有所好乐，则不得其正；有所忧患，则不得其正；心不在焉，视而不见，听而不闻，食而不知其味。此谓修身在正其心。"（《礼记·大学》）这里的"心"与"身"是一体的，它不但指身体的欲望，而且指身体的属性，是践形之心。故杨儒宾教授把"心""性"和"志"称为精神化的身体。③

总之，先秦时期的"身""体""形""躯""心""性"和"志"已初具现代"身体"内涵，这表明具有中国本土化特色的"身体"概念在先秦时期已经形成。

第二，关于"贵身"的主张。这是先秦时期身体思想的一项重要内容。学者方英敏指出："贵身论是先秦身体哲学的一个核心命题。'贵身'的基本含义，

---

① 司马黛兰. 身体的界限［J］. 开放时代，2016（2）：69-93.

② Roger Ames："The Meaning of Body in Classical Chinese Philosophy" in Roger T. Ames, etc. (eds.), Self as Body in Asian Theory and Practice, 165.

③ 杨儒宾. 儒家身体观［M］. 台北："中央研究院"文史哲学研究所，1996：156.

用一句话来概括就是：以身为天下贵。它主张人作为身体性存在的本体性与价值性，要人们善待生命。贵身论的出场是先秦时期人文觉醒的思想表征之一。"① 这就揭示，先秦时期身体的主体性概念开始出现。

王国维曾在《殷周制度论》中指出："中国政治与文化之变革，莫剧于殷周之际。"② 也就是说，先秦时期是我国一个重要的转型的时期，即从神佑王权统治向世俗化统治转型。这反映到思想上，就是身体的挺立。

由于身体不仅是自然的载体，而且是社会的载体。先秦思想家提出了"贵身"的主张。老子认为："吾所以有大患者，为吾有身，及吾无身，吾有何患？故贵以身为天下，若可寄天下；爱以身为天下，若可托天下。"（《道德经》第十三章）老子认为身体是人生大患的起点和出发点，以身为贵，以身为爱就可以治理天下。这样，老子把身体置于治理天下的高度。

管子通过对齐桓公提问的回答："'请问信安始而可？'对曰：'始于为身，中于为国，成于为天下。'公曰：'请问为身。'对曰：'道血气，以求长年、长心、长德，此为身也。'"（《管子·内言》）认为国君的威信始于治身，治身可以"长年、长心、长德"。这就说明，管子也非常重视身体，以身为贵。在此基础上，韩非子提出："万物莫如身之至贵也，位之至尊也，主威之重，主势之隆也。"（《韩非子·爱臣》）把"身贵""位尊""威重"和"势隆"作为君主的政治符号，说明法家身体思想也是以"贵身"作为着眼点的。

儒家早期经典《尚书》主张："正德、利用、厚生、惟和"（《尚书》），充分表现了儒家对生命的尊重。而儒家代表性人物孟子提出"守，孰为大？守身为大"（《孟子·离娄章句上》）的观点，则表证了儒家对身体的重视。

杂家《吕氏春秋》则专列《贵生》篇论述身体的重要，它说："圣人深虑天下，莫贵於生。夫耳目鼻口，生之役也。耳虽欲声，目虽欲色，鼻虽欲芬香，口虽欲滋味，害於生则止。在四官者不欲，利於生者则弗为。由此观之，耳目鼻口不得擅行，必有所制。譬之若官职，不得擅为，必有所制。"（《吕氏春秋·贵生》）总之，无论道家、法家，还是儒家、杂家，都把"贵身"作为它们思想的一项重大内容。

与"贵身"相关联的"贵生""惜生"和"养生"思想也应时而生，成为当时社会思潮的主流。老子的"民之轻死，以其求生之厚也，是以轻死。夫惟

---

① 方英敏. 贵身：身体的本体论认定——先秦身体哲学的一个核心命题 [J]. 江西社会科学，2010（3）：56-60.

② 王国维. 王国维经典文存 [M]. 上海：上海大学出版社，2003：169.

无以生为者，是贤贵生也。"（《道德经》第七十五章）说明"贵生"的重要。

管子的"凡国、都皆有掌孤，士人死，子孤幼，无父母所养，不能自生者，属之其乡党知识故人，养一孤者一子无征，养二孤者二子无征，养三孤者尽家无征。""凡国、都皆有掌养疾、聋、盲、喑哑、跛躄、偏枯、握递，不耐自生者，上收而养之疾官，而衣食之，殊身而后止。此之谓养疾。"（《管子·杂篇》）提出"惜生"的具体办法。

庄子的"夫虚静恬淡寂寞无为者，天地之平而道德之至，故帝王圣人休焉。休则虚，虚则实，实则伦矣。虚则静，静则动，动则得矣。静则无为，无为也则任事者责矣。无为则俞俞，俞俞者忧患不能处，年寿长矣。夫虚静恬淡寂寞无为者，万物之本也。"（《庄子·天道》）主张"养生"的重要。

因此，先秦时期是身体思想诞生的一个重要时期。在这个时期，由于社会转型的剧烈变化，人的作用凸显，人日益成为社会稳定和发展的自由主体。以此为基础，人的身体价值也不断凸显出来，各个思想家开始摆脱神权的束缚，以身体为本体来建构其思想学说。可以说，先秦时期是中国古代身体觉醒的时期，也是身体思想第一个繁荣时期。

第三，关于"修身"的主张。由于身体意识的觉醒和身体主体性的发挥，出现了一系列身体社会问题。《战国策附录》这样说道："捐礼让而贵战争，弃仁义而用诈谲，苟以取强而已矣。夫篡盗之人，列为侯王；诈谲之国，兴立为强。是以传相放效，后生师之，遂相吞灭，并大兼小，暴师经岁，流血满野，父子不相亲，兄弟不相安，夫妇离散，莫保其命，愍然道德绝矣。"（《战国策附录》）这说明在社会转型的剧烈变化中，如何"安身立命"成为当时重大的身体问题。在此语境下，无论道家，还是儒家、法家、墨家都提出了"修身"的主张。

"修身"，这是中国传统文化的一大精华，也是中国传统文化重要着力点。

从道家来说，老子主张："修之身，其德乃真。修之于家，其德乃余。修之于乡，其德乃长。修之于邦，其德乃丰。修之于天下，其德乃普。故以身观身，以家观家，以乡观乡，以邦观邦，以天下观天下。"（《道德经》第五十四章）老子的"修身"主张主要针对国君而言。在他看来，国君在国家治理能力和治理体系中起着重大的作用，如他所说："道大，天大，地大，王亦大。国中有大安，而王居一安！"（《道德经》第二十五章）因此，国君的"修身"比任何阶层的"修身"来得重要。而庄子主张用"修身"来保全自己的身体，他说："古之行身者，不以辩饰知，不以知穷天下，不以知穷德。危然处其所而反其性已，又何为哉！道固不小行，德固不小识。小识伤德，小行伤道。故曰：正己而已矣。乐全之谓得志。"（《庄子·缮性》）由此他提出了具体的修身路径，如"撄宁"和"坐忘"，"堕肢体，黜聪明，离形去知，同于大。"（《庄子·齐物论》）道家的修身主张对后来道士的修炼和养生有着非常重要的指导作用。

从儒家来说，"修身、齐家、治国、平天下"一直是其人生的最高境界和理想。《礼记·大学》指出："古之欲明德于天下者，先治其国；欲治其国者，先齐其家；欲齐其家者，先修其身；欲修其身者，先正其心；欲正其心者，先诚其意；欲诚其意者，先致其知。"（《礼记·大学》）这就给儒家规划了具体的人生路线图。在此基础上，孔子又提出了具体的实践路径，即"子路问君子。子曰：修己以敬。曰：如斯而已乎？曰：修己以安人。曰：如斯而已乎？曰：修己以安百姓。修己以安百姓，尧、舜其犹病诸？"（《论语·宪问》）孔子的"修身"实践对后来荀子和孟子的"修身"主张影响极大。荀子指出："见善，修然必以自存也；见不善，愀然必以自省也；善在身，介然必以自好也；不善在身也，菑然必以自恶也。"（《荀子·修身》）孟子道："君子深造之以道，欲其自得之也。自得之，则居之安；居之安，则资之深；资之深，则取之左右逢其原，故君子欲其自得之也。"（《孟子·离娄章句下》）可以说，荀子和孟子的"修身"是建立在孔子"修身"的基础上，并发扬光大。总之，无论孔子，还是荀子、孟子，其"修身"主张都是针对士的，适应了封建专制社会的需要。两千多年的封建社会，一直把对士的"修身"作为封建统治的重要方面。

法家也强调修身。与道家一样，法家修身的对象主要针对国君和当朝统治者。管子指出："滋味、动静，生之养也；好恶、喜怒、哀乐，生之变也；聪明当物，生之德也。是故圣人齐滋味而时动静，御正六气之变，禁止声色之淫，邪行亡乎体，违言不存口，静然定生，圣也。仁从中出，义从外作。仁故不以天下为利，义故不以天下为名。仁故不代王，义故七十而致政。是故圣人上德而下功，尊道而贱物，道德当身，故不以物惑。是故身在草茅之中，而无慑意；南面听天下，而无骄色。如此而后可以为天下王。"（《管子·内言》）这里的"道德当身"主要是针对国君而言的。在封建专制的社会，对国君的身体提出道德要求，无异于缘木求鱼。因此，法家的"修身"主张，在汉武帝后，遭到了罢黜。从此，皇帝可以任意进行身体享受，任意进行身体娱乐。

从墨家来说，对"修身"也很重视。墨子指出："言无务为多而务之智，无务为文而务为察。故彼智无察，在身而情，反其路者也。善无主于心者不留，行莫辩于身者不立。名不可简而成也，誉不可巧而立也，君子以身戴行者也。思利寻焉，忘名忽焉，可以为士于天下者，未尝有也。"（《墨子·修身》）这就说明，"修身"不只国君、士需要，小生产者也需要。这就大大拓宽了"修身"对象的范围。

总之，先秦时期针对"礼崩乐坏"的社会现象，各个阶层都提出了自己"修身"的主张。这一主张，对社会风清气正起着重大的作用，它有利于社会的稳定。

第四，身体符号的运用。在先秦时期，已出现了身体符号，即身体以一种符形、意象、图式、语言、结构的象征方式来反映世界。最明显的是《山海经》中的神话身体符号系统和《周易》图式身体符号系统。

在《山海经》中有许多神的记载，如"又西三百五十里，曰玉山，是西王母所居也。西王母其状如人，豹尾虎齿而善啸，蓬发戴胜，是司天之厉及五残。"（《山海经·西山经》）"凡西次三山之首，自崇吾之山至于翼望之山，凡二十三山，六千七百四十四里。其神状皆羊身人面。其祠之礼：用一吉玉瘗，糈用稷米。"（《山海经·西山经》）和"凡东次三山之首，自尸胡之山至于无皋之山，凡九山，六千九百里。其神状皆人身而羊角。其祠：用一牡羊，糈用黍。是神也，见则风雨水为败。"（《山海经·东山经》）等。从这些记载看出，这些神不是人面豹尾虎齿，就是羊身人面、人身羊角等，基本上是人的身体一半，兽的身体一半。这种神的身体塑造，表明原始先民通过赋予身体一种超自然的力量，从而来征服世界和改造世界。

而《易经》的图式身体符号，反映的则是一种亲身性和准身体性。《易经》卦中的阳爻用"—"表示，阴爻用"— —"表示，用郭沫若的话来说就是"八卦的根底我们很鲜明地可以看出是古代生殖器崇拜的孑遗。画一以象男根，分而为二以象女阴。"① 这就是说，《易经》中的六十四卦都是男根与女阴的身体结合。

同样，《易经》中《系辞上》的"乾"与"坤"表征的也是男根与女阴。我们从下面的一段话："夫乾，其静也专，其动也直，是以大生焉。夫坤，其静也翕，其动也辟，是以广生焉。"从中可以看出，"乾"为男根，"坤"为女阴。因此，才有"乾道成男，坤道成女"。（《易经·系辞上》）

由于卦、爻是身体的结合，其表现出来的象自然是身体的反映。如乾象："君子以自强不息"，坤象："君子以厚德载物"以及屯象："君子以经纶"等都是对身体的要求和对身体行为的反映。

《山海经》和《易经》的身体符号，对中国传统文化"阴阳五行说""寻仙问道"和"生命意识"等有着深刻的影响。其中，"自强不息""厚德载物"

---

① 郭沫若. 中国古代社会研究［M］. 北京：人民出版社，1954：23.

"精卫填海"和"夸父追日"等身体符号，有利于社会的发展和进步。

第五，身体规训思想的提出。身体规训虽然是当代法国著名思想家福柯最早提出来的，指的是对身体的纪律约束。但在两千多年前的先秦，中国就已经知道如何用道德、规则和制度来规范人的身体行为，中国早已有了身体规训思想的萌芽。

最有名的就是《礼记》，从穿衣吃饭，到坐立行走，从结婚生子到死后丧祭的日常生活都有具体的身体规训要求。如"从于先生，不越路而与人言。遭先生于道，趋而进，正立拱手。先生与之言则对，不与之言则趋而退。从长者而上丘陵，则必乡长者所视。"（《礼记·曲礼上》）"凡进食之礼，左殽右胾，食居人之左，羹居人之右。脍炙处外，醯酱处内，葱渫处末，酒浆处右。以脯脩置者，左朐右末。客若降等，执食，兴，辞。主人兴，辞于客，然后客座。主人延客祭，祭食，祭所先进，殽之序，遍祭之。三饭，主人延客食胾，然后辩殽。主人未辩，客不虚口。"（《礼记·曲礼上》）"天子七日而殡，七月而葬。诸侯五日而殡，五月而葬。大夫、士、庶人三日而殡，三月而葬。三年之丧，自天子达。庶人县封，葬不为雨止，不封不树，丧不贰事，自天子达于庶人。丧从死者，祭从生者。支子不祭。"（《礼记·王制》）等。《礼记》的身体规训是一种全景敞视的身体规训，即身体的一言一行都要按照《礼记》的要求去做。可以说，《礼记》是我国最早一本关于身体规训的百科全书。

除此之外，先秦思想家也对各个阶层的身体行为提出了具体要求。老子认为国君要"为无为，事无事，味无味，大小多少。"（《道德经》第六十章）孔子指出士要三戒："戒色、戒斗、戒得。"三畏："畏天命、畏大人、畏圣人之言。"九思："视思明，听思聪，色思温，貌思恭，言思忠，事思敬，疑思问，忿思难，见得思义。"（《论语·季氏》）墨子主张君惠臣忠父慈子孝兄友弟悌，他说："故兼者圣王之道也，王公大人之所以安也，万民衣食之所以足也。故君子莫若审兼而务行之，为人君必惠，为人臣必忠，为人父必慈，为人子必孝，为人兄必友，为人弟必悌。故君子莫若欲为惠君、忠臣、慈父、友兄、悌弟，当若兼之不可不行也，此圣王之道而万民之大利也。"（《墨子·兼爱下》）而韩非子认为君主要"七术"，即"一曰众端参观，二曰必罚明威，三曰信赏尽能，四曰一听责下，五曰疑诏诡使，六曰挟知而问，七曰倒言反事"。（《韩非子·内储说上·七术》）总之，无论是道家、儒家，还是法家、墨家都认为要对言及的对象进行具体的身体规训。可以这样认为，先秦时期是中国古代一个身体大规训时期，对后世的身体走向产生了深刻的影响。

第六，身体生产思想的出现。这主要表现在两方面：一是《黄帝内经》《易经》《礼记》等著作对身体生产的描绘，如《易经》中的《坤卦》的《彖传》中的"彖曰：至哉'坤元'！万物资生，乃顺承天。坤厚载物，德合无疆。含弘光大，品物成'亨'"。（《易经·坤卦》）就揭示了包括身体的万物都是由"坤元"生产的思想。而《礼记》中的《昏义》对具体负责身体生产的男女的教化做了明确的规定，指出："是故男教不修，阳事不得，適见于天，日为之食；妇顺不修，阴事不得，适见于天，月为之食。是故日食则天子素服而修六官之职，荡天下之阴事。故天子之与后，犹日之与月，阴之与阳，相须而后成者也。天子修男教，父道也；后修妇顺，母道也。故曰：'天子之后，犹父之与母也。'故为天王服斩衰，服父之义也；为后服资衰，服母之义也。"（《礼记·昏义》）这就说明，中国早在两千多年以前就有身体生产思想的萌芽。

二是墨子对身体生产的系统论述。墨子主要是从身体生产的重要组成部分——人口生产来进行系统阐述的。他说："凡回于天地之间，包于四海之内，天壤之情，阴阳之和，莫不有也。虽至圣不能更也，何以知其然？圣人有传，天地也。则曰上下；四时也，则曰阴阳；人情也，则曰男女；禽兽也，则曰牡牝雄雌也。真天壤之情，虽有先王不能更也。虽上世至圣，必蓄私不以伤行，故民无怨，宫无拘女，故天下无寡夫。内无拘女，外无寡夫，故天下之民众。"（《墨子·辞过》）墨子认为人口生产是人类社会的根本准则，这与恩格斯所指出的人类生产有两种，即生活资料的生产和种的繁衍[1]的观点非常相洽。同时，墨子还提出了"兼爱""非攻""非乐""节用"和"节葬"等一系列主张来维持身体生产。墨子指出："若使天下兼相爱，爱人若爱其身，犹有不孝者乎？视父兄与君若其身，恶施不孝？犹有不慈者乎？视弟子与臣若其身，恶施不慈？故不孝不慈亡有，犹有盗贼乎？故视人之室若其室，谁窃？视人身若其身，谁贼？故盗贼亡有。犹有大夫之相乱家，诸侯之相攻国者乎？视人家若其家，谁乱？视人国若其国，谁攻？故大夫之相乱家，诸侯之相攻国者亡有。若使天下兼相爱，国与国不相攻，家与家不相乱，盗贼无有，君臣父子皆能孝慈，若此则天下治。"（《墨子·兼爱上》）墨子这种"视人身若其身""爱人若爱其身"的观点，就是基于先秦时期身体相残的境况："今王公大人、天下之诸侯则不然，将必皆差论其爪牙之士，皆列其舟车之卒伍，于此为坚甲利兵，以往攻伐无罪之国。入其国家边境，芟刈其禾稼，斩其树木，堕其城郭，以湮其沟池，攘杀其牲牷，燔溃其祖庙，劲杀其万民。"（《墨子·非攻中》）而提出的。因

---

[1]　中共中央马克思恩格斯列宁斯大林著作编译局. 马克思恩格斯全集（第21卷）［M］. 北京：人民出版社，1965：29.

此，墨子的身体生产思想具有重要的价值功能。

第七，身体治理思想的建构。这主要表现在管子的身体思想中。管子指出："地之守在城，城之守在兵，兵之守在人，人之守在粟。故地不辟则城不固。有身不治，奚待于人？有人不治，奚待于家？有家不治，奚待于乡？有乡不治，奚待于国？有国不治，奚待于天下？天下者，国之本也；国者，乡之本也；乡者，家之本也；家者，人之本也；人者，身之本也；身者，治之本也。故上不好本事，则末产不禁；末产不禁，则民缓于时事而轻地利；轻地利而求田野之辟、仓廪之实，不可得也。"（《管子·经言》）管子这种身体治理思想比西方福柯提出的身体治理观念早了两千多年。而且管子的身体治理有一整套路径，即身治—家治—乡治—国治—天下治。这与前面所述道家的"修之身，其德乃真。修之于家，其德乃余。修之于乡，其德乃长。修之于邦，其德乃丰。修之于天下，其德乃普。故以身观身，以家观家，以乡观乡，以邦观邦，以天下观天下。"（《道德经》第五十四章）观念和儒家的"修身、齐家、治国、平天下"观念是一致的。因此，从治理的视角来讲，道家的"修身、修家、修乡、修邦、修天下"思想和儒家"修身、齐家、治国、平天下"思想也是一种身体治理的路径在观念上的反映。

墨家和后来的法家也对身体治理做了系统的阐释，墨子指出："是以举天下之人，皆欲得上之赏誉，而畏上之毁罚。是故里长顺天子政，而一同其里之义。里长既同其里之义，率其里之万发民，以尚同乎乡长。……乡长治其乡，而乡既已治矣，有率其乡万民，以尚同乎国君，曰：'凡乡之万民，皆上同乎国君，而不敢下比。国君之所是，必亦是之，国君之所非，必亦非之。去而不善言，学国君之善言；去而不善行，学国君之善行。国君固国之贤者也，举国人以法国君，夫国何说而不治哉？'察国君之所以治国，而国治者，何故之以也？曰唯以其能一同其国之义，是以国治。"（《墨子·尚同中》）在这里，墨子提出的身治—里治—乡治—国治的治理路径与上述管子的身体治理路径是一样的。也就是说，中国古代思想家不约而同地提出了身治—乡治—国治的主张。而韩非子的"修身者，以此别君子小人；治乡、治邦、莅天下者，各以此科适观息耗，则万不失一。故曰：'以身观身，以家观家，以乡观乡，以邦观邦，以天下观天下。吾奚以知天下之然也？以此。'"（《韩非子·解老》）像墨子一样，不同程度地提出了自己身体治理的方法。这一方法，与前面老子、孔子、管子、墨子的身体治理方法没有什么不同。由此可见，先秦时期是身体治理思想大萌芽、大发展时期，对后来的国家治理和社会治理产生了深刻的影响。

第八，身体统制思想和身体认同思想的阐释。身体统制思想主要是荀子的身体思想，身体认同思想则主要是孟子的身体思想。

在《荀子》一书中，荀子主张用"礼"这一生命权力来统制身体。他说："凡是血气、志意、知虑，由礼则治通，不由礼则勃乱提僈；食饮、衣服、居处、动静，由礼则和节，不由礼则触陷生疾；容貌、态度、进退、趋行，由礼则雅，不由礼则夷固僻违，庸众而野。故人无礼则不生，事无礼则不成，国家无礼则不宁。"（《荀子·修身》）为此，他提出了具体的礼的统制方法，如养身、正身、事身、修身、立身等。如在《修身》中指出"礼者，所以正身也；师者，所以正礼也。无礼，何以正身？无师，吾安知礼之为是也？礼然而然，则是情安礼也；师云而云，则是知若师也。情安礼，知若师，则是圣人也。故非礼，是无法也；非师，是无师也。不是师法，而好自用，譬之是犹以盲辨色，以聋辨声也，舍乱妄无为也。故学也者，礼法也，夫师以身为正仪，而贵自安者也"。（《荀子·修身》）荀子的身体统制思想是一种全方位、多层次的身体统辖管制思想。

在《孟子》一书中，孟子主张用"仁"来达到身体认同。他说："王曰：'何以利吾国？'大夫曰：'何以利吾家？'士庶人曰：'何以利吾身？'上下交征利而国危矣。万乘之国，弑其君者，必千乘之家；千乘之国，弑其君者，必百乘之家。万取千焉，千取百焉，不为不多矣。苟为后义而先利，不夺不餍。未有仁而遗其亲者也，未有义而后其君者也。王亦曰仁义而已矣，何必曰利？"（《孟子·梁惠王章句上》。）孟子认为"仁"可以利身、利家、利国，"仁"是实现身体认同的重要条件。《孟子》一书整篇都是论述如何用"仁"来实现身体认同以至国家认同的，孟子"仁"的认同思想，对后来儒家文化的传播和发展起着重要的推动作用。

总之，先秦时期身体思想无论内容，还是形式，都丰富多彩，身体图式已初具规模。下面各节将展开系统而具体的叙述。

二、先秦时期身体图式产生的原因及影响

先秦时期之所以出现众多身体图式阐释，主要有以下三方面的因素。

第一，经济的发展，身体自主性的凸显。在夏、商、西周奴隶社会时期，实行的是井田制。《周礼·匠人》这样描述道："九夫为井，井间广四尺深四尺，谓之沟。方十里为成，成间广八尺，深八尺，谓之洫。方百里为同，同间广二寻，深二仞，谓之浍。专达于川，各载其名。"（《周礼·匠人》）在这种土地制度下，奴隶集中耕种。正所谓"溥天之下，莫非王土；率土之滨，莫非王臣。"

（《诗经·小雅·北山》）身体被置于奴隶主下，缺乏人身自由。春秋战国时期，随着铁器的广泛使用和牛耕的推广，生产力有了很大的发展，新兴的地主阶级、农民和手工业者开始出现，新兴阶级的自主意识也开始形成。如墨子所说："今农夫入其税于大人，大人为酒醴粢盛，以祭上帝鬼神，岂曰'贱人之所为'而不享哉？故虽贱人也，上比之农，下比之药，曾不若一草之本乎？"（《墨子·贵义》）他们要求享有一定的社会地位。在这种语境下，先秦思想家开始关注作为生命本体的身体。《易经·系辞下》中的"乾，阳物也；坤，阴物也。阴阳合德而刚柔有体，以体天地之撰，以通神明之德。"（《易经·系辞下》）正是说明了身体意识出现的目的。由于身体"知周乎万物而道济天下"（《易经·系辞上》），先秦思想家开始探讨身体的生成、规训、生产、统制、认同等问题。经济的发展，为身体自主性和身体图式的出现提供了重要的物质基础。

第二，社会结构的转型，身体行为的失衡。先秦时期是我国历史上第一次社会转型时期。在这一转型时期，由于奴隶制王朝的衰落，新兴封建王朝的出现，社会失去重心从而使身体失去规范。诚如司马光所评论："呜呼！幽、厉失德，周道日衰，纲纪散坏，礼之大体什丧七八矣。"①"春秋五霸""战国七雄"局面的出现皆由于此。

在对土地和人口的争夺中，人的死亡不可胜数。墨子指出："若使中兴师，君子庶人也，必且数千，徒倍十万，然后足以师而动矣。久者数岁，速者数月，是上不暇听治，士不暇治其官府，农夫不暇稼穑，妇人不暇纺绩织纴，则是国家失卒，而百姓易务也。然而又与其车马之罢弊也，慢幕帷盖，三军之用，甲兵之备，五分而得其一，则犹为序疏矣。然而又与其散亡道路，道路辽远，粮食不继傺，食饮之时，厕役以此饥寒冻馁疾病，而转死沟壑中者，不可胜计也。此其为不利于人也，天下之害厚矣。而王公大人，乐而行之。"（《墨子·非攻》）反映的就是转型时期战争、饥饿对身体的剥夺。因此，先秦的思想家们提出了"贵身"和身体生产、统制的主张。

而且，战乱也导致了"礼崩乐坏"局面的出现。如《礼运》所说："今大道既隐，天下为家，各亲其亲，各子其子，货力为己，大人世及以为礼。"（《礼记·礼运》）在这种情况下，老子、孔子、荀子、韩非子和墨子都提出了要对身体进行规训的主张。尽管规训的对象不同，有的是王，有的是士，有的是手工业者，但规训内容都是要把身体纳入一个正常的状态。从这一点来说，先秦

① 沈志华. 文白对照全译《通鉴记事本末》（一）[M]. 北京：改革出版社，1994：2.

身体规训思想的出现，对社会失范具有重大的整合的作用。

第三，文化的繁荣，身体意识的张扬。先秦时期实行的是一种比较开明的、自由的文化制度。私人既可以自由地招收贤士，又可以自由办学，还可以自由地游说和争鸣。正如现代学人吴康所指出："神州古代期之学术，当推周末三百年间为全盛时代。凡古代大思想家，其学术风流，足以肸蚃来世。而为震旦文明之代表者，盖靡不诞育于是。所谓千岩竞秀，万壑争流，怪异诡观，于焉毕具。"①

在这种宽松、自由和开放的文化氛围和文化制度下，先秦思想家对身体都提出了自己的看法。孔子认为身体是一种血缘关系的延伸。他说："子也者，亲之后也，敢不敬与？君子无不敬也，敬身为大。身也者，亲之枝也，敢不敬与？不能敬其身，是伤其亲。伤其亲，是伤其本。伤其本，枝从而亡。"（《礼记正义·衰公问》）而老子的"天长地久，天地之所以能长且久者，以其不自生也。故能长生。是以圣人退其身而身先，外其身而身存，不以其无私与？故能成其私。"（《道德经》第七章）中的"身"既是一种身体欲望，又是一种饮食身体。荀子的"扁善之度，以治气养生，则后彭祖；以修身自名，则配尧禹。宜于时通，利以处穷，礼信是也。"（《荀子·修身》）中的"身"是一种身体的社会存在。先秦时期身体意识及其与身体相关的生产、开发、治理、规训、统制和认同观念得到了极大的张扬。

先秦身体图式的出现，对后世身体思想的发展与繁荣产生了深刻的影响。当然，这影响有许多方面，重要的主要有以下三点。

第一，作为民本思想之呈现的身体的出现与发展。先秦时期的"贵身"主张，要求统治者惜生惜民，即统治者在进行统治时，要把百姓的身体放在首要的位置，尊重百姓身体的主体地位。如管子指出："善罪身者，民不得罪也；不能罪身者，民罪之。故称身之过者，强也；治身之节者，惠也；不以不善归人者，仁也。故明王有过则反之于身，有善则归之于民。有过而反之身则身俱，有善而归之民则民喜。往喜民，来惧身，此明王之所以治民也。"（《管子·短语·小称》）这种思想反映在政治上就是以民为本的民本思想。先秦以后，封建王朝的统治者为了维护封建统治，都不由自主地贯彻执行这一思想。如唐太宗所说："天地之大，黎元为先。"（《晋宣帝总论》）进入近代，一些仁人志士也主张把百姓的生活放在首位。孙中山指出："共和国，人民是主人，国家为人

---

① 吴敬轩. 周代学术勃兴之原因［A］. 中国学术讨论集［C］. 第一集. 上海：上海群众图书公司，1927：10.

民的所有物；个个人民，都是皇帝，哪一个想独裁全国，都是不成的。国内的事情，要人民去管理；国内的幸福，也是人民来享受。"① 即国家是百姓的国家，百姓的身体是建构国家的主体。因此，先秦时期的"贵身"主张有力地推动了民本思想的发展与繁荣。换言之，民本思想的基石就是"贵身"思想。

第二，作为精神修养之呈现的身体的形成和发展。台湾学者杨儒宾认为先秦时期的身体观有两源三派，其中践行观的代表人物孟子主张生命与道德的合一，人身乃精神化的身体。② 实际上，无论是道家的老子，还是儒家的孔子，法家的韩非子都主张生命与道德的合一，这就是修身。修身是先秦身体思想的一项重要内容。这一主张成为历代士身体行为的规范和标杆。文天祥在《正气歌》中说："天地有正气，杂然赋流形。下则为河岳，上则为日星。於人曰浩然，沛乎塞苍冥。……是气所磅礴，凛烈万古存。当其贯日月，生死安足论。地维赖以立，天柱赖以尊。三纲实系命，道义为之根。"表达的就是这种道德与生命相结合的身体意识。在文天祥心中，人身就是道德的化身。从先秦时期起，中国人的身心一直是合一的。王阳明的"知行合一"就是要求作为精神的身体与作为行为的身体要完美结合。因此，自先秦时期起，作为精神修养之呈现的身体一直在场，并经过朱熹、王阳明、曾国藩等人的发展，成为中国身体思想一个重要的组成部分。

第三，作为政治权力和话语的身体在场与发展。从先秦时期起，身体一直是权力和话语雕刻的对象。《孝经》指出"身体发肤，受之父母，不敢毁伤，孝之始也。立身行道，扬名于后世，以显父母，孝之终也。夫孝，始于事亲，中于事君，终于立身"（《孝经·开宗明义章》）表达了父权对身体的支配。而"溥天之下，莫非王土；率土之滨，莫非王臣"（《诗经·小雅·北山》）表达的则是王权对身体的统制。这种被权力和话语统辖的身体，在西汉时期表现得尤为明显。董仲舒提出的"君为臣纲、父为子纲、夫为妻纲"，使身体成为君权、父权和夫权的产物。从此，身体被套上了君权、父权、夫权和神权四根绳索，身体话语与身体叙事被这四根绳索所捆制，成为压迫人民的工具。宋朝理学家提出的"存天理，灭人欲"更是在"理"的幌子下把身体的属己性消灭得一干二净，权力与话语渗透到身体社会的各个角落。可以说，从先秦时期发育起的作为政治权力和话语的身体在两千多年的封建社会里一直在场，一直被权

---

① 中国社会科学院近代史研究所中华民国史研究室，中山大学历史系孙中山研究室，广东省社会科学院历史研究室. 孙中山全集（第5卷）［M］. 北京：中华书局，1985：174.

② 杨儒宾. 儒家身体观［M］. 台北："中央研究院"中国文哲研究所，1996：172.

力与话语塑造、分割和安排。直到近代甲午战争，一些有识之士提出了身体改造和身体解放的主张后，身体才开始逐渐摆脱权力和话语的控制，成为自由的产物。

总之，先秦身体图式，对后来身体思想的发展和变化具有重大的作用。

第一节　身体生成：《山海经》身体思想研究

关于身体的生成，台湾著名身体社会学家黄金麟认为始于清末民初。他说，这一时期"中国所面临的困顿局势，以及因此困顿而产生的许多改革措施，如由清政府推动的自强运动、变法、修律和教育改造运动，以及由民间知识分子所发动的军国民、新民、新文化和公民运动等，都和身体的打造或再造有着直接的关联。甚至以爱国作为名义的各种学生运动，也都对近代身体的形塑和使命化产生一定的强化作用。"① 不可否认的是先秦文献典籍也有许多关于身体的镜像，如"欲先民，必以身后之。"（《道德经》第六十六章）"不使不仁者加乎其身。"（《论语·里仁》）"道血气，以求长年、长心、长德。此为身也。"（《管子·中匡》）和"君子之学也，以美其身"（《荀子·劝学》）等。这是否意味着中国先秦时期就已经有身体的生成？笔者的回答是肯定的。这就导引出另一个问题：中国身体的生成最早又在什么时候？

如果说西方身体的生成是从《圣经》开始的，那么中国的身体生成，笔者认为应该从《山海经》开始。下面以《山海经》这本古代典籍作为考察的对象，具体论述中国身体生成的过程与意义。

一、《山海经》身体生成思想的主要内容

身，《说文解字》释义为："身，躯也，象人之身。"这是否说明先秦时期的身体只是一种生理性的"肉体"？回答是否定的。我们从《山海经》这本典籍中可以看出，此时的身体除了自然属性外，还有社会属性。它既体现一种欲望，又体现一种力与力之间的关系；它既是一种符号，又是一种同时包括生物性和文化性的存在。

---

① 黄金麟. 历史、身体、国家：近代中国的身体形成（1895—1937）［M］. 北京：新星出版社，2006：4.

第一，被祭祀的奇特身体形状的神仙的身体生成。在《山海经》里有许多光怪陆离被祭祀的神仙。如"自招摇之山，以至箕尾之山，凡十山，二千九百五十里。其神状皆鸟身而龙首，其祠之礼：毛用一璋玉瘞，糈用稌米，白菅为席。"（《山海经·南山经》）"凡西次二山之首，自铃山至于莱山，凡十七山，四千一百四十里。其十神者，皆人面而马身。其七神，皆人面牛身，四足而一臂，操杖以行，是为飞兽之神。其祠之，毛用少牢，白菅为席，其十辈神者，其祠之，毛一雄鸡，钤而不糈。"（《山海经·西山经》）"凡北山之首，自单狐之山至于隄山，凡二十五山，五千四百九十里，其神皆人面蛇身。其祠之：毛用一雄鸡彘瘞，吉玉用一珪，瘞而不糈。其山北人，皆生食不火之物。"（《山海经·北山经》）"凡东次二山之首，自空桑之山至于甗山，凡十七山，六千六百四十里。其神状皆兽身人面载觡。其祠：毛用一鸡祈，婴用一璧瘞。"（《山海经·东山经》）等。在这些记载中，被祭祀的神仙的身体形状各不相同，有"鸟身而龙首""人面而马身""人面蛇身"和"兽身人面载觡"等。身体享受的东西也不完全一样，有"毛用一璋玉瘞，糈用稌米，白菅为席。""毛一雄鸡，钤而不糈。""毛用一雄鸡彘瘞，吉玉用一珪，瘞而不糈。"和"毛用一鸡祈，婴用一璧瘞。"等。这些半人半兽或半鸟半兽神仙身体形状的出现，反映了原始先民一种身体思维。

首先，原始先民的图腾，不是某一具体动物或植物，而是半人半兽的混合体。按照恩格斯的观点："一切宗教不过是支配着人们日常生活的外部力量在人们头脑中的幻想的反映，在这种反映中，人间的力量采取了超人间的力量的形式。"① 这种半人半兽神的身体乃是人的镜像，只不过采取了一种象征的形式。

按照玛丽·道格拉斯的观点："身体是一个人最初的也是最自然的工具，或者更确切一些，不用工具这个词，身体是人的最初的和最天然的技术对象，同时也是人的技术手段，是人的身体。"② 这种半人半兽神的身体乃是原始先民改造自然的一种工具。这充分说明，随着生产力的发展，人类在与自然的斗争中，身体作为人的技术对象和技术手段有了很大的进步。从这一点来说，这种半人半兽神的身体的生成，反映了原始先民征服自然改造自然能力的提高。

其次，从图腾的献祭物来看，不是雄鸡、稌米，就是玉。这一方面反映了维持人类身体生产的物质资料产品的种类有了增多；另一方面反映了神人关系

---

① 中共中央马克思恩格斯列宁斯大林著作编译局. 马克思恩格斯选集（第3卷）[M]. 北京：人民出版社，1995：354.

② 转引自斯特拉桑. 身体思想 [M]. 王业伟，赵国新，译. 沈阳：春风文艺出版社，1999：19.

的改善。弗洛伊德指出："人们在通过献祭的仪式后，使自己和动物与神之间的血族关系更加亲密。"①《山海经》中献祭物品的贵而多，表明原始先民与神的关系越来越紧密，对神的保护越来越细致。从这一点来说，对图腾献祭的郑重，实际上是对身体保护的郑重。

最后，参加祭祀的人，一般来源于同一氏族或同一部落。弗雷泽指出："在属于同一个部落图腾下的所有男人和女人都深信自己是来自于相同的祖先并且具有相同的血缘，他们之间由于一种共同的义务和对图腾的共同信仰而紧密地集合在一起……当我们愈往前追溯时，我们愈发现原始部落的族民视自己和图腾为同一种族来源；换言之，我们追溯得越远，就越能发现氏族成员将自己与图腾视为同种系生物，并不区分对待图腾和对待氏族同胞的行为。"②《山海经》对图腾的祭祀，反映了同一氏族或同一部落的血缘关系及社会关系。《山海经》中身体的生成，既具生理性，又具社会性。

第二，原始先民的身体生成。在《山海经》中有许多对原始先民的身体描述。如"羽民国在其东南，其为人长头，身生羽。一曰在比翼鸟东南，其为人长颊。……讙头国在其南，其为人人面有翼，鸟喙，方捕鱼。一曰在毕方东。或曰讙朱国。厌火国在其南，其为人兽身黑色，火出其口中。一曰在讙朱东。……三苗国在赤水东，其为人相随。一曰三毛国。载国在其东，其为人黄，能操弓射蛇。一曰盛国在三毛东。贯匈国在其东，其为人匈有窍。一曰在载国东。交胫国在其东，其为人交胫。一曰在穿匈东。不死民在其东，其为人黑色，寿，不死。一曰在穿匈国东。反舌国在其东，其为人反舌。一曰支舌国，在不死民东。……三首国在其东，其为人一身三首。一曰在凿齿东。周饶国在其东，其为人短小，冠带。一曰焦侥国在三首东。长臂国在其东，捕鱼水中，两手各操一鱼。一曰在焦侥东，捕鱼海中。"（《山海经·海外南经》）"三身国在夏后启北，一首而三身。一臂国在其北，一臂、一目、一鼻孔。有黄马虎文，一目而一手。奇肱之国在其北，其人一臂三目，有阴有阳，乘文马。有鸟焉，两头，赤黄色，在其旁。……白民之国在龙鱼北，白身被发。有乘黄，其状如狐，其背上有角，乘之寿二千岁。"（《山海经·海外西经》）"柔利国在一目东，为人一手一足，反膝，曲足居上。一云留利之国，人足反折。……深目国在其东，为人深目，举一手。一曰在共工台东。无肠之国在深目东，其为人长而无肠。聂目之国在无肠国东，使两文虎，为人两手聂其耳。"（《山海经·海外北经》）

① 弗洛伊德. 图腾与禁忌［M］. 文良文化，译. 北京：中央编译出版社，2005：147.
② 转引吕先琼.《山海经》神怪形象的生命意识研究［D］. 重庆：西南大学，2013：41.

和"大人国在其北，为人大，坐而削船。一曰在蹉丘北。奢北之尸在其北，兽身、人面、大耳，珥两青蛇。一曰肝榆之尸在大人北。君子国在其北，衣冠带剑，食兽，使二文虎在旁，其人好让不争。有薰华草，朝生夕死。一曰在肝榆之尸北。虹虹在其北，各有两首。一曰在君子国北。"（《山海经·海外东经》）等。

首先，从这些原始先民的身体来看，基本上都是畸形的身体。不是"人长头，身生羽"，就是"人面有翼，鸟喙"；不是"兽身黑色，火出其口"，就是"为人交胫"；不是"一首而三身"，就是"一臂三目，有阴有阳"等。这些畸形的身体，与《庄子》中的畸形身体没有什么两样。《庄子》中的畸形身体是："颐隐于脐，肩高于顶，会撮指天，五管在上，两髀为胁。"（《庄子·人间世》）"兀者"和"无趾"等。而这些畸形身体，庄子认为可以免遭伤害，他以栎社树为例，指出："其大蔽数千牛，絜之百围，其高临山，十仞而后有枝，其可以为舟者旁十数。"但"以为舟则沉，以为棺椁则速离，以为器则速毁，以为门户则液樠，以为柱则蠹。是不材之木也，无所可用，故能若是之寿"。（《庄子·人间世》）因此，《山海经》畸形身体的出现，从某一程度上讲，也是为了避免大自然的伤害。

其次，《山海经》中所描绘的那些羽民国、讙头国、三苗国、三毛国、贯匈国、周饶国、深目国、无肠国、君子国等，都是华夏人对异族异国身体的想象。陈连山指出："对异族、异国国民形象的怪异化想象，事实上构成了对华夏人自身正常的证明。华夏人的这种自我认识包含了一定的自我中心主义的偏见。"① 这就说明，在异族异国畸形身体想象的过程中，华夏人正常的身体也在生成。

最后，异族异国身体的生成，与华夏族有着千丝万缕的血缘关系。在《山海经》中有许多关于这方面的记载，如三身之国乃华夏娥皇所生："大荒之中，有不庭之山，荣水穷焉。有人三身；帝俊妻娥皇，生此三身之国，姚姓，黍食，使四鸟。有渊四方，四隅皆送，北属黑水，南属大荒。北旁名曰少和之渊，南旁名曰从渊，舜之所浴也。"（《山海经·大荒南经》）北狄之国乃黄帝之孙始均所生："有北狄之国。黄帝之孙曰始均，始均生北狄。"（《山海经·大荒西经》）毛民之国乃禹之后人所生："有毛民之国，依姓，食黍，使四鸟。禹生均国，均国生役采，役采生修鞈，修鞈杀绰人。帝念之，潜为之国，是此毛民。"（《山海经·大荒北经》）巴国乃大皞子孙所生："西南有巴国。大皞生咸鸟，

---

① 陈连山.《山海经》对异族的想象与自我认知［J］. 北京大学学报（哲学社会科学版），2012，49（1）：130-135.

咸鸟生乘厘，乘厘生后照，后照是始为巴人。"（《山海经·海内经》）等。这些记载，反映了异族异国身体都来源于华夏同一个祖先。这样，自然地建构起了以华夏身体为中心的异族异国身体的谱系。

第三，维持身体生成的物质资料的生成。恩格斯曾指出："生产本身又有两种。一方面是生活资料即食物、衣服、住房以及为此所必需的工具的生产；另一方面是人类自身的生产，即种的繁衍。"① 换句话讲，即人类的生产包括身体的生产和维持身体生产的物质资料的生产。《山海经》中有许多对维持原始先民身体生成的动植物作用的描绘。如"有草焉，其状如韭而青华，其名曰祝余，食之不饥。"（《山海经·南山经》）"又东三百七十里，曰杻阳之山，其阳多赤金，其阴多白金。有兽焉，其状如马而白首，其文如虎而赤尾，其音如谣，其名曰鹿蜀，佩之宜子孙。怪水出焉，而东流注于宪翼之水。其中多玄龟，其状如龟而鸟首虺尾，其名曰旋龟，其音如判木，佩之不聋，可以为底。又东三百里，曰柢山，多水，无草木。有鱼焉，其状如牛，陵居，蛇尾有翼，其羽在鮥下，其音如留牛，其名曰鯥，冬死而复生，食之无肿疾。又东四百里，曰亶爰之山，多水，无草木，不可以上。有兽焉，其状如狸而有髦，其名曰类，自为牝牡，食者不妒。又东三百里，曰基山，其阳多玉，其阴多怪木。有兽焉，其状如羊，九尾四耳，其目在背，其名曰猲狙，佩之不畏。有鸟焉，其状如鸡而三首六目，六足三翼，其名曰敞付，食之无卧。"（《山海经·南山经》）和"又西三百五十里，曰英鞮之山，上多漆木，下多金玉，鸟兽尽白。涴水出焉，而北流注于陵羊之泽。是多冉遗之鱼，鱼身蛇首六足，其目如马耳，食之使人不眯，可以御凶。又西三百里，曰中曲之山，其阳多玉，其阴多雄黄、白玉及金。有兽焉，其状如马，而白身黑尾，一角，虎牙爪，音如鼓，其名曰駮，是食虎豹，可以御兵。有木焉，其状如棠，而员叶赤实，实大如木瓜，名曰櫰木，食之多力。"（《山海经·西山经》）等。

从这些记载来看，维持身体生成的动植物有三方面的作用。首先，这些动植物可以治疗身体的某一疾病。如"有鱼焉，其状如牛，陵居，蛇尾有翼，其羽在鮥下，其音如留牛，其名曰鯥，冬死而复生，食之无肿疾。"（《山海经·南山经》）"西南三百六十里，曰崦嵫之山，其上多丹木，其叶如榖，其实大如瓜，赤符而黑理，食之已瘅，可以御火。"（《山海经·西山经》）和"又南三百八十里，曰葛山之首，无草木。澧水出焉，东流注于余泽，其中多珠蟞鱼，

① 中共中央马克思恩格斯列宁斯大林著作编译局. 马克思恩格斯全集（第21卷）［M］. 北京：人民出版社，1965：29.

其状如肺而四目，六足有珠，其味酸甘，食之无疠。"（《山海经·东山经》）等。这些肿、瘅和疠等疾病，正是中国古代身体思想所要关注的对象。通过疾病，可以"把我们的目光引向一个具有稳定可见性的世界"。① 原始先民想通过某一植物或某一动物来防治身体某一疾病，正是为了促使正常身体在世界的存在与延续。

其次，这些动植物可以治疗心灵的某一缺陷。如"又东四百里，曰亶爰之山，多水，无草木，不可以上。有兽焉，其状如狸而有髦，其名曰类，自为牝牡，食者不妒。"（《山海经·南山经》）"又北三十里，曰牛首之山。有草焉，名曰鬼草，其叶如葵而赤茎，其秀如禾，服之不忧。"（《山海经·中山经》）和"又东三百里，曰阳山，其上多玉，其下多金铜。有兽焉，其状如牛而赤尾，其颈肾，其状如句瞿，其名曰领胡，其鸣自詨，食之已狂。"（《山海经·北山经》）等。这些妒、忧和狂与身体相关的心灵疾病，在原始先民看来，是可以通过某一植物或某一动物来防治的。这样，由正常的身体生成转向正常的心灵生成，反映了人类认识世界改造世界的能力有了质的飞跃。同时，原始先民把防治身体疾病与防治心灵疾病结合起来，这就表明，在他们的观念里，身心是合一的。这正是先秦身体思想一个重大特点。

最后，这些动植物可以生成国家的自然灾害和预告吉凶。如"涴水出焉，而北流注于陵羊之泽。是多冉遗之鱼，鱼身蛇首六足，其目如马耳，食之使人不眯，可以御凶。又西三百里，曰中曲之山，其阳多玉，其阴多雄黄、白玉及金。有兽焉，其状如马，而白身黑尾，一角，虎牙爪，音如鼓，其名曰駮，是食虎豹，可以御兵。"（《山海经·西山经》）"又西二百六十里，曰邽山。其上有兽焉，其状如牛，蝟毛，名曰穷奇，音如獋狗，是食人。濛水出焉，南流注于洋水，其中多黄贝，蠃鱼，鱼身而鸟翼，音如鸳鸯，见则其邑大水。又西二百二十里，曰鸟鼠同穴之山，其上多白虎、白玉。渭水出焉，而东流注于河。其中多鳋鱼，其状如鳣鱼，动则其邑有大兵。"（《山海经·西山经》）"东次二山之首，曰空桑之山，北临食水，东望沮吴，南望沙陵，西望湣泽。有兽焉，其状如牛而虎文，其音如钦，其名曰轵轳，其鸣自叫，见则天下大水。又南三百里，曰独山，其上多金玉，其下多美石。末涂之水出焉，而东南流注于沔，其中多鯈蛹，其状如黄蛇，鱼翼，出入有光，见则其邑大旱。"（《山海经·东山经》）和"有兽焉，其状如菟而鸟喙，鸱目蛇尾，见人则眠，名曰犰狳，其鸣自訆，见则螽蝗为败。又南三百里，曰耿山，无草木，多水碧，多大蛇。有兽

<hr>

① 福柯. 临床医学的诞生［M］. 刘北成，译. 北京：译林出版社，2001：2.

焉，其状如狐而鱼翼，其名曰朱獳，其鸣自訆，见则其国有恐。"（《山海经·东山经》）等。这些水、旱、蝗灾和兵、凶，在原始先民看来，也可以通过某一动植物来预防。而水、旱、蝗灾和兵、凶对身体的存在具有重大的影响。因此，利用某一动植物来预防水、旱、蝗灾和兵、凶，实际上是维护身体生成的自然环境和社会环境。

第四，英雄神话身体的生成。在《山海经》中有许多英雄神话故事，如精卫填海："有鸟焉，其状如乌，文首、白喙、赤足，名曰精卫，其鸣自詨。是炎帝之少女名曰女娃，女娃游于东海，溺而不返，故为精卫，常衔西山之木石，以堙于东海。漳水出焉，东流注于河。"（《山海经·北山经》）夸父追日："大荒之中，有山名曰成都载天。有人珥两黄蛇，把两黄蛇，名曰夸父。后土生信，信生夸父。夸父不量力，欲追日景，逮之于禺谷。将饮河而不足也，将走大泽，未至，死于此。"（《山海经·大荒北经》）"夸父与日逐走，入日。渴欲得饮，饮于河渭，河渭不足，北饮大泽。未至，道渴而死。弃其杖，化为邓林。"（《山海经·海外北经》）刑天舞干戚："刑天与帝争神，帝断其首，葬之常羊之山。乃以乳为目，以脐为口，操干戚以舞。"（《山海经·海外西经》）共工台："共工之臣曰相柳氏，九首，以食于九山。相柳之所抵，厥为泽溪。禹杀相柳，其血腥，不可以树五谷种。禹厥之，三仞三沮，乃以为众帝之台。在昆仑之北，柔利之东。相柳者，九首人面，蛇身而青，不敢北射，畏共工之台。台在其东。台四方，隅有一蛇，虎色，首冲南方。"（《山海经·海外北经》）鲧治水："洪水滔天。鲧窃帝之息壤以堙洪水，不待帝命。帝令祝融杀鲧于羽郊。鲧复生禹。帝乃命禹卒布土以定九州。"（《山海经·海内经》）等。

从这些神话中可以看出原始先民对英雄身体的崇拜和想象。首先，英雄的身体是可以某一种形式重生的。女娃死了可以化鸟为精卫；夸父死了其杖可以化为邓林；刑天头断了，仍可以"以乳为目，以脐为口，操干戚以舞。"；相柳氏死了，建共工台，人"不敢北射"；鲧死了，复生为禹。这反映了原始先民的一种朴素的生死观，即身体的消亡只是身体重生的前提。这种观念深深地影响着后来道家的身体思想。庄子就是这样认为的。他说："今已为物也，欲复归根，不亦难乎！其易也，其唯大人乎！生也死之徒，死也生之始，孰知其纪！人之生，气之聚也；聚则为生，散则为死。若死生之徒，吾有何患！"（《庄子·知北游》）《山海经》中的英雄身体重生思想开启了后来道家尸解成仙身体修炼的先河。

其次，无论是英雄的身体还是平常人的身体都可以寻求长生不老。由于英雄的身体可以重生，因此，原始先民希望自己像英雄一样能突破自然生命的限制，让身体长久地生存下去。为此，在《山海经》中出现了不死之药："开明东有巫彭、巫抵、巫阳、巫履、巫凡、巫相，夹窫窳之尸，皆操不死之药以距之。窫窳者，蛇身人面，贰负臣所杀也。"（《山海经·海内西经》）不死之草："西南黑水之间，有都广之野，后稷葬焉。其城方三百里，盖天地之中，素女所出也。爰有膏菽、膏稻、膏黍、膏稷，百谷自生，冬夏播琴。鸾鸟自歌，凤鸟自舞，灵寿实华，草木所聚。爰有百兽，相群爰处。此草也，冬夏不死。"（《山海经·海内经》）不死之树："开明北有视肉、珠树、文玉树、玕琪树、不死树"不死之山："流沙之东，黑水之间，有山名不死之山。"（《山海经·海内经》）不死之人："有轩辕之国。江山之南栖为吉，不寿者乃八百岁。"（《山海经·大荒西经》）"人焉三面，是颛顼之子，三面一臂，三面之人不死，是谓大荒之野。"（《山海经·大荒西经》）不死之国："有不死之国，阿姓，甘木是食。"（《山海经·大荒南经》）这些不死之药、不死之草、不死之树、不死之山、不死之人和不死之国的出现，反映了原始先民对身体永恒性的向往和追求，这对以后兴起的神仙思想和长生不老思想有重大的影响。

最后，身体虽生成于神但最终回归自然。在《山海经》中第一次提出了身体生成的本体，即神。这就是我们常说的"女娲造人"。女娲是中国神话传说中的创世女神，她捏泥为人。创造了人的身体，但死后化为神的身体守望自然。《大荒西经》载："有神十人，名曰女娲之肠，化为神，处栗广之野，横道而处。"（《山海经·大荒西经》）从女娲身体回归自然的神话可以看出，无论是神的身体，还是人的身体，最终都要变成大自然的一部分。炎帝女女娃变为鸟，夸父杖变为邓林，"相柳之所抵，厥为泽溪"就是最好的例证。这说明了原始先民已把大自然作为身体的一部分，这与马克思把自然界作为人的"无机身体"的观点不谋而合。

第五，祖先血缘身体的生成。《山海经》对人类五祖（黄帝、大皞、炎帝、少昊、颛顼）和尧、舜、禹有着大量的记载。如对黄帝的记载："又西北四百二十里，曰峚山，其上多丹木，员叶而赤茎，黄华而赤实，其味如饴，食之不饥。丹水出焉，西流注于稷泽，其中多白玉。是有玉膏，其原沸沸汤汤，黄帝是食是飨。是生玄玉。玉膏所出，以灌丹木，丹木五岁，五色乃清，五味用馨。黄帝乃取峚山之玉荣，而投之钟山之阳。瑾瑜之玉之良，坚栗精密，浊泽而有光。五色发作，以和柔刚。天地鬼神，是食是飨；君子服之，以御不祥。"（《山海经·西山经》）对炎帝的记载："炎帝之孙伯陵，伯陵同吴权之妻阿女缘妇，缘妇孕三年，是生鼓、延、殳。殳始为侯，鼓、延是始为钟，为乐风。……炎帝之妻，赤水之子听訞生炎居，炎居生节并，节并生戏器，戏器生祝融。祝融降处于江水，生共工。共工生术器，术器首方颠，是复土壤，以处江水。共工生后土，后土生噎鸣，噎鸣生岁十有二。"（《山海经·海内经》）"东北海之外，大荒之中，河水之间，附禺之山，帝颛顼与九嫔葬焉。爰有鸤久、文贝、离俞、鸾鸟、凤鸟、大物、小物。有青鸟、琅鸟、玄鸟、黄鸟、虎、豹、熊、罴、黄蛇、视肉、璿、瑰、瑶、碧，皆出于山。卫丘方员三百里，丘南帝俊竹林在焉，大可为舟。竹南有赤泽水，名曰封渊。有三桑无枝，皆高百仞。丘西有沈渊，颛顼所浴。"（《山海经·大荒北经》）对舜的记载："南方苍梧之丘，苍梧之渊，其中有九嶷山，舜之所葬。在长沙零陵界中。"（《山海经·海内经》）对禹的记载："禹湮洪水，杀相繇，其血腥臭，不可生谷，其地多水，不可居也。禹湮之，三仞三沮，乃以为池，群帝因是以为台。在昆仑之北。"（《山海经·大荒北经》）等。

这些记载，反映了身体生成的血缘谱系。

首先，祖先身体的生成与神的身体有着密切的关系。《山海经》中有许多关于帝俊的记载，如"东南海之外，甘水之间，有羲和之国。有女子名曰羲和，方浴日于甘渊。羲和者，帝俊之妻，是生十日。"（《山海经·大荒东经》）"有女子方浴月。帝俊妻常羲，生月十二，此始浴之。"（《山海经·大荒西经》）和"帝俊赐羿彤弓素矰，以扶下国，羿是始去恤下地之百艰。"（《山海经·海内经》）这些记载表明帝俊就是创世神天帝。而"有中容之国。帝俊生中容，中容人食兽、木实，使四鸟：豹、虎、熊、罴。有司幽之国。帝俊生晏龙，晏龙生司幽，司幽生思士，不妻；思女，不夫。食黍，食兽，是使四鸟。有大阿之山者。有白民之国。帝俊生帝鸿，帝鸿生白民，白民销姓，黍食，使四鸟：虎、豹、熊、罴。有黑齿之国帝俊生黑齿，姜姓，黍食，使四鸟。"（《山海经·大荒东经》）和"帝俊生禺号，禺号生淫梁，淫梁生番禺，是始为舟。番禺生奚仲，奚仲生吉光，吉光是始以木为车。少皞生般，般是始为弓矢。帝俊生晏龙，晏龙是为琴瑟。帝俊有子八人，是始为歌舞。帝俊生三身，三身生义均，义均是始为巧倕，是始作下民百巧。后稷是播百谷。稷之孙曰叔均，是始作牛耕。大比赤阴，是始为国。禹、鲧是始布土，均定九州。"（《山海经·海内经》）的记载，表明人类祖先身体的血缘都来源于天帝的身体，这样人类身体的生成与神的身体生成就紧密联系起来了。

马克思指出："这样在每个民族中形成的神，都是民族的神，这些神的王国不越出它们所守护的民族领域，在这个界线以外，就无可争辩地由别的神统治了。只有这些民族存在，这些神也就继续或在人们的观念中；这些民族没落了，这些神也随着消亡。"①《山海经》各个民族都拥有一个共同的天神帝俊，说明中华民族有一个共同的祖先，其身体都是同一个血脉。这样各民族之间的身体联系又建立起来了。

其次，对祖先血缘身体的认同。在《山海经》中，人类祖先在开疆辟土、发展生产中都建立过巨大功绩。如"有人衣青衣，名曰黄帝女魃。蚩尤作兵伐黄帝，黄帝乃令应龙攻之冀州之野。应龙畜水，蚩尤请风伯雨师，纵大风雨。黄帝乃下天女曰魃，雨止，遂杀蚩尤。魃不得复上，所居不雨。叔均言之帝，后置之赤水之北。叔均乃为田祖。魃时亡之。所欲逐之者，令曰：'神北行！'先除水道，决通沟渎"。（《山海经·大荒北经》）"颛顼生老童，老童生重及黎，帝令重献上天，令黎邛下地，下地是生噎，处于西极，以行日月星辰之行次。"（《山海经·大荒西经》）和"稷之弟曰台玺，生叔均。叔均是代其父及稷播百谷，始作耕。有赤国妻氏。有双山。"（《山海经·大荒西经》）等。通过对这些业绩的追溯，一方面可以在原始先民的身体上打上历史的烙印，另一方面可以为原始先民提供身体社会记忆和身体认同。

最后，祖先血缘身体处于人的依赖关系。根据马克思的观点，人类身体发展有三个阶段，即人的依赖、物的依赖和人的身体全面发展。②《山海经》的原始先民的身体正处于第一阶段人的依赖这一关系中。马克思指出："人们还处于创造自己社会生活条件的过程中，而不是从这种条件出发去开始他们的社会生活，这是各个人在一定的狭隘的生产关系内的自发的联系。"③ 原始先民的身体生成于氏族和部落，又依赖于氏族与部落。而祖先血缘身体正是联系各个先民的身体纽带，对氏族社会和部落社会发展起着凝聚和整合的作用。

二、对《山海经》身体生成思想的评价

《山海经》的身体生成，是一种原初的身体生成。在这原初生成中，原始社会关系和原始社会伦理出现了萌芽。

第一，《山海经》的身体是一种自然主义的身体而非社会建构的身体。自然主义观点主张，人的身体所具备的能力与受到的约束规定着个体，生成了标志

---

① 中共中央马克思恩格斯列宁斯大林著作编译局. 马克思恩格斯选集（第3卷）[M]. 北京：人民出版社，1995：254.

② 中共中央马克思恩格斯列宁斯大林著作编译局. 马克思恩格斯选集（第46卷上）[M]. 北京：人民出版社，1979：104.

③ 中共中央马克思恩格斯列宁斯大林著作编译局. 马克思恩格斯选集（第46卷上）[M]. 北京：人民出版社，1979：108.

着国家和国际生活模式的那些社会、政治与经济关系，物质财富、法律权利和政治权力等方面的不平等都是由生物性身体的决定力给定的。①《山海经》所处的时代是一个社会生产力极端低下，人类还处于茹毛饮血和简单农业的阶段。如《大荒南经》载："有羽民之国，其民皆生毛羽。有卵民之国，其民皆生卵。"（《山海经·大荒南经》）"有盈民之国，淤姓，黍食。又有人方食木叶。"（《山海经·大荒南经》）和"有蜮山者，有蜮民之国，桑姓，食黍，射蜮是食。有人方扞弓射黄蛇，名曰蜮人。"（《山海经·大荒南经》）等。这一社会阶段正如学者吴泽所分析的那样，是一个"万物有灵"的阶段："初期蒙昧人，人们只知采集天然草木果实为食物，不知狩猎，不知捕鱼，人类和其周围外界是区分不开来；因此，蒙昧人把自身和外界做混合的考察，以为鸟、兽、草、木等东西，都经营着和人类同样的生活：会走路，会跳舞，便是所谓'活物论'。后来，在传说中之'燧人氏''伏羲氏'时代，人们就只知道捕鱼狩猎了，人类开始发现自己的能动性，对自然开始了认识的端绪。但虎、狼、狮、马等猛兽，给予他们的威胁，仍然可怕。对于风、雨、电、雷、水、疾病、死亡、饥、寒、梦与睡觉等，仍是不可抵抗和不可思议的恐惧。因此，一面他们幻想着吃了动物的血，或是戴了虎尾、鹿角，就可以把虎鹿等动物的猛力善跑的本能，转移到人身，从而以之保卫自己，再去征服对象，出现了原始魔术。一面以为万物都有灵魂，人的肉体外，石头本身外，虎的本身外，都有独立活动的灵魂存在着。"② 在这个阶段，身体既是人类活动的载体，又是人类活动的目的。基于这一点，我们可以将《山海经》的身体生成分为以下三个阶段。

第一阶段："活物（鸟、兽、草、木、山）"性的自然原始生命身体。《山海经》中所祭祀的山神和西王母就属于这一身体。它们是人的身体与动物的身体的结合体。它们要么是"人面马身""人面牛身"，要么是"龙面人身"和"人面蛇身"。借用广泛的移情与比拟手法，它们赋予人以动物的体能。这是一种最原始的身体生成阶段。

第二阶段："化人"性的身体。这就是吴泽上面所说的"幻想着吃了动物的血，或是戴了虎尾、鹿角，就可以把虎鹿等动物的猛力善跑的本能，转移到人身"。《山海经》里祝余草、鲑、领胡、鹿蜀、丹木和类等动植物都具有这一充满想象力与希冀力的虚拟功能。它们不但可以治疗人身上的疾病，而且还可以

---

① 希林. 身体与社会理论［M］. 2版. 李康，译. 北京：北京大学出版社，2010：39.

② 吴泽. 中国原始社会史——中国社会史大系（第一分册）［M］. 桂林：文化供应社，1943：102.

对心灵产生影响，同时还可以预防吉凶与水旱灾害。这种身体观念对以后道家的修仙思想有着非常重大的影响。

第三阶段："欲望化"身体。除了人的身体有灵魂和欲望外，万物都有灵魂，都有欲望。这是典型的万物有灵论。《山海经》里黄帝与蚩尤争夺天下，"西王母梯几而戴胜。其南有三青鸟，为西王母取食。在昆仑虚北。"（《山海经·海内西经》）和"贰负之臣曰危，危与贰负杀窫窳，帝乃梏之疏属之山，桎其右足，反缚两手，系之山上木。在开题西北。"（《山海经·海内北经》）都是身体欲望化的结果。这种身体概念已具备现代身体的特征，是一种较高表现形式的现象化身体。

表面上看，这些阶段似乎皆是身体的自然化。实际上，它反映了原始先民的一些身体社会特征。第一阶段反映了各个氏族和部落的社会关系。它所祭祀的图腾，按照涂尔干、弗洛伊德等人的观点，本身就是一种社会关系的反映。第二阶段反映了古代社会生产力与生产关系的发展和进步，也反映了社会关系的强化。第三阶段反映了古代社会部落争斗与部族冲突的存在。因此，《山海经》的身体生成，除了自然的属性外，内在地具有社会的属性。

第二，《山海经》"浑敦"的出现标志着身道的雏形的基本形成。所谓身道，指的是身体存在的依据和本体。《山海经》中的身道，反映了原初的生命之源。《山海经》指出："又西三百五十里，曰天山，多金玉，有青、雄黄。英水出焉，而西南流注于汤谷。有神焉，其状如黄囊，赤如丹火，六足四翼，浑敦无面目，是识歌舞，实为帝江也。"（《山海经·西山经》）这里的"浑敦"与宋朝张君房的《云笈七签》的"混沌"是同一概念。《云笈七签》指出："昔二仪未分之时，号曰洪源。滨津濛鸿，如鸡子状，名曰混沌。"[①] 都指的是生命的初始状态。这种初始状态就是身体生成的本源。后来老子把它进一步发展为"道"。《道德经》指出："有物混成，先天地生。寂兮寥兮，独立而不改，周行而不殆，可以为天下母。吾不知其名，强字之曰道，强为之名曰大。"（《道德经》第二十五章）"道之为物，惟恍为惚。"（《道德经》第二十一章）老子把"混沌"称为"恍惚"，又称为"道"。这说明，老子的"道"源于《山海经》中的"浑敦"。也就是说，《山海经》已初具身道的雏形。

在此基础上，《山海经》又进一步地描述了大自然的生成过程。《山海经》指出："钟山之神，名曰烛阴，视为昼，瞑为夜，吹为冬，呼为夏，不饮，不食，不息，息为风，身长千里。在无启之东。其为物，人面，蛇身，赤色，居

---

① 张君房. 云笈七签 [M]. 济南：齐鲁书社，1988：6.

钟山下。"(《山海经·海外北经》)"西北海之外，赤水之北，有章尾山。有神，人面蛇身而赤，身长千里，直目正乘，其瞑乃晦，其视乃明，不食，不寝，不息，风雨是谒。是烛九阴，是谓烛龙。"(《山海经·大荒北经》) 在这里，昼、夜、冬、夏、日月轮回及四季变化是由不饮、不食、不息的人面蛇身的神烛阴（或烛龙）所创生，"视为昼，瞑为夜，吹为冬，呼为夏。"这样，把神的身体行为与大自然的变化紧密地联系起来了。这说明，在原始先民的思维里，自然界的一切变化都与身体息息相关。通过身体，原始先民认识自然征服自然。因此，万物的生成及变化与原始身道有着密切的关系。

最后，《山海经》预示了身体符号的生成。按照西方学者达琳·尤施卡的观点，符号就是被赋予了文化意义的形象、形状、对象、语词、短语或姿势，在语言之中并通过语言得以实现。[1] 身体符号，就是身体的表达。在《山海经》中，通过对神身体的叙述、对祖先血缘身体的追踪、对英雄人物身体的描绘，都是旨在形成征服自然改造自然的身体符号系统。如"夸父追日"表达的是一种追求光明的决心，"精卫填海"表达的是一种征服自然的强大愿望和不懈努力。这种身体符号系统，深刻地影响着后来身体思想的发展。《周易·系辞上》指出："乾其静也专，其动也直；坤其静也翕，其动也辟。"(《周易·系辞上》) 这种观点就是《山海经》对女性生殖神（女娲、羲和、常羲）的崇拜和男性生殖神或祖先（帝俊、黄帝、炎帝）的崇拜的延续。可以说，《山海经》开启了身道中身体符号的先河。

第三，身体的神话书写。《山海经》中的神话很多，按照尤施卡的观点，可以把它分为四类。第一类：宇宙神话。解释存在的世界及其创造的参照系。第二类：人类学神话。言说人类生活及其秩序。第三类：人类创生神话。讲述社会主体及其与其他群体、世界、神和存在之间的从属关系。第四类：历史神话。追溯个人、群体、性别/性等的途径、起源、发展、事件，或其特殊、富有意义的环境。[2] 从第一类来看，有关于帝江、帝俊、羲和、常羲、烛阴等神的传说；第二类有关于黄帝与蚩尤的战争、易杀王亥和刑天舞干戚的记载；第三类有夸父追日和精卫填海等故事；第四类有对人类五祖（黄帝、大皞、炎帝、少昊、颛顼）和尧、舜、禹事迹的叙述。无论哪种神话方式与类型，都与身体有密切关系。在人类的初始阶段，原始先民都以身体来建构对万物的认识和对自然的

---

[1] 尤施卡. 性别符号学：政治身体/身体政治 [M]. 程丽蓉, 译. 北京：译林出版社，2015：23.

[2] 尤施卡. 性别符号学：政治身体/身体政治 [M]. 程丽蓉, 译. 北京：译林出版社，2015：25.

探索。正如一学者指出："在文明的源头，身体史和心灵史都由宇宙发端，人的身体、心灵都与宇宙密切相关，乃初民共有的认识，世界各大文明圈概莫能外。在宗教、哲学尚未形成时，神话是当时的意识形态，记录和塑造着初民的生活。"①《山海经》中的身体神话书写正是如此。

通过对畸形神仙身体的建构，如"雷泽中有雷神，龙身而人头，鼓其腹。在吴西。"（《山海经·海内东经》）"有神人，八首人面，虎身十尾，名曰天吴。"（《山海经·大荒东经》）"东海之渚中，有神，人面鸟身，珥两黄蛇，践两黄蛇。"（《山海经·大荒东经》）和"有神，人面、犬耳、兽身，珥两青蛇，名曰奢比尸。"（《山海经·大荒东经》）来反映身体的"狞厉美"，从而赋予身体一种超自然的力量。

通过对英雄神话身体的建构，如夸父追日、精卫填海和刑天舞干戚等，除反映身体的不屈不挠外，更重要的是借助英雄神话的身体来抗衡大自然的威胁和壮大自己的力量。如扮应龙："大荒东北隅中，有山名曰凶犁土丘。应龙处南极，杀蚩尤与夸父，不得复上。故下数旱。旱而为应龙之状，乃得大雨。"（《山海经·大荒东经》）用夔皮："东海中有流波山，入海七千里。其上有兽，状如牛，苍身而无角，一足，出入水则必风雨，其光如日月，其声如雷，其名曰夔。黄帝得之，以其皮为鼓，橛以雷兽之骨，声闻五百里，以威天下。"（《山海经·大荒东经》）等。

通过对祖先神话身体的建构，来凝聚氏族、部落的力量，实现氏族、部落的身体记忆和身体认同。

总之，通过对身体的神话书写，赋予身体一种神秘的超自然力量。诚如马克思在《〈政治经济学批判〉导言》所指出："任何神话都是用想象和借助想象以征服自然力，支配自然力，把自然力加以形象化。"②

诚然，《山海经》的身体思想还不成熟。它借"浑敦"来论述身体的本体，借神话来论述身体的生成。但毕竟开启了中国古代身体思想的先河，对后来身体的建构、体认、生产、规训、统制、认同都具有很强的推动作用。

---

① 周与沉. 身体：思想与修行——以中国经典为中心的跨文化观照 [M]. 北京：中国社会科学出版社，2005：94.

② 中共中央马克思恩格斯列宁斯大林著作编译局. 马克思恩格斯选集（第2卷）[M]. 北京：人民出版社，1972：113.

第二节　身体符号：《周易》身体思想研究

《周易》作为中国传统文化的"根"，所蕴含的思想博大精深。《四库全书总目》道："《易》道广大，无所不包，旁及天文、地理、乐律、兵法、韵学、算术以逮方外之炉火，皆可援《易》以为说。"（《四库全书总目》卷一，《经部·易类一》卷首）这是否可以说，身体思想也是《周易》思想所包含的一部分？如果是，其身体思想的主要内容又是什么？

张再林教授指出："对勘中西，如果说西方文化以意识符号系统而见长的话，那么中国文化则以身体符号系统而取胜。而进一步的研究将表明，中国文化的这种身体符号系统，最初发端并集中体现在中国古代《周易》的'易象'之中。"① 这就是说，《周易》像《山海经》一样也具有身体思想，而且身体符号系统是其身体思想的主要内容。

一、《周易》身体符号思想的主要内容

按照德国符号学家卡西尔的说法："对于理解人类文化生活形式的丰富性和多样性来说，理性是个很不充分的名称。但是，所有这些文化形式都是符号形式。因此，我们应当把人定义为符号的动物（animal symbolicum）来取代把人定义为理性的动物。只有这样，我们才能指明人的独特之处，也才能理解对人开放的新路——通向文化之路。"② 也就是说，人是符号的动物。

作为"以眇眇之身托于天下"的身体自然也是符号的产物。"诚如皮尔斯、梅洛-庞蒂、后期维特根斯坦这些语用论的符号学家所指出的那样，身体本身就是符号的形式，身体行为本身就是符号的表达，身体行为的刺激——反应图式本身就是符号运行图式。"③《周易》作为中国符号学起源的经典著作，自然里面包含着一系列身体符号。这些身体符号无论在形式，还是在内容上和结构上都具有中国本土化的特色。

第一，《周易》身体符号是根身性的象征符号。《周易·系辞下》指出：

① 张再林. 作为身体符号系统的《周易》. 世界哲学，2010（4）：30-41.

② 卡西尔. 人论 [M]. 甘阳，译. 上海：上海译文出版社，1985：34.

③ 张再林. 作为身体符号系统的《周易》. 世界哲学，2010（4）：30-41.

"古者包牺氏之王天下也，仰则观象于天，俯则观法于地，观鸟兽之文与地之宜，近取诸身，远取诸物，于是始作八卦，以通神明之德，以类万物之情。"（《周易·系辞下》）这就说明，八卦的创造，是以身体为观照物的。

所谓八卦指的是乾、坤、震、巽、坎、离、艮、兑。它又衍生出六十四卦，分别为：乾、坤、屯、蒙、需、讼、师、比、小畜、履、泰、否、同人、大有、谦、豫、随、蛊、临、观、噬嗑、贲、剥、复、无妄、大畜、颐、大过、坎、离、咸、恒、遁、大壮、晋、明夷、家人、睽、蹇、解、损、益、夬、姤、萃、升、困、井、革、鼎、震、艮、渐、归妹、丰、旅、巽、兑涣、节、中孚、小过、既济、未济。

原始先民由于生产力的落后，八卦及其衍生的六十四卦都用符号来表示，即乾：☰、坤：☷、震：☳、巽：☴、坎：☵、离：☲、艮：☶、兑：☱；其衍生的六十四卦亦如此。这些符号在《周易》里称为"象"。"是故《易》者，象也。象也者，像也。"（《周易·系辞下》）高怀民教授指出："易学与其他哲学殊不相同的面貌特点之一，就是它的'象'。象就是符号，易学的创立是先有符号，筮术及文字均为倚象而后起。"①《周易》里的"象"就是原始先民一种符号的语言表达。

无论八卦，还是六十四卦，其元符号都为"—"和"— —"。按照郭沫若的解释："八卦的根底我们很鲜明地看出是古代生殖器崇拜孑遗。画一以象男根，分而为二以象女阴。"② 这表明，八卦或六十四卦都是男根、女阴或男根与女阴结合的产物。八卦或六十四卦的符号是一种身体符号。

但因此把《周易》看作是一部关于性方面的著作，那就彻底误解了《周易》作为"大道之源"一书的价值。《周易》以身体媾和论事说道，如宣太后以性说韩事一样："妾事先王也，先王以其髀加妾之身，妾困不疲也；尽置其身妾之上，而妾弗重也，何也？以其少有利焉。今佐韩，兵不众，粮不多，则不足以救韩。夫救韩之危，日费千金，独不可使妾少有利焉。"（《战国策·韩策二》）显然是用身体符号来阐释天地万物之道。

《周易》中用身体符号论事说道的有许多，如艮卦：☶"艮其背不获其身，行其庭不见其人。无咎。"（《周易·艮》）以"艮其背"喻明哲保身。同样"艮其趾，无咎，利永贞""艮其腓，不拯其随，其心不快""艮其限，危薰心也""艮其身，无咎""艮其辅，以中正也""敦艮，吉"（《周易·艮》）都是

---

① 高怀民. 先秦易学史［M］. 桂林：广西师范大学出版社，2007：8.
② 郭沫若. 中国古代社会研究［M］. 北京：商务印书馆，2011：23.

以身体退隐喻处世之道。从这一点来讲，《周易》的象征符号具有明显的根身性，下表①最能说明。

八卦	乾☰	坤☷	震☳	巽☴	坎☵	离☲	艮☶	兑☱
身体部位	首	腹	足	股	耳	目	手	口
象征意义	健	顺	动	入	陷	丽	止	说
自然界	天	地	雷	风	水	火	山	泽

台湾学者郑吉雄指出："正是由于《易经》作者具有'身体—语言'的自觉，而'语言→义理'又具有发展关系，'身体→语言→义理'的三个层次的开展，便成为《易经》哲理系统最重要的指标性架构。"② 在这段话中，郑教授把身体置于语言、义理的前列，正是看到了《周易》的象征符号是以身体为出发点的。因此，《周易》身体符号的最大特点就是其根身性。

第二，《周易》身体符号是系谱性的象征符号。张再林教授在《中国古代身体观的十个面相》曾提到族类生成的身体。他说："它起始于我们每一个体亲己的身体，又不局限于这种个体的身体，而是以一种既有差等又无限开放的互体方式，和一种亲中有疏又疏中有亲的互体方式，最终通向一种'民吾同胞'的大写的'类'的身体。在这种身体形式里，我们每一个体的身体既作为《大戴礼记》所说的'亲之枝'，而与我们的亲人的身体血肉相连，又进而循'亲亲而仁民'的路向，同时与普天下的每一个人的身体触类旁通、休戚相关。"③ 这种族类生成的身体就是身体的系谱性。在《周易》身体符号上，这种特征表现得尤为明显。

《周易》指出："《乾》，天也，故称乎父，《坤》，地也，故称乎母。《震》一索而得男，故谓之长男。《巽》一索而得女，故谓之长女。《坎》再索而得男，故谓之中男。《离》再索而得女，故谓之中女。《艮》三索而得男，故谓之少男。《兑》三索而得女，故谓之少女。"（《周易·说卦》）从这段话可以看出，震、巽、坎、离、艮、兑六卦，是乾、坤二卦的派生。而"乾，阳物也。坤，阴物也。"（《周易·系辞下》）震（长男）、巽（长女）、坎（中男）、离（中女）、艮（少男）、兑（少女）是乾（父）坤（母）身体交合的产物。以此

① 陈道德.《周易》——古代中国的符号宇宙［J］. 湖北大学学报（哲学社会科学版），1991（1）：82.

② 郑吉雄：《〈易经〉身体、语言、义理的开展——兼论〈易〉为士大夫之学》，《中国典籍与文化论丛》2010年第6期。

③ 张再林. 中国古代身体观的十个面相［J］. 哲学动态，2010（11）：35-38.

类推，六十四卦都是乾（父）坤（母）身体交合派生之枝。如旅为艮（少男）与离（中女）交合之产物，渐为艮（少男）与巽（长女）交合之产物，损为兑（少女）与艮（少男）交合之产物，节为兑（少女）与坎（中男）交合之产物，困为坎（中男）与兑（少女）交合之产物等。这样就建立了以乾（父）、坤（母）二卦为主的家族身体系谱。

在这一系谱中，家人之间的关系是主要关系。《周易》指出："家人，女正位乎内，男正位乎外。男女正，天地之大义也。家人有严君焉，父母之谓也。父父，子子，兄兄，弟弟，夫夫，妇妇，而家道正。正家而天下定。"（《周易·家人》）家人之间的身体行为直接影响到一个家庭的兴衰："家人嗃嗃，悔，厉，吉。妇人嘻嘻，终吝。"（《周易·家人》）因此，《周易》对家人之间的关系非常重视。

同时，《周易》对系谱外的婚姻关系也比较注重。它说："归妹，天地之大义也。天地不交，而万物不兴。归妹，人之终始也。说以动，所归妹也。'征凶'，位不当也。'无攸利'，柔乘刚也。"（《周易·归妹》）在《周易》看来，一些有身体缺陷的男女更能保持婚姻的稳定。《周易》说："跛能履。征，吉。""眇能视，利幽人之贞。"（《周易·归妹》）这说明，在远古时代，对身体贞操的重视更胜于对身体容貌的重视。

如果以此认为《周易》身体符号表达的是家与婚姻中的男女关系，如周山说："《周易》作者正是通过对这些形形色色的男女关系的考察，做出了具体的价值判断，明确地表达了自己的男女伦理观。"[1] 那就简单化了《周易》作为"一个无所不包的宇宙模式"[2] 的价值功能。

《周易·序卦》指出："有天地然后有万物，有万物然后有男女。有男女然后有夫妇，有夫妇然后有父子。有父子然后有君臣，有君臣然后有上下。有上下然后礼义有所错。"（《周易·序卦》）《周易》从个体身体出发向外延伸到夫妇关系、父子关系、君臣关系和上下关系，最后为实行礼义打下基础。因此，《周易》的身体符号是一个系谱性的象征符号。如下：

立象以尽意，身体符号（— — —）→设卦以尽情威：乾：☰、坤：☷震：☳、巽：☴、坎：☵、离：☲、艮：☶、兑：☱→六十四卦→系辞焉以尽其言：父子关系、夫妇关系、君臣关系、上下关系→变而通之以尽其利、鼓之舞之以尽神→形而下者→器→形而上者→道。这也是张再林教授所指出的"家族之

---

① 周山.《周易》中的男女伦理观 [J]. 哲学分析，2018，9（3）：105-114.

② 汤一介. 我的哲学之路 [M]. 北京：新华出版社，2006：1.

树"。他说："一部《易》之'经'，既可视为身体气脉运行的一幅经纬错综的'经络图'，又可比象于以阴阳两爻为核心成员，以八卦之间的相互'婚配'为根本途径，八八六十四而生成、孳衍出的一棵根深叶茂的'家族之树'。"①《周易》正是借助这"家族之树"，以类的方法，"引而申之"建立身体符号之间的联系。

《周易》指出："《乾》为天，为圜，为君，为父，为玉，为金，为寒，为冰，为大赤，为良马，为老马，为瘠马，为驳马，为木果。坤为地，为母，为布，为釜，为吝啬，为均，为子母牛，为大舆，为文，为众，为柄，其于地也为黑。震为雷，为龙，为玄黄，为旉，为大涂，为长子，为决躁，为苍莨竹，为萑苇。其于马也，为善鸣，为馵足，为作足，为的颡，其于稼也，为反生。其究为健，为蕃鲜。……"（《周易·说卦》）《周易》通过八卦符号，把天地万物交融在一起。因此，《周易》身体符号的关联，不仅表现在纵的方面，而且表现在横的方面。《周易》身体符号的系谱性是多层次的。

第三，《周易》身体符号是"道"的象征符号。《周易》指出："圣人设卦观象系辞焉，而明吉凶。刚柔相推而生变化。是故，吉凶者，失得之象也。悔吝者，忧虞之象也。变化者，进退之象也。刚柔者，昼夜之象也。六爻之动，三极之道也。"（《周易·系辞上》）这里的"三极之道"指的是天道、地道和人道。《周易》身体符号反映的就是这"三极之道"。

首先，从天道来说，《周易》认为阴阳变化就是天道。它说："昔者，圣人之作《易》也，将以顺性命之理。是以立天之道曰阴与阳。"（《周易·说卦》）那么阴和阳是如何变化的呢？《周易》指出："一阴一阳之谓道，继之者善也，成之者性也。……显诸仁，藏诸用，鼓万物而不与圣人同忧，盛德大业至矣哉！富有之谓大业。日新之谓盛德。生生之谓《易》。"（《周易·系辞上》）在这里，《周易》一方面认为阴和阳在一起能生育万物："天地氤氲，万物化醇，男女构精，万物化生。"（《周易·系辞下》）阴阳不仅是天地万物的本体，而且是身体的本体。另一方面又认为阴阳生生不已。

按照孔颖达《周易正义》的解释："生生，不绝之辞，阴阳变转，后生次于前生，是万物恒生谓之易也。前后之生，变化改易，生必有死。"②"生生"也可以指生命的繁衍。因此，"天道"又可谓"身道"。

《周易》说："是故夫象，圣人有以见天下之赜，而拟诸其形容，象其物宜，

---

① 张再林. 作为身体符号系统的《周易》[J]. 世界哲学，2010（4）：30-41.

② 阮元. 十三经注疏［M］. 北京：中华书局，1980：78.

是故谓之象。圣人有以见天下之功,而观其会通,以行其典礼,系辞焉,以断其吉凶,是故谓之爻。极天下之赜者存乎卦,鼓天下之动者存乎辞,化而裁之存乎变,推而行之存乎通,神而明之存乎其人,默而成之,不言而信,存乎德行。"(《周易·系辞上》)圣人通过天道的运行和变化,可以来指导身体的行为和身体欲望的节度。如乾卦《象》中"潜龙勿用,阳在下也"。(《周易·乾》)比喻身体遭到压制,不能有所作为。而"天行健,君子以自强不息。"(《周易·乾》)意为天道刚健,运行不已。君子观此卦象,从而以天为法,自强不息。从这一点来说,《周易》的天道和身道是连在一起的,通过天道来指导身道,从而达到"天人合一"。

其次,从地道来说,《周易》认为刚柔并济就是地道。《周易》指出"立地之道曰柔与刚"(《周易·说卦》)并就此展开了论述。它说:"八卦成列,象在其中矣。因而重之,爻在其中矣。刚柔相推,变在其中矣。系辞焉而命之,动在其中矣。吉凶悔吝者,生乎动者也。刚柔者,立本者也。"(《周易·系辞下》)《周易》认为八卦和六十四卦都是刚、柔和刚柔结合的产物,如乾为刚,坤为柔,震为刚,巽为柔,坎为刚,离为柔,艮为刚,兑为柔。刚柔是易卦系统的基础。因此,作为符号存在的身体要讲究刚柔相济。

恒卦《象》曰:"恒,久也。刚上而柔下,雷风相与,巽而动,刚柔皆应,恒。恒'亨无咎,利贞',久于其道也。天地之到恒久而不已也。'利有攸往',终则有始也。日月得天而能久照,四时变化而能久成。圣人久于其道而天下化成。观其所恒,而天地万物之情可见矣。"(《周易·恒》)说的是身体行为通达与刚柔的关系。在恒卦看来,过刚则凶吝。"初六:浚恒,贞凶,无攸利。""上六:振恒,凶。"(《周易·恒》)因此,《周易》在地道上,注重的是"中孚"。"中孚,柔在内而刚得中,说而巽,孚乃化邦也。"(《周易·中孚》)就是说身体的德性,既要柔顺,又要刚健。所以它一方面主张"天行健,君子以自强不息",另一方面又主张"地势坤,君子以厚德载物"。(《周易·坤》)

同时,由于"地道也,妻道也,臣道也。"讲究的是顺从与尊卑。《周易》中的"地道"是"天道"的附属,从这一点来讲,《周易》身体符号也是一种身体等级身份的象征符号。

最后,从人道来说,《周易》认为仁与义就是人道。《周易》指出:"立人之道曰仁与义。"(《周易·说卦》)"仁"与"义",按照《说文解字》的解释:仁,亲也;从人,从二。义,己之威仪也,从我,从羊。这就表明,无论是"仁",还是"义",都与人的身体行为有关。

《周易》指出:"天地之大德曰生,圣人之大宝曰位,何以守位曰仁,何以聚人曰财。理财正辞，禁民为非曰义。"（《周易·系辞下》）这就是说"仁"是用来"守位"的，"义"是用来"禁民为非"的。换句话来说，"仁"是用来"守身"和"安身"的，"义"是用来规训百姓的身体行为的。

关于如何"守身"和"安身"，《周易》提出了许多好的身体行为方式。如"劳谦，君子有终，吉"。（《周易·谦》）"九四：好遁，君子吉"和（《周易·遁》）"不出户庭，无咎。"（《周易·系辞上》）等。其中"不出户庭，无咎"。按照孔子的说法，则是："乱之所生也，则言语以为阶。君不密，则失臣；臣不密，则失身；几事不密，则害成；是以君子缜密而不出也。"（《周易·系辞上》）不慎密就会"失身"。《周易》中的吉、亨、利、无咎、悔、厉、凶、吝、咎等用语都是用来"守身"和"安身"的。正如孔子所说："龙蛇之蛰，以存身也。精义入神，以致用也。利用安身，以崇德也。"（《周易·系辞下》）从这点来说，《周易》身体符号实际上也是一种"守身"和"安身"的象征符号。

关于如何规训百姓身体行为，《周易》有这样一段话：

黄帝、尧、舜垂衣裳而天下治。盖取诸《乾》《坤》。刳木为舟，剡木为楫，舟楫之利，以济不通，致远以利天下，盖取诸《涣》。服牛乘马，引重致远，以利天下，盖取诸《随》。重门击柝，以待暴客，盖取诸《豫》。断木为杵，掘地为臼，臼杵之利，万民以济，盖取诸《小过》。弦木为弧，剡木为矢，弧矢之利，以威天下，盖取诸《睽》。上古穴居而野处，后世圣人易之以宫室，上栋下宇，以待风雨，盖取诸《大壮》。古之葬者，厚衣之以薪，葬之中野，不封不树，丧期无数。后世圣人易之以棺椁。盖取诸《大过》。上古结绳而治，后世圣人易之以书契，百官以治，万民以察。盖取诸《夬》。（《周易·系辞下》）

从这段话可以看出，先圣作《周易》的目的，就是为了规训百姓的身体。因此，在《周易》中，有许多这方面的论述。如"饮酒濡首，亦不知节也。"（《周易·未》）"山上有雷，小过。君子以行过乎恭，丧过乎哀，用过乎俭。"（《周易·小过》）和"屦校灭趾，不行也。""噬肤灭鼻，乘刚也。"（《周易·噬嗑》）等。《周易》一书，就是一部规训百姓身体行为的力作。《周易》的身体符号，就是一串规训百姓身体的象征符号。

总之，《周易》中无论天道、地道，还是人道，都是用来指导身体行为或规训身体行为。诚如《周易·系辞下》所说："《易》之为书也，广大悉备，有天道焉，有人道焉，有地道焉。兼三材而两之，故六。六者非它也，三材之道也。道有变动，故曰爻。爻有等，故曰物。物相杂，故曰文。文不当，故吉凶生焉。"（《周易·系辞下》）

第四，《周易》身体符号是"器"的象征符号。按照《周易》的解释："形而上者谓之道，形而下者谓之器。"（《周易·系辞上》）器是具体的物质运用层面。而《周易》又说："形乃谓之器。"（《周易·系辞上》）在中国古代，"形"兼具形态与身体轮廓之意。《周易》的"形"除了物质的运用形态外，还指身体的构形。故《周易》中的"器"还可以指身体符号在身体行为中的具体运用，即"君子藏器于身，待时而动"。（《周易·系辞下》）

首先，修身是"藏器于身"的前提。在《周易》看来"善不积不足以成名，恶不积不足以灭身"。（《周易·系辞下》）因此，在《周易》中对修身特别重视。孔子对"鸣鹤在阴，其子和之。我有好爵，吾与尔靡之。"的解释为："君子居其室，出其言，善则千里之外应之，况其迩者乎？居其室，出其言，不善则千里之外违之，况其迩者乎？言出乎身，加乎民；行发乎迩，见乎远。言行，君子之枢机，枢机之发，荣辱之主也。言行，君子所以动天地也，可不慎乎？"（《周易·系辞上》）这就是说一个人要努力加强个人身体言行的修养。"言行，君子所以动天地也，可不慎乎？"这也是《周易》一书的主旨。

《周易》无论是《系辞》和《说卦》，还是具体的六十四卦，无不贯穿着这一主旨。如"九三：君子终日乾乾，夕惕若，厉，无咎。"（《周易·乾》）"雷风，恒。君子以立不易方。"（《周易·恒》）"谦谦君子，卑以自牧也。"（《周易·谦》）等。因此，后来学者在校释《易》时，把修身作为其重要方面。如东晋韩康伯说："刻损以修身，故先难也；身修而无患，故后易也……止于修身，故可以远害而已。"① 这就表明，《周易》身体符号"器"运用的一个重要方面就是修身。

其次，身体认知是"器"的一项重要内容。对《周易》来说，"人体自身是一个小宇宙"。② 通过这个小宇宙，去类推和认知自然界和人类社会这个大宇宙。因此，在《周易》里，有许多身体语言和行为的句子。

就身体语言来说，《周易》中有许多身体器官的譬喻。如"上六：比之无首，凶"（《周易·比》）"上九：何校灭耳，凶"（《周易·噬嗑》）和"初六：剥床以足。蔑贞，凶"（《周易·剥》）等。这些"首""耳"和"足"等身体器官的譬喻，揭示出原始先民以身体器官来观照宇宙万物发生、发展和变化之道。

就身体行为来说，《周易》有许多身体动作的义理。如"六三：眇能视，跛

---

① 王弼. 王弼集校释 [M]. 楼宇烈，校释. 北京：中华书局，1980：567.
② 南怀瑾. 易经系传别讲 [M]. 上海：复旦大学出版社，2012：1235.

能履，履虎尾，咥人，凶。武人为于大君。"（《周易·履》）"九二：咸临，吉，无不利。"（《周易·临》）和"六四：观国之光，利于宾于王。"（《周易·观》）等。这些"视""履""临"和"观"等身体行为无不彰显原始先民的身体体验及其结果。

总之，《周易》的身体符号是以身体为切入点，来探究生命的价值与意义。"昔者，圣人之作《易》也，将以顺性命之理。"（《周易·说卦》）从这点来说，《周易》身体符号的"器"则是在生产力极端低下的原始社会里，教原始先民如何来"安身立命"的工具。

最后，"为天下利"是"器"的归宿。《周易》指出："是故《易》有太极，是生两仪，两仪生四象，四象生八卦，八卦定吉凶，吉凶生大业。是故法象莫大乎天地，变通莫大乎四时，县象著明莫大乎日月，崇高莫大乎富贵。备物致用，立功成器以为天下利，莫大乎圣人。"（《周易·系辞上》）这就表明，《周易》身体符号的最后指向是"为天下利"。

在《周易》里有许多"利天下"的说辞。如"乾始能以美利利天下，不言所利，大矣哉！大哉乾乎！刚健中正，纯粹精也。"（《周易·乾》）"师，众也。贞，正也。能以众正，可以王矣。刚中而应，行险而顺，以此毒天下，而民从之，'吉'又何'咎'矣。"（《周易·师》）和"大有：柔得尊位大中，而上下应之曰大有。其德刚健而文明，应乎天而时行，是以'元亨'。"（《周易·大有》）等。这些说辞也直接佐证了《周易·系辞下》说《益》《噬嗑》《涣》《随》和《大壮》等"以利天下"的义理表达。因此，《周易》身体符号"器"的归宿是"为天下利"。换言之，《周易》身体符号"器"关注的不仅是身体个体，而且是天下这一主体。从这点来说，《周易》身体符号"器"的运用范围，大至宇宙，小至身体。

二、对《周易》身体符号思想的评价

关于《周易》的影响，《汉书·艺文志》载："盖五常之道，相须而备，而《易》为之原。"（《汉书·艺文志》）"五常之道"，按照唐朝孔颖达的解释："五常即五典，谓父义、母慈、兄友、弟恭、子孝；五者，人之常行。"（《尚书·泰誓》）延伸开来，就是仁、义、礼、智、信。这是儒家的社会伦理规范。这就说明，《周易》对儒道产生了深刻的影响。除此之外，《周易》对道家、医家、阴阳家、兵家等也产生了深刻的影响。因此，对《周易》身体符号思想的评价，主要基于对儒家身道、道家身道和杂家身道的影响。

1. 奠定了儒家身道的基础

所谓儒家身道，就是以"仁"为主体的身体观念。在儒家看来，"仁"不只是一种身体德性，而且是一种身体行为和处世方式。按照郭店出土的竹简，"仁"的构成乃"上身下心"，即"仁"是身心合一之体。"仁"是儒家身体观构成的主体。

正如上述所说，在《周易》中，"仁"是作为人道的主要组成部分而出现的。因此，《周易》身体符号多基于"仁"的视野。如乾卦："君子以成德为行，日可见之行也。'潜'之为言也，隐而未见，行而未成，是以君子弗'用'也。君子学以聚之，问以辩之，宽以居之，仁以行之。"（《周易·乾》）大壮卦："雷在天上，大壮。君子以非礼弗履。"（《周易·大壮》）复卦："休复之吉，以下仁也。"（《周易·复》）升卦："地中生木，升。君子顺德，积小以高大。"（《周易·升》）……不管是直接的"仁"，还是间接的"礼""德"，都是"仁"德性的展开。顾炎武指出："《易》六十四卦，三百八十四爻，一言以蔽之曰：'不恒其德，或承之羞。'"（《日知录》卷一）说明《周易》身体符号的主要内容是"仁"或仁的展开。

由于《周易》身体符号的着眼点是"仁"，因此，孔子在解读《周易》身体符号过程中，多从"仁"的视阈入手。如对《周易》否卦"其亡！其亡！系于苞桑"的解读道："危者，安其仁者也。亡者，保其存者也。乱者，有其治者也。是故君子安而不忘危，治而不忘乱，是以身安而国家可保也。"（《周易·系辞下》）又如对噬嗑卦"屦校灭趾，无咎。"的解读道："小人不耻不仁，不畏不义，不见利不劝，不威不惩。小惩而大诫，此小人之福也。"（《周易·系辞下》）

孔子对《周易》"仁"的解读，正是抓住了《周易》的意蕴。又由于以孔子为代表的儒家身体思想的核心要旨是"仁"，因此，《周易》的"仁"可谓是儒家身道的源头。

"仁"的思想又生生不息，如《周易》指出："显诸仁，藏诸用，鼓万物而不与圣人同忧，盛德大业至矣哉！富有之谓大业。日新之谓盛德。生生之谓《易》。"（《周易·系辞上》）

按照戴东原对"生生"的解释："所以生生者，一人遂其生，推之而天下共遂其生。仁也。"（《孟子字义疏证》）即"仁"从个体身体出发，至族类身体，至天下身体。"仁"实际上是一种身体的社会伦理关系。用孟子的话说就是："天下之本在国，国之本在家，家之本在身"（《孟子·离娄上》）这也是儒家"修身、齐家、治国、平天下"的根据。因此，《周易》身体符号中"仁"的意蕴，不但建构了儒家从身体出发的天下图式，而且建构了儒家从身体出发的社会伦理。从这一点来说，《周易》身体符号奠定了儒家身道的基础。

2. 奠定了道家身道的基础

庄子曾指出："《诗》以道志，《书》以道事，《礼》以道行，《乐》以道和，《易》以道阴阳，《春秋》以道名分。"（《庄子·天下》）这就说明《周易》思想的核心就是阴阳。阴阳二爻，作为《周易》身体符号的元符号，它是其他身体符号的基础。《周易》指出："是故《易》有太极，是生两仪，两仪生四象，四象生八卦，八卦定吉凶，吉凶生大业。"（《周易·系辞上》）按照张再林教授的解释，这里的"太极"即人的身体，"两仪"的天地乃人的立身之所，"四象"的四方即人身体行为的取向，"八卦"的卦象不过是人身践形的形象。① 整部《周易》就是以阴阳二爻为元符号的身体符号的演化和运行。

以老子为首的道家，继承了《周易》的阴阳思想。老子指出："万物负阴而抱阳，冲气以为和。"（《老子》第四十二章）庄子道："是故天地者，形之大者也；阴阳者，气之大者也；道者为之公。""阴阳相照相盖相治，四时相代相生相杀，欲恶去就于是桥起，雌雄片合于是庸有。"（《庄子·则阳》）道家的"阴阳说"是《周易》阴阳二爻为元符号的身体观念的延伸，"阴阳说"是构成道家身道的主要内容之一。

在对《周易》阴阳二爻身体符号的解构过程中，儒家重视的是阳，道家重视的是阴，如老子指出："谷神不死，是谓玄牝。玄牝之门，是谓天地根，绵绵若存，用之不勤。"（《老子》第六章）这里的玄牝与《周易》的阴爻都是指女性生殖器。因此，张再林教授指出："如果说儒家的身体更多地代表了一种男性化的身体的话，那么道家的身体则更多地代表了一种女性化的身体。"②

由于道家的身道是女性化身道，因此，在天道中更多强调的是阴，在地道中更多强调的是柔。老子指出："天下莫柔弱于水，而攻坚强者莫之能胜，以其无以易之。柔之胜刚，弱之胜强，天下莫不知，而莫能行。"（《老子》第七十八章）阴、柔、静构成了道家身道的重要组成部分。康有为指出："老子之学，只偷得半部《易经》。"③ 暗指《周易》是道家学说的源头之一。因此，《周易》

---

① 张再林. 作为"身体哲学"的中国哲学的历史［J］. 西北大学学报（哲学社会科学版），2007（3）.

② 张再林. 作为"身体哲学"的中国哲学的历史［J］. 西北大学学报（哲学社会科学版），2007（3）.

③ 转引刘毓庆."五经"与中国传统价值观之一《周易》：推天道以明人事（上）［J］. 名作欣赏，2016（4）：14-19.

身体符号奠定了道家身道的基本框架。

3. 奠定了医家身道的基础

阴阳是《周易》身体符号的元符号，也是医家身体理论的基础。《黄帝内经》指出："人生有形，不离阴阳。"（《黄帝内经·宝命全形论》）意思为人的身体离不开阴阳。阴阳是构成身体的重要组成部分。《黄帝内经》中的三阴（厥阴、少阴、太阴）三阳（少阳、阳明、太阳）脉，实际上是《周易》中的阴阳二爻成象。张再林教授所指出的中医符号的亲身性、互文性、家族性①实际上是《周易》身体符号根身性的运用。

唐代孙思邈说："又须妙解阴阳禄命，诸家相法，及灼龟五兆、《周易》六壬，并须精熟，如此乃得为大医。若不尔者，如无目夜游，动致颠殒。"（《千金方·论大医习业》）这里"《周易》六壬，并须精熟"揭示在中国古代《易》医是相通的。这间接表明医道与《周易》身体符号的密切关系。清代陈修园把《周易》身体符号引入临床治疗中，更是凸显《周易》身体符号对医道的作用。他说："单腹胀，实难除，山风卦，指南车。"意为："单腹胀的病机正与蛊卦卦象相仿；蛊的上卦为山下卦为风，上刚下柔，上高亢而不下接，下闭阻而难上达，两情壅滞不通。单腹胀也如此：脾过盛而侮肝，形成土（脾）盛木（肝）郁之状。医疗的唯一良法，便是助木（肝）之气以疏理土（脾）之壅，使其上下交通。"② 从这点来说，《周易》身体符号也奠定了医家身道的框架。

总之，《周易》作为群经之首，不但开创了儒家身道、道家身道，而且开创了医家身道和其他身道。《周易》身体符号思想，标志着中国古代身体思想开始挺立。

第三节　身体体认：《黄帝内经》身体思想研究

按照法国现代身体现象学大师梅洛-庞蒂的观点，身体体认就是身体的感知和体验。他说："身体在退出客观世界时，拉动了把身体和它的周围环境联系在一起的意向之线，并最终向我们揭示有感觉能力的主体和被感知的世界。"③

---

① 张再林. 中医"身体符号"系统的特征及其意义 [J]. 学术月刊，2010，42 (10).

② 周山.《易经》在传统文化中的地位 [J]. 上海社会科学院学术季刊，1990 (1).

③ 梅洛-庞蒂. 知觉现象学 [M]. 姜志辉，译. 北京：商务印书馆，2001：105.

《黄帝内经》虽然是我国最早的医药文献典籍，阐述的主要是中医学理论体系，但背后反映的却是我国古代人民对身体的看法。台湾学者蔡璧名指出："《内经》对于'身体'的关怀，绝非仅限于医生之于病人。理想的典范乃是寻治于'未病'、'未乱'之先，认识自己的存在，认识自己在自然中的存在，从而照顾自己的存在，并借着对'阴阳四时'的掌握，将身体安顿于大化流行之中。"① 也就是说，《黄帝内经》的身体思想的主要内容是身体体认。具体来说，身体是如何被感知的？如何用身体去体验客观世界？

一、《黄帝内经》身体体认思想的主要内容

《黄帝内经》包括《素问》和《灵枢》两大部分，共一百六十二篇。在这繁复驳杂的内容中，如何用一根主线一以贯之？张其成认为："《黄帝内经》以生命为中心，里面讲了医学、天文学、地理学、心理学、社会学，还有哲学、历史等，是一部围绕生命问题而展开的百科全书。我们国学的核心实际上就是生命哲学。"② 从某一程度上讲，生命哲学就是身体哲学③。《黄帝内经》以气为宗，以血、脉、经、络为经，以国家、社会为纬，系统地展示了中国古代身体体认思想。

第一，作为体认主体的身体生成。在《山海经》中，身体生成的本体是"浑敦"和神。在《周易》中，身体生成的本体是"乾坤"和"阴阳"。在《黄帝内经》中是否也是如此？要回答这一问题，有必要先对人的生成做一探讨。

按照《黄帝内经》的解释，人是天地之气相混合而生成的。《黄帝内经》道："人以天地之气生，四时之法成。"（《黄帝内经·素问·宝命全形论》）"夫人生于地，悬命于天，天地合气，命之曰人。人能应四时者，天地为之父母；知万物者，谓之天子。"（《黄帝内经·素问·宝命全形论》）这从"发生学"的视野，第一次提出了"气论"，即气是宇宙万物的本原，也是生命的本原。

在《黄帝内经》中，气的种类有很多，有地气、风气、雷气、谷气、雨气、

---

① 蔡璧名. 身体认识：文化传统与医家——以《黄帝内经素问》为中心论古代思想传统中的身体观［J］. 中国典籍与文化论丛，2000（1）：219-255.

② 张其成. 张其成讲读《黄帝内经》：养生大道［M］. 南宁：广西科学技术出版社，2008：3.

③ 美国学者 H. 约纳斯认为，生命指"物质的"生命，也就是活着的身体，有机存在物；生命问题处于身体问题的中心，从而是本体论的基本论题。见约纳斯. 存在理论中的生命、死亡和身体［J］. 方秋明，黄信，译. 世界哲学，2017（1）：83-92.

寒气、热气、燥气、暑气、湿气、火气、春气、夏气、秋气、冬气、肝气、肺气、肾气、脾气、胃气等。据专家研究,《黄帝内经》中的气的种类有近百种之多。①

在这近百种气内,其中构成身体的气又是什么?《黄帝内经》说:"人生十岁,五脏始定,血气已通,其气在下,故好走;二十岁,血气始盛,肌肉方长,故好趋;三十岁,五脏大定,肌肉坚固,血脉盛满,故好步;四十岁,五脏六腑十二经脉,皆大盛以平定,腠理始疏,荣华颓落,发颇斑白,平盛不摇,故好坐;五十岁,肝气始衰,肝叶始薄,胆汁始减,目始不明;六十岁,心气始衰,善忧悲,血气懈惰,故好卧;七十岁,脾气虚,皮肤枯;八十岁,肺气衰,魄离,故言善误;九十岁,肾气焦,四脏经脉空虚;百岁,五脏皆虚,神气皆去,形骸独居而终矣。"(《黄帝内经·灵枢·天年》) 从这段话可以看出,构成身体的气有血气、肝气、心气、脾气、肺气、肾气和神气等。这是否意味着其他的气与身体没有关系?回答是否定的。《黄帝内经》道:"春气在毛,夏气在皮肤,秋气在分肉,冬气在筋骨。"(《黄帝内经·灵枢·始终》)"此皆得之夏伤于暑,热气盛,藏于皮肤之内,肠胃之外,此荣气之所舍也。此令人汗空疏,腠理开,因得秋气,汗出遇风,及得之以浴,水气舍于皮肤之内,与卫气并居。卫气者,昼日行于阳,夜行于阴,此气得阳而外出,得阴而内薄,内外相薄,是以日作。"(《黄帝内经·素问·疟论》) 从这两段话又可以看出:春气、夏气、秋气、冬气、热气、荣气、水气与卫气也与身体密切相关。这就表明,《黄帝内经》的气都与身体相关联。它们或是构成身体的重要组成部分,或是影响身体运行的重要因素。

从谱系学来讲,《黄帝内经》中的近百种气,都来源于阴阳二气。《黄帝内经》指出:"天地者,万物之上下也;阴阳者,血气之男女也;左右者,阴阳之道路也;水火者,阴阳之征兆也;阴阳者,万物之能始也。"(《黄帝内经·素问·疟论》) 这就表明,阴阳二气不但是百气的本原,而且身体的生成也是阴阳二气作用的结果。《黄帝内经》中的《素问·生气通天论》具体描述了这一过程。它说:"阴者,藏精而起亟也;阳者,卫外而为固也。阴不胜其阳,则脉流薄疾,并乃狂;阳不胜其阴,则五脏气争,九窍不通。是以圣人陈阴阳,筋脉和同,骨髓坚固,气血皆从。如是则内外调和,邪不能害,耳目聪明,气立如故。"(《黄帝内经·素问·生气通天论》) 阴阳二气对身体的生成和运行有

---

① 王传林. 从"身体映像"到"身体哲学"——秦汉身体哲学的建构理路与诠释范式探析 [J]. 哲学分析, 2016, 7 (2): 87-99.

着重大的作用。

第二，身体体认的主要方式：阴阳。《黄帝内经》中关于阴阳篇的有《阴阳应象大论》《阴阳离合论》《阴阳别论》《太阴阳明论》《阴阳类论》《阴阳清浊》《阴阳系日月》和《阴阳二十五人》八篇，而通文一百六十二篇中，论述阴阳的更是数不胜数。一学者指出：《黄帝内经》是以医学文化显阴阳文化，表天道文明之典范。① 从这一点来看，阴阳应当是《黄帝内经》身体体认的主要方式。

《黄帝内经》通过阴阳进行身体体认主要从三方面着手。首先，从自身身体内部的阴阳着手。在《黄帝内经》看来，人的身体就是一个阴阳结合体。它说："夫言人之阴阳，则外为阳，内为阴。言人身之阴阳，则背为阳，腹为阴。言人身之脏腑中阴阳，则脏者为阴，腑者为阳。肝、心、脾、肺、肾，五脏皆为阴，胆、胃、大肠、小肠、膀胱、三焦，六腑皆为阳。"（《黄帝内经·素问·金匮真言论》）而与脏腑相关的身体经脉也是由阴阳二脉组成。《黄帝内经》指出："脉有阴阳，知阳者知阴，知阴者知阳。凡阳有五，五五二十五。所谓阴者，真脏也。"（《黄帝内经·素问·阴阳别论》）以此为基础，衍生了三阴三阳：太阳、少阳、阳明、太阴、少阴、厥阴。人的身体就是三阴三阳运行的结果。《黄帝内经》道："圣人南面而立，前曰广明，后曰太冲，太冲之地，名曰少阴；少阴之上，名曰太阳。太阳根起于至阴，结于命门，名曰阴中之阳……阴阳，积传为一周，气里形表，而为相成也。"（《黄帝内经·素问·阴阳离合论》）《黄帝内经》就是这样通过阴阳来体认自身的身体。

关于这一点，日本学者栗山茂久的一段话可以作为表征。他说："两个人把他们的手指放在'相同'的地方，然而感知到的却是完全不同的东西。希腊医生测量的是脉搏，中国医生则询问脉象。这种经验的差异性也正是理论上的殊异性。希腊与中国的医生对待身体的不同是因为他们的感知不同。"② 《黄帝内经》中的脉的阴阳之分，正是身体各个部分的感知不同。所以，《黄帝内经》是从自身身体内部的阴阳来感知身体的构成与运行的。

其次，从身体外部的阴阳着手。在《黄帝内经》看来，外面客观世界也是由阴和阳构成的。它说："天为阳，地为阴；日为阳，月为阴。"（《黄帝内经·素问·阴阳离合论》）"水为阴，火为阳；阳为气，阴为味。"（《黄帝内经·素

---

① 燕燕.《黄帝内经》"身体观"考述［J］. 中国哲学史，2017（4）：15-22.

② Shigehisa Kuriyama, The Expressiveness of the Body and the Divergence of Greek and Chinese Medicine, Brooklyn, New York, 2001：55.

问·阴阳应象大论》）不但天地日月水火以阴阳来界定，而且四季也可以用阴阳来划分。它说："夫四时阴阳者，万物之根本也。所以圣人春夏养阳，秋冬养阴，以从其根，故与万物沉浮于生长之门。逆其根，则伐其本，坏其真矣。故阴阳四时者，万物之终始也。"（《黄帝内经·素问·四气调神大论》）就连一天之中也可以有阴阳的划分。它说："平旦至日中，天之阳，阳中之阳也；日中至黄昏，天之阳，阳中之阴也；合夜至鸡鸣，天之阴，阴中之阴也；鸡鸣至平旦，天之阴，阴中之阳也。"（《黄帝内经·素问·金匮真言论》）这样，在身体内部阴阳之外，出现了一个外部世界的阴阳。

对于这样一个外部阴阳世界，《黄帝内经》采取了天人同构的方法，即把天地日月四时作为人的身体来观照。《黄帝内经》指出："故天有精，地有形。天有八纪，地有五里，故能为万物之父母。清阳上天，浊阴归地。是故天地之动静，神明为之纲纪。故能以生长收藏，终而复始。惟贤人上配天以养头，下象地以养足，中傍人事以养五脏。天气通于肺，地气通于嗌，风气通于肝，雷气通于心，谷气通于脾，雨气通于肾。六经为川，肠胃为海，九窍为水注之气。以天地为之阴阳，阳之汗，以天地之雨名之；阳之气，以天地之疾风名之。暴气象雷，逆气象阳。"（《黄帝内经·素问·阴阳应象大论》）在《黄帝内经》看来，宇宙万物就是人的另一个身体世界。它说："天圆地方，人头圆足方以应之。天有日月，人有两目；地有九州，人有九窍；天有风雨，人有喜怒；天有雷电，人有音声；天有四时，人有四肢；天有五音，人有五脏；天有六律，人有六腑；天有冬夏，人有寒热；天有十日，人有手十指；辰有十二，人有足十指、茎、垂以应之，女子不足二节，以抱人形。"[1] 这与马克思把身体分为"人的有机身体"与"无机身体——大自然"是一样的。[2]

最后，从身体内部的阴阳与身体外部的阴阳互动着手。《黄帝内经》通过阴阳二气建立了两个身体世界，一个是身体的内部世界，一个是身体的外部世界。这两个世界并不是截然对立的，而是互通互动的。在《黄帝内经》看来，自然界的阴阳之气影响着人身体的阴阳之气，乃至情志。它说："苍天之气，清净则志意治，顺之则阳气固。虽有贼邪，弗能害也，此因时之序。故圣人传精神，服天气而通神明，失之则内闭九窍，外壅肌肉，卫气散解，此谓自伤，气之削也。"（《黄帝内经·素问·生气通天论》）《黄帝内经》把人身体许多疾病和不

---

① 《黄帝内经·灵枢·邪客》。

② 中共中央马克思恩格斯列宁斯大林著作编译局. 马克思恩格斯全集（第42卷）［M］.北京：人民出版社，1979：95.

适都归结于人身体内部阴阳与身体外部阴阳互相作用的结果。它说："阳气者，精则养神，柔则养筋。开阖不得，寒气从之，乃生大偻。陷脉为瘘，留连肉腠。俞气化薄，传为善畏，及为惊骇。营气不从，逆于肉理，乃生痈肿。魄汗未尽，形弱而气烁，穴俞以闭，发为风疟。"（《黄帝内经·素问·生气通天论》）《黄帝内经》关于这样的叙述很多，在这不一一列举。这就表明，《黄帝内经》中的阴阳是连接身体内部世界与身体外部世界的桥梁。通过内部身体小宇宙小图景与外部身体大宇宙大图景的互动，搭建起一座天人合一的平台。从这一点来说，《黄帝内经》开创了中国古代世界身体的先河。正如一学者指出："在物质层面，气的持续运行则导致了人类的身体与自然之间的诸种'同数'关系的出现。"①

而且，《黄帝内经》中的阴阳不是一成不变的，而是可以互动的。《黄帝内经》指出："动极复静，阳极反阴。"（《黄帝内经·素问·六元正纪大论》）"四时之变，寒暑之胜，重阴必阳，重阳必阴。"（《黄帝内经·灵枢·论疾诊尺》）这就揭示由阴阳构成的身体也是一个能动开放的主体。它对客观世界的感知与反映，是一个能动的、辩证的过程。中国古代的身体运行过程向来就是一个主体与客体的有机统一过程。

萨特认为身体存在具有三维性。他说："我使我的身体存在，这是身体的存在的第一维。我的身体被他人使用和认识的，这是它的第二维。但是因为我是为他的，他人对我表现为我对其而言是对象的主体。我们看到，在这里关键正在于我与他人的基本关系。因此我作为被身为身体的他人认识的东西而存在———尤其是在我的人为性本身中。我作为被身为身体的他人认识的东西而为我地存在。这是我的身体的本体论第三维。"②《黄帝内经》与萨特看法不同之处，即用大自然的身体替换他者的身体。如果按照萨特的观点，《黄帝内经》的身体存在也具有三维性。即身体内部的阴阳为身体存在的第一维，身体外部的阴阳为身体存在的第二维，身体内部的阴阳与身体外部阴阳的互动为身体存在的第三维。《黄帝内经》身体体认的过程就是身体存在的三维性过程。

第三，身体体认的重要媒介：五行。"五行"的概念最早出自《尚书·洪范》一章。该章指出："五行：一曰水，二曰火，三曰木，四曰金，五曰土。水曰润下，火曰炎上，木曰曲直，金曰从革，土爰稼穑。润下作咸，炎上作苦，曲直作酸，从革作辛，稼穑作甘。"（《尚书·洪范》）这实际上把水、木、金、

---

① 桂思卓. 从编年史到经典：董仲舒的春秋诠释学［M］. 朱腾，译. 北京：中国政法大学出版社，2010：263.
② 萨特. 存在与虚无［M］. 陈宣良，等译. 北京：生活·读书·新知三联书店，2007：433.

火、土五行与身体的体验五味：咸、苦、酸、辛、甘结合起来了，开创了五行身体体认的方式。

《黄帝内经》有许多关于五行的叙述。如"五行者，金木水火土也，更贵更贱，以知死生，以决成败，而定五脏之气，间甚之时，死生之期也。"（《黄帝内经·素问·脏气法时论》）"显明之右，君火之位也；君火之右，退行一步，相火治之；复行一步，土气治之；复行一步，金气治之；复行一步，水气治之；复行一步，木气治之；复行一步，君火治之"（《黄帝内经·素问·六微旨大论》）等。从这些叙述可以看出，天地万物都与五行有密切的关系。身体也不例外。

首先，身体形态与五行密切相关。《黄帝内经》指出："天地之间，六合之内，不离于五，人亦应之。故五五二十五人之形而阴阳之人不与焉。"（《黄帝内经·灵枢·阴阳二十五人》）这说明身体的形态与五行有关联。既然五行有金、木、水、火、土，那么身体应该有金形、木形、水形、火形和土形五种形态。《黄帝内经》就是这样认为的，并对每一种身体形态做了具体的描述。它说："木形之人，比于上角，似于苍帝。其为人，苍色，小头，长面，大肩背，直身，小手足，好有才，劳心，少力，多忧，劳于事，能春夏不能秋冬。……水形之人，比于上羽，似于黑帝。其为人黑色，面不平，大头，廉颐，小肩，大腹，大手足，发行摇身，下尻长，背延延然，不敬畏，善欺绍人，戮死。能秋冬，不能春夏。"（《黄帝内经·灵枢·阴阳二十五人》）而同一时期的古希腊哲学家柏拉图把身体分为金身、银身和铜铁身三种形态。柏拉图指出："他们虽然是一土所生，彼此都是兄弟，但是老天铸造他们的时候，在有些人的身上加入了黄金，这些人因而是最可宝贵的，是统治者。在辅助者（军人）的身上加入了白银。在农民以及其他技工身上加入了铁和铜。但是又由于同属一类，虽则父子天赋相承，有时不免金父生银子，银父生金子，错综变化，不一而足。"① 与《黄帝内经》相比，柏拉图的身体形态是从等级来区隔的，《黄帝内经》的身体形态是从身体的形状和习性来区隔的。这说明，我国与西方在同一时期就有了身体形态的划分。

其次，身体器官与五行密切相关。《黄帝内经》按照五行分类，先把身体划分为五个部分，即精明之府、胸中之府、肾之府、筋之府和髓之府。而且这五府强大，身体就强大；五府弱小，身体就弱小。它说："夫五脏者，身之强也。头者，精明之府，头倾视深，精神将夺矣。背者，胸中之府，背曲肩随，府将

---

① 柏拉图. 理想国［M］. 郭斌和，张竹明，译. 北京：商务印书馆，1986：128.

坏矣。腰者，肾之府，转摇不能，肾将惫矣。膝者，筋之府，屈伸不能，行则偻附，筋将惫矣。骨者，髓之府，不能久立，行者振掉，骨将惫矣。得强则生，失强则死。"（《黄帝内经·素问·脉要精微论》）

次在精明之府——头又划分为五官，即目、舌、口、鼻、耳，在胸中之府、肾之府又划分为五脏，即肝、心、脾、肺和肾。其中"鼻者，肺之官也；目者，肝之官也；口唇者，脾之官也；舌者，心之官也；耳者，肾之官也。"（《黄帝内经·灵枢·五阅五使》）五官与五脏互为表里，互为作用。它说："故肺病者，喘息鼻张；肝病者，眦青；脾病者，唇黄；心病者，舌卷短，颧赤；肾病者，颧与颜黑。"（《黄帝内经·灵枢·五阅五使》）最后，五官、五脏与五行、五方、五色、五味、五星、五音、五畜、五谷、四季又互相作用。《黄帝内经》指出："东方青色，入通于肝。开窍于目，藏精于肝，故病发惊骇。其味酸，其类草木，其畜鸡，其谷麦。其应四时，上为岁星，是以春气在头也。其音角，其数八，是以知病在筋也，其臭臊。南方赤色，入通于心，开窍于耳，藏精于心，故病在五脏。其味苦，其类火，其畜羊，其谷黍，其应四时，上为荧惑星。是以知病之在脉也。其音徵，其数七，其臭焦。……北方黑色，入通于肾，开窍于二阴，藏精于肾，故病在谿。其味咸，其类水，其畜彘，其谷豆，其应四时，上为辰星。是以知病之在骨也。其音羽，其数六，其臭腐。"（《黄帝内经·素问·金匮真言论》）如表：

五行与五官、五脏、五方、五季、五色、五味、五星、五音、五畜、五谷对应表

五行	五官	五脏	五方	五季	五色	五味	五星	五音	五畜	五谷	形体
木	目	肝	东	春	青	酸	岁	角	鸡	麦	筋
火	舌	心	南	夏	赤	苦	荧惑	徵	羊	黍	脉
土	口	脾	中	长夏	黄	甘	镇	宫	牛	稷	肌肉
金	鼻	肺	西	秋	白	辛	太白	商	马	稻	皮
水	耳	肾	北	冬	黑	咸	辰	羽	彘	豆	骨

这样，以五行为基点，建构起了一个庞大的认知系统。在这个系统里，身体的某个部位与宇宙的某一星座、某一动植物、某一方位和季节轮回产生了联系。通过这个系统，身体能感知大自然的色彩、声音和味道。

最后，身体器官的相生相克与五行的相生相克密切相关。首先，在《黄帝内经》看来，人的身体就是一个不断运行不断相生的系统。它说："肝生筋，筋生心。""心生血，血生脾。""脾生肉，肉生肺。""肺生皮毛，皮毛生肾""肾生骨髓，髓生肝。"（《黄帝内经·素问·阴阳应象大论》）即肝—筋—心—血—脾—肉—肺—皮毛—肾—骨髓—肝。而这样一个相生的身体系统是基于五行相生的原理，即木生火、火生土、土生金、金生水，水生土。以中央土为例，"中央生湿，湿生土，土生甘，甘生脾，脾生肉，肉生肺。其在天为湿，在地为土，在体为肉，在气为充，在脏为脾。其性静兼，其德为濡，其用为化，其色为黄，其化为盈，其虫倮，其政为谧，其令云雨，其变动注，其眚淫溃，其味为甘，其志为思。思伤脾，怒胜思；湿伤肉，风胜湿；甘伤脾，酸胜甘。"（《黄帝内经·素问·五运行大论》）在这里，《黄帝内经》不但指出了五行中的土与身体五脏中的脾的相生关系，而且指出了与形态、色彩、情志和大自然的相生关系。从这一点来讲，人可以通过"近取诸身"来观察宇宙的图景与变化。同样，也可以通过观察宇宙的图景与变化来认知人的身体相生系统。所以《黄帝内经》指出："天地动静，五行迁复，虽鬼臾区其上候而已，犹不能遍明。夫变化之用，天垂象，地成形，七曜纬虚，五行丽地。地者，所以载生成之形类也；虚者，所以列应天之精气也。形精之动，犹根本之与枝叶也，仰观其象，虽远可知也。"（《黄帝内经·素问·五运行大论》）

同时，人的身体又是一个不断转化不断相克的系统。按照五行相克原理，"木得金而伐，火得水而灭，土得木而达，金得火而缺，水得土而绝。"（《黄帝内经·素问·宝命全形论》）人的身体各个器官也是相克的。《黄帝内经》说："肝主春，足厥阴少阳主治，其日甲乙；肝苦急，急食甘以缓之。心主夏，手少阴太阳主治，其日丙丁；心苦缓，急食酸以收之。脾主长夏，足太阴阳明主治，其日戊己；脾苦湿，急食苦以燥之。肺主秋，手太阴阳明主治，其日庚辛，肺苦气上逆，急食苦以泄之。肾主冬，足少阴太阳主治，其日壬癸，肾苦燥，急食辛以润之。开腠理，致津液，通气也。"（《黄帝内经·素问·脏气法时论》）就是运用五行相克的原理来治疗五脏的疾病。而且，人的身体相克系统与大自然相克系统是紧密联系在一起的。《黄帝内经》指出："岁木太过，风气流行，脾土受邪。民病飧泄、食减、体重、烦冤、肠鸣、腹支满，上应岁星。甚则忽忽善怒，眩冒巅疾。化气不政，生气独治，云物飞动，草木不宁，甚而摇落，反胁痛而吐甚，冲阳绝者，死不治。……水不及，四维有湍润埃运之化，则不时有和风生发之应；四维发埃昏骤注之变，则不时有飘荡振拉之复。其眚北，其脏肾，其病内舍腰脊骨髓，外在豁谷踹膝。"（《黄帝内经·素问·气交变大论》）自然界五行太过或五行不及，都会引起人身体五脏的疾病。反之，从身体系统的问题可以观照大自然的失调。

总之，通过身体系统的相生相克过程，可以体认大自然的相生相克过程。

同样，从大自然的相生相克过程可以观照身体的相生相克过程。《黄帝内经》就是这样把身体的内部世界与身体的外部世界有机地结合起来。

第四，身体体认的根源：神。台湾学者蔡璧名指出："人既为'毛、羽、倮、鳞、介之属'，'神'无疑是构成生命的关键所在。由此可见，在人的身体结构中，'神'与'气'实不可混为一谈；'气'作为形构的基础，乃是所有生物、无生物所共有，唯有'使其形'的'神'，才是'根于中者'生命现象的根源。"① 这就是说，人与动物的根本区别在于，人的身体有"神"，动物的肉体无"神"。人的身体只有通过"神"，才会体认外部客观世界。

首先，我们来看《黄帝内经》是怎样论述"神"的。《黄帝内经》说："上古之人，其知道者，法于阴阳，知于术数，食饮有节，起居有常，不妄作劳，故能形与神俱，而尽终天年，度百岁乃去。今时之人不然也，以酒为浆，以妄为常，醉以入房，以欲竭其精，以耗散其精。不知持满，不知御神，务快其心，逆于生乐，起居无节，故半百而衰也。"（《黄帝内经·素问·上古天真论》）从这段古今对比的叙述中可以看出，古代的人能把形与神有机地结合在一起，即身心合一，而当今的人片面追求身体感官的享受，导致形神分离，以至"半百而衰也。"在这里，《黄帝内经》把"神"当作了维持身体生命力的关键。在《黄帝内经》看来，"神"是建构身体的基石。它说："血气已和，荣卫已通，五脏已成，神气舍心，魂魄毕具，乃成为人。"（《黄帝内经·灵枢·天年》）人之所以成为人，是因为人有"神"，"神"是"身体"区隔"肉体"的关键。故《黄帝内经》又指出："以母为基，以父为楯。失神者死，得神者生也。"（《黄帝内经·灵枢·天年》）《黄帝内经》把"形""神"结合起来，赋予了身体能动性，开创了中国古代身心合一的先河。

其次，我们来看《黄帝内经》对"神"的界定。《黄帝内经》道："请言神。神乎神，耳不闻，目明心开而志先，慧然独悟，口弗能言。俱视独见，适若昏，昭然独明，若风吹云，故曰神。"（《黄帝内经·素问·八正神明论》）从这段话可以看出，"神"乃是"心"的一种过程。这里的"心"乃是"灵魂"。在《黄帝内经》中，"心"有时指五脏之一的"心"，如"心者，生之本，神之处也"。（《黄帝内经·素问·六节脏象论》）有时指"灵魂"，如"惊则心无所倚，神无所归，虑无所定，故气乱矣"。（《黄帝内经·素问·举痛论》）故《黄帝内经》的"心"有双重意蕴。无论哪一种，都与"神"联系在一起，

---

① 蔡璧名. 身体认识：文化传统与医家——以《黄帝内经素问》为中心论古代思想传统中的身体观 [J]. 中国典籍与文化论丛，2000（1）.

有学者把《黄帝内经》的身体思想概括为"心神观"① 不是没有道理的。

最后，我们来看《黄帝内经》对"神"的分类。《黄帝内经》指出："天之在我者，德也；地之在我者，气也。德流气薄而生者也；故生之来谓之精，两精相搏谓之神，随神往来者谓之魂，并精而出入者谓之魄，所以任物者谓之心，心之所忆谓之意，意之所存谓之志，因志而存变谓之思，因思而远慕谓之虑，因虑而处物谓之智。"（《黄帝内经·灵枢·本神》）这里指出随"精""神"而往来的有魂、魄、心、意、志、思、虑和智。也就是说，魂、魄、心、意、志、思、虑和智都属于神。《黄帝内经》又说："五脏所藏：心藏神，肺藏魄，肝藏魂，脾藏意，肾藏志。"（《黄帝内经·素问·宣明五气》）这不仅把众多的"神"简洁为五主"神"，而且与相应的身体器官联系起来。如表：

五　脏	肝	心	脾	肺	肾
五　神	魂	神	意	魄	志

这更加揭示《黄帝内经》所蕴含的是身心合一的学说。由于是"身心合一"，心情的起伏变化影响着身体的健康与否。《黄帝内经》指出："是故怵惕思虑者则伤神，神伤则恐惧，流淫而不止。因悲哀动中者，竭绝而失生。喜乐者，神惮散而不藏。愁忧者，气闭塞而不行。盛怒者，迷惑而不治。恐惧者，神荡惮而不收。"（《黄帝内经·灵枢·本神》）人过度的喜怒哀乐都会损伤身体，甚至死亡。因此，《黄帝内经》强调养生。它说："故智者之养生也，必顺四时而适寒暑，和喜怒而安居处，节阴阳而调刚柔，如是则僻邪不至，长生久视。"（《黄帝内经·灵枢·本神》）《黄帝内经》从精神状况来体认身体状况，开创了中国古代医学身体体认的先河。

同时，《黄帝内经》也指出从身体状况又可以体认精神状况。它说："肝病者，两胁下痛引少腹，令人善怒。虚则目䀮䀮无所见，耳无所闻，善恐，如人将捕之。"（《黄帝内经·素问·脏气法时论》）"心藏脉，脉舍神，心气虚则悲，实则笑不休。"（《黄帝内经·灵枢·本神》）《黄帝内经》所讲的身体体认是一种身心互动的过程，不仅关注身体的调适，而且关注心的调适。从这一点来讲，《黄帝内经》的身体体认是一种生命意向的表达。通过身心的互动，身体世界延伸到世界之身、宇宙之身。《黄帝内经》中说："春三月，此谓发陈。天地俱生，

---

① 蔡璧名. 身体认识：文化传统与医家——以《黄帝内经素问》为中心论古代思想传统中的身体观［J］. 中国典籍与文化论丛，2000（1）：219-255.

万物以荣。夜卧早起，广步于庭。被发缓形，以使志生。……冬三月，此谓闭藏。水冰地坼，无扰乎阳。早卧晚起，必待日光。使志若伏若匿，若有私意。"（《黄帝内经·素问·四气调神大论》）表面上看，依据四时的变化调适身心。实际上说明了"宇宙之身"对身体，特别对"心"的影响。因此，《黄帝内经》的身体体认是一种以"神"为着力点的身体体认。

第五，作为身体体认客体的建构。在《黄帝内经》中不但建构了身体阴阳五行系统，而且以身体为范式建构了外部客观世界。因此，《黄帝内经》所讲的身体不只是生理性的身体，还是社会性的身体。

首先，以身度天地。正如前面所述，对于身体的外面世界，《黄帝内经》采取的是"天人同构"的方法。《黄帝内经》指出："请言身形之应九野也。左足应立春，其日戊寅、己丑；左胁应春分，其日乙卯；左手应立夏，其日戊辰、己巳……六腑膈下三脏应中州，其大禁，大禁太一所在之日，及诸戊己。凡此九者，善候八正所在之处，所主左右上下。"（《黄帝内经·灵枢·九针论》）从身体九个部位和八方的关系可以看出：人的身体成为理解外部客观世界的"直接客体"，也就是说通过人的身体可以认知外部客观世界，从而完成从身体认知向宇宙认知的转变。

其次，以身喻政。在《黄帝内经》中有许多关于这方面的记载。我们先看下面的一段话：

心者，君主之官也，神明出焉。肺者，相傅之官，治节出焉。肝者，将军之官，谋虑出焉。胆者，中正之官，决断出焉。膻中者，臣使之官，喜乐出焉。脾胃者，仓廪之官，五味出焉。大肠者，传道之官，变化出焉。小肠者，受盛之官，化物出焉。肾者，作强之官，伎巧出焉。三焦者，决渎之官，水道出焉。膀胱者，州都之官，津液藏焉，气化则能出矣。凡此十二官者，不得相失也。故主明则下安，以此养生则寿，殁世不殆，以为天下则大昌。主不明则十二官危，使道闭塞而不通，形乃大伤，以此养生则殃，以为天下者，其宗大危，戒之戒之！（《黄帝内经·素问·灵兰秘典论》）

从这段话可以看出，身体十二器官对应不同的官职和功能，从身体器官的运行可以体认官僚系统的运行；反之，从官僚系统的结构也可以体认身体的结构。《黄帝内经》表面上来看，是谈论医道，实际上谈论政道。宋国子博士高保衡在《重广补注黄帝内经素问序》指出："在昔黄帝之御极也，以理身绪余治天下，坐于明堂之上，临观八级，考建五常。以谓人之生也，负阴而抱阳，食味而被色，外有寒暑之相荡，内有喜怒之交侵，天昏札瘥，国家代有。将欲敛时五福，以敷锡厥庶民，乃与岐伯上穷天纪，下极地理，远取诸物，近取诸身，更相问难，垂法以福万世。……以之治身，可以消患与本兆，施于有政，可以广生于无穷。"（《黄帝内经·素问·重广补注黄帝内经素问序》）《黄帝内经》写作的缘由乃是"敛时五福，以敷锡厥庶民"。所以，"施于有政，可以广生于无穷"。从序知道，《黄帝内经》还可以作为治理国家的经典。因此，《黄帝内经》的身道，除了医道外，还有政道。

最后，身体与数。在《黄帝内经》中数是身体与客体关联的重要平台。除前面所述的九窍——九州，五脏——五方、五季，十二脏——十二官外，还有四经（肝、心、肺、肾）——四时、十二脉——十二月、九脏——九野、三百六十五气穴——一岁、十二经脉——十二经水、二十八脉——二十八宿等。数是《黄帝内经》中身体体认的重要工具。根据黑格尔的观点："数无疑是一思想，并且是最接近于感官事物的思想，或较确切点说，就我们将感官事物理解为彼此相外和杂多之物而言，数就是感官事物本身的思。"① 《黄帝内经》中的数打通了身体内部世界与外部客体世界的悬隔，为身体体认创造了条件。因此，《黄帝内经》中的数是一种形而上的"感官之思"。

二、对《黄帝内经》身体体认思想的评价

关于《黄帝内经》的评价问题，蔡璧名从身体的视角指出："借着探讨《黄帝内经》的理论，我们不仅可以了解古代某一特定时期对于身体历时发展与共时结构的理解，更重要的是可以对整个文化传统身体观的发展，从思想的本源上加以掌握。"② 这就是说，《黄帝内经》不仅是一部医家典籍，而且是一部身体力作。具体从身体体认来看。

第一，《黄帝内经》中的身体是世界身体。按照美国学者约翰·奥尼尔的观点，现代社会身体形态有五种，即世界身体、社会身体、政治身体、消费身体和医学身体。③ 在中国古代，这五种身体形态都存在着。就《黄帝内经》而言，就存在着世界身体和医学身体。

根据奥尼尔世界身体的定义："人们通常是以自己身体来构想宇宙以及宇宙

---

① 黑格尔. 小逻辑［M］. 贺麟，译. 北京：商务印书馆，1980：230.
② 蔡璧名. 身体认识：文化传统与医家——以《黄帝内经素问》为中心论古代思想传统中的身体观［J］. 中国典籍与文化论丛，2000（1）.
③ 奥尼尔. 身体形态——现代社会的五种身体［M］. 张旭春，译. 沈阳：春风文艺出版社，1999：7.

来反观其身体——宇宙和人类身体之间存在着一种和谐性和整体性。"① 《黄帝内经》采用"天人同构"的方式，以身体建构天地。它说："天有阴阳，人有夫妻。岁有三百六十五日，人有三百六十五节。地有高山，人有肩膝。地有深谷，人有腋腘。地有十二经水，人有十二经脉。地有泉脉，人有卫气。地有草蓂，人有毫毛。天有昼夜，人有卧起。天有列星，人有牙齿。天有小山，人有小节。地有山石，人有高骨。地有林木，人有募筋。地有聚邑，人有腘肉。岁有十二月，人有十二节。地有四时不生草，人有无子。此人所以与天地相应者。"（《黄帝内经·灵枢·邪客》）因此，《黄帝内经》中的身体是世界身体。

由于是世界身体，《黄帝内经》通过身体"小图景"来观照宇宙"大图景"，通过宇宙"大图景"来体认身体"小图景"。以此出发，"他们由身体的结构组成推衍出了世界、社会以及动物的种属类别。因此，原始的物种分类所遵循的是一种体现逻辑，即按性别、亲属和繁衍范畴来区分，它们不仅不是非科学的或非理性的，而且是后来人文和自然科学领域内抽象的和理性化的范畴式样得以发展的基础。"② 因此，中国古代身体思想在建构和发展的过程中，一些经典把世界身体建构作为其重要范畴。

《吕氏春秋》指出："天地万物，一人之身也，此之谓大同。"（《吕氏春秋·有始览》）就是以己身推演世界与社会。至于《春秋繁露》与《淮南子》在这方面，表现得尤为明显。《春秋繁露》认为："人有三百六十节，偶天之数也；形体骨肉，偶地之厚也；上有耳目聪明，日月之象也；体有空窍理脉，川谷之象也；心有哀乐喜怒，神气之类也。……是故人之身，首坌而员，象天容也；发，象星辰也；耳目戻戻，象日月也；鼻口呼吸，象风气也；胸中达知，象神明也；腹胞实虚，象百物也；百物者最近地，故要以下地也。天地之象，以要为带。颈以上者，精神尊严，明天类之状也；颈而下者，丰厚卑辱，土壤之比也；足布而方，地形之象也。…… 天地之符，阴阳之副，常设于身，身犹天也，数与之相参，故命与之相连也。"（《春秋繁露·人副天数》）《春秋繁露》也是以身体结构和图像来体认世界结构和图像。从这点来说，《黄帝内经》对后来的世界身体建构有重大的影响。

第二，《黄帝内经》中的身体是医学身体。这里的医学身体，并不是指用来

---

① 奥尼尔. 身体形态——现代社会的五种身体 [M]. 张旭春，译. 沈阳：春风文艺出版社，1999：15-16.

② 奥尼尔. 身体形态——现代社会的五种身体 [M]. 张旭春，译. 沈阳：春风文艺出版社，1999：17.

治疗疾病维持人体健康的身体，而是指医学政治化社会化的身体。奥尼尔指出："一旦我们将生理身体和交往身体区别开来，我们就有可能发展出一些以生理身体为中心的自足的象征系统——如艺术、舞蹈、体育，尤其是医学。反过来，医学实践也能够发展出一些话语性语言（discursive languages），用以外化、扩展和控制健康、性、生育、心情和侵犯。（这些功能都大大超出了自然身体本身的能力）"① 这就是说医学身体不仅是生理性身体，而且是政治性身体和社会性身体。

正如我们前面所述，《黄帝内经》中的身体也政治化社会化了。从身体十二脏对应十二官职及功能，就已经显示了《黄帝内经》中的身体不单是自然存在的身体，而是社会存在的身体。黄帝与岐伯的下段对话，更是把治身与治民、治家、治国统一起来。

黄帝曰：余闻先师，有所心藏，弗著于方。余愿闻而藏之，则而行之。上以治民，下以治身，使百姓无病。上下和亲，德泽下流。子孙无忧，传于后世，无有终时，可得闻乎？

岐伯曰：远乎哉问也！夫治民与自治，治彼与治此，治小与治大，治国与治家，未有逆而能治之也。夫惟顺而已矣。顺者，非独阴阳脉论气之逆顺也，百姓人民皆欲顺其志也。（《黄帝内经·灵枢·师传》）

因此，《黄帝内经》中的身体已经政治化社会化了。通过对身体的体认和治理，可以"上下和亲，德泽下流。"从而"治家"和"治国"。这就是说，《黄帝内经》中的身体已具有奥尼尔现代意义上医学身体形态的意蕴。

《黄帝内经》开创了中国古代医学身体的先河。自《黄帝内经》后，中国古代的医学经典中的身体基本上与政治和社会相关联。张仲景的《伤寒杂病论》就是这一方面的典范。它在《序》中说："余每览越人入虢之诊，望齐侯之色，未尝不慨然叹其才秀也。怪当今居世之士，曾不留神医药，精究方术，上以疗君亲之疾，下以救贫贱之厄。中以保身长全，以养其生，但竞逐荣势，企踵权豪，孜孜汲汲，惟名利是务，崇饰其末，忽弃其本，华其外而悴其内。……痛夫！举世昏迷，莫能觉悟，不惜其命，若是轻生，彼何荣势之云哉！而进不能爱人知人，退不能爱身知己，遇灾值祸，身居厄地，蒙蒙昧昧，蠢若游魂。哀乎！趋势之士，驰竞浮华，不固根本，忘躯徇物，危若冰谷，至于是也！"（《伤寒论·序》）这里的身体与政治和社会有着莫大的关系。它不但受"孜孜汲汲，

---

① 奥尼尔. 身体形态——现代社会的五种身体 [M]. 张旭春，译. 沈阳：春风文艺出版社，1999：139.

惟名利是务"的影响，而且受"遇灾值祸"的作用。从这一点来说，张仲景所讲的"身体"也是现代意义上的医学身体。透过身体状况，可以体认社会状况和政治状况。中国古代的中医理论不纯粹是医学理论，还是政治理论和社会理论。从这一点来说，《黄帝内经》厥功至伟。

第三，《黄帝内经》的身体体认思想是一种自然气化的身体观。我们在前面的序言中指出：原始儒家的身体观有三，一是礼义化的身体观，二是心气化的身体观，三是自然气化的身体观①。不仅仅是早期儒家，其他各家也不同程度地存在着这三种身体观。就《黄帝内经》来说，这就是一种典型的自然气化的身体观。

按照台湾学者杨儒宾的定义："这种身体观强调自然与人身同是气化产物，因此有同一性，自然与人在内在的本质上即是感应的。"②《黄帝内经》中的天地万物和身体不但是阴阳二气的产物，而且阴阳二气是天地万物和身体的根本。《黄帝内经》中说："根于中者，命曰神机，神去则机息，根于外者，命曰气立，气止则化绝。故各有制，各有胜，各有生，各有成。故曰：'不知年之所加，气之同异，不足以言生化。'"（《黄帝内经·素问·五常政大论》）指的就是阴阳二气对生命的重要性。《黄帝内经》通篇都是以气为基点，来建构天地、政治同身体的趋同性和形神的离合。因此，《黄帝内经》不仅是中国古代气论的拓展，而且是中国古代形神身体观的一个源头。同时，它还开创了中国传统文化的养气养生先河。因此，有学者指出："《黄帝内经》所揭露的古代身体观，不仅可以使我们对诸子思想中涉及身体的论述，有更整全而贴切的掌握；更重要的是，如果思想体系建构本身，乃代表某种价值观的选择，那么站在与诸子思想对等的立场来考量，我们便可以清楚地发现《黄帝内经》代表着中国传统中另外一种截然不同的声音：'人'作为自然中的存有，应该是关怀自我的起点，而在所有人文关系网络的笼罩之前，人乃是在大化流行中生成开展。"③

由于《黄帝内经》的身体体认是一种自然气化的身体观，因此，"身体对自然的开展，不仅表现在生成化育的仰给关系上，同时也蕴含了两者相互对应的紧张性：在身体与自然的滋养交通过程中，既有辅助的层面，也有对立冲突的可能。因此，人不能仅只是被动地栖于天地之间，人必须主动地'应四时''知

---

① 杨儒宾. 儒家身体观 [M]. 台北："中央研究院"中国文哲研究所，1996：2.

② 杨儒宾. 儒家身体观 [M]. 台北："中央研究院"中国文哲研究所，1996：82.

③ 蔡璧名. 身体与自然——以《黄帝内经素问》为中心论古代思想传统中的身体观 [M]. 台北：台湾大学出版社，1997：4.

调阴阳'，随时调养身体以因应自然的迁化流转。"① 从这一点来说，《黄帝内经》的身体体认具有强烈的主观能动性。

第四节　"贵身""积德"与王、民身体规训：
老子身体思想研究

在第一章第二节我们指出，《周易》身体符号开创了儒家身道和道家身道。其中在道家身道的发展中，作为道家学派的创始人老子厥功至伟。他不但以自然宇宙为其畛域来为身体立论，而且提出了"贵身""修身"和"惜身"等一系列主张。最重要的是，他提出了对国君身体进行规训的思想。这些主张和思想对后世影响甚大。

一、老子身体思想的主要内容

郭沫若曾指出："老子的最大发明便是取消了殷周以来的人格神的天之至上权威，而建设了一个超越时空的形而上的本体。"② 这就有必要对殷周时期的天命思想做一简单的论述。

在殷周时期，天是至高无上的。我们从《说文解字》"天"的构成可以看出："天，颠也。至高无上，从一大"。这里的"颠"通"顶"。"天"是宇宙间最高最尊贵的存在。故《诗经·周颂》道："维天之命，于穆不已。于乎不显，文王之德之纯。"（《诗经·周颂·维天之命》）"昊天有成命，二后受之。"（《诗经·周颂·昊天有成命》）

作为"天"代理人的统治者要敬德、保民、慎罚。如《康诰》说："惟乃丕显考文王，克明德慎罚，不敢侮鳏寡。庸庸，祗祗，威威、显民。"（《尚书·康诰》）只有这样，才会得到"天"的认可，才会统治长久。诚如《尚书》所道："嗟！我友邦冢君越我御事庶士，明听誓。惟天地万物父母，惟人万物之灵。亶聪明，作元后，元后作民父母。今商王受，弗敬上天，降灾下民。……皇天震怒，命我文考，肃将天威，大勋未集。……天佑下民，作之君，作之师，

---

① 蔡璧名. 身体与自然——以《黄帝内经素问》为中心论古代思想传统中的身体观 [M].
　　台北：台湾大学出版社，1997：276.
② 转引侯外庐. 中国古代思想学说史 [M]. 长沙：岳麓书社，2010：8.

惟其克相上帝，宠绥四方。"（《尚书·泰誓上》）

西周末年，由于铁制工具的使用和牛耕的推广，"天"的无上权威开始消解，逐渐走向世俗化。《国语·周语下》指出："天六地五，数之常也。经之以天，纬之以地。经纬不爽，文之象也。"（《国语·周语下》）"天"不再作为最高的统治者，而是作为一种自然现象。

在这一转型过程中，老子在"天"的概念上推演出了"道"的概念。这标志着宇宙有了新的本体，身体也有了新的本体。正如郭沫若所说，"老子发明了本体的观念，是中国思想史上所从来没有的观念。"[1]

第一，作为身体本体和存在的"道"。在老子看来，宇宙万物都是由"道"产生的。他说："道生一，一生二，二生三，三生万物。"（《道德经》第四十二章）自然作为其中的身体也是由"道"产生的。据高亨研究所说，"一谓身也。"（《老子正诂》）这里的"一"不但指形体，而且指精神。所以老子的道是精神与形躯的统一体。至于"天得一以清。地得一以宁。神得一以灵。谷得一以盈。万物得一以生。侯王得一以为天下贞。"（《道德经》第三十九章）则把天、地、神、谷具身化了。

《周易》指出："一阴一阳之谓道。"（《周易·系辞上》）即"道"由阴阳二气组合而成。在这组合过程中，是阳先阴后？还是阴先阳后？老子认为阴先阳后。他说："万物负阴而抱阳，冲气以为和。"（《道德经》第四十二章）故在《道德经》中，代表阴符号的柔、弱、静、守能战胜代表阳符号的坚、刚、动、争。老子指出："天下之至柔，驰骋天下之至坚。"（《道德经》第四十二章）因此，张再林教授指出，老子思想代表的是一种女性身体。[2]

同时在《道德经》中，多次出现"母""雌"的字眼，如"有名万物之母"（《道德经》第一章）"天门开阖，能为雌乎？"（《道德经》第十章）和"天下有始，以为天下母。既得其母，以知其子，既知其子，复守其母，没身不殆。"（《道德经》第五十二章）等。由此有学者提出：老子论述的是一种母系社会的状况。他的"谷神不死，是谓玄牝。玄牝之门，是谓天地根。绵绵若存，用之不勤。"（《道德经》第六章）反映的是一种对女性生殖器的崇拜。[3]

通过以上分析，我们可以看出老子的作为身体本体的"道"是以女性身体而存在的。对于什么是"道"？老子指出："有物混成，先天地生。寂兮寥兮，

---

[1] 郭沫若. 青铜时代 [M]. 北京：科学出版社，1957：38.

[2] 张再林. 作为"身体哲学"的中国哲学的历史 [J]. 西北大学学报（哲学社会科学版），2007（3）：52-63.

[3] 邱戍程. 老子社会理想中的母系社会缩影 [J]. 社会科学家，2006（Z1）：229-330.

独立而不改，周行而不殆，可以为天地母。吾不知其名，强字之曰道，强为之名曰大。"（《道德经》第二十五章）从这段话可以看出，"道"诞生于天地之先，它又可称为"大"。按照《说文解字》的解释，"大"又"象人形"。因此，与它相对等的"道"也象人形，即"道"有具身性。一方面，"道"是身体生成与存在的本体与依据；另一方面，"道"又是身体实践活动的载体和价值追求。老子身体思想的出发点和着力点便是以"道"为基础的。

第二，婴儿（赤子）、身体的自然状态与"道法自然"。对于"道"的形态，老子是这样形容的："道之为物，惟恍惟惚。惚兮恍兮，其中有象。恍兮惚兮，其中有物。窈兮冥兮，其中有精。其精甚真，其中有信。"（《道德经》第二十一章）其中的"恍惚"，老子又认为："是谓无状之状，无物之象，是谓恍惚。"（《道德经》第十四章）老子一方面说"道"是"无状之状""无物之象"，是虚无的；另一方面又说"道""其中有象""其中有物""其中有精"，是有形的。表面看起来，非常矛盾。如果仔细研究，我们会发现，老子说的"道"是一种生命原初状态，即婴儿（赤子）的身体自然状态。

在楚简《老子》中，有这样一段话描写婴儿（赤子）自然身体。它说："含德之厚者，比于赤子。（毒虫不螫，猛兽不据，攫鸟不搏。）骨弱筋柔而握固，未知牝牡之会而朘怒，精之至也。绝日号而不嗄，和之至也。"[1] 其中"毒虫不螫，猛兽不据，攫鸟不搏。"是"无状之状"，是"无物之象"，而"骨弱筋柔而握固，未知牝牡之会而朘怒"是"其中有象"，是"其中有物"，是"其中有精"，是有形之象。因此，"道"是"有"和"无"的结合，是赤子身体自然状态的一种表现。张艳艳指出："道'无'，强调其本体论意义，是本原所在；而'有'则昭示出道寓于生命中的可能性。说'无'是孕育'有'生命的'无'，说'有'是循'有'生命入'无'道的'有'，'无'与'有'的吊诡见出道向生命落实、生命向道贯通的双重动态活动。"[2] 说的就是"道"的身体的自然性。在这种自然性身体中，"有"和"无"充分融合，精神与形体充分合一，如老子所说："载营魄抱一，能无离乎？专气致柔，能如婴儿乎？"（《道德经》第十章）由于老子的"道"是以婴儿身体为观照："为天下溪，常德不离，复归于婴儿。"（《道德经》第二十八章）因此，他一方面主张"道法自然"。他说："希言自然"（《道德经》第二十八章）"人法地，地法天，天法道，

① 转引尹振环. 今本《老子》五十七个章中的模糊点——帛书《老子》今译 [M]. 贵阳：贵州人民出版社，2006：76.

② 张艳艳. 先秦儒道身体观及其美学意义 [D]. 上海：复旦大学，2005.

道法自然。"（《道德经》第二十五章）和"是以万物莫不尊道而贵德，夫莫之命而常自然。"（《道德经》第五十一章）等。这里的"自然"就是如婴儿身体般本真、朴实、自由自在。另一方面他又主张"小国寡民"。他说："使有什伯之器而不用。使民重死而不远徙。虽有舟舆无所乘之。虽有甲兵无所陈之。使民复结绳而用之。甘其食、美其服、安其居、乐其俗。邻国相望，鸡犬之声相闻。民之老死不相往来。"（《道德经》第八十章）这里的"虽有舟舆无所乘之。虽有甲兵无所陈之"与前面的婴儿"毒虫不螫，猛兽不据，攫鸟不搏"是一样的意思。老子"小国寡民"的社会主张建立在婴儿自然之身上。反过来，老子的身体立论以自然宇宙为其畛域。从这一点来说，老子的"道"是一种自然身体之道。

第三，"贵身"与"摄生"。关于"贵身"主张，方英敏教授认为："贵身论是先秦身体哲学的一个核心命题。"[1] 同样，老子的"贵身论"是老子身体思想的一个核心命题。

老子指出："宠辱若惊，贵大患若身。何谓宠辱若惊？宠为下，得之若惊，失之若惊，是谓宠辱若惊。何谓贵大患若身？吾所以有大患者，为吾有身，及吾无身，吾有何患？故贵以身为天下，若可寄天下。爱以身为天下，若可托天下。"（《道德经》第十三章）在这段话里，老子把重视身体提高到重视天下的高度，认为我之所以有大患，是因为我有这个身体；如果没有这个身体，我会有什么大患呢？如果能够以贵身的态度去为天下，就可以把天下寄托给他；如果以爱身的态度去为天下，就可以把天下委托给他。[2] 这样导引出了一个问题：老子为什么把身体如此看重？

老子说："出生入死，生之徒，十有三；死之徒，十有三。人之生，动之于死地，亦十有三。夫何故？以其生生之厚。"（《道德经》第五十章）在这里，老子把人口的减少和死亡，归结于"生生之厚"。这里的"生生之厚"，决不是百姓的"生生之厚"，而是国君的"生生之厚"。为了"生生之厚"，国君任意妄为，这才有"天下无道，戎马生于郊"（《道德经》第四十六章）的现象。老子悲愤地指出："祸莫大于不知足，咎莫大于欲得。"（《道德经》第四十六章）老子把人口的减少归结于国王身体的贪欲，真实地反映了西周末年的社会状况。从这一点来说，老子的"贵身"主张有重大的时代意义。

---

① 方英敏. 贵身：身体的本体认定——先秦身体哲学的一个核心命题 [J]. 江西社会科学，2010（3）：56-60.

② 陈鼓应. 老子今注今译 [M]. 北京：商务印书馆，2003：123.

由于老子要求国君"贵以身为天下",这就要求国君"摄生",即珍惜百姓的生命。他说:"盖闻善摄生者,陆行不遇凶虎,入军不被甲兵。凶无所投其角。虎无所用其爪。兵无所用其刃。夫何故,以其无死地。"(《道德经》第五十章)这就是说,不要经常使百姓处于"死地"的状态。

作为国君,不要追求名利。他说:"名与身孰亲?身与货孰多?得与亡孰病?甚爱必大费,多藏必厚亡。故知足不辱,知止不殆,可以长久。"(《道德经》第四十四章)如果国君孜孜以求"甚爱""多藏",那么其结果必定是"身败名裂"。因为国君的过分贪婪,必定会激起百姓的反抗。老子指出:"民之饥以其上食税之多,是以饥。民之难治以其上之有为,是以难治。民之轻死以其求生之厚,是以轻死。夫唯无以生为者,是贤于贵生。"(《道德经》第七十五章)因此,老子的"摄生"是建立在国君的"贵身"基础之上。没有"贵身",就没有"摄生"。这与《尚书》的"正德、利用、厚生、惟和"(《尚书·大禹谟》)思想相恰。

第四,王的身体规训。这是老子身体思想的又一核心。在《道德经》中,老子的对象是"上":"上德不德是以有德"(《道德经》第三十八章)"圣人":"是以圣人处无为之事,行不言之教。"(《道德经》第二章)侯王:"侯王若能守之,万物将自化。"(《道德经》第三十七章)和王公:"人之所恶,唯孤、寡不谷,而王公以为称。"(《道德经》第四十二章)等。无论哪一种,在这里都是指国君。这也是一些学者把《道德经》看作是君主南面术①的原因。

在老子看来,"道大,天大,地大,王亦大。国中有四大安,王居其一安。"② 这就把国君的地位置与道、天、地并列的重要位置。国君的身体行为不但影响着国家的安定与兴旺,而且影响着百姓生活之好坏。因此,有必要对国君的身体进行规训。如老子所指出:"其政闷闷,其民淳淳。其政察察,其民缺缺。祸尚福之所倚。福尚祸之所伏。孰知其极,其无正。正复为奇,善复为妖。人之迷日其固久。是以圣人方而不割。廉而不刿。直而不肆。光而不耀。"(《道德经》第五十八章)

---

① 相关的重要文章有徐大同. 老子道法自然、积德守道、小国寡民的君主南面术 [J]. 政治思想史,2014(4):1-11. 尹振环. 帝王文化与《老子》——唐玄宗变《老子》南面术为人生哲学 [J]. 中州学刊,2008(1):172-176.

② 楚简《老子》甲21、22、23简。今本《老子》二十五章改"王大"为"人大"。有专家指出:改"王大"为"人大"硬币不轻。见尹振环. 今本《老子》五十七个章中的模糊点——帛书《老子》今译 [M]. 贵阳:贵州人民出版社,2006:222. 故取"王大"。

老子对国君身体的规训主要表现在以下两方面。

1. 无为

这是老子政治思想的指导思想①，也是老子身体思想的一个重要方面。在老子看来，"无为"就是"无身"。他说："是以圣人后其身而身先，外其身而身存。非以其无私邪！故能成其私。"（《道德经》第七章）"是以圣人欲上民，必以言下之。欲先民，必以身后之。是以圣人处上而民不重，处前而民不害。是以天下乐推而不厌。以其不争，故天下莫能与之争。"（《道德经》第六十六章）这里的"身先""身存"和"民先"是建立在"后其身""外其身"和"身后"的基础上，即"无为"建立在"无身"的基础上。"无身"就是不要有身体的欲望，用《老子想尔注》的解释就是："人但知贪宠有身，必欲好衣美食，广宫室，高台榭，积珍宝，则有为，令百姓劳弊……设如道意，有身不爱，不求荣好，不奢侈饮食，常弊薄羸行；有天下，必无为，守朴素，合道意矣。人但当保身，不当爱身，何谓也？奉道诫，积善成功，积精成神，神成仙寿，以此为身宝矣。贪荣宠，劳精思以求财，美食以恣身，此为爱身者也，不合于道也。"② 身体欲望是"爱身"的大敌。也是"身先""身存"和"民先"的大敌。

由于老子的"无为"，即"无身"是为了更好地"有为"，即"存身"，因此，老子在身心关系上，主张崇身虚心。他说："是以圣人之治，虚其心，实其腹，弱其志，强其骨。"（《道德经》第三章）他进一步解释道："五色令人目盲；五音令人耳聋；五味令人口爽；驰骋畋猎，令人心发狂；难得之货，令人行妨。是以圣人为腹不为目，故去彼取此。"（《道德经》第十二章）这就是说，作为国君要清心寡欲。只有清心寡欲，才会更好地"保身"和"爱身"。

老子说："是以圣人欲不欲，不贵难得之货；学不学，复众人之所过；能辅万物之自然而不敢为。"（《道德经》第六十四章）老子的身体欲望是一种自然的欲望，而不是一种人为的欲望。在老子看来，自然的欲望才能保持身体与自然的和谐状态，才能更好地治理国家。而人为的欲望则会破坏这种和谐状态。老子说："将欲取天下而为之，吾见其不得已。天下神器，不可为也，为者败之，执者失之。夫物或行或随、或歔或吹、或强或羸、或挫或隳。是以圣人去甚、去奢、去泰。"（《道德经》第二十九章）作为治理天下的国君，不要有过多的人为欲望，要"去甚、去奢、去泰"。从这一点来说，"无为"就是"去

---

① 刘泽华，葛荃. 中国古代政治思想史［M］. 天津：南开大学出版社，2015：115.
② 刘昭瑞.《老子想尔注》导读与译注［M］. 南昌：江西人民出版社，2012：91.

欲"。老子"无为"的实质就是崇身抑心，从而达到人与自然的和谐相处。

2. 养德

在《道德经》中，除了论述道以外，老子还主要论述了德。他说："上德不德是以有德。下德不失德是以无德。上德无为而无以为。下德无为而有以为。"（《道德经》第三十八章）按照韩非子的解释"德者，内也。得者，外也。'上德不德'，言其神不淫于外也。神不淫于外，则身全。身全之谓得。得者，得身也。凡德者，以无为集，以无欲成，以不思安，以不用固。为之欲之，则德无舍；德无舍，则不全。用之思之，则不固；不固，则无功；无功，则生于德。德则无德，不德则有德。故曰：'上德不德，是以有德。'"（《韩非子·解老》）老子的"德"像"道"一样，也是从身体的视角来展开的。

我们来看老子的"德"是什么？老子说："道生之，德畜之，物形之，势成之。是以万物莫不尊道，而贵德。道之尊，德之贵，夫莫之命而常自然。故道生之，德畜之。长之育之。亭之毒之。养之覆之。生而不有，为而不恃，长而不宰。是谓玄德。"（《道德经》第五十一章）从这段话来看，老子的"德"是身体的一种德性。"道"生成身体，而"德"养育身体。无"道"无"身"，同样，无"德"无"身"。所以，老子的"德"与"身"是连接在一起的。如"修之于身，其德乃真。修之于家，其德乃余。修之于乡，其德乃长。修之于邦，其德乃丰。修之于天下，其德乃普。故以身观身，以家观家，以乡观乡，以邦观邦，以天下观天下"。（《道德经》第五十四章）在这里，老子不但把修身与养德联系起来，而且以此为出发点，把"德"与家、乡、国、天下联系起来。这说明，老子的"身"是一圆点，向外延伸可推衍和观照家、乡、国、天下。同样老子的"德"随着身体的向外扩展，也逐渐丰满和普及。从这一点来说，老子的"德"离不开身体。没有身体这一本体，就无所谓"德"。

由于老子把修身与养德结合起来，因此，对国君"德"的要求比较严格。一是国君要"善"。他说："圣人常无心，以百姓之心为心。善者，吾善之；不善者，吾亦善之；德善。信者，吾信之；不信者，吾亦信之；德信。圣人在天下，歙歙焉，为天下浑其心，天下皆注其耳目，圣人皆孩之。"（《道德经》第四十九章）也就是说，作为国君要有一颗善良的心，以百姓所想为想。这样，德性才会显示出来。

二是国君要有"三宝"。他说："我有三宝持而宝之：一曰慈，二曰俭，三曰不敢为天下先。慈故能勇，俭故能广，不敢为天下先故能成器长。今舍慈且勇，舍俭且广，舍后且先，死矣！夫慈以战则胜，以守则固。天将建之，以慈恒之。"（《道德经》第六十七章）老子认为"三宝"是国君德性的根本。只有践行"三宝",德才会长久。

三是要"啬"。按照尹振环教授的解释,"啬"通"穑",力农的意思。[1] 因此,老子的"治人事天,莫若啬。夫唯啬,是谓早服,早服谓之重积德;重积德则无不克;无不克则莫知其极;莫知其极,可以有国,有国之母,可以长久;是谓深根固柢,长生久视之道。"(《道德经》第五十九章)就是国君要重视农业,这也是国君积德的关键。总之,老子主张"以德治国"。

由于"无为"和"养德"都是针对国君的身体,在"溥天之下,莫非王土,率土之滨,莫非王臣"(《诗经·小雅·北山》)的社会里,国君的身体就是国家的象征。对国君身体的规训,就是对国家的治理。这也是中国古代身国一体化拓展具体化的表证。

第五,民的身体规训。老子在对国君身体规训的同时,对老百姓的身体也提出了具体规训要求:"不尚贤,使民不争。不贵难得之货,使民不为盗。不见可欲,使民心不乱。……常使民无知无欲,使夫智者不敢为也。"(《道德经》第三章)"绝圣弃智,民利百倍;绝仁弃义,民复慈孝;绝巧弃利,盗贼无有。此三言也,以为文未足,故令之有所属;见素抱朴,少私而寡欲。"(《道德经》第十九章)"不欲以静,天下将自定。"(《道德经》第三十七章)"塞其兑,闭其门,终身不勤。开其兑,济其事,终身不救。"(《道德经》第五十二章)

从这些话可以看出:老子规训民的着力点,是"欲",即身体的欲望。按照韩非子的解读:"人无毛羽,不衣则不犯寒;上不属天而下不著地,以肠胃为根本,不食则不能活;是以不免于欲利之心。欲利之心不除,其身之忧也。"(《韩非子·解老》)"欲"是身体的一种本能。这一本能,如果不抑制,就会对身体产生不好的作用。韩非子进一步解释道:"人有欲,则计会乱;计会乱,而有欲甚;有欲甚,则邪心胜;邪心胜,则事经绝;事经绝,则祸难生。由是观之,祸难生于邪心,邪心诱于可欲。可欲之类,进则教良民为奸,退则令善人有祸。奸起,则上侵弱君;祸至,则民人多伤。"(《韩非子·解老》)因此,在《道德经》中,老子主张民"少私而寡欲"。

做到这一点,老子实行的是一种"愚民"政策,即"古之善为道者,非以明民,将以愚之也。民之难治,以其智多也。故以智治国,国之贼;不以智治国,国之福。"(《道德经》第六十五章)具体的做法则是"不尚贤""绝圣弃智""绝仁弃义"和"绝巧弃利"等。这是否意味着老子的主张是愚民术?

---

[1] 尹振环. 今本《老子》五十七个章中的模糊点——帛书《老子》今译 [M]. 贵阳:贵州人民出版社,2006:92.

我们先看"愚"的意蕴。按照王弼对《道德经》的注释："明,谓多见巧诈,蔽其朴也。愚,谓无知守真顺自然也。"(王弼:《老子注》)"愚"就是返璞归真,顺应自然。河上公从身体的视野,进一步校释道:"谓古之善以道治身治国者,不以道教民明智奸巧也,将以道德教民使质朴不诈伪。"(河上公:《老子注》)"愚"就是返回到赤子之身,婴儿之身。换言之,老子的"愚"就是返回一种自然之身,这与老子的"道"是一致的。但"不尚贤""绝圣弃智""绝仁弃义"和"绝巧弃利"毕竟是让人回到蒙昧时代,这是一种逆历史潮流、开历史倒车的思想。

至于"塞其兑,闭其门,终身不勤。开其兑,济其事,终身不救。"按照陈鼓应的校释是"塞住嗜欲的孔窍,闭起嗜欲的门径,终身没有劳扰的事。打开嗜欲的孔窍,增添纷杂的事件,终身不可救治"。① 就是要根治身体的欲望。因此,老子对民的身体规训,就是要根治民的身体欲望,使身体回到一种自然状态。这就再次说明老子的身体是一种自然性的身体。

综上所述,老子以道作为身体的本体,论述了"道"的存在形式和"德"的具身性,提出了"贵身""无身""摄生"和"养德"的主张以及如何保持赤子之身,回到身体自然状态的观点。老子的身体思想,正如他作为道家的创始者一样,开启了道家身道的先河。

二、对老子身体思想的评价

学者李霞指出:"老子对生命价值的重视首先体现在其重身思想中。《老子》中'身'字23见,除'终身''没身'等表示时间以外,其余均指人的形体或整个生命。举凡老子论'身'之处,不仅对其持肯定态度,而且主张观之、修之、存之、保之、贵之、爱。观身、修身是老子生命修养论的重要内容,存身、保身是老子生命存在论所要解决的重要问题,贵身、爱身是老子生命价值论的基本取向。老子主张以身观身,以道修身,外其身而存身,退其身而保身。"② 对老子身体思想的评价应着眼于他对身体观念和身体价值的重视。

第一,开创了中国古代"道体论"中"道"的身体性。金岳霖教授曾指出"中国思想中的最崇高的概念是道,所谓行道、修道、得道都是以道为最终的目

---

① 陈鼓应. 老子注释与评介 [M]. 中华书局,2001:267.
② 李霞. 生命本位与自然关怀——道家生命观的基本特征及其生态学意义 [J]. 安徽大学学报 (哲学社会科学版),2004 (4):1-7.

标。思想与情感两方面的最基本的原动力似乎也是道。"① 道是生命存在依据。虽然在《尚书》《周易》和《黄帝内经》等典籍中也出现了"道"的概念，如《尚书·洪范》指出："无偏无陂，遵王之义；无有作好，遵王之道；无有作恶，遵王之路。无偏无党，王道荡荡；无党无偏，王道平平；无反无侧，王道正直。"（《尚书·洪范》）但将"道"作为本体论来系统阐释的则是《道德经》。老子不但提出了"道"是万物的本原、"道"的存在形式是"德"和"道法自然"等观点，而且更重要的是把"道"与身体联系起来。老子的"道"不但是身体的本原，而且是身体存在的形式和依据。这一观点被庄子、列子、刘安、葛洪等其他道教人士发扬光大。

庄子借老子答孔子的问话"夫道，窅然难言哉，将为汝言其崖略。夫昭昭生于冥冥，有伦生于无形，精神生于道，形本生于精，而万物以形相生，故九窍者胎生，八窍者卵生，其来无迹，其往无崖，无门无房，四达之皇皇也，邀于此者，四肢强，思虑恂达，耳目聪明，其用心不劳，其应物无方，天不得不高，地不得不广，日月不得不行，万物不得不昌，此其道与。"（《庄子·知北游》）指出身体因"道"而生，没有"道"就没有身体和天地万物。而《上清太上开龙跷经》更是把"道"与"身"直接联系起来，并明确指出"道"是身体的本体。它说："至道无象无形无名，从本降迹渐显三身，从起三身而演三洞三境三界，凡圣显差，九天九人感象通贯三宝，渐顿三乘接生皆起法身，身光相好，三身相好，境界垂形，感应天人，同滋向象，皆从相好而植神上禀玄精始成妙用。"② 总之，以老子为首道家的"道体论"中的"道"具有明显的根身性。从老子后，"道"不仅是世界的本体，也是身体的本体。这也是道家身道的根基。

第二，养生术的出现。虽然在老子之前，《尚书》就提出了"五福""六极"的观点，它说："五福：一曰寿，二曰富，三曰康宁，四曰攸好德，五曰考终命。六极：一曰凶、短、折，二曰疾，三曰忧，四曰贫，五曰恶，六曰弱。"（《尚书·洪范》）这可以看作是中国古代养生思想的萌芽。

在此基础上，《周易》进一步建构颐养之道，它说："颐：贞吉。观颐，自求口实。"（《周易·颐》）但二者都没有提出具体的养生方法。老子以"贵身"为切入点，提出了一系列养生方法。如"无知""无欲""无为"和"道法自然"等。这种养生方法绝不是单纯地保养身体，它有更高的价值追求。如老子

---

① 金岳霖. 论道 [M]. 北京：商务印书馆，1988：16.

② 道藏（第 33 册）[M]. 北京：文物出版社，1988：731-732.

所说:"死而不亡者,寿"(《道德经》第三十三章)和"持而盈之不如其己;揣而锐之不可长保;金玉满堂莫之能守;富贵而骄,自遗其咎。功遂身退,天之道"(《道德经》第九章)等,它们追求的是一种道长存的精神世界。老子的养生建立在"道"的价值追求上。因此,老子的"养生"不只是"养形",而且进入了更高的层次,即"养神"阶段。这种把身心结合起来的养身方法对后来的养生术有很大的影响。

庄子指出:"吾生也有涯,而知也无涯。以有涯随无涯,殆已;已而为知者,殆而已矣!为善无近名,为恶无近刑。缘督以为经,可以保身,可以全生,可以养亲,可以尽年。"(《庄子·养生主》)庄子的养生术像老子一样,也是在"道"的基础上,把"养形"与"养神"结合起来。列子更不用说,他认为身心舒适是生命价值的最大追求。他说:"可在乐生,可在逸身。故善乐生者不窭,善逸身者不殖。"(《列子·杨朱》),而《吕氏春秋》认为舍道弃生很不值得。它说:"道之真,以持身;其绪余,以为国家;其土苴,以治天下。由此观之,帝王之功,圣人之余事也,非所以完身养生之道也。今世俗之君子,危身弃生以徇物,彼且奚以此之也?彼且奚以此为也?"(《吕氏春秋·贵生》)总之,老子以后的思想家都继承了老子把身心结合起来的养生方法。这种养生方法对道教养生术的出现起着重大的作用。《道枢》指出:"神者,生形者也;形者,成神者也。故形不得其神,斯不能自生矣;神不得其形,斯不能自成矣;形神合同,更相生,更相和成。斯可矣。"① 揭示道教的养生方法是形神俱修、形神俱养。所以,李约瑟指出:"道家长生不老理想之所以舍形而上的精神不朽而求形而下的肉体不休,并不是他们偏向形而下的不朽,乃是因为舍此之外,他们的思想理论就无法自圆其说了。希腊罗马人很早就习惯于将精神与物质对立,故其宗教观认为形而下的肉体之外,别有一形而上的灵魂附其上。但中国人从未将精神与肉体分开,他们认为世界是一个生生不已循环变化的整体。轻者上升为虚空,粗重者凝聚为物质。因此,灵魂与物质的关系,从未处于相反的地位。"② 这间接表证了老子身体思想对道教养生术的重大价值。

第三,从君主南面术向民身体规训的转化。"南面术"出自《汉书·艺文志》,其中说道:"道家者流,盖出于史官,历记成败祸福古今之道,然后知秉要执本,清虚以自守,卑弱以自持,此君人南面术也。"(《汉书·艺文志》)

---

① 道藏(第 20 册)[M]. 北京:文物出版社,1988:622.
② 李约瑟. 中国古代科学思想史 [M]. 陈立夫,等译. 南昌:江西人民出版社,1999:174.

从这一段话可以看出，"南面术"主要针对的是以老子为首的道家。而老子对国君的身体规训，则是"南面术"的主要内容。

由于老子主张对国君的身体进行规训，因此，在以"黄老之术"治理国家的朝代，如汉朝初期，国君不敢多欲，出现"天下晏然"的景象。汉文帝就是一个很好的例子。《史记》载："孝文帝从代来，即位二十三年，宫室苑囿狗马服御无所增益，有不便，辄弛以利民。尝欲作露台，召匠计之，直百金。上曰：'百金中民十家之产，吾奉先帝宫室。常恐羞之，何以台为！'上常衣绨衣，所幸慎夫人，今衣不得曳地，帏帐不得文绣，以示敦朴，为天下先。治霸陵皆以瓦器，不得以金银铜锡为饰，不治坟，欲为省，毋烦民。"（《史记·孝文本纪》）汉文帝以老子对国君的身体规训要求约束自己，治理天下，出现了"文景之治"。由此可见，老子的国君的身体规训对治国来说，具有重大的道德功能和价值功能。但在封建君主专制社会里，作为最高统治者的君主，身体不可能被规训，也不愿意被规训。故汉武帝以后，儒家思想逐渐代替黄老之术，成为封建社会的统治思想。《道德经》也变为养生术之书和统治者规训百姓身体之书。唐玄宗依据《道德经》所著《通微道诀》就是如此。《通微道诀》说："忠者，臣之分；孝者，子之心。柔弱为趋道之津，诚敬乃入真之驭。不益己，不损物。以不贪为宝，以知足为富。内保慈俭，外能和同。念身何来，从道而有。少私寡欲，夷心注元。若然者，可为勤行之士，尔其勖哉，尔其勖哉！夫大道坦坦，去身不远，修之于身，其德乃真。尔当慎汝身，洗尔心，内养五神，外合一气；去万恶，增万善，长生久视，沐浴元波。"① 这就遮蔽了老子国君身体规训思想的积极意义，老子身体思想变为封建统治者禁锢百姓身体的一个工具。

第五节　身体映像：庄子身体思想研究

学者王传林指出："从秦汉身体哲学的特质来看，无论是道家还是儒家大多习惯于将由身体映像到自然映像的敞开与投射视为哲学建构的基本路径与不二法门，以及通往纯粹理性的逻辑理路与价值向度；这使得无论是道家还是儒家

---

① 转引李利安. 唐玄宗《通微道诀》的人生和谐之道［J］. 中国道教，2007（12）.

的身体哲学都极具隐喻情结与诗化倾向。"① 在这里，王传林是从宏观层面来观照诸子百家思想的。如果从微观层面并具体到某一人的思想，那么庄子身体思想无疑是身体映像的集大成者。

身体映像，顾名思义就是对身体特征的态度和反映。在中国古代，人之身体由内向外所呈现的身体映像是众多思想家建构身体思想的基础。庄子也不例外，他通过"形""身""体"等身体特质的建构，提出"撄宁""坐忘"和"顺应自然"等许多身体主张。可以说，身体映像是庄子身体思想的主要特征。

一、庄子身体映像思想的主要内容

根据美国学者司马黛兰的研究，"形"在《庄子》中出现了98处，"身"在《庄子》中出现了78处，"体"在《庄子》中出现了29处。② 这就导引出一个问题：作为身体特质的"形""身"和"体"等相关身体概念在庄子的身体映像思想建构中究竟起着什么样的作用？

第一，作为身体映像的"形"。庄子指出："非彼无我，非我无所取。是亦近矣，而不知其所为使。若有真宰，而特不得其朕，可行己信，而不见其形，有情而无形。百骸、九窍、六藏，赅而存焉，吾谁与为亲？汝皆说之乎？其有私焉？如是皆有为臣妾乎？其臣妾不足以相治乎？其递相为君臣乎？其有真君存焉？如求得其情与不得，无益损乎其真。一受其成形，不亡以待尽。"（《庄子·齐物论》）这里的"形"是作为此在之身而存在的。由于有"真宰"和"真君"，才有"形"。这与笛卡尔所说"我思故我在"是一样的。因此，庄子的"形"是作为精神的对立面出现的，即"非彼无我，非我无所取。"

由于"形"只与精神相关联，因此，盲者与非盲者、聋者与非聋者、狂者与非狂者在"形"性质上是一样的。他说："目之与形，吾不知其异也，而盲者不能自见；耳之与形，吾不知其异也，而聋者不能自闻；心之与形，吾不知其异也，而狂者不能自得。形之与形亦辟矣。"（《庄子·庚桑楚》）

既然如此，为什么"畸形"的身体往往得到社会更多的尊重？如"王骀兀者也，从之游者与夫子中分鲁。"（《庄子·德充符》）"卫有恶人焉，曰哀骀它。丈夫与之处者，思而不能去也。妇人见之，请于父母曰'与为人妻，宁为夫子妾'者，十数而未止也。"（《庄子·德充符》）和"跂支离无脤说卫灵公，

---

① 王传林. 从"身体映像"到"身体哲学"——秦汉身体哲学的建构理路与诠释范式探析 [J]. 哲学分析，2016，7（2）：87-99.

② 司马黛兰.《庄子》中关于身体的诸概念 [J]. 中国哲学史，2013（1）：45-52.

灵公说之。"(《庄子·德充符》）等。笔者曾在《从身体建构到身体体认：〈庄子〉的身体现象学解读》一文中分析其原因主要有二：一是畸形的身体可以免遭伤害；二是畸形的身体下的德行充盈。① 其中"畸形的身体下的德行充盈"可以"忘形"。庄子指出："德有所长而形有所忘，人不忘其所忘而忘其所不忘，此谓诚忘。"(《庄子·德充符》）这也是庄子主张"坐忘"和"撄宁"的缘由。

庄子指出："堕肢体，黜聪明，离形去知，同于大道，此谓坐忘。"(《庄子·齐物论》）庄子的"坐忘"的关键点是"离形就道"。按照庄子的说法："道与之貌，天与之形，无以好恶内伤其身。今子外乎子之神，劳乎子之精，倚树而吟，据槁梧而暝，天选子之形，子以坚白鸣。"(《庄子·德充符》）"形"源于"天"成于"道"，"离形就道"就是回到身体的原初状态。这也是老子"有"生于"无"而归于"无"思想的进一步拓展。

而"撄宁"，庄子认为是："杀生者不死，生生者不生。其为物，无不将也，无不迎也，无不毁也，无不成也。撄宁者，撄而后成者也。"(《庄子·大宗师》）它与"坐忘"的区别，一个是"就道"，一个是"养道"。"撄宁"突出的是人的主观能动性。从某一方面来说，"养道"就是"养形"，"撄宁"的着力点就是"养形"。

庄子指出："人大喜邪，毗于阳；大怒邪，毗于阴。阴阳并毗，四时不至，寒暑之和不成，其反伤人之形乎！使人喜怒失位，居处无常，思虑不自得，中道不成章，于是乎天下始乔诘卓鸷，而后有盗跖、曾、史之行。"(《庄子·在宥》）在这里，庄子实际上规划出了"养形"的具体途径，即气—形—神。

因为有阴阳二气存在，所以才诞生了形。庄子说："察其始而本无生，非徒无生也，而本无形，非徒无形也，而本无气。杂乎芒芴之间，变而有气，气变而有形，形变而有生。今又变而之死。是相与为春秋冬夏四时行也。"(《庄子·至乐》）庄子认为是"气变而有形"，无气则无形。因此，面对妻子之死，庄子鼓盆而歌。"形"形成后，才出现了"心"或"神"。庄子说："一受其成形，不亡以待尽。与物相刃相靡，其行尽如驰，而莫有能止，不亦悲乎！终身役役而不见其功，茶然疲役而不知所归，可不哀邪！人谓之不死，奚益！其形化，其心与之然，可不为大哀乎？人之生也，固若是芒乎？其我独芒，而人亦有不芒者乎？"(《庄子·齐物论》）是"形"造成了神疲。因此，庄子的"形"有强烈的指向性，它的最后落脚点是"神"或"心"，"养形"就是"养心"或

---

① 伍小涛. 从身体建构到身体体认：《庄子》的身体现象学解读 [J]. 甘肃理论学刊，2015 (6)：63-69.

"养神"。正如庄子所指出："执道者德全，德全者形全，形全者神全。神全者，圣人之道也。"（《庄子·天地》）《庄子》一书的中心思想就是围绕"养形"和"养神"两个范畴展开的。

第二，作为身体映像的"身"。庄子指出："夫天下之所尊者，富贵寿善也；所乐者，身安厚味美服好色音声也；所下者，贫贱夭恶也；所苦者，身不得安逸，口不得厚味，形不得美服，目不得好色，耳不得音声。若不得者，则大忧以惧。其为形也亦愚哉。夫富者，苦身疾作，多积财而不得尽用，其为形也亦外矣。"（《庄子·至乐》）在这段话里，既出现了"身"，又出现了"形"。这就意味着庄子的"身"和"形"具有不同的特质。

按照庄子的解释"物成生理，谓之形"（《庄子·天地》），庄子的"形"指万物生成后所呈现的各种形态。从身体的视角来说，它既指身体的结构、轮廓，也可指身体的活力和在场性。[①] 而庄子的"身"既是一种动态的生命历程，如"而其子又以文之纶终，终身无成"（《庄子·齐物论》）又是指身体行为活动的主体，如"吾唯不知务而轻用吾身，吾是以亡足。今吾来也，犹有尊足者存，吾是以务全之也"（《庄子·德充符》），特别是指"心"和"形"的结合。徐复观指出："《庄子》一书，用'身'字，用'生'字时，是兼德（性）与形，并且多偏在德方面。"[②] 因此，庄子的"身"与庄子的"形"一样，也具有多重意蕴。

首先，庄子的"身"是一种譬喻之"身"。庄子在《逍遥游》中描写狸狌道："卑身而伏，以候敖者；东西跳梁，不辟高下，中于机辟，死于罔罟"（《庄子·逍遥游》），这表面上是论述狸狌的可卑可笑，实际上，反映的是常人"终身役役而不见其成功，然疲役而不知其所归"的现象（《庄子·齐物论》）。正如他在《天地》中的论述："谓己道人，则勃然作色；谓己谀人也，则怫然作色。而终身道人也，终身谀人，合譬饰辞聚众也，是终始本末不相坐。垂衣裳，设采色，以媚一世，而不自谓道谀，与夫人之为徒，通是非，而不自谓众人也，愚之至也。知其愚者，非大愚也；知其惑者，非大惑也。大惑者，终身不解；大愚者，终身不灵。"（《庄子·天地》）

同样，描写蝉的句子"方得美荫而忘其身，螳螂执翳而搏之"意指生活中那些见利忘身之人。爱莲心教授指出，在《庄子》中，极少直接地或意义唯一

---

① 司马黛兰.《庄子》中关于身体的诸概念 [J]. 中国哲学史，2013（1）：45-52.

② 徐复观. 中国人性论史 [M]. 上海：华东师范大学出版社，2005：230.

地被陈述为真的东西，庄子常常运用神话、怪物来表达他的旨趣。① 所以，庄子中的动物之"身"是一种拟人化的"身"。

其次，庄子的"身"是一种自然之"身"。庄子指出："死生，命也，其有夜旦之常，天也。人之有所不得与，皆物之情也。彼特以天为父，而身犹爱之，而况其卓乎！人特以有君为愈乎己，而身犹死之，而况其真乎！"（《庄子·大宗师》）庄子认为身体的生与死是一种自然现象，身体也是一种自然身体。他说："人之生，气之聚也。聚则为生，散则为死。若死生为徒，吾又何患！故万物一也。"（《庄子·知北游》）在这里，身体是由气生成的，气的聚散，就是身体的生死。这与老子阴阳交感生成身体的自然身体观是一样的。所以，学者张艳艳把庄子的身体观也称为自然身体观。她说："庄子对'身'的把握有一个基本的预设，这个预设与老子有着内在的一致性，那就是最美的'身'应是自然之身。"② 这就揭示，庄子的"身"除了是譬喻之身外，还是自然之身。

再次，庄子的"身"是可欲之"身"。在庄子看来，身体铭刻着名、利、家、天下。他说："自三代以下者，天下莫不以物易其性矣。小人则以身殉利，士则以身殉名，大夫则以身殉家，圣人则以身殉天下。故此数子者，事业不同，名声异号，其于伤性以身为殉，一也。"（《庄子·骈拇》）这种身体损害了人的天性。庄子从五个方面进行了具体说明。他说："且夫失性有五：一曰五色乱目，使目不明；二曰五声乱耳，使耳不聪；三曰五臭熏鼻，困惾中颡；四曰五味浊口，使口厉爽；五曰趣舍滑心，使性飞扬。此五者，皆生之害也。"《（庄子·天地）》即五色、五声、五臭、五味、趣舍遮蔽了身体的本真。因此，庄子主张"活身"，即回到身体的原初状态，按照身体的自然本性存活下去。他说："人之生也，与忧俱生，寿者惛惛，久忧不死，何苦也！其为形也亦远矣。烈士为天下见善矣，未足以活身。吾未知善之诚善邪，诚不善邪？若以为善矣，未足以活身；以为不善矣，足以活人。"（《庄子·至乐》）庄子的可欲之身是对自然之身的否定。反之，自然之身是可欲之身的最后归宿。

最后，庄子的"身"是社会关联之"身"。美国学者司马黛兰指出："庄子对于术语身的用法完全符合其他早期文本中的两个主要的用法：它是定位于人之身体框架之中的家族与社会人格之所在；同时，它也是由诸如修身、教养与

---

① 爱莲心. 向往心灵转化的庄子：内篇分析［M］. 周炽成，译. 南京：江苏人民出版社，2004：24.

② 张艳艳. 先秦儒道身体观及其美学意义［D］. 上海：复旦大学，2005.

社会地位所建构的个体人格之所在。"① 即庄子的"身"是社会性的"身"。这点我们可以从《人间世》中的一段话看出，"且昔者桀杀关龙逢，纣杀王子比干，是皆修其身以下伛拊人之民，以下拂其上者也，故其君因其修以挤之。是好名者也。昔者尧攻丛枝、胥敖，禹攻有扈，国为虚厉，身为刑戮；其用兵不止，其求实无已。"（《庄子·人间世》）看出，关龙逢、比干被杀，是因为他们的社会声誉超过了夏桀、商纣，而"尧攻丛枝、胥敖，禹攻有扈"是为了贪求别国的土地和人口。关龙逢、比干、尧、禹的"身"深深打下了社会的烙印。因此，庄子的"身"不再是自然之"身"，而是社会之"身"了。

总之，庄子"身"的义界是多重的。既是譬喻之"身"，又是自然之"身"；既是可欲之"身"，又是社会之"身"。庄子之"身"兼具譬喻身、自然身、欲身、社会身四义。以此为出发点，庄子的修身、治身也是多重"身"的意蕴的综合。

关于"修身"，在上述关龙逢、比干被杀的论述中已经提及，但是是作为嘲讽的对象而出现。这是否如司马黛兰所说："庄子往往是轻视身的修行的，至少是轻视那些诸如《大学》里所概括的或曾子所制定的社会或者行为的构造形式。"②

我们先看一段话：

士成绮雁行避影，履行遂进而问，"修身若何？"老子曰："而容崖然，而目冲然，而颡頯然，而口阚然，而状义然，似系马而止也。动而持，发也机，察而审，知巧而睹于泰，凡以为不信。边竟有人焉，其名为窃。"（《庄子·天地》）在这段话中，庄子虽然没有对如何修身直接作出回答，但从他与老子的答词中，可以看出庄子反对那些在修身上身心不一的人。这就说明，庄子的"修身"是身心双修。他说："古之存身者，不以辩饰知，不以知穷天下，不以知穷德。危然处其所而反其性已，又何为哉！道固不小行，德固不小识。小识伤德，小行伤道。故曰：正己而已矣。乐全之谓得志。"（《庄子·缮性》）庄子主张"修身"要与"养德"结合起来。而"养德"的最高境界就是回到身体的本真，即身体的自然状态。在这里，庄子用了一个重要词语，就是"吾丧我"。他说："今者吾丧我，汝知之乎？女闻人籁而未闻地籁，女闻地籁而不闻天籁夫！"（《庄子·齐物论》）"吾丧我"就是以天道为法则，回归身体的自然状态。因此，庄子的"修身"的最后归宿是"自然之身"。庄子的"身"一直

---

① 司马黛兰.《庄子》中关于身体的诸概念［J］. 中国哲学史，2013（1）.

② 司马黛兰.《庄子》中关于身体的诸概念［J］. 中国哲学史，2013（1）：45-52.

徘徊在"自然之身"和"社会之身"之间，庄子在"身"的义界上又是矛盾的。

关于如何"治身"，庄子借种菜老人的话指出："汝方将忘汝神气，堕汝形骸，而庶几乎！而身之不能治，而何暇治天下乎！"（《庄子·天地》）在这里，"治身"是"治天下"的前提，身不能治理，怎么治理天下？在这里，庄子的"身"明显不是"自然之身"，而是"社会之身"了。而在《让王》篇，庄子又把"治身"与"治道"联系起来。他说："道之真以治身，其绪余以为国家，其土苴以治天下。由此观之，帝王之功，圣人之余事也，非所以完身养生也。今世俗之君子，多危身弃生以殉物，岂不悲哉！"（《庄子·让王》）在这里，庄子的"身"又是"道身"。庄子以"身"为出发点，把"治身""治天下"和"治道"结合起来，庄子的"治身"也是多重义界。

综上所述，庄子的"身"拓宽了先秦"身"的运用范围，以此为着力点，身与道、身与国家的关系凸显出来，可以说，庄子"身"的多种义界拓展了中国古代身本论。

第三，作为身体映像的"体"。尽管《庄子》中"体"出现的频率远远低于"形"和"身"，但"体"的丰富内涵并不亚于"形"和"身"。

首先，庄子的"体"是生命的整体。庄子指出："天地者，万物之父母也，合则成体，散则成始。形精不亏，是谓能移；精而又精，反以相天。"（《庄子·达生》）天地与身体同构，天地交合万物才生。这里的"体"既是宇宙建构之"体"，又是万物衍生之"体"。

由于天地与身体的亲缘性和应和性，庄子主张身体与天地合一。他说："夫天下也者，万物之所一也。得其所一而同焉，则四支百体将为尘垢，而死生终始将为昼夜而莫之能滑，而况得丧祸福之所介乎！弃隶者若弃泥涂，知身贵于隶也，贵在于我而不失于变。"（《庄子·田子方》）庄子这种"万物皆一"的观念，正是以拟身化的形式把天地作为身体整体看待。庄子常说"一体"，如"圣人大绸缪，周尽一体"（《庄子·则阳》）"泛爱万物，天地一体"（《庄子·天下》），正是从整体性来看待"体"的。诚如陈鼓应所言："一切差别与对立之诸相悉为扬弃而返归于物本身之本然之境地，便是所谓的道枢——真实在的世界之本质。"① 庄子把天地与身体融合在一起了。庄子的"体"既是宇宙的本体，又是身体的本体。

其次，庄子的"体"是身体的整体。司马黛兰指出："庄子用'体'来指

---

① 陈鼓应. 庄子今注今译［M］. 北京：中华书局，1983：126.

支离、异变、残疾的情况是很少见的，有一个特例庄子借用'体'来指'以生为体，以死为尸'混杂之躯体，庄子通常认为割裂为生死两部分的'体'，实际上可以被看作一个整体而存在。"① 庄子的"体"是身体的整体。庄子借子贡吊丧指出，形只是身体的一部分，体才是身体的全部。他说："彼方且与造物者为人，而游乎天地之一气。彼以生为附赘县疣，以死为决疬溃痈。夫若然者，又恶知死生先后之所在！假于异物，托于同体；忘其肝胆，遗其耳目，反覆终始，不知端倪；茫然彷徨乎尘垢之外，逍遥乎无为之业。彼又恶能愦愦然为世俗之礼，以观众人之耳目哉！"（《庄子·大宗师》）这里的"体"既是生之"体"，又是死之"体"，是生与死两部分的综合。因此，对庄子"体"的理解，要从整体性来观照。

最后，庄子的"体"还有身体体认的意蕴。庄子指出："无为名尸，无为谋府；无为事任，无为知主。体尽无穷，而游无朕；尽其所受乎天，而无见得，亦虚而已。"（《庄子·应帝王》）这里的"体"不但指"心体"，而且指"心体"的体认。这种"心体"的体认是无穷无尽的。正如他在《养生主》所说："吾生也有涯，而知也无涯。以有涯随无涯，殆已"（《庄子·养生主》）尽管以有限的生命去追求无穷的知识劳神伤体，但人还是要去身体体认。从这一点来说，庄子的"体"是无边界的。

而"夫明白入素，无为复朴，体性抱神，以游世俗之间者，汝将固惊邪？"（《庄子·天地》）这里的"体"又是"性体"。庄子的身体体认又是"性"的身体体认。庄子无论在《内篇》，还是在《外篇》，都对"性"进行一定的论述，如"生而美者，人与之鑑，不告则不知其美于人也。若知之，若不知之，若闻之，若不闻之，其可喜也终无已；人之好之亦无已，性也。圣人之爱人也，人与之名，不告则不知其爱人也。若知之，若不知之，若闻之，若不闻之，其爱人也终无已，人之安之亦无已，性也。"（《庄子·则阳》）庄子认为"美"和"爱"是人的自然天性，也是身体的"性体"。人要率性而行。他说："丧己于物，失性于俗者，谓之倒置之民。"（《庄子·缮性》）庄子的"性"是身体体认的一种外在表现形式。

无论是"心体"，还是"性体"，都离不开身体。庄子指出："夫德，和也；道，理也。德无不容，仁也；道无不理，义也；义明而物亲，忠也；中纯实而反乎情，乐也；信行容体而顺乎文，礼也。"这里的"体"，决不单是"形体"，还蕴涵着"心体"和"性体"。从这点来说，庄子的"体"是"形体""心体"

---

① 司马黛兰.《庄子》中关于身体的诸概念［J］. 中国哲学史，2013（1）.

和"性体"三者的综合,身体体认就是从"形""心"和"性"三者去体认。庄子指出:"有人,天也;有天,亦天也。人之不能有天,性也。圣人晏然体逝而终矣。"(《庄子·山木》)庄子的身体体认要随着自然的变化而变化,这又与前面的"天地万物皆吾一体"联系起来了。所以,庄子作为"体"的身体映像是整体性的而非个别性的,是系统性的而非局部性的。

第四,作为身体映像的"道"。在上节"贵身""积德"与王、民身体规训——老子身体思想研究中我们指出老子的"道"具有"根身性"。同样,庄子的"道"也具有"根身性"。如一学者指出:"庄子从不抽象地论道。在庄子看来,只有结合人身的存在、人身的活动,道才具有意义。否则,无所谓道不道。"[①] 这就导引出两个问题:庄子的"道"是什么?它为什么具有"根身性"?

我们先看第一个问题:庄子的"道"是什么?庄子指出:"夫道,有情有信,无为无形;可传而不可受,可得而不可见;自本自根,未有天地,自古以固存;神鬼神帝,生天生地;在太极之先而不为高,在六极之下而不为深,先天地生而不为久,长于上古而不为老。"(《庄子·大宗师》)这与《道德经》所表现出来的"无状之状,无物之象"的"道"是一样的。所以,庄子的"道"与老子的"道"一样,是生命的本原。

在庄子看来,"道"又是"一"的同一语。他说:"道通为一。"(《庄子·齐物论》)这里的"一"就是身体的意思。高亨说:"一,谓身也。抱一,犹云守身也。身为个体,故《老》《庄》或名之曰一。"(《老子正诂》)所以,《庄子》"卫生之经,能抱一乎?"(《庄子·庚桑楚》)中的"抱一"就是身心一体化。同样。"天地与我并生,而万物与我为一。"(《庄子·齐物论》)中的"一"也是身体与万物一体化。从这点来说,庄子的"道"和"一"都具身化了。

而被衣对啮缺问道的答复,更凸显身是道的载体。被衣曰:"若正汝形,一汝视,天和将至,摄汝知,一汝度,神将来舍。德将为汝美,道将为汝居,汝瞳焉如新生之犊而无求其故。"(《庄子·知北游》)在这里,"道"与身体密切相关,"道"是身的"道",即身道,身是"道"的身,即道身。

由于庄子把"道"与身结合起来,因此主张修身以就道。他借广成子的话说:"至道之精,窈窈冥冥;至道之极,昏昏默默。无视无听,抱神以静,行将至正。必静必清,无劳女形,无摇女精,乃可以长生。目无所见,耳无所闻,

① 李剑虹. 自然与自由:庄子身体观研究——以《内七篇》为中心 [J]. 合肥:安徽大学,2011.

心无所知，女神将守形，形乃长生。慎女内，闭女外，多知为败。我为女遂于大明之上矣，至彼至阳之原也。为女入于窈冥之门矣，至彼至阴之原也。天地有官，阴阳有藏；慎守女身，物将自壮。我守其一以处其和，故我修身千二百岁矣，吾形未常衰。"（《庄子·在宥》）在庄子看来，道可以存身、守身和长生。基于这一点，庄子创造性地建构了道的身体位阶。他说："不离于宗，谓之天人；不离于精，谓之神人；不离于真，谓之至人；以天为宗，以德为本，以道为门，兆于变化，谓之圣人。"（《庄子·天下》）在这道的身体位阶中，每一层身体都是不一样的。

圣人："圣人之生也天行，其死也物化；静而与阴同德，动而与阳同波。不为福先，不为祸始，感而后应，迫而后动，不得已而后起。"（《庄子·刻意》）圣人顺应自然，感悟阴阳，这是比"所尊者，富贵寿善也；所乐者，身安厚味美服好色音声也；所下者，贫贱夭恶也……"（《庄子·至乐》）的常人更高一层的道和身体。

真人："其寝不梦，其觉无忧，其食不甘，其息深深。"（《庄子·大宗师》）"其心志，其容寂，其颡頯，凄然似秋，暖然似春，喜怒通四时，与物有宜而莫知其极。"（《庄子·大宗师》）其身体不计较饮食的精美、世事的烦琐，达到一种神妙的境界。

神人："肌肤若冰雪，淖约若处子，不食五谷，吸风饮露，乘云气，御飞龙，而游乎四海之外；其神凝，使物不疵疠而年谷熟。"（《庄子·逍遥游》）其身体已跳出三界之外，遨游九天之中，这是比圣人、真人更高的身体位阶。

至人："彼将处乎不淫之度，而藏乎无端之纪，游乎万物之所终始，壹其性，养其气，合其德，以通乎物之所造。夫若是者，其天守全，其神无郤，物奚自入焉！"（《庄子·达生》）其身体已超越生死，与天地同寿。它是最高一层的身体。

从常人—圣人—真人—神人到至人，其身体都道化了，其作为身体的映像通过"道"表现出来，所以庄子的"身"称为"道身"。而从"自然之身""可欲之身"到"道身"，其重要的途径就是物化。庄子指出："昔者庄周梦为胡蝶，栩栩然胡蝶也。自喻适志与！不知周也。俄然觉，则蘧蘧然周也。不知周之梦为胡蝶与，胡蝶之梦为周与？周与胡蝶，则必有分矣。此之谓物化。"从这段话可以看出，物化指的是身体通过对道的体认，变成自由逍遥之身。因此，有学者指出："物化论必含三义：天道永恒、灵魂不朽、灵台有持。"即"通过灵台有持舍小身而得大身，进而将大身涵摄于小身内，小身因拥有天道而为道身，道身因小身而成为活生生的肉身。道和身的局限性均得到克服，从而内外重新融合为一，人与世界的联系变成了身—身关系。"① 从这一点来说，庄子的"物化"就是道的身化过程，即：小身—大身—小身—道身—肉身—身身。

由于道的遍在性："夫道，于大不终，于小不遗，故万物备。"（《庄子·天道》）道可以在蝼蚁、在稊稗、在瓦甓、在屎溺，因此，道的身化过程也是无所不在的。我们可以从下面舜与丞的对话来看。

舜问乎丞曰："道可得而有乎？"曰："汝身非汝有也，汝何得有夫道？"舜曰："吾身非吾有也，孰有之哉？"曰："是天地之委形也；生非汝有，是天地之委和也；性命非汝有，是天地之委顺也；孙子非汝有，是天地之委蜕也。故行不知所往，处不知所持，食不知所味；天地之强阳气也，又胡可得而有邪？"（《庄子·知北游》）

这段话表达了两层意思。一是道与身共生，二是道、身与天地并存。这一方面说明道与身是无时不在、无处不在的，另一方面说明道与身是可以相互变化的。道可以变化为身道，身可以变化为道身。庄子道的身体映像是庄子身体思想的重要组成部分。

二、庄子身体映像思想的评价

诚如一学者指出："庄子的意义在于将被人忽视已久的肉身作为其哲学之根。个人身心问题从此成为后世必须面对和解决的难题。庄子从身入手将哲学从外拉回到内，将阴阳家、名家、法家等外向式思维拉回至形上之道和形下之物相结合的形而中肉体思维。"② 庄子的身体映像，使身体从形而上的宇宙人生观照向形而下的平凡生活体认，对后世身体思想的拓展和深化有着重大的影响。

第一，向自然主义身体回归。如果说《山海经》标志着自然主义身体的生成，那么《庄子》的身体映像，则是自然主义身体的完善、丰富和发展。

在庄子看来，身体是自然的映像，他说："夫大块载我以形，劳我以生，佚我以老，息我以死。"（《庄子·大宗师》）因此，身体要顺应自然。他说："以目视目，以耳听耳，以心复心。若然者，其平也绳，其变也循。古之真人，以天待人，不以人入天。古之真人，得之也生，失之也死；得之也死，失之也生。"（《庄子·徐无鬼》）在这里，庄子的身体是一种自然的、原生态的身体，

① 刘文元. 道·身·逍遥——庄子身体哲学管见［J］. 重庆交通大学学报（社会科学版），2013（1）：85-88.
② 刘文元. 道·身·逍遥——庄子身体哲学管见［J］. 重庆交通大学学报（社会科学版），2013（1）.

它表现出来的是一种人性自然的论点。但社会关系和社会权力势必对这种自然身体进行桎梏。庄子指出："贵富显严名利六者，勃志也。容动色理气意六者，谬心也。恶欲喜怒哀乐六者，累德也。去就取与知能六者，塞道也。此四六者，不荡胸中则正。正则静，静则明，明则虚，虚则无为而无不为也。道者，德之钦也；生者，德之光也；性者，生之质也。性之动，谓之为；为之伪，谓之失。知者，接也；知者，谟也；知者之所不知，犹睨也。动以不得已之谓德，动无非我之谓治，名相反而实相顺也。"（《庄子·庚桑楚》）因此，庄子主张从"可欲之身"回归"自然之身"和"道身"，而这些正是后来魏晋玄学的重要内容之一。

作为"才藻艳逸，而倜傥放荡，行己寡欲，以庄周为模则"（《三国志》卷二十一《王粲传·阮籍》）的竹林七贤中的阮籍指出："是以作智造巧者害于物，明著是非者危其身，修饰以显洁者惑于生，畏死而荣生者失其真。故自然之理不得作，天地不泰而日月争随，朝夕失期而昼夜无分；竞逐趋利，舛倚横驰，父子不合，君臣乖离。"[1] 他明显受庄子自然主义身体观的影响。而自言"老子庄周，吾之师也"（《嵇中散集》卷二《与山巨源绝交书》）的嵇康认为："卧喜晚起，而当关呼之不置，一不堪也；抱琴行吟，弋钓草野，而吏卒守之不得妄动，二不堪也；危坐一时，痹不得摇，性复多虱，把搔无已，而当裹以章服，揖拜上官，三不堪也；素不便书，又不喜作书，而人间多事，堆案盈几，不相酬答，则犯教伤义，欲自勉强，则不能久，四不堪也；不喜吊丧，而人道以此为重，已为未见恕者所怨，至欲见中伤者，虽瞿然自责，然性不可化，欲降心顺俗，则诡故不情，亦终不能获无咎无誉，如此，五不堪也；不喜俗人，而当与之共事，或宾客盈坐，鸣声聒耳，嚣尘臭处，千变百伎，在人目前，六不堪也；心不耐烦，而官事鞅掌，机务缠其心，世故烦其虑，七不堪也。"庄子自然主义的身体观的烙印也非常显著。从这点来说，庄子自然主义身体观深刻地影响了魏晋玄学。

第二，道的身体升华。如果说老子开创了道本论，明确道是身体的本原的话，那么庄子把道的身体提升到了一个新的境界。

首先，庄子将道与气、心和身体关联起来。在老子那里，虽然出现了"气"，但这是其从气化生天地万物的层面来说的。而庄子的"气"则是从身体映像的本体来说的。他说："人之生，气之聚也，聚则为生，散则为死。……故曰：'通天下一气耳'。圣人故贵一。"（《庄子·知北游》）而"道以气显"，即

---

① 阮籍. 阮籍集校注 [M]. 陈伯君，校注. 北京：中华书局，2012：146.

"'通天下一气耳'。圣人故贵一。"同时,"道由心成",他说:"气也者,虚而待物者也,唯道集虚,虚者,心斋也。"(《庄子·人间世》)庄子不但把"气"与"道"联系起来,而且把"气"与"心"、"道"与"心"联系起来。这样,就构成了"气—道—身—心"身体循环系统。"形""身""体"和"道"身体映像则是这一系统的重要组成部分。庄子的这一身体循环系统,对后来道家道心论、道气论和内丹性命学有非常重大的影响。如《老子想尔注》中的"道气在间,清微不见"①、司马承祯所指出的"心源是元始,更无无上道。"② 等。这也是有学者把庄子思想称为道心论、道气论和内丹性命学源头的原因之一。③

其次,庄子将形而上生命本原的道衍化为形而下的身体体认的道。在老子看来,道是一种玄而又玄的生命的原初状态和形而上的身体本体。而庄子把道贯穿于身体日常生活中,于是出现了"得道""体道"和"使道"等身道概念。庄子指出:"夫体道者,天下之君子所系焉。"(《庄子·知北游》)"使道而可献,则人莫不献其君;使道而可进,则人莫不进之于其亲;使道而可以告人,则人莫不告其兄弟;使道而可以与人,则人莫不与其子孙。"(《庄子·天运》)"道"铭刻在一切人的身体上,任何人都可以"得道""体道"和"使道",这就为广大的中下层人士打开了道之门。一学者指出:"道教人士之所以自觉对道教炼养术进行反省和修正,根本上来源于从《庄子》秉承而来的'体道''得道''守宗'思想的影响。可以说,道教对各种道术的范导正是通过'体道''得道''守宗'这一道教炼养的最高原则来实现的。"④ 这充分说明,后来的道教深受庄子身道的影响。

最后,庄子将道的身体位阶落实于"圣人""真人""神人"和"至人"上。正如前面所述,庄子将道身体化了。如"古之真人,不逆寡,不雄成,不谟士。若然者,过而弗悔,当而不自得也。若然者,登高不慄,入水不濡,入火不热,是知之能登假于道者也若此。"(《庄子·大宗师》)这里真人的身体是道的肉身化。由此,在庄子道身谱系里,出现了道的位阶。前面我们仔细分析了各种位阶身体的映像,这一身体映像直接催生了道教仙的等级。《道藏》指出"人有一善,则心定神安。有十善,则气力强壮;有百善,则宝瑞降之;有千善,则后代神真;有二千善,则为圣真仙将吏;有三千善,则为圣真仙曹掾;有四千善,则为天下师圣真仙主统;有五千善,则为圣真仙魁师;有六千善,

① 饶宗颐. 老子想尔注校证 [M]. 上海:上海古籍出版社,1991:8.
② 道藏(第5册)[M]. 北京:文物出版社,1988:775.
③ 孙功进.《庄子》道论对道教的影响 [J]. 东岳论丛,2009(7):137-141.
④ 孙功进.《庄子》道论对道教的影响 [J]. 东岳论丛,2009(7):137-141.

则为圣真仙卿大夫；有七千善，则为圣真仙公王；有八千善，则为圣真仙皇帝；有九千善，则为元始五帝君；有一万善，则为太上玉皇帝。"① 庄子道的位阶身体化对道教的发展也有着重大的作用。

第三，养生思想的拓展与深化。养生思想是身体思想的重大组成部分。庄子"形"的身体映像、"身"的身体映像、"体"的身体映像和"道"的身体映像从其目的来说，都是养生。

冯友兰说："先秦道家虽然有许多派别，但都有一个一贯的中心思想：'为我'。'我'的主要东西，就是'我'的生命。"② 在这里，冯友兰指出了道家的中心就是"为我"。换句话说，"为我"就是"贵身"或"贵生"。无论是老子，还是庄子，都把"贵生"或"贵身"作为养生的切入点。庄子借盗跖的话指出："今吾告子以人之情，目欲视色，耳欲听声，口欲察味，志气欲盈。人上寿百岁，中寿八十，下寿六十，除病瘦死丧忧患，其中开口而笑者，一月之中不过四五日而已矣。天与地无穷，人死者有时，操有时之具，而托于无穷之间，忽然无异骐骥之驰过隙也。不能说其志意，养其寿命者，皆非通道者也。"（《庄子·盗跖》）"贵身"的目的就是养生，但庄子的养生与老子的养生有所不同，老子的养生主要是致虚守静。他说："致虚极，守静笃，万物并作，吾以观复。夫物芸芸，各复归其根。归根曰静，是谓复命。"（《道德经》第十六章）按照河上公的注释："人君不静则失威，治身不静则身危。龙静故能变化，虎躁故亏夭也"③，可以看出虚静是老子养生的重要环节。而庄子的养生则是养形与养性、养神、养德相结合。他说："无劳汝形，无摇汝精，乃可以长生。"（《庄子·在宥》）庄子的养生是全方位的养生，他不但创造了导引之术"吹呴呼吸，吐故纳新，熊经鸟申"（《庄子·刻意》），而且创造了"心斋"之法"若一志，无听之以耳而听之以心，无听之以心而听之以气！听止于耳，心止于符。气也者，虚而待物者也。唯道集虚。虚者，心斋也。"（《庄子·人间世》）他不但"撄宁"，而且"坐忘"。如果说老子的养生是从内到外的话，那么庄子的养生则是内外兼修。从这点来看，庄子的养生思想大大拓展和深化了老子的养生术。

庄子的养生思想对后世的道养生观有重大的影响。《太平经》道："守一之法，乃万神本根，根深神静，死之无门"④，这乃是庄子"坐忘"和"心斋"的运用。而颜之推"夫养生者先须虑祸，全身保性，有此生然后养之，勿徒养其

① 道藏（第18册）[M]. 北京：文物出版社，1988：166.
② 冯友兰. 中国哲学史论文二集 [M]. 上海：上海人民出版社，1962：171.
③ 老子道德经河上公章句 [M]. 王卡，点校. 北京：中华书局，1993：106.
④ 王明. 太平经合校 [M]. 北京：中华书局，1960：741.

无生也"① 是庄子养生必先养性的翻版。因此，庄子的身体映像思想有重大的价值功能。

第六节　仁、礼与士的身体规训：孔子身体思想研究

《吕氏春秋》中指出："天下轻于身，而士以身为人。以身为人者，如此其重也，而人不知，以奚道相得？贤主必自知士，故士尽力竭智，直言交争，而不辞其患，豫让、公孙弘是矣。当是时也，智伯、孟尝君知之矣。世之人主，得地百里则喜，四境皆贺，不通乎轻重。"（《吕氏春秋·不侵》）在这里，士的身体比国土还要重要，在先秦时期士的地位非常高。

顾颉刚说："儒家以孔子为宗主，今试就孔子家庭及其门弟子言之……足见其时士皆有勇，国有戎事则奋身而起，不避危难，文武人才初未尝而为二也。"② 由此可见，以孔子为主的儒家主要组成成员为士，所编撰的《论语》一书的主人公和对象也是古代的士。孔子身体思想就是围绕士的身体而展开的。

一、孔子身体思想的主要内容

在《论语》里关于身体的直接术语有"躬""身"和"体"。其中，"躬"在《论语》里面出现了 10 次，"身"出现了 13 次，"体"出现了 1 次。③ 间接术语有"仁"和"欲"。其中，"仁"在《论语》中出现 109 次，"欲"出现 40次。这就说明：①孔子的思想具有"根身性"。②孔子思想的核心"仁"具有"根身性"。

第一，具有"亲身性"的"躬""身""欲"的仁与礼关联。美国学者司马黛兰曾指出："在《论语》或别的早期文本里，躬是人身或人与礼仪之表现关系最为密切的一个面向，是品格、举止和价值的公开的视觉展现。"④ "躬"作为一种礼仪化的身体呈现于日常生活中。《论语》道："古者言之不出，耻躬之不逮也。"（《论语·里仁》）这里的"躬"指的是一种与言论相对应的身体行为。

---

① 王利器. 颜氏家训集解 [M] //增补本. 北京：中华书局，1993：361.
② 顾颉刚. 史林杂识初编 [M]. 北京：中华书局，1963：85-86.
③ 司马黛兰.《庄子》中关于身体的诸概念 [J]. 中国哲学史，2013（1）.
④ 司马黛兰.《庄子》中关于身体的诸概念 [J]. 中国哲学史，2013（1）.

而"入公门，鞠躬如也，如不容。……摄齐升堂，鞠躬如也，屏气似不息者。"（《论语·乡党》）指的是一种庄严的身体礼仪。"文，莫吾犹人也，躬行君子，则吾未之有得。"（《论语·述而》）则指的是一种力行的身体德行。……从这些来讲，"躬"是一种表现"仁"和"礼"价值的身体面相。

"身"亦是如此。《论语》中说："我未见好仁者，恶不仁者。好仁者，无以尚之；恶不仁者，其为仁矣，不使不仁者加乎其身。有能一日用其力于仁矣乎？我未见力不足者。盖有之矣，我未见也。"（《论语·里仁》）这里的"身"是仁的载体，离开了身体，仁就失去了依托，这就是仁的身体存在性。同样，"身"也是礼的呈现。《论语》道："其身正，不令而行；其身不正，虽令不从。"（《论语·子路》）这里的"正"是一种铭刻着礼的身体行为，这种行为通过身体表现出来，所以《论语》的"身"也是礼的身体载体。

无论是"躬"，还是"身"，都离不开"自我"。芬加瑞指出：孔子思想中的"自我"具有反身性格，能够针对自身进行观察与规范，同时跟"他人"区隔开来；然而，当自我与他人有所冲突，甚至可以为了取得和谐而自我牺牲。①因此，"身"有"吾日三省吾身"（《论语·学而》）"致其身"（《论语·学而》）和"忘其身"（《论语·颜渊》）等。"躬"有"禹、稷躬稼而有天下"（《论语·宪问》）和"万方有罪，罪在朕躬"（《论语·尧曰》）等。

由于孔子的身体以"自我"为中心，通过"自我"的修养锻炼达到一种"君子"境界，因此，《论语》中"己"一词出现的次数特别多。据专家统计，有25次。② 如"己欲立而立人"（《论语·雍也》）"己所不欲，勿施于人"（《论语·颜渊》）和"不患无位，患所以立。不患莫己知，求为可知也"（《论语·里仁》）等。孔子是从"我身"推及"他身"，从"我身"仁、礼推及"他身"仁、礼。这样孔子的"躬"与"身"除了自我认同外，还有他者认同。孔子的仁、礼也有他者身体的关联性。

同时，孔子的"躬"与"身"除了自我性外，还有一种身体需求性。这种身体需求性就是"欲"。孔子指出"富与贵，是人之所欲也"（《论语·里仁》），孔子又道："吾十有五而志于学，三十而立，四十而不惑，五十而知天命，六十而耳顺，七十而从心所欲，不逾矩。"（《论语·为政》）从这些话可以看出，孔子的"欲"绝不只是生理性的身体欲望，还包括社会和精神层面的欲望。孔子的"欲"是多种欲望的组合。孔子肯定欲望的正当性，正是为了说

① 黄俊杰. 先秦儒家身体观中的两个功能性概念［J］. 文史哲，2009（4）：40-48.
② 黄俊杰. 先秦儒家身体观中的两个功能性概念［J］. 文史哲，2009（4）：40-48.

明仁与礼的正当性。他在"富与贵，是人之所欲也"的基础上进一步指出："不以其道得之，不处也。贫与贱，是人之所恶也；不以其道得之，不去也。"（《论语·里仁》）也就是说，"欲"必须有"道"，以"道"来约束"欲"。而孔子的"道"就是"仁"。这样，孔子的"欲"与仁、礼紧密地结合起来了。

总之，无论是"躬""身"，还是"欲"，都与身体相关联，它们是仁、礼存在的载体与基础。没有"躬""身"和"欲"，仁与礼就失去了依托。

第二，具有"根身性"的"仁"的多样性。"仁"是孔子思想的核心部分，也是儒家伦理的基本准则。根据郭店楚简的发现，"仁""上身下心"。这说明"仁"与身体密切相关。朱熹指出："仁者，人之所以为人之理也。然仁，理也；人，物也。以仁之理，合于人之身而言之，乃所谓道者也。"（《四书章句集注》）"仁"只有通过身体才能表达出来。

《论语》中的"仁"有许多种。"（樊迟）问仁，曰：'仁者先难而后获，可谓仁矣。'"（《论语·雍也》）这里的"仁"指的是一种身体行为；而"子曰：'刚、毅、木、讷，近仁。'"（《论语·子路》）指的是一种身体德行。"夫仁者，己欲立而立人，己欲达而达人。"（《论语·雍也》）指的是一种身体存在的方式；而"有子曰：'其为人也孝弟，而好犯上者，鲜矣；不好犯上，而好作乱者，未之有也。君子务本，本立而道生。孝弟也者，其为仁之本与！'"（《论语·学而》）指的是一种身体本体。……无论哪一种，"仁"都离不开身体。一学者指出：孔子《论语》中的身体思想也体现了以仁爱为基础的社会伦理道德价值。孔子一方面从经验常识出发，肯定人的肉体存在和生理需求的合理性；另一方面又通过'仁'规范身体，使得身体具有社会伦理道德价值。"[1]

孔子的"仁"有三重意蕴：一是作为身体德行的"仁"。林毓生认为"仁原意指抽象的人，有别于具体的人"[2]。这里"抽象的人"就是指人性，即身体的德行。孔子说："君子去仁，恶乎成名？君子无终食之间违仁，造次必于是，颠沛必于是。"（《论语·里仁》）在这里，孔子把"仁"作为衡量君子身体德行的标准。在孔子看来，君子有"仁"，小人无"仁"。他说："君子而不仁者有矣夫，未有小人而仁者也。"（《论语·宪问》）"仁"是君子与小人身体区隔的标准，也是君子德性的体现。因此，在日常生活中，孔子特别强调"孝""悌"。在他看来，孝弟是"仁"的根本。他说："弟子入则孝，出则悌，谨而

---

① 伍小运. 孔子的身体观及当代效应——以《论语》为例 [J]. 合肥学院学报（社会科学版），2013, 30（3）：57-60.

② 林毓生. The Evolution of the Pre-Confucian Meanning of Jen and the Confucian Concept of Moral Autonomy [J]. In Monumenta Serica, 1973（31）：178.

信，泛爱众，而亲仁。"（《论语·学而》）"孝弟也者，其为仁之本欤。"（《论语·学而》） 由于孔子把家庭伦理孝弟作为仁的重要方面，因此，"孔子的身体思想体现了以血亲为基础的家庭村社文化。"① 孔子的"仁"是内在于身体的一种伦理德性。这是"仁"的第一重境界。

二是作为族群身体政治的"仁"。孔子的"仁"不仅是"己"的体现，而且是"群"的体现。孔子说："为政在人，取人以身，修身以道，修道以仁。"（《中庸》第二十章）这里的"人"绝不是个体的人，而是群体的人。"取人以身"指的就是族群的身体。对孔子来说，仁政就是让黎民百姓的身体能很好地得到爱护和利用。他说："道千乘之国，敬事而信，节用而爱人，使民以时。"（《论语·学而》）这是仁政的主要内容。由于仁政是爱民利民，因此，"民之于仁也，甚于水火。水火，吾见蹈而死者矣，未见蹈仁而死者也。"（《论语·卫灵公》） 从百姓的角度来说，仁政与百姓身体息息相关。它比日常生活离不开的水火还要重要，由此可见，仁政在孔子思想中的重要地位。仁政是孔子"仁"的第二重境界。

三是作为身体本体的"仁"。孔子弟子曾参解读孔子的"仁"说："士不可以不弘毅，任重而道远。仁以为己任，不亦重乎？死而后已，不亦远乎？"（《论语·泰伯》） 曾子把"仁"与"道"结合起来，正是看到了孔子"仁"的本质。孔子的"仁"是一种"仁道"。所以，在《论语》中，孔子多次论述"道"。他说："人能弘道，非道弘人"（《论语·卫灵公》）"君子谋道不谋食。耕也，馁在其中矣；学也，禄在其中矣。君子忧道不忧贫。"（《论语·卫灵公》）和"士志于道，而耻恶衣恶食者，未足与议也"（《论语·里仁》）等。孔子的"道"是一种身体的本体和身体价值的最高追求，与此紧密结合的"仁"同样是一种身体的本体和身体价值的最高追求，这是"仁"的最高境界。

孔子的"仁"从仁性，到仁政，再到仁道，体现了"仁"作为身体主体的内在发展逻辑。从个体身体的仁性，到群体身体的仁政，再到群己身体的仁道，无不铭刻着"仁"作为身体本体的特质。

第三，具有"束身性"的"礼"的普遍性。张再林教授曾指出："在中国哲学的历史上，周易和周礼的推出则意味着中国古代身体哲学的黄金时代的到来。"② 由此可见，周礼在中国古代身体思想史上具有重要的地位。

---

① 伍小运. 孔子的身体观及当代效应——以《论语》为例 [J]. 合肥学院学报（社会科学版），2013，30（3）.

② 张再林. 作为"身体哲学"的中国哲学的历史 [J]. 西北大学学报（哲学社会科学版），2007（3）.

　　孔子说："夏礼吾能言之，杞不足征也；殷礼吾能言之，宋不足征也。文献不足故也，足则吾能征之矣。……周监于二代，郁郁乎文哉！吾从周。"（《论语·八佾》）孔子因夏礼与商礼文献的不足，不采纳夏礼、商礼，而采纳文采斐然的、普遍性的周礼。孔子又说："克己复礼，为仁。一日克己复礼，天下归仁焉。为仁由己，而由人乎哉？"（《论语·颜渊》）这里的"复礼"也是指复周礼，也就是说，孔子以恢复周礼为己任。

　　根据《礼记》记载："经礼三百，曲礼三千。"（《礼记·礼器》）其中的经礼就是《周礼》。周礼全方位、多层次地对身体进行了规训。如《周礼》载："凡诸侯之礼：上公五积，皆饩飧牵，三问皆修。群介、行人、宰、史皆有牢。飧五牢，食四十，簋十，豆四十，铏四十有二，壶四十，鼎簋十有二，牲三十有六，皆陈。饔饩九牢，其死牢如飧之陈，牵四牢，米百有二十筥，醯醢百有二十瓮，车皆陈。车米视生牢，牢十车，车乘有五籔，车禾视死牢，牢十车，车三秅，刍薪倍禾，皆陈。乘禽日九十双，殷膳大牢，以及归，三飨、三食、三燕，若弗酌，则以币致之。凡介、行人、宰、史皆有飧饔饩，以其爵等为之牢礼之陈数，唯上介有禽献。"（《周礼·秋官司寇·行夫/朝大夫》）在这里，《周礼》对不同等级的人的招待与饮食都有严格的规定，可以说，《周礼》是全景敞视的身体规训。

　　《论语》的核心之一是"克己复礼"。因此，在《论语》中有许多"礼"的身体规训。如"食不语，寝不言"（《论语·乡党》）"寝不尸，居不容"（《论语·乡党》）"席不正，不坐"（《论语·乡党》）"君子不以绀緅饰，红紫不以为亵服。当暑，袗絺绤，必表而出之。缁衣羔裘，素衣麑裘，黄衣狐裘。亵裘长，短右袂。必有寝衣，长一身有半。狐貉之厚以居。去丧，无所不佩。非帷裳，必杀之。羔裘玄冠不以吊。吉月，必朝服而朝。"（《论语·乡党》）"升车，必正立执绥。车中，不内顾，不疾言，不亲指。"（《论语·乡党》）"立不中门，行不履阈。……没阶，趋进，翼如也。复其位，踧踖如也"（《论语·乡党》）等。《论语》在衣食住行层面都对身体做了严格的规训。可以说，在身体规训方面，《论语》比《周礼》有过之而无不及。

　　张再林教授指出，《周礼》身体特性有三方面：一是通过一种"反求诸其身"的方式，把社会伦理返本追源地还原为每一个人亲履的身体；二是在此基础上，又从身体的发生机制导出社会伦理的发生机制；三是不仅意味着周礼业已把伦理与生理融为一体，而且同时意味着其不是从共时性的理性规定，而是从历时性的生命行程出发捕捉人类伦理的意义。① 同样，《论语》中的"礼"也有三重身体意蕴。

一是礼的"近身性"。在孔子看来，"礼"离不开身体。没有身体的依托，就没有"礼"。他说："麻冕，礼也；今也纯，俭，吾从众。拜下，礼也；今拜乎上，泰也。虽违众，吾从下。"（《论语·子罕》）身体的穿着和身体的行为无不打下"礼"的烙印。因此，在日常生活中，要知"礼"。他说："恭而无礼则劳，慎而无礼则葸，勇而无礼则乱，直而无礼则绞。"（《论语·泰伯》）同时，时刻用"礼"约束自己的身体行为，即"非礼勿视，非礼勿听，非礼勿言，非礼勿动"。（《论语·颜渊》）这里"勿视""勿听""勿言"和"勿动"就是孔子常说的"博学于文，约之以礼"（《论语·雍也》）。总之，孔子的"礼"建立在身体的基础上，即"君子之道，本诸身"（《礼记·中庸》）。

二是礼的社会关系性。对孔子来说，社会关系就是一种身体的血缘关系。他说"君子无不敬也，敬身为大。身也者，亲之枝也。敢不敬与？不能敬其身，是伤其亲；伤其亲，是伤其本；伤其本，枝从而亡"（《小学·敬身》）。在这里，"身"是作为一种血缘关系推出的。它像树枝，从其父母身体之"本"处向外生长，并成为父母的线装部分或向外的延伸。推崇身体，就是推崇血缘关系。而在家族血缘中，"礼"作为一种身体机制贯穿其始终，即"生，事之以礼；死，葬之以礼，祭之以礼"（《论语·为政》）。推而广之，在人与人的社会交往中，"礼"也起着重要的作用。他说："礼之用，和为贵。先王之道，斯为美，小大由之。有所不行，知和而和，不以礼节之，亦不可行也。"（《论语·学而》）在这里，孔子把"和"作为"礼"的功能来协调社会成员之间的关系。这恰恰说明孔子的"礼"是基于家庭的伦理关系和人的社会关系的。换言之，孔子以身体关系为切入点，推衍出家庭伦理关系，再推衍出社会关系。这就导致了儒家身—家—国—天下模式的产生。

三是礼的道德价值性。孔子的"礼"像孔子的"仁"一样，也有一定的道德评判标准。我们先看下面一段话。

子曰："管仲之器小哉！"或曰："管仲俭乎？"曰："管氏有三归，官事不摄，焉得俭？""然则管仲知礼乎？"曰："邦君树塞门，管氏亦树塞门；邦君为两君之好，有反坫。管氏亦有反坫，管氏而知礼，孰不知礼？"居上不宽，为礼不敬，临丧不哀，吾何以观之哉。（《论语·八佾》）

---

① 张再林. 作为"身体哲学"的中国哲学的历史［J］. 西北大学学报（哲学社会科学版），2007（3）：52-63.

在这段话里，孔子指出管子像国君一样设立照壁，在堂上也有放空酒杯的设备，这是不知礼的表现。因为在孔子看来，"礼"是有严格的身体等级差序的，违背了身体等级差序，就是失"礼"。因此，孔子的"礼"是有一定的价值判断的。又如"林放问礼之本。子曰：'大哉问！礼，与其奢也，宁俭；丧，与其易也，宁戚。'"（《论语·八佾》）在这里，孔子认为礼的内容重于形式，真实、真诚才是礼的根本。孔子的"礼"把价值工具与身体工具融为一体。

孔子的"礼"从近身性，到社会伦理，再到道德价值，反映了身体历时性与共时性的统一。张再林教授指出："孔子学说既先发其覆地开出之于周礼的'复礼'之说，又尽发其覆地而为中国古代身体伦理学的金声玉振的集大成者。"① 恰恰表证了"礼"在孔子身体思想中的重要价值。

第四，士的身体规训。在《论语》里有许多关于"士"的论述。如"子曰：'士而怀居，不足以为士矣'"（《论语·宪问》）。"士志于道。"（《论语·里仁》）"子张曰：'士见危致命，见得思义，祭思敬，丧思哀，其可已矣。'"（《论语·子张》）这是否意味着《论语》是以"士"为对象的身体价值关怀？

《论语》除了"士"以外，还论及了与"小人"相对应的"君子"和"圣人"。《论语》中指出："君子成人之美，不成人之恶。小人反是。"（《论语·颜渊》）"君子和而不同，小人同而不和。"（《论语·颜渊》）和"君子易事而难说也。说之不以其道，不说也；及其使人也，器之。小人难事而易说也。说之虽不以道，说也；及其使人也，求备焉"（《论语·子路》）等。这里的"君子"，按照蔡元培的考察："孔子所举，以为实行种种道德之模范者，恒谓之君子，或谓之士。"② 就是有德行的"士"，反之"小人"就是无德行的"士"。而"圣人"则是具有最高德性境界的"士"："圣人，吾不得而见之矣，得见君子者，斯可矣。"（《论语·述而》）由此可见，《论语》中的"君子""小人"和"圣人"皆指"士"。不同之处，铭刻身体上的德行不一。相较而言，圣人的德性最高，君子次之，小人更次。余英时指出："中国知识阶层刚刚出现在历史舞台上的时候，孔子便已努力给它灌注一种理想主义的精神，要求它的每一个分子——士——都能超越他自己个体的和群体的利害得失，而发展对整个社会的深厚关怀。这是一种近乎宗教信仰的精神。"③ 在这里，余英时赋予德行更

---

① 张再林. 作为"身体哲学"的中国哲学的历史 [J]. 西北大学学报（哲学社会科学版），2007（3）.

② 蔡元培. 中国伦理学史 [M]. 北京：商务印书馆，1999：12.

③ 余英时. 士与中国文化 [M]. 上海：上海人民出版社，2006：25.

高的宗教信仰精神。

无论是德行，还是宗教信仰精神，都离不开身体。杨儒宾说道："儒家的心性论与身体观乃是一体的两面，没有无心性之身体，也没有无身体之心性。身体体现了心性，心性也形铸了身体。"① 宗教信仰精神或德行是身体的重要部分，即"精神之身"或"德行之身"。

由于"自然之身"是士正常的生理欲望冲动，孔子对此持肯定态度。他说："富而可求也，虽执鞭之士，吾亦为之。"（《论语·述而》）"色恶，不食。臭恶，不食。失饪，不食。"（《论语·乡党》）同时，孔子也主张由"自然之身"转向"德行之身"。他说："吾未见好德如好色者也。"（《论语·子罕》）具体而言，孔子主张用"仁"和"礼"来规训士的身体。

首先，从"仁"的层面来说，孔子主张"杀身成仁"。他说："志士仁人，无求生以害仁，有杀身以成仁。"（《论语·卫灵公》）这就是说，当"自然之身"与"德行之身"发生冲突时，舍"自然之身"，取"德行之身"。因为在孔子看来，"自然之身"只会离"仁"越来越远。为了"近仁"，必须对"自然之身"有所规训。这样，在"仁"的层面上，孔子对士提出了很多要求。如爱人、孝悌、刚、毅、木、讷、立人、达人、恭、宽、信、敏、惠等。他说："恭则不侮，宽则得众，信则人任焉，敏则有功，惠则足以使人。""能行五者于天下，为仁矣。"（《论语·阳货》）孔子"仁"的身体规训是从心性的层面来进行的。这就回到了前面杨儒宾所说的儒家身体观的一体两面上来了。

其次，从"礼"的层面来说，孔子主张士"礼仪之身"的塑造。唐君毅曾指出："故一人格之精神，恒运于其有生命的身体之态度气象之中，表于动作，形于言语，以与其外之自然环境、社会环境，发生感应关系，而显于事业。"② 这种"表于动作，形于言语"的气象就是"礼"。孔子终其一生，就是塑造士的"礼仪之身"。前面所述："食不语，寝不言……"及"士见危致命，见得思义，祭思敬，丧思哀。"（《论语·子张》）和"视思明，听思聪，色思温，貌思恭，言思忠，事思敬，疑思问，忿思难，见得思义"（《论语·季氏》）等，就是通过各种途径和方法来规训和塑造士的"礼仪之身"。这样，像"仁"对士的身体规训一样，"礼"对士的身体规训也是全方位、多层次的。

除此之外，孔子还强调士的修身。"子路问君子。子曰：'修己以敬'。曰：'如斯而已乎'？曰：'修己以安人'。曰：'如斯而已乎'？曰：'修己以安百姓。

---

① 杨儒宾. 儒家身体观［M］. 台北："中央研究院"中国文哲研究所，1996：1.

② 唐君毅. 心物与人生［M］. 台北：台湾学生书局，1984：182.

修己以安百姓，尧、舜其犹病诸'？"（《论语·宪问》）这里的"修己"是士内向身体规训的重要途径，也是儒家"修身、齐家、治国、平天下"的具体运用。

由于孔子修身强调的是"自省"，他说："见贤思齐焉，见不贤而内省也。"（《论语·卫灵公》）"吾日三省吾身——为人谋而不忠乎？与朋友交而不信乎？传不习乎？"（《论语·学而》）因此，孔子的修身是从内到外的，是个人价值与道德自律的统一。孔子自省的主体与自省的客体达到高度融合，"那就是形体之身与道德之身是内在贯通统一的身体观念"①。换句话说，孔子的修身，就是让"自然之身"自然转化为"道身"。从这一点来讲，修身向内，仁、礼向外，它们是身体规训的一体两面。

二、对孔子身体思想的评价

张再林教授曾指出："接续《周易》和《周礼》，孔子的儒家学说亦可视为一种在新的历史背景下回归身体的学说。翻开《论语》一书，无论其观点、其内容是如何丰富得难以穷尽，然举其要者，可一言以蔽之为'反求诸其身'。"②在这里，张再林教授对孔子身体思想进行了高度评价，认为孔子的思想是以身体为其出发点和着力点的，它上承《周易》与《周礼》，下启孟荀，奠定了儒家身体观的主要内容。

第一，奠定了儒家礼义化的身体观与心气化的身体观。台湾学者杨儒宾曾指出："原始儒家的身体观原型有三，一是礼义化的身体观，一是心气化的身体观，一是自然气化的身体观。"③ 其中礼义化的身体观和心气化的身体观在孔子身体思想中已基本成型。

就礼义化的身体观来说，孔子不但阐释了礼的"近身性"，而且对礼的内容和形式进行了论述，特别是对礼身体规训的价值功能阐释得尤为详尽。他首先说："若臧武仲之知、公绰之不欲、卞庄子之勇、冉求之艺，文之以礼乐，亦可以为成人矣。""今之成人者何必然？见利思义，见危授命，久要不忘平生之言，亦可以为成人矣。"（《论语·宪问》）他认为要造就"人"的身体，必须"文之以礼乐"和"见利思义，见危授命"。在这里，他指出了礼义对身体的重要价值。

---

① 许总. 中国古代身体观念的文化内涵与现代意义［J］. 江淮论坛，2012（3）：5-14.

② 张再林. 作为"身体哲学"的中国哲学的历史［J］. 西北大学学报（哲学社会科学版），2007（3）：52-63.

③ 杨儒宾. 儒家身体观［M］. 台北："中央研究院"中国文哲研究所，1996：2.

在此基础上，孔子又进一步提出"博学于文，约之以礼，亦可以弗畔矣夫。"（《论语·颜渊》）"君子义以为质，礼以行之，孙以出之，信以成之。君子哉！"（《论语·卫灵公》）和"上好礼，则民莫敢不敬；上好义，则民莫敢不服；上好信，则民莫敢不用情。夫如是，则四方之民襁负其子而至矣，焉用稼？"（《论语·子路》）等。在他看来，礼不但可以约束身体的言行，而且可以使自己成为君子，使百姓顺从国君。孔子的礼是一种身体的社会规范。这一思想，被后来儒家代表人物之一荀子发扬光大。荀子说："凡用血气、志意、知虑，由礼则治通，不由礼则勃乱提僈。食饮、衣服、居处、动静，由礼则和节，不由礼则触陷生疾。容貌、态度、进退、趋行，由礼则雅，不由礼则夷固僻违，庸众而野。故人无礼则不生，事无礼则不成，国家无礼则不宁。"（《荀子·修身》）"礼者，所以正身也。"（《荀子·修身》）在荀子这里，没有独立于社会规范（礼义）之外的身体可寻。也就是说，儒家的礼义化的身体观基于孔子，成于荀子。孔子是儒家礼义化的身体观的奠基者。

就心气化的身体观来说，孔子也做出了重大的贡献。虽然在《论语》里，对"心"和"气"的论述很少，但孔子已经感知到身体的心性结构。如论述"气"虽然只有"君子有三戒：少之时，血气未定，戒之在色；及其壮也，血气方刚，戒之在斗；及其老也，血气既衰，戒之在得。"（《论语·季氏》）一句，但这一句呈现的不是纯粹的生理机体方面的血气，而是人的情感欲望，即"色""斗"和"得"。也就是说，孔子是由气入心论身之存养的。同样，《论语》中的"心"虽然只出现6次，如"七十而从心所欲不逾矩"（《论语·为政》）"回也，其心三月不违仁"（《论语·雍也》）等，但此"心"已不是生理意义上的"心"，而是道德之心。正如钱穆所指出："中国人又常以心、身对言，而心更重于身。故亦每分心为二。有附随于身之心，有超越于身之心。中国人重其后者，不重其前者。"①

由于孔子的"心"是道德心，在修身上更重视的是人格的挺立，这一点又被孟子所发扬。他说："所以谓人皆有不忍人之心者……非所以内交于孺子之父母也，非所以要誉于乡党朋友也，非恶其声而然也。由是观之，无恻隐之心，非人也；无羞恶之心，非人也；无辞让之心，非人也；无是非之心，非人也。"（《孟子·公孙丑上》）孟子赋予"心"独有的意义，使"心"自此成为儒家思想中非常重要的核心范畴。从这一点来说，孔子为儒家心气化的身体观的形成做出了奠基性的工作。

---

① 钱穆. 灵魂与心［M］. 桂林：广西师范大学出版社，2004：86.

又由于孔子的着力点是"心"之上的"仁",因此,孔子论述"心"很少,论述"仁"很多。这并否认孔子不关怀"心",相反他使"心"上升到了一种新的境界,即"仁"。杨儒宾指出:"如果没有孔子'仁'的思想介入,影响后代儒家基钜的'精神化身体观'根本不可能出现。"① 这"精神化身体观"就是"心"的践形化。因此,孔子身体思想中"心"与"仁"的呈现,对后来儒家心气化的身体观的发展有着重大的促进性作用。

第二,打造对统治者有用而驯服的身体。孔子身体思想的核心,就是对士的仁、礼身体规训。按照法国当代身体思想家福柯的观点:"这种肉体可以接纳特定的、具有特殊的秩序、步骤、内在条件和结构因素的操作。在成为新的权力机制的目标时,肉体也被呈现给新的知识形式。这是一种操练的肉体,而不是理论物理学的肉体,是一种受到有益训练的肉体,而不是理性机器的肉体。正因为如此,在这种肉体中,一系列自然要求和功能限制开始显现出来。"② 身体规训就是要打造对统治者有用而驯服的身体。

《论语》中的"士",就《说文解字》来说,"事,士也",就是阶级社会里那些为统治者做事的中下层官吏。孔子"贫且贱,及长,尝为季氏史,料量平;尝为司职吏而畜藩息。"③ 孔子不但出身于没落的士的家庭,而且自己本身就是士。这样的背景,造就了孔子士的身体规训主旨,即用仁和礼来规训士的身体。在他的著述中,有许多这方面的内容,如前面所列"士志于道,而耻恶衣恶食者,未足与议也"(《论语·里仁》)和"士而怀居,不足以为士矣"(《论语·宪问》)等。

这样的身体规训和责任担当,在孔子思想继承者那里也表现得非常明显。孟子在答复"古之君子何如则仕"问题时指出:"所就三,所去三。迎之致敬以有礼,言将行其言也,则就之。礼貌未衰,言弗行也,则去之。其次,虽未行其言也,迎之致敬以有礼,则就之;礼貌衰,则去之。其下,朝不食,夕不食,饥饿不能出门户。君闻之,曰:'吾大者不能行其道,又不能从其言也。使饥饿于我土地,吾耻之。周之。变可受也,免死而已矣。"(《孟子·告子下》)这里"所就三,所去三"就是对士走向仕途的身体约束。而荀子说"夫仰禄之士犹可骄也,正身之士不可骄也。彼正身之士舍贵而为贱,舍富而为贫,舍佚而为劳,颜色黎黑而不失其所。是以天下之纪不息,文章不废也。"(《荀子·尧

---

① 杨儒宾. 儒家身体观 [M]. 台北:"中央研究院"中国文哲研究所,1996:45.
② 福柯. 规训与惩罚:监狱的诞生 [M]. 刘北成,杨远婴,译. 北京:生活·读书·新知三联书店,2007:175.
③ 司马迁. 史记·孔子世家 [M]. 北京:中华书局,1959:1909.

问》）荀子认为身体规训的士，不可以骄横。孔子士的身体规训被后来者继承和发展着。

由于孔子士的身体规训有利于封建统治，因此，封建统治者大力提倡。西晋武帝泰始四年（268）向郡国颁布了一道诏书："一曰正身，二曰勤百姓，三曰抚孤寡，四曰敦本息末，五曰去人事。"（《晋书》卷3《武帝纪》）从诏书的内容来看，这五条诏书中每一条都是对官吏的身体规训。特别是第一条"正身"，正是以孔子为代表的儒家思想所着力主张的，从这点来说，孔子对士身体规训思想对后来统治者影响深远。

第三，士身体主体自觉的出现。由于孔子的身体思想具有内向的特征，孔子的后来者无不把修身作为日常生活的重要方面。顾颉刚指出："自孔子殁，门弟子辗转相传，渐倾向于内心之修养而不以习武事为急，寖假而羞言戎兵，寖假而惟尚外表。……以与春秋之士较，画然自成一格局，是可以觇士风之丕变矣……"① 正是看到了孔子身体思想对后来的影响。

在身体自我修养的过程中，出现了一些有代表性的人物，如汉之李膺、宋之范仲淹和元之文天祥等。李膺："风格秀整，高自标持，欲以天下名教是非为己任。后进之士有升其堂者，皆以为登龙门。"（《世说新语·德行》）范仲淹："先天下之忧而忧，后天下之乐而乐。"文天祥："天地有正气，杂然赋流形。下则为河岳，上则为日星。……是气所磅礴，凛烈万古存。当其贯日月，生死安足论。地维赖以立，天柱赖以尊。三纲实系命，道义为之根。"（文天祥《文山集》卷14《指南后录·正气录》）这些代表性人物成为士身体主体自觉的标杆。

但同时也要看到，由于孔子对自我身体的强调与规训，致使一些士借仁、礼规训之名，行不轨之事。如《后汉书》载："汉世之所谓名士者，其风流可知矣！虽弛张趣舍，时有未纯，于刻情修容，依倚道艺，以就其声价，非所能通物方，弘时务也；及征樊英、杨厚，朝廷待若神明，至竟无它异。英名最高，毁最甚。李固、朱穆等以为处士纯盗虚名，无益于用，故其所以然也。然而后进希之以成名，世主礼之以得众，原其无用，亦所以为用，则其有用或归于无用矣！"（《后汉书》卷82上《方术传》）这样，出现了士身体的双面人格。特别在封建社会的后期，这种双面人格的人越来越多。孔子士身体规训思想越来越流于形式。

---

① 顾颉刚. 武士与文人之蜕化［M］//余英时. 士与中国文化. 上海：上海人民出版社，2003：6.

第七节　身体认同：孟子身体思想研究

身体认同是身体思想中一个最重要的概念。莫斯指出："我们打交道的是各种身体技术。身体是人首选的、最自然的工具。或者，更准确地说，不用说工具，人首要的、最自然的技术对象与技术手段就是他的身体。"[①] 莫斯认为身体不仅是一项技术，而且还是一种工具。身体认同就是指作为社会个体的生物性基础和工具性的身体，在一定的社会系统中，建构自我人格、形成自我概念的过程。在现代社会里，身体认同越来越成为个体自我与群体组织追求的核心目标。这是否意味着中国古代社会缺乏身体认同？抑或身体认同一直不在场？

儒家思想的核心是"仁"，而"仁"据《说文解字》解"上身下心"，也就是说，从先秦起，儒家一直存在着"仁"的身体认同。据专家统计，"仁"字在《论语》中出现 109 次，在《孟子》中出现 158 次，在《荀子》中出现 134 次。在 20 世纪 90 年代发现的郭店楚墓竹简中，"仁"字约出现 70 次。[②] 其中，《孟子》一书中出现最多。这就揭示，孟子思想的主旨是"仁"。孟子建构起了以"仁"为中心的身体认同思想。

一、孟子仁的身体认同思想的主要内容

杨儒宾指出："孟子主要赋予孔子'仁'的学说一种心性论的基础。"[③] 这是否意味着孟子学说是心性之说，而非身体之学？回答是否定的。因为在孟子思想中，不但仁践形化了，心性也践形化了。

第一，作为"仁"本体的身体。

在《孟子》一书中，除了"仁"字出现的频率非常多外，"身"字出现的频率也多，如"君所为轻身以先于匹夫者"（《孟子·梁惠王下》）"无人乎缪公之侧，则不能安其身"（《孟子·公孙丑下》）和"且一人之身，而百工之所为备"（《孟子·滕文公上》）等。"身"在《孟子》中出现的频率为 53 次。[④]

① 莫斯. 社会学与人类学 [M]. 余碧平, 译. 上海：上海译文出版社, 2004：306.

② 曾振宇. 论先秦儒家思想中的"孝本论"与"仁本论" [J]. 哲学研究, 2019（11）：38-46.

③ 杨儒宾. 儒家身体观 [M]. 台北："中央研究院"中国文哲研究所, 1996：129.

④ 伍小运. 身心一如：孟子身体思想研究 [D]. 芜湖：安徽师范大学, 2014：21.

这里的"身"有多重含义，或为形躯之身，或为精神之身，或为德性之身，或为整体之身。① 无论哪一种，都是由"气"构成的。

孟子的"气"与荀子的"气"有很大的不同。荀子的"气"主要是指"血气"。他说："君子贫穷而志广，隆仁也；富贵而体恭，杀势也；安燕而血气不惰，柬理也；劳倦而容貌不枯，好交也；怒不过夺，喜不过予，是法胜私也。"（《荀子·修身》）按照彭国翔的研究，"血气"是指"血肉之躯所携带的包括自然欲望、生理本能以及心理情绪在内的身体方面（physical condition）"②。

而孟子的"气"有充体之气、平旦之气、夜气和浩然之气四种。他说："其所以放其良心者，亦犹斧斤之于木也，旦旦而伐之，可以为美乎？其日夜之所息，平旦之气，其好恶与人相近也者几希，则其旦昼之所为，有梏亡之矣。梏之反复，则其夜气不足以存；夜气不足以存，则其违禽兽不远矣。"（《孟子·告子上》）这里用的是"平旦之气"和"夜气"。而"我知言，我善养吾浩然之气"（《孟子·公孙丑上》）这里用的是"浩然之气"。……按照周与沉的解释，"孟子的气不仅是生理血气性的存在，更是不离血气又含渗道德意识的内气，是人在中夜与初晨时体内自然流行、不滞择别的'夜气'和'平旦之气'"③。这就是说孟子的"气"除了生理性的"血气"外，还有精神性的"内气"。这就一一对应了前面所说的形躯之身、精神之身、德性之身和整体之身。

在此基础上，孟子也化"身"为"心"。在《孟子》一书中，"心"出现的频率也是非常高的。据专家统计，共有117次。④ 如"故理义之悦我心，犹刍豢之悦我口"（《孟子·告子上》）和"大人者，不失其赤子之心者也"（《孟子·离娄下》）等。无论是"本心"，还是"理义之心"和"赤子之心"，都离不开身体。因为在孟子看来，心为大体，身体器官为小体，它们一起构成了身体。他说："体有贵贱，有小大。无以小害大，无以贱害贵。养其小者为小人，养其大者为大人。今有场师，舍其梧槚，养其樲棘，则为贱场师焉。养其一指而失其肩背，而不知也，则为狼疾人也。饮食之人，则人贱之矣，为其养小以失大也。饮食之人无有失也，则口腹岂适为尺寸之肤哉？……耳目之官不思，而蔽于物。物交物，则引之而已矣。心之官则思，思则得之，不思则不得也。

① 伍小运. 身心一如：孟子身体思想研究［D］. 芜湖：安徽师范大学，2014：21.
② 彭国翔. "治气"与"养心"：荀子身心修炼的功夫论［J］. 学术月刊，2009（9）：18-37.
③ 周与沉. 身体：思想与修行——以中国经典为中心的跨文化关照［M］. 北京：中国社会科学出版社，2005：333.
④ 伍小运. 身心一如：孟子身体思想研究［D］. 芜湖：安徽师范大学，2014：21.

此天之所与我者。先立乎其大者，则其小者弗能夺也。此为大人而已矣。"（《孟子·告子上》）孟子的"心"和身体器官，都是身体的一部分。孟子的身体既包括人的肉体，又包括人的心灵。

而且，孟子的"心"和"性"都是践形的。他说："形色，天性也；惟圣人然后可以践形。"（《孟子·尽心上》）按照中国台湾学者杨儒宾的解释："'践形'其实即指道德主体可因其优越的德性，强制形体，使后者动旋中道，合礼合仪。"①"心"和"性"可以转化为身体，即身体的精神化过程。在这里，身体是作为心的本体来看待的。无论上述的"本心""理义之心"和"赤子之心"，还是孟子所说的"恻隐之心，人皆有之；羞恶之心，人皆有之；恭敬之心，人皆有之；是非之心，人皆有之"（《孟子·告子上》）等，只有通过身体这一本体才会展示出来。孟子的"心"是一种精神化的身体。

同样孟子的"性"也离不开身体。他说："口之于味也，目之于色也，耳之于声也，鼻之于臭也，四肢之于安佚也，性也。"（《孟子·尽心下》）在这里，"性"作为身体的生理性欲望。徐复观说："就具体的生命而言，便谓之生；就此具体生命之先天禀赋而言，便谓之性。"②性，就是一种身体的本能。所以孟子认为："性也，有命焉，君子不谓性也""命也，有性焉，君子不谓命也"（《孟子·尽心下》）。在孟子看来，君子不会停留在生理本能上，还有更高的道德追求。这就是"君子不谓性也"。而更高的道德追求，则属于心的范畴。这样孟子就把"性"与"心"联系在一起了。他说："尽其心者，知其性也。知其性，则知天矣。"（《孟子·尽心上》）这里的"天"既是主宰之天，又是义理之天，即道德法则。"知天"就是顺应天意。孟子把"性"与"天"又联系在一起。这样，才出现了"命也，有性焉，君子不谓命也"。

另外，孟子的"志"也与身体密切相关。他说："夫志，气之帅也；气，体之充也。夫志至焉，气次焉。故曰：'持其志，无暴其气。'"（《孟子·公孙丑上》）在这里，孟子认为"志"是"气"的统帅。"志"是第一位的，"气"是第二位的。这是否意味着"志"是"气"的本体？周与沉认为："志有主宰制使、意向方向、意志定力诸含义，在志气互动中居于主导一方，起决定方向、主使机能、凝定力量的作用。气虽被动，然顺志而行即能充实此志，使生命内涵更整全、丰实。"③"志"只是一种身体工具。离开身体这一本体，"志"便失

---

① 杨儒宾. 儒家身体观［M］. 台北："中央研究院"中国文哲研究所，1996：132.

② 徐复观. 中国人性论史（先秦篇）［M］. 上海：上海三联书店，2001：8.

③ 周与沉. 身体：思想与修行——以中国经典为中心的跨文化关照［M］. 北京：中国社会科学出版社，2005：194.

去了作用。

总之，无论是"心"，还是"性"和"志"，在孟子看来，都离不开身体这一本体。他说："君子所性，虽大行不加焉，虽穷居不损焉，分定故也。君子所性，仁、义、礼、智根于心，其生色也睟然，见于面，盎于背，施于四体，四体不言而喻。"（《孟子·尽心上》）这样，孟子开出了气—身—心—性—志的身体结构。与孔子的身体结构相比较，孟子多了"性"和"志"等。

由于孔子从"心"开出了"仁"和"礼"，荀子从"心"开出了"礼"，作为儒家的继承者的孟子从"心""性"和"志"开出了"仁"。他说："君子所以异于人者，以其存心也。君子以仁存心，以礼存心。"（《孟子·离娄下》）在这里，孟子明显以"仁"来滋养本心，没有"心"，"仁"便失去了载体。当然，孟子也主张"以礼存心"，但"礼"与"仁"相比较，"仁"更加重要。这也是《孟子》一书"仁"出现的频率更多的原因之一。

同样，孟子的"性"也可以表达为"仁"。按照朱熹对孟子四心的解读："恻隐、羞恶、辞让、是非，情也。仁、义、礼、智，性也。心，统性情者也。端，绪也。因其情之发，而性之本然可得而见，犹有物在中而绪见于外也。"[1]"仁"只是孟子"性"的一个方面，以心统性，以性统仁。中国台湾学者蔡仁厚指出："孟子顺孔子之仁而开为'仁义礼智'，又讲'仁民爱物'，讲'仁政王道'，进而更讲'尽心知性知天'，讲'万物皆备于我，反身而诚'，讲'过化存神，上下与天地同流'。此中既有纵的上达提升，又有横的感通推扩，纵横撑开即成架构，而儒家心性之学的义理弘规，亦由孟子而开立。"[2]孟子的"仁"是建立在孟子心性之学之上的。换句话说，是孟子的"心"和"性"开出了"仁"。

孟子的"志"，也承继了孔子"志于仁"思想。无论"尚志"（《孟子·尽心上》）"专心致志"（《孟子·告子上》），还是"懦夫有立志"（《孟子·尽心下》），都是以"仁"作为持守的对象。这样，孟子的身体结构可以延伸为气—身—心—性—志—仁，身体作为仁的本体。

第二，作为仁本体的身体自我认同。

宋朝陆九渊言："夫子以仁发明斯道，其言浑无罅缝。孟子十字打开，更无隐遁。"（《象山先生全集·语录上》）说明"仁"到了孟子手里，已赋予它本体论的地位。

---

[1] 朱熹. 四书章句集注 [M]. 北京：中华书局，2011：221.

[2] 蔡仁厚. 儒家心性之学论要 [M]. 台北：文津出版社，1990：43.

在孔子那里，仁有三重意蕴：一是作为身体德性的"仁性"；二是作为族群身体政治的"仁政"；三是作为身体本体的"仁道"。孟子的"仁"是否也具有这三重属性？

我们先看仁性。孟子说："仁，人之安宅也；义，人之正路也。"（《孟子·离娄上》）孟子认为以仁义道德为性，心才能有所安。这里的"仁"显然是仁性。孟子又说："仁义而已矣。杀一无罪非仁也，非其有而取之非义也。居恶在？仁是也；路恶在？义是也。居仁由义，大人之事备矣。"（《孟子·尽心上》）孟子认为杀死一个无罪的人，是不仁；不是自己的东西却去占有，是不义；只有居于仁行于义，大人的事便齐备了。这里的"仁"显然也是一种身体德性，即仁性。因此，朱熹在解读孟子"仁"时，便把它当作"仁性"看待。他说："仁义礼智，性之四德也。根，本也。生，发见也。睟然，清和润泽之貌。盎，丰厚盈溢之意。施于四体，谓见于动作威仪之闲也。喻，晓也。四体不言而喻，言四体不待吾言，而自能晓吾意也。盖气禀清明，无物欲之累，则性之四德根本于心，其积之盛，则发而着见于外者，不待言而无不顺也。"（《四书章句集注》）朱熹认为孟子的"仁"不但具有仁性的意义，而且以身体为本体。从这一点来说，孟子的"仁"与孔子的"仁"一样，既是一种身体的德性，又是一种身体的践形性。

其次，我们看"仁政"。孟子说："尧舜之道，不以仁政，不能平治天下。"（《孟子·离娄上》）孟子在儒学发展史上第一次提出了"仁政"这一概念，说明孟子把"仁"作为一种政治制度纳入了他的身体思想之中。在孟子看来，一个政治制度的好坏，在于是否"亲亲""仁民"和"爱物"。他说："先王有不忍人之心，斯有不忍人之政矣。以不忍人之心，行不忍人之政，治天下可运之掌上。"（《孟子·公孙丑上》）这里的"不忍人之心"，就是前面所述四心中的"恻隐之心"。既然"恻隐之心"是一种精神化的身体，那么以四心行政，则是一种身体政治化的过程。因此，孟子的"仁政"，像孔子一样，也是一种族群身体政治。

最后，我们看"仁道"。孟子虽然没有直接提出此概念，但他提出了"王道"。他说："以力假仁者霸，霸必有大国；以德行仁者王，王不待大。汤以七十里，文王以百里。以力服人者，非心服也，力不赡也；以德服人者，中心悦而诚服也。"（《孟子·公孙丑上》）这里的"以德行仁"就是"王道"。"王道"的代表人物就是尧、舜、禹、汤文王。由于"王道"的核心是"仁"，因此，"王道"就是"仁道"。孟子说："天子不仁，不保四海；诸侯不仁，不保社稷；卿大夫不仁，不保宗庙；士庶人不仁，不保四体。"（《孟子·离娄上》）"苟为不畜，终身不得。苟不志于仁，终身忧辱，以陷于死亡。"（《孟子·离娄上》）孟子从身体等级和身体本体来看待"仁道"的重要性，这就赋予"仁道"根身性。因此，孟子的"仁道"与孔子的"仁道"一样，也是身体的一种价值追求。

总之，孟子的"仁"像孔子的"仁"一样，也有三重意蕴，即仁性、仁政和仁道。但孟子的"仁"与孔子的"仁"还是有所差别的。孔子主要从"自我"的角度来论述"仁"的功能；而孟子除了从"自我"视角外，也从"他者"的视角来阐释"仁"的内涵。孔子"仁"的对象主要是士，孟子"仁"的对象除了士以外，还有国君。因此，孟子"仁"的身体认同，既有王、士的身体自我认同，还有王、士的身体他者认同。

孟子"自我"概念，按照黄俊杰的研究，是一个自由的主体性。① 而这一主体性是建立身体本能之上的。孟子说："鱼，我所欲也，熊掌亦我所欲也；二者不可得兼，舍鱼而取熊掌者也。生亦我所欲也，义亦我所欲也；二者不可得兼，舍生而取义者也。生亦我所欲，所欲有甚于生者，故不为苟得也；死亦我所恶，所恶有甚于死者，故患有所不辟也。如使人之所欲莫甚于生，则凡可以得生者，何不用也？使人之所恶莫甚于死者，则凡可以辟患者，何不为也？由是则生而有不用也，由是则可以辟患而有不为也，是故所欲有甚于生者，所恶有甚于死者。非独贤者有是心也，人皆有之，贤者能勿丧耳。"（《孟子·告子上》）孟子认为恶死就生是人的正常欲望，如同告子之言："食色，性也"（《孟子·告子上》）一样，也是人一种正常的身体本能。这种身体本能决定了人的本性。

但孟子的人的本性与告子的人的本性是不一样的。告子的人的本性是一种纯粹的动物生理性本性，而孟子的人的本性已经升华到一种更高的境界，即仁义礼智。他说："恻隐之心，仁也；羞恶之心，义也；恭敬之心，礼也；是非之心，智也。仁义礼智，非由外铄我也，我固有之也，弗思耳矣。故曰：'求则得之，舍则失之。'或相倍蓰而无算者，不能尽其才者也。《诗》曰：'天生烝民，有物有则。民之秉彝，好是懿德。'孔子曰：'为此诗者，其知道乎！故有物必有则；民之秉彝也，故好是懿德。'"（《孟子·告子上》）这与孔子是一样的，一方面肯定身体欲望的正当性，另一方面又用仁、礼来约束身体。不同之处，孟子构建了一个具有内在逻辑的心的体系，即本心—邪心—理义之心。

孟子赋予"心"先验的维度。而邪心，就是利欲之心、陷溺之心。他说：

---

① 黄俊杰. 先秦儒家身体观中的两个功能性概念 [J]. 文史哲, 2009 (4)：40-48.

"富岁，子弟多赖；凶岁，子弟多暴。非天之降才尔殊也，其所以陷溺其心者然也"（《孟子·告子上》）。他认为子弟多赖、多暴，就是陷溺这种邪心的结果。他又说："诐辞知其所蔽，淫辞知其所陷，邪辞知其所离，遁辞知其所穷。生于其心，害于其政；发于其政，害于其事。"（《孟子·公孙丑上》）这种邪心，对国家和个人都有危害。因此，孟子主张用理义之心化之。他说："口之于味也，有同耆焉；耳之于声也，有同听焉；目之于色也，有同美焉。至于心，独无所同然乎？心之所同然者，何也？谓理也，义也。圣人先得我心之所同然耳。故理义之悦我心，犹刍豢之悦我口。"（《孟子·告子上》）这里的理义之心就是仁心。

孟子纳仁于心，按照杨儒宾的看法："'精神'不再是无形无象，也不再只是'意识'，它从生命的最内部以迄形躯的最外表，不断地渗透、转化、体现，终至于'小体'无'小'义，全体皆大，旁观者可在无言之中触目证道。"① 就是化仁为心、化心为体，从而建构起以仁为中心的身体认同系谱。

孟子"仁"的身体认同从两条路径进行：一条是"仁"的身体自我认同，一条是"仁"的身体他者认同。

"仁"的身体自我认同又包括三个方面，即养气、守身和修身。

（1）就养气来说，它是身体之本和生命之本，也是仁身体认同的重要方面。在《孟子》一文中，"气"出现的频率共 19 次。上述我们把它分为四种，即充体之气、平旦之气、夜气和浩然之气。李存山曾把"气"与"仁"放在一起，他说："仁学与气论并兴于世，它是中国古代的道德观、社会观。"② 这是否意味着孟子的"气"与"仁"也是相洽的？

我们先看一段话："志壹则动气，气壹则动志也。今夫蹶者趋者，是气也，而反动其心。"（《孟子·公孙丑上》）按照朱熹的解释，则是："壹，专一也。蹶，颠踬也。趋，走也。孟子言志之所向专一，则气固从之；然气之所在专一，则志亦反为之动。如人颠踬趋走，则气专在是而反动其心焉。所以既持其志，而又必无暴其气也。"（《四书章句集注》）这样看来，孟子的"志"和"气"是紧密地联系在一起的。前面所述，孟子也是"志于仁"，因此，孟子的"仁"也与"气"密切相关。

朱熹说："气，只是一个气，但从义理中出来者，即浩然之气；从血肉身中

① 杨儒宾. 儒家身体观 ［M］. 台北："中央研究院"中国文哲研究所，1996：132.

② 李存山. 气论与仁学 ［M］. 郑州：中州古籍出版社，2009：242 .

出来者，为血气之气耳。"① 养气就是把体气转化为德气和浩然之气。而德气和浩然之气，按照孟子的说法，则是："其为气也，至大至刚，以直养而无害，则塞于天地之间。其为气也，配义与道；无是，馁也。是集义所生者，非义袭而取之也。行有不慊于心，则馁矣。"（《孟子·公孙丑上》）也就是说，德气和浩然之气都"配义与道"，这里的"义"和"道"，就是"仁义"与"仁道"。这样，孟子的养气功夫，就是打造具有"仁义"与"仁道"的人。换句话说，就是塑造"仁"的身体。因为在孟子看来，"仁也者，人也。合而言之，道也"（《孟子·尽心下》）。按照朱熹的解释，"以仁之理，合于人之身而言之，乃所谓道者也"（《四书章句集注》）。因此，孟子仁的身体自我认同，养气是一个必不可少的环节。

由于孟子又认为心与气紧密相连，他说："不得于心，勿求于气，可；不得于言，勿求于心，不可。"因此，养气要与养心结合起来。而寡欲可以更好地养心，孟子又主张寡欲。他说："养心莫善于寡欲。其为人也寡欲，虽有不存焉者，寡矣；其为人也多欲，虽有存焉者，寡矣。"（《孟子·尽心下》）

又由于性与夜气、平旦之气也有密切关系，他说"牛山之木尝美矣，以其郊于大国也，斧斤伐之，可以为美乎？是其日夜之所息，雨露之所润，非无萌蘖之生焉，牛羊又从而牧之，是以若彼濯濯也。人见其濯濯也，以为未尝有材焉，此岂山之性也哉？虽存乎人者，岂无仁义之心哉？"（《孟子·告子上》）养气也要养性。这样，孟子的养气是气、身、心、性四者滋养的综合。

（2）就守身来说，它是身体存在的前提，也是仁实行的基础。在孟子看来，不实行"仁"，就不能保全身体。他说："士庶人不仁，不保四体。"（《孟子·离娄上》）同样，保全了身体，就保全了"仁"。基于这一点，孟子提出了"守身"的主张。他说："事，孰为大？事亲为大；守，孰为大？守身为大。不失其身而能事其亲者，吾闻之矣；失其身而能事其亲者，吾未之闻也。孰不为事？事亲，事之本也；孰不为守？守身，守之本也。"（《孟子·离娄上》）在这里，"事亲"为仁。孟子曰："仁之实，事亲是也。"（《孟子·离娄上》）既然仁（事亲）是一切事情的根本，那么，守身就是守的根本，仁因守身而存在。从这一点来说，孟子的"守身"就是"守仁"。

孟子认为守身一要爱护好身体。他说："无尺寸之肤不爱焉，则无尺寸之肤不养也。所以考其善不善者，岂有他哉？于己取之而已矣。体有贵贱，有小大。无以小害大，无以贱害贵。养其小者为小人，养其大者为大人。"（《孟子·告子

---

① 黎靖德. 朱子语类 [M]. 王星贤，点校. 北京：中华书局，1986：1244.

上》）在孟子看来，身体由小（身体器官）和大（心）构成。爱护身体既要爱护身体器官，又要爱护心灵。这样看来，孟子的爱护身体，实际上身心皆爱。

二当守身与道相矛盾时，要依道而行或以身殉道。孟子以与妻子交往为例，说明依道而行的重要性。他说："身不行道，不行于妻子；使人不以道，不能行于妻子。"（《孟子·尽心下》）这里的道是"仁道"。在孟子看来，自己不实行仁道，仁道在他妻子、儿女身上也实行不了。由此可见，仁道对于身体的重要性。从这一点来看，"仁道"又是"身道"。

当身与道相冲突时，孟子主张以道殉身或以身殉道。他说："天下有道，以道殉身；天下无道，以身殉道。未闻以道殉乎人者也。"（《孟子·尽心上》）孟子认为，在天下太平时，要坚守道义。他说："一箪食，一豆羹，得之则生，弗得则死，呼尔而与之，行道之人弗受；蹴尔而与之，乞人不屑也。万钟则不辩礼义而受之。万钟于我何加焉？为宫室之美、妻妾之奉、所识穷乏者得我与？乡为身死而不受，今为宫室之美为之；乡为身死而不受，今为妻妾之奉为之；乡为身死而不受，今为所识穷乏者得我而为之，是亦不可以已乎？此之谓失其本心。"（《孟子·告子上》）不可为了身体欲望而失去道。而天下不太平时，为了道要牺牲自己的身体，甚至生命。这样看来，孟子道大于身存。这与他仁体的塑造是一致的。

（3）就修身来说，它是仁的身体自我认同的重要内容。从孔子起，儒家就把修身作为一项重要的内容。前面已论述孔子的修身主张，在此不再展开。从孔子的修身来看，他把修身当作实行仁、礼的手段。而孟子在前人的基础上，把修身当作一种生命追求的目的。他说："尽其心者，知其性也。知其性，则知天矣。存其心，养其性，所以事天也。夭寿不贰，修身以俟之，所以立命也。"（《孟子·尽心上》）在孟子看来，人的寿命有长有短，只要时刻修身，就会"立命"。这里的"命"指天命。赵岐注："修正其身，以待天命，此所以立命之本也。"（《孟子注疏》）按照"知其性"知天，"养其性"事天，天命就是仁的道德法则，"立命"就是按照仁的道德法则行事。因此，孟子的修身就是以仁为追求目标的。

而做到这一点，孟子认为首先要不失义不离道。他说："尊德乐义，则可以嚣嚣矣。故士穷不失义，达不离道。穷不失义，故士得己焉；达不离道，故民不失望焉。古之人，得志，泽加于民；不得志，修身见于世。穷则独善其身，达则兼济天下。"（《孟子·尽心上》）孟子指出无论贫穷还是发达，都要坚持仁道，这是修身的根本。

其次，不怕磨难，要经得起考验。孟子指出："舜发于畎亩之中，傅说举于版筑之间，胶鬲举于鱼盐之中，管夷吾举于士，孙叔敖举于海，百里奚举于市。故天将降大任于是人也，必先苦其心志，劳其筋骨，饿其体肤，空乏其身，行拂乱其所为，所以动心忍性，曾益其所不能。人恒过，然后能改；困于心，衡于虑，而后作；征于色，发于声，而后喻。入则无法家拂士，出则无敌国外患者，国恒亡。然后知生于忧患而死于安乐也。"（《孟子·告子下》）凡是那些有作为的人士，无不是反复修身的结果。只有时常磨炼自己的心志，才会达到仁道。

最后，要落实到自我的具体的日常生活中。孟子指出："言近而指远者，善言也；守约而施博者，善道也。君子之言也，不下带而道存焉；君子之守，修其身而天下平。人病舍其田而芸人之田——所求于人者重，而所以自任者轻。"（《孟子·尽心下》）孟子认为在日常生活中要求别人修身做到的，自己要先做到，只有这样才会影响别人。孟子以伯夷、柳下惠为例，说明他们在日常生活中是如何修身的。他说："伯夷，非其君，不事；非其友，不友。不立于恶人之朝，不与恶人言；立于恶人之朝，与恶人言，如以朝衣朝冠坐于涂炭。推恶恶之心，思与乡人立，其冠不正，望望然去之，若将浼焉。是故诸侯虽有善其辞命而至者，不受也。不受也者，是亦不屑就已。柳下惠不羞污君，不卑小官；进不隐贤，必以其道；遗佚而不怨，厄穷而不悯。故曰：'尔为尔，我为我，虽袒裼裸裎于我侧，尔焉能浼我哉？'故由由然与之偕而不自失焉，援而止之而止。援而止之而止者，是亦不屑去已。"（《孟子·公孙丑上》）孟子指出：伯夷、柳下惠之所以得到认同，是因为在日常生活中，一直坚守仁道。

总之，孟子通过上述三方面的身道，建构起了一道身体自我认同的路径，即通过养气、守身和修身在自我身体与他者身体之间产生了区隔。在孟子看来，因为"仁"，圣人身体与凡夫身体有了区别。他说："至于味，天下期于易牙，是天下之口相似也。惟耳亦然。至于声，天下期于师旷，是天下之耳相似也。惟目亦然。至于子都，天下莫不知其姣也。不知子都之姣者，无目者也。故曰：口之于味也，有同耆焉；耳之于声也，有同听焉；目之于色也，有同美焉。至于心，独无所同然乎？心之所同然者何也？谓理也，义也。圣人先得我心之所同然耳。故理义之悦我心，犹刍豢之悦我口。"（《孟子·告子上》）也就说圣人身体是"德性之体"，而凡夫身体是形躯之体。同样，因为"仁"，国君身体有仁君之体和暴君之体的差别。而身体的自我认同就是要对身体有一种自觉意识，对人格的完善有所追求。孟子的"仁"就是这样，他的仁是"仁义内在"。而"仁"，"合于人之身而言之"（《四书章句集注》），因此，孟子的"仁"是身体自我认同的主旨。对于王来说，"利吾国"；对于大夫来说，"利吾家"；对

于士庶人来说，"利吾身"。（《孟子·梁惠王上》）

第三，作为仁本体的身体他者认同。

在孟子看来，身体自我认同向外延伸，就是身体他者认同。他者身体认同就是先将自我的身体拓展为他者的身体。孟子说："老吾老，以及人之老；幼吾幼，以及人之幼。天下可运于掌。《诗》云：'刑于寡妻，至于兄弟，以御于家邦。'言举斯心加诸彼而已。故推恩足以保四海，不推恩无以保妻子。古之人所以大过人者，无他焉，善推其所为而已矣。"（《孟子·梁惠王上》）孟子认为尊敬自己家的老人，就要尊敬别人家的老人；爱护自己家的孩子，就要爱护别人家的孩子。孟子从己身向外推及父母、孩子之身，再向外推及他者父母、孩子之身，像水中的波纹一样，一圈一圈荡漾开去。揭示孟子的身体是一种开放的身体，这正是他者身体认同的前提。

由于孟子的身体具有开放性，因此，在孟子看来，"杀人之父，人亦杀其父；杀人之兄，人亦杀其兄。然则非自杀之也，一间耳。"（《孟子·尽心下》）也就是说，不爱惜别人家人的身体，别人也不爱惜你家人的身体。这里，孟子从他者之身，又回返到己身。孟子的身体是可以相互转化的。而这种转化，在孟子看来，就是仁的转化过程。他说："仁者以其所爱及其所不爱，不仁者以其所不爱及其所爱。"（《孟子·尽心下》）这样，孟子的"仁"也有内向和外向两种功能。

同样，孟子的"仁"进一步扩展开去，就是从己仁推及他仁，从己义推及他义。孟子指出："人皆有所不忍，达之于其所忍，仁也；人皆有所不为，达之于其所为，义也。人能充无欲害人之心，而仁不可胜用也；人能充无穿逾之心，而义不可胜用也；人能充无受尔汝之实，无所往而不为义也。"（《孟子·尽心下》）在孟子看来，如果人人做到这一点，则"仁不可胜也"。

由于孟子的身体认同是由己身及他身、由己仁及他仁，因此，在这推及过程中，有必要对孟子"化"的功能作一讨论。孟子说："浩生不害问曰：'乐正子，何人也？'孟子曰：'善人也，信人也。''何谓善？何谓信？'曰：'可欲之谓善。有诸己之谓信。充实之谓美。充实而有光辉之谓大。大而化之之谓圣。圣而不可知之之谓神。乐正子，二之中，四之下也。'"（《孟子·尽心下》）在这里，"化"指道德修养脉络中的变化。"变者，物从而变。化，则有不知其所以然者。盖人之性无不同，而气则有异，故惟圣人能举其性之全体而尽之。其次则必自其善端发见之偏，而悉推致之，以各造其极也。曲无不致，则德无不实，而形、著、动、变之功自不能已。积而至于能化，则其至诚之妙，亦不异于圣人矣。"（《四书章句集注》）"化"不但能"化性起善"，而且"化身为圣"，这是孟子"化"的第一重功能，也是化的原初功能，即通过身体的自我修炼，可以变为圣人。

孟子"化"的第二重功能是化身为家、为国、为天下。孟子指出："人有恒言，皆曰：'天下国家。'天下之本在国，国之本在家，家之本在身。"（《孟子·离娄上》）孟子从身出发，推出家、国、天下，这与儒家的"修身、治家、齐国、平天下"的观点相洽。黄俊杰指出："在这种'身体政治论'的论述中，'身体'常常不仅是政治思想家用来承载意义的隐喻，而且更常是一个抽象的符号。思想家藉由作为'符号'的身体而注入大量的意义与价值。"① 孟子之所以从身体出发，是为了通过身体的隐喻，探讨先秦时期的政治问题，如王道、霸道、义利关系和仁民等。在孟子的眼里，身体不只是生理性的肉体，而且是承载家国天下治理和浸润文化价值的身心之体。

孟子"化"的第三重功能是化民成俗。孟子指出："天下大悦而将归己，视天下悦而归己，犹草芥也，惟舜为然。不得乎亲，不可以为人；不顺乎亲，不可以为子。舜尽事亲之道而瞽瞍底豫，瞽瞍底豫而天下化，瞽瞍底豫而天下之为父子者定，此之谓大孝。"（《孟子·离娄上》）在这里，舜通过"孝"，不但"化"了瞽瞍，而且"天下化"。而"亲亲，仁也"（《孟子·尽心上》）。孟子的"孝"是"仁"的代名词。故五不孝："惰其四支，不顾父母之养，一不孝也；博弈好饮酒，不顾父母之养，二不孝也；好货财，私妻子，不顾父母之养，三不孝也；从耳目之欲，以为父母戮，四不孝也；好勇斗狠，以危父母，五不孝也。"（《孟子·离娄下》）就是五不仁。孟子的化民成俗，就是化百姓不孝为孝，化百姓不仁为仁。

而"化"的动力，则是"诚身"。孟子说："悦亲有道，反身不诚，不悦于亲矣。诚身有道，不明乎善，不诚其身矣。是故诚者，天之道也；思诚者，人之道也。"（《孟子·离娄上》）在这里，诚是真实无伪的意思。"诚，实也"（《四书章句集注》），"诚身"就是体认在身中的"仁道"。这与荀子以"诚"化民是一样的。荀子指出："君子养心莫善于诚，致诚则无它事矣。唯仁之为守，唯义之为行。诚心守仁则形，形则神，神则能化矣；诚心行义则理，理则明，明则能变矣。变化代兴，谓之天德。天不言而人推高焉，地不言而人推厚焉，四时不言而百姓期焉。夫此有常，以至其诚者也。君子至德，嘿然而喻，未施而亲，不怒而威。夫此顺命，以慎其独者也。善之为道者，不诚则不独，不独则不形，不形则虽作于心，见于色，出于言，民犹若未从也，虽从必疑。

① 黄俊杰. 东亚儒学史的新视野 [M]. 台北：国立台湾大学出版中心，2012：341.

天地为大矣，不诚则不能化万物；圣人为知矣，不诚则不能化万民；父子为亲矣，不诚则疏；君上为尊矣，不诚则卑。夫诚者，君子之所守也，而政事之本也，唯所居以其类至。操之则得之，舍之则失之。操而得之则轻，轻则独行，独行而不舍，则济矣。济而材尽，长迁而不反其初，则化矣。"（《荀子·不苟》）荀子不仅将"诚"作为道德领域转化身心的动力，而且在政治领域转化万民的摄受力量。① 同样，孟子的"诚"通过省察人固有的"仁心"，转化为百姓内在的动力，从而达到化民成俗的目标。

由于孟子的"化"，无论是化身为圣，还是化身为家、为国、为天下和化民成俗，都以身体为基点，因此，从某一角度来说，"化"的过程，就是他者身体认同的过程。孟子"化"的三重身体功能，是从低级到高级、从简单到复杂，孟子他者身体认同也是从低级到高级、从简单到复杂。

前面所述，孟子的"仁"像孔子一样，采取的也是从仁性到仁政、再到仁道的路径，但着力点不同。孔子的着力点是仁性和仁道；孟子的着力点是仁政和仁道。这主要是因为时代发生了变化。《史记·孟子荀卿列传》有这样一段话，"余读孟子书，至梁惠王问'何以利吾国'，未尝不废书而叹也。曰：嗟乎，利诚乱之始也！夫子罕言利者，常防其原也。故曰'放于利而行，多怨'。自天子至于庶人，好利之弊何以异哉！"（《史记·孟子荀子列传第十四》）在这段话里，司马迁认为孔子不言利，是为了防备这个祸乱的根源。而孟子言利，是因为利已成为社会的普遍现象。这说明孟子时代比孔子时代更追名逐利。特别是国王，为了一己私利，战祸绵绵，"天下方务于合纵连横，以攻伐为贤"（《史记·孟子荀子列传第十四》）。在这一语境下，孟子着力突出的是"仁政"和"仁道"。

在孟子看来，"民为贵，社稷次之，君为轻。是故得乎丘民而为天子，得乎天子为诸侯，得乎诸侯为大夫。诸侯危社稷，则变置。牺牲既成，粢盛既洁，祭祀以时，然而旱干水溢，则变置社稷。"（《孟子·尽心下》）人民是社会的主体，百姓是国家的根本。作为国君，要实行"仁政"和"仁道"。具体而言：

（1）仁政旨在满足老百姓的正常的身体物质需要。孟子指出："无恒产而有恒心者，惟士为能。若民，则无恒产，因无恒心。苟无恒心，放辟邪侈，无不为已。及陷于罪，然后从而刑之，是罔民也。焉有仁人在位，罔民而可为也？是故明君制民之产，必使仰足以事父母，俯足以畜妻子，乐岁终身饱，凶年免于死亡；然后驱而之善，故民之从之也轻。"（《孟子·梁惠王上》）孟子认为

---

① 黄俊杰. 先秦儒家身体观中的两个功能性概念［J］. 文史哲，2009（4）：40-48.

百姓因无恒产不可能有仁心。因此，满足百姓身体的物质资料需要是实现仁政的前提条件。基于此，孟子大力主张实行制民之产。他说："五亩之宅，树之以桑，五十者可以衣帛矣。鸡豚狗彘之畜，无失其时，七十者可以食肉矣。百亩之田，勿夺其时，数口之家可以无饥矣。谨庠序之教，申之以孝悌之义，颁白者不负戴于道路矣。七十者衣帛食肉，黎民不饥不寒，然而不王者，未之有也。"（《孟子·梁惠王上》）只有百姓身体的物质生活资料得到了满足，才会实现对王的身体认同。

（2）仁政在具体的施行中处处要以百姓为中心。孟子认为王道始于百姓的养生，他说："不违农时，谷不可胜食也；数罟不入洿池，鱼鳖不可胜食也；斧斤以时入山林，材木不可胜用也。谷与鱼鳖不可胜食，材木不可胜用，是使民养生丧死无憾也。养生丧死无憾，王道之始也。"（《孟子·梁惠王上》）这里的"王道"，我们从上知道是"仁道"的代名词，而"养生"就是保养百姓的身体。实行"王道"，就是要以保养百姓的身体为肇始。其次，要"省刑罚，薄税敛，深耕易耨；壮者以暇日修其孝悌忠信，入以事其父兄，出以事其长上"（《孟子·梁惠王上》）。这样，才会"仁者无敌"。（《孟子·梁惠王上》）最后，以"不忍之心"行"不忍之政"。在孟子看来，有仁心才会有仁政。他说："先王有不忍人之心，斯有不忍人之政矣。以不忍人之心，行不忍人之政，治天下可运之掌上。……凡有四端于我者，知皆扩而充之矣，若火之始然，泉之始达。苟能充之，足以保四海；苟不充之，不足以事父母。"（《孟子·公孙丑上》）这里的"不忍之心"就是"仁心"，以"仁心"行"仁政"，就能"保四海"。

而所有这一切，就会使士、商、农各个阶层都产生对王的身体认同。孟子指出："尊贤使能，俊杰在位，则天下之士皆悦，而愿立于其朝矣；市，廛而不征，法而不廛，则天下之商皆悦，而愿藏于其市矣；关，讥而不征，则天下之旅皆悦，而愿出于其路矣；耕者，助而不税，则天下之农皆悦，而愿耕于其野矣；廛无夫里之布，则天下之民皆悦，而愿为之氓矣。信能行此五者，则邻国之民，仰之若父母矣。率其子弟，攻其父母，自有生民以来，未有能济者也。如此，则无敌于天下。无敌于天下者，天吏也。然而不王者，未之有也。"（《孟子·公孙丑上》）这里"天下之士皆悦""天下之商皆悦"和"天下之民皆悦"就是他者对王者身体认同的具体表证。孟子以商汤、周文王为例，由于他们实行了仁政，商地、周地人心归服。因此，孟子提倡"仁政"和"仁道"，其最终目的，就是塑造国君"德性之体"或"仁义之体"，从而获取百姓的认同。从这一点来说，孟子"仁"的身体他者认同，主要是对国君身体的认同。

同时，孟子认为仁对于天子、诸侯、卿大夫、士庶人各个阶层都很重要。他说："今恶死亡而乐不仁，是犹恶醉而强酒。"（《孟子·离娄上》）由于不仁，士庶人"不保四体"、卿大夫"不保宗庙"、诸侯"不保社稷"和天子"不保四海"，这实际上是儒家身—家—国—天下身体模式在仁上的影像，也是他者是否认同天子、诸侯、卿大夫、士庶人"德性之体"或"仁义之体"的前提。基于这一点，为了达到仁，孟子认为，各个阶层都应正身。他说："爱人不亲，反其仁；治人不治，反其智；礼人不答，反其敬——行有不得者，皆反求诸已，其身正而天下归之。《诗》云：'永言配命，自求多福。'"（《孟子·离娄上》）在他看来，只有"身"正了，才会真正认同。这样，孟子又把身体的自我认同与身体的他者认同结合起来了。

（3）仁政通过养、教的现实途径得以实现。孟子主张："设为庠序学校以教之。庠者，养也；校者，教也；序者，射也。夏曰校，殷曰序，周曰庠；学则三代共之，皆所以明人伦也。人伦明于上，小民亲于下。"（《孟子·滕文公上》）这里养、教，按照黄俊杰的说法，就是身体这个小容器，贯通到"自然"与"人文"两个世界的大容器之中，使抽象的人格美可以具体化。① 因此，养、教具有"化"的功能。养仁、教仁就是把"仁"从身体小容器化及社会大容器，这与前面"化民成俗"是一样的。但在具体的过程中，养、教强调的是外部作用，化强调的是内部动力。由于养、教的功能主要从外部入手，因为在具体的养、教的过程中，孟子强调要守规矩。他说："今有仁心仁闻而民不被其泽、不可法于后世者，不行先王之道也。故曰：徒善不足以为政，徒法不能以自行。《诗》云：'不愆不忘，率由旧章。'遵先王之法而过者，未之有也。圣人既竭目力焉，继之以规矩准绳，以为方员平直，不可胜用也；既竭耳力焉，继之以六律正五音，不可胜用也；既竭心思焉，继之以不忍人之政，而仁覆天下矣。故曰：为高必因丘陵，为下必因川泽；为政不因先王之道，可谓智乎？是以惟仁者宜在高位。不仁而在高位，是播其恶于众也。上无道揆也，下无法守也，朝不信道，工不信度，君子犯义，小人犯刑，国之所存者幸也。故曰：城郭不完，兵甲不多，非国之灾也；田野不辟，货财不聚，非国之害也。上无礼，下无学，贼民兴，丧无日矣。"（《孟子·离娄上》）在孟子看来，一定的规矩是实行仁政的基础，也是养、教的前提。只有按照国家规定的仁义规则去做，才不会出乱子。因此，孟子的养、教就是将身体纳入固定的仁义轨道。从这一点来说，孟子的身体认同带有强制性。

---

① 黄俊杰. 先秦儒家身体观中的两个功能性概念［J］. 文史哲，2009（4）：40-48.

除此之外，孟子的仁，还是"小体"与"大体"的结合。前面所述，心是大体，身体器官为小体，心比身体器官更具优越性。因此，孟子更强调心的作用。他说："桀纣之失天下也，失其民也；失其民者，失其心也。得天下有道：得其民，斯得天下矣；得其民有道：得其心，斯得民矣；得其心有道：所欲与之聚之，所恶勿施，尔也。民之归仁也，犹水之就下、兽之走圹也。故为渊驱鱼者，獭也；为丛驱爵者，鹯也；为汤武驱民者，桀与纣也。今天下之君有好仁者，则诸侯皆为之驱矣。虽欲无王，不可得已。今之欲王者，犹七年之病求三年之艾也。苟为不畜，终身不得。苟不志于仁，终身忧辱，以陷于死亡。"（《孟子·离娄上》）在他看来，桀纣失去天下，是因为失去了民心。而仁政可以塑民心，得仁政，得心，得天下。因此，孟子在仁本体中，更强调的是身体中的大体，因为它可以获取身体的他者认同。

总之，无论是"仁政"还是"仁道"，都是以身体为基础的。没有身体这一本体，"仁政"和"仁道"便失去了存在的意义。反过来，由于身体充溢着"仁性"和"仁道"，焕发出强烈的生命光辉。因此，身体的他者认同，就是作为仁本体的他者身体认同。

二、对孟子身体认同思想的评价

先秦时期，身体认同的方式有许多种，有的通过威仪进行身体认同，有的通过礼义进行身体认同，有的通过仪式进行身体认同……《礼记》中的祭天、祭地、祭山川和祭祖就是仪式身体认同的一种表现形式。《礼记》说："夫圣王之制祀也：法施于民则祀之，以死勤事则祀之，以劳定国则祀之，能御大灾则祀之，能捍大患则祀之。是故厉山氏之有天下也，其子曰农，能殖百谷；夏之衰也，周弃继之，故祀以为稷。共工氏之霸九州也，其子曰后土，能平九州，故祀以为社。帝喾能序星辰以著众，尧能赏均刑法以义终，舜勤众事而野死，鲧鄣洪水而殛死，禹能修鲧之功，黄帝正名百物以明民共财，颛顼能修之，契为司徒而民成，冥勤其官而水死，汤以宽治民而除其虐，文王以文治，武王以武功，去民之菑。此皆有功烈于民者也。及夫日月星辰，民所瞻仰也；山林、川谷、丘陵，民所取财用也。非此族也，不在祀典。"（《礼记·祭法》）人们通过祭祀，唤起对祖先血缘身体的记忆，从而实现广泛的族群身体整合和身体认同。

孟子仁的身体认同，与祭祀中的身体认同相比，一更具亲身性。这里的"亲"指的是与身体相近的关系，"亲，近也"（《广雅》）。孟子说："人之于身也，兼所爱。兼所爱，则兼所养也。"（《孟子·告子上》）人不仅要爱惜自己作为整体的身体，而且要爱惜自己作为部分身体的身体器官。而"仁"作为身体工具，推广开来，既要爱惜自己的身体，又要爱惜家人、别人的身体。这样看来，"仁"具有强烈的亲身性。孟子通过与梁惠王的对答，阐释了仁对身体，乃至对家庭、国家的好处。他说："王！何必曰利？亦有仁义而已矣。王曰：'何以利吾国？'大夫曰：'何以利吾家？'士庶人曰：'何以利吾身？'上下交征利而国危矣。万乘之国，弑其君者，必千乘之家；千乘之国，弑其君者，必百乘之家。万取千焉，千取百焉，不为不多矣。苟为后义而先利，不夺不餍。未有仁而遗其亲者也，未有义而后其君者也。王亦曰仁义而已矣，何必曰利？"（《孟子·梁惠王上》）从这一点来看，孟子身体认同的亲身性，"不仅构成儒家仁爱的源头，而且更是儒家'仁爱'伸展、扩展的根据与动力。不仅如此，'亲近'这一儒家的身体观念还体现出儒家仁爱的'层次感'和'位序意识'，直接导向儒家所倡导的'爱有差等'的学说。"① 因此，孟子仁的身体认同是一种更高级的道德认同和价值认同。

二是孟子仁的身体认同突出了自我的主体性。孟子的"仁"是以自我身体为中心的。在孟子看来，"夫仁，天之尊爵也，人之安宅也"。由此"仁者如射：射者正己而后发；发而不中，不怨胜己者，反求诸己而已矣"（《孟子·公孙丑上》）。这里"反求诸己而已矣"，实际上就是"反身"，即通过自我修养，内圣而外王。这就突出了仁的自我的价值功能。自我通过对自身身体语言和身体行为的规训，从而实现身体的自我认同和他者认同。他说："枉己者，未有能直人者也。"（《孟子·滕文公下》）只有体现自我价值，才能实现他者对自我价值的认同。从这一点来说，孟子仁的身体认同更具能动性。同时，孟子的自我不是封闭的自我，而是建立在他者之上的自我。孟子通过与梁惠王"独乐""众乐"的对话："今王鼓乐于此，百姓闻王钟鼓之声，管龠之音，举欣欣然有喜色而相告曰：'吾王庶几无疾病与，何以能鼓乐也？'今王田猎于此，百姓闻王车马之音，见羽旄之美，举欣欣然有喜色而相告曰：'吾王庶几无疾病与，何以能田猎也？'此无他，与民同乐也。今王与百姓同乐，则王矣。"（《孟子·梁惠王下》）指出自我之乐只有建立在他乐之上，才会实现百姓的认同。从这一点来说，孟子仁的身体认同又具有开放性。

三是孟子仁的身体认同兼具历史进步性和时代局限性。孟子身体认同的对

---

① 王庆节. 中国思想传统中的身体观与儒家的"亲近"学说 [J]. 哲学动态, 2010 (11): 13-17.

象主要是国君。在封建皇权专制制度下，国君代表着国家，从这一点来讲，孟子的身体认同可以说是国家认同。而国君的政治合法性对国家认同来说，非常重要。孟子指出："诸侯之宝三：土地、人民、政事。宝珠玉者，殃必及身。"（《孟子·尽心下》）这与老子的三宝有所区别。老子的三宝为：慈、俭、不敢为天下先。在这里，孟子的认识比老子更为深刻。他不但看到了百姓的力量，而且看到了国君政事与百姓的关系。他认识到国君为了获取百姓的认同，必须把百姓的利益放在首位。他说："《诗》云：'昼尔于茅，宵尔索绹；亟其乘屋，其始播百谷。'民之为道也，有恒产者有恒心，无恒产者无恒心。苟无恒心，放辟邪侈，无不为已。及陷于罪，然后从而刑之，是罔民也。焉有仁人在位罔民而可为也？是故贤君必恭俭礼下，取于民有制。"（《孟子·滕文公上》）孟子这种民本思想正是其国家认同的重要方面。因此，孟子仁的身体认同具有历史进步性。

诚然，孟子的身体认同是建立在对国君的绝对服从之上的，国君身体的一言一行都事关百姓的生老病死。如孟子所说："今也制民之产，仰不足以事父母，俯不足以畜妻子；乐岁终身苦，凶年不免于死亡。此惟救死而恐不赡，奚暇治礼义哉？"（《孟子·梁惠王上》）在专制制度上，百姓的身体缺乏自主性。遇见文王，则"文王之民无冻馁之老者"（《孟子·尽心上》），遇见桀纣，则"民于水火之中"（《孟子·滕文公下》）。百姓对国君仁的身体认同，是把希望寄托于明君的德性之体或仁义之体，这不能不说是时代的局限和阶级的局限。

同时，孟子主张"劳心者治人，劳力者治于人"。他说"有大人之事，有小人之事。且一人之身，而百工之所为备，如必自为而后用之，是率天下而路也。故曰，或劳心，或劳力；劳心者治人，劳力者治于人；治于人者食人，治人者食于人，天下之通义也。"（《孟子·滕文公上》）这就使身体治理模式具有鲜明的阶级性。治理是劳心者所为，劳力者是被治理的对象。仁只能由劳心者来恩施，劳力者只能被动地接受。这就把百姓的身体置于国君身体之下，为统治者进行专制统治提供了理论依据。

虽然孟子有时也主张对国君不仁进行身体反抗，如他在与齐宣王问："臣弑其君，可乎？"中回答"贼仁者谓之'贼'，贼义者谓之'残'。残贼之人谓之'一夫'。闻诛一夫纣矣，未闻弑君也。"（《孟子·梁惠王下》）孟子指出不仁君主是可以诛杀的。他说："君之视臣如手足，则臣视君如腹心；君之视臣如犬马，则臣视君如国人；君之视臣如土芥，则臣视君如寇仇。"（《孟子·离娄下》）在他看来，国君是身体的腹心，臣民是身体的手足四肢，它们平等地建构成身体。如果国君把臣民的身体当犬马、土芥看待，那么臣民就把国君的身体当作形躯之身、强盗之身，不再是德性之身、仁义之身，从而失去认同。孟子这种君臣平等互动关系在"君要臣死，臣不得不死"的封建社会里可以说是异类，但反映了孟子对个性人格的张扬。

总之，孟子的身体认同思想，既有进步的一面，又有落后的因素。对后世的影响也是很深刻的。

第一，开创了精神性身体。精神性身体，按照黄俊杰的解释，则是"当人能践其形时，亦即从良知神气之流行影响体气之充分转化，再迈向形体之彻底精神化，二者贯穿为一的时候，由于人已充分体现其人之本质（尽心之性），因此，他也可以体证'上下与天地同流'之境界。换言之，'践形'的终极境界之表征有二：一是个体性、主体性的'身体全化为精神流行之场'；二是在超乎个体性的、超乎意识层的'内外冥合'之超越境界之上。"① 也就是说，将人的善心、善性先天化、内在化，给出人的身体以道德属性，即形体转化为精神。孟子的践形观，就是精神性身体的表现。孟子说："君子所性，仁义礼智根于心，其生色也，睟然见于面，盎于背，施于四体，四体不言而喻。"（《孟子·尽心上》）在孟子看来，仁、义、礼、智四种道德潜能，植根于心，并通过身体器官面、背、四体表现出来，这样四端（仁义礼智）"在此四体上也拥有它们自己的生命，并且发展沟通的能力，因此变成整个生理性身体的影像。"② 换言之，仁、义、礼、智就是精神化的身体。孟子这种精神性身体无论是对程朱理学，还是对陆王心学都产生了重大的影响。就程朱理学来说，其"理"就是建立在孟子践形观的基础上的，它也是一种精神性的身体。朱熹说："人之有形有色，无不各有自然之理，所谓天性也。践，如践言之践。盖众人有是形，而不能尽其理，故无以践其形；惟圣人有是形，而又能尽其理，然后可以践其形而无歉也。程子曰：'此言圣人尽得人道而能充其形也。盖人得天地之正气而生，与万物不同。既为人，须尽得人理，然后称其名。众人有之而不知，贤人践之而未尽，能充其形，惟圣人也。'"（《四书章句集注》）在程朱理学那里，理像孟子的仁义礼智一样，也是践形的。同样，在陆王心学里，仁义礼智也是一种精神化的身体。王阳明说："仁、义、礼、智也是表德。性一而已：自其形体也谓之天，主宰也谓之帝，流行也谓之命，赋于人也谓之性，主于身也谓之心。"③ 仁义礼智赋予身体以德性，并通过身体表现出来。因此，孟子开创的精

① 黄俊杰. 中国思想史中"身体观"研究的新视野 [J]. 现代哲学, 2002 (3): 55-56.

② 司马黛兰. 身体的界限 [J]. 开放时代, 2016 (2): 68-93.

③ 王阳明全集·传习录·书信 [M]. 陈明, 等注校. 武汉: 华中科技大学出版社, 2016: 21.

神性身体对后世影响巨大。

第二，开创了儒家"仁"的身体叙事。在孟子之前，虽然老子、孔子对仁进行过论述。如《老子》云："故失道而后德，失德而后仁，失仁而后义，失义而后礼。"（《道德经》第三十八章）《论语》说："'克、伐、怨、欲，不行焉，可以为仁矣？'子曰：'可以为难矣，仁则吾不知也。'"（《论语·宪问》）"有德者必有言，有言者不必有德。仁者必有勇，勇者不必有仁。"（《论语·宪问》）但老子和孔子的仁主要是指一种身体行为。孟子继承发展了老、孔仁的思想，把仁从实践层面上升到精神层面，并赋予"仁"以本体论的地位。曾振宇说：孟子从哲学、逻辑学、伦理学等多个维度建构仁本论。① 这充分反映了"仁"在孟子思想中的本体地位。但重要的是，在孟子"仁"之上，还有一个身体本体。孟子说："尧舜，性之也；汤武，身之也。"按照王夫之的解释："形者，性之凝。色者，才之撰也。故曰：汤武身之也。谓即身而道在也。道恶乎察？察于天地。性恶乎著？著于形色。有形斯以谓之身，形无有不善，身无有不善，故汤武身之而以圣……"② 这就是说，"仁"只有通过身体才焕发出道德光辉。这就出现了德性身体和仁义身体。

由于孟子的心、性和"仁"都是践形的，因此，才有以心志统气、充养肉身的论述。这就开启了儒家身心转化的修行。张再林教授指出："在孟子所处的时代，为其念兹在兹的那种经邦治国、顶天立地的身道其实早已在现实社会中分崩离析。这一无情的事实虽并没有使孟子放下身段屈学以阿世，但却使孟子另辟蹊径地'退藏于密'，也即开始从内外一如的'身'退隐于内在化的'心'的领域，遂有孟子'尽心知性'以及作为仁义礼智'四端'的'四心'的推出。对孟子来说，不仅'心'以其千古不磨、万劫不移而可以为'身'提供内在的根据和坚定的支持，而且也正是在'心'——这一隙之明里能使我们窥到古人身道的复兴的契机。"③ 孟子的身道建立在其心性之学之上。以此为基础，后来的思想家从心性的视角，来窥视仁道和身道。如西汉董仲舒说："霸王之道，皆本于仁。仁，天心，故次以天心爱人之大者，莫大于思患而豫防之。"（《春秋繁露·深察名号》）朱熹指出："盖谓仁者，天地生物之心，而人物所得以为心，则是天地人物莫不同有是心，而心德未尝不贯通也。虽其为天地，

---

① 曾振宇. 论先秦儒家思想中的"孝本论"与"仁本论"［J］. 哲学研究，2019（11）：38-46.

② 船山全集（册2卷4）［M］. 台北：华联出版社，1965：16-17.

③ 张再林. 作为"身体哲学"的中国哲学的历史［J］. 西北大学学报（哲学社会科学版），2007（3）：52-63.

为人物各有不同，然其实则有一条脉络相贯。"（《朱子语类》卷九十五）无论是董仲舒还是朱熹，都把仁作为精神修养而呈现的身体。从这一点来说，孟子仁的身体叙事，对后世的影响是巨大的。

第三，开创了民本论的身体叙事。孟子创立仁的身体认同学说目的，是"圣王不作，诸侯放恣，处士横议，杨朱、墨翟之言盈天下。天下之言不归杨，则归墨。杨氏为我，是无君也；墨氏兼爱，是无父也。无父无君，是禽兽也。公明仪曰：'庖有肥肉，厩有肥马；民有饥色，野有饿莩，此率兽而食人也。'杨墨之道不息，孔子之道不著，是邪说诬民，充塞仁义也。仁义充塞，则率兽食人，人将相食。吾为此惧，闲先圣之道，距杨墨，放淫辞，邪说者不得作。作于其心，害于其事；作于其事，害于其政。圣人复起，不易吾言矣"（《孟子·滕文公下》）。孟子希望通过仁的身体规训机制达到仁的身体认同。

而中国封建社会的政治结构是一个典型的金字塔结构。高踞塔顶的是国君，处在塔基的是广大的百姓。在这金字塔的结构中，孟子认为百姓的身体价值远远大于国君的身体价值。他说："民为贵，社稷次之，君为轻。"（《孟子·尽心下》）并要求"国君于民也，仁之而弗亲。亲亲而仁民，仁民而爱物。"（《孟子·尽心上》）孟子这种以"仁"为中心的民本思想，是先秦时期"贵身"或"贵生"思想的反映。

沿着这一路径，孟子以后的思想家大都认为"仁"就是普惠众生。宋朝张载指出："仁道有本，近譬诸身，推以及人，乃其方也。必欲博施济众，扩之天下，施之无穷。"（《正蒙·至当篇》）这就大大拓展了"仁"的运用范围。而明朝的王阳明从己身的痛苦推及百姓身上的痛苦，从而主张致良知。他说："夫人者，天地之心，天地万物，本吾一体者也。生民之困苦荼毒，孰非疾痛之切于吾身者乎？不知吾身之疾痛，无是非之心者也。是非之心，不虑而知，不学而能，所谓良知也。良知之在人心，无间于圣愚，天下古今之所同也。世之君子惟务致其良知，则自能公是非，同好恶，视人犹己，视国犹家，而以天地万物为一体，求天下无治，不可得矣。"[1] 王阳明这种"天地万物本吾一体"的观点，正是孟子民本思想的拓展。从这一点来说，孟子的民本论对后世思想家把百姓身体放在一个重要位置有重要的推动作用。

总之，孟子的身体认同进一步拓展了儒家两大功能性身体概念之一的"仁"，对儒教身体观的进一步完善产生了重要的影响。

---

① 王守仁. 王阳明全集 [M]. 吴光，钱明，董平，等编校. 上海：上海古籍出版社，2012：69.

第八节 身体统制：荀子身体思想研究

身体统制是身体社会学中的一个重要范畴，指的是生命权力对身体的管制、调控、开发和治理。其主要形式为身体管制，即"一个生物世界中的生物种类意味着政治种类。拥有身体、存在状况、生命的可能性、个人和集体健康，可被修正的力量以及以一种理想方式对这些力量进行再分配的空间，意味着政治的存在"[1]。

荀子是战国时期最有独到见解的思想家。《史记·孟子荀卿列传》这样记载他："荀卿嫉浊世之政，亡国乱君相属，不遂大道而营于巫祝，信機祥，鄙儒小拘，如庄周等又滑稽乱俗，于是推儒、墨道德之行事兴坏，序列著数万言而卒。"（《史记·孟子荀卿列传》）在这"序列著数万言"中，是否有一主题统辖？笔者认为，用礼进行身体统制，是荀子身体思想的核心。

一、荀子身体统制思想的主要内容

在上节我们知道，孔子开创的礼义化的身体观成于荀子。也就是说，荀子是用礼义来统治身体的。有人说："心性论是荀子哲学的基础，其礼论、政论皆为人性教化而展开，其名学乃为剖析心性发展各阶段而立。"[2] 这是否意味着荀子身体统制思想也是以心性论为基点的？要回答这一问题，有必要先对荀子的"身体"做一论述。

第一，作为礼统制主体的身体。身，按照《经义述闻》和《字汇·身部》的解释，分别是："人自顶以下，踵以上，总谓之身。颈以下，股以上，亦谓之身。"（《经义述闻·通说上》）和"身，躯也。耳目鼻口百体共为一身。"（《字汇·身部》）荀子的"身体"也具有这方面的特征。他说："君子之学也，入乎耳，箸乎心，布乎四体，形乎动静；端而言，蠕而动，一可以为法则。小人之学也，入乎耳，出乎口，口耳之间则四寸耳，曷足以美七尺之躯哉？古之学

---

① FOUCAULT M. The History of Sexuality I: The Will to Knowledge [M]. Harmondsworth: Penguin Books, 1990: 142.

② 张可越. 身体、实践、超越，论荀子哲学的理、欲相融——兼谈西方哲学危机的中国回应 [J]. 临沂大学学报, 2019, 41 (4): 18-26.

者为己，今之学者为人。君子之学也，以美其身，小人之学也，以为禽犊。"
(《荀子·劝学》) 这里的耳、口、四体（四肢）等就是荀子"身"的结构部
分。也就是说，荀子的身体首先是形体之身。

在这形体之身的形成过程中，气发挥着重要的作用。荀子指出："水火有气
而无生，草木有生而无知，禽兽有知而无义，人有气、有生、有知，亦且有义，
故最为天下贵也。力不若牛，走不若马，而牛马为用，何也？曰：人能群，彼
不能群也。人何以能群？曰：分。分何以能行？曰：义。"（《荀子·王制》)
没有气，就没有形体之身。气是形成形体之身的本体。这与前面孔子开创的
气—形—心一体贯通的路径是一致的。

由于孔子从"形"开出了"心"，荀子也化"形"为"心"。他说："天职
既立，天功既成，形具而神生，好、恶、喜、怒、哀、乐臧焉，夫是之谓'天
情'；耳、目、鼻、口、形能各有接而不相能也，夫是之谓'天官'；心居中虚，
以治五官，夫是之谓'天君'。"（《荀子·天论》) 在荀子看来，"形具而神
生"，由于有了"形"，才有了好、恶、喜、怒、哀、乐。有了好、恶、喜、怒、
哀、乐，才有耳、目、鼻、口、形五官的主宰者"心"。在这里，荀子的身又是
心神之身。

但荀子不同于孔子，孔子由气—形—心开出的是仁性、仁政、仁道和礼的
近身性、社会性，而荀子由气—形—心开出的是礼的身体统制。

在荀子看来，"凡治气养心之术，莫径由礼，莫要得师，莫神一好。夫是之
谓治气养心之术也"（《荀子·修身》)。"人生而有欲，欲而不得，则不能无
求，求而无度量分界，则不能不争，争则乱，乱则穷。先王恶其乱也，故制礼
义以分之。以养人之欲，给人之求，使欲必不穷于物，物必不屈于欲，两者相
持而长，是礼之所起也。"（《荀子·礼论》) 礼不仅统辖气、心，而且礼可以
制欲。荀子强调的是人文化成的向度。因此，荀子作为礼统制主体的身体有三
重结构，一是形体之身，二是心神之身，三是礼义之身。

第二，作为生命权力的礼的身体统制。生命权力，按照汪民安教授的解释，
则是"提高生命、管理生命、繁殖生命、控制和调节生命的积极权力，它在生
命、人类、种族和人口的层次上发挥作用"①。荀子的礼，正是这种提高生命、
管理生命、繁殖生命、控制和调节生命的权力。礼不仅可以用来治理血气、志
意、知虑，而且可以用来调节衣食住行、容貌和态度。在这里，礼显然是作为
生命权力来展现的，它制造秩序维持统治。

---

①　汪民安. 福柯的界线 [M]. 南京：南京大学出版社，2008：199.

　　由于荀子的礼具有权力性，自然作为权力呈现场域的身体是礼统治的对象。荀子礼对身体的统制是从身体的自然属性开始的。孔子指出："饮食男女，人之大欲存焉。"（《礼记·礼运》）孔子认为食物和性欲是人身体的本能。荀子同样认为"目欲綦色，耳欲綦声，口欲綦味，鼻欲綦臭，心欲綦佚。此五綦者，人情之所必不免也"（《荀子·王霸》）。在这里，荀子的身体与孔子本能性的身体是一样的，也是自然性、生理性的身体。但不同之处，荀子认为人除了身体的自然属性外，还有身体的社会属性，这是人和动物的根本区别。他说："人之所以为人者，何已也？曰：以其有辨也。饥而欲食，寒而欲暖，劳而欲息，好利而恶害，是人之所生而有也，是无待而然者也，是禹、桀之所同也。然则人之所以为人者，非特以二足而无毛也，以其有辨也。今夫狌狌形笑，亦二足而毛也，然而君子啜其羹，食其胾。故人之所以为人者，非特以其二足而无毛也，以其有辨也。夫禽兽有父子而无父子之亲，有牝牡而无男女之别，故人道莫不有辨。"（《荀子·非相》）荀子这种身体社会性观点，与马克思主义身体观相契合。马克思指出："既然人天生就是社会的生物，那他就只有在社会中才能发展自己的真正天性，而对于他的天性的力量的判断，也不应当以单个个人的力量为准绳，而应当以整个社会的力量为准绳。"① 从这一点来说，荀子已具有朴素的唯物主义思想，他是身体社会论建构者，而非身体自然论建构者。由于身体的自然属性，人既可以为桀、跖，又可以为尧、禹。如荀子指出："目辨白黑美恶，耳辨音声清浊，口辨酸咸甘苦，鼻辨芬芳腥臊，骨体肤理辨寒暑疾养，是又人之所常生而有也，是无待而然者也，是禹、桀之所同也。可以为尧、禹，可以为桀、跖，可以为工匠，可以为农贾，在势注错习俗之所积耳。是又人之所生而有也，是无待而然者也，是禹、桀之所同也。为尧、禹则常安荣，为桀、跖则常危辱。为尧、禹则常愉佚，为工匠、农贾则常烦劳。然而人力为此而寡为彼，何也？曰：陋也。尧、禹者，非生而具者也，夫起于变故，成乎修为，待尽而后备者也。"（《荀子·荣辱》）这就需要礼作为生命权力来控制和调节人的身体欲望。圣人与盗贼、常人的区别，圣人能用礼管控自己，而盗贼、常人常常放任自己。因此，礼作为生命权力具有社会规范功能和道德价值功能。

　　第三，作为功能性礼的身体统制。礼的功能性作用主要表现在以下三方面。

　　（1）养身。荀子指出："刍豢稻粱、五味调香，所以养口也；椒兰芬苾，所以养鼻也；雕琢刻镂、黼黻文章，所以养目也；钟鼓管磬、琴瑟竽笙，所以养

----

① 马克思恩格斯全集（第2卷）[M]. 北京：人民出版社，1957：167.

耳也；疏房檖貌、越席床第几筵，所以养体也。故礼者，养也。"（《荀子·礼论》）在这里，荀子运用了一个功能性概念"养"，把身体作为一种容器来对待。在他看来，身体的器官不同，所养的内容有所差别。即刍豢稻粱、五味调香——养口；椒兰芬苾——养鼻；雕琢刻镂、黼黻文章——养目；钟鼓管磬、琴瑟竽笙——养耳；疏房檖貌、越席床第几筵——养体。无论养口、养鼻，还是养目、养耳和养体，都与礼紧密相连。"故礼者，养也。"荀子礼的"养"与庄子养心、养神和孟子养气的"养"有一定的区隔。这是因为荀子的"身"是建立在自然性的身体之上的。只有自然性身体养好了，才会用"礼义师法之化"完成"治气养心"的工夫。所以中国台湾学者黄俊杰指出："如果说孟子所'养'的是一种顺取的进路，荀子所'养'的则可说是一种逆袭的工夫。"[1]

由于身体等级不同，养身又有所区别。如荀子所说："贵贱有等，长幼有差，贫富轻重皆有称者也。故天子大路越席，所以养体也；侧载转罜芷，所以养鼻也；前有错衡，所以养目也；和鸾之声，步中《武》《象》，趋中《韶》《护》，所以养耳也；龙旗九斿，所以养信也，寝兕、持虎、鲛韅、弥龙，所以养威也。故大路之马，必信至教顺，然后乘之，所以养安也。孰知夫出死要节之所以养生也？孰知夫出费用之所以养财也？孰知夫恭敬辞让之所以养安也？孰知夫礼义文理之所以养情也？故，人苟生之为见，若者必死；苟利之为见，若者必害；苟怠惰偷懦之为安，若者必危；苟情说之为乐，若者必灭。故人一之于礼义，则两得之矣；一之于情性，则两丧之矣。故儒者将使人两得之者也，墨者将使人两丧之者也，是儒、墨之分也。"（《荀子·礼论》）天子的"养"与平常人的"养"是不一样的，这就赋予"养"阶层性。作为养身的"礼"同样具有阶层性。换句话说，不同的阶层有不同的养身，不同阶层的身体由不同的礼来统辖。这就回到了礼的等级性。《礼记》指出："君臣上下父子兄弟，非礼不定。宦学事师，非礼不亲。班朝治军，莅官行法，非礼威严不行。"（《礼记·曲礼上》）礼是用来区隔和统制身体等级的。因此，礼作为养身的功能具有等级差异性。

又由于荀子的"身"是"心神之身"，养身实际就是养心。他说："血气刚强，则柔之以调和；知虑渐深，则一之以易良；勇胆猛戾，则辅之以道顺，齐给便利，则节之以动止；狭隘褊小；则廓之以广大；卑湿重迟贪利，则抗之以高志；庸众驽散，则劫之以师友；怠慢僄弃，则炤之以祸灾；愚款端悫，则合之以礼乐，通之以思索。凡治气、养心之术，莫径由礼，莫要得师，莫神一好。

---

[1] 黄俊杰. 先秦儒家身体观中的两个功能性概念 [J]. 文史哲, 2009 (4)：40-48.

夫是之谓治气、养心之术也。"（《荀子·修身》）这与庄子的养身就是养心、养神是一样的。不同之处，庄子是从自我修养出发，荀子是从礼对身体的统制出发。荀子把礼对身体的统制从肉体拓展到了心灵之上。

（2）正身。在《荀子》一书中，有许多关于以礼正身的言论，如"礼者，所以正身也；师者，所以正礼也。无礼，何以正身？无师，吾安知礼之为是也？礼然而然，则是情安礼也；师云而云，则是知若师也。情安礼，知若师，则是圣人也。故非礼，是无法也；非师，是无师也。不是师法，而好自用，譬之是犹以盲辨色，以聋辨声也，舍乱妄无为也。故学也者，礼法也，夫师以身为正仪，而贵自安者也。"（《荀子·修身》）"论礼乐，正身行，广教化，美风俗，兼覆而调一之，辟公之事也。"（《荀子·王制》）和"仁人之用国，将修志意，正身行，伉隆高，致忠信，期文理。布衣紃屦之士诚是，则虽在穷阎漏屋，而王公不能与之争名，以国载之，则天下莫之能隐匿也。"（《荀子·富国》）等。而在《说文解字》中，正"从止，一以止。凡正之属皆从正。"正身，就是使"身"回归到社会所需要的道德规范中来。礼作为身体统制的工具正具有这方面的功能。而"师"作为礼的传道者、授业者和教育者，又可以通过言传身教的方式，使礼规范化、制度化。这就是前面所说的"师者，所以正礼也。"这样看来，荀子礼的身体统制具有强制性。

由于儒家有把国君身体与个人身体结合起来的传统，如孔子说："民以君为心，君以民为体。心庄则体舒，心肃则容敬。心好之，身必安之；君好之，民必欲之。心以体全，亦以体伤；君以民存，亦以民亡。《诗》云：'昔吾有先正，其言明且清，国家以宁，都邑以成，庶民以生。'"（《礼记·缁衣》）因此，正身就是正国。荀子就是这样认为的。他说："国无礼则不正。礼之所以正国也，譬之，犹衡之于轻重也，犹绳墨之于曲直也，犹规矩之于方圆也，既错之而人莫之能诬也。《诗》云：'如霜雪之将将，如日月之光明，为之则存，不为则亡。'此之谓也。"（《荀子·王霸》）从这一点来看，荀子的身体统制思想已经不满足对个人身体的统制，而是上升到国家治理的层面。这标志着儒家"修身、齐家、治国、平天下"思想在荀子这里得到了拓展和深化。

（3）事身。在荀子看来，人的生与死，与礼有着割不断的关系。他说："礼者，谨于治生死者也。生，人之始也；死，人之终也；终始俱善，人道毕矣。故，君子敬始而慎终，终始如一，是君子之道，礼义之文也。"（《荀子·礼论》）荀子认为，礼，对生死之事办理的敬重，就是对人的身体的敬重。因此，生与死都要按照礼来妥善处理。荀子以丧礼为例，指出对死者尸体的重视，就是对人的重视。他说："丧礼之凡，变而饰，动而远，久而平。故死之为道也，不饰则恶，恶则不哀。尔则玩，玩则厌，厌则忘，忘则不敬。一朝而丧其严亲，而所以送葬之者，不哀不敬，则嫌于禽兽矣。君子耻之，故变而饰，所以灭恶也；动而远，所以遂敬也；久而平，所以优生也。"（《荀子·礼论》）在人身的认识上，荀子是"贵身"的。这也是先秦身体思想的一个重大特点。

而人的身体与天有着莫大的关系。他说："唯圣人为不求知天。天职既立，天功既成，形具而神生，好恶、喜怒、哀乐臧焉，夫是之谓天情。耳、目、口、形，能各有接而不相能也，夫是之谓天官。心居中虚，以治五官，夫是之谓天君。财非其类，以养其类，夫是之谓天养。顺其类者谓之福，逆其类者谓之祸，夫是之谓天政。"（《荀子·天论》）在这里，荀子把天当作身体统制的工具。在他看来，天情和天官是形体之身和心神之身的展现。天养就是顺应天的意志来养护身体。而做到这一点，就是要事天，遵循宇宙运行规律。荀子指出："天地以合，日月以明，四时以序，星辰以行，江河以流，万物以昌，好恶以节，喜怒以当，以为下则顺，以为上则明，万变而不乱，贰之则丧也。礼岂不至矣哉！立隆以为极，而天下莫之能损益也。"（《荀子·礼论》）荀子认为礼是维持宇宙秩序和运行规律的关键。这样，荀子把礼的统制上升到了一个最高的高度：天。荀子礼的身体统制，是宇宙大身体与人小身体合一的身体统制。

而且荀子认为事身要与事天、事祖、事君师相结合。他说："礼有三本：天地者，生之本也；先祖者，类之本也；君师者，治之本也。无天地，恶生？无先祖，恶出？无君师，恶治？三者偏亡，焉无安人。故礼，上事天，下事地，尊先祖而隆君师，是礼之三本也。故王者天太祖，诸侯不敢坏，大夫士有常宗，所以别贵始。贵始，得之本也。郊止乎天子，而社止于诸侯，道及士大夫，所以别尊者事尊，卑者事卑，宜大者巨，宜小者小。故有天下者，事七世；有一国者，事五世；有五乘之地者，事三世；有三乘之地者，事二世；持手而食者，不得立宗庙。所以别积厚者流泽广，积薄者流泽狭也。"（《荀子·礼论》）荀子从个人身体，到族群身体（先祖、君师），再到宇宙身体，以礼一以贯之。这样，荀子礼的外延大大拓展。荀子的礼不只是简单地对个人身体进行统治，而是包括对天、地、君、亲、师诸方面的身体进行统治，这使荀子礼的身体统制功能更系统、更全面、更深刻。

第四，作为路径性礼的身体统制。礼既然具有养身、正身、事身价值功能和道德规范功能，那么实现礼的身体统制，主要从两条路径进行：一是内向的自律，二是外向的他律。其中内向的自律为"修身"。

（1）修身。这是先秦身体思想的一个重要层面。无论道家，还是儒家、法家，都主张修身。老子说："修之于身，其德乃真；修之于家，其德乃余；修之于乡，其德乃长；修之于邦，其德乃丰；修之于天下，其德乃普。故以身观身，以家观家，以乡观乡，以邦观邦，以天下观天下。"（《老子》第五十四章）儒家经典《大学》也指出："古之欲明明德于天下者，先治其国；欲治其国者，先齐其家；欲齐其家者，先修其身；欲修其身者，先正其心；欲正其心者，先诚其意；欲诚其意者，先致其知。致知在格物。"（《礼记·大学》）因此，荀子提出的"见善，修然必以自存也；见不善，愀然必以自省也；善在身，介然必以自好也；不善在身，菑然必以自恶也"（《荀子·修身》）的修身主张，只是先秦诸子百家修身主张的一个方面。

但荀子修身的主体与老子不同，老子修身的主体是"王"，荀子的修身主体是"士"或"君子"。荀子说："行而供翼，非渍淖也；行而俯项，非击戾也。偶视而先俯，非恐惧也。然夫士欲独修其身，不以得罪于比俗之人也。"（《荀子·修身》）这与前面所述孔子修身的主体"士"是一样的。在《荀子》中，"君子"一词出现了 299 次，"士君子"一词出现 15 次，"大儒"出现 14 次，①另外，还有"圣人"一词，无论哪一种，都是"士"的别称。这表明，自孔子始，儒家一直把士作为身体统制的对象。

荀子之所以把士或君子作为统治的对象，一是因为士能遵循法度，而君子意志坚定。他说："好法而行，士也；笃志而体，君子也；齐明而不竭，圣人也。人无法，则伥伥然，有法而无志其义，则渠渠然，依乎法而又深其类，然后温温然。"（《荀子·修身》）二是因为士或君子是礼的忠实执行者和践行者。他说："天地者，生之始也；礼义者，治之始也；君子者，礼义之始也。为之，贯之，积重之，致好之者，君子之始也。故天地生君子，君子理天地。君子者，天地之参也，万物之总也，民之父母也。无君子，则天地不理，礼义无统，上无君师，下无父子，夫是之谓至乱。"（《荀子·王制》）因此，荀子选择士或君子这一客体，作为礼身体统制的对象。

在荀子看来，士或君子身体的礼的统制，不是凭法律、行政命令和一些机制来实施的，而是通过自我的学习和修炼来进行的。他说："物类之起，必有所始；荣辱之来，必象其德。肉腐出虫，鱼枯生蠹。怠慢忘身，祸灾乃作。强自取柱，柔自取束。邪秽在身，怨之所构，施薪若一，火就燥也，平地若一，水就湿也。草木畴生，禽兽群焉，物各从其类也。是故质的张而弓矢至焉，林木茂而斧斤至焉，树成荫而众鸟息焉，醯酸而蚋聚焉。故言有招祸也，行有招辱

---

① 彭国翔."治气"与"养心"：荀子身心修炼的功夫论［J］.学术月刊，2009（9）：18-31.

也，君子慎其所立乎！积土成山，风雨兴焉；积水成渊，蛟龙生焉；积善成德，而神明自得，圣心备焉。"（《荀子·劝学》）在这里，荀子首先表证了士或君子修身的必要。他认为通过修身，可以使自然之身上升到心神之身，最后"神明自得"。按照顾烔博士的研究，"神明"体现的是天地之气交通生成万物的"德"，即"道心"①。荀子自律的最终目的，就是达到"道心"。

而修身带来的好处也显而易见，如荀子所说："体恭敬而心忠信，术礼义而情爱人，横行天下，虽困四夷，人莫不贵。劳苦之事则争先，饶乐之事则能让，端悫诚信，拘守而详，横行天下，虽困四夷，人莫不任。体倨固而心势诈，术顺墨而精杂污，横行天下，虽达四方，人莫不贱。劳苦之事，则偷儒转脱；饶乐之事，则佞兑而不曲。辟违而不悫，程役而不录，横行天下，虽达四方，人莫不弃。"（《荀子·劝学》）修身，不但使身心行为发生变化："体恭敬而心忠信"，而且更重要的是塑造了礼义之身："术礼义而情爱人"。这样的礼义之身不管在何时何地，都畅行无阻。因此，荀子修身的目的除了打造"道心"外，还要打造"礼义之身"。荀子不仅"礼以养心"，而且"礼以美身"。

荀子根据修身和礼的通达程度不同，又把人分为两种，即君子和小人。

君子："贫穷而志广，富贵而体恭，安燕而血气不惰，劳倦而容貌不枯，怒不过夺，喜不过予。"（《荀子·修身》）"端悫顺弟，则可谓善少者矣；加好学逊敏焉，则有钧无上；可以为君子者矣。"（《荀子·修身》）"君子行不贵苟难，说不贵苟察，名不贵苟传，唯其当之为贵。"（《荀子·不苟》）和"君子宽而不慢，廉而不刿，辩而不争，察而不激，直立而不胜，坚强而不暴，柔从而不流，恭敬谨慎而容"（《荀子·不苟》）等。

小人："偷儒惮事，无廉耻而嗜乎饮食。"（《荀子·修身》）和"大心则慢而暴，小心则淫而倾；知则攫盗而渐，愚则毒贼而乱；见由则兑而倨，见闭则怨而险；喜则轻而翾，忧则挫而慑；通则骄而偏，穷则弃而儑"（《荀子·不苟》）等。

在这里，君子不但形体之身修炼达到一定程度，即"血气不惰""容貌不枯"，而且心神之身也有一定的提升，即"怒不过夺，喜不过予"。更重要的是礼义之身得到了塑造，即"端悫顺弟"等。而小人沉溺于生理之性和情欲之性，即"嗜乎饮食""兑而倨""怨而险"和"骄而偏"等。因此，由小人至君子，除了自我修炼之外，"治气养心"的礼也非常重要。如荀子所说："礼修而行成，

---

①　顾烔. 儒家视域中的修身之道——荀子身体思想研究［D］. 上海：华东师范大学，2011：61.

耳目聪明，血气和平，移风易俗，天下皆宁，美善相乐。"（《荀子·乐论》）礼不但使生理性身体发生变化，而且使社会性身体也发生变化。这就赋予礼更高的道德价值和社会规范功能。

在君子或士中，荀子又进一步划分为通士、公士、直士、悫士、小人五种，他说："上则能尊君，下则能爱民，物至而应，事起而辨，若是则可谓通士矣。不下比以暗上，不上同以疾下，分争于中，不以私害之，若是则可谓公士矣。身之所长，上虽不知，不以悖君；身之所短，上虽不知，不以取赏。长短不饰，以情自竭，若是则可谓直士矣。庸言必信之，庸行必慎之，畏法流俗，而不敢以其所独甚，若是则可谓悫士矣。言无常信，行无常贞，唯利所在，无所不倾，若是则可谓小人矣。"（《荀子·不苟》）这说明在自我修养和礼通达的层面上，士作为一个阶层，其内部的修养程度是不一样的。通士自我修养和礼通达的程度最高，小人自我修养和礼通达的程度最低。从通士至小人自我修身和礼通达程度依次递减。这就回到了荀子把士作为修身的主体上来。荀子修身的主体是有层次性的。在荀子看来，无论哪一层次，都要学和致诚。他说："君子之学也，以美其身"（《荀子·劝学》）；"君子养心莫善于诚，致诚则无它事矣。唯仁之为守，唯义之为行。诚心守仁则形，形则神，神则能化矣。诚心行义则理，理则明，明则能变矣。"（《荀子·不苟》）这里的"学"除了学知识外，主要是学礼。只有学礼，才可以塑造礼义之身。同样，这里的"诚"是一种内心"慎独"的状态。而"仁"是礼的延伸和标准。① "致诚"就是通过自觉修炼，使身体行为符合礼义的标准，从而塑造礼义之身。所以顾炯博士指出："荀子在'养心致诚'的思想中衍伸出两个路向'神—仁'和'明—义'，这两个路向关系着仁与礼，这是儒家学者最为关注的话题。"② 总之，荀子的修身，开出了礼统制身体的内向路径。

（2）立身。如果说修身主要针对士而言，那么立身主要针对君主而言。在荀子看来，"君者，仪也，仪正而景正。君者，盘也，盘圆而水圆。君者，盂也，盂方而水方。君射，则臣决。楚庄王好细腰，故朝有饿人。故曰：闻修身，未尝闻为国也。"（《荀子·君道》）君主身体的一言一行都影响着国家的治理。因此，作为君主要"立身"。

---

① 顾炯. 儒家视域中的修身之道——荀子身体思想研究 [D]. 上海：华东师范大学，2011：153.

② 顾炯. 儒家视域中的修身之道——荀子身体思想研究 [D]. 上海：华东师范大学，2011：152.

对于立身，《荀子》中有一大段论述，即：

立身则从佣俗，事行则遵佣故，进退贵贱则举佣士，之所以接下之人百姓者，则庸宽惠，如是者则安存。

立身则轻楛，事行则蠲疑，进退贵贱举佞悦，之所以接下之人百姓者，则好取侵夺，如是者危殆。

立身则骄暴，事行则倾覆，进退贵贱则举幽险诈故，之所以接下之人百姓者，则好用其死力矣而慢其功劳，好用其籍敛矣而忘其本务，如是者灭亡。（《荀子·王制》）

从这些阐述中可以看出："立身"的着力点是"行"。如果"轻楛"和"骄暴"，则君主的身体"危殆"和"灭亡"。从这点来说，"立身"就是"行身"，换句话说，君主的身体行为必须符合一定的社会规范，即"从佣俗"。只有这样，君主之身才"安存"，即"安身"。因此，"立身"具有外向的他律功能。

君主立身的根本是礼。荀子指出："国者，天下之制利用也；人主者，天下之利势也。得道以持之，则大安也，大荣也，积美之源也。不得道以持之，则大危也，大累也，有之不如无之，及其綦也，索为匹夫不可得也，齐湣、宋献是也。故人主，天下之利势也，然而不能自安也，安之者必将道也。故用国者，义立而王，信立而霸，权谋立而亡。三者明主之所谨择也，仁人之所务白也。"（《荀子·王霸》）这里的"道"和"仁"，指的是"礼道"和"仁道"，即一系列礼的行为规则。作为掌握天下利器的国君，必须掌握这一规则。换句话说，必须用礼来统治国君的身体。

国君礼的身体统治有三个层面，一是国君自我的礼的身体统治。荀子指出："礼乐则修，分义则明，举错则时，爱利则形，如是，百姓贵之如帝，高之如天，亲之如父母，畏之如神明。故赏不用而民劝，罚不用而威行，夫是之谓道德之威。礼乐则不修，分义则不明，举错则不时，爱利则不形。然而其禁暴也察，其诛不服也审，其刑罚重而信，其诛杀猛而必，黯然而雷击之，如墙厌之。如是，百姓劫则致畏，赢则敖上，执拘则最，得间则散，敌中则夺，非劫之以形势，非振之以诛杀，则无以有其下，夫是之谓暴察之威。"（《荀子·强国》）作为国君，自己要"修礼乐"。只有这样，才会得到老百姓的爱戴。如果"礼乐不修"，老百姓就会畏惧、逃亡，国家由此灭亡。由此可见，国君"礼义之身"塑造的重要。

而国君爱惜百姓的身体，乃是国君礼的身体统制的表现。荀子指出："君者，民之源也，源清则流清，源浊则流浊。故有社稷者，而不能爱民，不能利民，而求民之亲爱己，不可得也。民不亲不爱，而求其为己用，为己死，不可得也。民不为己用，不为己死，而求兵劲，城之固，不可得也。兵不劲，城不固，而求敌之不至，不可得也。敌至，而求无危削，不灭亡，不可得也。危削灭亡之情，举积此矣。而求安乐，是狂生者也。狂生者，不胥时而落。"（《荀子·君道》）在这里，荀子把君主当作百姓的源头，君主讲礼义，百姓就讲礼义；君主不讲礼义，百姓就不讲礼义。而君主"爱民"和"利民"是讲礼义的表现。君主不"爱民"和"利民"，百姓就不"爱君"和"利君"。君主"礼义之身"与百姓"礼义之身"息息相关。因此，国君要"冬日则为之饘粥，夏日则与之瓜麮"（《荀子·富国》），爱惜百姓的身体。而且要裕民以政："彼裕民故多余，裕民则民富。民富则田肥以易，田肥以易则出实百倍。"（《荀子·富国》）使百姓的身体富足安康。只有这样，国家才会富强，老百姓为了国家，才不惜献出自己的身体。诚如荀子所指出："用国者，得百姓之力者富，得百姓之死者强，得百姓之誉者荣。三得者具而天下归之，三得者亡而天下去之。"（《荀子·王霸》）

同时，善于用人亦是国君礼的身体统制的表证。荀子认为用人与国君身体的安乐有莫大的关系。他说："急得其人，则身佚而国治，功大而名美，上可以王，下可以霸。不急得其人，而急得其埶，则身劳而国乱，功废而名辱，社稷必危。故，君人者，劳于索之，而休于使之。"（《荀子·君道》）荀子认为：急得其人—身佚—国治；不急得其人—身劳—国乱。荀子把得人与身佚身劳、国家治乱联系起来，说明善于用人对国君身体和国家的重要。而礼对国君用人可以进行统制。他说："取人之道，参之以礼；用人之法，禁之以等。行义动静，度之以礼；知虑取舍；稽之以成；日月积久，校之以功。故卑不得以临尊，轻不得以县重。愚不得以谋知，是以万举不过也。"（《荀子·君道》）从这一点来说，荀子的用人主张，也是礼的身体统治的一个方面。

除此之外，国君礼的身体统制，还包括行仁义、用兵等各个方面。一言而蔽之，荀子礼的身体统制，就是要求国君在礼上做到言行一致。他说："口能言之，身能行之，国宝也。口不能言，身能行之，国器也。口能言之，身不能行，国用也。口言善，身行恶，国妖也。治国者敬其宝，爱其器，任其用，除其妖。"（《荀子·大略》）在这里，荀子根据身体言行不一致，把人划为四个等级，即"国宝""国器""国用"和"国妖"。作为国君要尊重"国宝"，爱护"国器"，任用"国用"，除去"国妖"。间接表达了荀子对国君言行一致的期盼。所以，国君礼的身体统制，是一种严格的身体社会规范和道德规范。

二是对相和臣子礼的身体统制。在荀子看来，相对国家和国君个人身体来说非常重要。他说："彼持国者，必不可以独也，然则强固荣辱在于取相矣。身能，相能，如是者王。身不能，知恐惧而求能者，如是者强。身不能，不知恐惧而求能者，安唯便僻左右亲比己者之用，如果者危削，綦之而亡。国者，巨用之则大，小用之则小。綦大而王，綦小而亡，小巨分浪者存。"（《荀子·王霸》）在这段话中，荀子用了"身能"和"身不能"两个词语，说明国君身体的能量是有限的，需要相的协助。

在协助过程中，由于相对国君身体的重要性，必须对相的身体进行礼的统制。他说："故君人者，立隆政，本朝而当，所使要百事者诚仁人也，则身佚而国治，功大而名美，上可以王，下可以霸。立隆正本朝而不当，所使要百事者非仁人也，则身劳而国乱，功废而名辱，社稷必危，是人君者之枢机也。"（《荀子·王霸》）在荀子看来，相作为"仁人"，国君则"身佚而国治"；相"非仁人"，国君则"身劳而国乱"。这里的"仁人"，就是"礼义之身"之人。由此可见，用礼义规制相的身体就尤为重要了。

同时，臣的身体礼的统制对国家和国君来说，也很重要。首先，荀子从礼义的视角，把臣细分为态臣、篡臣、功臣和圣臣。他说："内不足使一民，外不足使距难，百姓不亲，诸侯不信，然而巧敏佞说，善取宠乎上，是态臣者也。上不忠乎君，下善取誉乎民，不恤公道通义，朋党比周，以环主图私为务，是篡臣者也。内足使以一民，外足使以距难，民亲之，士信之，上忠乎君，下爱百姓而不倦，是功臣者也。上则能尊君，下则能爱民，政令教化，刑下如影；应卒遇变，齐给如响；推类接誉，以待无方，曲成制象，是圣臣者也。"（《荀子·臣道》）这样的划分，为后面对臣的身体进行礼的统制创造了条件。

其次，臣的好坏直接影响国家的强弱和安危。他说："用圣臣者王，用功臣者强，用篡臣者危，用态臣者亡。态臣用，则必死；篡臣用，则必危；功臣用，则必荣；圣臣用，则必尊。"（《荀子·臣道》）作为国君要用"圣臣"和"功臣"，不要用"篡臣"和"态臣"。

最后，主张对臣的言行进行礼的身体统制。他说："从命而利君，谓之顺，从命而不利君，谓之谄；逆命而利君，谓之忠，逆命而不利君，谓之篡。不恤君之荣辱，不恤国之臧否，偷合苟容，以持禄养交而已耳，谓之国贼。君有过谋、过事，将危国家殒社稷之惧也，大臣父兄，有能进言于君，用则可，不用则去，谓之谏；有能进言于君，用则可，不用则死，谓之争；有能比知同力，率群臣百吏，而相与强君矫君，君虽不安，不能不听，遂以解国之大患，除国之大害，成于尊君安国，谓之辅；有能抗君之命，窃君之重，反君之事，以安国之危，除君之辱，功伐足以成国之大利，谓之拂。故，谏、争、辅、拂之人，社稷之臣也，国君之宝也。明君之所尊厚也。"（《荀子·臣道》）荀子根据身体言行，又把臣分为顺、谄、忠和篡之臣。在他看来，不关心国家和君主的臣子是"国贼"。因此，荀子想通过礼对身体的统制，培养起谏、争、辅、拂之臣。

三是对百姓身体的礼的统制。儒家的礼有一条根本原则，即"刑不上大夫，礼不下庶人"（《礼记·曲礼上》）。这一原则在荀子的身上表现得非常明显。他认为礼是用来维持统治者等级秩序的，刑才是规训百姓身体的工具。他说："礼者，贵贱有等，长幼有差，贫富轻重皆有称者也。故天子袾裷衣冕，诸侯玄裷衣冕，大夫裨冕，士皮弁服。德必称位，位必称禄，禄必称用。由士以上则必以礼乐节之，众庶百姓则必以法数制之。"（《荀子·富国》）这是否意味着礼对百姓没有价值意义？荀子指出："人积耨耕而为农夫，积斲削而为工匠，积反货而为商贾，积礼义而为君子。"（《荀子·儒效》）百姓通过礼义之身的塑造，也可以上升为君子。相反，王公贵族由于失去礼义，也可能下降为庶人。他说："虽王公士大夫之子孙也，不能属于礼义，则归之庶人。虽庶人之子孙也，积文学，正身行，能属于礼义，则归之卿相士大夫。"（《荀子·王制》）荀子的礼义之身是一种流动着、变化着的身体，其关键点为"正身"。因此，作为国君，要用礼来统治百姓的身体。用荀子的话说就是："故奸言、奸说、奸事、奸能、遁逃反侧之民，职而教之，须而待之，勉之以庆赏，惩之以刑罚，安职则畜，不安职则弃。五疾，上收而养之，材而事之，官施而衣食之，兼覆无遗。"（《荀子·王制》）这里的"教"就是用礼来教化百姓。所以，荀子的"礼"不只针对国君和大臣进行统治，对百姓也进行了礼的统制。

另外，荀子还主张对士的身体进行统治。他说："朋党比周之誉，君子不听；残贼加累之谮，君子不用；隐忌雍蔽之人，君子不近；货财禽犊之请，君子不许。凡流言、流说、流事、流谋、流誉、流愬，不官而衡至者，君子慎之。闻听而明誉之，定其当而当，然后士其刑赏，而还与之。如是，则奸言、奸说、奸事、奸谋、奸誉、奸愬，莫之试也；忠言、忠说、忠事、忠谋、忠誉、忠愬，莫不明通，方起以尚尽矣。夫是之谓衡听、显幽、重明、退奸、进良之术。"（《荀子·致士》）荀子要求士对流言、流说、流事、流谋、流誉、流愬慎之，对奸言、奸说、奸事、奸谋、奸誉、奸愬莫试，对忠言、忠说、忠事、忠谋、忠誉、忠愬明通。荀子对士身体的一言一行也进行了严格规训。

总之，荀子礼的身体统制路径，既有内向自律的修身，又有外向他律的立身；既有对士礼的身体统制，又有对国君、大臣、庶民礼的身体统制。无论哪一种，都是自律和他律的结合。

二、对荀子身体统制思想的评价

钱穆曾认为中国古代社会是一个礼乐时代,他说:"中国的核心思想就是'礼'"。① 因此,在这个社会里,礼普遍成为人们日常生活的行为规范。"经礼三百,曲礼三千"(《礼记》)就是礼乐时代的反映。

以孔子为首的儒家提出了"以礼正身"的主张,标志身体作为礼乐的载体,首次纳入到儒家思想的范畴中。在此基础上,荀子提出:"人无礼则不生,事无礼则不成,国家无礼则不宁"(《荀子·大略》),主张用礼来统治人的一切身体行为,顺应了时代的要求,具有一定的历史进步性。

第一,荀子所处的社会是一个自利的社会,身体欲望的膨胀成为当时重要的镜像。荀子指出:"今人之性,生而有好利焉,顺是,故争夺生而辞让亡焉;生而有疾恶焉,顺是,故残贼生而忠信亡焉;生而有耳目之欲,有好声色焉,顺是,故淫乱生而礼义文理亡焉。然则,从人之性,顺人之情,必出于争夺,合于犯分乱理而归于暴。"(《荀子·性恶》)在荀子看来,人不仅具有生理之性,而且具有情欲之性。为了利益,人人你争我夺,没有忠信,也没有礼义。基于此,荀子提出用礼来规训和统制身体,有利于社会风气的好转及社会稳定和发展。

第二,荀子礼的身体统制的对象主要是国君和士。按照荀子的观点,作为国君,可以"富有天下,名为圣王,兼制人,人莫得而制也,是人情之所同欲也,而王者兼而有是者也。重色而衣之,重味而食之,重财物而制之,合天下而君之;饮食甚厚,声乐甚大,台谢甚高,园囿甚广,臣使诸侯,一天下。"(《荀子·王霸》)从身体享乐来说,人人都想成为国君,如荀子所说"故人之情,口好味而臭味莫美焉,耳好声而声乐莫大焉,目好色而文章致繁妇女莫众焉,形体好佚而安重闲静莫愉焉,心好利而谷禄莫厚焉;合天下之所同愿兼而有之,罜牢天下而制之若制子孙,人苟不狂惑戆陋者,其谁能睹是而不乐也哉!"(《荀子·王霸》)这是由人的身体自然性决定的。但人之所以成为人,除了肉体的欲望外,还有身体的社会性。因此,必须用礼来统治国君的身体。荀子指出:礼"以为上则明,万物变而不乱"(《荀子·礼论》),从这一点来说,礼可以节制国君的身体欲望,避免纵欲享乐,从而有利于国家的安定和百姓生活的安康。

---

① 邓尔麟. 钱穆与七房桥世界 [M]. 2版. 蓝桦, 译. 北京: 社会科学文献出版社, 1998: 8.

而士作为治理国家的重要工具，如荀子所说："无土，则人不安居；无人，则土不守；无道法，则人不至；无君子，则道不举。故，土之与人也，道之与法也者，国家之本作也；君子也者，道法之摁要也，不可少顷旷也。得之则治，失之则乱；得之则安，失之则危；得之则存，失之则亡。"（《荀子·致士》）其身体统制也非常重要，它事关国家的安危。因此，对士也要进行礼的身体规训。

第三，荀子礼的身体统制是以人性恶为基础的。荀子主张"性恶说"，他说："今人之性，饥而欲饱，寒而欲暖，劳而欲休，此人之情性也。今人饥，见长而不敢先食者，将有所让也；劳而不敢求息者，将有所代也。夫子之让乎父，弟之让乎兄，子之代乎父，弟之代乎兄，此二行者，皆反于性而悖于情也。"（《荀子·性恶》）在荀子看来，身体的自然性，是人之常情。违背身体自然性，就是违背人的生理之性。

但是，他又认为自然性身体是可以转化的。他说："若夫，目好色，耳好声，口好味，心好利，骨体肤理好愉佚，是皆生于人之情性者也。感而自然，不待事而后生之者也。夫感而不能然，必且待事而后然者，谓之生于伪，是性伪之所生，其不同之征也。故，圣人化性而起伪，伪起于性而生礼义，礼义生而制法度。然则礼义法度者，是圣人之所生也。故，圣人之所以同于众其不异于众者，性也；所以异而过众者，伪也。"（《荀子·性恶》）在这里，荀子用了一个功能性的概念："化"。按照荀子的解释，"状变而实无别而为异者，谓之化；有化而无别，谓之一实"（《荀子·正名》）。即"化"除了变化之意外，还有教化的意思。礼义作为一种身体工具，可以"化性起伪"。荀子的"化"不但在道德修养脉络中使用，而且在政治社会脉络中使用。因此，荀子的身体一方面是自然性身体，另一方面又是社会性身体。他既肯定身体的自然性功能，又肯定身体的社会性作用。

由于身体的自然属性，促使人们向外去追求。如荀子所说："夫薄愿厚，恶愿美，狭愿广，贫愿富，贱愿贵，苟无之中者，必求于外。"（《荀子·性恶》）这有利于社会的进步。而身体的社会属性，又促使人们不得不制定礼的规则，来统治人的身体。如荀子指出："故人生不能不群，群而无分则争，争则乱，乱则离，离则弱，弱则不能胜物，故宫室不可得而居也。不可少顷舍礼义之谓也。"（《荀子·王制》）这也有利于社会的稳定。因此，无论是自然性身体，还是社会性身体，荀子都赋予它积极的功能。

第四，荀子的身体统制不是静止的身体统治，而是流动的身体统治。尽管荀子强调礼的"分"和"别"，强调身体的等级差序，如他说："贵贱有等，长幼有差，贫富轻重皆有称者也。"（《荀子·礼制》）"先王恶其乱也，故制礼义以分之，使有贫、富、贵、贱之等，足以相兼临者，是以养天下之本也。"（《荀子·王制》）但同时他也强调阶层的流动性和礼的流动性。荀子礼的身体统制不是静止的，而是运动的、发展的。从社会学的视角来说，它打破了传统的宗法等级制度，有利于社会流动及社会变迁。

总之，荀子礼的身体统制思想具有一定的社会进步性。但同时也要看到，它也有一定的局限性。

第一，维护封建等级制度。荀子在肯定礼的身体统制的同时，又指出："君臣上下，贵贱长幼，至于庶人，莫不以是为隆正。然后皆内自省以谨于分，是百王之所以同也，而礼法之枢要也。然后农分田而耕，贾分货而贩，百工分事而劝，士大夫分职而听，建国诸侯之君分土而守，三公总方而议，则天子共已而止矣。出若入若，天下莫不平均，莫不治辨，是百王之所同，而礼法之大分也。"（《荀子·王霸》）荀子想通过礼的"分"建立起有身份等级差别的封建宗法制度。他的宗法等级制度是君君、臣臣、父父、子子、兄兄、弟弟、农农、士士、工工、商商。即每一个人在宗法等级制度内扮演固定的角色。而且，荀子希望这一宗法等级制度长久地维持下去。他说："君臣、父子、兄弟、夫妇，始则终，终则始，与天地同理，与万世同久，夫是之谓大本。故丧祭、朝聘、师旅一也。贵贱、杀生、与夺，一也。君君、臣臣、父父、子子、兄兄、弟弟，一也。农农、士士、工工、商商，一也。"（《荀子·王制》）从这一点来说，荀子礼的身体统制是阻碍历史发展的。

第二，维护封建王权。荀子所处的时代是奴隶社会走向彻底崩溃、封建制度不断巩固和发展的大动荡、大变革时期。建立以国君为首的中央集权制度成为时代的趋势。荀子顺应了这一趋势，提出了以国君为中心的礼的身体统制思想。他说："若夫重色而衣之，重味而食之，重财物而制之，合天下而君之，非特以为淫泰也，固以为主天下，治万变，材万物，养万民，兼制天下者。为莫若仁人之善也夫，故其知虑足以治之，其仁厚足以安之，其德音足以化之。得之则治，失之则乱。"（《荀子·富国》）荀子这一思想，有利于国家的统一，但不利于人性的张扬。

尽管荀子认为身体可以统制，人心不可以强制，他说："心者，形之君也，而神明之主也，出令而无所受令。自禁也，自使也，自夺也，自取也，自行也，自止也。故，口可劫而使墨云，形可劫而使诎申，心不可劫而使易意，是之则受，非之则辞。"（《荀子·解蔽》）但同时他也指出："人心譬如盘水，正错而勿动，则湛浊在下而清明在上，则足以见须眉而察理矣。微风过之，湛浊动乎下，清明乱于上，则不可以得大形之正也。心亦如是矣。故，导之以理，养之以清，物莫之倾，则足以定是非决嫌疑矣。小物引之，则其正外易，其心内倾，则不足以决庶理矣。"（《荀子·解蔽》）心如身一样必须用礼来引导和约束。因此，荀子礼的身体统制，是身心合一的统制。他不但建构起以"礼"为主、兼之以"法"的身体统制机制，而且对这套统制机制进行了理论认证。这为后来封建王权专制制度的形成奠定了理论基础和实践基础。谭嗣同批判性地指出："故常以为二千年来之政，秦政也，皆大盗也。二千年来之学，荀学也，皆乡愿也。"①

荀子礼的身体统制思想对后世产生了深刻的影响。汉董仲舒的身体思想就是以荀学为基础的，他说："性有善端，动之爱父母，善于禽兽，则谓之善，此孟子之善。循三纲五纪，通八端之理，忠信而博爱，敦厚而好礼，乃可谓善，此圣人之善也。"（《春秋深察》）这里的"圣人"，据专家考证，就是荀子。这就是说，董仲舒的"三纲五常"的身体统制，就是建立在荀子礼的身体统制之上的。从此，中国两千多年百姓的身体置于"君为臣纲、父为子纲，夫为妻纲"的制度框架内。广大百姓除了神权压迫外，还深受君权、父权、夫权的压迫。身体缺乏自由和自主。只是到鸦片战争后，随着近代身体的生成，一些有志之士，提出了身体解放的要求，这捆绑大众身上的四根绳索才开始逐渐松懈。从这一点来说，荀子礼的身体统治，桎梏了身体的发展。

但同时看到，荀子礼的身体统制思想也产生过进步的作用。章太炎指出："荀卿以积伪俟化治身，以隆礼合群治天下。不过三代，以绝殊瑰；不贰后王，以綦文理。百物以礼穿殻，故科条皆务进取而无自戾。"（《訄书·订孔》）这说明，中国之所以被称为"礼仪之邦"，与荀子对礼的大力提倡是分不开的。从这一点来说，荀子礼的身体统制思想对中国礼义之身的塑造有一定的价值功能。我们在否定荀子身体统治思想的负面作用时，也要肯定其进步影响。

第九节 身体治理：管子身体思想研究

身体治理是身体社会学中一个重要的概念，指的是对身体的规制、管理和统领。它最早由西方著名身体思想家福柯所提出，他说："随着政治经济学的产

---

① 蔡尚思，方行. 谭嗣同全集［M］. 北京：中华书局，1981：335.

生，随着制约原则引入治理实践自身之中，出现了重要的置换，或者说替代，因为作为政治主权的实施对象的法律臣民，他们自己为治理应该加以管理的人口。这就是生命政治学组织结构的起点。"① 这里的"治理实践自身之中"就是身体治理。

在中国古代，也有身体治理思想的萌芽。《黄帝内经》指出："有余则耳目聪明，身体轻强，老者复壮，壮者益治。是以圣人为无为之事，乐恬憺之能，从欲快志于虚无之守，故寿命无穷，与天地终。此圣人之治身也。"（《黄帝内经·素问·阴阳应象大论》）这里的"治身"就是身体治理。而《管子》一书中关于这一方面的观点和内容就更多了。系统总结这些观点和内容，可以为当今国家治理和社会治理提供有益的借鉴和启示。

一 、管子身体治理思想的主要内容

《管子》旧题为春秋初期齐国著名政治家管仲所撰，有《牧民》《山高》《乘马》《轻重》和《九府》等八十六篇。学者罗根泽指出：《管子》"在先秦诸子，衷为巨帙，远非他书可及。《心术》《白心》，诠释道体，老、庄之书，未能远过；《法法》《明法》，究论法理，韩非《定法》《难势》，未敢多让；《牧民》《形势》《正世》《治国》，多政治之言；《轻重》诸篇又为理财之语；阴阳则有《宙合》《侈靡》《四时》《五行》；用兵则有《七法》《兵法》《制分》；地理则有《地员》；《弟子职》言礼；《水地》言医；其他诸篇，亦皆率有孤诣。各家学说，保存最多，诠发甚精，诚战国、秦、汉学术之宝藏也。"② 由此可见，管子思想博大精深。其中是否有一红线始终贯之？在笔者看来，身体治理构成了管子思想的重要内核。

在《管子》一书中，有两处提及了身体治理。一是《经言·权修》段："地之守在城，城之守在兵，兵之守在人，人之守在粟。故地不辟则城不固。有身不治，奚待于人？有人不治，奚待于家？有家不治，奚待于乡？有乡不治，奚待于国？有国不治，奚待于天下？天下者，国之本也；国者，乡之本也；乡者，家之本也；家者，人之本也；人者，身之本也；身者，治之本也。故上不好本事，则末产不禁；末产不禁，则民缓于时事而轻地利；轻地利而求田野之辟、仓廪之实，不可得也。"（《管子·权修》）二是《内言·中匡》管仲与齐

---

① 福柯. 生命政治的诞生 [M]. 莫伟民，赵伟，译. 上海：上海人民出版社，2011：286-287.

② 罗根泽. 管子探源 [M]. 长沙：岳麓书社，2010：3.

桓公的问答式对话："明日，管仲朝，公曰：'寡人愿闻国君之信。'对曰：'民爱之，邻国亲之，天下信之，此国君之信。'公曰：'请问信安始而可？'对曰：'始于为身，中于为国，成于为天下。'"（《管子·中匡》）在这两处，管子第一次提出了身体治理的概念，并系统论述了身体治理是治人、治家、治乡、治国、治天下的基础，这比西方身体思想家提出的身体治理理论早了两千多年。

在身体治理理论的框架中，管子身体治理的主体是身体，其对象有三，一是民，二是官（臣），三是君。其中对君主的身体治理，成为管子身体思想的最具特色的重要部分。

第一，作为治理主体的身体。在《管子》一书中，有许多关于"身"的论述。如"欲爱吾身，先知吾情，君亲六合，以考内身。以此知象，乃知行情，既知行情，乃知养生。"（《管子·白心》）和"有神自在身，一往一来，莫之能思，失之必乱，得之必治。敬除其舍，精将自来。精想思之，宁念治之。严容畏敬，精将至定，得之而勿舍，耳目不淫。"（《管子·内业》）等。参照丁四新的观点：先秦时期"身"的概念，主要表示①现实的生命体；②德性的身体；③人之生命整体。①《管子》一书中的"身"主要指现实的生命体和人之生命整体。

除此之外，管子还论述了与身体相关的概念"形""体"和"心"等。在"形"概念的阐释中，管子界定"形"为身体外部形状和身体未完成的、原初的特性。如"心全于中，形全于外"。（《管子·内业》）"心气之形，明于日月，察于父母"（《管子·内业》）和"彼心之心，音以先言，音然后形，形然后言"（《管子·内业》）。美国学者司马黛兰指出："在某种程度上，'形'的存在更精微和优越于整体（completeness）、觉察（awareness）、意识（consciousness）或者共通性（communicability）。"②这就是说，在身体义界内，"形"更能补充"身"的不足。

在"体"概念的论述中，管子赋予"体"经验感官视觉、听觉、嗅觉、味觉和触觉相关联。他说："食者，所以肥体也。主恶谏则不安；人餐食则不肥。故曰：'餐食者不肥体也。'"（《管子·形势解》）管子的"体"是饮食之体，与味觉相关联。而"心之在体，君之位也；九窍之有职，官之分也。心处其道，九窍循理。嗜欲充益，目不见色，耳不闻声"（《管子·心术上》）。更是把"体"与五官结合起来。从这一点来说，管子的"体"有身体体认的意蕴。

---

① 丁四新. 郭店楚墓竹简思想研究［M］. 北京：东方出版社，2000：302.
② 司马黛兰. 身体的界限［J］. 开放时代，2016（2）：68-93.

对于“心”概念的论述，管子着力最多。他说：“心也者，智之舍也。”（《管子·心术上》）“凡心之形，自充自盈，自生自成。其所以失之，必以忧乐喜怒欲利。能去忧乐喜怒欲利，心乃反济。彼心之情，利安以宁。勿烦勿乱，和乃自成。”（《管子·内业》）……管子不但赋予心主体地位，而且赋予心认知功能。因此，在体认客观世界中，管子主张“全心”。他说：“全心在中，不可蔽匿。和于形容，见于肤色。善气迎人，亲于弟兄；恶气迎人，害于戎兵。不言之声，疾于雷鼓。”（《管子·内业》）这里的“全心”，按照杨儒宾的解释，则是“‘全心’状态时，心灵展现的方式已不再是以意志操控躯体，而是意志向内翻转，走向非意志化。……因此，其运作是和人的存在方式，也就是和人身之气同时出入的。全心在身，也就是全心在气，也可说是全身即气，所以《内业》篇作者可称呼此时的心灵状态为‘心气’。总而言之，‘全心’或‘心气’的概念一成立，我们即刻可以看到它隐含了以下两个命题。一、心不再是经验的心，它散入人存在的结构，与气合一；二、身不再是现象学意义下的身，它全身为‘全心’所贯透，因此，带有‘全心’的性质。”① 换言之，管子的“心”和“身”是身体的一体两面。因此，作为治理主体的身体，既包含“身”“形”和“体”，又包含“心”。

同样，管子的身体治理，既包括“身”的治理，又包括“心”的治理。管子说：“不以物乱官，不以官乱心，是谓中得。……我心治，官乃治；我心安，官乃安。治之者心也，安之者心也。心以藏心，心之中又有心焉。”（《管子·区言》）这里的“心治”与前面的“身治”是身体治理的一体两面。

而管子身体的形成也有两个本体，一是“气”，二是“道”。在管子看来，“气”有多种形式，如灵气：“灵气在心，一来一逝，其细无内，其大无外。”（《管子·内业》）血气：“道血气，以求长年、长心、长德。此为身也。”（《管子·中匡》）云气：“龙生于水，被五色而游，故神。欲小则化如蚕蠋，欲大则藏于天下，欲上则凌于云气，欲下则入于深泉；变化无日，上下无时，谓之神。”（《管子·水地》）精气：“且夫天地精气有五，不必为沮，其亟而反。”（《管子·侈靡》）……在所有这些“气”中，“精气”为元气。它不但是建构天地万物的本体，而且是建构身体的本体。管子指出：“凡物之精，此则为生。下生五谷，上为列星。流于天地之间，谓之鬼神。藏于胸中，谓之圣人。是故

① 杨儒宾．从“以体合心”到“游乎一气”——论庄子真人境界的形体基础［C］//东海大学文学院．第一届中国思想史研讨会论文集：1989 年卷．台中：东海大学出版社，1989：200.

民气，杲乎如登于天，杳乎如入于渊，淖乎如在于海，卒乎如在于己。"（《管子·内业》）在这里，管子明显认为五谷、列星、鬼神、圣人都是由精气而生的，精气是万物的本原。

同样，身体与身体器官也是精气运行的结果。他说："人，水也。男女精气合，而水流形。三月如咀。咀者何？曰五味。五味者何？曰五藏。酸主脾，咸主肺，辛主肾，苦主肝，甘主心。五藏已具，而后生肉。脾生隔，肺生骨，肾生脑，肝生革，心生肉。五肉已具，而后发为九窍。脾发为鼻，肝发为目，肾发为耳，肺发为窍。五月而成，十月而生。"（《管子·水地》）精气不但扩充体，而且扩充形，是生命结构的综合。周立升指出："《管子》中的精气论是先秦哲学思维的巨大成果，是稷下学者对中国哲学发展的重大贡献。它不仅上承老子、下启荀子，成为先秦唯物主义发展的关键环节，而且它的意义远远超出了本体论的范围，对中国古代唯物主义思想的许多方面都奠定了理论基础，在某些问题上具有划时代的意义。"① 这就说明，管子精气说的提出，对身体思想的发展有着重大的价值。

对于"道"，郭沫若曾指出："《内业》和《心术》的基调是站在道家的立场的，反复咏叹着本体的'道'以为其学说的脊干。这'道'化生万物，抽绎万理，无处不在，无时不在，无物不有，无方能圃。随著作者的高兴，可以称之为无，称之为虚，称之为心，称之为气，称之为精，称之为神。……凡所咏叹的道，都是道家所主张的本体的道，虚之则为精神，实之则为灵气。"② 在这里，郭沫若认为道就是无、虚、心、气、精和神，这就把"道"泛化了。其实，道与气、心、精和神是有区隔的。对于气来说，它只是道范畴下的一个从属范畴，即气是由道产生的。他说："气，道乃生，生乃思，思乃知，知乃止矣。"（《管子·内业》）由于气可以充形，道也可以充形。他说："夫道者，所以充形也，而人不能固，其往不复，其来不舍。"（《管子·内业》）这就是说，道也可以建构人的身体。这就在身体之上又出现了一个本体"道"。由于"道"在"气"先，我们可以把管子身体生成模式表述为：道—气—身—心。管子的身体治理，就是建立在这一模式的基础之上的。

第二，作为国君的身体治理。我们先看一段话。

滋味、动静，生之养也；好恶、喜怒、哀乐，生之变也；聪明当物，生之

① 周立升，王德敏.《管子》中的精气论及其历史贡献 [J]. 哲学研究，1983（5）：73-78.

② 郭沫若. 中国古代社会研究：外二种 [M]. 石家庄：河北教育出版社，2000：434-435.

德也。是故圣人齐滋味而时动静，御正六气之变，禁止声色之淫，邪行亡乎体，违言不存口，静无定生，圣也。仁从中出，义从外作。仁故不以天下为利，义故不以天下为名。仁故不代王，义故七十而致政。是故圣人上德而下功，尊道而贱物，道德当身，故不以物惑。是故身在草茅之中，而无慑意；南面听天下，而无骄色。如此，而后可以为天下王。所以谓德者，不动而疾，不相告而知，不为而成，不召而至，是德也。故天不动，四时云下，而万物化；君不动，政令陈下，而万功成；心不动，使四肢耳目，而万物情；寡交多亲，谓之知人；寡事成功，谓之知用；闻一言以贯万物，谓之知道。多言而不当，不如其寡也；博学而不自反，必有邪。孝弟者，仁之祖也；忠信者，交之庆也。内不考孝弟，外不正忠信，泽其四经而诵学者，是亡其身者也。（《管子·戒第》）

在这段话里，管子用了两个关键词语，即"圣人"和"德"。为了更好地理解，有必要对这两个关键词进行辨析。前面所述，管子的精气说，上承老子，这就是说，"圣人"和"德"这两个词都来源于老子。我们知道，"圣人"在老子那里，指的是国君，因此，管子的"圣人"也指的是国君。而"德"在老子那里，指的是身体的德性。同样，在管子这里，也指的是身体的德性。他说："形不正者，德不来；中不精者，心不治。正形饰德，万物毕得。"（《管子·心术下》）这里的"德"就是身体的精神内蕴。这样，上一段话的意思为，滋味、动静、好恶、喜怒、哀乐是身体的自然属性，国君节制这一属性，禁止声色的侵蚀，身体没有邪僻的行为，口中没有背理的言论，心性安定而实行仁义，这样不被物利所诱惑，即使在茅屋中也毫无惧色。治理天下，也没有骄傲之态。如果内不思考孝悌，外不正行忠信，那么就会失去身体。从这些内容来看，明显在说国君的身体治理。因此，管子的身体思想，以国君的身体治理作为其主要内容之一。

管子说："善罪身者，民不得罪也；不能罪身者，民罪之。故称身之过者，强也；浩身之节者，惠也；不以不善归人者，仁也。故明王有过则反之于身，有善则归之于民。有过而反之身则身俱，有善而归之民则民喜。往喜民，来惧身，此明王之所以治民也。今夫桀、纣不然，有善则反之于身，有过则归之于民。归之于民则民怒，反之于身则身骄。往怒民，来骄身，此其所以失身也。故明王惧声以感耳，惧气以感目，以此二者有天下矣。"（《管子·小称》）在这里，管子指出身体治理的关键是"惠"。至于如何"惠"，管子认为"罪身""反身"和"惧身"。管子从自省的视角，来看待"身治"，这与管子认为心是身体的主宰不无关系。管子说："心之在体，君之位也；九窍之有职，官之分也。心处其道，九窍循理。……无为而制窍者也。"（《管子·心术下》）在管子看来，"心"是"君"，"九窍"是"官"。反过来，"君"是"心"，"官"是"九窍"。管子赋予"君""心"的主宰地位。这样，把国君的"身治"与"心治"紧密地联系在一起。管子国君的身体治理也是"身治"与"心治"的完美结合。

管子指出："气者，身之充也。行者，正之义也。充不美，则心不得；行不正，则民不服。"（《管子·心术下》）在这里，管子提出了一个重要的命题，即国君身体行为不正，那么百姓就不会服从。从民众的认同来说，国君的身体治理关乎统治者合法性问题。因此，作为国君的身体治理，一是身行方正。

在管子看来，国君的身体行为是天下的表率，他说："使人有礼，遇人有理，行发于身而为天下法式者，人唯恐其不复行也。身行不正，使人暴虐，遇人不信，行发于身而为天下笑者，此不可复之行，故明主不行也。"（《管子·形势解》）国君的一举一动，都事关社会风气的转变。"身行不正，使人暴虐"。因此，在国君的身体治理中，国君自己要做好表率。他说："身不善之患，毋患人莫己知。……故我有善则立誉我，我有过则立毁我。当民之毁誉也，则莫归问于家矣。故先王畏民。操名从人，无不强也；操名去人，无不弱也。虽有天子诸侯，民皆操名而去之，则捐其地而走矣。故先王畏民。在于身者孰为利？气与目为利。圣人得利而托焉，故民重而名遂。我亦托焉。圣人托可好，我托可恶，以来美名，又可得乎？我托可恶。爱且不能为我能也。毛嫱、西施，天下之美人也，盛怨气于面，不能以为可好。我且恶面而盛怨气焉，怨气见于面，恶言出于口，去恶充以求美名，又可得乎？甚矣！百姓之恶人之有余忌也。是以长者断之，短者续之，满者洫之，虚者实之。"（《管子·小称》）国君身体的一言一行，百姓都在观察仿行。国君如果没有好的"身道"，百姓就会离开他。因此，身行方正是国君身体治理的重要表现。

国君的身体治理的第二点是讲德行。管子指出："圣王之身，治世之时，德行必有所是，道义必有所明。故士莫敢诡俗异礼，以自见于国；莫敢布惠缓行，修上下之交，以和亲于民；故莫敢超等逾官，渔利苏功，以取顺其君。圣王之治民也，进则使无由得其所利，退则使无由避其所害，必使反乎安其位，乐其群，务其职，荣其名，而后止矣。故逾其官而离其群者必使有害，不能其事而失其职者必使有耻。是故圣王之教民也，以仁错之，以耻使之，修其能致其所成而止。故曰：绝而定，静而治，安而尊，举错而不变者，圣王之道也。"（《管子·法禁》）在管子看来，德行可以使人"安其位，乐其群，务其职，荣其名"，因此，"圣王之身，治世之时，德行必有所是。"这与老子"上德不德，是以有德；下德不失德，是以无德"（《道德经》第三十八章）是一样的。这里的"德"都是身体的一种德行。

要打造这一德行身体，管子认为，要"修恭逊、敬爱、辞让、除怨、无争"（《管子·小称》）。这是因为："尝试多怨争利，相为不逊，则不得其身。大哉！恭逊敬爱之道。吉事可以入察，凶事可以居丧。大以理天下而不益也，小以治一人而不损也。尝试往之中国、诸夏、蛮夷之国，以及禽兽昆虫，皆待此而为治乱。泽之身则荣，去之身则辱。审行之身毋怠，虽夷貉之民，可化而使之爱。审去之身，虽兄弟父母，可化而使之恶。故之身者，使之爱恶；名者，使之荣辱。"（《管子·小称》）管子指出"恭逊、敬爱、辞让、除怨、无争"之心可以"得身""泽身"和"审身"。这与孟子恻隐、羞恶、辞让、是非四心践形不谋而合。在管子这里，"恭逊、敬爱、辞让、除怨、无争"之心也可以通过"身"表现出来，管子的讲德行，就是将"德"转化为身体的具体行为。因此，管子的"恭逊、敬爱、辞让、除怨、无争"之心也是践形的。

爱民则为国君的身体治理的第三点。我们可以从管子与齐桓公的一段对话来看，桓公问管子："寡人欲修政以干时于天下，其可乎？"管子对曰："可。"齐桓公又问："安始而可？"管子回答说："始于爱民。"齐桓公问："爱民之道奈何？"管子回答道："公修公族，家修家族，使相连以事，相及以禄，则民相亲矣。放旧罪，修旧宗，立无后，则民殖矣。省刑罚，薄赋敛，则民富矣。乡建贤士，使教于国，则民有礼矣。出令不改，则民正矣。此爱民之道也。"（《管子·小匡》）从这一问一答可见，爱民思想是管子身体思想的一个重要方面。作为管子的"道"就是以此为基础的。管子指出："凡道无所，善心安爱，心静气理，道乃可止。彼道不远，民得以产。彼道不离，民因以知。是故卒乎其如可与索。"（《管子·内业》）"道满天下，普在民所，民不能知也。"（《管子·内业》）前面所述，管子的"道"是充形的，是与人身体存在息息相关的本体。从这一点来说，管子的爱民思想基于身体治理的视角。

养孤和养疾则是爱民的重要体现。管子说："凡国、都皆有掌孤，士人死，子孤幼，无父母所养，不能自生者，属之其乡党知识故人，养一孤者一子无征，养二孤者二子无征，养三孤者尽家无征。""凡国、都皆有掌养疾，聋、盲、喑哑、跛躄、偏枯、握递，不耐自生者，上收而养之疾官，而衣食之，殊身而后止。此之谓养疾。"（《管子·入国》）这里养孤和养疾中的"养"，按照黄俊杰的研究，"所指涉的对象多半是与价值意识有关的身体器官或组成因素。"[①] 因此，养孤和养疾就是维持"孤"和"疾"的身体生产。对国君来说，通过养孤

[①] 黄俊杰. 先秦儒家身体观中的两个功能性概念［J］. 文史哲，2009（4）：40-48.

和养疾，可以"道满天下，普在民所"。因此，养孤和养疾也是国君身体治理的一个方面。

国君的身体治理的第四点是内治和任法。在管子看来，内治对于身体治理非常重要。他说："四肢六道，身之体也；四正五官，国之体也。四肢不通，六道不达，曰失；四正不正，五官不官，曰乱。是故国君聘妻于异姓，设为侄娣、命妇、宫女，尽有法制，所以治其内也。明男女之别，昭嫌疑之节，所以防其奸也。是以中外不通，谗慝不生，妇言不及官中之事，而诸臣子弟无宫中之交，此先王所以明德围奸、昭公威私也。"（《管子·小匡》）在这里，管子把侄娣、命妇、宫女、诸臣子弟比喻为身体的"四肢六道"。内治表面上看是治理侄娣、命妇、宫女、诸臣子弟，实际上是治理国君身体的"四肢六道"。因此，内治也是国君身体治理的一个重要方面。而任法可以"身佚而天下治"。他说："圣君任法而不任智，任数而不任说，任公而不任私，任大道而不任小物，然后身佚而天下治。失君则不然，舍法而任智，故民舍事而好誉；舍数而任说，故民舍实而好言；舍公而好私，故民离法而妄行；舍大道而任小物，故上劳烦，百姓迷惑，而国家不治。圣君则不然，守道要，处佚乐，驰骋弋猎，钟鼓竽瑟，宫中之乐，无禁围也。不思不虑，不忧不图，利身体，便形躯，养寿命，垂拱而天下治。是故人主有能用其道者，不事心，不劳意，不动力，而土地自辟，囷仓自实，蓄积自多，甲兵自强，群臣无诈伪，百官无奸邪，奇术技艺之人，莫敢高言孟行以过其情，以遇其主矣。"（《管子·任法》）在管子看来，法治的目的是"利身体，便形躯，养寿命，垂拱而天下治。"因此，法治也是国君身体治理的又一方面。

综上所述，管子国君的身体治理，包括心治、民治、内治和法治，是多种形式身体治理的综合。

第三，作为官（臣）的身体治理。我们也看一段话。

心之在体，君之位也；九窍之有职，官之分也。心处其道，九窍循理。嗜欲充益，目不见色，耳不闻声。故曰上离其道，下失其事。毋代马走，使尽其力；毋代鸟飞，使弊其羽翼；毋先物动，以观其则。动则失位，静乃自得。（《管子·心术上》）

在这段话中，管子把身体的器官"心"比喻为国君，身体的器官"九窍"比喻为官。正如国君和官功能有别，"心"和"九窍"也各自具有不同的功能，不能混淆。反过来，国君和官的关系，就是"心"和"九窍"的关系。

在管子看来，官是联系国君和百姓的桥梁，君主的政令只有通过官才能下达其民。他说："民知礼矣，而未知务，然后布法以任力。任力有五务。五务者何？曰：君择臣而任官，大夫任官辩事，官长任事守职，士修身功材，庶人耕农树艺。君择臣而任官，则事不烦乱；大夫任官辩事，则举措时；官长任事守职，则动作和；士修身功材，则贤良发；庶人耕农树艺，则财用足。故曰：凡此五者，力之务也。夫民必知务，然后心一，心一然后意专，心一而意专，然后功足观也。故曰：力不可不务也。"（《管子·五辅》）因此，官（臣）身体治理的好坏，直接关系到国家治理的好坏。管子指出："主身者，正德之本也；官治者，耳目之制也。身立而民化，德正而官治。"（《管子·君臣上》）管子认为官治，好比国君身体器官耳目，受国君身体节制，这就把官（臣）身体治理与国君身体治理紧密地联系在一起了。

在官（臣）身体治理中，管子首先认为"察身"非常重要。他说："察身能而受官，不诬于上；谨于法令以治，不阿党；竭能尽力而不尚得，犯难离患而不辞死；受禄不过其功，服位不侔其能。"（《管子·重令》）这里的"察"，按照《说文解字》注的解释，从宀者，取覆而审之。"察身"，顾名思义，则为明辨身体的功能。在这里，管子指出官（臣）的"察身"是"不诬于上……服位不侔其能"。这就明确了国君身体与官（臣）身体的区隔，为官（臣）身体治理打下了基础。

其次，要"终身"以治。我们先看一段对话。

正月之朝，乡长复事，君亲问焉，曰："于子之乡，有居处为义、好学、聪明、质仁、慈孝于父母、长弟闻于乡里者？有则以告。有而不以告，谓之蔽明，其罪五。"有司已于事而竣。公又问焉，曰："于子之乡，有拳勇、股肱之力、筋骨秀出于众者？有则以告。有而不以告，谓之蔽贤，其罪五。"有司已于事而竣。公又问焉，曰："于子之乡，有不慈孝于父母、不长悌于乡里、骄躁淫暴、不用上令者？有则以告。有而不以告，谓之下比，其罪五。"有司已于事而竣。于是乎乡长退而修德进贤。桓公亲见之，遂使役官。

恒公令官长期而书伐，以告且选，选其官之贤者而复用之。曰："有人居我官有功，休德维顺，端悫以待时使，使民恭敬以劝。其称秉言，则足以补官之不善政。"公宣问其乡里，而有考验，乃召而与之坐，省相其质，以参其成功，成事可立，而时。设问国家之患而不肉，退而察问其乡里，以观其所能，而无大过，登以为上卿之佐，名之曰三选。高子国子退而修乡，乡退而修连，连退而修里，里退而修轨，轨退而修家。是故匹夫有善，故可得而举也；匹夫有不善，故可得而诛也。政既成，乡不越长，朝不越爵。罢士无伍，罢女无家。士三出妻，逐于境外。女三嫁，入于舂谷。是故民皆勉为善，士与其为善于乡也，不如为善于里；与其为善于里也，不如为善于家。是故士莫敢言一朝之便，皆

有终岁之计；莫敢以终岁之议，皆有终身之功。(《管子·小匡》)

这段话的关键词为"修"，它包括"修德"和"修善"。无论哪一种，都是指身体的德行。管子"修德"和"修善"实际上也是"修身"。在管子看来，无论处在何种位置，都要进行修身。即"与其为善于乡，不如为善于里；与其为善于里，不如为善于家""高子国子退而修乡，乡退而修连，连退而修里，里退而修轨，轨退而修家。"这样，管子以身体为基点，建构了官（臣）身体治理的路径：修身—修家—修轨—修里—修连—修乡。进一步衍化而去，就是修国—修天下。而且这种"修"是"终身"的。这就揭示，管子的官（臣）身体治理也是"终身"的。

最后，管子根据官（臣）"身道"的好坏，把臣分为两种，即有道之臣和无道之臣。管子指出：无道之臣"宾事左右，执说以进，不薪亡己。遂进不退，假宠鬻贵。尊其货贿，卑其爵位，进曰辅之，退曰不可，以败其君，皆曰非我。不仁群处，以攻贤者，见贤若货，见贱若过。贪于货贿，竟于酒食，不与善人，唯其所事。倨敖不恭，不友善士，谗贼与斗。不弥人争，唯趣人诏，湛湎于酒，行义不从。不修先故，变易国常，擅创为令，迷或其君，生夺之政，保贵宠矜。迁损善士，捕援货人，入则乘等，出则党骈，货贿相入，酒食相亲，俱乱其君，君若有过，各奉其身。"(《管子·四称》) 而有道之臣："不宾事左右，君知则仕，不知则已。若有事，必图国家，遍其发挥。循其祖德，辩其顺逆，推育贤人，谗慝不作。事君有义，使下有礼，贵贱相亲，若兄若弟。忠于国家，上下得体，居处则思义，语言则谋谟，动作则事，居国则富，处军则克，临难据事，虽死不悔。近君为拂，远君为辅，义以与交，廉以与处，临官则治，酒食则慈。不谤其君，不毁其辞，君若有过，进谏不疑；君若有忧，则臣服之。"(《管子·四称》) 在这个划分标准中，无道之臣的身体是可欲之身，而有道之臣的身体是德性之身。管子打造的是德性之体。从这一点来说，管子官（臣）的身体治理，就是从身心两方面着手，在全社会中塑造出最高统治者所需要的官（臣）德性身体。

第四，作为民的身体治理。我们也看一段话。

道之大如天，其广如地，其重如石，其轻如羽。民之所以，知者寡。故曰：何道之近而莫之与能服也，弃近而就远何以费力也。故曰：欲爱吾身，先知吾情，君亲六合，以考内身。以此知象，乃知行情。既知行情，乃知养生。左右前后，周而复所。执仪服象，敬迎来者。今夫来者，必道其道，无迁无衍，命乃长久。和以反中，形性相葆。一以无贰，是谓知道。(《管子·白心》)

在这段话里，管子指出民对"道"知道甚少，认为努力接近"道"，先要从爱惜身体入手，知道自己的性情，然后观察宇宙事物，以考量内部身体。只有这样使形体与精气相保，才懂得"道"。从这段论述可以看出，管子对"民"和"道"的考察，是基于身体的视角。

那么，管子的"道"究竟指什么？管子说："故之身者，使之爱恶；名者，使之荣辱。此其变名物也，如天如地，故先王曰道。"（《管子·小称》）这里的"使之爱恶""使之荣辱"就是"廉"和"耻"。因此，管子的"道"除了前面所指的无、虚、心、气、精和神外，还可以指礼义廉耻。而礼义廉耻，在管子看来，关乎国家的安危。他说："国有四维，一维绝则倾，二维绝则危，三维绝则覆，四维绝则灭。倾可正也，危可安也，覆可起也，灭不可复错也。何谓四维？一曰礼，二曰义，三曰廉，四曰耻。礼不逾节，义不自进，廉不蔽恶，耻不从枉。故不逾节则上位安，不自进则民无巧诈，不蔽恶则行自全，不从枉则邪事不生。"（《管子·牧民》）因此，民知"道"，就是民知礼义廉耻。由于道可充形，礼义廉耻也可以践形。从这一点来说，民"修小礼、行小义、饰小廉、谨小耻、禁微邪。"（《管子·权修》）就是民的身体治理。

在管子看来，"凡牧民者，欲民之正也，欲民之正，则微邪不可不禁也。微邪者，大邪之所生也，微邪不禁，而求大邪之无伤国，不可得也。凡牧民者，欲民之有礼也，欲民之有礼，则小礼不可不谨。小礼不谨于国，而求百姓之行大礼，不可得也。凡牧民者，欲民之有义也，欲民之有义，则小义不可不行。小义不行于国，而求百姓之行大义，不可得也。凡牧民者，欲民之有廉也，欲民之有廉，则小廉不可不修也。小廉不修于国，而求百姓之行大廉，不可得也。凡牧民者，欲民之有耻也，欲民之有耻，则小耻不可不饰也。小耻不饰于国，而求百姓之行大耻，不可得也。凡牧民者，欲民之修小礼、行小义、饰小廉、谨小耻、禁微邪，此厉民之道也。"（《管子·权修》）这里的"小礼""小义""小廉"和"小耻"是"大礼""大义""大廉"和"大耻"的基础，没有百姓身体的"小"，就没有国家身体的"大"。因此，用"小礼""小义""小廉"和"小耻"对百姓进行身体治理，是为了更好地去治理国家。这就回到了管子治身—治家—治乡—治国—治天下的身体治理轨迹上来了。

除此之外，还须用法治来进行百姓身体的治理。法国当代身体思想家福柯认为法治在身体治理中起着重大的身体规训功能。他说："法律被重新塑造，它承担起自己对违法犯罪行为的责任：在肉体酷刑中，儆戒作用的基础是恐怖：有形的恐惧，集体恐慌，令观众刻骨铭心的形象，如犯人脸上或胳膊上的烙印。现在，儆戒作用的基础是教训、话语、可理解的符号、公共道德的表象。维系惩罚仪式的不再是君主权威的可怕复辟，而是符码的活化，是集体对犯罪观念与惩罚观念之间联系的支持。在刑罚中，人们不是看到君主的存在，而是辨认出法律本身。法律将特定的罪行与特定的惩罚联系起来。只要犯罪发生，惩罚就随之而来，体现法律的话语，展示既与观念相联，又与现实相联的符码。"①先秦思想家管子，也是这样认为的。他说："凡牧民者，欲民之可御也；欲民之可御，则法不可不审。法者，将立朝廷者也；将立朝廷者，则爵服不可不贵也。爵服加于不义，则民贱其爵服；民贱其爵服，则人主不尊；人主不尊，则令不行矣。法者，将用民力者也；将用民力者，则禄赏不可不重也。禄赏加于无功，则民轻其禄赏；民轻其禄赏，则上无以劝民；上无以劝民，则令不行矣。法者，将用民能者也；将用民能者，则授官不可不审。授官不审，则民闲其治；民闲其治，则理不上通；理不上通，则下怨其上；下怨其上，则令不行矣。法者，将用民之死命者也；用民之死命者，则刑罚不可不审。刑罚不审，则有辟就；有辟就，则杀不辜而赦有罪；杀不辜而赦有罪，则国不免于贼臣矣。故夫爵服贱、禄赏轻、民闲其治、贼臣首难，此谓败国之教也。"（《管子·权修》）由于"法"一字，在《管子》一书中出现的频率过高，有385次②，故管子被称为法家思想代表人物。在这段话里，管子认为法的基本功能是"立朝廷者""用民力者""用民能者"和"用民之死命者"。从身体的视角来看，"法"就是能充分利用百姓的身体为统治者服务的一种身体技术和身体工具。因此，在百姓身体治理中，"不可不审"。如果乱用法，则"爵服贱、禄赏轻"，不但百姓身体难以治理，而且国家也会出现混乱。所以，法治是民身体治理的一个重要方面。

如果礼义廉耻是德治的话，那么作为民的身体治理就包括两个方面，即德治和法治。无论是"德"，还是"法"，都落实到身体层面。没有身体，"德"和"法"就失去了载体。因此，管子的德治和法治，归根结底就是身治。

二、管子身体治理思想的评价

管子身体治理思想博大精深，既有君治，又有官治、民治；既有身治，又有心治、德治、法治。无论哪一种治理，都植根中国传统文化道、气、五行和传统组织结构之中，并发展深化。

第一，拓展了"道"的身体范畴。自从老子赋予"道"生命本体的意义

① 福柯. 规训与惩罚：监狱的诞生 [M]. 刘北成，杨远婴，译. 北京：生活·读书·新知三联书店，2003：123-124.

② 马纳，马斗成.《管子》"礼""法"思想试探 [J]. 晋阳学刊，2007（3）：122-123.

后，后来的思想家主要围绕这一命题展开并深化。

老子认为："道生万物。"（《道德经》第四十二章）管子同样认为道是生命的基础。他说："凡道无根无茎，无叶无荣。万物以生，万物以成。命之曰道。"（《管子·内业》）不同之处，管子的道不仅是万物之源，而且是治理的工具。他说："道者，诚人之姓也，非在人也。而圣王明君，善知而道之者也。是故治民有常道，而生财有常法。道也者，万物之要也。为人君者，执要而待之，则下虽有奸伪之心，不敢杀也。夫道者虚设，其人在则通，其人亡则塞者也。非兹是无以理人，非兹是无以生财，民治财育，其福归于上。是以知明君之重道法而轻其国也。故君一国者，其道君之也。王天下者，其道王之也。大王天下，小君一国，其道临之也。"（《管子·君臣上》）

而"道"在管子看来，是"身"之所化，他说："道之所设，身之化也。持满者与天，安危者与人。失天之度，虽满必涸；上下不和，虽安必危。欲王天下而失天之道，天下不可得而王也。得天之道，其事若自然；失天之道，虽立不安。其道既得，莫知其为之；其功既成，莫知其释之。藏之无形，天之道也。疑今者察之古，不知来者视之往。万事之生也，异趣而同归，古今一也。"（《管子·形势》）因此，管子的"道"是"身道"。他不但把"道"与"身"结合起来，而且，把"道"与"心"结合起来，他说："道之在天者，日也；其在人者，心也。"（《管子·枢言》）管子的"道"既是生命体的外在表现形态又是生命体的内在境界形态。所以，管子的"道"常以"静"为表征。他说："凡人之生也，必以其欢。忧则失纪，怒则失端。忧悲喜怒，道乃无处。爱欲静之，遇乱正之，勿引勿摧，福将自归。彼道自来，可藉与谋。静则得之，躁则失之。灵气在心，一来一逝，其细无内，其大无外。所以失之，以躁为害。心能执静，道将自定。得道之人，理丞而屯泄，匈中无败。节欲之道，万物不害。"（《管子·内业》）而身体治理，就是建立在这种"静"的基础上。没有"静"，身体就是一架"欲望的机器"，就会"忧悲喜怒"，最终损害身体。因此，无论国君，还是百姓，都要把"道"作为身体的存在而加以重视。管子指出："故君一国者，其道君之也；王天下者，其道王之也。大王天下，小君一国，其道临之也。"（《管子·君臣上》）从这一点来说，管子将"道"作为身体的本原和身体治理的工具，大大深化了先秦"道"的身体内涵。管子发展并深化了"道"的身体功能。

第二，拓展了"气"的身体思想。在中国古代，"气"是作为独立于身体存在的自然现象而存在的。《左传》指出："天有六气，降生五味，发为五色，徵为五声，淫生六疾。六气曰阴、阳、风、雨、晦、明也；分为四时，序为五节，过则为灾。阴淫寒疾，阳淫热疾，风淫末疾，雨淫腹疾，晦淫惑疾，明淫心疾。"（《左传·昭公元年》）在这里，气是构成天地万物的元素。

在《周易》里，虽然提出了阴阳二气是生成身体的本原，但对阴阳二气没有作哲学意义上的建构，它只是古代先民一种直接经验的体现。

老庄从"道"的层面来论述"气"，认为"气"是"道"所化生的。老子指出："道生一，一生二，二生三，三生万物。万物负阴而抱阳，冲气以为和。"（《道德经》第四十二章）这里的"二"就是阴阳二气，它是建构身体的本体。庄子指出："人之生，气之聚也。"（《庄子·知北游》。）这样，老庄的"气"除了是身体的本体外，还是天地万物的物质存在。

儒家孔孟把"气"升华为"血气"和"浩然之气"。孔子指出："君子有三戒：少之时，血气未定，戒之在色；及其壮也，血气方刚，戒之在斗；及其老也，血气既衰，戒之在得。"（《论语·季氏》）这里的"血气"指的是人之机体生理功能，它与身心二者都有关联。而孟子说："吾善养吾浩然之气"（《孟子·公孙丑上》），直接从心入手。这样，儒家把心性转化为体气再转化为德气，奠定了儒家心气化的身体观的基础。

管子继承了老庄和孔孟气的思想，并发扬光大，提出了精气说。首先，管子的精气与道联系在一起。气即是道，道即是气，道与气可以互相诠释。所以有人说：《管子》一书"它的一大特色就是将'道'落实到人身上的'精气'，它可以通过致虚守静、集气于中、虚静其心来体得，圣人致虚守静故能体道而成德。'精气'不远而难以达到，与人并处而难得。"① 这就发展了道家的气本论，将道、气、身三者融汇一起。

其次，管子的精气与心联系在一起。杨儒宾通过对管子《心术下》和《内业》两篇文章的解读，指出："心的作用也离不开气，由'中不精者心不治'、'充不美，则心不得'及'气，道乃生，生乃思，思乃知'，我们可以理解心与气紧密存在。"② 管子化气为心，这就发展了儒家的气本论。而且，管子把治心、治身、治气与治道四者紧密结合起来，他说："人能正静，皮肤裕宽，耳目聪明，筋信而骨强。乃能戴大圜而履大方，鉴于大清，视于大明。敬慎无忒，日新其德，遍知天下，穷于四极。敬发其充，是谓内得。然而不反，此生之忒。"（《管子·内业》）管子从身心关系论述气，为内静外敬的身体治理提供了理论支撑。从这一点来说，管子也拓展了气的身体功能。

---

① 张倩.《管子》四篇气论思想研究［D］.成都：中共四川省委党校，2018：33.
② 杨儒宾. 儒家身体观［M］. 台北："中央研究院"中国文哲研究所，1996：218.

第三，拓展了四时、五行的身体思想。四时、五行在《黄帝内经》中虽然已与身体联系在一起，但是它是从身体健康的视角来展开的。《管子》一书不同之处，就是把国君的身体治理与四时变化和五行相生相克融合在一起。我们先看下面一段话。

东方曰星，其时曰春，其气曰风，风生木与骨。其德喜嬴，而发出节时。其事：号令修除神位，谨祷弊梗，宗正阳，治堤防，耕芸树艺，正津梁，修沟渎，贽屋行水，解怨赦罪，通四方。然则柔风甘雨乃至，百姓乃寿，百虫乃蕃，此谓星德。星者掌发，为风。是故春行冬政则雕，行秋政则霜，行夏政则欲。是故春三月以甲乙之日发五政。一政曰：论幼孤，舍有罪。二政曰：赋爵列，授禄位。三政曰：冻解修沟渎，复亡人。四政曰：端险阻，修封疆，正千伯。五政曰：无杀麂夭，毋塞华绝芋。五政苟时，春雨乃来。

……

北方曰月，其时曰冬，其气曰寒，寒生水与血。其德淳越、温怒、周密。其事：号令修禁徙民，令静止，地乃不泄。断刑致罚，无赦有罪，以符阴气。大寒乃至，甲兵乃强，五谷乃熟，国家乃昌，四方乃备，此谓月德。月掌罚，罚为寒。冬行春政则泄，行夏政则雷，行秋政则旱。是故冬三月以壬癸之日发五政。一政曰：论孤独，恤长老。二政曰：善顺阴，修神祀；赋爵禄，授备位。三政曰：效肢计，毋发山川之藏。四政曰：捕奸遁，得盗贼者有赏。五政曰：禁迁徙，止流民，圉分异。五政苟时，冬事不过，所求必得，所恶必伏。（《管子·四时》）

在这段详细的论述中，管子指出在不同的季节进行不同的身体治理与社会治理。春季："论幼孤，舍有罪""赋爵列，授禄位""冻解修沟渎，复亡人""端险阻，修封疆"和"无杀麂夭，毋塞华绝芋。"夏季："求有功发劳力者而举之""开旧坟，发故屋，辟故卯以假货""令禁扇去笠，毋极兔，除急漏田庐""求有德赐布施于民者而赏之"和"令禁置设禽兽，毋杀飞鸟。"秋季："禁博塞，圉小辩，斗译踶""毋见五兵之刃""慎旅农，趣聚收""补缺塞坏"和"修墙垣，周门闾。"冬季："论孤独，恤长老""善顺阴，修神祀""赋爵禄，授备位""效肢计，毋发山川之藏""捕奸遁，得盗贼者有赏"和"禁迁徙，止流民，圉分异。"而这些治理是基于五行相生相克的原理，春行春政，夏行夏政，秋行秋政，冬行冬政，不能越俎代庖，如文中所说："秋行春政则荣，行夏政则水，行冬政则耗。"

无论四时，还是五行，都与身体器官有密切的关系，即春—木—骨，夏—火—气，中—土—皮肤，秋—金—甲，冬—水—血。也就是说，管子的治理与四时、五行和身体密不可分。从这点来说，管子的身体治理思想是基于中国传统的四时五行理论，与西方的身体治理思想有明显的不同，具有中国特征和中国风格。同时，管子把四时五行与身体治理联系起来，拓宽了四时五行的身体运用范围。

第四，管子的身体治理思想植根于中国传统社会组织结构。中国的传统社会组织结构是一个由个体身体向外推出去的"差序结构"，即身—家—乡—国—天下。与此相适应的是传统的社会治理模式，即"治身—治家—治乡—治国—治天下"。管子的身体治理思想就是这一历史逻辑和社会逻辑的展开。

管子指出："制国以为二十一乡：商工之乡六，士农之乡十五。公帅十一乡，高子帅五乡，国子帅五乡。参国故为三军。公立三官之臣，市立三乡，工立三族，泽立三虞，山立三衡。制五家为轨，轨有长。十轨为里，里有司。四里为连，连有长。十连为乡，乡有良人。三乡一帅。"（《管子·小匡》）管子又说："六轨为邑，邑有司。十邑为率，率有长。十率为乡，乡有良人。三乡为属，属有帅，五属一大夫。武政听属，文政听乡，各保而听，毋有淫佚者。"（《管子·小匡》）在这里，管子设立了家—轨—里—连—乡—国—天下的组织结构和长—司—良人—帅—大夫—国君的管理机构。以此为基点，管子进一步推出身治—家治—乡治—国治—天下治的治理模式。在这一过程中，管子认为身体是基础。他说："道之所言者一也，而用之者异。有闻道而好为家者，一家之人也；有闻道而好为乡者，一乡之人也；有闻道而好为国者，一国之人也；有闻道而好为天下者，天下之人也；有闻道而好定万物者，天下之配也。道往者其人莫来，道来者其人莫往。道之所设，身之化也。"（《管子·形势》）这里的"道"就是身体的别称。因此，管子的身体治理，是以传统的社会组织结构为切入点的。从这一点来说，管子的身体治理是社会治理和国家治理的基础。

第十节　威仪身体观与守身、行身：韩非子身体思想研究

威仪身体观最早是由中国台湾学者杨儒宾提出来的，指的是调整自己的原始身体，以取得个体与体制之间的规范和谐。① 杨儒宾的威仪身体观是针对每

---

①　杨儒宾. 儒家身体观［M］. 台北："中央研究院"中国文哲研究所，1996：30.

一个个体的，他说："人性要受威仪法则的规范，威仪是人性的具体化原则。"①
但考量先秦经书，威仪身体观更多的指向是国君。

> 丕显高祖、亚祖、文考，克明厥心，胥尹叙厥威义，用辟先王。②

> 皇且考，司威义，用辟先王，不敢弗帅用夙夕。③

这里的"威义"通"威仪"，指的是一种对先王的"畏敬"态度。故北宫
文子说："有威而可畏，谓之威；有仪而可象，谓之仪。"（《十三经注疏·左传
注疏》）

韩非子是战国时期最重要的思想家。著有《说林》《内储说》《解老》《孤
愤》和《五蠹》等著作。《史记·老庄申韩列传》说韩非子"喜刑名法术之学，
而其归本于黄老。"（《史记·老庄申韩列传》）我们知道，老子的身体思想主
要是对国君的身体规训，其对象是国君。韩非子思想"归本于黄老"，这意味着
韩非子的身体思想与老子的身体思想是一脉相承的。也就是说，韩非子的身体
思想的对象也是国君。据统计，全篇《韩非子》提及"君"的共有852处。④
如果把"圣人"（19处）和"王"加入，《韩非子》对国君的论述，占全文的
85%以上。考察其主要内容，无论是"道""德"，还是"法""术"和"势"，
其主要目的是维持百姓对国君的"畏敬"，从而维护封建统治。因此，威仪身体
观是韩非子身体思想的主要内容。

一、韩非子威仪身体观主要内容

张再林教授指出："法家学说之'根身性'，突出地表现为其对身体的自然
欲望的前所未有的高度肯定，以及由此而推出的由荀子率先揭橥，并为韩非子
所集其大成的所谓'性恶论'理论。"⑤ 这就是说，韩非子身体思想的理论基础
是"性恶论"。这就有必要从源头上对韩非子的"性恶论"做一阐释。

第一，作为身体本体的"道"及身体的自然欲望。韩非子论"道"主要集
中在《解老》和《喻老》两文中。其中"道"字出现在《解老》中55次，出
现在《喻老》中9次。⑥ 在《解老》中，韩非子是这样说"道"的。

> 夫道者，弘大而无形。（《韩非子·解老》）

---

① 杨儒宾. 儒家身体观 [M]. 台北："中央研究院"中国文哲研究所，1996：30.

② 周法高. 三代吉金文存补 [M]. 台北：台联国风出版社，1980：104.

③ 周法高. 三代吉金文存补 [M]. 台北：台联国风出版社，1980：104.

④ 孙腾. 韩非子"君道"思想研究 [D]. 贵阳：贵州大学，2018：22.

⑤ 张再林."身道"视野下的李贽和法家 [J]. 江苏社会科学，2009（4）：21-25.

⑥ 孙腾. 韩非子"君道"思想研究 [D]. 贵阳：贵州大学，2008：22.

道者，万物之所以成也。(《韩非子·解老》)

万物得之以死，得之以生；万事得之以败，得之以成。(《韩非子·解老》)

这种"道"与老子道是万物的本体没有什么区别。但韩非子毕竟不同于老子，除了肯定道生万物的正面功能外，还强调了道对万物的负面作用。他说："道譬诸若水，溺者多饮之即死，渴者适饮之即生；譬之若剑戟，愚人以行忿则祸生，圣人以诛暴则福成。故得之以死，得之以生，得之以败，得之以成。"(《韩非子·解老》)这就为区隔"端道"与"邪道"奠定了基础。他说："书之所谓'大道'也者，端道也。所谓貌'施'也者，邪道也。所谓'径'大也者，佳丽也。佳丽也者，邪道之分也。"(《韩非子·解老》)在韩非子看来，行"端道"就是行"身道"。他认为"端道"就是保持生命的久远和富贵的久远。他说："夫道以与世周旋者，其建生也长，持禄也久。"(《韩非子·解老》)体道就是保身。他说："凡有国而后亡之，有身而后殃之。不可谓能有其国，能保其身。夫能有其国，必能安其社稷；能保其身，必能终其天年；而后可谓能有其国，能保其身矣。夫能有其国保其身者，必且体道。体道则其智深；其智深，则其会远；其会远，众人莫能见其所极。"(《韩非子·解老》)从其"行道"和"体道"的对象来看，主要针对的是国君。因此，韩非子的"道"主要是"君道"，韩非子的"身道"主要是国君的"身道"。

同时，韩非子的"道"也是自然之道。他说："夫物有常容，因乘以导之。因随物之容，故静则建乎德，动则顺乎道……故不乘天地之资而载一人之身，不随道理之数而学一人之智，此皆一叶之行也。故冬耕之稼，后稷不能羡也；丰年大禾，臧获不能恶也。以一人之力，则后稷不足；随自然，则臧获有余。故曰：'恃万物之自然而不敢为也。'"(《韩非子·喻老》)在这里，韩非子不但提出了身"乘天地"，而且提出了道"随自然"。韩非子的"道"和"身"都是"顺其自然"。

作为国君就要守自然之道。他说："明君之所以立功成名者四：一曰天时，二曰人心，三曰技能，四曰势位。非天时虽十尧不能冬生一穗，逆人心虽贲、育不能尽人力。故得天时则不务而自生，得人心则不趣而自劝，因技能则不急而自疾，得势位则不进而名成。若水之流，若船之浮。守自然之道，行毋穷之令，故曰明主。"(《韩非子·功名》)这里的"自然之道"除了"天时""技能"和"势位"外，主要是"人心"。而"人心"在韩非子看来，就是人人所有的好利之心，即"自为心"。他说："人为婴儿也，父母养之简，子长人怨。

子盛壮成人，其供养薄，父母怒而诮之。子、父至亲也，而或谯或怨者，皆挟相为而不周于为己也。夫卖庸而播耕者，主人费家而美食，调布而求易钱者，非爱庸客也，曰：如是，耕者且深，耨者熟耘也。庸客致力而疾耘耕者，尽巧而正畦陌畦畤者，非爱主人也，曰：如是，羹且美，钱布且易云也。此其养功力，有父子之泽矣，而心调于用者，皆挟自为心也。"（《韩非子·外储说左上》）这与荀子的"性恶论"一脉相承。他们师徒二人都肯定身体自然欲望的正当性，为礼义之身和威仪之身奠定了基础。

第二，作为威仪的身体。韩非子说："万物莫如身之至贵也，位之至尊也，主威之重，主势之隆也。"（《韩非子·爱臣》）在这里，韩非子实际指出了君主威仪的身体的四个条件，即身至贵、位至尊、威之重、势之隆。

首先，就身至贵来说，君主的身体可以说是天下最尊贵的身体。按照韩非子对"贵"的解释："所谓贵者，无法而擅行，操国柄而便私者也。"作为国君可以任意满足自己身体的自然欲望，他说："适身体之所安，耳目之所乐，冬日弋，夏浮淫，为长夜，数日不废御觞，不能饮者以筒灌其口，进退不肃、应对不恭者斩于前。"（《韩非子·说疑》）晋平公也因此喟然长叹道："莫乐为人君，惟其言而莫之违。"（《韩非子·难一》）由于作为国君的身体，可以任意地释放出身体欲望，因此，国君的身体便成为臣觊觎和羡慕的对象。韩非子指出："故为人臣者，窥觇其君心也无须臾之休，而人主怠傲处其上，此世所以有劫君弑主也。"（《韩非子·备内》）国君经常处于"亡身"的境地。司马迁说："春秋之中，弑君三十六，亡国五十二，诸侯奔走，不得保其社稷者，不可胜数。"（《史记·太史公自述》）便是最好的证明。而"齐桓公好服紫，一国尽服紫。"（《韩非子·外储说右上》）现象，成为当时的身体图式，更是反映了国王身体的威仪。因为"'威'乃因君子的容貌风采足以引起他人敬畏之谓，'仪'则为君子的言行举止足以引起他人效法。"[1]

其次，就位至尊来说，君位是天下最尊贵的位置。而这样的位置足以引起他人产生敬畏之意。韩非子说："贤人而诎于不肖者，则权轻位卑也；不肖而能服于贤者，则权重位尊也。尧为匹夫，不能治三人；而桀为天子，能乱天下。吾以此知势位之足恃而贤智之不足慕也。夫弩弱而矢高者，激于风也；身不肖而令行者，得助于众也。尧教于隶属而民不听，至于南面而王天下，令则行，禁则止。则此观之，贤智未足以服众，而势位足以缶贤者也。"（《韩非子·难势》）在这里，韩非子明显指出"贤人而诎于不肖者"是因为"位"，"不肖而

---

[1]　杨儒宾. 儒家身体观［M］. 台北："中央研究院"中国文哲研究所，1996：29.

能服于贤者"也是因为"位",无"位"就无敬畏。从这点来说,位至尊是国君威仪身体的前提条件之一。

再次,从威之重来说,国君的"威"无出其右。韩非子指出:"万乘之主、千乘之君所以制天下而征诸侯者,以其威势也。威势者,人主之筋力也。"(《韩非子·人主》)在这里,韩非子把"威势"譬喻为国君身体的"筋力"。因为在他看来,"人主之所以身危国亡者,大臣太贵,左右太威也。"(《韩非子·人主》)韩非子的身体譬喻,是基于国君"身危"而言的。因此,国君要养威。在他看来,"夫利者,所以得民也;威者,所以行令也;名者,上下之所同道也。非此三者,虽有不急矣。"(《韩非子·诡使》)"威"是用来执行命令的。国君要令他人敬服,必须有足够的"威"。而"法"是"威"的重要工具。他说:"圣王之立法也,其赏足以劝善,其威足以胜暴,其备足以必完法。"(《韩非子·守道》)因此,韩非子对"威"和"法"的论述,也是基于国君威仪的身体。

最后,就势之隆来说,国君的"势"无敌于天下。荀子曾这样说道:"天子者,势位至尊,无敌于天下。"(《荀子·正论》)而"势",在韩非子看来,是人设之势和自然之势的综合。他说:"夫势者,名一而变无数者也。势必于自然,则无为言于势矣;吾所为言者,言人之所设也。今曰'尧、舜得势而治,桀、纣得势而乱',吾非以尧、桀为不然也。虽然,非一人之所得设也。夫尧、舜生而在上位,虽有十桀、纣不能乱者,则势治也;桀、纣亦生而在上位,虽有十尧、舜而亦不能治者,则势乱也。故曰:'势治者则不可乱,而势乱者则不可治也。'此自然之势也,非人之所得设也。"(《韩非子·难势》)这里的"势",按照张再林教授的研究,是一种"势能","正是有了身体才有了'势能'。这是因为,真正的身体是'以屈求伸'的身体,'以屈求伸'是身体之为身体的第一规定。而身体的'以屈求伸'恰恰为我们体现了'势'。"[①] 由于"势"是使一种身体屈服于另一种身体的能力,因此,韩非子主张以"中"统"势"来治理天下。他说:"吾所以为言势者,中也。中者,上不及尧、舜,而下亦不为桀、纣。抱法处势则治,背法去势则乱。"(《韩非子·难势》)从这一点来看,"势"是威仪身体的一种表现形式。有了威仪身体,才有了"势"。

总之,韩非子的威仪身体是身至贵、位至尊、威之重、势之隆的综合。四者紧密联系,缺一不可。

第三,作为威仪身体的"亡身"和"守身"。老子曾指出:"吾所以有大患

---

① 张再林. 根身性:中国哲学研究的一个新的论域 [J]. 孔子研究,2018 (4):35-37.

者，为吾有身，及吾无身，吾有何患？"（《道德经》第十三章）在这里，老子认为"有身"是"大患"的前提。同样，因为国君具有威仪身体，他也有"大患"。

在韩非子看来，人性都是自私自利的。他说："鳝似蛇，蚕似蠋，人见蛇则惊骇，见蠋则毛起。然而妇人拾蚕，渔者持鳝，利之所在，则忘其所恶，皆为贲诸。"（《韩非子·说林下》）由于身体的自然欲望，众臣想方设法引诱君主。韩非子所列举的八术："一曰同床。何谓同床？曰：贵夫人，爱孺子，便僻好色，此人主之所惑也。托于燕处之虞，乘醉饱之时，而求其所欲，此必听之术也。为人臣者内事之以金玉，使惑其主，此之谓'同床'。二曰在旁。何谓在旁？曰：优笑侏儒，左右近习，此人主未命而唯唯，未使而诺诺，先意承旨，观貌察色以先主心者也。此皆俱进俱退，皆应皆对，一辞同轨以移主心者也。为人臣者内事之以金玉玩好，外为之行不法，使之化其主，此之谓'在旁'。……八曰四方。何谓四方？曰：君人者，国小则事大国，兵弱则畏强兵。大国之所索，小国必听；强兵之所加，弱兵必服。为人臣者，重赋敛，尽府库，虚其国以事大国，而用其威求诱其君；甚者举兵以聚边境而制敛于内，薄者数内大使以震其君，使之恐惧，此之谓'四方'"。（《韩非子·八奸》）就是众臣的"利之所在"。

在这种"天下熙熙皆为利来，天下攘攘皆为利往"的语境下，国君的身体处于危险的境地。韩非子指出："主失其神，虎随其后。主上不知，虎将为狗。主不蚤止，狗益无已。虎成其群，以弑其母。"（《韩非子·扬权》）"为人君者，数披其木，毋使木枝扶疏；木枝扶疏，将塞公闾，私门将实，公庭将虚，主将壅围。"（《韩非子·扬权》）韩非子认为国君"失其神"，不"披其木"，都会使国君"之死地"。由此可见，国君"亡身"之处很多。韩非子列举了十种君主"亡身"之道。他说："一曰，行小忠，则大忠之贼也；二曰，顾小利，则大利之残也；三曰，行僻自用，无礼诸侯，则亡身之至也；四曰，不务听治而好五音，则穷身之事也；五曰，贪愎喜利，则灭国杀身之本也；六曰，耽于女乐，不顾国政，则亡国之祸也；七曰，离内远游而忽于谏士，则危身之道也；八曰，过而不听于忠臣，而独行其意，则灭高名为人笑之始也；九曰，内不量力，外恃诸侯，则削国之患也；十曰，国小无礼，不用谏臣，则绝世之势也"（《韩非子·十过》）从这十种亡身之道来看，它包括国君日常生活的各个方面。也就是说，国君的身体无时无刻不处于"亡身""穷身""杀身"和"危身"的境地。因此，作为国君要"守身"。

"守身"是韩非子威仪身体观的一个重要方面。无"守身"则无身体，无身体则无威仪。因此，韩非子提出了君主"守身"之道。他说："人主有三守。三守完，则国安身荣；三守不完，则国危身殆。何谓三守？人臣有议当途之失、用事之过、举臣之情，人主不心藏而漏之近习能人，使人臣之欲有言者，不敢不下适近习能人之心，而乃上以闻人主。然则端言直道之人不得见，而忠直日疏。爱人，不独利也，待誉而后利之；憎人，不独害也，待非而后害之。然则人主无威而重在左右矣。恶自治之劳惮，使群臣辐凑之变，因传柄移籍，使杀生之机，夺予之要在大臣，如是者侵。此谓三守不完。三守不完，则劫杀之征也。"（《韩非子·三守》）在这三守中，重点是"守臣"。在韩非子看来，人臣掌"杀生之机，夺予之要"。如果处理不当，国君就会有"明劫""刑劫"和"事劫"，就会"亡身"。因此，作为国君要正确处理好君臣关系。具体来说：

一是"爱臣"。臣子是君主治理国家的工具，臣子对国君身体无疑非常重要。如何与臣子相处，成为国君"守身"不得不考虑的问题。韩非子指出："爱臣太亲，必危其身；人臣太贵，必易主位。"（《韩非子·爱臣》）在韩非子看来，与臣子太亲近或臣子太尊贵，都会危害自己的身体。因此，国君对臣子要"尽之以法，质之以备"，要使"人臣处国无私朝，居军无私交，其府库不得私贷于家"（《韩非子·爱臣》）。这样，国君与人臣的关系是一种牧畜关系。郭沫若认为《韩非子》一文用"牧""畜"词对臣，就透露出君主将臣视为牲畜犬马的意思。① 韩非子"爱臣"的实质就是要"畜臣"和"牧臣"。

二是"有度"。法度不但是国君治理国家的手段，而且法度对国君身体来说也非常重要。韩非子说："法者，宪令著于官府，刑罚必于民心，赏存乎慎法，而罚加乎奸令者也。"（《韩非子·定法》）在这里，韩非子明确指出法主要针对"民"和"奸"。在韩非子看来，"民"和"奸"的"轻法"则会造成国君"身危"。他说："人主离法失人，则危于伯夷不妄取，而不免于田成、盗跖之祸。"（《韩非子·守道》）因此，国君"守身"必须"有度"。韩非子指出："故以法治国，举措而已矣。法不阿贵，绳不挠曲。法之所加，智者弗能辞，勇者弗敢争。刑过不避大臣，赏善不遗匹夫。故矫上之失，诘下之邪，治乱决缪，绌羡齐非，一民之轨，莫如法。"（《韩非子·有度》）只有这样，国君威仪身体才不会受到侵犯。他说："则上尊而不侵。上尊而不侵，则主强而守要，故先王贵之而传之。"（《韩非子·有度》）他认为这是保持国王威仪身体的秘诀之一。

---

① 郭沫若. 十批判书［M］//郭沫若. 郭沫若全集·历史编（第二卷）. 北京：人民出版社，1982：370.

　　三是"二柄"。"二柄"与"法"一样，也是国君治理国家的重要工具。韩非子指出："明主之所导制其臣者，二柄而已矣。二柄者，刑德也。何谓刑德？曰：杀戮之谓刑，庆赏之谓德。为人臣者畏诛罚而利庆赏，故人主自用其刑德，则群臣畏其威而归其利矣。"（《韩非子·二柄》）这里的"刑"和"德"都是针对身体而言的。其中"刑"是"杀身"，"德"是"训身"，二者都是身体规训的工具。假如君主失去了这"二柄"，则失去了君规训臣和民身体的工具。"则一国之人皆畏其臣而易其君，归其臣而去其君矣。"（《韩非子·二柄》）从这一点来说，君主为了"守身"，则必须"功当其事，事当其言，则赏；功不当其事，事不当其言，则罚。"（《韩非子·二柄》）国君通过创造"刑罚之身""导制其臣"（《韩非子·二柄》），只有这样，国君才会"安身"。

　　四是"扬权"。国君之所以拥有"香美脆味""厚酒肥肉"和"曼理皓齿"，是因为有权。失去权，则失去身体享乐。从这一点来看，"权"是国君身体享乐和威仪身体的重要条件之一。因此，韩非子主张"扬权"，即高扬君权。这与他主张"君道"是一样的。无论是"扬权"还是"主道"，都是为了突出君主身体的威仪。如他所说："圣人执要，四方来效。虚而待之，彼自以之。"（《韩非子·扬权》）要做到这一点，国君应"明君贵独道之容""不大其都""不贵其臣""伐其聚"和"刑名参同"（《韩非子·扬权》）等。这反映出韩非子是典型的君主本位主义者。

　　五是"乘势"。顾名思义，"乘势"指的是"乘威严之势以困奸邪之臣"。在韩非子看来，仁义只会导致国君"亡身"。他说："世主美仁义之名而不察其实，是以大者国亡身死，小者地削主卑。"（《韩非子·奸劫弑臣》）基于此，国君要去仁义而讲威严。具体来说，就是："夫是以人主虽不口教百官，不目索奸邪，而国已治矣。人主者，非目若离娄乃为明也，非耳若师旷乃为聪也。目必不任其数，而待目以为明，所见者少矣，非不弊之术也。耳必不因其势，而待耳以为聪，所闻者寡矣，非不欺之道也。明主者，使天下不得不为己视，天不不得不为己听。故身在深宫之中而明照四海之内，而天下弗能蔽弗能欺者，何也？暗乱之道废而聪明之势兴也。故善任势者国安，不知因其势者国危。"（《韩非子·奸劫弑臣》）在这里，韩非子以身体器官比喻乘势的重要性。对国君来说，乘势可以"身在深宫之中而明照四海之内，而天下弗能蔽弗能欺者。"不但"身安"，而且"国安"。更重要的是，可以以虚静制躁动。这与老子的以静制动思想一以贯之。所以梁启超说："专训释《老子》，盖韩非哲学根本思想

'归于黄老'也。《解老》篇精语尤多，为治《老子》者首应读之书。"①

除此之外，韩非子还论述了其他"守身"之道，如察"六微"："一曰权借在下，二曰利异外借，三曰托于似类，四曰利害有反，五曰参疑内争，六曰敌国废置。"（《韩非子·内储说下》）七"安术"："一曰赏罚随是非，二曰祸福随善恶，三曰死生随法度，四曰有贤不肖而无爱恶，五曰有愚智而无非誉，六曰有尺寸而无意度，七曰有信而无诈。"（《韩非子·安危》）和"七术"："一曰众端参观，二曰必罚明威，三曰信赏尽能，四曰一听责下，五曰疑诏诡使，六曰挟知而问，七曰倒言反事。"（《韩非子·内储说上七术》）等。

这些"守身"之道，都是作为一种"术"来进行的。高柏园认为："术在韩非子思想中实具有积极与消极二层意义，就其积极义而言，术在于避免盲点，进而完整地控制对象；就其消极义而言，术能隐藏个人主观好恶的价值取向，使得臣下无法借此好恶以蒙蔽君王。"② 从身体的视角来说，"术"可以更好地管控臣、民的身体，主要是臣的身体，从而保全国君威仪的身体，从而进一步治理好国家。从这一点来说，"术"既有积极的作用，又有消极的功能。

第四，作为威仪身体的"行身"。如果说"守身"是被动、消极地抵御臣民对威仪身体的侵犯，那么"行身"就是主动、积极地打造国君威仪身体。韩非子指出："行身者竞于为高，而不合于功，故智士退处岩穴，归禄不受，而兵不免于弱，政不免于乱。"（《韩非子·五蠹》）这里的"行身"就是"立身""治身"和"修身"之意。韩非子认为国君立身处世竞相于追求高贵，而不建功立业，那么有才智的人就会隐居山林，这样国家的兵力不免于削弱，政局不免于混乱。因此，韩非子主张国君"立身""治身"和"修身"。在他看来，"人君无道，则内暴虐其民而外侵欺其邻国。内暴虐，则民产绝；外侵欺，则兵数起。民产绝，则畜生少；兵数起，则士卒尽。畜生少，则戎马乏；士卒尽，则军危殆。"（《韩非子·解老》）国家就会处于危险的境地。基于这一点，韩非子认为国君要"立身""治身"和"修身"。他说："莅天下者行此节，则民之生莫不受其泽。"（《韩非子·解老》）韩非子的"行身"主要围绕以下三个方面展开。

（1）无为。韩非子的"无为"并不是什么事都不做，而是以"虚"来管控臣的身体行为。他说："夫故以无为无思为虚者，其意常不忘虚，是制于为虚也。虚者，谓其意无所制也。今制于为虚，是不虚也。虚者之无为也，不以无

---

① 转引郭沫若，王元化. 韩非子二十讲 [M]. 北京：华夏出版社，2008：369.

② 高柏园. 韩非哲学研究 [M]. 台北：文津出版社，1994：141.

为为有常。"（《韩非子·解老》）在这里，韩非子明确提出"无为"是为了"制"。具体地说，就是不让臣知道国君的身体欲望。他说："上明见，人备之；其不明见，人惑之。其知见，人饰之；不知见，人匿之。其无欲见，人司之；其有欲见，人饵之。故曰'吾无从知之，惟无为可以规之'。"（《韩非子·外储说右上》）他人知道了国君的身体欲望，就会想方设法引诱君主。这样，国君就会处于危险的境地。因此，作为国君要以"无欲（无为）"示人。他说："君无见其所欲，君见其所欲，臣自将雕琢；君无见其意，君见其意，臣将自表异。故曰：去好去恶，臣乃见素；去旧去智，臣乃自备。故有智而不以虑，使万物知其处；有贤而不以行，观臣下之所因；有勇而不以怒，使群臣尽其武。"（《韩非子·主道》）在这里，韩非子的"无欲（无为）"带有"术"的性质，是作为遮蔽身体欲望的工具。但这种"无为"并不是真正的无为，是为了满足国君身体欲望的"有为"。从这一点来讲，韩非子的"无为"是为了更好地塑造国君威仪的身体。

（2）修德。韩非子的"德"像老子的"德"一样，也是从身体的视角来阐释的。他说："身全之谓德。德者，得身也。凡德者，以无为集，以无欲成，以不思安，以不用固。"（《韩非子·解老》）韩非子认为"身全"就是"德"。它的表现形式为"无为""无欲""不思"和"不用"。而"无为""无欲""不思"和"不用"是为了更好地保全国君的威仪身体，因此，韩非子的"德"就是维持国君威仪身体的安全。

在韩非子看来，天下是由民构成的，以民为本就是最大的"德"。他说："身以积精为德，家以资财为德，乡国天下皆以民为德"。（《韩非子·解老》）这样，韩非子将"德"与"民"联系起来，赋予"德"安民要义。而安民可以"宗庙不灭"和"祭祀不绝"。韩非子的"修德"就是使天下长久地维持下去。他说："上不天则下不遍覆，心不地则物不必载。太山不立好恶，故能成其高；江海不择小助，故能成其富。故大人寄形于天地而万物备，历心于山海而国家富。上无忿怒之毒，下无伏怨之患，上下交朴，以道为舍。故长利积，大功立，名成于前，德垂于后，治之至也。"（《韩非子·大体》）换言之，就是使国君威仪身体长久地延续下去。韩非子的"修德"实际上就是"治身"。韩非子像老子一样，以身为圆点，向外拓展开出为家、为乡、为邦、为天下。即"以身观身，以家观家，以乡观乡，以邦观邦，以天下观天下。"（《道德经》第五十四章）反过来，则是天下—邦—乡—家—身，最终落脚点为"身"。也就是说，韩非子的"修德"最后归属是"身"。韩非子指出："田常徒用德而简公弑，子罕徒用刑而宋君劫。故今世为人臣者兼刑德而用之，则是世主之危甚于简公、宋君也。故劫杀拥蔽之主，兼失刑德而使臣用之，而不危亡者，则未尝有也。"（《韩非子·二柄》）在这里，韩非子用臣"刑""德"兼用而国君亡其身之例，说明"修德"对国君身体的重要性。从这一点来讲，韩非子的"修德"也是基于国君的威仪身体。

（3）静退。韩非子指出："不爱精神不贵处静，此甚大于兕虎之害。夫兕虎有域，动静有时。避其域，省其时，则免其兕虎之害矣。民独知兕虎之有爪角也，而莫知万物之尽有爪角也，不免于万物之害。何以论之？时雨降集，旷野闲静，而以昏晨犯山川，则风露之爪角害之。事上不忠，轻犯禁令，则刑法之爪角害之。处乡不节，憎爱无度，则争斗之爪角害之。嗜欲无限，动静不节，则痤疽之爪角害之。好用其私智而弃道理，则纲罗之爪角害之。"（《韩非子·解老》）在这里，韩非子认为不处静，身体就会"大于兕虎之害"。因此，作为国君为了"身全"，要清净退让。他说"人主之道，静退以为宝。不自操事而知拙与巧，不自计虑而知福与咎。是以不言而善应，不约而善增。"（《韩非子·主道》）"道在不可见，用在不可知。虚静无事，以暗见疵。见而不见，闻而不闻，知而不知。知其言以往，勿变勿更，以参合阅焉。"（《韩非子·主道》）韩非子的"静退"，也是从维持国君威仪身体出发的。

总之，无论是"无为""修德"，还是"静退"，都是维持和打造国君威仪身体。从这一点来说，韩非子的"行身"对国君威仪身体的塑造与存在起着重大的作用。

二、韩非子身体思想的评价

杨义认为韩非子思想来源繁芜驳杂，他说："他与道、儒、墨诸家都有学术渊源，却毫不犹豫地以扬弃这些渊源作为思想原创的动力；他对法家三派、申、商、慎都有借鉴，却在综合其长中无所退缩地以其弱点作为重构体系的驳难对象；他是先秦诸子中极富探索精神的思想家，却在探索中不留余地地把诸子争鸣的局面纳入以吏为师的政治统制。他是秦国政治权术的捧与杀的牺牲品，却阴魂不散地以牺牲崇拜成为秦学之圣物。"① 这就需要在韩非子身体思想的评价中，先对韩非子身体思想的源头加以厘清。

笔者认为韩非子的身体思想与老子的身体思想一脉相承。主要理由如下。

（1）韩非子身体思想与老子身体思想的主体是一样的，都是国君的身体。前面已经进行过论述，在此不再展开。

---

① 杨义.《韩非子》还原［J］. 文学评论，2010（1）：5-24.

（2）韩非子的身体和老子的身体都是自然的身体，即"饮食身体"。① 韩非子认为自然欲望是人身体的本能。作为国君要顺应这一"身道"，治国理政。他说："故胜任议多少、论薄厚为之政。故罚薄不为慈，诛严不为戾，称俗而行也。故事因于世，而备适于事。"（《韩非子·五蠹》）老子也是这样认为的。他说："五色使人目盲，驰骋田猎使人心发狂，难得之货使人之行妨，五味使人之口爽，五音使人之耳聋。是以圣人之治也，为腹不为目，故去彼取此。"（今本《老子》第十二章）因此，韩非子和老子的"身道"是一样的，都是以生物欲望为基础，并以此建构一种身—家—乡—邦—天下的身体治理模式。

（3）韩非子的身体言说和老子身体言说的出发点是一样的，都是为了维持国君的统治。老子无论提出"贵身"主张，还是提出对王、民身体规训，其最终目的都是国君身体的存在。他说："故贵为身为天下，若可寄天下；爱以身为天下，若可托天下。"（今本《老子》第十三章）同样，韩非子提出"亡身""守身""行身""治身"和"修身"，也是为了维持国君的威仪身体。他说："好宫室台榭陂池，事车服器玩，好罢露百姓，煎靡货财者，可亡也。""简侮大臣，无礼父兄，劳苦百姓，杀戮不辜者，可亡也。""变褊而心急，轻疾而易动发，心悁忿而不訾前后者，可亡也。"……（《韩非子·亡征》）韩非子列出多种"亡身"的症状，正是为了建构一种威仪身体的存在体。因此，韩非子的身体言说和老子的身体言说出发点和落脚点是一样的，都是国君的身体存在。

（4）韩非子身体思想与老子身体思想的本体都是"道"。韩非子和老子都认为道是万事万物的根本，是宇宙万物的本原，也是身体的本原。这一点我们可以从韩非子的《主道》《解老》和《喻老》中看出。他说："所谓'有国之母'：母者，道也；道也者，生于所以有国之术；所以有国之术，故谓之'有国之母'。夫道以与世周旋者，其建生也长，持禄也久。故曰'有国之母，可以长久'。"（《韩非子·解老》）在这里，韩非子的"道"像老子的"道"一样，是以女性身体而存在的，它的身体寿禄很长久。而女性的身体讲究的是"柔"与"静"，故韩非子的"道"与老子的"道"一样，也是"致柔"和"守静"。他说："虚静无为，道之情也。"（《韩非子·扬权》）"凡道之情，不制不形，柔弱随时，与理相应。"（《韩非子·解老》）因此，韩非子的"道"与老子的"道"在内容和形式上基本是一致的。

（5）韩非子的"术"和"法"是老子"道"的展开。表面看起来，老子讲的是"道"，与韩非子讲"法"讲"术"根本不同。但在"道"的总体框架下，

---

① 张再林."身道"视野下的李贽和法家［J］. 江苏社会科学，2009（4）：21-25.

老子对"术"和"法"也进行了论述。他说:"将欲拾之,必固张之;将欲弱之,必固强之;将欲废之,必固兴之;将欲夺之,必固与之。"(今本《老子》第三十六章)这与韩非子在《内储说上七术》《内储说下六微》《外储说左上》《外储说左下》《外储说右上》和《外储说右下》等文章所论及的"术"没有什么两样。韩非子指出:"凡奸臣皆欲顺人主之心以取亲幸之势者也。是以主有所善,臣从而誉之;主有所憎,臣因而毁之。凡人之大体,取舍同者则相是也,取舍异者则相非也。今人臣之所誉者,人主之所是也,此之谓同取;人臣之所毁者,人主之所非也,此之谓同舍。夫取舍合而相与逆者,未尝闻也。此人臣之所以取信幸之道也。夫奸臣得乘信幸之势以毁誉进退群臣者,人主非有术数以御之也,非参验以审之也,必将以曩之合己信今之言,此幸臣之所以得欺主成私者也。"(《韩非子·奸劫弑臣》)韩非子的"术"和老子的"术"都是用来控制臣下的。不同之处,韩非子的"术"比老子的"术"更详细、更丰富。可以说,韩非子的"术"是对老子的"术"的发扬光大。

至于"法",《老子》一书没有进行系统论述,但老子主张"方而不割,廉而不刿,直而不肆,光而不耀。"(今本《老子》第五十八章)用韩非子的解释就是:"所谓'方'者,内外相应也,言行相称也。所谓'廉'者,必生死之命也,轻恬资财也。所谓'直'者,义必公正,公心不偏党也。所谓'光'者,官爵尊贵,衣裘壮丽。……今举动而与天下之为仇,非全身长生之道也,是以行轨节而举之也。"(《韩非子·解老》)这里的"行轨节而举之也",是制订"法"的根据。也就是说,老子为定法提供了准则。有人说:"韩非解老,乃借老子之文以发挥其法治思想,非为解明老子而作。"① 间接说明韩非子的法治思想来源于老子。总之,韩非子的"术"和"法"是老子"道"的深化。

(6)韩非子和老子都主张"修身以德"。我们前面所述,老子的"德"和韩非子的"德"都是身体的一种表现形式。因此,在"德"与"身"的关系上,都主张扩充"德"以"全身"。韩非子在《解老》中指出:"今治身而外物不能乱其精神,故曰:'修之身,其德乃真。'真者,慎之固也。治家,无用之物不能动其计,则资有余,故曰:'修之家,其德有余。'治乡者行此节,则家之有余者益众,故曰:'修之乡,其德乃长。'治邦者行此节,则乡之有德者益众,故曰'修之邦,其德乃丰。'莅天下者行此节,则民之生莫不受其泽,故曰:'修之天下,其德乃普。'修身者,以此别君子小人;治乡、治邦、莅天下者名,各以此科适观息耗,则万不失一。"(《韩非子·解老》)韩非子和老子

① 韩非. 韩非子新校注 [M]. 陈奇猷,校注. 上海:上海古籍出版社,2000:370.

一样，都主张通过"修身""修乡""修邦"和"修天下"来达到"德真""德余""德长""德丰"和"德普"。韩非子的"修身以德"和老子的"修身以德"是一样的，都是以"身"为支点，来扩充"德"。

总之，韩非子的威仪身体观是老子身体思想的继承和发展。因此，在评价韩非子身体思想时，主要从以下三个方面进行。

第一，继承和发展了老子道的身体思想。老子认为"道"是天地万物和身体的本原。在此基础上，韩非子还认为"道"是决定身体生死、祸福和成败的工具。他说："道者，万物之所然也，万理之所稽也。理者，成物之文也；道者，万物之所以成也。故曰：道，理之者也。物有理，不可以相薄；物有理不可以相薄，故理之为物之制。万物各异理而道尽，稽万物之理，故不得不化；不得不化，故无常操。无常操，是以死生气禀焉，万智斟酌焉，万事废兴焉。"在这里，韩非子指出不受制约的不是身体而是道。身体的生死与成败，均离不开道的作用。因此，"道"要适当，过多或不及，均会对身体产生不利的影响。这里的"道"与老庄的"道"有根本的区别，韩非子赋予"道"负面功能。这是否意味着韩非子的"道"是对老庄的"道"的背离？回答是否定的。王晓波说："道也是万物反面的'所然'。这应该也是韩非对老子的补充和扩大吧。"①韩非子的"道"从反向扩充了老子"道"的内涵。

由于道不只是身体的本体，还是作用身体的工具。因此，与身体规训相关的"法""势"和身体管控的"术"便与"道"紧密地联系在一起。宋洪兵指出："法术势构成了韩非子政治思想的主要构想，其核心又都无一例外地汇聚于道。"② 正是抓住了《韩非子》一文的脉络。韩非子由道入势、由道入法和由道入术，就是通过法治、势治和术治，最后达到"道治"和"身治"。从这一点来说，韩非子的"道"更是一种身体工具。韩非子发展了老子"道"的身体思想。

第二，继承和发展了老子的南面术。正如前面所述，南面术是一种帝王之术。老子主要从"无为"和"养德"来规训王的身体，韩非子则是如何打造国君威仪的身体以维持对国家的统治。韩非子的南面术比老子的南面术更具功利主义和非道德主义。

在韩非子看来，君臣关系（在《韩非子》一书中，与君臣关系有关的部分

---

① 王晓波. 道与法：法家思想与黄老哲学解析［M］. 台北：台湾大学出版社，2007：436.

② 宋洪兵. 韩非子道论及其政治构想［J］. 政法论坛（中国政法大学学报），2018，36（3）：51-65.

几乎占到半数)① 是牧畜关系、买卖关系和主奴关系。基于此，国君对臣是防范、控制、利用、奴役和驾驭，臣对国君是窥觎、觊觎、反叛和夺取。恩格斯指出："人只有在运用自己的动物机能——吃、喝、生殖，至多还有居住、修饰等——的时候，才觉得自己在自由活动，而在运用人的机能时，觉得自己只不过是动物。动物的东西成为人的东西，而人的东西成为动物的东西。"② 在韩非子那里，君臣身体关系完全异化了。

正如韩非子所指出："人主者，利害之轺毂也，射者众，故人主共矣。是以好恶见则下有因，而人主惑矣；辞言通则臣难言，而主不神矣。"（《韩非子·外储说右上》）国君为了威仪和统治，不得不异化。这就是说，造成君主威仪身体的不是"法""术"和"势"，而是"利害"。国君为了自己的"利害"，不得不潜御群臣。"术者，藏之于胸中，以偶众端而潜御群臣者也。故法莫如显，而术不欲见。"（《韩非子·难三》）这种方法被后来的国君反复利用。《史记》载："人或传其书至秦，秦王见孤愤、五蠹之书，曰：'嗟乎，寡人得见此人与之游，死不恨矣。'"（《史记·老子韩非列传第三》）由此可见，韩非子威仪身体观对封建皇权制度的形成起着重大的作用。

刘泽华指出："韩非的主张无疑符合君主的口味，但是，由于他把君主公开置于与一切人对立的地位，从而又使君主陷于孤立。韩非最真实地揭开了君臣、君民之间关系的帷幕，不揭开这个帷幕，双方都缺乏自主性，遭了殃都不知原因在哪里；可是一旦揭开了这个帷幕，又使双方处在了恐怖之中，从而对维护君主的统治带来了副作用。"③ 从身体思想史视野来解读，韩非子的主张把君臣的身体欲望赤裸裸地展现在世人面前。而后人君主为了"身"，"而说之以名高，则阳收其身而实疏之；若说之以厚利，则阴用其言而显弃其身矣。此不可不察也。"（《史记·老子韩非列传第三》）从这一点来说，韩非子继承和发展的老子南面术对国君威仪身体的打造功能巨大。

第三，继承和发展了老子的愚民术。前面所述，老子为了打造阶级社会有用的身体，推出"绝圣弃智""绝仁弃义""绝巧弃利"等一整套根治民身体欲望的措施。韩非子继承和发展了老子这一思想。他说："人有欲，则计会乱；计会乱，而有欲甚；有欲甚，则邪心胜；邪心胜，则事经绝；事经绝，则祸难生。

---

① 宋洪兵. 韩非子治吏思想的前提预设及运作思路 [J]. 哲学研究，2014 (3)：45-52.
② 恩格斯. 家庭、私有制和国家的起源 [M]. 中共中央马克思恩格斯列宁斯大林著作编译局，译. 北京：人民出版社，2018：179-180.
③ 刘泽华，葛荃. 中国古代政治思想史 [M]. 修订本. 天津：南开大学出版社，2001：110.

由是观之，祸难生于邪心，邪心诱于可欲。"（《韩非子·解老》）韩非子认为身体欲望是造成一切祸难的源泉。因此，必须运用法、术和势从源头上根治身体欲望。他说："禁奸之法，太上禁其心，其次禁其言，其次禁其事。"（《韩非子·说疑》）这从根本上扼杀了人的精神活动，从而达到愚民的目的。

与此相适应，对统治者提倡的"仁义"持反对态度。他说："是故乱国之俗：其学者，则称先王之道以籍仁义，盛容服而饰辩说，以疑当世之法，而贰人主之心。其言古者，为设诈称，借于外力，以成其私，而遗社稷之利。其带剑者，聚徒属，立节操，以显其名，而犯五官之禁。其患御者，积于私门，尽货赂，而用重人之谒，退汗马之劳。其商工之民，修治苦之器，聚弗靡之财，蓄积待时，而侔农夫之利。此五者，邦之蠹也。人主不除此五蠹之民，不养耿介之士，则海内虽有破亡之国，削灭之朝，亦勿怪矣。"（《韩非子·五蠹》）韩非子认为仁义只会阻碍法治，使国君的心不专一，从而导致国君"亡身"。因此，他提倡"以法教心""以吏为师"和"禁绝百家"。而这样做的结果，就是把百姓纳入封建专制制度中，变成统治者驯服的工具。在这点上，韩非子的愚民术比老子的愚民政策更深入，更富功利性。同时，韩非子通过愚民术，更加凸显国君身体的威仪。从这点来说，韩非子的威仪身体观更为封建统治者所利用。

第十一节　身体生产：墨子身体思想研究

身体生产指的是身体的繁殖与发展。它最早是由马克思提出来的，他说："全部人类历史的存在首先是有生命的个人存在，然后是个人的肉体组织以及由此产生的个人对其他自然的关系。当人类开始生活资料的生产，即迈出由他们的肉体组织所决定的这一步的时候，人本身就开始把自己和动物区别开来。人们生产自己的生活资料，同时间接地生产着自己的物质生活本身。"① 后来，西方现代的思想家们如福柯等人以此为基础，把身体生产扩展到资本主义的人口生产及再生产，由此，身体生产成为身体思想史的一个重要范畴。

在我国古代，很早就萌生了身体生产的思想。如《礼记·婚义》就指出：

---

① 马克思恩格斯文集（第1卷）［M］. 中共中央马克思恩格斯列宁斯大林著作编译局，译. 北京：人民出版社，2009：516.

"婚姻者，合二姓之好，上以事宗庙，下以继后世。"（《礼记·婚义》）《墨子》一书，关于这一方面的内容就更多了，可以说，身体生产是《墨子》一书的核心。《淮南子·要略》说："墨子学儒者之业，受孔子之术，以为其礼烦扰而不说，厚葬靡财而贫民，（久）服伤生而害事，故背周道而用夏政。"（《淮南子·要略》）这间接指出墨子之学是"厚生""富民"之学。从这一点来说，讲身体生产是《墨子》一书的主旨毫不为过。

一、墨子身体生产思想的主要内容

恩格斯曾指出："生产本身又有两种。一方面是生活资料，即食物、衣服、住房以及为此所必需的工具的生产；另一方面是人类自身的生产，即种的繁衍。"[①] 换言之，人类的生产可分为身体的生产和维持身体生产的生产。《墨子》一书就是紧紧围绕这两类生产展开的。

第一，作为身体生产的身体。在《墨子》一书中，"身"出现 110 次。如"藏于心者无以竭爱，动于身者无以竭恭，出于口者无以竭驯"（《墨子·修身》）"爱我身于吾亲，以为近我也"（《墨子·耕柱》）和"子不能治子之身，恶能治国政？"（《墨子·公孟》）等。这里的"身""不完全是人的物质属性，在此之外，还是生命活动的承载体，是生命感知世界的手段，是一个复杂的结合体。"[②] 也就是说，墨子的"身"指生命存在和活动的整体。

而"身体"一词在《墨子》一书中也出现了 5 次。如"故圣人之为衣服，适身体、和肌肤而足矣，非荣耳目而观愚民也"（《墨子·辞过》）"有游于子墨子之门者，身体强良，思虑徇通，欲使随而学"（《墨子·公孟》）和"仁者之为天下度也，非为其目之所美，耳之所乐，口之所甘，身体之所安，以此亏夺民衣食之财，仁者弗为也"（《墨子·非乐上》）等。这里的"身体"是"身"与"体"的结合。根据《经义述闻》，"人自顶以下，踵以上，总谓之身。颈以下，股以上，亦谓之身。"（《经义述闻·通说上殆》）"体"则指四肢。墨子的"身体"则指人的肉体。与前面"身"相比较，"身体"的适用范围比"身"的适用范围要窄。

除此之外，与身体相关的概念在《墨子》一书中还有"形"和"体"。墨子说："生，刑与知处也。"（《墨子·经上》）这里的"刑"通"形"，指的是

---

① 马克思恩格斯全集（第 21 卷）[M]. 北京：人民出版社，1965：29.
② 李雷东. 先秦墨家视野中的"身体"[J]. 宁夏大学学报（人文社会科学版），2009, 31（2）：145-147, 153.

身体的形体。这段话的意思是生命就是形体与知觉的结合。从这里来看，"形"比"身"的外延要窄，比"体"的外延要广。而"体"在《墨子》一书中，除了被理解为可分割之物外，"'体'关联着全体、全部或者整体，关联着共通性（'同'），以及关联着一类存在（'类'）。"①"体"还有体的全体分为"兼"的意思。"体分于兼也。"（《墨子·经上》）墨子的"体"既为整体中的一部分，又兼为整体。如果当作整体，墨子的"体"与"形"是相通的。

无论作为肉体的"形""体"和"身体"，还是作为生命存在的德性的"身"，墨子都赋予它生产、发展的功能。

第二，作为身体生产的人口生产。墨子的身体生产像恩格斯指出的一样，首先是种的繁衍，即人口的生产。他说："凡回于天地之间，包于四海之内，天壤之情，阴阳之和，莫不有也。虽至圣不能更也，何以知其然？圣人有传，天地也。则曰上下；四时也，则曰阴阳；人情也，则曰男女；禽兽也，则曰牡牝雄雌也。真天壤之情，虽有先王不能更也。虽上世至圣，必蓄私，不以伤行，故民无怨，宫无拘女，故天下无寡夫。内无拘女，外无寡夫，故天下之民众。"（《墨子·辞过》）在墨子看来，种族的繁衍是天地的规则，即使作为国君也不能更改。只有适应这一规则，使"内无拘女，外无寡夫"，才会扩充天下的人口。这样看来，墨子是非常重视种族繁衍的。

为此，他考察了古代的人口生产。在古代，"丈夫年二十，毋敢不处家。女子年十五，毋敢不事人"（《墨子·节用上》）。他认为这种人口生产，可以使人口基数迅速倍增，从而满足社会发展的需要。而当时的社会境况是："其欲蚤处家者，有所二十年处家；其欲晚处家者，有所四十年处家。"（《墨子·节用上》）这严重影响了种族的繁衍。墨子告诫君主："欲民之众而恶其寡，当蓄私不可不节。"（《墨子·辞过》）这就是说，国君不要为了个人的私欲，"大国拘女累千，小国累百"，从而"天下之男多寡无妻，女多拘无夫"（《墨子·辞过》）。墨子从人口生产的角度出发反对蓄私，从身体的视角来讲，就是扩充身体生产的范围。墨子说："为明君于天下者，必先万民之身，后为其身，然后可以为明君于天下。"（《墨子·兼爱下》）墨子从己身出发，拓展为"万民之身"，正是看到了身体生产的实质就是身体数量和质量的增加。

而墨子之所以大力主张身体的生产，是因为当时人口及劳动力的极度缺乏和死亡。他说："春则废民耕稼树艺，秋则废民获敛。今唯毋废一时，则百姓饥寒冻馁而死者，不可胜数。今尝计军上，竹箭羽旄幄幕，甲盾拨劫，往而靡弊

---

① 转引司马黛兰. 身体的界限［J］. 开放时代，2016（2）：69-93.

腑冷不反者，不可胜数；又与矛戟戈剑乘车，其列住碎折靡弊而不反者，不可胜数；与其牛马，肥而往，瘠而反，往死亡而不反者，不可胜数；与其涂道之修远，粮食辍绝而不继，百姓死者，不可胜数也；与其居处之不安，食饭之不时，饥饱之不节，百姓之道疾病而死者，不可胜数；丧师多不可胜数，丧师尽不可胜计，则是鬼神之丧其主后，亦不可胜数。"（《墨子·非攻中》）这里诸种"不可胜数"，正是墨子提出身体生产的前提。而造成这一现象的原因，是诸侯之间连年的征伐与战争。他说："今王公大人、天下之诸侯则不然，将必皆差论其爪牙之士，皆列其舟车之卒伍，于此为坚甲利兵，以往攻伐无罪之国。入其国家边境，芟刈其禾稼，斩其树木，堕其城郭，以湮其沟池，攘杀其牲牷，燔溃其祖庙，劲杀其万民，覆其老弱，迁其重器，卒进而柱乎斗，曰：'死命为上，多杀次之，身伤者为下，又况失列北桡乎哉，罪死无赦'，以惮其众。"（《墨子·非攻中》）墨子对诸侯争霸的遣责，实际上是对诸侯不"贵生"的愤怒。间接揭示，墨子的身体生产是以先秦"贵生"观念为理论依据和实践依据的。

同时，奢侈浪费致使社会物质生活资料严重失衡，也直接影响了人口的增加和繁荣。以衣为例，墨子说："当今之主，其为衣服，则与此异矣。冬则轻暖，夏则轻清，皆已具矣，必厚作敛于百姓，暴夺民衣食之财，以为锦绣文采靡曼之衣，铸金以为钩，珠玉以为珮，女工作文采，男工作刻镂，以为身服。"（《墨子·辞过》）墨子认为"当今之主"，制为衣服，横征暴敛，夺民衣食，不是适身保体，而是为了身体的享乐。他说："其为衣服，非为身体，皆为观好。"（《墨子·辞过》）从这一点来说，衣服的享受，不但对国君个人身体有害，而且还影响人口的增加。

以食为例，墨子说："厚作敛于百姓，以为美食刍豢，蒸炙鱼鳖，大国累百器，小国累十器，前方丈，目不能遍视，手不能遍操，口不能遍味，冬则冻冰，夏则饰饐。人君为饮食如此，故左右象之，是以富贵者奢侈，孤寡者冻馁，虽欲无乱，不可得也。"（《墨子·辞过》）墨子认为国君为了满足食欲，"作敛于百姓"，致使"孤寡者冻馁"，也影响国家的人口生产。

以丧礼为例，墨子说："此存乎王公大人有丧者，曰棺椁必重，葬埋必厚，衣衾必多，文绣必繁，丘陇必巨；存乎匹夫贱人死者，殆竭家室；乎诸侯死者，虚车府，然后金玉珠玑比乎身，纶组节约，车马藏乎圹，又必多为屋幕、鼎鼓、几梴、壶滥、戈剑、羽旄、齿革，寝而埋之，满意。"（《墨子·节葬下》）这些奢侈浪费造成了大量人口的饥寒交迫，乃至冻死、饿死。墨子指出："今天下为政者，其所以寡人之道多，其使民劳，其籍敛厚，民财不足，冻饿死者不可胜数也。"(《墨子·节用下》)同时，丧礼也严重影响人口的生产。墨子指出："今唯无以厚葬久丧者为政，君死，丧之三年；父母死，丧之三年；妻与后子死者，五皆丧之三年；然后伯父、叔父、兄弟、孽子其；族人五月；姑姊甥舅皆有月数。则毁瘠必有制矣，使面目陷陬，颜色黧黑，耳目不聪明，手足不劲强，不可用也。又曰'上士操丧也，必扶而能起，杖而能行，以此共三年。'若法若言，行若道，苟其饥约，又若此矣，是故百姓冬不仞寒，夏不仞暑，作疾病死者，不可胜计也。此其为败男女之交多矣。"(《墨子·节葬下》)基于此，墨子主张"节用"和"节葬"。他说："棺三寸，足以朽骨；衣三领，足以朽肉；掘地之深，下无菹漏，气无发泄于上，垄足以期其所，则止矣。死则既已葬矣，生者必无久哭，而疾而从事，人为其所能，以交相利也。"(《墨子·节葬下》)墨子这种对物质的节用和对个体身体的尊重，正是身体生产的前提条件。没有对个体身体的尊重，就没有群体的身体生产；没有物质的节用，就没有维持身体生产的物质条件。因此，墨子的节用和节葬主张，从某一种角度上来说，就是身体生产的主张。

另外，殉葬制度也使人口锐减。墨子控诉道："天子杀殉，众者数百，寡者数十。将军、大夫杀殉，众者数十，寡者数人。"(《墨子·节葬下》)因此，为了维持封建社会正常的身体生产，必须改变这一不合理的制度。

总之，影响墨子身体生产中的人口生产的因素很多，既有战争，又有自然灾祸，还有统治者的铺张浪费和不合理的殉葬制度。

第三，作为身体生产的贤士生产。如果说作为身体生产的人口生产是身体生产的数量生产的话，那么作为身体生产的贤士生产则是身体生产的质量生产。

按照古代先贤之书的观点："睎夫！圣、武、知人，以屏辅而身。"(《墨子·尚贤下》)贤士的生产与身体有莫大的关系。在先贤看来，圣人与武人治理天下，必须造就贤士的身体作为屏辅。由此可见贤士身体生产的重要价值。

墨子说："夫明虖天下之所以乱者，生于无政长。是故选天下之贤可者，立以为天子。天子立，以其力为未足，又选择天下之贤可者，置立之以为三公。天子三公既以立，以天下为博大，远国异土之民，是非利害之辨，不可一二而明知，故画分万国，立诸侯国君，诸侯国君既已立，以其力为未足，又选择其国之贤可者，置立之以为正长。正长既已具，天子发政于天下之百姓。"(《墨子·尚同上》)墨子认为天下动乱是没有贤士的结果。从天子—三公—诸侯—正长层层选贤，天下才会大治。由此看来，贤士是治理天下的身体工具和身体技术手段。

正如墨子所指出："入国而不存其士，则亡国矣。见贤而不急，则缓其君矣。非贤无急，非士无与虑国。缓贤忘士，而能以其国存者，未曾有也。"（《墨子·亲士》）一个国家贤士的多少决定一个国家的治理与兴亡。而时下，治理天下的都是王公的骨肉至亲。墨子指出："今王公大人其所富，其所贵，皆王公大人骨肉之亲，无故富贵、面目美好者也。今王公大人骨肉之亲，无故富贵、面目美好者，焉故必知哉？若不知，使治其国家，则其国家之乱可得而知也。"（《墨子·尚贤下》）在这里，墨子用了一个重要词语，即"面目美好"。在墨子看来，一个人大富大贵，取决于其"面目美好"。这是否意味着墨子对身体外貌的注重，如他说："食饮不美，面目颜色不足视也；衣服不美，身体从容丑羸不足观也。"（《墨子·非乐上》）回答是否定的。在墨子看来，身体外貌固然是成功的因素，但不是主要因素。主要因素是德性的身体。墨子说："昔伊尹为莘氏女师仆，使为庖人。汤得而举之，立为三公，使接天下之政，治天下之民。昔者傅说居北海之洲，圜土之上，衣褐带索，庸筑于傅岩之城。武丁得而举之，立为三公，使之接天下之政，而治天下之民。是故昔者尧之举舜也，汤之举伊尹也，武丁之举傅说也，岂以为骨肉之亲，无故富贵，面目美好者哉？惟法其言，用其谋，行其道，上可而利天，中可而利鬼，下可而利人。是故推而上之。"（《墨子·尚贤下》）墨子对德性身体的注重，实际上是对贤士身体生产的注重。

　　为此，墨子提出了一系列主张。一是尚贤。他说："不党父兄，不偏贵富，不嬖颜色，贤者举而上之，富而贵之，以为官长；不肖者抑而废之，贫而贱之，以为徒役，是以民皆劝其赏，畏其罚，相率而为贤者。"（《墨子·尚贤中》）在这里，墨子提出了尚贤的标准，即"不党父兄，不偏贵富，不嬖颜色"。这三条标准分别对应的是血统、身份和外貌。墨子"不党父兄，不偏贵富，不嬖颜色"实际上是对身体血统、身份和外貌的否定。对墨子来说："刑与知处也。"（《墨子·经上》）德性的身体比血统、身份和外貌更重要。如唐君毅所说："故一人格之精神，恒运于其有生命的身体之态度气象之中，表于动作，形于言语，以与其外之自然环境、社会环境，发生感应关系，而显于事业。"① 从这一点来说，尚贤就是崇尚德性的身体。

　　二是使能。墨子说："虽在农与工肆之人，有能则举之，高予之爵，重予之禄，任之以事，断予之令。"（《墨子·尚贤上》）在这里，墨子明确指出一个人无论身份如何，只要有能力，就要授予爵位、俸禄，安排做事，给予发布命令之权。他以尧举舜、禹举益和汤举伊为例，说明使能的重要性。他说："古者

---

① 唐君毅. 心物与人生［M］. 台北：台湾学生书局，1984：182.

尧举舜于服泽之阳，授之政，天下平；禹举益于阴方之中，授之政，九州成；汤举伊尹于庖厨之中，授之政，其谋得。"（《墨子·尚贤上》）墨子的"使能"，换言之，就是知材。按照杨俊光的解释，就是"智能、智力是人所具有的一种材质、机能和能力。"①而"材"是本质，"也就是人的一种感官"。②"知材"是一种感官经验的能力。换言之，"使能"也是一种感官经验能力的运用。因此，"使能"就是运用身体能力。从这点来说，墨子的身体观"既承认人体的物质存在，也注重智能对形体和欲望的决定作用。"③

三是修身。墨子认为"修身"有利于造就德性身体。他说："士虽有学，而行为本焉。……君子察迩而迩修者也。见不修行，见毁，而反之身者也，此以怨省而行修矣。……故君子力事日强，愿欲日逾，设壮日盛。君子之道也：贫则见廉，富则见义，生则见爱，死则见哀，四行者不可虚假，反之身者也。藏于心者，无以竭爱；动于身者，无以竭恭；出于口者，无以竭驯。畅之四支，接之肌肤，华发隳颠，而犹弗舍者，其唯圣人乎！"（《墨子·修身》）在墨子看来，"贫则见廉，富则见义，生则见爱，死则见哀"四者是自我修身的结果。

而修身，按照墨子的解释，则是"见毁而反之身者也，此以怨省而行修矣。"（《墨子·修身》）这里的"毁"据《说文解字注》解释："缺也。缺者，器破也。因为凡破之称"，"毁"有"毁身"之意。从这一点来看，"毁"是身体生产的反面。

修身可以止"毁"，特别是可以造就德性之体。墨子指出："谮慝之言，无入之耳；批扞之声，无出之口；杀伤人之孩，无存之心，虽有诋讦之民，无所依矣。是故君子力事日强，愿欲日逾，设壮日盛。"（《墨子·修身》）在墨子看来，修身可以提高贤士身体生产的质量。因此，墨子主张"君子以身戴行者。"（《墨子·修身》）墨子的修身与儒家的修身不一样，儒家强调的是对"肉体我"的精心呵护。墨子强调的是身体的"苦行"。庄子指出："使后世之墨者，多以裘褐为衣，以跂蹻为服，日夜不休，以自苦为极，曰：'不能如此，非禹之道也，不足谓墨'。"（《庄子·天下》）墨子的修身是"以身戴行"的修炼。

同时，与儒家的"仁之修"不一样，墨子的修身是"义之修"。《墨子·贵义》载："子墨子自鲁即齐，即过故人，谓子墨子曰：'今天下莫为义，子独自

---

①　杨俊光.《墨经》研究［M］. 南京：南京大学出版社，2002：194.

②　谭戒甫. 墨经分类译注［M］. 北京：中华书局，1981：86.

③　李雷东. 先秦墨家视野中的"身体"［J］. 宁夏大学学报（人文社会科学版），2009，31（2）：145-147，153.

苦而为义,子不若已.'"(《墨子·贵义》)揭示墨子的修身是"苦于义"。

无论是"以身戴行",还是"义之修",都是生产贤士的身体。因此,墨子的修身是贤士身体生产的一个重要方面。

第四,作为身体生产的同一性。我们先看一段话。

古者民始生,未有刑政之时,盖其语'人异义'。是以一人则一义,二人则二义,十人则十义,其人兹众,其所谓义者亦兹众。是以人是其义,以非人之义,故交相非也。是以内者父子兄弟作怨恶,离散不能相和合。天下之百姓,皆以水火毒药相亏害,至有余力不能以相劳,腐朽余财不以相分,隐匿良道不以相教,天下之乱,若禽兽然。(《墨子·尚同上》)

在这段话中,墨子用了一个关键的词"义"。按照《说文解字》,"义""从我羊",释为"己之威仪也"。显然"义"与威仪身体相关。墨子说:"手足口鼻耳,从事于义,必为圣人。"(《墨子·贵义》)墨子又说:"则天下不若身之贵也。争一言以相杀,是贵义于其身也。故曰:万事莫贵于义也。"(《墨子·贵义》)前一句话显示"义"与身体器官有关,是一种铭刻于身体器官之上的礼义;后一句话则直接把"义"与身体联系起来,言"义"贵于身,说明礼义对于身体的重要。前面我们已经对儒家的礼义化身体观进行过分析,知道"义"是一种身体规范。同样,作为继承和发展儒家思想的墨家,其"义"也是一种身体规范。

在古代,由于缺乏刑政和身体个体属性不同,出现了"二人二义""十人十义"的现象。而这一现象,造成了父子作恶、兄弟离散,天下大乱。因此,墨子主张以刑驯身。他说:"'今士之用身,不若商人之用一布之慎也。商人用一布布,不敢继苟而雠焉,必择良者。今士之用身则不然,意之所欲则为之,厚者入刑罚,薄者被毁丑。则士之用身,不若商人之用一布之慎也。'子墨子曰:'世之君子欲其义之成,而助之修其身则愠,是犹欲其墙之成,而人助之筑则愠也。岂不悖哉!'"(《墨子·贵义》)在这里,墨子的"义"把儒家的"修身"与法家的"刑身"结合起来,说明"义"不只是身体的道德规范,还是身体的社会规范。

由于是身体的社会规范,墨子主张尚同。他说:"是以举天下之人,皆欲得上之赏誉,而畏上之毁罚。是故里长顺天子政,而一同其里之义。里长既同其里之义,率其里之万民,以尚同乎乡长。……乡长治其乡,而乡既已治矣,有率其乡万民,以尚同乎国君,曰:'凡乡之万民,皆上同乎国君,而不敢下比。国君之所是,必亦是之;国君之所非,必亦非之。去而不善言,学国君之善言;去而不善行,学国君之善行。'国君固国之贤者也,举国人以法国君,夫国何说而不治哉？察国君之所以治国，而国治者，何故之以也？曰唯以其能一同其国之义，是以国治。"（《墨子·尚同中》）在这里，墨子的尚同，就是同义。从一里同其义，到一乡同其义，再到一国同其义，从而达到里治—乡治—国治—天下治。这与管子、韩非子身体治理路径：身治—家治—里治—乡治—国治—天下治是一样的。

墨子又指出："天下既已治，天子又总天下之义，以尚同于天。故当尚同之为说也，尚用之天子，可以治天下矣；中用之诸侯，可而治其国矣；小用之家君，可而治其家矣。是故大用之，治天下不窕，小用之，治一国一家而不横者，若道之谓也。"（《墨子·尚同下》）在墨子看来，义从天出，即天生产义，义又贯穿人的身体，这样就把天、义、身体紧密结合起来了。尚身就是尚义，尚义就是尚天，尚天就是尚同。义生产家，治家；义生产诸侯，治国；义生产天下，治天下。这样，义的同一性与身体的同一性就紧密地结合在一起。墨子的身体生产实际上是身体的同一性生产。它打破了阶级的壁垒，是古代平等主义的典范。

第五，维持身体生产的物质资料生产。为了身体生产的大力进行，墨子同时提出了维持身体生产的生产，即物质资料的生产。而且，对维持身体生产的方式，如兼爱、非攻、节用、节葬、非乐等也作了重点阐述。

在维持身体生产的物质资料的生产中，首先表现为五谷的生产。墨子指出："凡五谷者，民之所仰也，君之所以为养也，故民无仰则君无养，民无食则不可事，故食不可不务也，地不可不力也，用不可不节也。五谷尽收，则五味尽御于主，不尽收则不尽御。一谷不收谓之馑，二谷不收谓之旱，三谷不收谓之凶，四谷不收谓之馈，五谷不收谓之饥。岁馑，则仕者大夫以下皆损禄五分之一。旱，则损五分之二。凶，则损五分之三。馈，则损五分之四。饥，则尽无禄，禀食而已矣。故凶饥存乎国，人君彻鼎食五分之五，大夫彻县，士不入学，君朝之衣不革制，诸侯之客，四邻之使，雍食而不盛，彻骖騑，涂不芸，马不食粟，婢妾不衣帛，此告不足之至也。"（《墨子·七患》）五谷不但能保障身体的存在和身体生产的进行，而且能维持国家的安稳。因此，墨子把五谷的生产摆在一个重要的位置。他说："故仓无备粟，不可以待凶饥。""故备者国之重也，食者国之宝也。"（《墨子·七患》）

其次，宫室的生产，即住的生产。墨子认为宫室的生产应该是保障身体生产的进行，而不是作为身体享乐的工具。他说："是故圣王作为宫室，便于生，不以为观乐也；作为衣服带履，便于身，不以为辟怪也。故节于身，诲于民，是以天下之民可得而治，财用可得而足。当今之主，其为宫室则与此异矣。必厚作敛于百姓，暴夺民衣食之财以为宫室台榭曲直之望、青黄刻镂之饰。为宫室若此，故左右皆法象之。是以其财不足以待凶饥，振孤寡，故国贫而民难治也。君实欲天下之治而恶其乱也，当为宫室不可不节。"（《墨子·辞过》）在这里，墨子对当今国君厚敛百姓作宫室享乐，导致"国贫而民难治"现象作了严厉的谴责。墨子主张"节于身，诲于民"，即把用于宫室生产的费用，用于百姓身体生产，从而达到"天下之治"。这正是身体生产的意蕴。

再次，衣服的生产。这也是维持身体生产的必要条件。墨子说："故圣人之为衣服，适身体，和肌肤而足矣，非荣耳目而观愚民也。"（《墨子·辞过》）墨子认为衣服是用来"适身体"的，而不是为了"荣耳目而观愚民"的。在墨子看来，"以为冬以圉寒，夏以圉暑。凡为衣裳之道，冬加温，夏加清者芊（鱼且），不加者，去之。"（《墨子·节用上》）才是着衣的正道。而"铸金以为钩，珠玉以为珮"（《墨子·辞过》）已失去衣服生产的初衷，变为身体展示的工具。从这一点出发，"君实欲天下之治而恶其乱，当为衣服不可不节"（《墨子·辞过》）。

最后，行的生产。在墨子看来，"行不在服"在于德性。他说："昔者齐桓公高冠博带，金剑木盾，以治其国，其国治。昔者晋文公大布之衣，牂羊之裘，韦以带剑，以治其国，其国治。昔者楚庄王鲜冠组缨，缝衣博袍，以治其国，其国治。昔者越王勾践剪发文身，以治其国，其国治。此四君者，其服不同，其行犹一也。翟以是知行之不在服也。"（《墨子·公孟》）墨子认为"行"不在于华丽，而在于一个人的德行。因此，墨子行的生产，就是德行的生产。

总之，墨子维持身体生产的物质资料生产，主要是日常生活中的衣、食、住、行生产。这符合前面恩格斯所说的食物、衣服、住房以及为此所必需的工具的生产原理。

第六，作为维持身体生产和物质资料生产的方式。这主要表现在以下四个方面。

（1）兼爱。它是维持身体生产的重要前提条件。墨子身体生产的立足点是"己身"与"他身"的关系。墨子说："视父兄与君若其身，恶施不孝？犹有不慈者乎？视弟子与臣若其身，恶施不慈？故不孝不慈亡有，犹有盗贼乎？故视人之室若其室，谁窃？视人身若其身，谁贼？"（《墨子·兼爱上》）在这里，墨子明确提出了"视人身若其身"的观点，即把"他身"看作"己身"，并拓展开去。这与儒家的"老吾老，以及人之老；幼吾幼，以及人之幼。"（《墨子·梁惠王上》）没有明显的差别。这再次揭示，"墨子学儒者之业，受孔子之术"（《淮南子·要略》）。

由于"己身"等同于"他身"，因此，"孝""慈"自然产生。这样，就会无窃无贼无乱无功，就会天下大治。墨子指出："若使天下兼相爱，爱人若爱其身，犹有不孝者乎？……故盗贼亡有。犹有大夫之相乱家，诸侯之相攻国者乎？视人家若其家，谁乱？视人国若其国，谁攻？故大夫之相乱家，诸侯之相攻国者亡有。若使天下兼相爱，国与国不相攻，家与家不相乱，盗贼无有，君臣父子皆能孝慈，若此则天下治。"（《墨子·兼爱上》）在这里，墨子的"身"具有拓展功能，即从己身拓展到他身，己家拓展到他家，己国拓展到他国，最终拓展到天下。这样，墨子建构起了己身—他身—己家—他家—己国—他国—天下身体生产路径。

在这路径中，"爱"起着决定性的作用。墨子指出："视人之国若视其国，视人之家若视其家，视人之身若视其身。是故诸侯相爱则不野战，家主相爱则不相篡，人与人相爱则不相贼，君臣相爱则惠忠，父子相爱则慈孝，兄弟相爱则和调。天下之人皆相爱，强不执弱，众不劫寡，富不侮贫，贵不敖贱，诈不欺愚。凡天下祸篡怨恨可使毋起者，以相爱生也，是以仁者誉之。"（《墨子·兼爱中》）由于有"爱"，君惠臣忠父慈子孝兄弟和调，天下大治。反之，天下大乱。他说："今人独知爱其身，不爱人之身，是以不惮举其身，以贼人之身。是故诸侯不相爱，则必野战；家主不相爱，则必相篡；人与人不相爱，则必相贼；君臣不相爱，则不惠忠；父子不相爱，则不慈孝；兄弟不相爱，则不和调。天下之人皆不相爱，强必执弱，富必侮贫，贵必敖贱，诈必欺愚。凡天下祸篡怨恨，其所以起者，以不相爱生也，是以仁者非之。"（《墨子·兼爱中》）由于不"爱"，身体生产处于下降和混乱的状态。因此，墨子大力提倡兼爱。他说："今天下之君子，忠实欲天下之富，而恶其贫；欲天下之治，而恶其乱，当兼相爱，交相利，此圣王之法，天下之治道也，不可不务为也。"（《墨子·兼爱中》）作为国君，要"退睹其万民，饥即食之，寒即衣之，疾病侍养之，死丧葬埋之。"（《墨子·兼爱下》）只有这样，人口才会增长，身体生产才会顺利进行。从这点来说，兼爱是身体生产的必要条件之一。

（2）非攻。它也是维持身体生产的一个必要条件。墨子身体生产的着眼点是人口的增长，而战争会大大地降低人口的产出。墨子以一个国家发动中等战争为例，指出："若使中兴师，君子庶人也，必且数千，徒倍十万，然后足以师而动矣。久者数岁，速者数月，是上不暇听治，士不暇治其官府，农夫不暇稼穑，妇人不暇纺绩织纴，则是国家失卒，而百姓易务也。然而又与其车马之罢弊也，幔幕帷盖，三军之用，甲兵之备，五分而得其一，则犹为序疏矣。然而又与其散亡道路，道路辽远，粮食不继，傺食饮之时，厕役以此饥寒冻馁疾病，而转死沟壑中者，不可胜计也。此其为不利于人也，天下之害厚矣。而王公大人，乐而行之。"（《墨子·非攻上》）在墨子看来，战争不但使身体生产不能进行，而且导致人口锐减。特别是时人假借"义名立于天下，以德求诸侯"使战争合理化，更是破坏人口生产的罪魁祸首。墨子指出："今且天下之王公大人士君子，中情将欲求兴天下之利，除天下之害，当若繁为攻伐，此实天下之巨害也。"（《墨子·非攻下》）因此，墨子反对不义战争。但对武王伐纣的正义战争，由于是为民兴利，能促进身体的生产，墨子是支持的。墨子说："逮至乎商王纣，天不序其德，祀用失时，兼夜中，十日雨土于薄，九鼎迁止，妇妖宵出，有鬼宵吟，有女为男，天雨肉，棘生乎国道，王兄自纵也。……武王乃攻狂夫，反商之周，天赐武王黄鸟之旗。王既已克殷，成帝之来，分主诸神，祀纣先王，通维四夷，而天下莫不宾，焉袭汤之绪，此即武王之所以诛纣也。"（《墨子·非攻上》）这样看来，墨子的"非攻"是非不正义之攻。由于"非攻"有利于人口的增加，因此，它也是维持身体生产的必要方式之一。

（3）节用和节葬。它们是维持身体生产的重要基础。与上述非攻一样，节用和节葬也是为了促使人口的增长。法国著名身体思想家福柯指出："在这一系列问题的当中，'身体'——个体的身体和人口的身体——作为新的易变因素的载体而出现，不仅仅作为在少数与多数之间、顺从与倔强之间、富与穷之间、健康与疾病之间、强健与虚弱之间新的易变因素的载体，而且也作为或多或少可资利用之间，或多或少易于进行利润可观的投资之间，有或多或少生存前景的事物之间，死亡与疾病之间和或多或少受到有用的训练的能力之间的新的易变因素的载体出现。人口的生物学特征成为经济管理的相关因素。"① 墨子的节用和节葬其实质也是身体生产。

墨子指出："圣人为政一国，一国可倍也；大之为政天下，天下可倍也。其倍之，非外取地也，因其国家去其无用之费，足以倍之。"（《墨子·节用上》）在这里，墨子用了一个词"倍"，它不只是土地面积的"倍"，更是人口数量的"倍"。为了这一"倍"，墨子认为需要从节衣、节食、节住、节行和节葬五个方面入手。

从节衣来说，墨子认为："冬服绀緅之衣，轻且暖；夏服絺绤之衣，轻且清，则止。"（《墨子·节用中》）从节食来说，墨子认为："足以充虚继气，强股肱，耳目聪明，则止。不极五味之调，芬香之和，不致远国珍怪异物。"（《墨子·节用中》）从节住来说，墨子认为："其旁可以圉风寒，上可以圉雪霜雨

---

① 希林. 身体与社会理论［M］. 2 版. 李康，译. 北京：北京大学出版社，2010：96.

露，其中蠲洁，可以祭祀，宫墙足以为男女之别，则止。"（《墨子·节用中》）从节行来说，墨子认为："车为服重致远，乘之则安，引之则利，安以不伤人，利以速至，此车之利也。古者圣王为大川广谷之不可济，于是利为舟楫，足以将之，则止。虽上者三公、诸侯至，舟楫不易，津人不饰，此舟之利也。"（《墨子·节用中》）从节葬来说，墨子认为："衣三领，足以朽肉，棺三寸，足以朽骸，堀穴，深不通于泉，流不发泄，则止。死者既葬，生者毋久丧用哀。"（《墨子·节用中》）总之，衣食住行葬这些日常生活的节用，不是用来身体享受和身体消费的，而是用来身体生产的。墨子指出："有去大人之好聚珠玉、鸟兽、犬马，以益衣裳、宫室、甲盾、五兵、舟车之数，于数倍乎，若则不难。故孰为难倍？唯人为难倍；然人有可倍也。"（《墨子·节用上》）在这里，墨子暗喻节衣、节食、节住、节行可以人"倍"，有利于身体生产。这表明节用和节葬是维持身体生产的重要方式之一。

（4）非乐。它也是维持身体生产的一个重要条件。墨子说："民有三患：饥者不得食，寒者不得衣，劳者不得息，三者民之巨患也。然即当为之撞巨钟、击鸣鼓、弹琴瑟、吹竽笙而扬干戚，民衣食之财将安可得乎？即我以为未必然也。"（《墨子·非乐上》）在墨子看来，"撞巨钟、击鸣鼓、弹琴瑟、吹竽笙而扬干戚"并不能解决民之衣食。因此，主张"非乐"。他说："非以大钟、鸣鼓、琴瑟、竽笙之声，以为不乐也；非以刻镂、华文章之色，以为不美也；非以刍豢煎炙之味，以为不甘也；非以高台、厚榭、邃野之居，以为不安也。虽身知其安也，口知其甘也，目知其美也，耳知其乐也，然上考之，不中圣王之事；下度之，不中万民之利。"（《墨子·非乐上》）墨子认为乐虽然可以适身，但不符合"圣王之事"和万民之利。这里的"圣王之事"就是"必务求兴天下之利，除天下之害。"（《墨子·非乐上》）而"天下之利"就是生产的发展和人口的增加。因此，墨子对于王公大人为了乐的身体享受影响生产发展和人口增加的情况进行了严厉的指责。他说："今王公大人，唯毋处高台厚榭之上而视之，钟犹是延鼎也，弗撞击将何乐得焉哉？其说将必撞击之，惟勿撞击，将必不使老与迟者，老与迟者耳目不聪明，股肱不毕强，声不和调，明不转朴。将必使当年，因其耳目之聪明，股肱之毕强，声之和调，眉之转朴。使丈夫为之，废丈夫耕稼树艺之时；使妇人为之，废妇人纺绩织纴之事。今王公大人唯毋为乐，亏夺民衣食之财，以拊乐如此多也。"（《墨子·非乐上》）墨子的"非乐"主张，是从保障身体生产的物质资料生产出发的。因此，墨子的"非乐"主张，也是维持身体生产的重要方式。

总之，墨子的"兼爱""非攻""节用""节葬"和"非乐"思想，其出发点都是为了维持物质资料的生产和人口的增加。而物质资料的生产和人口的增加则是身体生产的重要内容之一。因此，墨子的"兼爱""非攻""节用""节葬"和"非乐"思想就是墨子的身体生产思想的重要内容之一。

二、墨子身体生产思想的评价

墨子所处的战国时期，正是诸侯争霸时期。这一时期，出现了"戎马生于郊"（《道德经》第四十六章）战争不断的局面。基于此，无论是老子，还是管子、韩非子都提出了"贵身"的主张。可以说，"贵身"是先秦身体思想的核心和主体。

墨子恰逢其会，自然以"贵身"作为其思想基本切入点，提出身体生产的主张。但由于墨子是一个小生产者，知识和时代的局限，使墨子身体生产思想打上了深刻的阶级烙印和社会烙印。

墨子身体生产思想的历史进步性和局限性主要表现有三，即：

第一，"天志观"的提出。墨子认为天是有意志的。他说："天子为善，天能赏之；天子为暴，天能罚之；天子有疾病祸祟，必斋戒沐浴，洁为酒醴粢盛，以祭祀天鬼，则天能除去之。然吾未知天之祈福于天子也。此吾所以知天之贵且知于天子者。"（《墨子·天志中》）在墨子看来，天是宇宙间最高统治者，它赏善罚恶。这就赋予天人的意志。张再林教授指出："所谓'上帝'就是人的身体本身，就是人的身体经由行为从中开显出来的东西。"① 张再林教授的"上帝"就是"天"，因此，"天"就是人的身体经由行为从中开显出来的东西。

由于天的根身性，天具有一定的"欲"。这种"欲"既是身体之小欲，又是天下之大欲。而大欲就是"义"。墨子说："然则天亦何欲何恶？天欲义而恶不义。然则率天下之百姓以从事于义，则我乃为天之所欲也。我为天之所欲，天亦为我所欲。然则我何欲何恶？我欲福禄而恶祸祟。若我不为天之所欲，而为天之所不欲，然则我率天下之百姓，以从事于祸祟中也。然则何以知天之欲义而恶不义？曰：天下有义则生，无义则死；有义则富，无义则贫；有义则治，无义则乱。然则天欲其生而恶其死，欲其富而恶其贫，欲其治而恶其乱，此我所以知天欲义而恶不义也。"（《墨子·天志上》）在墨子看来，天的欲望就是"义"。而"义"是一种身体规范，天好"义"就是天按照一定的道德规范运行。墨子的"天"具有一定的束身性。

无论是君主，还是士大夫，还是百姓，都要顺从天意。墨子指出："夫义者

---

① 张再林. 中国古代宗教观的身体性 [J]. 人文杂志，2006（6）：28-35.

政也，无从下之政上，必从上之政下。是故庶人竭力从事，未得次己而为政，有士政之；士竭力从事，未得次己而为政，有将军、大夫政之；将军、大夫竭力从事，未得次己而为政，有三公、诸侯政之；三公、诸侯竭力听治，未得次己而为政，有天子政之，天子未得次己而为政，有天政之。"（《墨子·天志上》）墨子认为天子、王公大臣、士大夫及庶人的"政"就是"政义"。换言之，就是要顺应天意。"天之志者，义之经也。"（《墨子·天志下》）"顺天之意者，义之法也。"（《墨子·天志中》）

　　而天意在墨子看来，又是爱民。他说："然则何以知天之爱天下之百姓？以其兼而明之。何以知其兼而明之？以其兼而有之。何以知其兼而有之？以其兼而食焉。何以知其兼而食焉？四海之内，粒食之民，莫不犓牛羊，豢犬彘，洁为粢盛酒醴，以祭祀于上帝鬼神，天有邑人，何用弗爱也？且吾言杀一不辜者必有一不祥。杀不辜者谁也？则人也。予之不祥者谁也？则天也。若以天为不爱天下之百姓，则何故以人与人相杀，而天予之不祥？此我所以知天之爱天下之百姓也。"（《墨子·天志上》）顺应天意，就是爱护百姓。墨子说："大不攻小也，强不侮弱也，众不贼寡也，诈不欺愚也，贵不傲贱也，富不骄贫也，壮不夺老也。是以天下之庶国，莫以水火、毒药、兵刃以相害也。"（《墨子·天志中》）从而"不仁不义，不忠不惠，不慈不孝，是故聚敛天下之恶名而加之"（《墨子·天志中》）。就是不爱惜百姓，不顺应天意。这样，墨子就把天意与百姓的身体生产联系起来了。在墨子看来，天提供食物给百姓，就是为了维持百姓的身体生产。"水火、毒药、兵刃以相害"就是破坏这一生产。三代之暴王桀纣幽厉就是这样，他们"之兼恶天下也，从而贼之，移其百姓之意焉，率以诟侮上帝、山川、鬼神。天以为不从其所爱而恶之，不从其所利而贼之，于是加其罚焉，使之父子离散，国家灭亡，抏失社稷，忧以及其身"（《墨子·天志下》）。从这点来讲，不顺应天意，就会"失身""亡身"。因此，"欲为义者，则不可不顺天之意矣"（《墨子·天志下》）。

　　墨子的"天志观"以"义"为经，以身体生产为纬，固然能促进生产的发展和国家的稳定，但他把身体生产寄托于天，寄托于"天意"，这就否定了身体生产的主观能动性。而且要求统治者顺应天意，促进身体生产，这在阶级社会是不可能的。所以庄子指出："其生也勤，其死也薄，其道大觳；使人忧，使人悲，其行难为也。恐其不可以为圣人之道，反天下之心，天下不堪。墨子虽独能任，奈天下何？"（《庄子·天下》）

　　第二，"鬼神观"的提出。正如天是有意志的，鬼神也是有意志的。墨子从两方面进行了论证。一是民间关于鬼意志传说的例子。他说："今执无鬼者言曰

'夫天下之为闻见鬼神之物者，不可胜计也，亦孰为闻见鬼神有无之物哉？'子墨子言曰：'若以众之所同见，与众之所同闻，则若昔者杜伯是也。周宣王杀其臣杜伯而不辜，杜伯曰：'吾君杀我而不辜，若以死者为无知则止矣；若死而有知，不出三年，必使吾君知之。'其三年，周宣王合诸侯而田于圃田，车数百乘，从数千，人满野。日中，杜伯乘白马素车，朱衣冠，执朱弓，挟朱矢，追周宣王，射之车上，中心折脊，殪车中，伏弢而死。当是之时，周人从者莫不见，远者莫不闻，著在周之《春秋》。为君者以教其臣，为父者以警其子，曰：'戒之慎之！凡杀不辜者，其得不祥，鬼神之诛，若此之憯遫也！'"（《墨子·明鬼下》）在这段话中，墨子借鬼杜伯报周宣王仇说明鬼的意志不可违背。

二是关于鬼意志文字方面的记载。墨子写道："古者圣王必以鬼神为，其务鬼神厚矣，又恐后世子孙不能知也，故书之竹帛，传遗后世子孙，咸恐其腐蠹绝灭，后世子孙不得而记，故琢之盘盂，镂之金石，以重之；有恐后世子孙不能敬莙以取羊，故先王之书，圣人一尺之帛，一篇之书，语数鬼神之有也，重有重之。"（《墨子·明鬼下》）墨子认为古代记载鬼神的事很多。它不仅"书之竹帛"，而且"琢之盘盂，镂之金石"，甚至"一尺之帛，一篇之书，语数鬼神"。

而之所以把鬼神记之竹帛，琢之盘盂，是因为鬼神能赏贤罚恶。墨子说："尝若鬼神之能赏贤如罚暴也。盖本施之国家，施之万民，实所以治国家利万民之道也。若以为不然，是以吏治官府之不絜廉，男女之为无别者，鬼神见之；民之为淫暴寇乱盗贼，以兵刃、毒药、水火，退无罪人乎道路，夺人车马衣裘以自利者，有鬼神见之。是以吏治官府，不敢不絜廉，见善不敢不赏，见暴不敢不罪。是以莫放幽间，拟乎鬼神之明显，明有一人畏上诛罚，是以天下治。"（《墨子·明鬼下》）在墨子看来，鬼神能"治国家利万民"，有利于身体生产。具体而言，可以止"兵刃、毒药、水火，退无罪人乎道路"。从这一点来说，墨子的"鬼神观"是基于身体生产的视角提出的。

当然，墨子的"鬼神观"带有唯心主义色彩，把身体生产寄托在鬼神身上，违背了辩证唯物主义一个最基本的原理："人们用以生产自己的生活资料的方式，首先取决于他们已有的和需要再生产的生活资料本身的特性。这种生产方式不仅应当只从它是个人肉体存在的再生产这方面加以考察。它在更大程度上是这些个人的一定的活动方式，是他们表现自己生活的一定方式、他们的一定的生活方式。"① 即身体生产只能从物质生产方式中去寻找根本原因。因此，墨子的"鬼神观"存在很大的历史局限性。

第三，"非命观"的提出。墨子说："昔上世之穷民，贪于饮食，惰于从事，是以衣食之财不足，而饥寒冻馁之忧至；不知曰我罢不肖，从事不疾，必曰我命固且贫。昔上世暴王，不忍其耳目之淫，心涂之辟，不顺其亲戚，遂以亡失国家，倾覆社稷；不知曰我罢不肖，为政不善，必曰吾命固失之。"（《墨子·非命上》）墨子指出上世之人认为"饥寒冻馁""亡失国家"是由"命"决定的，这就把身体生产与"命"联系起来了。相信命运的人会说："命富则富，命贫则贫，命众则众，命寡则寡，命治则治，命乱则乱，命寿则寿，命夭则夭，命虽强劲，何益哉？"（《墨子·非命上》）这就把身体生产归之于命运的摆布。

墨子认为这种"生死有命，富贵在天"的观点，是"暴人之道"。他说："是故入则不慈孝于亲戚，出则不弟长于乡里，坐处不度，出入无节，男女无辨。是故治官府则盗窃，守城则崩叛，君有难则不死，出亡则不送。此上之所罚，百姓之所非毁也。执有命者言曰：'上之所罚，命固且罚，不暴故罚也。上之所赏，命固且赏，非贤故赏也。'以此为君则不义，为臣则不忠，为父则不慈，为子则不孝，为兄则不良，为弟则不弟，而强执此者，此特凶言之所自生，而暴人之道也。"（《墨子·非命上》）在这里，墨子明确指出信命"不慈孝于亲戚，出则不弟长于乡里，坐处不度，出入无节，男女无辨。"从而影响身体生产。他说："群吏信之，则怠于分职；庶人信之，则怠于从事。吏不治则乱，农事缓则贫，贫且乱政之本，而儒者以为道教，是贼天下之人者也。"（《墨子·非儒下》）从这一点来讲，墨子的"非命观"，有利于身体生产的维持与发展。

同时，墨子的"非命观"有利于安危治乱。他说："故昔者三代圣王禹汤文武，方为政乎天下之时，曰：必务举孝子而劝之事亲，尊贤良之人而教之为善。是故出政施教，赏善罚暴。且以为若此，则天下之乱也，将属可得而治也；社稷之危也，将属可得而定也。若以为不然，昔桀之所乱，汤治之；纣之所乱，武王治之。当此之时，世不渝而民不易，上变政而民改俗。存乎桀纣而天下乱，存乎汤武而天下治。天下之治也，汤武之力也；天下之乱也，桀纣之罪也。若以此观之，夫安危治乱，存乎上之为政也，则夫岂可谓有命哉！"（《墨子·非命下》）而安危治乱又有利于身体生产。因此，墨子"非命观"的提出，无论是对物质资料的生产，还是种族的繁衍，都具有重大的价值。

---

① 中共中央马克思恩格斯列宁斯大林著作编译局. 马克思恩格斯选集（第1卷）[M]. 北京：人民出版社，1995：67.

　　总之，墨子的身体生产思想既有合理的部分，又有不合理的因子，要辩证地加以区分和看待。在身体生产成为当前社会的一个重要范畴的语境下，如何发挥身体生产的作用，以更好地借鉴墨子身体生产思想为现实服务，成为我们亟待解决的一个重大问题。

第二章　两汉魏晋南北朝时期身体叙事概述

当代哲学大师李存山教授曾认为：气论与儒家的仁学、道家的道论等共同构成了中国哲学的基本倾向或特质。[①] 如果从身体思想史的视角来看，中国哲学的基本倾向或特质不只是气论与儒家的仁学、道家的道论，还包括法家的"以刑训身"、墨家的"兼爱修身"和杂家的"贵生"。即使在界限比较明显的两汉魏晋南北朝时期，中国哲学的身体叙事除了气的身体叙事和道的身体叙事外，还包括天的身体叙事、形的身体叙事、仙的身体叙事、相的身体叙事和神的身体叙事。

如果说先秦时期是身体思想萌芽和形成时期，那么两汉魏晋南北朝时期就是中国身体思想大发展时期。这一时期在身体思想史上，一个显著的特点，就是出现了多层次、多结构、多内容的身体叙事模式。

一、两汉魏晋南北朝时期身体叙事的主要内容

所谓身体叙事模式，指的是对身体进行文本上的分析和解读的种类。按照美国学者约翰·奥尼尔的观点，"每一种政治共同体都必须找到一种表达其信仰的象征性语言，这些信仰关涉到其来源、基础以及有可能对其成员的正常行为所构成的潜在威胁。"[②] 身体叙事实际上是身体的政治叙事和社会叙事。它属于身体思想史的一个重要方面。两汉魏晋南北朝时期身体叙事模式主要有以下六种。

第一，关于天的身体叙事。无论在东方还是西方，人类都把世界构想成一个巨大的身体。在第一章中，我们对此已作过零星、简单的论述。如《荀子》指出："唯圣人为不求知天。天职既立，天功既成，形具而神生，好恶、喜怒、

---

① 李存山. 气论对于中国哲学的重要意义 [J]. 哲学研究，2012 (3)：38-48.

② 奥尼尔. 身体形态——现代社会的五种身体 [M]. 张旭春，译. 沈阳：春风文艺出版社，1999：61.

哀乐臧焉，夫是之谓天情。耳、目、鼻口、形，能各有接而不相能也，夫是之谓天官。心居中虚，以治五官，夫是之谓天君。财非其类，以养其类，夫是之谓天养。顺其类者谓之福，逆其类者谓之祸，夫是之谓天政。"（《荀子·天论》）在这里，天不但拥有身体器官的各个组成部分，而且还拥有身体的情感。而《易经》中的"有天地，然后有万物，有万物然后有男女，有男女然后有夫妇，有夫妇然后有父子，有父子然后有君臣，有君臣然后有上下，有上下然后礼仪有所错。"（《易经·序卦》）则直接把天当作万物之母和身体之母。墨子的天更具根身性。他说："然则天亦何欲何恶？天欲义而恶不义。然则率天下之百姓以从事于义，则我乃为天之所欲也。我为天之所欲，天亦为我所欲。然则我何欲何恶？我欲福禄而恶祸祟。若我不为天之所欲，而为天之所不欲，然则我率天下之百姓，以从事于祸祟中也。然则何以知天之欲义而恶不义？曰天下有义则生，无义则死；有义则富，无义则贫；有义则治，无义则乱。然则天欲其生而恶其死，欲其富而恶其贫，欲其治而恶其乱，此我所以知天欲义而恶不义也。"（《墨子·天志上》）这里的天像人一样也有身体欲望。总之，从先秦时期起，我国对天的叙述很多都采取了身体的视角。西汉时期，关于天的身体叙事模式得到了进一步的发挥，这尤其展现在董仲舒的《春秋繁露》的著述中。

首先，天与身体联系在一起。《春秋繁露》指出："男女之法，法阴与阳。阳气起于北方，至南方而盛，盛极而合乎阴；阴气起乎中夏，至中冬而盛，盛极而合乎阳。不盛不合。是故十月而一俱盛，终岁而乃再合。天地久节，以此为常。是故先法之内矣，养身以全，使男子不坚牡，不家室；阴不极盛，不相接。是故身精明难衰而坚固，寿考无忒，此天地之道也。"（《春秋繁露·循天之道》）这里的阴阳相合就是身体的生成，而"身精明难衰而坚固，寿考无忒"则是天地之道。身体保养要循天地之道。这就把天与身体生成、发展紧密地结合起来了。

同时，天对身体非常重要。《春秋繁露》指出："民皆知爱其衣食，而不爱其天气。天气之于人，重于衣食。衣食尽，尚犹有间，气尽而立终。故养生之大者，乃在爱气。气从神而成，神从意而出。心之所之谓意，意劳者神扰，神扰者气少，气少者难久矣。故君子闲欲止恶以平意，平意以静神，静神以养气。气多而治，则养身之大者得矣。"（《春秋繁露·循天之道》）在《春秋繁露》看来，天气不但影响身体的神、心和意，而且还影响身体的寿命，因此养身先养气。

其次，阴阳、五行、四时运行和变化也与身体紧密联系在一起。《春秋繁露》一书的重点就是发展了先秦时期的阴阳五行学说。《春秋繁露》认为，阴阳、五行、四时与身体密切相关、紧密相连。它说"阴阳之气，在上天，亦在人。在人者为好恶喜怒，在天者为暖清寒暑，出入、上下、左右、前后，平行而不止，未尝有所稽留郁滞也。其在人者，亦宜行而无留，若四时之条条然也。夫喜怒哀乐之止动也，此天之所为人性命者。临其时而欲发，其应亦天应也，与暖清寒暑之至其时而欲发无异。"（《春秋繁露·如天之为》）在这里，喜怒哀乐的身体情感与暖清寒暑相洽，而暖清寒暑由阴阳之气合成，因此，阴阳之气发于人就是身体情感。

《春秋繁露》又说："春者，天之和也；夏者，天之德也；秋者，天之平也；冬者，天之威也。天之序，必先和然后发德，必先平然后发威。此可以见不和不可以发庆赏之德，不平不可以发刑罚之威。"（《春秋繁露·威德所生》）这里的"天和""天德""天威"和"天序"，与其说是天的德行，不如说是人的身体行为在天时四季的反映。而"风者，木之气也，其音角也，故应之以暴风。王者言不从，则金不从革，而秋多霹雳。霹雳者，金气也，其音商也，故应之以霹雳。王者视不明，则火不炎上，而秋多电。电者，火气也，其音徵也，故应之以电。王者听不聪，则水不润下，而春夏多暴雨。雨者，水气也，其音羽也，故应之以暴雨。王者心不能容，则稼穑不成，而秋多雷。雷者，土气也，其音宫也，故应之以雷。"（《春秋繁露·五行五事》）则把王政与四季、五行捆绑在一起，认为王的身体行为"言不从""视不明""听不聪"和"心不容"影响着四季、五行的变化。在《春秋繁露》里，阴阳、五行、四时都与身体休戚相关。

再次，天人感应与君主的身体行为紧密地联系在一起。《春秋繁露》的核心之一就是天人感应思想。在《春秋繁露》看来，天是有感应的。它说："天地之化如四时，所好之风出，则为暖气，而有生于俗；所恶之风出，则为清气，而有杀于俗；喜则为暑气，而有养长也；怒则为寒气，而有闭塞也。"（《春秋繁露·王道通三》）天的喜怒哀乐通过清凉暖寒、祥瑞和灾异表现出来。如果君主的身体行为美好，天就会降下祥瑞；反之，就会降下灾异。它说："天地之物有不常之变者，谓之异，小者谓之灾。灾常先至而异乃随之。灾者，天之谴也；异者，天之威也。谴之而不知，乃畏之以威。"（《春秋繁露·二端》）在这里，《春秋繁露》明确指出天灾是对君主错误身体行为的谴责。因此，作为君主要行善政，要把国家当作自己的身体看待。它说"为人君者，居无为之位，行不言之教，寂而无声，静而无形，执一无端，为国源泉。因国以为身，因臣以为心，以臣言为声，以臣事为形。"（《春秋繁露·保位权》）《春秋繁露》这种"天人感应"思想，"与儒家的仁人思想结合起来，具有政治利益的策略考量。"①

最后，天的等级对应着身体的等级。《春秋繁露》一书最注重的是天的秩序与身体的社会伦常。在《春秋繁露》看来，"天序日月星辰以自光"（《春秋繁露·立元神》）日月星辰、五行四时的排列和运行都有一定的秩序和规则。这反映到人世间，也要有一定的身体等级制度。《春秋繁露》指出："故圣人之治国也，因天地之性情、孔窍之所利，以立尊卑之制，以等贵贱之差。设官府爵禄，利五味，盛五色，调五声，以诱其耳目；自令清浊昭然殊体，荣辱踔然相驳，以感动其心。"（《春秋繁露·保位权》）在《春秋繁露》看来，身份等级格局是国家治理的重要条件。为此，它建构了"君为臣纲、父为子纲、夫为妻纲"的封建身体等级制度。这一制度，在王朝政权的强力推行下，成为套在人身体上的三把枷锁。

第二，关于道的身体叙事。我们知道，在先秦时期，《周易》《道德经》《庄子》《论语》和《孟子》都对道展开过精辟的论述。归结起来，主要是儒家的"道"和道家的"道"。就儒家的"道"来说，它是身体内在德性的显现。"夫子之道，忠恕而已矣。"（《论语·里仁》）同时，是以伦理道德为基础的生命体状态的展示："人能弘道，非道弘人。"（《论语·卫灵公》）"天下有道以道徇身，天下无道以身徇道。"（《孟子·尽心上》）而道家的"道"则是生命的本原和身体的本体。庄子指出"至道之精，窈窈冥冥；至道之极，昏昏默默。无视无听，抱神以静，行将自正。必静必清，无劳汝形，无摇汝精，乃可以长生。目无所见，耳无所闻，心无所知，汝神将守形，形乃长生。慎汝内，闭汝外，多知为败。我为女遂于大明之上矣，至彼至阳之原也。为女入于窈冥之门矣，至彼至阴之原也。天地有官，阴阳有藏；慎守女身，物将自壮。"（《庄子·在宥》）在这里，"道"呈现为生命的本体。无论是儒家的"道"，还是道家的"道"都与身体密切相关。

两汉魏晋南北朝时期，继承和发展了先秦时期"道"的这种根身性思想。特别是《淮南子》和《抱朴子》在这方面着力最多。

首先，道是建构身体的本体和基石。《淮南子》说："天地以设，分而为阴阳。阳生于阴，阴生于阳。阴阳相错，四维乃通；或生或死，万物乃成。跂行喙息，莫贵于人。孔窍肢体，皆通于天。天有九重，人亦有九窍；天有四时以制十二月，人亦有四肢以使十二节；天有十二月以制三百六十日，人亦有十二肢以使三百六十节。故举事而不顺于天者，逆其生者也。"（《淮南子·天文》）

①　齐林华. 中国古代文化中的身体观念及其发展［D］. 长沙：湖南师范大学，2013：100.

身体组成的各个器官，都是由天道生成的。因此，身体就是道活动的场域。《淮南子》又说："故身者道之所托，身得则道得矣。道之得也，以视则明，以听则聪，以言则公，以行则从。故圣人载制物也，犹工匠之斫削凿枘也，宰庖之切割分别也，曲得其宜而不折伤。"（《淮南子·齐俗》）在《淮南子》看来，身体离不开道，道离不开身体。

《抱朴子》同样认为道是身体的本体。它说："夫五声八音，清商流徵，损聪者也；鲜华艳采，或丽炳烂，伤明者也；宴安逸豫，清醪芳醴，乱性者也；冶容媚姿，铅华素质，伐命者也。其唯玄道，可与为永。不知玄道者，虽顾眄为生杀之神器，唇吻为兴亡之关键。"（《抱朴子·畅玄》）不同之处，《抱朴子》把道称为"玄"或"玄道"，实际上语义是一样的。

其次，身体的性情和存在通过道来表现。《淮南子》以乐为例，指出道对身体性情的重要性。它说："夫建钟鼓，列管弦，席旃茵，傅旄象，耳听朝歌北鄙靡靡之乐，齐靡曼之色，陈酒行觞，夜以继日，强弩弋高鸟，走犬逐狡兔，引其为乐也，炎炎赫赫，怵然若有所诱慕。解车休马，罢酒彻乐，而心忽然若有所丧，怅然若有所亡也。是何则？不以内乐外，而以外乐内，乐作而喜，曲终而悲，悲喜转而相生，精神乱营，不得须臾平。察其所以，不得其形，而日以伤生，失其得者也。"（《淮南子·原道》）在《淮南子》看来，"乐作而喜，曲终而悲"这一精神状态，只有通过道才能清静。它说："夫鉴明者尘垢弗能薶，神清者嗜欲弗能乱。精神以越于外，而事复返之，是失之于本而求之于耳目，是释其炤炤而道其冥冥也。是之谓失道。"（《淮南子·俶真》）因此，要保持性情平和，必须体道。

同时，道是身体存在物。一方面，道是身体的历史存在物。《淮南子》指出道和身体都是在历史中形成的。远古时期是道的上升时期："当此之时，卧倨倨，兴眄眄；一自以为马，一自以为牛；其行蹎蹎，其视瞑瞑；侗然皆得其和，莫知所由生；浮游不知所求，魍魎不知所往。"（《淮南子·览冥》）夏至战国时期是道逐渐下降时期："晚世之时，七国异族，诸侯制法，各殊习俗，纵横间之，举兵而相角。……，人赢车弊，泥涂至膝，相携于道，奋首于路，身枕格而死。"（《淮南子·览冥》）在这一升一降的过程中，身体从自由自在到"枕格而死"，无不表证道对身体的影响。另一方面，道和身体又是现实存在物。《淮南子》认为现实生活中得道与不得道是有区别的。它说："直意适情，则坚强贼之；以身役物，则阴阳食之。此皆载务而戏乎其调者也。得道之士，外化而内不化。外化所以人人也，内不化所以全其身也。故内有一定之操，而外能诎伸、嬴缩、卷舒，与物推移，故万举而不陷。所以贵圣人者，以其能龙变也。

今捲捲然守一节、推一行，虽以毁碎灭沉犹且弗易者，此察于小好而塞于大道也。"（《淮南子·人间》）得道的人"外化而内不化"，不得道之人"捲捲然守一节、推一行"。因此，《淮南子》主张修身养道。它说："身有丑梦，不胜正行；国有妖祥，不胜善政。是故前有奸冤之赏，不可以无功取也；后有斧钺之禁，不可以无罪蒙也。素修正直，弗离道也。君子不谓小善不足为也而舍之，小善积而为大善；不谓小不善为无伤也而为之，小不善积而为大不善。"（《淮南子·谬称》）要求"素修正直，弗离道也"。

再次，道和身体与四时及五行联系在一起。在两汉魏晋南北朝时期，阴阳五行学说成为显学，这不能不影响对道和身体的叙述。《淮南子》一书在这方面着力不少。它说："孟春之月，招摇指寅，昏参中，旦尾中。其位东方，其日甲乙，盛德在木。其虫鳞，其音角，律中太蔟。其数八，其味酸，其臭膻。其祀户，祭先脾。……仲冬之月，招摇指子，昏壁中，旦轸中。其位北方，其日壬癸。其虫介，其音羽，律中黄钟。其数六，其味咸，其臭腐。其祀井，祭先肾。……是月也，日短至，阴阳争，君子斋戒，处必掩，身欲静，去声色，禁嗜欲，宁身体，安形性。"（《淮南子·时则训》）道和身体不但与四季、五方紧密结合在一起，而且与五音、五味、五脏也紧密结合在一起。这就构成了具有中国传统文化底蕴的古代宇宙时空观和身体时空观。

最后，道又是身体治理和国家治理的工具。对于《淮南子》来说，道是为了治理身体和国家而产生的。它说："道德定于天下而民纯朴，则目不营于色，耳不淫于声；坐俳而歌谣，被发而浮游，虽有毛嫱、西施之色不知说也，《掉羽》《武象》不知乐也，淫佚无别不得生焉。"（《淮南子·本经训》）一方面，道作为身体治理的工具可以使身心安宁和正确处理一切杂事。《淮南子》说："大道坦坦，去身不远；求之近者，往而复反。迫则能应，感则能动；物穆无穷，变无形像；优游委纵，如响之与景；登高临下，无失所秉；履危行险，无忘玄伏。能存之此，其德不亏；万物纷糅，与之转化；以听天下，若背风而驰。是谓至德。至德则乐矣。"（《淮南子·原道》）道可以养生养性。另一方面，道作为治理国家的工具，能增加百姓的认同。《淮南子》指出："夫人主之听治也，清明而不暗，虚心而弱志，是故群臣辐凑并进，无愚智、贤不肖莫不尽其能。于是乃始陈其礼，建以为基，是乘众势以为车，御众智以为马，虽幽野险途则无由惑矣。……是故人主覆之以德，不行其智，而因万人之所利，夫举踵天下而得所利。故百姓载之上弗重也，错之前弗害也，举之而弗高也，推之而弗厌。"（《淮南子·主术》）因此，道不仅是治理身体的手段也是治理国家的手段。

第三，关于气的身体叙事。我国很早就把气与身体联系起来。从前面的叙述我们知道，先秦关于气阐释的典籍很多，概括起来主要有以下四种。（1）阴阳二气说。这是生成万物和身体的元素。这主要表现在《周易》《黄帝内经》《道德经》《庄子》和《国语》的论述中。如《国语·周语》指出："于是乎气无滞阴，亦无散阳，阴阳序次，风雨时至，嘉生繁祉，人民和利，物备而乐成，上下不罢，故曰乐正。"（《国语·周语下》）

（2）血气说。它是身体存养的重要组成部分。主要集中在《论语》《孟子》和《荀子》的阐释中。如《荀子》指出："有血气之属必有知，有知之属莫不爱其类。今夫大鸟兽则失丧其群匹，越月逾时焉，则必反巡……故有血气之属莫知于人，故人之于其亲也，至死无穷"（《荀子·礼论》）

（3）精气说。它是身体的扩充。主要表现在《管子》一书中。管子指出："凡物之精，此则为生。下生五谷，上为列星；流于天地之间，谓之鬼神；藏于胸中，谓之圣人；是故名气。"（《管子·内业》）

（4）意气说（或志气说）。它是身体的特质。主要集中在《管子》和《孟子》两书中。如《管子》指出："是故意气定，然后反正。"（《管子·心术下》）无论是阴阳二气、血气，还是精气、意气，都与身体有着密切的关系。

两汉魏晋南北朝时期气的身体性表现得更为明显，这主要表现在王充的《论衡》一书中。

首先，气决定着人的身体形状和寿命。《论衡》指出："人以气为寿，形随气而动。气性不均，则于体不同。"（《论衡·无形篇》）在《论衡》看来，身体高矮长短是由气决定的。由此，身体的寿命也由气来建构。它说："若夫强弱夭寿，以百为数，不至百者，气自不足也。夫禀气渥则其体强，体强则其命长；气薄则其体弱，体弱则命短，命短则多病，寿短。始生而死，未产而伤，禀之薄弱也。渥强之人，不卒其寿。若夫无所遭遇，虚居困劣，短气而死，此禀之薄，用之竭也。此与始生而死，未产而伤，一命也。皆由禀气不足，不自致于百也。"（《论衡·气寿篇》）《论衡》把身体的自然属性归结于气的作用，由此可知，气是建构身体的主体。

其次，妖魔鬼怪和圣人的身体也是气建构的。《论衡》一书一个显著的特点，不只是就人的身体论述人的身体，而是把人身体的镜像——妖魔鬼怪和圣人的身体也纳入分析的范围。在《论衡》看来，妖是由阳气变化而成的。它说："天地之气为妖者，太阳之气也。妖与毒同，气中伤人者谓之毒，气变化者谓之妖。"（《论衡·订鬼篇》）同样，鬼也是由阳气变化而来的。它说："鬼，阳气也，时藏时见。阳气赤，故世人尽见鬼。"（《论衡·订鬼篇》）而阳气，在

《论衡》中就是精神的变身。"夫人所以生者,阴、阳气也。阴气主为骨肉,阳气主为精神。人之生也,阴、阳气具,故骨肉坚、精气盛。精气为知,骨肉为强,故精神言谈,形体固守。骨肉精神,合错相持,故能常见而不灭亡也。太阳之气,盛而无阴,故徒能为象,不能为形。无骨肉,有精气,故一见恍惚,辄复灭亡也。"(《论衡·订鬼篇》)因此,妖魔鬼怪的身体都是精神虚幻和想像的产物。

同样,圣人的身体也是气的产物。儒家认为圣人身体乃天人感应所成。如"尧母庆都野出,赤龙感己,遂生尧。"(《论衡·奇怪篇》)而《论衡》认为只有同类的气才会结合。它说:"且夫含血之类,相与为牝牡,牝牡之会,皆见同类之物。精感欲动,乃能授施。若夫牡马见雌牛,雀见雄牝鸡,不相与合者,异类故也。今龙与人异类,何能感于人而施气?"(《论衡·奇怪篇》)因此,所谓圣人的身体乃是后人为了保持圣人的神秘性和超人性而虚构出来的。这样,破除了人们对圣人身体的顶礼与膜拜。《论衡》对妖魔鬼怪和圣人的身体的解释,是一种朴素的唯物主义身体观。

再次,一些迷信的身体行为也是气的作用。当时,有许多迷信的身体禁忌和仪式。《论衡》从气的角度一一进行了剖析。如祭祀,"世信祭祀,谓祭祀必有福;又然解除,谓解除必去凶。解除初礼,先设祭祀。比夫祭祀,若生人相宾客矣。先为宾客设膳,食已,驱以刀杖。"(《论衡·解除篇》)《论衡》认为:"鬼神如有知,必恚止战,不肯径去,若怀恨,反而为祸。如无所知,不能为凶,解之无益,不解无损。且人谓鬼神何如状哉?如谓鬼有形象,形象生人,生人怀恨,必将害人。如无形象,与烟云同。驱逐云烟,亦不能除。形既不可知,心亦不可图。鬼神集止人宅,欲何求乎?如势欲杀人,当驱逐之时,避人隐匿,驱逐之止,则复还立故处。如不欲杀人,寄托人家,虽不驱逐,亦不为害。"(《论衡·解除篇》)而鬼神是由阳气(精神)变化而来的,因此,祭祀鬼神是一种地地道道的封建迷信。

最后,社会性的身体也由气决定。身体的社会命运在《论衡》看来,完全由气所主宰。它说:"俱禀元气,或独为人,或为禽兽,并为人,或贵或贱,或贫或富。富或累金,贫或乞食;贵至封侯,贱至奴仆。非天禀施有左右也,人物受性有厚薄也。"(《论衡·幸偶篇》)这就把人的命运一切好坏都归结于身体所受气的厚薄。这未免有点绝对。但《论衡》同时指出,气是可以变化的。它说:"凡含血气者,教之所以异化也。三苗之民,或贤或不肖,尧舜齐之,恩教加也。楚越之人,处庄、岳之间,经历岁月,变为舒缓,风俗移也。故曰:齐舒缓,秦慢易,楚促急,燕戆投。以庄、岳言之,四国之民,更相出入,久居单处，性必变易。夫性恶者，心比木石，木石犹为人用，况非木石！在君子之迹，庶几可见。"（《论衡·率性篇》）《论衡》主张对气进行改变和教化，化不善为善。从这一点来说，《论衡》的气又具有辩证的思维。

第四，关于仙的身体叙事。这是具有中国传统文化特色的一种身体叙事。早在先秦时期，一些思想家就对仙的身体进行过论述。《庄子》对真人身体这样描绘道："其心志，其容寂，其颡頯；凄然似秋，暖然似春，喜怒通四时，与物有宜而莫知其极。"（《庄子·大宗师》）这实际上是对仙的身体的阐释。进入两汉时期，仙的身体叙事越发丰富。王充在《论衡》中专门辟有一章《道虚》来论述仙。它说："好道之人，恐其或若等之类，故谓人能生毛羽，毛羽备具，能升天也。且夫物之生长，无卒成暴起，皆有浸渐。为道学仙之人，能先生数寸之毛羽，从地自奋，升楼台之陛，乃可谓升天。"（《论衡·道虚篇》）东汉顺帝时期的《太平经》更是塑造了仙的身体谱系。它说："一为神人，二为真人，三为仙人，四为道人，五为圣人，六为贤人，此皆助天治也。神人主天，真人主地，仙人主风雨，道人主教化吉凶，圣人主治百姓，贤人辅助圣人，理万民录也，给助六合之不足也。"①魏晋时期的葛洪继承和发展了这一叙事。在《抱朴子》一书中对仙的身体进行了系统的论述。

首先，玄道是生成仙的身体的主要元素。《抱朴子》指出："夫玄道者，得之乎内，守之者外，用之者神，忘之者器，此思玄道之要言也。得之者贵，不待黄钺之威；体之者富，不须难得之货。高不可登，深不可测。乘流光，策飞景，凌六虚，贯涵溶。出乎无上，入乎无下；经乎汗漫之门，游乎窈眇之野；逍遥恍惚之中，倘佯仿佛之表。咽九华于云端，咀六气于丹霞。俳佪茫昧，翱翔希微，履略蜿虹，践跚旋玑，此得之者也。"（《抱朴子·畅玄》）在《抱朴子》看来，体道的过程就是造就仙的身体过程。

除此之外，炼丹和房中术修炼也可生成仙的身体。《抱朴子》说："一转之丹，服之三年，得仙。二转之丹，服之二年，得仙。三转之丹，服之一年，得仙。四转之丹，服之半年，得仙。五转之丹，服之百日，得仙。六转之丹，服之四十日，得仙。七转之丹，服之三十日，得仙。八转之丹，服之十日，得仙。九转之丹，服之三日，得仙。若取九转之丹，内神鼎中，夏至之后，爆之鼎热，内朱儿一斤于盖下。伏伺之，候日精照。须臾翕然俱起，煌煌辉辉，神光五色，即化为还丹。取而服之一刀圭，即白日升天。"（《抱朴子·金丹》）《抱朴子》大力主张用炼丹来造就仙的身体。

---

① 王明. 太平经合校［M］. 北京：中华书局，1979：289.

房中术也是仙身体长生不老的法门。《抱朴子》指出："人不可以阴阳不交，坐致疾患，若欲纵情恣欲，不能节宣，则伐年命。善其术者，则能却走马以补脑，还阴丹以朱肠，采玉液于金池，引三五于华梁，令人老有美色，终其所禀之天年。"（《抱朴子·微旨》）黄帝就因为善于"采阴补阳"，而最后得成仙道。《抱朴子》在这里提出了三种仙的身体修炼方法。对仙的身体生成做了基础性工作。

其次，提出了仙的身体生成的具体路径。《抱朴子》一书对为了成仙而如何导气、如何炼丹、如何阴阳互补都作了详细的阐释。如导气："其大要者，胎息而已。得胎息者，能不以鼻口嘘吸，如有胞胎之中，则道成矣。初学行气，鼻中引气而闭之，阴以心数至一百二十，乃以口微吐之，及引之，皆不欲令己耳闻其气出入之声，常令人多出少，以鸿毛著鼻口之上，吐气而鸿毛不动为候也。渐习转增其心数，久久可以至千。至千则老者更少，日还一日矣。夫行气当以生气之时，勿以死气之时也。故曰仙人服六气，此之谓也。"（《抱朴子·释滞》）如炼丹："勿令俗人之不信道者谤讪评毁之。"（《抱朴子·金丹》）等等。《抱朴子》一书这样系统地具体地说明仙的身体生成路径，并不是为了纯粹的仙人之术，而是给不满社会现实的人指明一方安心立命的处所。因此，《抱朴子》仙的身体叙事，实际上是人的身体叙事。

最后，仙的身体位阶的创立。在《抱朴子》一书中，仙是有一定等级的。《抱朴子》说："上士举形升虚，谓之'天仙'；中士游于名山，谓之'地仙'；下士先死后蜕，谓之'尸解仙'。今少君必尸解者也。"（《抱朴子·论仙》）《抱朴子》又说："上士得道，升为天官；中士得道，栖集昆仑；下士得道，长生世间。"（《抱朴子·金丹》）这明显把仙分为三种：天仙、地仙和尸解仙。每一种仙所处的地位是不一样的。天仙为天官，地仙栖集昆仑，尸解仙长生人间。并且下仙受上仙的奴役。它说："天上多尊官大神，新仙者位卑，所奉事者非一，但更劳苦，故不足役役于登天，而止人间八百余年也。"（《抱朴子·对俗》）这分明是一种人世间的等级制度。《抱朴子》想把封建等级制度通过仙的身体叙事永恒化，从这一点来说，《抱朴子》一书是为维护封建等级制度服务的。

第五，关于相的身体叙事。相虽然是佛教的用语，但在先秦时期和两汉时期，我国就有相的概念，指的是身体容貌和身体行为。如《尚书》所说："惟太保先周公相宅。"（《尚书·召诰》）指的是身体视觉，《论衡》中《骨相篇》说："乡者夫人婴儿相皆似君"（《论衡·骨相篇》）指的是身体容颜。

东汉明帝时佛教传入中国，自后逐渐与中国本土文化相融合，在中国传统文化身体叙事的基础上，逐渐形成了佛教独特的身体叙事，即相的身体叙事。《金刚经》作为佛教最著名的经典，在这一方面着力最多。

《金刚经》相的身体叙事主要有三。首先，身体的存在以相的形式呈现。《金刚经》指出："所有一切众生之类，若卵生、若胎生、若湿生、若化生，若有色、若无色、若有想、若无想、若非有想非无想，我皆令入无余涅槃而灭度之。"（《金刚经·大乘正宗分第三》）世间一切众生皆着相，都有我相、人相、众生相和寿者相，应当"扫相破执"。须菩提对释迦牟尼提问的回答："世尊，是实相者，即是非相，是故如来说名实相。世尊，我今得闻如是经典，信解受持，不足为难。若当来世后五百岁，其有众生得闻是经，信解受持，是人即为第一希有。何以故？此人无我相，无人相，无众生相，无寿者相。所以者何？我相即是非相，人相、众生相、寿者相即是非相。何以故？离一切诸相，即名诸佛。"（《金刚经·离相寂灭分第十四》）实际上回答了相的最后落脚点是非相。心要达到无上正觉，就是"离一切诸相。"这种看法充分表证了相作为身体存在方式的重要。

其次，离相无住是身心安顿的前提。《金刚经》的核心是如何使身心安宁下来，免除人世间的烦恼与痛苦。须菩提问："希有，世尊，如来善护念诸菩萨，善付嘱诸菩萨。世尊，善男子、善女人发阿耨多罗三藐三菩提心，云何应住？云何降伏其心？"（《金刚经·大乘正宗分第三》）针对这一问题，《金刚经》提出了"离相无住"的主张。《金刚经》指出："须菩提，汝若作是念：如来不以具足相故，得阿耨多罗三藐三菩提。须菩提，莫作是念：如来不以具足相故，得阿耨多罗三藐三菩提。须菩提，汝若作是念：发阿耨多罗三藐三菩提心者，说诸法断灭。莫作是念！何以故？发阿耨多罗三藐三菩提心者，于法不说断灭相。"（《金刚经·无断无灭分第二十七》）只有心中无相、无念，才会真正体悟阿耨多罗三藐三菩提，才会真正身心自由和解放。

最后，持经奉法是身心安顿的具体路径。《金刚经》对身心如何安顿提出了具体的修炼方法。释迦牟尼对须菩提宣讲："须菩提，发阿耨多罗三藐三菩提心者，于一切法，应如是知、如是见、如是信解，不生法相。须菩提，所言法相者，如来说即非法相，是名法相。"（《金刚经·知见不生分第三十一》）在释迦牟尼看来，众生坚持对《金刚经》的信仰，又不执着于《金刚经》，这样就会身心安顿。《金刚经》把身心安顿寄托于一部经书的教义中，犯下了绝对主义的错误。

第六，关于神的身体叙事。神有多种意蕴，既可指天地万物的创造者和主宰者，如天神，又可指具有超能力长生不老的仙人；既可指精神、心神，又可指神色、神采。在魏晋南北朝时期，作为主宰人体生命活动的生理和精神状态的神的身体叙事得到了极大的发展。在僧弘所编撰的《弘明集》里，有许多这样的阐释和演绎。

首先，神以形相对应的方式存在着。《弘明集》里郑鲜之说："形与气息俱运，神与妙觉同流，虽动静相资，而精粗异源。岂非各有其本，相因为用者耶？近取诸身，即明其理，庶可悟矣。一体所资，饥骨则痛痒所知，爪发则知之所绝。其何故哉？岂非饥骨所以为生，爪发非生之本耶？生在本则知存，生在末则知灭，一形之用，犹以本末为兴废，况神为生本，其源至妙，岂得与七尺同枯，户牖俱尽者哉？推此理也，则神之不灭，居可知矣。"（《弘明集·神不灭论》）在郑鲜之看来，形体与精神虽然融合，与生俱存，然而有粗妙之别，精神是形体的主宰，永远不会消失。这就揭示了神虽以形而存在着，但又不依赖形而存在。

其次，在神形关系上，是神先形后？还是形先神后？在范缜等唯物主义思想家看来，形存神存，形灭神灭。范缜指出："神之于质，犹利之于刃；形之于用，犹刃之于利。利之名非刃也，刃之名非利也。然舍利无刃，舍刃无利。未闻刃没而利存，岂容形亡而神在？"（《弘明集·神难灭论》）范缜以刀刃关系隐喻神形关系。在他看来，形是刀刃，神是锋利，没有刀刃便没有锋利，神以形而存在。而在以萧琛、曹思文、郑鲜之为主要代表的唯心主义思想家看来，神先形后，形灭神存。曹思文说："形非即神也，神非即形也，是合而为用者也。而合非即矣。生则合而为用，死则形留而神逝也。……是以延陵窆子而言曰'骨肉归复于土，而魂气无不之'也。斯其形亡而神不亡也，然经史明证灼灼也。如此宁是形亡而神灭者乎？"对曹思文来说，虽然神形相合为用，但其骨子里是神本形用、形灭神存。神形关系的争论，表面上看，是身体和精神何者为第一性的问题，实际上是以儒家、道家为主的本土文化和以佛教为主的外来文化何者为主流的问题。

最后，外来佛教身体观念与本土的儒家身体观念、道教身体观念的冲突。佛教身体观念的一个重要内容，就是"中阴"思想。按照佛教的经典，中阴指人死后，意识脱离躯壳，至转世投胎前之历程。"今假定死者为一般极普通之人，为业障牵引，纵经上之数数导示，终未感入其心识，则此死者必须经历通常七七四十九中、末两中阴之境界。"[1]"中阴"身体观念的发展就是"轮回转世说"和"因果报应说"。慧远在《明报应论》指出："贪爱流其性，故四大结

① 齐林华. 中国古代文化中的身体观念及其发展 [D]. 长沙：湖南师范大学，2013：128.

而成形。形结则彼我有封，情滞则善恶有主。有封于彼我，则私其身而身不忘；有主于善恶，则恋其生而生不绝。于是甘寝大梦，昏于同迷。抱疑长夜所存唯著。是故失得相推，祸福相袭。恶积而天殃自至，罪成则地狱斯罚。此乃必然之数，无所容疑矣。"（《弘明集·明报应论》）慧远这种"因果报应"观念，是"神不灭"思想的延伸，间接肯定了佛教的伦理价值。这与儒家、道家的伦理价值产生了严重的冲突。《弘明集》说："盖以父之财乞路人，不可谓惠。二亲尚存，杀己代人，不可谓仁。今佛经云：'太子须大挚，以父之财，施与远人。国之宝象，以赐怨家。妻子自与他人。'不敬其亲而敬他人者，谓之悖礼。不爱其亲而爱他人，谓之悖德。须大挚不孝不仁，而佛家尊之，岂不异哉?"（《弘明集·牟子理惑论》）从这一段话来看，佛教的伦理价值与儒家、道家的伦理价值有很大的不同。《弘明集》所揭示的佛、儒、道三家伦理冲突，实际上是佛、儒、道三家身体观念的冲突。

二、两汉魏晋南北朝时期身体叙事的评价

两汉魏晋南北朝时期这六种身体叙事模式，分别表证了五种身体。即世界身体、政治身体、社会身体、医学身体、精神身体。具体而言，天的身体叙事——世界身体；道的身体叙事——政治身体；气的身体叙事——社会身体；仙的身体叙事——医学身体；相的身体叙事和神的身体叙事——精神身体。其中世界身体、政治身体、社会身体和医学身体是美国著名身体社会学家约翰·奥尼尔所阐释的现代社会身体五种形态（世界身体、政治身体、社会身体、医学身体和消费身体）的前四种身体形态。这就说明，在两汉魏晋南北朝时期，我国基本上出现了现代社会身体形态理论的萌芽。

就天的身体叙事来说，我国古代一直把天当作有生命的本体，正如奥尼尔所表述的："现代社会将世界和社会构想为一个巨大的身体。以此出发，他们由身体的结构组成推衍出了世界、社会以及动物的种属类别。"[①] 我国两汉魏晋南北朝时期的天像身体一样也是有感情的。《春秋繁露》说："人之诚，有贪有仁。……禁天所禁，非禁天也。必知天性不乘于教，终不能桎。察实以为名，无教之时，性何遽若是?"（《春秋繁露·深察名号》）在这里，《春秋繁露》明确指出天就是身体，天也有七情六欲。从这一点来说，两汉魏晋南北朝时期我国已经形成了世界身体的思想。

---

① 奥尼尔. 身体形态——现代社会的五种身体 [M]. 张旭春，译. 沈阳：春风文艺出版社，1999：17.

就道的身体叙事来说，两汉魏晋南北朝时期名义上认为道是身体的本体和身体的存在方式，实际上是想通过道这种表达其信仰的象征性语言，来建构一种政治结构，"为那种处于深刻的社会结构性危机、饥饿以及异化的时代中的终极追求提出了基础。"① 《淮南子》道的身体叙事就是这样，它为封建王朝统治者提供合法性基础。它说："君人之道，处静以修身，俭约以率下。静则下不扰矣，俭则民不怨矣。下扰则政乱，民怨则德薄。政乱则贤者不为谋，德薄则勇者不为死。是故人主好鸷鸟猛兽、珍怪奇物，狡躁康荒，不爱民力，驰骋田猎，出入不时，如此则百官务乱，事勤财匮，万民愁苦，生业不修矣。人主好高台深池、雕琢刻镂、黼黻文章、絺绤绮绣、宝玩珠玉，则赋敛无度，而万民力竭矣。"（《淮南子·主术》） 在这里，"君人之道，处静以修身，俭约以率下"就是使万民不愁苦，万民不力竭，从而认同其统治。从这一点来说，道的身体叙事，实际上就是一种政治身体叙事。

就气的身体叙事来说，两汉魏晋南北朝时期对气与身体的关系和作用进行了详细的分析。特别是《论衡》以气为中心系统地阐释了许多社会日常现象，如符瑞、灾异、风水、卜筮、祭祀、祈禳、解除、求雨、雷刑等各个方面。而这些社会现象无不铭刻身体的烙印。《论衡》以社会构想自己的身体，以自己的身体构想社会。它说："夫天体也，与地无异。诸有体者，耳咸附于首。体与耳殊，未之有也。天之去人，高数万里，使耳附天，听数万里之语，弗能闻也。人坐楼台之上，察地之蝼蚁，尚不见其体，安能闻其声。何则？蝼蚁之体细，不若人形大，声音孔气不能达也。今天之崇高非直楼台，人体比于天，非若蝼蚁于人也。谓天非若蝼蚁于人也。谓天闻人言，随善恶为吉凶，误矣。四夷入诸夏，因译而通。同形均气，语不相晓，虽五帝三王不能去译独晓四夷，况天与人异体，音与人殊乎！人不晓天所为，天安能知人所行？使天体乎，耳高不能闻人言。使天气乎，气若云烟，安能听人辞？"（《论衡·变虚篇》） 在这里，《论衡》以"天与人异体"喻诸夏与四夷异体，从而在处理夷夏社会矛盾时，要尊重夷的风俗习惯。从这一点来说，《论衡》中的身体是一种社会身体。

就仙的身体叙事来说，两汉魏晋南北朝时期虽然阐述的是仙的身体的生成和修炼，但是仙的身体本身就意味着长生不死生命永恒。而这些正是医学身体所关注的重大问题："我们把生命的每一阶段——怀孕、生产、哺育、性交、疾病、痛苦、衰老、死亡等——均置于职业化和官僚化中心的处置之下；而职业

---

① 奥尼尔. 身体形态——现代社会的五种身体 [M]. 张旭春，译. 沈阳：春风文艺出版社，1999：62.

化的功能在我看来不过是想促进身体的非家庭化。"①《抱朴子》仙的身体叙事就是这样。《抱朴子》说："人道当食甘旨，服轻暖，通阴阳，处官秩，耳目聪明，骨节坚强，颜色悦怿，老而不衰，延年久视，出处任意，寒温风湿不能伤，鬼神众精不能犯，五兵百毒不能中，忧喜毁誉不为累，乃为贵耳。若委弃妻子，独处山泽，邈然断绝人理，块然与木石为邻，不足多也。"（《抱朴子·对俗》）在这里，《抱朴子》指出要造就仙的身体，必须割断与家庭的联系，在深山老林进行修炼。而这种人是很少的。这就说明《抱朴子》仙的身体是职业化的产物，仙的身体也是医学身体。

至于消费身体，两汉魏晋南北朝时期虽然没有明确提出这一身体观念，但在一些文学作品和典籍中，已出现了这一身体形态。枚乘在《七发》中指出："纵耳目之欲，恣支体之安者，伤血脉之和，且夫出舆入辇，命曰蹷痿之机；洞房清宫，命曰寒热之媒；皓齿娥眉，命曰伐性之斧；甘脆肥脓，命曰腐肠之药。今太子肤色靡曼，四支萎随，筋骨挺解，血脉淫濯，手足惰窳；越女侍前，齐姬奉后；往来游宴，纵姿于曲房隐间之中，此甘餐毒药，戏猛兽之爪牙也。"（《七发》）这里"纵耳目之欲""往来游宴，纵姿于曲房隐间之中"就是消费身体的展示。这就揭示，在两汉魏晋南北朝时期，消费身体已经挺立了。

至于精神化身体，无论是传统文化，还是现代文化，都不能绕开这一话题。在中国古代一直主张身心如一。在西方，自尼采后，身体也是和精神结合在一起的。尼采的权力意志就是精神化的身体。两汉魏晋南北朝时期《金刚经》主张"离相无住"，表面看来是身心分离，实际上是身体与心灵完全融合在一起。"法身"就是精神化身体的结果。而《弘明集》中的"神不灭"理论，则把精神化身体推置一个更高的阶段，即精神化身体长存阶段。

由此可见，在两汉魏晋南北朝时期，我国的身体叙事已经具备现代身体形态了。而这种身体形态的形成与当时的社会发展和社会结构有很大的关系。

就社会发展来说，两汉魏晋南北朝时期是封建社会的大发展时期。期间有"文景之治"和"光武中兴"。物质资料的丰富，使身体作用凸显。同时，经济的发展又促进了思想的繁荣。经"焚书坑儒"思想短暂消沉后，又迎来了思想大发展的春天。各思想家对如何治理国家都提出了自己的主张。

国家治理与身体治理有密切的关系。《淮南子》认为身体治理是国家治理的前提。它说："直行性命之情，而制度可以为万民仪。今目悦五色，口嚼滋味，

---

① 奥尼尔. 身体形态——现代社会的五种身体 [M]. 张旭春，译. 沈阳：春风文艺出版社，1999：123.

耳淫五声，七窍交争以害其性，日引邪欲而浇其身，夫调身弗能治，奈天下何?"（《淮南子·泰族》）而《春秋繁露》从天作为身体的视角来论述国家治理的重要。它指出："人之为人本于天，天亦人之曾祖父也，此人之所以乃上类天也。人之形体，化天数而成；人之血气，化天志而仁；人之德行，化天理而义；人之好恶，化天之暖清；人之喜怒，化天之寒暑；人之受命，化天之四时。人生有喜怒哀乐之答，春秋冬夏之类也。喜，春之答也；怒，秋之答也；乐，夏之答也；哀，冬之答也。天之副在乎人，人之情性有由天者矣，故曰，受由天之号也。为人主者，道莫明省身之天，如天出之也。使其出也，答天之出四时而必忠其受也，则尧、舜之治无以加。是可生可杀，而不可使为乱。"（《春秋繁露·为人者天》）《论衡》则从气的角度论述其对身体和社会的作用。它说："禀气有厚泊，故性有善恶也。残则授不仁之气泊，而怒则禀勇渥也。仁泊则戾而少愈，勇渥则猛而无义，而又和气不足，喜怒失时，计虑轻愚。妄行之人，罪故为恶，人受五常，含五脏，皆具于身，禀之泊少，故其操行不及善人，犹或厚或泊也，非厚也泊殊其酿也，曲蘖多少使之然也，是故酒之泊厚，同一曲蘖；人之善恶，共一元气。气有少多，故性有贤愚。"（《论衡·率性篇》）在《论衡》看来，国家治理的重点就是教化。即化"不仁"之气为"仁"之气，化"凶"之气为"和"之气。总之，两汉魏晋南北朝时期的身体叙事，无论是天的身体叙事，还是道的身体叙事，无论是气的身体叙事，还是仙的身体叙事、相的身体叙事和神的身体叙事，其最终目的都是为了更好地进行国家治理和社会治理。

同时，两汉魏晋南北朝时期也是社会剧烈变动时期。在这一时期，不但社会失去重心，思想也失去重心。《宋书》指出："百余年间，儒教尽矣。"（《宋书·臧焘传》）表证两汉魏晋南北朝时期没有哪种思想能成为主宰思想，尽管中间也有汉武帝的"罢黜百家，独尊儒术"。由此，身心如何安顿成为思想家所要思考和解决的问题。

《春秋繁露》主张身心顺天而行。它说："天覆育万物，既化而生之，有养而成之，事功无己，终而复始，举凡归之以奉人，察于天之意，无穷极之仁也。人之受命于天也，取仁于天而仁也。是故人之受命天之尊，父兄子弟之亲，有忠信慈惠之心，有礼义廉让之行，有是非逆顺之治，文理灿然而厚，知广大有而博，唯人道为可以参天。"（《春秋繁露·王道通三》）人的身心行为都要按照天的意志行事。只有这样，社会才会和谐，才会"有礼义廉让之行，有是非逆顺之治。"

《淮南子》主张用道来安抚人的身心。它说："是故神越者其言华，德荡者其行伪，至精亡于中，而言行观于外，此不免以身役物矣。夫趋舍行伪者，为精求于外也，精有湫尽，而行无穷极，则滑心浊神而惑乱其本矣。其所守者不定，而外淫于世俗之风，所断差跌者，而内以浊其清明，是故踌躇以终而不得须臾恬澹矣。是故圣人内修道术，而不外饰仁义，不知耳目之宣，而游于精神之和。"（《淮南子·俶真》）道不但神清，而且身定。

《论衡》认为气对身心的安顿也很重要。《论衡》认为人应禀和气处世而求身心安定。

《抱朴子》认为修仙可以解除肉体和精神上的痛苦。它说："人能淡默恬愉，不染不移，养其心以无欲，颐其神以粹素，扫涤诱慕，收之以正，除难求之思，遣害真之累，薄喜怒之邪，灭爱恶之端，则不请福而福来，不禳祸而祸去矣。何者？命在其中，不系于外，道存乎此，无俟于彼也。患乎凡夫不能守真，无杜遏之检括，爱嗜好之摇夺，驰骋流遁，有迷无反，情感物而外起，智接事而旁溢，诱于可欲，而天理灭矣，惑乎见闻，而纯一迁矣。心受制于奢玩，情浊乱于波荡，于是有倾越之灾，有不振之祸，而徒烹宰肥腯，沃酹醪醴，撞金伐革，讴歌踊跃，拜伏稽颡，守请虚坐，求乞福愿，冀其必得，至死不悟，不亦哀哉？"（《抱朴子·道意》）在这里，《抱朴子》明确指出"养其心以无欲，颐其神以粹素"，表明修仙的目的除了长生之外，还能免除人世间的烦恼。

《金刚经》的主旨就是使身心安顿。它说："善男子、善女人发阿耨多罗三藐三菩提心者，当生如是心：我应灭度一切众生，灭度一切众生已，而无有一众生实灭度者。何以故？须菩提，若菩萨有我相、人相、众生相、寿者相，即非菩萨。所以者何？须菩提，实无有法，发阿耨多罗三藐三菩提心者。"（《金刚经·究竟无我分第十七》）在《金刚经》看来，"灭度一切众生"就是灭掉众生的身心烦恼，让身心有一个安身立命之所。

《弘明集》在这一方面也着力颇多。它说："是以清心洁情，必妙生于英丽之境。浊情滓行，永悖于三途之域。……自有津悟以来，孤声豁然，灭除心患，未有斯之至也。"（《弘明集·明佛》）这里，"灭除心患"就是使身心清朗。

总之，两汉魏晋南北朝时期的身体叙事目的，就是使身心安顿。从这一点来看，两汉魏晋南北朝时期的身体叙事既可以麻痹大众的反抗意志，有利于社会的稳定，又可以使个人身心健康，有利于身体统辖和身体治理。

两汉魏晋南北朝时期的身体叙事对后世的影响也是显而易见的。从身体思想史的角度来说，两汉魏晋南北朝时期的身体叙事彰显的六种身体形态（世界身体、政治身体、社会身体、医学身体、精神身体和消费身体）在唐宋元明清时期得到了进一步建构，有力地促进了身体思想的发展及身体思想的政治化和社会化。

首先，就世界身体来说，西汉董仲舒关于天的身体叙事在宋明时期经理学家和心学家的大力演绎下，已发展为完整的系统的宇宙身体性结构观。王阳明指出："夫人者，天地之心，天地万物，本吾一体者也。生民之困苦荼毒，孰非疾痛之切于吾身者乎？不知吾身之疾痛，无是非之心者也。是非之心，不虑而知，不学而能，所谓良知也。良知之在人心，无间于圣愚，天下古今之所同也。世之君子惟务致其良知，则自能公是非，同好恶，视人犹己，视国犹家，而以天地万物为一体，求天下无治，不可得矣。"① 这种天地身心同构的观念，正是基于世界性身体的构想，此与法国身体现象学家梅洛-庞蒂身心都统一于世界的思想是一样的。这就表明，从先秦发轫的天的身体性，经《春秋繁露》的拓展，到明朝时期，已完全形成具有中国特色的世界身体观念。

其次，就政治身体而言，《淮南子》把体身之道进一步发展为治国之道。它说："凡以物治物者不以物，以睦；治睦者不以睦，以人；治人者不以人，以君；治君者不以君，以欲；治欲者不以欲，以性；治性者不以性，以德；治德者不以德，以道。"（《淮南子·齐俗》）它又说："是故身者道之所托，身得则道得矣。道之得也，以视则明，以听则聪，以言则公，以行则从。"（《淮南子·齐俗》）《淮南子》的道是国家治理之道与个人身体之道的完美的结合。以后的思想家在此基础上，进一步发扬光大。王夫之指出："人之体惟性，人之用惟才。性无有不善，为不善者非才，故曰，人无有不善。道则善矣，器则善矣。性者道之体，才者道之用，形者性之凝，色者才之撰也。故曰，汤、武身也，谓即身而道在也。道恶乎察？察于天地。性恶乎著？著于形色。有形斯以谓之身，形无有不善，身无有不善，故汤武身之而以圣。假形而有不善焉，汤、武乃遗其精、用其粗者，岂弗忧其驳杂而违天命之纯哉？"② 王夫子不但赋予"道""汤、武身也"，而且把性、道、身三者紧密地结合起来，这样就拓展了《淮南子》政治身体的范围。

再次，就社会身体而论，主要是《论衡》中的气的身体叙事。这一思想，开启了宋明时期的气论。理学的派系也由此分成程朱、陆王二系。无论哪一系，都像王充一样，把气作为身体的根本和世界的根本。由此，"气本论"成为当时的显学。气本论思想深刻地影响着当时的社会。程颐对其弟子的告白："吾受气

① 王守仁. 王阳明全集［M］. 吴光，钱明，董平，等编校. 上海：上海古籍出版社，2012：69.
② 尚书引义（卷4）洪范三［M］//王夫之，船山全书第12册. 长沙：岳麓书社，1992.

甚薄，三十而浸盛，四十五十而后完。今生七十二年矣，校其筋骨，于盛年无损也。"① 说明当时的士把养气作为社会日常生活的重要方面。同时，也反映了随着封建社会从繁荣走向衰落，社会急需一种思想来安心立身。"气本论"适应了这一变化。从这一点来说，气就是社会，社会就是气。气的身体叙事就是社会身体的叙事。

又次，在医学身体层面，《抱朴子》仙的身体叙事把身体从社会中剥离开来，变成一种可以通过技术手段延长其生命寿命的身体。《抱朴子》指出："服丹守一，与天相毕；还精胎息，延寿无极。"（《抱朴子·对俗》）这一思想，反映在科技很不发达的封建社会人们对身体健康的一种社会诉求。这一诉求不但促进了道教三派（丹鼎派、符箓派和积善派）的发展，而且对宋明时期士"以道化儒"也有一定影响。如明朝王阳明在与弟子讨论工夫时，常用内丹之术语。他在信中说："元静（陆澄）所云，真我者，果能戒谨不睹、恐惧不闻，而专心于是，则神住、气住、精住，而仙家所谓长生久视之说，亦在其中矣。"（《王阳明年谱》卷二）这说明道家顺生逆成的身体架构对心学家来说，借由工夫可以由后天回复到先天。而先天在落入后天时，产生了性命、心气等种种的分化，因此工夫的目标即在于对此进行存养，使之能融合为一，方能体证本体。因此，《抱朴子》的内丹修行思想不但影响了道教，而且对儒教的发展也有重大的作用。

最后，针对精神化身体，《金刚经》相的身体叙事和《弘明集》神的身体叙事的影响无疑是巨大的。一方面它规制了后来佛教发展的走向。禅宗在唐宋元明清时期成为显宗，就是因为《金刚经》相的身体叙事。《坛经》载："四祖以袈裟遮围，不令人见。为说《金刚经》，至'应无所住而生其心'，惠能言下大悟，一切万法，不离自性。遂启祖言：何期自性，本自清净；何期自性，本不生灭；何期自性，本自具足；何期自性，本无动摇；何期自性，能生万法。"（《六祖坛经·行由品第一》）惠能开创禅宗一派，与《金刚经》有莫大的关系。另一方面它促进了心学的发展。心学把心的修炼与身体的修炼结合起来，正是基于《金刚经》离相无住思想。王阳明《传习录》在回答陆澄如何去私欲时指出："毕竟从好色、好利、好名等根上起，自寻其根便见。如汝心中决知是无有做劫盗的思虑，何也？以汝元无是心也。汝若于货色名利等心，一切皆如不做劫盗之心一般都消灭了，光光只是心之本体，看有甚闲思虑？此便是'寂

---

① 朱熹，吕祖谦. 近思录 [M]. 查洪德，注译. 郑州：中州古籍出版社，2008：223.

然不动'。"① 这与《金刚经》释迦牟尼回答须菩提"云何降伏其心？"所说意思相差不远。由此可见《金刚经》精神化身体对后世的影响之深。

总之，两汉魏晋南北朝时期的身体叙事承继了先秦时期的身体图式，又开启了唐宋元明清时期身体社会化，它起着一种承前启后的作用。

第一节　天的身体叙事：《春秋繁露》身体思想研究

马克思曾指出："自然界，就它自身不是人的身体而言，是人的无机身体。人靠自然界生活。这就是说，自然界是人为了不致死亡而必须与之处于持续不断的交互作用过程的、人的身体。所谓人的肉体生活和精神生活同自然界相联系，不外是说自然界同自身相联系，因为人是自然界的一部分。"② 在这里，马克思的身体不只是指人的肉体，而且指自然界这个广阔的领域。就是说，自然界也是身体的一部分。法国身体现象学大师梅洛-庞蒂也认为世界是身体。他说："世界之肉不像我的肉那样自我感觉，它是可感的而非感觉者——我仍然称其为肉……为的是说它蕴含各种可能，世界可能性（作为这一世界的变量的诸可能世界，尚不及单一与复多的世界），它因此绝对不是对象，纯粹事物的存在模式不过是其部分的、派生的表达。"③ 这样，身体不仅包括自然界，而且包括精神世界，是整个世界的指称。

天作为自然界和整个世界构成的重大组成部分，自然也被纳入身体分析的范畴。早在先秦时期，中国就有把天当作身体的论述。《论语》"获罪于天，无所祷也。"（《论语·八佾》）"予所否者，天厌之！天厌之！"（《论语·雍也》）和"文王既没，文不在兹乎？天之将丧斯文也，后死者不得与于斯文也；天之未丧斯文也，匡人其如予何？"（《论语·子罕》）这里的"天"又是人格化的身体。因此，在中国传统文化中，天被赋予有生命的主宰，天的叙事基本上按身体的视角来进行。西汉时期董仲舒的《春秋繁露》就是这样一本有关天的叙事重要的身体思想力作。

---

① 王阳明. 传习录 [M]. 阎韬，注评. 南京：江苏古籍出版社，2001：68.

② 马克思恩格斯文集（第1卷）[M]. 中共中央马克思恩格斯列宁斯大林著作编译局，译. 北京：人民出版社，2009：161.

③ 杨大春. 感性的诗学——梅洛-庞蒂与法国哲学主流 [M]. 北京：人民出版社，2005：231.

一、《春秋繁露》天的身体叙事的主要内容

李泽厚曾指出："尽管儒家和经学在汉代盛行，'厚人伦，美教化''惩恶扬善'被规定为从文学到绘画的广大艺术领域的现实功利职责，但汉代艺术的特点却恰恰是，它并没有受到这种儒家狭隘的功利信条的束缚。刚好相反，它通过神话跟历史、现实和神、人与兽同台演出的丰满的形象画面，极有气魄地展示了一个五彩缤纷、琳琅满目的世界。这个世界是有意或无意地作为人的本质的对象化，作为人的有机或无机的躯体而表现着的。它是人对客观世界的征服，这才是汉代艺术的真正主题。"① 这里"作为人的有机或无机的躯体表现着的"就是天。

中国古代天观念经过殷代的宗教迷信的天观念，到春秋战国时期道德自觉普遍存在化的天观念的演变，② 在汉代已发展为天与人身体德性相比附的观念。这主要表现在董仲舒的《春秋繁露》一书中。

第一，以身体隐喻来表证天的根身性。在《春秋繁露》这部经典中，有许多关于把天当身体的隐喻。如"天地之符，阴阳之副，常设于身。身犹天也，数与之相参，故命与之相连也。天以终岁之数，成人之身，故小节三百六十六，副日数也；大节十二分，副月数也；内有五脏，副五行数也；外有四肢，副四时数也；乍视乍瞑，副昼夜也；乍刚乍柔，副冬夏也；乍哀乍乐，副阴阳也；心有计虑，副度数也；行有伦理，副天地也。此皆暗肤著身，与人俱生。比而偶之弇合，于其可数也，副数；不可数者，副类，皆当同而副天，一也。是故陈其有形，以著其无形者；拘其可数，以著其不可数者。以此言道之亦宜以类相应，犹其形也，以数相中也。"（《春秋繁露·人副天数》）在这里，《春秋繁露》把身体三百六十六节比附为一年，十二节比附为十二月，五脏比附为五行，四肢比附为四季，身体的视瞑比附为昼夜，身体的刚柔比附为冬夏，哀乐比附为阴阳……。显然《春秋繁露》的"天"不是自然之天，而是人格化的天。

由于是人格化的天，自然天像人一样有性情，自然天像人一样有一定的血缘关系。《春秋繁露》指出："为生不能为人，为人者天也。人之为人本于天，天亦人之曾祖父也，此人之所以乃上类天也。人之形体，化天数而成；人之血气，化天志而仁；人之德行，化天理而义；人之好恶，化天之暖清；人之喜怒，

---

① 李泽厚. 美的历程［M］//李泽厚. 李泽厚十年集（第一卷）. 合肥：安徽文艺出版社，1994：75.

② 详见赵源. 中国古代天观念的演变与特征［J］. 江淮论坛，2000（2）：98-101.

化天之寒暑；人之受命，化天之四时。人生有喜怒哀乐之答，春秋冬夏之类也。喜，春之答也；怒，秋之答也；乐，夏之答也；哀，冬之答也。天之副在乎人，人之情性有由天者矣，故曰受，由天之号也。为人主者，道莫明省身之天，如天出之也。使其出也，答天之出四时而必忠其受也，则尧、舜之治无以加。是可生可杀，而不可使为乱。"（《春秋繁露·为人者天》）在这里，《春秋繁露》赋予天人的曾祖父身份，它不但繁衍人的身体，而且生成身体的情性，即喜怒哀乐和仁义。"天数""天志""天理"这些天的词语与其说是天的概念范畴，不如说是人之身心的义界。这样，天和人的身体不但在形体上相类，而且在情感上、道德上也相类。

由于天人在形体、情感、道德上的相类，养身与养心表面上看起来是养生，实际上是顺应天道。它说："人生于天，而取化于天。喜气取诸春，乐气取诸夏，怒气取诸秋，哀气取诸冬，四气之心也。四肢之各有处，如四时；寒暑不可移，若肢体。肢体移易其处，谓之壬人；寒暑移易其处，谓之败岁；喜怒移易其处，谓之乱世。明王正喜以当春，正怒以当秋，正乐以当夏，正哀以当冬。上下法此，以取天之道。春气爱，秋气严，夏气乐，冬气哀。爱气以生物，严气以成功，乐气以养生，哀气以丧终，天之志也。是故春气暖者，天之所以爱而生之；秋气清者，天之所以严而成之；夏气温者，天之所以乐而养之；冬气寒者，天之所以哀而藏之。春主生，夏主养，秋主收，冬主藏。生溉其乐以养，殆溉其哀以藏，为人子者也。故四时之行，父子之道也；天地之志，君臣之义也；阴阳之理，圣人之法也。"（《春秋繁露·王道通三》）在这里，天道也是"父子之道""君臣之义"和"圣人之法"。这样养身与养心就转变为遵守"父子之道""君臣之义"和"圣人之法"了。

总之，《春秋繁露》通过天的根身性，来彰显人的伦理本性和社会政治运行的规律。正如王志楣所指出的："以董仲舒为代表的儒学，借助黄老拓展儒学的思维空间，将天地人组入一个各就各位的大一统体系，从《春秋繁露》中可以看到，经董仲舒加以改造后，一方面完成了天与人的对接和贯通；另一方面又将道的虚无化转换为天的对象化。将人的伦理本性落实到身体层面的实存，由此建立的天人关系，当然也就成了物理性的天与身体性的人的比附关系。"① 《春秋繁露》天的根身性隐喻正是为了建立一个身体的伦理体系。从这一点出发，《春秋繁露》的天也是义理之天。张岱年认为古代哲学的"天"有主宰之天、

---

① 王志楣. 从身体观诠释董仲舒之天人感应 [J]. 中国儒学，2015（10）：99-116.

自然之天、义理之天三种含义。① 在《春秋繁露》一书里，这三种天表现得尤为明显。

第二，阴阳、五行、四时的束身性。在《春秋繁露》看来，阴阳、五行、四时是建构天的重要部分。首先，就阴阳来说，它是天道和身体的生成本体。《春秋繁露》指出："天道之常，一阴一阳。阳者，天之德也；阴者，天之刑也。迹阴阳终岁之行，以观天之所亲而任。"（《春秋繁露·阴阳义》）在这里，天道的变化就是阴阳的变化。其中阳为天德，阴为天刑。且在这变化过程中，阳起主导作用。它说："阳者，岁之主也，天下之昆虫随阳出入，天下之草木随阳而生落，天下之三王随阳而改正，天下之尊卑随阳而序位。幼者居阳之所少，老者居阳之所老，贵者居阳之所盛，贱者居阳之所衰。藏者，言其不得当阳。不当阳者，臣、子是也；当阳，君、父是也。故人主南面，以阳为位也。"（《春秋繁露·天辨在人》）由此，《春秋繁露》建构起了阳主阴辅的天的体制。"阳贵而阴贱，天之制也。"（《春秋繁露·天辨在人》）陈丽桂指出：汉代董仲舒为建立君权神授法统，将"气"凝聚于神格天之下，这种气化观，既非彻底的神学，也不是纯粹的形而上性格。② 而是现实伦理社会的镜像。从这一点来说，《春秋繁露》的"阴阳说"是从宇宙的气化到人类社会伦理的气化。

由于人体与天的类同性，自然身体也是由阴阳化合而成的。《春秋繁露》说："观人之体，一何高物之甚，而类于天也。物旁折取天之阴阳以生活耳，而人乃烂然有其文理。"（《春秋繁露·人副天数》）这样，宇宙的大阴阳与人身的小阴阳互相运化。它说："天有阴阳，人亦有阴阳。天地之阴气起，而人之阴气应之而起；人之阴气起，而天地之阴气亦宜应之而起。"（《春秋繁露·同类相动》）

又因为阳代表的是君、父形象，阴代表的是臣、子形象，所以"阳贵而阴贱"的天制，表现在人世间就是君阳臣阴、父阳子阴、夫阳妻阴。如《春秋繁露》所说："阴者，阳之合；妻者，夫之合；子者，父子合；臣者，君之合。物莫无合，而合各有阴阳。阳兼于阴，阴兼于阳；夫兼于妻，妻兼于夫；父兼于子，子兼于父；君兼于臣，臣兼于君。君臣、父子、夫妇之义，皆取阴阳之道。君为阳，臣为阴；父为阳，子为阴；夫为阳，妻为阴。阴阳无所独行，其始也不得专起，其终也不得分功，有所兼之义。"（《春秋繁露·基义》）这种君为

---

① 张岱年. 论中国古代哲学的范畴体系 ［J］. 中国社会科学，1985（2）：89-102.
② 陈丽桂.《淮南子》与《春秋繁露》中的感应思想 ［M］//先秦两汉论丛（第一辑）. 台北：红叶文化出版社，1999：172.

臣纲、父为子纲、夫为妻纲的封建等级制度，在"阳贵而阴贱"的天制名义下，将人的身体严格地纳入一种森严的等级模式之内。从这一点来说，《春秋繁露》的阴阳更具束身性。它不只是身体生成的本体，更是身体行为的伦理制度。

其次，就五行来说，它是天运行和身体运行的秩序。《春秋繁露》指出："天有五行：一曰木，二曰火，三曰土，四曰金，五曰水。木，五行之始也；水，五行之终也；土，五行之中也，此其天次之序也。木生火，火生土，土生金，金生水，水生木，此其父子也。木居左，金居右，火居前，水居后，土居中央，此其父子之序，相受而布。是故木受水而火受木，土受火，金受土，水受金也。诸授之者，皆其父也；受之者，皆其子也。常因其父以使其子，天之道也。是故木已生而火养之，金已死而水藏之，火乐木而养以阳，水克金而丧以阴，土之事天竭其忠。故五行者，乃孝子、忠臣之行也。"（《春秋繁露·五行之义）。在这里，《春秋繁露》不但建构起天运行的规则和秩序，即"木生火，火生土，土生金，金生水，水生木"和"木居左，金居右，火居前，水居后，土居中央。"而且指出这一规则和秩序，也是父子关系的规则和秩序。在《春秋繁露》看来，"诸授之者，皆其父也；受之者，皆其子也。""其父以使其子，天之道也。"这种"父为子纲"正是五行运行规则和秩序的反映。推衍开去，君为臣纲也是五行运行的结果，即"故五行者，乃孝子、忠臣之行也"。《春秋繁露》像赋予阴阳伦理制度一样，赋予五行道德伦理规范。因此，五行也具有束身性，它规定身体运行的规则和秩序。

根据这一规则："五行之随，各如其序；五行之官，各致其能。"① 质之社会，则要按照五行秩序建构起身体行为的规则。《春秋繁露》指出"木用事，则行柔惠，挺群禁。至于立春，出轻系，去稽留，除桎梏，开门阖，通障塞，存幼孤，矜寡独，无伐木。火用事，则正封疆，修田畴。至于立夏，举贤良，封有德，赏有功，出使四方，无纵火。土用事，则养长老，存幼孤，矜寡独，赐孝弟，施恩泽，无兴土功。金用事，则修城郭，缮墙垣，审群禁，饬甲兵，警百官，诛不法，存长老，无焚金石。水用事，则闭门闾，大搜索，断刑罚，执当罪，饬关梁，禁外徙，无决堤。"（《春秋繁露·治顺五行》）这里的"木用事""火用事""土用事""金用事"和"水用事"名义上是讲五行用事，实际上是讲身体用事。《春秋繁露》借五行属性，来约束人的身体行为。这就赋予五行更多的道德属性和伦理属性。

最后，就四时来说，它是身体在天理上的表现。根据《春秋繁露》的观点，

---

① 《春秋繁露·五行之义》。

四时是天按照阴阳作出的四种选择。它说："天地之理，分一岁之变以为四时，四时亦天之四选已。是故春者少阳之选也，夏者太阳之选也，秋者少阴之选也，冬者太阴之选也。四选之中，各有孟、仲、季，是选之中有选，故一岁之中有四时，一时之中有三长，天之节也。"（《春秋繁露·官制象天》）这四种选择，与人的身体四肢相比附，即四肢——四时，三节——三月，十二节——十二月。《春秋繁露》指出："求天数之微，莫若于人。人之身有四肢，每肢有三节，三四十二，十二节相持，而形体立矣；天有四时，每一时有三月，三四十二，十二月相受，而岁数终矣。"（《春秋繁露·官制象天》）

这种身体与四时的同类和同构，是为了更好地从天的四时节度来规范和约束人的身体的行为和情志。《春秋繁露》说："天之道，春暖以生，夏暑以养，秋清以杀，冬寒以藏。暖暑清寒，异气而同功，皆天之所以成岁也。圣人副天之所行以为政，故以庆副暖而当春，以赏副暑而当夏，以罚副清以当秋，以刑副寒而当冬。庆赏罚刑，异事而同功，皆王者之所以成德也。庆赏罚刑与春夏秋冬，以类相应也，如合符。"（春秋繁露·四时之副》）在这里，《春秋繁露》明确指出"圣人副天之所行以为政"。庆赏罚刑名义上是春夏秋冬运行的结果，实际上借四时来实行王政。这就赋予四时以束身性。

同时，在《春秋繁露》看来，四时也是天与人身体情感的表达，天人之间可以交流沟通。它说："春，爱志也；夏，乐志也；秋，严志也；冬，哀志也。故爱而有严，乐而有哀，四时之则也。喜怒之祸，哀乐之义，不独在人，亦在于天；而春夏之阳，秋冬之阴，不独在天，亦在于人。人无春气，何以博爱而容众？人无秋气，何以立严而成功？人无夏气，何以盛养而乐生？人无冬气，何以哀死而恤丧？"（《春秋繁露·天辨在人》）《春秋繁露》认为"志气"可以"博爱而容众""立严而成功""盛养而乐生"和"哀死而恤丧"，这就赋予四时"仁"的功能。"仁，天心。"（《春秋繁露·俞序》）"天，仁也。"（《春秋繁露·王道通三》）从这一点来说，《春秋繁露》的四时，就是儒家"仁"的表达。

总之，《春秋繁露》借生成天的阴阳、五行和四时来建构宇宙运行大系统，并以此系统来规范人的身体行为。在《春秋繁露》那里，宇宙运行的秩序和规则是人身体的秩序和规则。因此，《春秋繁露》的阴阳、五行和四时都同时具有道德实践性和伦理规范性。可以说，《春秋繁露》的阴阳、五行和四时观念是对先秦时期阴阳、五行和四时理论的一个重大突破。

第三，天与君主的身体的交互感应。《春秋繁露》的核心是为封建君主专制统治寻找政治合法性，由此，董仲舒以孔子天命观为理论基础，以身体为切入点，建构起了一整套君主天人感应理论。

首先，君主的身体是天的身体的产物。在《春秋繁露》看来，天就是身体。"身之名，取诸天。天两有阴阳之施，身亦两有贪、仁之性。天有阴阳禁，身有情欲框，与天道一也。是以阴之行不得干春、夏，而月之魄常厌于日光，乍全乍伤。天之禁阴如此，安得不损其欲而辍其情以应天？天所禁，而身禁之，故曰身犹天也。"（《春秋繁露·深察名号》）君主作为天的儿子，自然君主的身体是天的身体的产物。《春秋繁露》指出："天者，父之天也。无天而生，未之有也。天者，万物之祖，万物非天不生。独阴不生，独阳不生，阴阳与天地参然后生。"（《春秋繁露·顺命》）《春秋繁露》以夏、商、周三代君主为例，阐释天是如何生成君主身体的。它说："天将授禹，主地法夏而王，祖锡姓为姒氏。至禹，生发于背，形体长，长足胼，疾行先左，随以右，劳左佚右也，性长于行，习地明水。天将授汤，主天法质而王，祖锡姓为子氏。谓契母吞玄鸟卵生契，契生发于胸，性长于人伦。至汤，体长专小，足左扁而右便，劳右佚左也，性长于天兴，质易纯仁。天将授文王，主地法文而王，祖锡姓姬氏。谓后稷母姜原履大人迹而生后稷，后稷长于邰土，播田五谷。至文王，形体博长，有四乳而大足，性长于地文势。"（《春秋繁露·三代改制质文》）在《春秋繁露》看来，禹、汤、文王身体形状奇异，各有区别，是天授予的任务不同。这种君权神授理论，为封建专制统治提供了政治合法性。

其次，天的位置决定君主身体的位置。在《春秋繁露》看来，天是非常神圣、非常尊贵的。它说："天高其位而下其施，藏其形而见其光。高其位，所以为尊也；下其施，所以为仁也；藏其形，所以为神；见其光，所以为明。故位尊而施仁，藏神而见光者，天之行也。"（《春秋繁露·离合根》）君主受命于天，其身体自然也是尊贵的。

《春秋繁露》指出："一国之君，其犹一体之心也。隐居深宫，若心之藏于胸；至贵无与敌，若心之神无与双也；其官人上士，高清明而下重瘘，若身之贵目而贱足也；任群臣无所亲，若四肢之各有职也；内有四辅，若心之有肝肺脾肾也；外有百官，若心之有形体孔窍也；亲圣近贤，若神明皆聚于心也；上下相承顺，若肢体相为使也；布恩施惠，若元气之流皮毛腠理也；百姓皆得其所，若血气和平，形体无所苦也；无为致太平，若神气自通于渊也；致黄龙、凤皇，若神明之致玉女、芝英也。君明，臣蒙其功，若心之神，体得以全；臣贤，君蒙其恩，若形体之静，而心得以安。上乱，下被其患，若耳目不聪明，而手足为伤也；臣不忠，而君灭亡，若形体妄动，而心为之丧。是故君臣之礼，若心之与体。心不可以不坚，君不可以不贤；体不可以不顺，臣不可以不忠。

心所以全者，体之力也；君所以安者，臣之功也。"（《春秋繁露·天地之行》）在这里，《春秋繁露》把君主比喻为身体中心的心脏，臣是身体的肝肺脾肾器官及四肢，百姓是皮毛腠理。而神统于心，摄于形。无心则体不顺。《春秋繁露》将一个完整的身体分成了形、神、血气、心肝肺脾肾、四肢等诸多构成内容，其中"心"是生命中枢，"形"是生命的外在形式，"神"对"形"加以协调与制约，乃是与君主的职能和百官的职能相对称。

《春秋繁露》尊心贱形，产生了"'心'与'形'位置的非对等性，所以两汉很少见到以心、形对举指称人的身体，而是将身（体）视为'心'与'体'的合一，如《春秋繁露》云：'君者，民之心也；民者，君之体也。心之所好，体必安之；君之所好，民必从之。'"① 从这一点来说，《春秋繁露》的心体合一乃是对儒家"民贵君轻"的反讽。因为《春秋繁露》的"心"是君，民只是"体"，"君之所好，民必从之。"（《春秋繁露·为人者天》

由于《春秋繁露》把君主摆在一个最高的位置，因此君主的身体行为事关国家的稳定与太平。它说："气之清者为精，人之清者为贤。治身者以积精为宝，治国者以积贤为道。身以心为本，国以君为主。精积于其本，则血气相承受；贤积于其主，则上下相制使。血气相承受，则形体无所苦；上下相制使，则百官各得其所。形体无所苦，然后身可得而安也；百官各得其所，然后国可得而守也。夫欲致精者，必虚静其形；欲致贤者，必卑谦其身。形静志虚者，精气之所趣也；谦尊自卑者，仁贤之所事也。故治身者，务执虚静以致精；治国者，务尽卑谦以致贤。能致精，则合明而寿；能致贤，则德泽洽而国太平。"（《春秋繁露·通国身》）在这里，《春秋繁露》以心、形、气三者的关系来比喻国家的治理。

由于心是各个身体器官的主宰，一个国家的治理应以君主为主；由于心以清气为载体，而"人之清者为贤"，国家的治理应以贤臣为桥梁；由于"血气相承受""形体无所苦"，君主与臣子关系应融洽。由于《春秋繁露》以身类国，因此，身体治理与国家治理相洽。《春秋繁露》主张"治身"："务执虚静以致精。""治国"："务尽卑谦以致贤。"这与道家的治身与治国理念相符合。所以有学者指出："作为汉代影响极大的思想家的董仲舒，思想主要以儒家为主，同时兼容各家，尤其是传承与接受了道家思想的影响，这在'天人感应'的身体观念上也有表现。"②

---

① 王志楣. 从身体观诠释董仲舒之天人感应［J］. 中国儒学，2015（10）.
② 齐林华. 中国古代文化中的身体观念及其发展［D］. 长沙：湖南师范大学，2013：91.

由于《春秋繁露》的身体治理具有道家的理念，因此，在具体的实施过程中，《春秋繁露》主张君主"寂寞无为"。它说："君人者，国之元，发言动作，万物之枢机。枢机之发，荣辱之端也，失之毫厘，驷不及追。故为人君者，谨本详始，敬小慎微，志如死灰，形如委衣，安精养神，寂寞无为。休形无见影，掩声无出响，虚心下士，观来察往，谋于众贤，考求众人，得其心，遍见其情，察其好恶，以参忠佞，考其往行，验之于今，计其蓄积，受于先贤。释其仇怨，视其所争，差其党族，所依为臬，据位治人。"（《春秋繁露·立元神》）这里的"无为"是"无不为"。从这点来说，董仲舒的身体观是道家身体观的继承和发展。

最后，天的感应与君主的身体行为。在《春秋繁露》看来，君主的身体行为与天是相通的。君主的一举一动天都会知道，并能作出一定的反映。《春秋繁露》说："王者，人之始也。王正，则元气和顺，风雨时，景星见，黄龙下；王不正，则上变天，贼气并见。"（《春秋繁露·王道》）在这里，《春秋繁露》把政治与自然界的变化联系起来，认为政治清明，自然界就平和，并出现祥瑞。这就赋予"王政"宗教性和神秘性。

关于这一点，《春秋繁露》从正反两个方面进行了说明。在五帝三王时期，由于国君身体行为美好，故天降甘露。它说："五帝三王之治天下，不敢有君民之心，什一而税，教以爱，使以忠，敬长老，亲亲而尊尊。不夺民时，使民不过岁三日。民家给人足，无怨望忿怒之患、强弱之难，无谗贼妒疾之人。民修德而美好，被发衔哺而游，不慕富贵，耻恶不犯。父不哭子，兄不哭弟。毒虫不螫，猛兽不搏，抵虫不触，故天为之下甘露，朱草生，醴泉出，风雨时，嘉禾兴，凤凰麒麟游于郊。囹圄空虚，画衣裳而民不犯。四夷传译而朝，民情至朴而不文。郊天祀地，秩山川，以时至封于泰山，禅于梁父。立明堂，宗祀先帝，以祖配天，天下诸侯各以其职来祭。贡土地所有，先以入宗庙，端冕盛服，而后见先。德恩之报，奉先之应也。"（《春秋繁露·王道》）这里的"甘露降""朱草生""醴泉出""嘉禾兴""凤凰麒麟游于郊"都是上天对"王正"的感应。而"王正"主要针对的是君主的身体行为。祥瑞是天对君主身体行为端正的反映。

反之，灾异是君主身体行为不当的体现。在桀、纣时期和周末，由于君主片面追求身体娱乐和身体享受，因此，天降灾害。《春秋繁露》说："侈宫室，广苑囿，穷五采之变，极饰材之工，困野兽之足，竭山泽之利，食类恶之兽。夺民财食，高雕文刻镂之观，尽金玉骨象之工，盛羽旄之饰，穷白黑之变。深刑妄杀以陵下，听郑、卫之音，充倾宫之志，灵虎兕文采之兽。以希见之意，赏佞赐谗。以糟为丘，以酒为池。孤贫不养，杀圣贤而剖其心，生燔人闻其臭，剔孕妇见其化，斮朝涉之足察其拇，杀梅伯以为醢，刑鬼侯之女取其环。……周衰，天子微弱，诸侯力政，大夫专国，士专邑，不能行度制法文之礼，诸侯背叛，莫修贡聘，奉献天子。臣弑其君，子弑其父，孽杀其宗，不能统理，更相伐锉以广地，以强相胁，不能制属。强奄弱，众暴寡，富使贫，并兼无已。臣下上僭，不能禁止。日为之食，星霣如雨，雨螽，沙鹿崩；夏大雨水，冬大雨雪；霣石于宋五，六鹢退飞；霣霜不杀草，李梅实；正月不雨，至于秋七月；地震，梁山崩，壅河三日不流；昼晦，慧星见于东方，孛于大辰，鹳鹆来巢。"（《春秋繁露·王道》）这里"日为之食，星霣如雨，雨螽，沙鹿崩""地震，梁山崩，壅河三日不流"和"昼晦，慧星见于东方"等都是因为君主"深刑妄杀以陵下"和"臣弑其君，子弑其父"的结果。

因此，国君要行善政勿行恶政，否则，天降灾难以自警。《春秋繁露》指出："凡灾异之本，尽生于国家之失。国家之失乃始萌芽，而天出灾害以谴告之；谴告之而不知变，乃见怪异以惊骇之；惊骇之尚不知畏恐，其殃咎乃至。以此见天意之仁而不欲陷人也。谨案：灾异以见天意。天意有欲也，有不欲也。所欲、所不欲者，人内以自省，宜有惩于心；外以观其事，宜有验于国。故见天意者之于灾异也，畏之而不恶也，以为天欲振吾过、救吾失，故以此报我也。"（《春秋繁露·二端》）《春秋繁露》这种"天人感应"思想，目的非常明确，即要透过与自然天地的相类相感来规范君主的行为，使之合于儒家的伦理规范。这样，在尊贵的君主之上，出现了一个更高的统治者"天"。它规训君主的身体行为，"从而将统治者原本不可制约的权力置于一个更绝对、更具无限性的权力主体的覆盖之下。这样，先秦儒家一直没有处理好的对统治者进行道德规训的问题，到董仲舒这里被用一种近于神学的方式解决了。"①

第四，天的身体等级。既然《春秋繁露》天人相副同类，社会有一定的等级制度，那么天也有一定的身份差序格局。它说："天有十端，十端而止已。天为一端，地为一端，阴为一端，阳为一端，火为一端，金为一端，木为一端，水为一端，土为一端，人为一端，凡十端而毕，天之数也。天数毕于十，王者受十端于天，而一条之率，每条一端以十二时，如天之每终一岁以十二月也。十者天之数也，十二者岁之度也。用岁之度，条天之数，十二而天数毕。是故终十岁而用百二十月，条十端亦用百二十臣，以率被之，皆合于天。其率三臣而成一慎，故八十一元士为二十七慎，以持二十七大夫；二十七大夫为九慎，

---

① 刘成纪. 汉代美学中的身体问题［D］. 武汉：武汉大学，2005：77.

以持九卿；九卿为三慎，以持三公；三公为一慎，以持天子。"（《春秋繁露·官制象天》）在这种天的端条格局下，建构起了天子—三公—九卿—大夫—士—民的封建身体等级制度。这就为封建等级体系寻找了形而上的政治合法性。在"天端"的名义下，为人的身体定位。

首先，身体等级制度建立在天之下的皇权大一统格局下。《春秋繁露》指出："人之得天、得众者，莫如受命之天子，下至公、侯、伯、子、男。海内之心，悬于天子；疆内之民，统于诸侯。"（《春秋繁露·奉本》）在这种政治大一统的格局下，忠和孝的身体行为成为封建身体等级制度维系的纽带。《春秋繁露》说："受命之君，天意之所予也。故号为天子者，宜视天如父，事天以孝道也；号为诸侯者，宜谨视所候奉之天子也；号为大夫者，宜厚其忠信，敦其礼义，使善大于匹夫之义，足以化也；士者，事也；民者，瞑也；士不及化，可使守事从上而已。"（《春秋繁露·深察名号》）这里"事天以孝道"是把天看成了人所有共同的父亲。人像儿子对父亲尽孝尽礼一般服侍天，这样天人之间带有了明显的伦理道德性。表面上看来对天尽孝道，实际上对天的儿子天子尽忠，这就在天的名义上把封建的忠孝礼仪合法化了。

其次，在《春秋繁露》看来，每一等级应该有不同的身体服饰和身体行为。单就身体服饰而言，天子、诸侯、大夫、士、庶人各个身体等级的衣服颜色是不一样的。它说："凡衣裳之生也，为盖形暖身也。然而染五采、饰文章者，非以为益肌肤血气之情也，将以贵贵尊贤，而明别上下之伦，使教亟行，使化易成，为治为之也。若去其度制，使人人从其欲，快其意，以逐无穷，是大乱人伦而靡斯财用也，失文采所遂生之意矣。上下之伦不别，其势不能相治，故苦乱也；嗜欲之物无限，其数不能相足，故苦贫也。今欲以乱为治，以贫为富，非反之制度不可。古者天子衣文，诸侯不以燕，大夫衣禒，士不以燕，庶人衣缦，此其大略也。"（《春秋繁露·度制》）《春秋繁露》这种"度爵而制服"的思想，"集中体现了董仲舒对身体政治性的第三种维度的想象，即在汉代专制政体下关于身体的社会规定的构想。"① 它表面说衣裳"为盖形暖身也"，实际上衣裳是等级身份的象征，"天子衣文""大夫衣禒"和"庶人衣缦"无不透露出等级和身份的区隔。

最后，身体等级制度下的"养"。《春秋繁露》认为："天之生人也，使人生义与利。利以养其体，义以养其心。心不得义，不能乐；体不得利，不能安。

---

① 聂春华. 从"论心"到"显己"——由《春秋繁露》看汉儒对身体政治性之发现 [J]. 河北师范大学学报（哲学社会科学版），2012，35（3）：33-37.

义者，心之养也；利者，体之养也。体莫贵于心，故养莫重于义。"（《春秋繁露·身之养重于义》）在这里，《春秋繁露》用了一个功能性的词"养"，前面所述，"养"是把身体视为容器来培育。《春秋繁露》把"利"视为"体"的培育基，把"义"视为"心"的培育基，是因为"体莫贵于心"。在《春秋繁露》看来，"心"是生命的中枢，养"心"就是顺天之性，对百姓进行教化，使其节欲和无欲。它说："务致民令有所好，有所好，然后可得而劝也，故设赏以劝之；有所好，必有所恶，有所恶，然后可得而畏也，故设罚以畏之。既有所劝，又有所畏，然后可得而制。制之者，制其所好，是以劝赏而不得多也；制其所恶，是以畏罚而不可过也。所好多，则作福；所恶多，则作威。作威则君亡权，天下相怨；作福则君亡德，天下相贼。故圣人之制民，使之有欲，不得过节；使之敦朴，不得无欲。无欲有欲，各得以足，而君道得矣。"（《春秋繁露·保位权》）《春秋繁露》使民"制其所好"和"制其所恶"就是在封建等级秩序下使民的身体欲望符合封建统治者的需要。

总之，《春秋繁露》通过天端天条，不但建构了天的等级秩序，而且建构了人世间的身份等级秩序。这样，天成为主宰之天，是社会权力展现的场域。为封建等级制度提供了身体的正当性和合法性。

第五，身体要循天道而行。《春秋繁露》一书的核心之一是天道。在它看来，"天之道有伦、有经、有权。"（《春秋繁露·阴阳终始》）其中"伦"是内容，"经"是根本，"权"是方式。

首先，就伦来看，"天序日月星辰以自光"（《春秋繁露·立元神》）具体来说，就是"贵阳贱阴"和"天尊地卑"。《春秋繁露》说："阳始出，物亦始出；阳方盛，物亦方盛；阳初衰，物亦初衰；物随阳而出入，数随阳而终始；三王之正，随阳而更起；以此见之，贵阳而贱阴也。"（《春秋繁露·阳尊阴卑》）天为阳，地为阴。"贵阳贱阴"推演开就是"天尊地卑"。这反映到人的身体，就是上尊下卑。《春秋繁露》指出："是故人之身，首坌而员，象天容也；发，象星辰也；耳目戾戾，象日月也；鼻口呼吸，象风气也；胸中达知，象神明也；腹胞实虚，象百物也；百物者最近地，故要以下地也。天地之象，以要为带，颈以上者，精神尊严，明天类之状也；颈而下者，丰厚卑辱，土壤之比也；足布而方，地形之象也。"（《春秋繁露·四时之副》）这反映到君臣关系上，就是君尊臣卑。《春秋繁露》通过天伦，建立了天地、人身、社会等级格局。这是天道、身道和王道运行的基本规范和行为准则。

其次，就经来看，它是天地运行的根本法则。《春秋繁露》指出："天之道，有序而时，有度而节，变而有常，反而有相奉，微而至远，踔而致精，一而少积蓄，广而实，虚而盈。"（《春秋繁露·天容》）这就要求：

一是要"循天之道以养其身"。（《春秋繁露·循天之道》）具体说来，就是用中和来保养身体。《春秋繁露》指出："天有两和，以成二中，岁立其中，用之无穷。是北方之中用合阴，而物始动于下；南方之中用合阳，而养始美于上。其动于下者，不得东方之和不能生，中春是也；其养于上者，不得西方之和不能成，中秋是也。然则天地之美恶在？两和之处，二中之所来归，而遂其为也。是故东方生而西方成，东方和生，北方之所起；西方和成，南方之所养长。起之，不至于和之所不能生；养长之，不至于和之所不能成。成于和，生必和也；始于中，止必中也。中者，天地之所终始也；而和者，天地之所生成也。夫德莫大于和，而道莫正于中。……是故能以中和理天下者，其德大盛；能以中和养其身者，其寿极命。"（《春秋繁露·循天之道》）这里用了两个关键性的功能性词语"中"与"和"，按照《说文解字》的解释，"中""内也，从口，上下通"；"和""相应也。从口禾声"。质之《春秋繁露》，"中"就是"天地之所终始也。""和"则是"天地之所生成也。""中和"则是贯穿天地运行的根本法则。进一步拓展开去，"夫德莫大于和，而道莫正于中。中者，天地之美达理也，圣人之所保守也。""中和"又是最高的道德准则。用最高的德性养身，寿命就会长久。这样看来，"循天之道以养其身"就是顺应天道的变化，以德养身。"天道"成为最高的道德价值。

二是循天道而用之。《春秋繁露》说："天之少阴用于功，太阴用于空。人之少阴用于严，而太阴用于丧。丧亦空，空亦丧也。是故天之道以三时成生，以一时丧死。死之者，谓百物枯落也；丧之者，谓阴气悲哀也。天亦有喜怒之气、哀乐之心，与人相副。以类合之，天人一也。春，喜气也，故生；秋，怒气也，故杀；夏，乐气也，故养；冬，哀气也，故藏。四者，天人同有之，有其理而一用之。与天同者大治，与天异者大乱。故为人主之道，莫明于在身之与天同者而用之，使喜怒必当义而出，如寒暑之必当其时乃发也；使德之厚于刑也，如阳之多于阴也。"（《春秋繁露·阴阳义》）在《春秋繁露》看来，天道既然是天地之始终、万物之生成，那么生死与喜怒哀乐乃是天地之自然规律。作为君主要顺应这一规律，"使喜怒必当义而出""寒暑之必当其时乃发"。这样循天道而用之，就会实现国家的治理。从"阳之多于阴"来看，天道代表绝对的善。

三是体天道而养气。《春秋繁露》认为气是生命的本体，没有气就没有生命，也就没有身体。它说："天地之气，不致盛满，不交阴阳。"（《春秋繁露·循天之道》）因此，《春秋繁露》主张养气。它说："闲欲止恶以平意，平意以静神，静神以养气。气多而治，则养身之大者得矣。"（《春秋繁露·循天之道》）它认为养气越多，养身就越大。由于天道是从盛至衰，养气与治身就不能违背天道。它说："气不伤于以盛通，而伤于不时、天并。不与阴阳俱往来，谓之不时；恣其欲而不顾天数，谓之天并。君子治身不敢违天，是故新牡十日而一游于房，中年者倍新牡，始衰者倍中年，中衰者倍始衰，大衰者以月当新牡之日。而上与天地同节矣，此其大略也。然而其要皆期于不极盛不相遇，疏春而旷夏，谓不远天地之数。"（《春秋繁露·循天之道》）《春秋繁露》的体天道而养气，实际上是按照天道治理身体。这就把身体治理与天道联系起来了。《春秋繁露》的"身治""国治"和"天下治"都与天道密切相关。

最后，就权来看，"天无常于物，而一于时，时之所宜，而一为之。"（《春秋繁露·天道无二》）这就是说，天道是变化无常的，但不管如何变化，其根本准则不会变，即"故常一而不灭，天之道。"（《春秋繁露·天道无二》）这是否意味着天道不需要变通？《春秋繁露》指出："至于秋时，少阴兴，而不得以秋从金，从金而伤火功，虽不得以从金，亦以秋出于东方，挽其处而适其事，以成岁功，此非权与？"（《春秋繁露·阴阳终始》）从这段话可以看出，天道也要讲究权变，君主的身体行为要根据四时的变化有所变化。从这点来看，《春秋繁露》的天道不是一成不变的，而是发展的。

总之，《春秋繁露》以天道为中心，建构起了身体行为模式。这种身体行为模式，就是身道。《春秋繁露》以天道作为身道的依据，其最终目的是为身道提供合理性基础。因此，《春秋繁露》的天道就是封建统治者禁锢百姓身体行为的工具，也是封建统治者自身身体行为合法性的工具。

二、《春秋繁露》天的身体叙事的评价

《春秋繁露》以天为中心，建构起了一系列身体模式，如天人相类模式、天人感应模式和循天道以养其身模式等，形成了对天系统的身体言说。而这种身体叙事与中国传统的宇宙观的身体性、当时的社会变迁的身体行为有着密切的关系。

第一，就宇宙观的身体性来说，中国古代一直有着以身体来建构世界的传统。如《山海经》说"钟山之神，名曰烛阴，视为昼，瞑为夜，吹为冬，呼为夏，不饮，不食，不息，息为风，身长千里。在无启之东。其为物，人面蛇身，赤色，居钟山下。"（《山海经·海外北经》）在这里，天的昼夜轮换和四季变化都是由烛阴的身体行为引起的。而相柳氏的身体化为泽溪更是凸显世界是由

人的身体构成的："共工之臣曰相柳氏，九首，以食于九山。相柳之所抵，厥为泽溪。禹杀相柳，其血腥，不可以树五谷种。禹厥之，三仞三沮，乃以为众帝之台。"（《山海经·海外北经》）而《易经》中的"乾道成男，坤道成女。乾知大始，坤作成物。"（《易经·系辞上》）则从另外一种视角说明天是建构身体的主宰。这样，人的身体可以建构天，天可以建构人的身体。整个先秦时期，天的身体性主要按这两个层面进行。《尚书·泰誓》中的"天视自我民视，天听自我民听。"就是天的身体性的具体表现。而《庄子·知北游》中"人之生，气之聚也；聚则为生，散则为死。……故曰：通天下一气耳。"（《庄子·知北游》）表达的是身体的体天性。

《春秋繁露》继承和发展了先秦天的身体性和身体的体天性这一思想。它说："天地之精所以生物者，莫贵于人。人受命乎天也，故超然有以倚。物疢疾莫能为仁义，唯人独能为仁义；物疢疾莫能偶天地，唯人独能偶天地。人有三百六十节，偶天之数也；形体骨肉，偶地之厚也；上有耳目聪明，日月之象也；体有空窍理脉，川谷之象也；心有哀乐喜怒，神气之类也。观人之体，一何高物之甚，而类于天也。物旁折取天之阴阳以生活耳，而人乃烂然有其文理。是故凡物之形，莫不伏从旁折天地而行，人独题直立端尚，正正当之。是故所取天地少者，旁折之；所取天地多者，正当之，此见人之绝于物而参天地。是故人之身，首妢员，象天容也；发，象星辰也；耳目戾戾，象日月也；鼻口呼吸，象风气也；胸中达知，象神明也；腹胞实虚，象百物也。百物者最近地，故要以下，地也。天地之象，以要为带，颈以上者，精神尊严，明天类之状也；颈而下者，丰厚卑辱，土壤之比也；足布而方，地形之象也。是故礼带置绅，必直其颈，以别心也。带而上者尽为阳，带下者尽为阴，各有分。阳，天气也；阴，地气也。故阴阳之动，使人足病，喉痹起，则地气上为云雨，而象亦应之也。"（《春秋繁露·人副天数》）不但身体的构成与天的构成相洽，而且天地的运动又影响着身体的变化。因此，《春秋繁露》的天和身体是交往身体。《春秋繁露》关于天的身体叙事就是现代美国身体社会学家约翰·奥尼尔《身体形态——现代社会的五种身体》中的世界身体的叙事。即人们通常是以自己的身体来构想宇宙以及以宇宙来反观其身体的——宇宙和人类身体之间存在着一种和谐性和整体性。①

第二，就社会变迁的身体行为来说，从先秦时期起，王（或言君主）的身

① 奥尼尔. 身体形态——现代社会的五种身体［M］. 张旭春，译. 沈阳：春风文艺出版社，1999：15-16.

体作用凸显。早在春秋时期老子就指出："道大，天大，地大，王亦大。域中有四大，而王居一安。"（《道德经》第二十五章）先秦的思想家无论是儒家、法家、道家，还是墨家，都对君主的身体作用作了充分的肯定。如管子说："天覆万物、制寒暑、行日月、次星辰，天之常也，治之以理，终而复始。主牧万民、治天下、莅百官，主之常也，治之以法，终而复始。"（《管子·管子解》）管子认为"天覆万物、制寒暑、行日月、次星辰"是天不变的法则，"牧万民、治天下、莅百官"是国君不变的法则，这就把国君的身体作用置于与天同等的地位。而荀子指出："故，天子不视而见，不听而聪，不虑而知，不动而功，块然独坐，而天下从之如一体，如四肢之从心。夫是之谓大形。"（《管子·君道》）在这里，荀子认为天下在"心"，是谓"大形"，这就赋予国君身体能动性作用。而墨子强调："凡乡之万民，皆上同乎国君，而不敢下比。国君之所是，必亦是之，国君之所非，必亦非之。去而不善言，学国君之善言；去而不善行，学国君之善行。国君固国之贤者也，举国人以法国君，夫国何说而不治哉？"（《墨子·尚同中》）则把国君的身体行为当作百姓学习的标杆。总之，先秦的思想家都置国君身体于崇高位置，主张"屈民而伸君。"（《春秋繁露·玉杯》）《春秋繁露》承继了这一思想并发扬光大。《春秋繁露》指出："唯天子受命于天，天下受命于天子，一国则受命于君。君命顺，则民有顺命；君命逆，则民有逆命。故曰：'一人有庆，兆民赖之。'此之谓也。"（《春秋繁露·为人者天》）《春秋繁露》认为"天子受命于天，天下受命于天子"，百姓的生命依赖着国君的喜好，国君的身体行为决定着百姓的生死。这就引出一个问题：由于皇权过大，国君极身体消费和身体享受之能事，从而导致天下大乱。怎样约束君主的身体？成为当时思想家所面临和所解决的一个重大的命题。

孔子想通过《春秋》一书的写作，来达到正视和规训君主身体的目的。《春秋繁露》说："是故《春秋》之道，以元之深，正天之端，以天之端，正王之政，以王之政，正诸侯之即位，以诸侯之即位，正竟内之治。五者俱正，而化大行。"（《春秋繁露·玉英》）在这里，孔子欲借"天端"正"王政""化大行"。孔子把天作为规训国君身体的最高道德准则。

荀子想通过礼的统制来约束君主的身体。荀子指出："国无礼则不正。礼之所以正国也，譬之犹衡之于轻重也，犹绳墨之于曲直也，犹规矩之于方圆也，既错之而人莫之能诬也。《诗》云：'如霜雪之将将，如日月之光明，为之则存，不为则亡。'此之谓也。"（《荀子·王霸》）荀子去掉天神秘的外衣，直接用礼义来正国君的身体行为。荀子的国君身体是礼义化的身体。

《春秋繁露》综合孔子"屈君而伸天"观念和荀子"以礼统国"的思想，

建构出了一种新的身体思想，即"天人相类""天人感应"和"循天道以养其身"的身体叙事。《春秋繁露》想通过这一天的身体叙事，来约束君主的身体。

对于"屈君而伸天"，《春秋繁露》强调天的权威和天对君主不当身体行为的天谴。它说："王者，天之所予也；其所伐，皆天之所夺也。"（《春秋繁露·尧舜不擅移汤武不专杀》）它又说："故书日蚀、星陨、有蜮、山崩、地震、夏大雨水、冬大雨雹、陨霜不杀草、自正月不雨至于秋七月、有鹳鹆来巢，《春秋》异之，以此见悖乱之征。……然而《春秋》举之以为一端者，亦欲其省天谴而畏天威，内动于心志，外见于事情，修身审己，明善心以反道者也，岂非贵微重始、慎终推效者哉？"（《春秋繁露·二端》）在这里，《春秋繁露》明确指出了《春秋》规训身体的不足，即"省天谴而畏天威"。由于缺乏"天谴"，有"重始"而无"慎终推效"，最后不了了之。因此，《春秋繁露》既有"天威"又有"天谴"。在皇帝的权威之上设置天的权威，以"天威"来树立君主的权威和要求君主"正王之政"；以"天谴"来威吓君主"修身审己，明善心以反道"，这就给君主身体戴上了精神枷锁和道德锁链。

在"以礼统国"方面，《春秋繁露》强调礼对君主的作用。它说："礼者，继天地，体阴阳，而慎主客，序尊卑、贵贱、大小之位，而差外内、远近、新故之级者也，以德多为象。"（《春秋繁露·奉本》）在这里，《春秋繁露》明确指出礼是确立封建等级秩序的一种道德力。这种道德力在西方尼采的学说中，指的是身体反动力①，因此，礼从某种程度上讲，也是身体。由于礼作为身体来观照，因此，君主的身体行为必须符合礼的规范。《春秋繁露》指出："天地人，万物之本也。天生之，地养之，人成之。天生之以孝悌，地养之以衣食，人成之以礼乐，三者相为手足，合以成体，不可一无也。无孝悌，则亡其所以生；无衣食，则亡其所以养；无礼乐，则亡其所以成也。三者皆亡，则民如麋鹿，各从其欲，家自为俗，父不能使子，君不能使臣，虽有城郭，名曰虚邑。如此，其君枕块而僵，莫之危而自危，莫之丧而自亡，是谓自然之罚。自然之罚至，重袭石室，介障险阻，犹不能逃之也。明主贤君，必于其信，是故肃慎三本：郊祀致敬，共事祖祢，举显孝悌，表异孝行，所以奉天本也；秉耒躬耕，采桑亲蚕，垦草殖谷，开辟以足衣食，所以奉地本也；立辟雍庠序，修孝悌敬让，明以教化，感以礼乐，所以奉人本也。三者皆奉，则民如子弟，不敢自专，邦如父母，不待恩而爱，不须严而使，虽野居露宿，厚于宫室。"（《春秋繁露·

---

① 伍小涛，彭蓓蕾. 身体的建构：尼采思想的谱系 [J]. 天津行政学院学报，2011（3）：27-33.

立元神》）在这里，《春秋繁露》把礼乐与孝悌、衣食并列，并"合以成体"，说明礼乐已经身体化了，它不仅是一种身体道德诉求，而且是身体规训的工具。这样，在天对君主身体的约束下，又有了礼对君主身体的约束。

　　沈铭贤曾指出：汉代董仲舒的天人感应，应是天人合一主张诸说中，深入民间，流传至今影响最为深广者。① 《春秋繁露》天的身体叙事虽然在某些方面，存在一定的穿凿附会，但在身体史的长河中对后世影响很大。

　　第一，它提出了君主身体的政治规范和道德伦理规范。自从《春秋繁露》提出君主的身体受命于天，天通过天人感应和天谴来规范君主的身体行为后，君主身体政治规范和道德规范一直成为后来思想家所关注的问题。唐代柳宗元说："臣所贬州流人吴武陵为臣言：'董仲舒对三代受命之符，诚然非耶？'臣曰：'非也，何独仲舒尔。自司马相如、刘向、扬雄、班彪、彪子固，皆沿袭嗤嗤，推古瑞物以配受命，其言类淫巫瞽史，诳乱后代，不足以知圣人立极之本，显至德扬大功，甚失厥趣。臣为尚书郎时，尝著《贞符》，言唐家正德受命于生人之意，累积厚久，宜享年无极之义。'"（《贞符并序》）在这里，柳宗元明确不同意董仲舒君主身体天授性，认为君主身体政治性和道德性是自然形成的，主张用德来规范君主的身体行为。而宋朝的朱熹则认为"汉儒唯董仲舒纯粹，其学甚正。""仲舒识得本原，如云正心修身可以治国平天下，如说仁义礼乐皆其具，此等说话皆好。"（《朱子语类·战国汉唐诸子》）朱熹认同董仲舒君权神授和天人感应思想，且在董仲舒思想上，提出了君道身体政治性的理的规范。他说："宇宙之间，一理而已。天得之而为天，地得之而为地，而凡生于天地之间者，又各得之以为性，其张之为三纲，其纪之为五常，盖皆此理之流行，无所适而不在。"（《朱子文集》卷七）不管是柳宗元还是朱熹，都是在董仲舒《春秋繁露》的基础上，提出君主身体政治规范和道德规范要求的。由此可见，《春秋繁露》天的身体叙事对后世的影响之深远。

　　第二，它揭示了服制的身体政治性。在《春秋繁露》里，董仲舒专门辟有一章对服制进行了论述。他说："天地之生万物也以养人，故其可食者以养身体，其可威者以为容服，礼之所为兴也。剑之在左，青龙之象也；刀之在右，白虎之象也；韨之在前，赤鸟之象也；冠之在首，玄武之象也。四者，人之盛饰也。夫能通古今，别然不然，乃能服此也。盖玄武者貌之最严有威者也，其像在后，其服反居首，武之至而不用矣。圣人之所以超然，虽欲从之，末由也

---

　　① 沈铭贤. 从天人感应到人天感应——"天人合一"的古今命运管窥［J］. 哲学研究，1997（10）：57-60．

已。夫执介胄而后能拒敌者，故非圣人之所贵也。君子显之于服，而勇武者消其志于貌也矣。故文德为贵，而威武为下，此天下之所以永全也。"（《春秋繁露·服制像》）在这里，服制隶属于天之下，它是天养身的表现。同时，它也是威仪身体和礼的展示。因此，服制具有身体政治性。易服改号，从某一角度上讲，就是改变政治权力结构。《春秋繁露》指出："受命于天，易姓更王，非继前王而王也，若一因前制，修故业，而无有所改，是与继前王而王者无以别。受命之君，天之所大显也；事父者承意，事君者仪志，事天亦然；今天大显己，物袭所代，而率与同，则不显不明，非天志，故必徙居处，更称号，改正朔，易服色者，无他焉，不敢不顺天志，而明自显也。"（《春秋繁露·楚庄王》）"改正朔，易服色"表面上看是"顺天志"，实际上是顺应历史的发展要求，改变不适应社会发展的权力政治。从这一点来看，"改正朔，易服色"具有身体的政治正当性。"正是在'改制更化'和'教化习俗'的细微区分中，董仲舒发现了身体政治性的另一秘密。原生性的习俗可以通过潜移默化的浸染而延续，王朝的兴亡迭代并不能改变习俗的流传；因此，身体政治性便只能体现在服饰的制度层面。"①

《春秋繁露》通过服装顺天改制这一主张，对近代康有为的影响很大。他在《春秋董氏学》指出："及读《繁露》，则孔子改制变周，以《春秋》当新王，王鲁绌杞，以夏、殷、周为三统，如探家人筐箧，日道不休。董子何所乐而诞谩是，董子岂愚而不知辩是？然而董子举以告天下则是，岂不可用心哉！吾以董子学推之今学家说而莫不同，以董子说推之周、秦之书而无不同。……信乎！明于《春秋》，为群儒宗也。"②《春秋繁露》天的身体叙事中服制的身体正当性思想是康有为变法维新思想的重要来源之一。

第三，它揭示了天道下气的身体政治性。自先秦至汉，无论是儒家，还是道家、法家，一直将身体视为"气"的聚散。而将"气"作为神格天之下身体政治的工具，《春秋繁露》不能不说是首开先河。它指出了气对身体治理和国家治理的作用。就身体治理来说，它是一种身体技术手段。《春秋繁露》指出："凡气从心，心，气之君也，何为而气不随也？是以天下之道者，皆言内心其本也。故仁人之所以多寿者，外无贪而内清净，心平和而不失中正，取天地之美以养其身，是其且多且治。"（《春秋繁露·循天之道》）《春秋繁露》认为心是

---

① 聂春华. 从"论心"到"显己"——由《春秋繁露》看汉儒对身体政治性之发现 [J]. 河北师范大学学报（哲学社会科学版），2012，35（3）：33-37.

② 康有为. 春秋董氏学 [M]. 楼宇烈，整理. 北京：中华书局，1990：2.

气的主宰，气是"心平和而不失中正"的工具，气越多身体越容易治理。这与以往对"气"的论述有明显的不同。《春秋繁露》已把"气"上升为治乱之气。它说："人，下长万物，上参天地。故其治乱之气，动静顺逆之气，乃损益阴阳之化，而摇荡四海之内。"（《春秋繁露·天地阴阳》）从这一点来说，《春秋繁露》的"气"不只是自然之气，而且是政治之气和社会之气。

由于是政治之气和社会之气，气对国家的影响显而易见。《春秋繁露》指出："夫物愈淖而愈易变动摇荡也。今气化之淖，非直水也，而人主以众动之无已时，是故常以治乱之气，与天地之化相殽而不治。世治而民和，志平而气正，则天地之化精，而万物之美起；世乱而民乖，志僻而气逆，则天地之化伤，气生灾害起。是故治世之德润草木，泽流四海，功过神明；乱世之所起，亦博若是。皆因天地之化，以成败物；乘阴阳之资，以任其所为。故为恶愆人力而功伤，名自过也。"（《春秋繁露·天地阴阳》）在这里，《春秋繁露》用了一个功能性的词"化"，即把气逆化为气正。这样，国家就会很好地治理。《春秋繁露》这种气化论思想，深刻地影响了张载、二程、王阳明等一些理学大师和心学大师。张载指出："气有阴阳，推行有渐为化，合一不测为神。其在人也，智义利用，则神化之事备矣。德盛者，穷神则智不足道，知化则义不足云。天之化也，运诸气。人之化也，顺夫时。"（《正蒙·神化》）从这段话来看，与《春秋繁露》的"天地之化"义界相同。因此，《春秋繁露》天道下"气"的身体政治性对后来思想家也有较大的影响。

第二节　道的身体叙事：《淮南子》身体思想研究

在中国传统文化中，道是一个重要的思想概念。金乐霖先生曾指出："中国思想中的最崇高的概念是道，所谓行道、修道、得道都是以道为最终的目标。思想与情感两方面的最基本的原动力似乎也是道。成仁赴义都是行道，凡非迫于势而求心之所安而为之，或不得已而为之，或知其不可为而为之之事，无论其直接的目的是仁是义，或是孝是终，而间接的目标总是道。"[①] 道成为中国古代思想家体认自然、社会和生命的重要内容和重要方式。

道同时又与身体紧密联系在一起。管子指出："道者，所以变化身而之正理

---

① 金岳霖. 论道 [M]. 北京：商务印书馆，1988：16.

者也。故道在身则言自顺，行自正，事君自忠，事父自孝，遇人自理。故曰'道之所设，身之化也。'"（《管子·管子解》）在这里，道是身体的变化和存在方式。而孟子说："天下有道以道殉身，天下无道以身殉道。"（《孟子·尽心上》）道与身又是一对不可分离的孪生兄弟。总之，从先秦起，就开始了道的身体叙事。

西汉初，由于道家的清静无为思想适应了统治者休养生息的需要，因此，黄老之学备受统治者推崇。"窦太后好黄帝与老子言，帝（景帝）及太子（武帝）诸窦，不得不读黄帝与老子，尊其术。"（《史记·外戚世家》）在此背景下，道的叙事应运而生。《淮南子·要略》篇说："若刘氏之书，观天地之象，通古今之事，权事而立制，度形而施宜，原道之心，合三王之风，以储与扈冶。"（《淮南子·要略》）这里的"原道之心"就是推究道的本原，而"度形而施宜"就是根据形体实行不同的治理方式。二者合一，就是道的身体治理。也就是说，《淮南子》一书在道的叙事基础上，融入了身体的内容。道的身体叙事成为《淮南子》一书的内核。

一、《淮南子》道的身体叙事的主要内容

《淮南子》道的身体叙事主要从以下四个方面展开。

第一，作为身体本体的道。老子在《道德经》写道："有物混成。先天地生。寂兮寥兮，独立而不改，周行而不殆，可以为天地母。吾不知其名，强字之曰道，强为之名曰大。"（《老子》二十五章）老子第一次把道作为生命的本体。身体作为生命的一部分，自然道也是身体的本体。

《淮南子》继承和发展了老子这一思想，它不但认为道是生命的本体，而且认为道是维持生命运行的空间。它说："夫道者，覆天载地，廓四方，柝八极；高不可际，深不可测；包裹天地，禀授无形。原流泉浡，冲而徐盈；混混滑滑，浊而徐清。故植之而塞于天地，横之而弥于四海，施之无穷而无所朝夕；舒之幎于六合，卷之不盈于一握。约而能张，幽而能明；弱而能强，柔而能刚；横四维而含阴阳，纮宇宙而章三光；甚淖而滒，甚纤而微。山以之高，渊以之深；兽以之走，鸟以之飞；日月以之明，星历以之行；麟以之游，凤以之翔。"（《淮南子·原道训》）在这一空间里，气是重要的元素。

在《淮南子》看来，"精气"是生成身体的本原。它说："刚柔相成，万物乃形，烦气为虫，精气为人。"（《淮南子·精神训》）这里的"精气为人"与前面《管子》精气组成人的身体是一样的。这说明《淮南子》吸收了管子的身体思想。同时，《淮南子》又认为"血气"和"志气"运行于身体器官并调控生命机能。它说："夫血气能专于五藏而不外越，则胸腹充而嗜欲省矣。胸腹充而嗜欲省，则耳目清，听视达矣。"（《淮南子·精神训》）"嗜欲者使人之气越，而好憎者使人之心劳，弗疾去则志气日耗。"（《淮南子·精神训》）这里的"血气"和"志气"基本上是儒家"气"的概念。因此，有人把《淮南子》身体思想归结于杂家身体思想。① 笔者认为，尽管《淮南子》对身体的认知类似于杂家《吕氏春秋》，但其基干是道家的，是道家身体思想的拓展与延伸。

无论"精气"，还是"血气"或"志气"，都离不开道。《淮南子》指出："今夫道者，藏精于内，栖神于心，静漠恬淡，讼缪胸中，邪气无所留滞，四枝节族，毛蒸理泄，则机枢调利，百脉九窍莫不顺比。"（《淮南子·泰族训》）道不仅是"精气""血气"或"志气"的身体容器，而且是调控诸气与身体运行的工具。

由于天地也是由气生成的，"气有涯垠，清阳者薄靡而为天，重浊者凝滞而为地。"（《淮南子·天文训》）天人自然同构，它说："天地以设，分而为阴阳。阳生于阴，阴生于阳。阴阳相错，四维乃通；或死或生，万物乃成。蚑行喙息，莫贵于人。孔窍肢体，皆通于天。天有九重，人亦有九窍；天有四时以制十二月，人亦有四肢以使十二节；天有十二月以制三百六十日，人亦有十二肢以使三百六十节。故举事而不顺于天者，逆其生者也。"（《淮南子·天文训》）这种天与人存在着形状、结构、功能上的相似性与关联性，与前面《春秋繁露》天人相类和天人同构是一样的。不同的是，《淮南子》视"道"为天人同构的本原。它说："天下之要，不在于彼而在于我，不在于人而在于我身，身得则万物备矣……自得，则天下亦得我矣……所谓自得者，全其身者也。全其身，则与道为一矣。"（《淮南子·原道训》）《淮南子》认为体察道，先从体察身入手，再体察到天。这样，《淮南子》的天、身和道是同构的，即天而身在，身而道在。换句话说，《淮南子》的道是一种身道。它说："故身者道之所托，身得则道得矣。道之得也，以视则明，以听则聪，言则公，以行则从。故圣人裁制物也，犹工匠之斫削凿枘也，宰庖之切割分别也，曲得其宜而不折伤。"（《淮南子·齐俗训》）这里"身者道之所托，身得则道得矣"揭示的正是《淮南子》身道的义界。

同样，地气与身在形体上、情感上、道德上也相类。《淮南子》指出："土地各以其类生，是故山气多男，泽气多女，障气多喑，风气多聋，林气多癃，

---

① 齐林华. 中国古代文化中的身体观念及其发展［D］. 长沙：湖南师范大学，2013：110.

木气多伛，岸下气多肿，石气多力，险阻气多瘿，暑气多夭，寒气多寿，谷气多痹，丘气多狂，衍气多仁，陵气多贪。轻土多利，重土多迟，清水音小，浊水音大，湍水人轻，迟水人重，中土多圣人，皆象其气，皆应其类。"(《淮南子·地形训》) 在这里，人的身体受地气影响。而地气像天气一样，也是道的产物。它说："天气为魂，地气为魄；反之玄房，各处其宅，守而勿失，上通太一。太一之精，通于天道。天道玄默，无容无则，大不可极，深不可测，尚与人化，知不能得。"(《淮南子·主术训》) 这样，通过天道，把地气、天气与人的身体结合起来了。《淮南子》的"道"统辖天气、地气和身体，是一种有形之道和无形之道。

说它是有形之道，是因为它把身体作为生命的寄托。"夫形者生之舍也。"(《淮南子·原道训》) 由于有形，身体受制于物，道也受制于物。它说："稽古太初，人生于无，形于有，有形而制于物。"(《淮南子·诠言训》) 这样看来，《淮南子》的"道"和身体是一种自然之道和自然身体。

说它是无形之道，是因为身体与道的形态归于无形。《淮南子》说："所谓无形者，一之谓也；所谓一者，无匹合于天下者也。卓然独立，块然独处；上通九天，下贯九野；圆不中规，方不中矩；大浑而为一，累而无根；怀囊天地，为道关门；穆忞隐闵，纯德独存；布施而不既，用之而不勤。是故视之不见其形，听之不闻其声，循之不得其身。"(《淮南子·原道训》)《淮南子》的"无形"，并不是真的无形，而是通过无形达到有形。即"无形而有形生焉"。(《淮南子·原道训》) 这样，《淮南子》的道不但建构了身体的"有形"，而且建构了身体的"无形"，是"有"和"无"的辩证结合。

同时，《淮南子》的道也是建构身体外在表现形式情和性的主体。《淮南子》认为，身体外在表现形式情和性也是由道决定的。它说："夫喜怒者，道之邪也；忧悲者，德之失也；好憎者，心之过也；嗜欲者，性之累也。人大怒破阴，大喜坠阳；薄气发暗，惊怖为狂；忧悲多恚，病乃成积；好憎繁多，祸乃相随。故心不忧乐，德之至也；通而不变，静之至也；嗜欲不载，虚之至也；无所好憎，平之至也；不与物散，粹之至也。能此五者，则通于神明。通于神明者，得其内者也。是故以中制外，百事不废；中能得之，则外能收之。中之得，则五藏宁，思虑平，筋力劲强，耳目聪明；疏达而不悖，坚强而不鞼，无所大过而无所不逮；处小而不逼，处大而不窕；其魂不躁，其神不娆；湫漻寂寞，为天下枭。"(《淮南子·原道训》) 在这里，《淮南子》由性入道，大大拓展了道的身体适用范围。

《淮南子》认为人的性情应该以静为其主要内容。它说："人生而静，天之性也；感而后动，性之害也；物至而神应，知之动也；知与物接，而好憎生焉。好憎成形，而知诱于外，不能反己，而天理灭矣。故达于道者，不以人易天，外与物化，而内不失其情。至无而供其求，时骋而要其宿。"（《淮南子·原道训》）通过静可以达到道。它说"是故达于道者反于清净，究于物者终于无为。以恬养性，以漠处神，则入于天门。所谓天者，纯粹朴素，质直皓白，未始有与杂糅者也；所谓人者，偶差智故，曲巧伪诈，所以俯仰于世人而与俗交者也。"（《淮南子·原道训》）这样把身体的状态"静"和"无为"纳入了道的范畴。这正是道家学说的内核。从这一点说，《淮南子》身体思想被认为是道家身体思想是有一定的道理的。①

第二，作为身体历史存在和现实存在的道。这主要表现在两个方面。一是身和道都是历史的产物；二是身和道都是现实的结果。

从第一方面来看，首先身体的构成是历史进化的结果。《淮南子》指出："芰生海人，海人生若菌，若菌生圣人，圣人生庶人：凡芰者生于庶人。"（《淮南子·地形训》）人的身体和动物的身体一样，都是经过几个阶段进化而来的，身体是历史的存在物。

其次，道是历史的存在物。远古时期，道呈上升状态。《淮南子》说："当此之时，卧倨倨，兴眄眄；一自以为马，一自以为牛；其行蹎蹎，其视瞑瞑；侗然皆得其和，莫知所由生；浮游不知所求，魍魉不知所往。"（《淮南子·览冥训》）这里的"侗然皆得其和，莫知所由生；浮游不知所求，魍魉不知所往。"就是最高的道的境界。

到了夏末，道开始下降。《淮南子》说："逮至夏桀之时，主暗晦而不明，道澜漫而不修，弃捐五帝之恩刑，推蹶三王之法籍，是以至德灭而不扬，帝道掩而不兴，举事戾苍天，发号逆四时，春秋缩其和，天地除其德，仁君处位而不安，大夫隐道而不言，群臣准上意而怀当，疏骨肉而自容，邪人参耦比周而阴谋，居君臣父子之间而竞载，骄主而像其意，乱人以成其事。"（《淮南子·览冥训》）这里"帝道掩而不兴""大夫隐道而不言"，说明"道"在夏末已经沉沦不修了。

至战国时期，道更加下滑，以至不存在。《淮南子》指出："晚世之时，七国异族，诸侯制法，各殊习俗，纵横间之，举兵而相角。攻城滥杀，覆高危安；掘坟墓，扬人骸；大冲车，高重京；除战道，便死路；犯严敌，残不义。百往

---

① 高旭.《淮南子》道家生命哲学论纲——基于形、气、神、志的辩证考察［J］.南昌大学学报（人文社会科学版），2016（4）：1-15.

一反，名声苟盛也！是故质壮轻足者，为甲卒千里之外，家老羸弱，凄怆于内；厮徒马圉，軵车奉饷，道路辽远，霜雪亟集，短褐不完，人羸车獘，泥涂至膝，相携于道，奋首于路，身枕格而死。”（《淮南子·览冥训》）在这里，“道”完全被抛弃，成为时代的弃物。

从上述论述可以看出，道经过三个历史阶段，即上升—下滑—沉寂。这三个历史阶段同时也是身体的三个阶段。在第一阶段，身体“其行蹎蹎，其视瞑瞑”；在第二阶段，身体“疏骨肉而自容”；在第三阶段，“身枕格而死”。这样看来，道的历史与身体历史紧密相连，道的兴衰影响到身体的兴衰。

从第二方面来看，身体首先是现实的存在物。《淮南子》认为，身体乃十月怀胎而成。它说：“夫精神者，……五藏乃形。是故肺主目，肾主鼻，胆主口，肝主耳。外为表而内为里，开闭张歙，各有经纪。故头之圆也象天，足之方也象地。天有四时、五行、九解、三百六十六日，人亦有四支、五藏、九窍、三百六十六节。天有风雨寒暑，人亦有取与喜怒。故胆为云，肺为气，肝为风，肾为雨，脾为雷，以与天地相参也，而心为之主。是故耳目者，日月也；血气者，风雨也。”（《淮南子·精神训》）在这里，《淮南子》详细地描述了人的生命孕育过程。从膏至胅—胎—肌—筋—骨—成—动—躁—生，人的肉体就这样随着月份的递进诞生了。在这递进的过程中，人的肉体与天同类，天人一体。

由于气的作用，精神藏于身体之内。《淮南子》说：“夫孔窍者，精神之户牖也；而气志者，五藏之使候也。耳目淫于声色之乐，则五藏摇动而不定矣。五藏摇动而不定，则血气滔荡而不休矣。血气滔荡而不休，则精神驰骋于外而不守矣。精神驰骋于外而不守，则祸福之至，虽如丘山，无由识之矣。”（《淮南子·精神训》）《淮南子》的身体是肉体与精神的结合。这符合中国传统身心一体观。在中国传统文化中，身心一直是合一的。正如李约瑟所指出：“希腊罗马人很早就习惯将精神与物质对立，故其宗教观认为形而下的肉体之外，另有一形而上的灵魂附于其上，但中国人从未将精神与肉体分开，他们认为世界是一个生生不已、循环变化的整体……肉体是一个整体，是三魂七魄以及其他精与神的家。”①《淮南子》的身体中的肉体与精神皆禀天地阴阳二气而生，是现实的自然的产物。

其次，《淮南子》的道也是现实的产物。《淮南子》是这样描绘现实道的：“夫太上之道，生万物而不有，成化像而弗宰。跂行喙息，蠉飞蝡动，待而后

① 李约瑟. 中国古代科学思想史［M］. 陈立夫，等译. 南昌：江西人民出版社，1999：174.

生，莫之知德；待之后死，莫之能怨；得以利者不能誉，用而败者不能非；收聚畜积而不加富，布施禀授而不益贫；旋县而不可究，纤微而不可勤。累之而不高，堕之而不下；益之而不众，损之而不寡；斫之而不薄，杀之而不残；凿之而不深，填之而不浅。忽兮恍兮，不可为象兮；恍兮忽兮，用不屈兮；幽兮冥兮，应无形兮；遂兮洞兮，不虚动兮；与刚柔卷舒兮，与阴阳俯仰兮。"（《淮南子·原道训》）在这里，道忽忽恍恍、幽幽冥冥，无象无形无迹，存在社会生活的各个角落。正如《庄子》中的道，可以在蝼蚁，可以在稊稗，可以在瓦甓，可以在屎溺，《淮南子》的道也是无处不在的。

由于道的普遍性，人随时随地都可以去体道。《淮南子》对体道者与非体道者进行了比较，认为体道者"志弱而事强，心虚而应当。"（《淮南子·原道训》）而非体道者"故机械之心藏于胸中，则纯白不粹，神德不全，在身者不知。"（《淮南子·原道训》）在此基础上，《淮南子》进一步指出："所谓志弱而事强者，柔毳安静，藏于不敢，行于不能，恬然无虑，动不失时，与万物回周旋转，不为先唱，感而应之。是故贵者必以贱为号，而高者必以下为基；托小以包大，在中以制外；行柔而刚，用弱而强；转化推移，得一之道，而以少正多。所谓其事强者，遭变应卒，排患扦难，力无不胜，敌无不凌；应化揆时，莫能害之。是故欲刚者必以柔守之，欲强者必以弱保之。"（《淮南子·原道训》）在《淮南子》看来，体道者能"全身"。"所谓自得者，全其身者也。全其身，则与道为一矣。"（《淮南子·原道训》）《淮南子》的体道与非体道都是从"身"的视角来看待的。因此，《淮南子》道的现实存在性就是身体的现实存在性。

郑毅指出："《淮南子》用时间叙事策略解决了浩瀚宇宙空间中的固有时间性的'道'，这种叙事策略不仅有助于对抽象概念化的'道'的理解，更解了《淮南子》最大的政治实践目的的可现解性。"①《淮南子》道的身体叙事，是作为历史存在物和现实存在物而呈现的。

第三，作为身体宇宙空间和身体政治空间的道。这也表现在两个方面，一是身体和道所处的宇宙空间，二是身体和道所处的政治空间。

首先，就宇宙空间来说，它植根于中国古代的空间理论。阴阳五行学说，是构成中国古代空间思想的重要组成部分。从早期的《山海经》中的《东山经》《南山经》《西山经》《北山经》和《中山经》就可以看出阴阳五行思想的萌芽。《淮南子》继承了中国古代阴阳五行思想，并与身体结合起来，形成了独

---

① 郑毅. 身体美学视野下的《淮南子》研究［D］. 成都：四川师范大学，2012：86.

特的身体宇宙空间。

《淮南子》指出："东方，川谷之所注，日月之所出。其人兑形小头，隆鼻大口，鸢肩企行；窍通于目，筋气属焉，苍色主肝；长大早知而不寿。其地宜麦，多虎豹。南方，阳气之所积，暑湿居之。其人修形兑上，大口决眦；窍通于耳，血脉属焉，赤色主心；早壮而夭。其地宜稻，多兕象。西方高土，川谷出焉，日月入焉。其人面末偻，修颈印行；窍通于鼻，皮革属焉，白色主肺；勇敢不仁。其地宜黍，多旄犀。北方幽晦不明，天之所闭也，寒水之所积也，蛰虫之所伏也。其人翕形短颈，大肩下尻；窍通于阴，骨干属焉，黑色主肾；其人蠢愚禽兽而寿。其地宜菽，多犬马。中央四达，风气之所通，雨露之所会也。其人大面短颐，美须恶肥；窍通于口，肤肉属焉，黄色主胃；慧圣而好治。其地宜禾，多牛羊及六畜。"（《淮南子·地形训》）在这里，人的身体形状与性情和东南西北中方位与属性有密切的关系。

五方，在《淮南子》看来，又同五行、五音、五帝、五兽、四时和治理紧密相连。它说："何谓五星？东方，木也，其帝太皞，其佐句芒，执规而治春；其神为岁星，其兽苍龙，其音角，其曰甲乙。南方，火也，其帝炎帝，其佐朱明，执衡而治夏。其神为荧惑，其兽朱鸟，其音徵，其日丙丁。中央，土也，帝黄帝，其佐后土，执绳而制四方。其神为镇星，其兽黄龙，其音宫，其日戊己。西方，金也。其帝少昊，其佐蓐收，执矩而治秋。其神为太白，其兽白虎，其音商，其日庚辛。北方，水也，其帝颛顼，其佐玄冥，执权而治冬；其神为辰星，其兽玄武，其音羽，其日壬癸。"（《淮南子·天文训》）这样，《淮南子》建构起了以中央土为中心的具有中国传统文化特色的身体宇宙空间。而统治这身体宇宙空间的力，在《淮南子》看来，是道。它说："故以天为盖，则无不覆也；以地为舆，则无不载也；四时为马，则无不使也；阴阳为御，则无不备也。是故疾而不摇，远而不劳，四支不动，聪明不损，而知八纮九野之形埒者，何也？执道要之柄，而游于无穷之地。"（《淮南子·原道训》）道是维持身体宇宙空间的秩序法则和力量。

其次，就身体政治空间来说，《淮南子》的道既是天道又是人道。《淮南子》认为："天地宇宙，一人之身也；六合之内，一人之制也。"（《淮南子·本经训》）在这里，宇宙被当作一个人的身体，宇宙的秩序与运行法则，就是人身体的秩序和运行法则。而这种秩序与运行法则，本身就是一种政治权力。《淮南子》说："是故明于性者，天地不能胁也；审于符者，怪物不能惑也。故圣人者，由近知远，而万殊为一；古之人，同气于天地，与一世而优游。当此之时，无庆贺之利，……犹在于混冥之中。"（《淮南子·本经训》）这里的"无庆贺之利，刑罚之威，礼义廉耻不设，毁誉仁鄙不立，而万民莫相侵欺暴虐，犹在于混冥之中。"就是权力的运作。"任何一种人类行为，都一无例外地与'权力'联系着。"① 从这点来说，《淮南子》的身体具有强烈的政治性。与此相对应的空间，也具有强烈的政治性。

在《淮南子》看来，无论是帝，还是王，都要受空间伦理的制约。《淮南子》指出："帝者体太一，王者法阴阳，霸者则四时，君者用六律。秉太一者，牢笼天地，弹压山川，含吐阴阳，伸曳四时，纪纲八极，经纬六合，覆露照导，普氾无私，蠉飞蠕动，莫不仰德而生。……是故体太一者，明于天地之情，通于道德之伦；聪明耀于日月，精神通于万物；动静调于阴阳，喜怒和于四时；德泽施于方外，名声传于后世。法阴阳者，德与天地参，明与日月并，精与鬼神总；戴圆履方，抱表怀绳，内能治身，外能得人，发号施令，天下莫不从风。则四时者，柔而不脆，刚而不鞼；宽而不肆，肃而不悖；优柔委从，以养群类。其德含愚而容不肖，无所私爱。用六律者，伐乱禁暴，进贤而退不肖，扶拨以为正，坏险以为平，矫枉以为直，明于禁舍开闭之道，乘时因势以服役人心也。帝者体阴阳则侵，王者法四时则削，霸者节六律则辱，君者失准绳则废。故小而行大，则滔窕而不亲；大而行小，则狭隘而不容，贵贱不失其体，而天下治矣。"（《淮南子·本经训》）这里的"太一""阴阳""四时"和"六律"本身就是一种"道德之伦"。"帝者体太一，王者法阴阳，霸者则四时，君者用六律。"则把帝者、王者、霸者、君者的权力空间向度和身体政治道德向度，通过宇宙时空结合起来了。因此，《淮南子》的空间是政治的空间，《淮南子》的道是政治的道。

作为道载体的身体同样也是政治的产物。《淮南子》指出："人有衣食之情，而物弗能足也，故群居杂处，分不均，求不澹，则争。争则强胁弱而勇侵怯。人无筋骨之强，爪牙之利，故割革而为甲，铄铁而为刃。贪昧饕餮之人，残贼天下，万人搔动，莫宁其所。有圣人勃然而起，乃讨强暴，平乱世，夷险除秽，以浊为清，以危为宁，故不得不中绝。兵之所由来者远矣！"（《淮南子·兵略训》）人为了身体享受，进行群居和争斗，于是，"有圣人勃然而起"。正是圣人的出现，这种无道的社会才变为有道的社会，身体才出现安宁。从这点来说，身体与政治息息相关。

总之，《淮南子》通过宇宙大空间与人身小空间，把身体、道与政治紧密地

---

① 第亚尼. 非物质社会——后工业世界的设计、文化与技术［M］. 滕守尧，译. 成都：四川人民出版社，2005：155.

结合起来了，从而使身体和"道"深深打下了政治的烙印。这样看来，《淮南子》的"道"不只是"自然之道"，还是"政治之道"和"社会之道"了；《淮南子》的身体不只是自然身体，还是政治身体和社会身体了。

第四，作为身体治理和国家治理的道。《淮南子·要略》这样表明其著作的旨趣："凡属书者，所以窥道开塞，庶后世使知举错取舍之宜适，外与物接而不眩，内有以处神养气，宴炀至和，而己自乐所受乎天地者也。"（《淮南子·要略训》）这里"内有以处神养气，宴炀至和，而己自乐所受乎天地者也。"揭示《淮南子》一书写作目的之一就是为了更好地进行身体治理。

"身体治理"虽然是西方的概念，但在前面的分析中我们知道，这一概念在先秦的文化典籍中早已出现。如管子指出："人者，身之本也；身者，治之本也。"（《管子·经言训》）《淮南子》继承和发展了管子这一身体治理思想。它说："故知性之情者，不务性之所无以为；知命之情者，不忧命之所无奈何。故不高宫室者非爱木也，不大钟鼎者非爱金也。直行性命之情，而制度可以为万民仪。今目悦五色，口嚼滋味，耳淫五声，七窍交争以害其性，日引邪欲而浇其身，夫调身弗能治，奈天下何？"（《淮南子·泰族训》）在这里，《淮南子》指出"夫调身弗能治，奈天下何？"，明显地把身体治理作为天下治理的基础。

而身体治理首先要养生。《淮南子》说："圣人不以身役物，不以欲滑和。是故其为欢不忻忻，其为悲不惙惙。万方百变，消摇而无所定，吾独慷慨，遗物而与道同出！是故有以自得之也，乔木之下，空穴之中，足以适情；无以自得也，虽以天下为家，万民为臣妾，不足以养生也。"（《淮南子·原道训》）《淮南子》认为"不以身役物，不以欲滑和"就是"与道同出"，就是"自得"。这里的"自得"，就是保全自己的身体，就是养生。"所谓自得者，全其身者也。全其身，则与道为一矣。"（《淮南子·原道训》）这样看来，《淮南子》的"道"又是养生之道。这正是道家身体思想主要范畴之一。

养生的重要方面就是无为。在《淮南子》看来，无为就是"私志不得入公道，嗜欲不得枉正术，循理而举事，因资而立，权自然之势，而曲故不得容者，事成而身弗伐，功立而名弗有；非谓其感而不应，攻而不动者。"（《淮南子·修务训》）换言之，就是顺应自然，"身弗伐"。这与前面老庄的无为思想是一致的。

其次，身体治理要养性。《淮南子》指出："圣人胜心，众人胜欲。君子行正气，小人行邪气。内便于性，外合于义，循理而动，不系于物者，正气也。重于滋味，淫于声色，发于喜怒，不顾后患者，邪气也。邪与正相伤，欲与性相害，不可两立，一置一废，故圣人损欲而从事于性。目好色，耳好声，口好味，接而说之，不知利害嗜欲也，食之不宁于体，听之不合于道，视之不便于性。三官交争，以义为制者，心也。割痤疽非不痛也，饮毒药非不苦也，然而为之者，便于身也。渴而饮水非不快也，饥而大餐非不澹也，然而弗为者，害于性也。此四者，耳目鼻口不知所取去，心为之制，各得其所。由是观之，欲之不可胜，明矣。凡治身养性，节寝处，适饮食，和喜怒，便动静，使在己者得，而邪气因而不生，岂若忧痕疵之与痤疽之发，而预备之哉！"（《淮南子·诠言训》）在这里，《淮南子》用了一个关键词"欲"，可遍指生理、精神和社会各种需求。对于《淮南子》来说，"欲"与"气"紧密关联，也与"性"相对立。如果身体被邪气所侵袭，会嗜欲，就会有性命之忧。《淮南子》的"性"和"欲"是两个对立的概念。养性的反面就是嗜欲。换言之，"损欲"或"克欲""省欲"就是养性。《淮南子》说："使耳目精明玄达而无诱慕，气志虚静恬愉而省嗜欲，五藏定宁充盈而不泄，精神内守形骸而不外越。"（《淮南子·精神训》）《淮南子》的养性是养气、养形与养神的结合。因为《淮南子》的气、形、神三者是合一的生命结构。

最后，身体治理要修身。《淮南子》以马的驯化为例，说明修身的重要。它说："故其形之为马，马不可化；其可驾御，教之所为也。马，聋虫也，而可以通气志，犹待教而成，又况人乎？且夫身正性善，发愤而成仁，帽凭而为义，性命可说，不待学问而合于道者，尧、舜、文王也；沉湎耽荒，不可教以道，不可喻以德，严父弗能正，贤师不能化者，丹朱、商均也。"（《淮南子·修务训》）在《淮南子》看来，马可以教化，人更不用说。只要"教以道"，就会"身正性善"。因此，要得"道"。它说："不以人滑天，不以欲乱情；不谋而当，不言而信，不虑而得，不为而成；精通于灵府，与造化者为人。"（《淮南子·原道训》）《淮南子》的"道"是养生、养性和修身的基础。《淮南子》指出："静漠恬澹，所以养性也；和愉虚无，所以养德也。外不滑内，则性得其宜；性不动和，则德安其位。养生以经世，抱德以终年，可谓能体道矣。若然者，血脉无郁滞，五藏无蔚气，祸福弗能挠滑，非誉弗能尘垢，故能致其极。非有其世，孰能济焉？有其人，不遇其时，身犹不能脱，又况无道乎？"（《淮南子·俶真训》）拥有"道"就会出现好的养生、养性和修身；反过来，养生、养性和修身就会更好地去体"道"。而无道，"身犹不能脱"，更不消说养生养性了。因此，"道"是身体治理的必要条件。

而身体治理是国家治理的基础，也是治道的重要组成部分。《淮南子》指出："'未尝闻身治而国乱者也，未尝闻身知己而国治者也。'矩不正不可以为方，规不正不可以为员，身者事之规矩也，未闻枉己而能正人者也。原天命，治心术，理好憎，适情性，则治道通矣。"（《淮南子·诠言训》）在这里，身治国不乱，"身知己而国治"。《淮南子》把身治作为国治、道治的重要前提，符合中国传统身治—家治—乡治—国治—天下治的治理模式。

国家治理的根本在于人心。《淮南子》说："欲成霸王之业者，必得胜者也。能得胜者，必强者也。能强者，必用人力者也。能用人力者，必得人心者也。能得人心者，必自得者也。故心者身之本也，身者国之本也。未有得己而失人者也，未有失己而得人者也。故为治之本，务在宁民；宁民之本，在于足用；足用之本，在于勿夺时；勿夺时之本，在于省事；省事之本，在于节欲；节用之本，在于反性。"（《淮南子·泰族训》）在这里，《淮南子》把"身"当作国家的根本，把"心"当作身体的根本，说明《淮南子》非常重视"身"和"心"的作用。在《淮南子》看来，"能得人心者，必自得者也。"我们知道，"自得"就是养生，就是"与道为一"。这样看来，《淮南子》的"道"就是"宁民""足用""勿夺时""省事"和"节用"。而这些，正是国家治理的关键。

同时，国君要无为。《淮南子》指出："无为者，道之体也；执后者，道之容也。无为制有为，术也；执后之制先，数也。放于术则强，审于数则宁。"（《淮南子·诠言训》）《淮南子》认为无为是道的表现形式，无为制有为，是道的手段。治理国家要从无为到有为。《淮南子》以舜为例，舜只需弹奏五弦琴吟诵《南风》诗就治理好了天下。因此，《淮南子》主张"身愈大而事愈少"，它说："故位愈尊而身愈佚，身愈大而事愈少。譬如张琴，小弦虽急，大弦必缓。"（《淮南子·诠言训》）这种"身愈大而事愈少"就是一种无为的体现。这与老子主张的"治大国若烹小鲜"（《道德经》第六十章）相恰。

另外，国君要善用人才。《淮南子》以尧为例，尧虽然没有多大的能力，但享有圣君的美誉，是因为有后稷开垦荒地，有禹帮助治水，有皋陶处理案件。因此，善用人才可以使国君"身佚"，它说："故得道以御者，身虽无能，必使能者为己用；不得其道，伎艺虽多，未有益也。"（《淮南子·诠言训》）在这里，《淮南子》把"道"当作用人的手段。国君善用人才实际上就是一种道，它可以使身有所增益。因此，国家治理要以道为基础。《淮南子》指出："反性之本，在于去载；去载则虚；虚则平；平者，道之素也；虚者，道之舍也。能有天下者必不失其国，能有其国者必不丧其家，能治其家者必不遗其身，能修其身者必不忘其心，能原其心者必不亏其性，能全其性者必不惑于道。"（《淮南子·诠言训》）这里的"反性之本"就是"道"。《淮南子》从"道"出发，直达身体治理，最后国家治理。《淮南子》的"道"是身体治理之道和国家治理之道的综合。

二、《淮南子》道的身体叙事的评价

《淮南子》道的身体叙事坚实而丰富，从知识发生学的角度来看，其产生的语境主要有两点。

第一，安身立命身体意识的追求。春秋战国至汉初这一时期，社会一直动荡不安。《淮南子》这样描述道："上好取而无量，下贪狼而无让；民贫苦而忿争，事力劳而无功；智诈萌兴，盗贼滋彰；上下相怨，号令不行；投政有司，不务反道，矫拂其本，而事修其末；削薄其德，曾累其刑，而欲以为治，无以异于执弹而来鸟，捭梲而狎犬也，乱乃逾甚。"（《淮南子·主术训》）在这种现实语境下，身心如何安顿，成为政治家和思想家所要面对和急切解决的问题。然而，从思想史的角度来说，儒墨思想家并没有很好地解决这一问题。《淮南子》说："施及周室之衰，浇淳散朴，杂道以伪，俭德以行，而巧故萌生。周室衰而王道废，儒墨乃始列道而议，分徒而讼。于是博学以疑圣，华诬以胁众；弦歌鼓舞，缘饰《诗》《书》，以买名誉于天下；繁登降之礼，饰绂冕之服；聚众不足以极其变，积财不足以赡其费。于是万民乃始懗觟离跂，各欲行其知伪，以求凿枘于世而错择名利。是故百姓曼衍于淫荒之陂，而失其大宗之本。夫世之所以丧性命，有衰渐以然，所由来者久矣！"（《淮南子·俶真训》）这就需要作为百家之一的道家来为身心提供安宁的处所。在这种情况下，《淮南子》道的身体叙事，无论对作者个人还是社会，都具有安身立命的功能。

就个人来说，淮南王刘安乃是罪犯刘长之子。按照贾谊的观点："淮南王之悖逆亡道，天下孰不知其皋？陛下幸而赦迁之，自疾而死，天下孰以王死之不当？今奉尊罪人之子，适足以负谤于天下耳。此人少壮，岂能忘其父哉？"（《汉书·贾谊传》）淮南王刘安按西汉连坐法，应该处以死刑。但汉文帝相反封他为列侯。在这种情况下，刘安只能避祸求安，遮蔽其政治意图。而道家的"无为""静修"正好能达到这一要求。于是，"招致宾客方术之士数千人，作为《内书》二十一篇，《外书》甚众，又有《中篇》八卷，言神仙黄白之术，亦二十余万言。"（《汉书·淮南衡山济北王传》）而汉武帝"方好艺文，以安属为诸父，辩博善为文辞，甚尊重之。每为报书及赐，常召司马相如等视草乃遣。初，安入朝，献所作《内篇》，新出，上爱秘之。使为《离骚传》，旦受诏，日食时上。又献《颂德》及《长安都国颂》。每宴见，谈说得失及方技赋颂，昏莫然后罢。"（《汉书·淮南衡山济北王传》）刘安深得汉武帝的敬重，其所著书，"上爱秘之"，初步达到了他安身立命之事。

就社会来说，经过秦末农民战争和楚汉相争，社会生产力遭到严重破坏。汉初实行黄老之学，休养生息，实在是历史所趋。《前汉书·刑法志》载："当孝惠、高后时，百姓新免毒蠚，人欲长幼养老，萧、曹为相，填以无为，从民之欲而不扰乱，是以衣食滋殖，刑罚用稀。"（《前汉书·刑法志》）黄老之术促进了生产力的发展，成为西汉初期的显学和主流意识形态。在这一情况下，道的身体叙事应时而生。《淮南子·要略》说："《原道》者，卢牟六合，混沌万物，象太一之容，测窈冥之深，以翔虚无之轸。托小以苞大，守约以治广，使人知先后之祸福，动静之利害。诚通其志，浩然可以大观矣。欲一言而寤，则尊天而保真；欲再言而通，则贱物而贵身；欲参言而究，则外物而反情。执其大指以内洽五藏，瀸渍肌肤，被服法则，而与之终身，所以应待万方，览耦百变也。若转丸掌中，足以自乐也。"（《淮南子·要略》）谈道论道，成为当时社会一大常事。可以说，道的身体叙事起到了安身立命之用。

第二，道的身体思想的进一步完善。经过先秦时期老、庄、列子等人的努力，道的身体思想有了很大的发展。老子的"人法地，地法天，天法道，道法自然。"（《老子》第二十五章）中的"道"指的是一种自由自在的心灵状态，而庄子的"夫道，于大不终，于小不遗，故万物备。"（《庄子·天道》）中的"道"指的是一种身体的本性。有人指出：老庄的道"若通过思辨去加以展开，以建立由宇宙向人生的系统，它固然是理论的、形而上学的意义。但若通过工夫在现实人生中加以体认，则将发现他们之所谓道，实际是一种最高的艺术精神，这一直到庄子而始为显著。"①老庄的道除了是身体和宇宙的本体之外，更注重身心的修炼，它是一种精神化的身体。

进入西汉，由于阴阳五行学说的盛行，道的身体思想掺杂了神秘的成分，道教哲学也从气论宇宙观向阴阳五行宇宙观转型。《淮南子》说："《天文》者，所以和阴阳之气，理日月之光，节开塞之时，列星辰之行，知逆顺之变，避忌讳之殃，顺时运之应，法五神之常，使人有以仰天承顺，而不乱其常者也。《地形》者，所以穷南北之修，极东西之广，经山陵之形，区川谷之居，明万物之主，知生类之众，列山渊之数，规远近之路，使人通回周备，不可动以物，不可惊以怪者也。《时则》者，所以上因天时，下尽地力，据度行当，合诸人则，形十二节，以为法式，终而复始，转于无极，因循仿依，以知祸福，操舍开塞，各有龙忌，发号施令，以时教期，使君人者知所以从事。"（《淮南子·要略》）

---

① 徐复观. 中国艺术精神 [M]. 上海：华东师范大学出版社，2001：29.

道和身体不但与日月星辰有关，而且与东西南北中的地形也有联系。道和身体是阴阳五行的产物，道的身体思想以阴阳五行学说为要旨，这就使道的身体叙事更显神秘更显宏大。

进一步来说，《淮南子》对诸子百学采取了扬弃的态度。从其《道应》来看，里面不但有老庄的身体思想，而且有儒家荀子、法家韩非子等人的身体思想。可以说《淮南子》以道家身体思想为主，杂糅百家身体思想。著名历史学家范文澜指出："《淮南子》虽以道为归，但杂采众家，不成为一家言。"[1] 从这一点来说，《淮南子》道的身体叙事不只是道家的身体叙事，还是儒家、法家等诸子百家的身体叙事。如"天下之要，不在于彼而在于我；不在于人而在于我身。身得，则万物备矣；彻于心术之论，则嗜欲好憎外矣。"（《淮南子·原道训》）就是荀子的"人定胜天"身体思想的拓展。而《淮南子·精神训》中的身体的生成与《管子·水地》中的身体生成没有什么两样。《淮南子·精神训》说："夫精神者，所受于天地；而形体者，所禀于地也。故曰：'一生二，二生三，三生万物。万物背阴而抱阳，冲气以为和。'故曰一月而膏，二月而胅，三月而胎，四月而肌，五月而筋，六月而骨，七月而成，八月而动，九月而躁，十月而生。形体以成，五藏乃形。"（《淮南子·精神训》）《淮南子》的身体是气十月孕育而成。同样《管子》的身体也是精气十月而生。它说："人，水也。男女精气合而水流形。三月如咀……五藏已具，而后生肉……肺生骨……五肉已具，而后发为九窍……五月而成，十月而生。"（《管子·水地》）《淮南子》身体生成思想是管子身体生成思想的继承和发展。《淮南子》道的身体叙事吸收前人身体叙事的成果，在道的基础上，进行创新和发展。《淮南子》道的身体叙事相比先秦老庄的道的身体叙事，更丰富，更完善，也更深刻。

《淮南子》道的身体叙事对后世产生了深刻的影响。

第一，它进一步完善了"神游"的身体。自先秦发轫神仙身体叙事，"神游"身体一直为各派，特别是道家所注重。孔子说："志于道，据于德，依于仁，游于艺。"（《论语·述而》）这里的"游于艺"就是身体的具象之游。而庄子的"游乎天地""以游世俗""游乎万物之所终始""游于栗林而忘真""吾游心于物之初""得至美而游乎至乐"和"心有天游"等，这些"游"既是具象身体之游，又是意象身体之游。《庄子》的具象身体之游和意象身体之游开启了"道"身体神游之先例。

---

[1]　范文澜. 中国通史［M］. 北京：人民出版社，1978：124。

《淮南子》进一步完善了这一先例。它说：

泰古二皇，得道之柄，立于中央，神与化游，以抚四方。是故能天运地滞，轮转而无废，水流而不止，与万物终始。风兴云蒸，事无不应；雷声雨降，并应无穷。鬼出电入，龙兴鸾集，钧旋毂转，周而复匝。（《淮南子·原道训》）

昔者冯夷、大丙之御也，乘云车，入云霓，游微雾，骛恍忽，历远弥高以极往。经霜雪而无迹，照日光而无景，扶摇掺抱羊角而上。（《淮南子·原道训》）……

从这些描述可以看出，那些得道之人都可以神游天下，他们的身体不是普通人的身体，而是神仙的身体。其中"真人"和"至人"更是"神游"身体的标杆。《淮南子》指出：

古之真人，立于天地之本，中至优游，抱德炀和，而万物杂累焉，孰肯解构人间之事，以物烦其性命乎！（《淮南子·俶真训》）

若夫至人，量腹而食，度形而衣，容身而游，适情而行，余天下而不贪，委万物而不利，处大廓之宇，游无极之野，登太皇，冯太一，玩天地于掌握之中。（《淮南子·精神训》）……

所有这些神游身体，它打破了天地万物对身体的限制，使身体自由得到了充分发展。这正是后世道学之人孜孜所求的。《抱朴子·畅玄》指出："玄者，自然之始祖，而万殊之大宗也。眇昧乎其深也，故称'微'焉；绵邈乎其远也，故称'妙'焉。其高则冠盖乎九霄，其旷则笼罩乎八隅。光乎日月，迅乎电驰。或倏烁而景逝，或飘滭而星流，或滉漾于渊澄，或雰霏而云浮。因兆类而为有，托潜寂而为无。沦大幽而下沉，凌辰极而上游。"（《抱朴子·畅玄》）这里的"凌辰极而上游"就是玄者所追求的自由自在的身体，即神游身体。所以，《淮南子》所建构的神游身体对以后道家和道教的发展有着至关重要的作用。

第二，进一步发展了唯物主义身体观。"形"和"神"的关系，是中国古代身体思想家所面临和需要解决的重大身体问题。在《淮南子》一书里对于它们的关系有众多的论述。例如：

夫形者，生之舍也；气者，生之充也；神者，生之制也。一失位，则三者伤矣。是故圣人使人各处其位，守其职，而不得相干也。故夫形者非其所安也而处之则废，气不当其所充而用之则泄，神非其所宜而行之则昧。此三者，不可不慎守也。（《淮南子·原道训》）

故以神为主者，形从而利；以形为制者，神从而害。贪饕多欲之人，漠睽于势利，诱慕于名位，冀以过人之智植于高世，则精神日以耗而弥远，久淫而不还，形闭中距，则神无由入矣。是以天下时有盲妄自失之患，此膏烛之类也，火逾然而消逾亟。夫精神气志者，静而日充者以壮，躁而日耗者以老。是故圣人将养其神，和弱其气，平夷其形，而与道沉浮俯仰，恬然则纵之，迫则用之。其纵之也若委衣，其用之也若发机。如是，则万物之化无不遇，而百事之变无不应。（《淮南子·原道训》）

是故形伤于寒暑燥湿之虐者，形苑而神壮；神伤乎喜怒思虑之患者，神尽而形有余。故罢马之死也，剥之若槁；狡狗之死也，割之犹濡。是故伤死者其鬼娆，时既者其神漠，是皆不得形神俱没也。夫圣人用心，杖性依神，相扶而得终始，是故其寐不梦，其觉不忧。（《淮南子·俶真训》）

……

无论哪一种论述，都把"形"当作生命的主体，"神"受"形"的制约。没有"形"就没有"神"，在"形"和"神"关系上，"形"起着决定性的作用。但同时，"神"对"形"有能动性作用。"形"和"神"的关系实际上是物质和精神的关系。《淮南子》对"形"和"神"关系的论述具有朴素的唯物辩证观点。可以说，《淮南子》道的身体叙事，是一种朴素的唯物主义的身体观。无论是广度还是深度，都超过了前人的"道论"和"气论"。《文心雕龙》说《淮南子》"有倾天折地之说"并不为过。

《淮南子》"形"和"神"关系及"形""神"和"气"的关系的论述深刻地影响了中国身体思想史。王充《论衡》中气的身体叙事就是在《淮南子》身体思想的影响下进行的。它说："人禀气于天，气成而形立，则命相须以至终死。形不可变化，年亦不可增加。以何验之？人生能行，死则僵仆，死则气减，形消而坏。"（《论衡·无形篇》）在这里，王充认为"形"禀气而生，随气而死就是受到了《淮南子》"夫形者，生之舍也；气者，生之充也；神者，生之制也。"（《淮南子·原道训》）的影响。而范缜《神灭论》中的"神""形"关系也是受《淮南子》"形""神"关系的影响。《淮南子》道的身体叙事对后世身体观的建构有重大的作用。

第三节　气的身体叙事：《论衡》身体思想研究

前面所述，在先秦的典籍中，气不只是物质的一种形态，更重要的是一种物质生成和身体生成。《黄帝内经》说："夫自古通天者，生之本，本于阴阳。

天地之间，六合之内，其气九州、九窍、五脏、十二节，皆通乎天气。"(《黄帝
内经·素问·生气通天论》)　在这里气是生成身体的本体和维持生命的动力。
《左传》和《国语》指出："天有六气，降生五味，发为五色，徵为五声，淫生
六疾。六气曰阴、阳、风、雨、晦、明也；分为四时，序为五节。过则为菑，
阴淫寒疾，阳淫热疾，风淫末疾，雨淫腹疾，晦淫惑疾，明淫心疾。"①"口内
味而耳内声，声味生气。气在口为言，在目为明。言以信名，明以时动。名以
成政，动以殖生。政成生殖，乐之至也。若视听不和，而有震眩，则味入不精，
不精则气佚，气佚则不和。"(《国语·周语下》)　这里的气又化为身体的疾病
和身体行为。总之，在先秦时期，气与身体息息相关，并成为身体表达的一项
重要内容。

　　到了汉代，气论已经成为普遍性的主流观念。徐复观说，汉代是一个"唯
气论"的时代。②　无论西汉的《春秋繁露》《淮南子》，还是东汉的《论衡》都
对气进行了系统的阐释，其中王充的《论衡》在这方面着力最多。齐林华说：
"在王充之前，孟子、列子、庄子对于'气'的论述为王充提供了重要的精神资
源，但是'气'的概念在他们的思想体系中的都不是最核心的范畴。然而，对
王充而言，从某种意义上讲，'元气'是其思想体系中最高本体，因为王充视
'元气'为宇宙、自然的唯一本质，认为构成世界基础的是'气'，天地万物，
包括身体在内都是因气而生的。"③　可以说，《论衡》的身体叙事，是以气为主
要内容的身体叙事，即气的身体叙事。

一、《论衡》气的身体叙事的主要内容

　　在《论衡》中"气"的种类很多，有"光气"："盖天命当兴，圣王当出，
前後气验，照察明著。继体守文，因据前基，禀天光气，验不足言。创业龙兴，
由微贱起於颠沛；若高祖、光武者，曷尝无天人神怪光显之验乎！"(《论衡·吉
验篇》)"和气"："圣人禀和气"(《论衡·气寿篇》)"精气"："死而形体朽，
精气散。"(《论衡·论死篇》)　和"元气"："元气，天地之精微也。"(《论
衡·四讳篇》)　等。无论哪一种，都与身体密切相关。

　　第一，人的身体是由气生成的。这表现在三个方面。

①　《左传·昭公元年》。
②　徐复观. 两汉思想史（第二卷）[M]. 上海：华东师范大学出版社，2001：374.
③　齐林华. 中国古代文化中的身体观念及其发展 [D]. 长沙：湖南师范大学，2013：91-
　　92.

1. 人的身体形状与寿命由气决定

首先，从身体形状来说，因承受气的厚薄不同，身体形状有高矮之分。他说："人禀元气于天，各受寿夭之命，以立长短之形，犹陶者用土为簋廉，冶者用铜为桸杆矣，器形已成，不可小大；人体已定，不可减增。用气为性，性成命定。体气与形骸相抱，生死与期节相须。形不可变化，命不可减加。"（《论衡·无形篇》）在这里，人的身体被当作容器，被元气煅烧成长短不一的形状。在这煅烧过程中，由于禀受的元气不同，人的寿命也不一样。这就赋予元气身体的本原。

同时，由于人承受的是正气，人的身体形状不像动植物一样容易改变。《论衡》指出："蚕食桑老，绩而为茧，茧又化而为蛾，蛾有两翼，变去蚕形。蛴螬化为复育，复育转而为蝉，蝉生两翼，不类蛴螬。凡诸命蠕蝘之类。多变其形，易其体。至人独不变者，禀得正也。"（《论衡·无形篇》）在这里，《论衡》赋予"气""气性"，认为人禀受的是"气"中的"正气"，故形体不容易发生改变。"人受正气，故体不变。"（《论衡·无形篇》）而动物禀受的是非"正气"，所以，"多变其形"，这就把人的肉体与动物的肉体，通过"气性"区隔开来。

至于有些人宣扬修道服药可以改变人的身体形体，《论衡》认为这是妄言不可信的。它说："图仙人之形，体生毛，臂变为翼，行于云，则年增矣，千岁不死。此虚图也。世有虚语，亦有虚图。假使之然，蝉蛾之类，非真正人也。"（《论衡·无形篇》）因为在《论衡》看来，"正气"乃天地所固有，"气性"不会任意改变。它说："天地不变，日月不易，星辰不没，正也。"（《论衡·无形篇》）因此，修道之人想从人的身体变为仙的身体是徒劳的。

其次，从身体寿命来说，由于承受气的强弱不同，人的身体寿命有长短之分。它说："人之禀气，或充实而坚强，或虚劣而软弱。充实坚强，其年寿；虚劣软弱，失弃其身。天地生物，物有不遂；父母生子，子有不就。物有为实，枯死为堕；人有为儿，夭命而伤。使实不枯，亦至满岁；使儿不伤，亦至百年。然为实、儿而死枯者，禀气薄，则虽形体完，其虚劣气少，不能充也。儿生，号啼之声鸿朗高畅者寿，嘶喝湿下者夭。何则？禀寿夭之命，以气多少为主性也。妇人疏字者子活，数乳者子死。何则？疏而气渥，子坚强；数而气薄，子软弱也。怀子，而前已产子死，则谓所怀不活，名之曰怀。其意以为，已产之子死，故感伤之子失其性成也。所产子死，所怀子凶者，字乳亟数，气薄不能成也。虽成人形体，则易感伤，独先疾病，病独不治。"（《论衡·气寿篇》）在这里，《论衡》指出气充——形强——年寿，反之，气薄——形弱——年夭。《论衡》把人的身体体质和身体寿命都归结为气，气成为身体疾病和身体存亡的主要元素。从这一点来说，《论衡》的气论具有本体论的形式。

由于气是身体的本体，气生生不息，是否意味着导气可以使身体一直不死？《论衡》回答是否定的。它说："道家相夸曰：真人食气。以气而为食，故传曰：食气者寿而不死，虽不谷饱，亦以气盈。此又虚也。"（《论衡·道虚篇》）至于理由，《论衡》认为有三。一是凡是有生命的东西，都逃脱不了大自然生与死的规律。它说："有血脉之类，无有不生，生无不死。以其生，故知其死也。天地不生，故不死；阴阳不生，故不死。死者，生之效；生者，死之验也。夫有始者必有终，有终者必有始。唯无终始者，乃长生不死。人之生，其犹水也。水凝而为冰，气积而为人。冰极一冬而释，人竟百岁而死。人可令不死，冰可令不释乎？诸学仙术为不死之方，其必不成，犹不能使冰终不释也。"（《论衡·道虚篇》）道家想通过导气来改变生死对身体的束缚，无异是缘木求鱼。

二是饮食之性是大自然的规律，谁违背这一规律谁就会死亡。《论衡》指出："夫人之生也，禀食饮之性，故形上有口齿，形下有孔窍。口齿以龁食，孔窍以注泻。顺此性者为得天正道，逆此性者为违所禀受。失本气于天，何能得久寿？使子乔生无齿口孔窍，是禀性与人殊；禀性与人殊，尚未可谓寿，况形体均同而以所行者异？言其得度世，非性之实也。夫人之不食也，犹身之不衣也。衣以温肤，食以充腹。肤温腹饱，精神明盛。如饥而不饱，寒而不温，则有冻饿之害矣。冻饿之人，安能久寿？且人之生也，以食为气，犹草木生以土为气矣。拔草木之根，使之离土，则枯而蚤死。闭人之口，使之不食，则饿而不寿矣。"（《论衡·道虚篇》）道家食气违背了饮食之性这一规律，道家长寿不死的学说是虚假的。

三是道家的导气养性可以强健筋骨，但不可以长生不死。《论衡》以草木江河为例指出人的身体如果经常动摇，就会血脉受伤，它说："夫人之形，犹草木之体也。草木在高山之巅，当疾风之冲，昼夜动摇者，能复胜彼隐在山谷间，障于疾风者乎？案草木之生，动摇者伤而不畅，人之导引动摇形体者，何故寿而不死？夫血脉之藏于身也，犹江河之流地。江河之流，浊而不清；血脉之动，亦扰不安。不安，则犹人勤苦无聊也，安能得久生乎？"（《论衡·道虚篇》）因此，《论衡》主张以食养身和以药养身。它说："凡人禀性，身本自轻，气本自长，中于风湿，百病伤之，故身重气劣也。服食良药，身气复故，非本气少身重，得药而乃气长身更轻也，禀受之时，本自有之矣。故夫服食药物除百病，令身轻气长，复其本性。"（《论衡·道虚篇》）《论衡》这种以食养身和以药养身的思想，对传统中医的发展有着深刻的影响。同时，《论衡》通过对道家导气不死谬论的驳斥，建构起了朴素的唯物主义生死观。《论衡》身体形状和身体寿命的气的身体叙事，是一种应时而生的自然主义身体观。

2. 与身体相关的命也是由气生成的

这里的命不只是身体的寿命，还主要是影响身体发展的命运。在《论衡》看来，命运与身体的形状有很大的关系。它说："黄帝龙颜，颛顼戴午，帝喾骈齿，尧眉八采，舜目重瞳，禹耳三漏，汤臂再肘，文王四乳，武王望阳，周公背偻，皋陶马口，孔子反羽。斯十二圣者，皆在帝王之位，或辅主忧世，世所共闻，儒所共说。"（《论衡·骨相篇》）这十二圣能在帝王之位，是因为他们与众不同的身体形状。这种身体形状，《论衡》把它称之为骨相。

这种骨相的形成，《论衡》认为主要是由于上天之气。它说"人命禀于天，则有表候于体。察表候以知命，犹察斗斛以知容矣。表候者，骨法之谓也。"（《论衡·骨相篇》）由于人禀受上天之气不同，其骨相各异。有富贵之骨相，有贫穷之骨相；有不死之骨相，有死亡之骨相。根据骨相，就可以看出人的禄命。《论衡》说："察骨体之证，睹富贵贫贱，犹人见盘盂之器，知所设用也。善器必用贵人，恶器必施贱者；尊鼎不在陪厕之侧，匏瓜不在堂殿之上，明矣。富贵之骨不遇贫贱之苦，贫贱之相不遭富贵之乐，亦犹此也。"（《论衡·骨相篇》）《论衡》从身体骨相学角度来解释人的寿夭、穷达，乃至于人的智力水准，这不同于先秦儒家荀子的"非相"学说，这是《论衡》身体思想的一个重大特色。①

《论衡》根据骨相的不同，把人的命分为三种，即正命、随命和遭命。它说："正命，谓本禀之自得吉也。性然骨善，故不假操行以求福而吉自至，故曰正命。随命者，戮力操行而吉福至，纵情施欲而凶祸到，故曰随命。遭命者，行善得恶，非所冀望，逢遭于外，而得凶祸，故曰遭命。"（《论衡·命义篇》）而造成这三种不同命运的原因，《论衡》认为主要是"在父母施气之时，已得吉凶矣"。它说："盗跖，庄蹻横行天下，聚党数千，攻夺人物，断斩人身，无道甚矣，宜遇其祸，乃以寿终。夫如是，随命之说，安所验乎？遭命者，行善于内，遭凶于外也。若颜渊、伯牛之徒，如何遭凶？颜渊、伯牛，行善者也，当得随命，福佑随至，何故遭凶？颜渊困于学，以才自杀；伯牛空居而遭恶疾。及屈平、伍员之徒，尽忠辅上，竭王臣之节，而楚放其身，吴烹其尸。行善当得随命之福，乃触遭命之祸，何哉？言随命则无遭命，言遭命则无随命，儒者三命之说，竟何所定？且命在初生，骨表著见。今言随操行而至，此命在末，不在本也。则富贵贫贱皆在初禀之时，不在长大之后随操行而至也。"（《论衡·

---

① 齐林华. 中国古代文化中的身体观念及其发展 [D]. 长沙：湖南师范大学，2013：92.

命义篇》）在《论衡》这里，人的命运是先天注定的。这就否定了后天努力的必要。

由于《论衡》一直相信命是由气造成的。它说："人禀气而生，含气而长，得贵则贵，得贱则贱。贵或秩有高下，富或资有多少，皆星位尊卑小大之所授也。故天有百官，天有众星，地有万民、五帝、三王之精。天有王梁、造父，人亦有之，禀爱其气，故巧于御。"（《论衡·命义篇》）《论衡》的身体思想充满着强烈的偶然性。在它看来，生命是否安康，身体是否富贵，都是历史的偶然性决定的。《偶篇》和《幸偶篇》两文中强烈地表达了这一思想。它说："俱行道德，祸福不均；并为仁义，利害不同。晋文修文德，徐偃行仁义，文公以赏赐，偃王以破灭。鲁人为父报仇，安行不走，追者舍之；牛缺为盗所夺，和意不恐，盗还杀之。文德与仁义同，不走与不恐等，然文公、鲁人得福，偃王、牛缺得祸者，文公、鲁人幸，而偃王、牛缺不幸也。"（《论衡·幸偶篇》）在这里，《论衡》从"晋文修文德"以赏赐、"徐偃行仁义"以破灭事为例，说明生命的偶然，这就否定了守道德行仁义的必要。《论衡》的身体观念是一种静止的、片面的身体观念。

而现实社会中，正命、遭命少，随命多。是否如儒家子夏所言"死生有命，富贵在天"？（《论语·颜渊》）《论衡》认为可以通过人力来改变命运。它说："虽云有命，当须索之。如信命不求，谓当自至，可不假而自得，不作而自成，不行而自至？夫命富之人，筋力自强；命贵之人，才智自高，若千里之马，头目蹄足自相副也。有求而不得者矣，未必不求而得之者也。精学不求贵，贵自至矣。力作不求富，富自至矣。"（《论衡·命碌篇》）这又与荀子的"人定胜天"思想相洽。这揭示了《论衡》一方面相信命运，另一方面又想改变命运的矛盾心理。

3. 与身体相关的死随气而灭

在中国古代身体思想中，死是一个绕不开的话题。在身体思想家看来，死亡"巩固了生者与临终之人的身体之间的界限，也增强了身体的个体化。"① 王充作为东汉最著名的唯物主义思想家，自然对日常生活中的死有自己独特的见解。

在《论衡》看来，死是精气枯竭的表现。它说："人之所以生者，精气也，死而精气灭。能为精气者，血脉也。人死血脉竭，竭而精气灭，灭而形体朽，朽而成灰土。"（《论衡·论死篇》）在这里，"精气"是生成身体的本体，本体

---

① 希林. 身体与社会理论［M］. 2版. 李康，译. 北京：北京大学出版社，2010：181.

消失，人的身体随即消失，化为尘土。因此人死无知，无鬼，无言。《论衡》指出："人未生，在元气之中；既死，复归元气。元气荒忽，人气在其中。人未生无所知，其死归无知之本，何能有知乎？人之所以聪明智惠者，以含五常之气也；五常之气所以在人者，以五藏在形中也。五藏不伤则人智惠，五藏有病则人荒忽，荒忽则愚痴矣。人死五藏腐朽，腐朽则五常无所托矣，所用藏智者已败矣，所用为智者已去矣。形须气而成，气须形而知。天下无独燃之火，世间安得有无体独知之精？"（《论衡·论死篇》）《论衡》认为身体随元气而生，聪明智慧随元气而来；身体随元气而去，聪明智慧随元气而灭。《论衡》把"气"作为建构生死、智愚的本原。

基于此，《论衡》主张薄葬和无祭。它说："如明死人无知，厚葬无益，论定议立，较著可闻。"（《论衡·薄葬篇》）在《论衡》看来，"死人无知，厚葬无益"，这对封建社会"厚葬"现象进行了理论上的驳斥。同样，祭祀，也是世人"谓死人有知，鬼神饮食，犹相宾客，宾客悦喜，报主人恩矣。"（《论衡·祀义篇》）而建构起来的。如今死人无知，祭祀就失去了意义。《论衡》指出："为尸不动，朽败灭亡，其身不与生人动，则知不与生人通矣。身不同，知不通，其饮食不与人钧矣。……由此言之，死人不歆。"（《论衡·祀义篇》）《论衡》认为身体失去了生命，"知"就不存在了。"知"不存在了，与死人就不会相通。不会相通，就不要厚葬与祭祀。《论衡》这种死因气灭而主张薄葬和无祭是对当时厚葬风俗和繁芜祭祀仪式的一次有力批驳。它告诫人们，不要相信"厚礼事之"就能得到"福佑"的胡言乱语。《论衡》对死的看法，表达了古人朴素的唯物主义身体意识。

第二，鬼妖志怪的身体也是由气建构的。这具体表现在以下三个方面。

1. 鬼的身体是由"阳气"构成的

在这里，《论衡》首先破除世人对鬼的身体镜像。它说："一曰：人之见鬼，目光与卧乱也。……一曰：鬼者，人所见得病之气也。……一曰：鬼者，老物精也。……一曰：鬼者，本生于人，时不成人，变化而去。……一曰：鬼者，甲乙之神也。……一曰：鬼者，物也，与人无异。"（《论衡·订鬼篇》）在《论衡》看来，鬼是"精气"衰竭的产物。

由于"精气"衰竭，精神畏惧则见鬼。它说："凡天地之间有鬼，非人死精神为之也。皆人思念存想之所致也。致之何由？由于疾病。人病则忧惧，忧惧见鬼出。凡人不病则不畏惧。故得病寝衽，畏惧鬼至，畏惧则存想，存想则目虚见。"（《论衡·订鬼篇》）《论衡》一方面指出鬼是心的臆想，另一方面又认为："鬼，阳气也，时藏时见。阳气赤，故世人尽见鬼。"（《论衡·订鬼篇》）

这仿佛充满着矛盾。如果对《论衡》的阳气作进一步的探讨，我们发现二者观点并不对立。《论衡》说："所谓鬼神者，皆太阳之气为之也。太阳之气，天气也。天能生人之体，故能象人之容。夫人所以生者，阴、阳气也。阴气主为骨肉，阳气主为精神。人之生也，阴、阳气具，故骨肉坚，精气盛。精气为知，骨肉为强，故精神言谈，形体固守。骨肉精神，合错相持，故能常见而不灭亡也。太阳之气，盛而无阴，故徒能为象不能为形。无骨肉，有精气，故一见恍惚，辄复灭亡也。"（《论衡·订鬼篇》）在《论衡》看来，身体由阴阳二气构成，其中"阴气主为骨肉，阳气主为精神"。因此，鬼是精神的产物和鬼是阳气的产物是同一回事，只是说法不一。由于阳气也是身体形成的一个方面，因此，鬼的身体建构也是人的身体建构的一个重要方面。

由于心是身的反映，因此鬼所表现出来的异象就是身体的异象。《论衡》指出："病者困剧身体痛，则谓鬼持棰杖殴击之，若见鬼把椎锁绳纆立守其旁，病痛恐惧，妄见之也。初疾畏惊，见鬼之来，疾困恐死，见鬼之怒；身自疾痛，见鬼之击，皆存想虚致，未必有其实也。夫精念存想，或泄于目，或泄于口，或泄于耳。泄于目，目见其形；泄于耳，耳闻其声；泄于口，口言其事。昼日则鬼见，暮卧则梦闻。独卧空室之中，若有所畏惧，则梦见夫人据案其身哭矣。觉见卧闻，俱用精神；畏惧存想，同一实也。"（《论衡·订鬼篇》）这里的"鬼来""鬼怒""鬼击"和"鬼见"都是身体疾病的镜像。因此，《论衡》"鬼，阳气也"既具有物质的属性，又具有精神的意蕴。

2. 妖象是人身体阳气的反映

《论衡》以田单守即墨得神助为例，它说："齐田单保即墨之城，欲诈燕军，云'天神下助我。'有一人前曰：'我可以为神乎?'田单却走再拜事之，竟以神下之言闻于燕军。燕军信其有神，又见牛若五采之文，遂信畏惧，军破兵北。田单卒胜，复获侵地。此人象鬼之妖也。"（《论衡·纪妖篇》）神或妖都是人自己臆造出来的。

汉高祖斩白蛇，老妇谓白蛇乃白帝之子，《论衡》认为这是虚构出来的。它说："白帝子为蛇，赤帝子为人。五帝皆天之神也，子或为蛇，或为人。人与蛇异物，而其为帝同神，非天道也。且蛇为白帝子，则妪为白帝后乎? 帝者之后，前后宜备，帝者之子，官属宜盛。今一蛇死于径，一妪哭于道，云白帝子，非实，明矣。夫非实则象，象则妖也，妖则所见之物皆非物也，非物则气也。"（《论衡·纪妖篇》）在《论衡》看来，蛇为白帝子是虚象，"象则妖也，妖则所见之物皆非物也。"这是人的精神臆想出来的。人的精神就是阳气。高祖斩白蛇，秦皇遇持璧都是人身体阳气作用的结果。从这一点来讲，"气象生人之形"

（《论衡·纪妖篇》），神、妖和鬼都是阳气的产物。它说："凡妖之发，或象人为鬼，或为人象鬼而使，其实一也。"（《论衡·纪妖篇》）《论衡》把妖象归结于人身体阳气的反映，这样在人、妖身体行为之间通过阳气联系起来了。说到底，妖象就是人身体的镜像。

3. 圣人的身体是"父气"的结果

在中国古代历史上为了突出圣人身体的神圣性和神秘性，一般都借助上天感应之说，如《论衡》说："禹母吞薏苡而生禹，故夏姓曰姒。卨母吞燕卵而生卨，故殷姓曰子。后稷母履大人迹而生后稷，故周姓曰姬。"（《论衡·奇怪篇》）特别是刘邦的出生更具神圣性。《论衡》道："刘媪尝息大泽之陂，梦与神遇。是时，雷电晦冥，太公往视，则见蛟龙于其上。已而有身，遂产高祖。"（《论衡·奇怪篇》）在这里，刘邦的身体是龙与人结合的产物，所以历史上把皇帝常称为"真龙天子"。《论衡》认为这是奇谈怪论。它说："母之怀子，犹土之育物也。尧、高祖之母，受龙之施，犹土受物之播也。物生自类本种，夫二帝宜似龙也。且夫含血之类，相与为牝牡，牝牡之会，皆见同类之物。精感欲动，乃能授施。若夫牡马见雌牛。雀见雄牝鸡，不相与合者，异类故也。今龙与人异类，何能感于人而施气？"（《论衡·奇怪篇》）在《论衡》看来，同类方可施气，异类不能施气。龙与人是异类，怎么能产生高祖？这就驳斥了天生圣人的谬论。

齐林华指出："东汉的王充的身体观念不同于董仲舒对于'天人感应'的张扬，恰恰相反，他的目的就是对'天人感应'以及谶纬神学进行批判与扬弃。而王充的这种批判与扬弃，又主要以'气'为其理论支点。"[1]《论衡》对"天人感应"和"天生圣人"是从"气"的视角来阐释的。它说："天人同道，好恶均心。人不好异类，则天亦不与通。人虽生于天，犹虮虱生于人也。人不好虮虱，天无故欲生于人。何则？异类殊性，情欲不相得也。天地夫妇也，天施气于地以生物，人转相生，精微为圣，皆因父气，不更禀取。"（《论衡·奇怪篇》）《论衡》认为万物都是同气相生，"精微为圣，皆因父气"。在这里，"父气"是产生圣人的主要因素。这样，《论衡》以"气"的自然属性来消解圣人的神性，这就把圣人的身体拉下了神坛。在中国"君权神授"传统观念中，是一次大的突破，为黄宗羲的身体民主思想提供了有力的理论依据。

第三，社会日常活动中的身体行为也是由气决定的。东汉时期，在"天人感应"思想统治下，各种迷信观念和忌讳充溢着人的身体日常活动。例如忌讳

---

[1]　齐林华. 中国古代文化中的身体观念及其发展 [D]. 长沙：湖南师范大学，2013：91.

在住宅西边扩建住房，忌讳受过刑的人去上祖坟，忌讳看到产妇，忌讳养育一月和五月出生的孩子，岁、月会祸害人的身体，洗头、裁衣、写字都不能触犯禁忌，下葬、祭祀要回避凶日，等。基于此，《论衡》以气为理论支点，抨击了这些迷信活动和忌讳。

（1）天人感应和祥瑞不是身体"精诚"的结果，而是"气"的自然作用。首先，就天人感应来说，儒家经典认为它是身体"精诚"的结果，如"杞梁氏之妻向城而哭，城为之崩。""邹衍无罪，见拘于燕，当夏五月，仰天长叹，天为陨霜。""师旷奏《白雪》之曲，而神物下降，风雨暴至，平公因之癃病，晋国赤地。"和"汤遭七年旱，以身祷于桑林，自责以六过，天乃雨。"（《论衡·感虚篇》）等。《论衡》认为这些都是无稽之谈。在它看来，"天主施气，地主产物。"一切自然现象都是"气自然"的结果。它说：

天道自然无为

日月行有常度

雨雪皆由云气发于丘山（《论衡·感虚篇》）

而这种自然运行规律不因人的身体情感和行为而发生改变。它说："天地之有水旱，犹人之有疾病也，疾病不可以自责除，水旱不可以祷谢去"。它又说："安能为悲哭感恸而崩？使至诚之声能动城土，则其对林木哭，能折草破木乎？向水火而泣，能涌水灭火乎？"（《论衡·感虚篇》）《论衡》认为"天地之有水旱"如"人之有疾病"一样，是一种自然行为，而不是"天人感应"，这就通过"气"把"天人感应"的神秘性和神圣性消解了。

天谴更是妄语。《论衡》说："夫天道，自然也，无为。如谴告人，是有为，非自然也。黄老之家，论说天道，得其实矣。且天审能谴告人君，宜变易其气以觉悟之。用刑非时，刑气寒，而天宜为温。施赏违节，赏气温，而天宜为寒。变其政而易其气，故君得以觉悟，知是非。今乃随寒从温，为寒为温，以谴告之意，欲令变更之且。"（《论衡·谴告篇》）《论衡》指出天是无意识的物质实体，种种自然现象都是气所为。至于汉儒所宣扬的"人君失政，天为异；不改，灾其人民；不改乃灾其身也。"（《论衡·谴告篇》）是其为了给君主套上道德枷锁而编造出来的。人的身体活动，天是不会感应的也是不会谴责的。

其次，就祥瑞来说，汉儒认为凤凰、麒麟、醴泉、朱草出现，圣王就出现了，祥瑞是圣人身体行为美好的表征。《论衡》则指出，祥瑞是"和气"所产生的，是自然界存在物。它说："醴泉、朱草，和气所生，然则凤凰、骐驎，亦和气所生也。和气生圣人，圣人生于衰世。物生为瑞，人生为圣，同时俱然，时其长大，相逢遇矣。衰世亦有和气，和气时生圣人。圣人生于衰世，衰世亦

时有凤、骐也。"（《论衡·指瑞篇》）祥瑞与圣人的身体行为的好坏没有多大
关系。这就否定了祥瑞对身体行为的规制。从身体政治来讲，祥瑞像天人感应
和天谴一样，在当时社会具有一定的道德规范性。《论衡》否定祥瑞、天人感应
和天谴，剥离了祥瑞、天人感应和天谴的神秘性和神圣性，为国君、圣人身体
行为的失范开了一扇大门。

（2）日常身体迷信活动通过气来解除。在《论衡》中，有许多章节，如
《四讳篇》《谰时篇》《讥日篇》《卜筮篇》《辩祟篇》和《难岁篇》等对身体日
常活动中的禁忌、卜筮和其他迷信活动有过深入的剖析和解构。

首先，就禁忌来说，它虽是人们对神圣的、不洁的、危险的事物所持的态
度而形成的某种禁制，但可以通过气解构。针对有人认为妇人生孩子不吉利，
出门远行、横渡大河大湖时不与产妇接触，产妇只能住在墓侧或路边的茅舍里
的现象，《论衡》以产妇生孩子为例，指出："夫妇人之乳子也，子含元气而出。
元气，天地之精微也，何凶而恶之？人，物也；子，亦物也。子生与万物之生
何以异？讳人之生谓之恶，万物之生又恶之乎？生与胞俱出，如以胞为不吉，
人之有胞，犹木实之有扶也。"（《论衡·四讳篇》）《论衡》认为乳子含元气而
生，其身体由元气构成，无所谓吉凶。至于日常生活中出现那么多禁忌，主要
是为了借鬼神来约束身体行为。它说："夫忌讳非一，必托之神怪，若设以死
亡，然后世人信用畏避。忌讳之语，四方不同，略举通语，令世观览。若夫曲
俗微小之讳，众多非一，咸劝人为善，使人重慎，无鬼神之害、凶丑之祸。世
讳作豆酱恶闻雷，一人不食，欲使人急作，不欲积家逾至春也。"（《论衡·四讳
篇》）《论衡》对禁忌的解构，解放了思想，破除了迷信。

其次，就卜筮来说，在东汉时期非常流行。《论衡》说："俗信卜筮，谓卜
者问天，筮者问地，蓍神龟灵，兆数报应，故舍人议而就卜筮，违可否而信吉
凶。"（《论衡·卜筮篇》）针对这一情况，《论衡》从气的角度进行了阐释。它
说："且天地口耳何在，而得问之？天与人同道，欲知天，以人事。相问，不自
对见其人，亲问其意，意不可知。欲问天，天高，耳与人相远。如天无耳，非
形体也。非形体，则气也。气若云雾，何能告人？蓍以问地，地有形体，与人
无异。问人不近耳，则人不闻；人不闻，则口不告人。夫言问天，则天为气，
不能为兆；问地，则地耳远，不闻人言。"（《论衡·卜筮篇》）《论衡》认为天
"非形体""无耳"，只是一团气，不能告诉人的吉凶。同样，地虽有形体，但
离人远，也不能告知吉凶。"天地审告报，蓍龟真神灵也"（《论衡·卜筮篇》）
全是无稽之谈。

最后，就其他迷信活动，如忌岁来说，有人认为："徙抵太岁，凶；负太

岁，亦凶。"（《论衡·难岁篇》）《论衡》驳斥道："如以太岁神，其冲独凶，神莫过于天地，天地相与为冲，则天地之间无生人也。"（《论衡·难岁篇》）在《论衡》看来，岁只是一种计时单位，它是阴阳二气运行的结果。它说："十二月为一岁，四时节竟，阴阳气终，竟复为一岁。"（《论衡·难岁篇》）它根本不是什么神，它只是"天地之气"。"太岁之气，天地之气也，何憎于人，触而为害？"（《论衡·难岁篇》）因此，它没有意识，不会害人。从这一点来说，忌岁是一种妄语，它通过神性的塑造，来禁制人的身体行为。

《论衡》以气为武器，对禁锢身体行为的迷信活动——一进行解构，对于当时身体解放起着重大的作用。

第四，社会身体气的建构。这表现在三个方面。

（1）气是修身正身的需要

在《论衡》看来，身体和万物都是由气生成的。它说："天地合气，万物自生，犹夫妇合气，子自生矣。"（《论衡·自然篇》）由于禀受气的多少不同，有至德之人和不肖之人。《论衡》指出："至德纯渥之人，禀天气多，故能则天，自然无为。禀气薄少，不遵道德，不似天地，故曰不肖。不肖者，不似也。不似天地，不类圣贤，故有为也。天地为炉，造化为工，禀气不一，安能皆贤？贤之纯者，黄、老是也。黄者，黄帝也；老者，老子也。黄、老之操，身中恬淡，其治无为，正身共己而阴阳自和，无心于为而物自化，无意于生而物自成。"（《论衡·自然篇》）《论衡》认为至德之人禀气多，不肖之人禀气少。由不肖之人向至德之人转化，可以通过"正身"来进行，从而"阴阳自和"。

因此，《论衡》诸篇大都主张修身养性。它说："夫铁石天然，尚为锻炼者变易故质，况人含五常之性，贤圣未之熟锻炼耳，奚患性之不善哉！古贵良医者，能知笃剧之病所从生起，而以针药治而已。如徒知病之名而坐观之，何以为奇？夫人有不善，则乃性命之疾也，无其教治而欲令变更，岂不难哉！"（《论衡·率性篇》）在这里，《论衡》把人的身体当作一种矿物质，需要不断锻炼，从而从不善至善。这样，《论衡》的"身"从自然之身，通过修身养性发展到德性之身和社会之身。

由于当时社会严重世俗化，修身养性流于形式。《论衡》指出："贤不治名，害至不免辟，形章墨短，掩匿白长，不理身冤，不弭流言，受垢取毁，不求洁完，故恶见而善不彰，行缺而迹不显。邪伪之人，治身以巧俗，修诈以偶众。犹漆盘盂之工，穿墙不见；弄丸剑之倡，手指不知也。世不见短，故共称之；将不闻恶，故显用之。夫如是，世俗之所谓贤洁者，未必非恶；所谓邪污者，未必非善也。"（《论衡·累害篇》）在《论衡》看来，"世俗之所谓贤洁者，未必非恶；所谓邪污者，未必非善也。"而这种情况的出现，主要是社会上"修身正行，不能来福；战栗戒慎，不能避祸。"（《论衡·累害篇》）《论衡》对这种社会现实不公的抨击，凸显了身体的社会意义。《论衡》的身体思想不只是自然的身体观，更重要的是社会的身体观。

（2）气是社会身体治理的需要

身体治理的重要内容就是教化。《论衡》以气为出发点，指出教化的重要。它说："禀气有厚泊，故性有善恶。残则授不仁之气泊，而怒则禀勇渥也。仁泊则戾而少愈，勇渥则猛而无义，而又和气不足，喜怒失时，计虑轻愚。妄行之人，罪故为恶，人受五常，含五脏，皆具于身，禀之泊少，故其操行不及善人，犹或厚或泊也，非厚与泊殊其酿也，曲蘖多少使之然也，是故酒之泊厚，同一曲蘖；人之善恶，共一元气。气有少多，故性有贤愚。"（《论衡·率性篇》）在这里，《论衡》用了"不仁之气"和"和气"两种气类。在它看来，"不仁之气"就是"残""怒"和"戾"，而"和气"就是"仁"和"义"。由"不仁之气"向"和气"转化，教化是重要的手段。它说："凡含血气者，教之所以异化也。三苗之民，或贤或不肖，尧舜齐之，恩教加也。楚越之人，处庄、岳之间，经历岁月，变为舒缓，风俗移也。故曰：齐舒缓，秦慢易，楚促急，燕戆投。以庄、岳言之，四国之民，更相出入，久居单处，性必变易。夫性恶者，心比木石，木石犹为人用，况非木石！在君子之迹，庶几可见。"（《论衡·率性篇》）《论衡》这种"凡含血气者，教之所以异化也"的思想，正是儒家"有教无类"思想的反映。不同之处，《论衡》是从身体禀受气的不同出发的。从这一点来讲，教化就是身体的气化。

针对有人说上世之民文厚，下世之民文薄，《论衡》指出："夫器业变易，性行不异，然而有质朴文薄之语者，世有盛衰，衰极久有弊也。譬犹衣食之于人也，初成鲜完，始熟香洁，少久穿败，连日臭茹矣。文质之法，古今所共。一质一文，一衰一盛，古而有之，非独今也。"（《论衡·齐世篇》）《论衡》认为历史是变化的，"文"也是变化的，也有盛有衰，不存在上世"文厚"下世"文薄"这一情况。《论衡》这一历史进化思想是对当时"厚古薄今"思想的一种积极回应，也表明它的思想建构在现实的基础上。因此，《论衡》对身体的论述，如"佞人贪利名之显，君子不安下则身危。"（《论衡·答佞篇》）"夫文吏能破坚理烦，不能守身，身则亦不能辅将。"（《论衡·程材篇》）和"人君惜其官，人民爱其身"（《论衡·辨祟篇》）等都是现实的反映。

（3）作为气的身体表现形式情与性的物化

根据天和父母的施气不同，《论衡》把性分为三种，即正、随、遭三性。他说:"正者,禀五常之性也;随者,随父母之性;遭者,遭得恶物象之故也。"(《论衡·命义篇》)在这里,性与气和德联系在一起。它说:"禀气有厚泊,故性有善恶也。……人之善恶,共一元气。气有多少,故性有贤愚。"(《论衡·率性篇》)《论衡》的"性"是"气性"与"德性"的统一。

性与情的好坏,又事关身体治理和国家治理。在《论衡》看来,"情性者,人治之本,礼乐所由生也。故原情性之极,礼为之防,乐为之节。性有卑谦辞让,故制礼以适其宜;情有好恶喜怒哀乐,故作乐以通其敬。礼所以制,乐所为作者,情与性也。"(《论衡·本性篇》)因此,《论衡》主张尽性之理,以为教。它说:"人禀天地之性,怀五常之气,或仁或义,性术乖也;动作趋翔,或重或轻,性识诡也;面色或白或黑,身形或长或短,至老极死不可变易,天性然也。"(《论衡·本性篇》)只有教化,"恶可变为善"(《论衡·率性篇》)。但是现实中,"佞与贤者同材,材行宜钧",而"佞人曷为独以情自败。"(《论衡·累害篇》)这在《论衡》看来,是君子与小人对情与性的认知不同而导致的。它说:"富贵皆人所欲也,虽有君子之行,犹有饥渴之情。君子则以礼防情,以义割欲,故得循道,循道则无祸,小人纵贪利之欲,逾礼犯义,故进得苟佞,苟佞则有罪。夫贤者,君子也;佞人,小人也。君子与小人本殊操异行,取舍不同。"(《论衡·答佞篇》)因此,现实中身体情与性的物化很正常,《论衡》说:"蓬生麻间,不扶自直;白纱入缁,不染自黑。此言所习善恶,变易质性也。"(《论衡·程材篇》)《论衡》对性和情详尽的论述,是建立在身体基础之上的。换言之,情和性是身体的表现形式。无身体无情性。这样,《论衡》建构起了气—身体—性—情身体模式。从这一模式出发,进行治理,则"致天平"。

《论衡》以气为切入点,论述社会对身体的影响,不仅使自然之气上升到了社会之气,而且使气、身体、社会三者有机地融合起来,大大拓宽了气和身体的运用范围。

二、对《论衡》气的身体叙事的评价

在先秦的文献典籍和医学著作中,"气"是作为一个特定的概念出现的。按照中国台湾学者杨儒宾的考订,它既指遍布天壤之间的一种流行的存在,又指遍布体表的卫气;既是修炼传统下精微身体的语汇,又指的是一种动而未动的存在之流行。① 无论哪一种，"气"与身体都有着密切的关系。无气则无身体的存在。"有气则生，无气则死，生者以其气。"（《管子·枢言》）"人之生，气之聚也。聚则为生，散则为死。"（《庄子·知北游》）无身体，则气失去了载体。如《黄帝内经》所说："其血气皆上于面而走空窍，其精阳气上走于目而为睛，其别气走于耳而为听，其宗气上出于鼻而为臭，其浊气出于胃走唇舌而为味。"（《灵枢·邪气脏腑病形》）因此，在先秦时期，气的身体叙事，沿着"整体论"和"体用论"两条路径进行。所谓"整体论"就是把气作为身体的本体，在时空格局下气化感应的一种自然存在和社会存在；即杨儒宾所谓的"先天类型"②。而"体用论"则是在"体用一如"的格局下，气作为身体存在的自然运用和社会运用。即杨儒宾所谓的"后天类型"③。

无论是"整体论"，还是"体用论"，无论是"先天类型"还是"后天类型"，气作为一种身体叙事在先秦时期已经初具规模。进入西汉时期，气的身体叙事迅速地发展起来。饶龙隼指出："汉代气论亦非晚周之复述，而有所深化和超越。其显著特征是各种气论思想趋向汇合，并在更高的层面上融通，主要表现为：（一）气一元论得以推广，普遍认为万物皆属气，人也不例外；（二）气分阴、阳，阴阳二气运行，决定着事物的赋形变化及相互关系；（三）气是人类与万物（即物与我）、精神与物质（即心与物）的连接态，是认知的物理基础，人对事物的感知实为气感。"④ 说明无论是董仲舒的《春秋繁露》，还是刘安的《淮南子》都把"气"推广到自然和社会各个方面，并与心、神结合起来。《春秋繁露》指出："凡气从心。心，气之君也，何为而气不随也。"又说："气从神而成，神从意而出。心之所之谓意，意劳者神扰，神扰者气少，气少者难久矣。"（《春秋繁露·循天之道》）因此，君主和圣人养生要做到形神不离、心气不分。"故仁人之所以多寿者，外无贪而内清净，心平和而不失中正，取天地之美以养其身，是其且多且治。"（《春秋繁露·循天之道》）而《淮南子》把形—气—神更是看成一体，指出："夫形者生之舍也，气者生之充也，神者生之制也，一失位则三者伤矣。"（《淮南子·原道训》）西汉时期以气论身、以气

---

① 杨儒宾. 两种气学，两种儒学——中国古代气化身体观研究 [J]. 中州学刊, 2011 (5)：143-148.

② 杨儒宾. 两种气学，两种儒学——中国古代气化身体观研究 [J]. 中州学刊, 2011 (5)：143-148.

③ 杨儒宾. 两种气学，两种儒学——中国古代气化身体观研究 [J]. 中州学刊, 2011 (5)：143-148.

④ 饶龙隼. 两汉气感取象论 [J]. 文学评论, 2006 (4)：98-110.

论神，表证"气"不仅通过身体可以体认世界，而且是心认知事物的基础。中国台湾学者蔡璧名指出："凡人，所生者'神'，所托者'形'；神者'生之本'，形者'生之具'，形神结合，成就完足的'具体'，此乃传统思想对身体认知的共象。"① 西汉的气论是一种典型的中国传统身体叙事模式。在中国传统文化中，身心是不分离的，心与气又是不可分割的，这样气—身—心身体结构就成为身体叙事的一种常态。

《论衡》继承和拓展了这一思想。它说："形、气、性，天也。形为春，气为夏。人以气为寿，形随气而动。气性不均，则于体不同。"（《论衡·无形篇》）它又说："人禀气于天，气成而形立，则命相须以至终死。"（《论衡·无形篇》）《论衡》不但把气、形、性与天地四季联系在一起，而且把气、形、性与寿、命结合起来，形成了天大格局下气与身体、性情、命运的互动。在《论衡》看来，人的性情不只是人先天具有的属性，还与后天的培养息息相关。它说："论人之性，定有善有恶。其善者，固自善矣；其恶者，故可教告率勉，使之为善。凡人君父，审观臣子之性，善则养育劝率，无令近恶；近恶则辅保禁防，令渐于善。善渐于恶，恶化于善，成为性行。"（《论衡·率性篇》）善恶的本性是可以改变的。

而命，对于《论衡》来说，虽然也是由上天决定的："命当贫贱，虽富贵之，犹涉祸患矣。命当富贵，虽贫贱之，犹逢福善矣。"（《论衡·命禄篇》）但是命通过身教是可以改变的。它说："性命在本，故《礼》有胎教之法：子在身时，席不正不坐，割不正不食，非正色目不视，非正声耳不听。及长，置以贤师良傅，教君臣父子之道。"（《论衡·命义篇》）《论衡》这种天之下气—形—性—命身体结构，并不是一成不变的。在结构内，命可以改变，性可以改变，人的身体寿命可以改变，气也可以改变，最后天也可以改变。这就回到了儒家荀子"人定胜天"的轨道上来。而且《论衡》以"气"为武器，批判"天人感应"、祥瑞、禁忌、卜筮等，这就赋予"气"不同于传统"气论"的功能。它不仅把大自然的变化纳入身体结构，而且把社会的变化也纳入身体结构；它不但建构社会，而且解构社会。与先秦时期气的"整体论""体用论"相比较，《论衡》气的身体叙事无论是内容还是形式，都更完整、更系统。

《论衡》这种自然身体观与社会身体观相结合的气的身体叙事，对后世气论有很大的影响。宋朝张载，明朝王廷相、王夫之等关于气的言说就是这种影响

---

① 蔡璧名. 身体与自然——以《黄帝内经素问》为中心论古代思想传统中的身体观 [M].
台北：台湾大学出版社，1997：49.

的结果。曾振宇说："张载、王廷相和王夫之等人的气论尽管在某些方面较之王充气论有进步之处，但在气论的基本规定、哲学性质和思维模式方面，仍然没有获得根本性的超越。"① 张载、王廷相和王夫之像王充一样，主张气与身心、社会的结合。张载指出："气有阴阳，推行有渐为化，合一不测为神。其在人也，智义利用，则神化之事备矣。德盛者穷神则智不足道，知化则义不足云。"（《正蒙·神化篇》）王廷相说："理根于气，不能独存也，故曰'神与性皆气所固有。'若曰'气根于理而生'，不知理是何物？有何种子，便能生气？不然，不几于谈虚驾空之论乎？"② 张载这种气与智义的化合、王廷相这种气与神性的结合与《论衡》气的身体叙事模式在气的本质、存在方式和思维特质方面没有根本性的不同。从这一点来说，《论衡》气的身体叙事，大大影响了中国古代气论的发展，使中国的气论从以气论身发展到以气论性、以气论理，拓宽了气的应用范围。

同时，《论衡》气的身体叙事，植根于东汉社会现实。东汉初年，是一个灾异符瑞盛行的迷信时代。在这个时代，谶纬儒学作为思想统治工具，深入社会的各个角落。光武帝因为谶言"刘秀发兵捕不道，卯金修德为天子"（《后汉书·光武帝纪》）而称帝，所以他大力提倡以图谶来决疑。晚年他又宣布图谶于天下，凡"名应图箓"者，都可以高官厚禄。明、章二帝继之大力提倡，遂使谶纬之书遍布天下。《后汉书》这样说道："自中兴之后，儒者争学图纬，兼复附以妖言。"（《后汉书·张衡传》）在这种社会现实下，《论衡》继承了儒家"子不语怪力乱神"的传统，以气为武器，从不同的角度批驳了灾异符瑞、鬼妖图谶现象。现存《论衡》85 篇文章中，三分之二的文章都在批判天人感应和符瑞图谶。在《论衡》看来，"亡秦者胡""汉后五十年，东南有反者"和"不知何一男子，自谓秦始皇，上我之堂，踞我之床，颠倒我衣裳，至沙丘而亡。"（《论衡·实知篇》）的谶言，"殷高宗之时，桑穀俱生于朝""天雨谷者凶"（《论衡·异虚篇》）的凶兆，"人君失政，天为异；不改，灾其人民；不改，乃灾其身也。先异后灾，先教后诛之义也。"（《论衡·谴告篇》）的天人感应等，都是无稽之谈。《论衡》认为，天是无意识的物质实体，"天道自然也，无为。"就灾害来说，它是一种自然现象，是风气不和的结果。它说："夫国之有灾异，犹家人之有变怪也。有灾异，谓天谴人君；有变怪，天复谴告家人乎？家人既明，人之身中亦将可以喻。身中病，犹天有灾异也。血脉不调，人生疾

---

① 曾振宇. 王充气论的思想史意义 [J]. 文史哲，2000（5）：87-92.

② 王廷相. 王廷相集（三）[M]. 王孝鱼，点校. 北京：中华书局，1989：603.

病；风气不和，岁生灾异。"（《论衡·谴告篇》）《论衡》认为，灾异符瑞、鬼神图谶都是圣人虚构出来的。《论衡》说："六经之文，圣人之语，动言天者，欲化无道、惧愚者。之言非独吾心，亦天意也。及其言天，犹以人心，非谓上天苍苍之体也。变复之家，见诬言天，灾异时至，则生谴告之言矣。"（《论衡·谴告篇》）这就揭开了灾异符瑞论和鬼神图谶论的神秘面纱。胡适说："不懂得这个时代的荒谬迷忌的情形，便不能懂得王充的哲学。"① 便是对《论衡》这种现实主义批判的精辟总结。

《论衡》这种朴素的唯物主义自然身体观和社会身体观，对后世的影响也是非常深远的。范缜和章太炎等人对图谶、鬼神的批判就是建立在《论衡》批判基础上的。范缜的"人之生也，资气于天，禀形于地。是以形销于下，气灭于上。气灭于上，故无不之。言无不之者，不测之辞，岂必其有神与知耶？"（《答曹思文难神灭论》《弘明集》卷九）与《论衡》的气的身体叙事没有什么两样。二者都认为天地生气，气生形神。无气则无形、无神。"不测之辞"神怎么会知道。至于章太炎所说："王充在《论衡》中几于无迷不破，《龙虚》《雷虚》《福虚》等篇，真是独具只眼。"② 更是对《论衡》批判迷信思想的肯定。从这一点来说，王充的《论衡》具有重要的现实意义，正如冯友兰先生所指出："王充《论衡》一书，即就道家自然主义之观点，以批评当时一般人之迷信。《论衡》一书，对于当时迷信之空气，有摧陷廓清之功。"③

第四节　仙的身体叙事：《抱朴子》身体思想研究

仙，按照《说文》的解释为："仙，长生迁去也。"《释名·释长幼》进一步阐释道："老而不死曰仙。仙，迁也，迁入山也。故其制字，人旁作山也。"④ 无论哪一种阐释，都是指那些具有特殊能力，身体可以长生不死的人。《列子·黄帝》指出："列姑射山在海河洲中，山上有神人焉，吸风饮露，不食五谷；心如渊泉，形如处女；不偎不爱，仙圣为之臣；不畏不怒，愿悫为之使；不施不

---

①　胡适. 王充的论衡 [M] //黄晖. 论衡校注. 北京：中华书局，2018：1270.

②　章太炎. 国学概论 [M]. 曹聚仁，整理；汤志钧，导读. 上海：上海古籍出版社，1997：36.

③　冯友兰. 中国哲学史 [M]. 北京：中华书局，1961：588.

④　王先谦. 释名疏证补 [M]. 上海：上海古籍出版社，1984：50.

惠，而物自足；不聚不敛，而已无愆。"这里的仙圣，就是那种身体可以长久地存在于天地之间之人。由于神的身体可以不死，因此，"神"与"仙"常常联系在一起。

先秦时期，虽然出现了仙的字眼，但很不普及。秦汉时期，有关仙的叙述突飞猛进地发展起来，这主要有两大原因。一是统治者追求神仙方术。秦始皇追求长生不死之药，于是"燕齐之士释锄耒，争言神仙方士，于是趣咸阳者以千数，言仙人食金饮珠，然后寿与天地相保"①西汉时期，求仙气氛也非常浓厚。据资料记载："汉兴，新垣平、齐人少翁、公孙卿、栾大等，皆以仙人黄冶、祭祠、事鬼使物、入海求神采药贵幸，赏赐累千金，大尤尊盛……震动海内。"（《汉书·郊祀志》）二是一些思想家对仙的记述和论说日益丰富。如刘向《列仙传》载："赤松子者，神农时雨师也，服水玉，以教神农，能入火自烧。往往至昆仑山上，常止西王母石室中，随风雨上下。炎帝少女追之，亦得仙俱去。"②这里的"赤松子"和"炎帝少女"俱是仙人。王充的《论衡》也记载了淮南王刘安求仙之事："儒书言淮南王学道，招会天下有道之人，倾一国之尊，下道术之士，是以道术之士并会淮南，奇方异术，莫不争出。王遂得道，举家升天，畜产皆仙，犬吠于天上，鸡鸣于云中。"（《论衡·道虚》）这里的"王遂得道，举家升天"指的就是淮南王刘安升天成仙。

东汉末年，道教创立。作为道教经典的《太平经》和《周易参同契》关于仙的阐释越来越多。仙的方技、仙的修炼体系和仙的等级系统等逐渐成型。《太平经》说："夫人者，乃理万物之长也。其无形委气之神人，职在理元气；大神人职在理天；真人职在理地；仙人职在理四时；大道人职在理五行；圣人职在理阴阳；贤人职在理文书，皆授语；凡民职在理草木五谷；奴婢职在理财货。"（《太平经》卷四十二《九天消先王灾法》）在这里，《太平经》从天无形委气构建了神仙世界的等级系统。而《周易参同契》通过鼎器炼丹来建构仙的修炼路径。它说："圆三五，寸一分，口四八，两寸唇，长尺一，厚薄均。腹齐三，坐垂温。阴在上，阳下奔。首尾武，中间文。始七十，终三旬，二百六，善调匀。阴火白，黄芽铅。两七聚，辅翼人。瞻理脑，定生玄。子处中，得安存？来去游，不出门。渐成大，情性纯。却归一，还本原。善爱敬，如君臣。至一周，甚辛勤。密防护，莫迷昏。途路远，复幽玄。若达此，会乾坤。刀圭沾，净魄魂。得长生，居仙村。乐道者，寻其根。审五行，定铢分。谛思之，不须

---

① 桓宽. 盐铁论［M］. 上海：上海书店，1954：125.
② 袁珂. 古神话选释［M］. 北京：人民文学出版社，1979：98.

论。深藏守，莫传文。御白鹤，驾龙鳞，游太虚，谒仙君，录天图，号真人。"
（《周易参同契·鼎器妙用章》）这样，在天、道和气身体叙事的基础上，出现
了仙的叙事。

　　葛洪继承了两汉仙的叙事传统，从身体思想史的角度加以拓展，从而在
《抱朴子》一书，形成了独特的仙的身体叙事模式。齐林华指出："葛洪对先秦
道家思想与民间的道教理论进行了整体性的反思和批判，论证成仙的现实性与
可能性，规定道教的修炼目标，规避早期道教的治国革命的政治维度，从而建
构起一套适合上层社会治身的修道成仙的道教理论体系，将早期的民间道教改
造为官方的神仙道教。"① 这种整体性的反思和批判，是从身体的维度来进行
的。"苟我身之不全，虽高官重权，金玉成山，妍艳万计，非我有也。"② 因此，
仙的身体叙事是《抱朴子》身体思想的主要内核。

一、《抱朴子》仙的身体叙事的主要内容

　　按照张明亮的研究，《抱朴子》一书主要从神仙实有的证明、神仙的属性、
神仙的等级系统和成仙的途径③四个方面来进行仙的言说的。同样，《抱朴子》
仙的身体叙事主要从仙的身体本体、仙的身体生成、仙的身体修炼途径和仙的
身体谱系来进行叙述。

　　第一，"玄""道"和"一"是仙的身体的本体。在先秦老庄的学说和西汉
《淮南子》中，"道"是作为身体的本体出现的。葛洪的《抱朴子》继承和发展
了这一思想。它说："道也者，所以陶冶百氏，范铸二仪，胞胎万类，酝酿彝伦
者也。"（《抱朴子内篇·明本》）这里"道""胞胎万类"就是指"道"是生
命的本原，与老庄和《淮南子》的"道"是一样的。

　　但《抱朴子》的"道"又与老庄和《淮南子》的"道"有所不同，它还有
一个别名"玄"。所谓"玄"，按照扬雄的说法："夫玄也者，天道也，地道也，
人道也。"④ 它是"道"的总称。《抱朴子》说："玄者，自然之始祖，而万殊
之大宗也。金石不能比其刚，湛露不能等其柔。方而不矩，圆而不规；来焉莫
见，往焉莫追。乾以之高，坤以之卑，云以之行，雨以之施。胞胎元一，范铸
两仪，吐纳大始，鼓冶亿类，回旋四七，匠成草昧，嘈策灵机，吹嘘四气，幽

---

　　① 齐林华. 中国古代文化中的身体观念及其发展［D］. 长沙：湖南师范大学，2013：119.
　　② 《抱朴子内篇·勤求》。
　　③ 张明亮. 葛洪神仙思想研究［D］. 开封：河南大学，2016：4-6.
　　④ 扬雄. 太玄集注［M］. 司马光，集注；刘韶军，点校. 北京：中华书局，1998：221.

括冲默，舒阐粲尉，抑浊扬清，斟酌河渭。增之不溢，挹之不匮，与之不荣，夺之不瘁。故玄之所在，其乐不穷；玄之所去，器弊神逝。"（《抱朴子内篇·畅玄》）这里的"玄"是天地万物之宗，也是生命和身体之宗。没有玄，就没有生命和身体。玄是建构生命和身体的主体。

由于"玄"与"道"在本原上是一致的，因此，《抱朴子》常把"玄"与"道"用在一起，称为"玄道"。它说："夫玄道者，得之乎内，守之者外，用之者神，忘之者器，此思玄道之要言也。得之者贵，不待黄钺之威；体之者富，不须难得之货。高不可登，深不可测。乘流光，策飞景，凌六虚，贯涵溶。出乎无上，入乎无下；经乎汗漫之门，游乎窈眇之野；逍遥恍惚之中，倘佯仿佛之表。咽九华于云端，咀六气于丹霞。俳徊茫昧，翱翔希微，履略蜿虹，践跚旋玑，此得之者也。"（《抱朴子内篇·畅玄》）这里"乘流光，策飞景，凌六虚，贯涵溶。……此得之者也。"俨然仙的风采，这就把玄道与仙联系起来了。

按照道教典籍《太平经》和《老子想尔注》所说："常成人，使乐为善人，令得天心地意，从表定里，成功于身，使得长生，在不死之籍。""积精成神，神成仙寿，以此为身宝矣。"仙的身体的生成，需要长期修善与悟道，"成功于身，使得长生。"《抱朴子》作为二者继承者，自然主张体道而成仙。它说："是以真人但令学其道引以延年，法其食气以绝谷，不学其土蛰与天飞也。夫得道者，上能竦身于云霄，下能潜泳于川海。是以萧史偕翔凤以凌虚，琴高乘朱鲤于深渊，斯其验也。"（《抱朴子内篇·对俗》）这里的真人是仙人的别称。其"上能竦身于云霄，下能潜泳于川海"说明仙的身体具有超能的力量。

这就导引出两个问题，是否人人都可以得道成仙？是否人人都像仙的身体一样具有超自然的力量？《抱朴子》的回答是否定的。《抱朴子》指出："世人饱食终日，复未必能勤儒墨之业，治进德之务，但共逍遥遨游以尽年月。其所营也，非荣则利。或飞苍走黄于中原，或留连杯觞以羹沸，或以美女荒沉丝竹，或躭沦绮纨，或控弦以弊筋骨，或博弈以弃功夫。闻至道之言而如醉，睹道论而昼睡。有身不修，动之死地，不肯求问养生之法，自欲割削之，煎熬之，憔悴之，漉汔之。而有道者自宝秘其所知，无求于人，亦安肯强行语之乎？世人之常言，咸以长生若可得者，古人之富贵者，已当得之，而无得之者，是无此道也。而不知古之富贵者，亦如今之富贵者耳。俱不信不求之，而皆以目前之所欲者为急，亦安能得之耶？"（《抱朴子内篇·金丹》）在《抱朴子》看来，仙的身体的生成非等闲之人可为，只有志向坚定于道才行。它说："夫求长生，修至道，诀在于志，不在于富贵也。"（《抱朴子内篇·论仙》）这样看来，"道"或"玄"是生成仙的身体的本体。

除此之外，"一"也是身体的本体。它说："一有姓字服色，男长九分，女长六分，或在脐下二寸四分下丹田中，或在心下绛宫金阙中丹田也，或在人两眉间，却行一寸为明堂，二寸为洞房，三寸为上丹田也。……一能成阴生阳，推步寒暑。"（《抱朴子内篇·地真》）"一"存在身体之中，是人生命的根本。同时，"一"又是至高无上的神。它说："一在北极大渊之中，前有明堂，后有绛宫；巍巍华盖，金楼穹隆；左罡右魁，激波扬空；玄芝被崖，朱草蒙珑；白玉嵯峨，日月垂光；历火过水，经玄涉黄；城阙交错，帷帐琳琅；龙虎列卫，神人在傍。"这把"一"看作人身体之外的仙的存在。综合二者，"一"是被神化的"道"。《抱朴子》说："道起于一，其贵无偶，各居一处，以象天地人，故曰三一也。天得一以清，地得一以宁，人得一以生，神得一以灵。"（《抱朴子内篇·地真》）天、地、人、神都是"一"而生成的，"一"既是道的本原，又是仙身体生成的本原。

这样，"道""玄"和"一"都成了仙身体的本体。由于本体是唯一的，因此，在《抱朴子》这里，"道"就是"玄"，就是"一"，它们是可以置换的。杨芳芳认为，《抱朴子》"道"等同于"玄"和"一"主要是基于以下考量："一是赋予'道'以更多的神秘性。因为在道教理论中，成仙就是得'道'，也就是通'玄'，而这不是一般人所能理解的。所以强调'玄'，可以在认识论上论证神仙既稀有又实有，为得'道'需要特殊的修炼铺平了道路。二是葛洪还将'玄道'称为'一'，从而为'守一'的方法奠定了理论基础。"① 笔者认为，"道""玄"和"一"之所以通用，一是因为在老庄那里，"道""玄"和"一"概念本身没有很好的区隔；二是至魏晋时代，"道""玄"和"一"概念已在混同。《抱朴子》有时说"道"是身体的本体，有时说"玄"是生命的本原，有时说"一"是身体的根本，就是基于"道""玄"和"一"的等同性。

第二，仙的身体形成有一定的条件。虽然众生都可以成仙，但真正生成仙的身体需要一定的修炼方法。

首先要广做善事。按照道教的一般规则，"人欲地仙，当立三百善；欲天仙，立千二百善。若有千一百九十九善，而忽复中行一恶，则尽失前善，乃当复更起善数耳。"（《抱朴子内篇·对俗》）这里的"善"指的是忠孝、和顺和仁信。它说："欲求仙者，要当以忠孝和顺仁信为本。若德行不修，而但务方术，皆不得长生也。行恶事大者，司命夺纪，小过夺算，随所犯轻重，故所夺

---

① 杨芳芳. 通向仙境之路——葛洪《抱朴子》生命哲学思想探析 [D]. 杭州：杭州师范大学，2013：6.

有多少也。"《抱朴子》把"善",即忠孝、和顺和仁信作为成仙的一个条件,表证出儒家伦理道德的影响。齐林华指出:"葛洪在肉体修仙的过程中,把儒家的德性身体观念与道教的身体本位思想结合起来,重视道德修养之于身体修仙转进的重要性,这也弱化了道教与主流的儒家文化之间的张力。"① 揭示历史进入魏晋时代,儒道在身体观念上已逐渐融合了。

既然行善可以成仙,那么封建帝王是否可以像凡人一样造就仙人身体而长生不老? 在《抱朴子》看来,这是不可能的。因为"仙法欲静寂无为,忘其形骸,而人君撞千石之钟,伐雷霆之鼓,砰磕嘈囋,惊魂荡心,百技万变,丧精塞耳,飞轻走迅,钓潜弋高。仙法欲令爱逮蚑蟜,不害含气,而人君有赫斯之怒,艾夷之诛,黄钺一挥,齐斧暂授,则伏尸千里,流血滂沱,斩断之刑,不绝于市。仙法欲止绝臭腥,休粮清肠,而人君烹肥宰腯,屠割群生,八珍百和,方丈于前,煎熬勺药,旨嘉餍饫。仙法欲溥爱八荒,视人如己,而人君兼弱攻昧,取乱推亡,辟地拓疆,泯人社稷,驱合生人,投之死地,孤魂绝域,暴骸腐野,五岭有血刃之师,北阙悬大宛之首,坑生煞伏,动数十万,京观封尸,仰干云霄,暴骸如莽,弥山填谷。秦皇使十室之中,思乱者九。汉武使天下嗷然,户口减半。祝其有益,诅亦有损。结草知德,则虚祭必怨。众烦攻其膏肓,人鬼齐其毒恨。彼二主徒有好仙之名,而无修道之实,所知浅事,不能悉行。"(《抱朴子内篇·论仙》) 表面上看,《抱朴子》在说历史上帝王想长生不老的人很多,但没有哪一个帝王能成仙,因为他们身体欲望太多;实际上在揭露封建帝王的暴政。从这一点来说,《抱朴子》具有强烈的现实关怀,是入世与出世的统一。

其次,要抱元守一。就是要排除心中杂念,保持心神宁静,使精、气、神不外泄,从而与形合为一体,成为仙体。《抱朴子》说:"夫有因无而生焉,形须神而立焉。有者,无之宫也;形者,神之宅也。故譬之于堤,堤坏则水不留矣。方之于烛,烛糜则火不居矣。身劳则神散,气竭则命终。根竭枝繁,则青青去木矣。气疲欲胜,则精灵离身矣。"(《抱朴子内篇·至理》) 在《抱朴子》看来,形是神的载体;身劳则神散、气疲;气疲则"精灵离身"。在这里,《抱朴子》实际上建构了生成仙的身体模式,即形(身)—神—气—仙。在这一模式中,精、气、神对于生成仙的身体非常重要。一般的人之所以不能成为仙体,不是神散,就是气疲。所以,《抱朴子》认为要造就仙的身体,必须:"杜思音之耳,远乱听之声,涤除玄览,守雌抱一,专气致柔,镇以恬素,遣欢戚之邪

---

① 齐林华. 中国古代文化中的身体观念及其发展 [D]. 长沙:湖南师范大学, 2013:119.

情，外得失之荣辱，割厚生之腊毒，谧多言于枢机，反听而后所闻彻，内视而后见无朕，养灵根于冥钧，除诱慕于接物，削斥浅务，御以愉模，为乎无为，以全天理尔。"(《抱朴子内篇·至理》)这里的"抱一"就是"守一"。具体来说，就是"遣欢戚之邪情，外得失之荣辱，割厚生之腊毒，谧多言于枢机。"

而"守一"的关键，则是"抱元"。"元"在《抱朴子》这里，一般指"元气"，有时指"原气"和"真气"。三者含义基本一致。由于元气的存在，便有了身体的存在。它说："故授气流形者，父母也，受而有之者，我身也。"(《抱朴子内篇·塞难》)有了身体，并不能保持长久。"我自有身，不能使之永壮而不老，常健而不疾。"(《抱朴子内篇·塞难》)这就需要时常抱元养气。它说："生命至贵，长生可得；内修守一，养精行气。"(《抱朴子内篇·至理》)由此可见，"抱元守一"实际上就是养气和养心。而养气养心在《抱朴子》看来，是造就仙身体的关键。它说："欲求神仙，唯当得其至要。至要者，在于宝精、行气、服一大药便足，亦不用多也。"(《抱朴子内篇·释滞》)因此，"抱元守一"是造就仙身体的重要条件。

最后，要经明师的指点。在《抱朴子》看来，明师对造就仙的身体也非常重要。它说："然此三事，复有浅深，不值明师，不经勤苦，亦不可仓卒而尽知也。虽云行气，而行气有数法焉；虽曰房中，而房中之术，近有百余事焉；虽言服药，而服药之方，略有千条焉。初以授人，皆从浅始，有志不息，勤劳可知，方乃告其要耳。"(《抱朴子内篇·释滞》)在这里，《抱朴子》指出不值明师，就无法了解宝精、行气、服药的要义。它以年已七十的灌叔本向只有十三岁的陈家世学习仙道为例，指出："夫人生先受精神于天地，后禀气血于父母，然不得明师，告之以度世之道，则无由免死，凿石有余焰，年命已凋颓矣。由此论之，明师之恩，诚为过于天地，重于父母多矣，可不崇之乎？可不求之乎？"(《抱朴子勤求·释滞》)《抱朴子》把问道崇师上升到生死的高度，这就告诫世人，要生成仙的身体，必须要找到一个好的明师，并尊崇他。由此可见，明师对造就仙身体的重要。

第三，修炼仙的身体的路径。除了上面的行气修道成仙之外，还可以通过炼丹和房中术来造就仙的身体。《抱朴子》说："乃呋吸宝华，浴神太清。外除五曜，内守九精。坚玉钥于命门，结北极于黄庭。引三景于明堂，飞元始以炼形。采灵液于金梁，长驱白而留青。凝澄泉于丹田，引沉珠于五城。瑶鼎俯爨，藻禽仰鸣。瑰华擢颖，天鹿吐琼。怀重规于绛宫，潜九光于洞冥。云苍郁而连天，长谷湛而交经。履蹑乾兑，召呼六丁。坐卧紫房，咀吸金英。晔晔秋芝，朱华翠茎。晶晶珍膏，溶溢霄零。治饥止渴，百痾不萌。逍遥戊巳，燕和饮平。

拘魂制魄，骨填体轻。故能策风云以腾虚，并混舆而永生也。"（《抱朴子勤求·至理》） 如果把修道行气作为修炼仙的身体内在路径的话，那么炼丹和房中术则是修炼仙的身体的外在途径。

首先，就炼丹来说，《抱朴子》从食物的角度，认为它是造就仙身体的一个重要方法。《抱朴子》指出："夫五谷犹能活人，人得之则生，绝之则死，又况于上品之神药，其益人岂不万倍于五谷耶？夫金丹之为物，烧之愈久，变化愈妙。黄金入火，百炼不消，埋之，毕天不朽。服此二物，炼人身体，故能令人不老不死。此盖假求于外物以自坚固，有如脂之养火而不可灭。铜青涂脚，入水不腐，此是借铜之劲以捍其肉也。金丹入身中，沾洽荣卫，非但铜青之外傅矣。"（《抱朴子内篇·金丹》） 在这里，《抱朴子》认为黄金千年不变，丹砂百炼不消，炼人身体可以长生不老。因此，服食以这两种原料为主的丹就能获得永久的生命力，就会成为仙人。为此，它列举了九种丹：

第一之丹名曰"丹华"。当先作玄黄，用雄黄水、矾石水、戎盐、卤盐、礜石、牡蛎、赤石脂、滑石、胡粉各数十斤，以为六一泥，火之三十六日成。服之七日，仙。又以玄膏丸此丹，置猛火上，须臾成黄金。又以二百四十铢合水银百斤火之，亦成黄金。金成者药成也。金不成，更封药而火之，日数如前，无不成也。

第二之丹名曰"神丹"，亦曰"神符"。服之百日，仙也。行度水火，以此丹涂足下，步行水上。服之三刀圭，三尸九虫皆即消坏，百病皆愈也。

第三之丹名曰"神丹"。服一刀圭，百日，仙也。以与六畜吞之，亦终不死。又能辟五兵。服百日，仙人玉女，山川鬼神，皆来侍之，见如人形。

……

第九之丹名"寒丹"。服一刀圭，百日，仙也。仙童仙女来侍，飞行轻举，不用羽翼。

凡此九丹，但得一丹便仙，不在悉作之。作之在人所好者耳。凡服九丹，欲升天则去，欲且止人间亦任意，皆能出入无间，不可得之害矣。（《抱朴子内篇·金丹》）

这九种丹的主要成分除了黄金和丹砂外，还有各种化学物质。通过相互之间的化学反应，提炼出化学产物，这不但开创了中国炼丹理论，而且对中国早期化学史也有重要贡献。

同时，《抱朴子》还认为炼丹需要一个好的场所。如有灵气的大山，如华山、泰山、恒山等；有灵气的岛屿，如泰光洲、郁洲、东翁洲等。这些山和洲"皆是正神在其山中，其中或有地仙之人。上皆生芝草，可以避大兵大难，不但于中以合药也，若有道者登之，则此山神必助之为福，药必成。"（《抱朴子内篇·金丹》）在《抱朴子》看来，有灵气的大山和岛屿，有神灵助之。在有灵气的大山和岛屿炼丹，可以造成丹药的成功。

炼丹还需一定的禁忌。《抱朴子》指出："勿令俗人之不信道者谤讪评毁之，必不成也。郑君言所以尔者，合此大药皆当祭，祭则太乙、元君、老君、玄女皆来鉴省。作药者若不绝迹幽僻之地，令俗间愚人得经过闻见之，则诸神便责作药者之不遵承经戒，致令恶人有谤毁之言，则不复佑助人，而邪气得进，药不成也。必入名山之中斋戒百日，不食五辛生鱼，不与俗人相见，尔乃可作大药。作药须成乃解斋，不但初作时斋也。"（《抱朴子内篇·金丹》）这就赋予炼丹神圣感和神秘感，从而赋予仙的身体神圣感和神秘感。

另外，炼丹还需要一定的物质基础。由于炼丹的原料主要是黄金、白银、玉和丹砂，一般的平民没有这么多的钱财来承担。《抱朴子》说："若戎盐、卤咸皆贱物，清平时了不直钱，今时不限价直而买之无也。羌里石胆，千万求一斤亦不可得。徒知其方，而与不知者正同，可为长叹者也。有其法者，则或饥寒无以合之，而富贵者复不知其法也。就令知之，亦无一信者。假令颇信之，亦已自多金银，岂肯费见财以市其药物，恐有弃系逐飞之悔，故莫肯为也。"（《抱朴子内篇·黄白》）在这里，《抱朴子》指出穷人虽然有炼丹的方法，但没有钱也做不到；富人虽然有钱，但不知道炼丹的方法。即使知道，也不会浪费钱去买这些丹药。这就表明炼丹只能是具有一定财力的人才能承担的，服食金丹的只能是上层贵族。从炼丹中可以看出贵族追求长生不死身体享乐的愿望。

其次，就房中术来说，《抱朴子》肯定了性欲和性交的必要性。它说："人复不可都绝阴阳，阴阳不交，则坐致壅瘀之病，故幽闭怨旷，多病而不寿也。任情肆意，又损年命。唯有得其节宣之和，可以不损。若不得口诀之术，万无一人为之而不以此自伤煞者也。"（《抱朴子内篇·释滞》）在这里，《抱朴子》指出阴阳不交，就会致病；致病就会减寿。因此，它主张用房中术来养生延年。它说："房中之法十余家，或以补救伤损，或以攻治众病，或以采阴益阳，或以增年延寿，其大要在于还精补脑之一事耳。"（《抱朴子内篇·释滞》）至于造就仙体，《抱朴子》以黄帝为例，"论道养则资玄、素二女"（《抱朴子内篇·对俗》），借助房中术可以登道成仙。

从《抱朴子》仙的身体生成的三种路径来看，无论是悟道、炼丹，还是房中术，都是为了追求长生不老。这样看来，《抱朴子》仙的身体叙事，实际上是人的身体叙事，是人追求身体长生不死的愿望在现实中的镜像。

第四，仙的身体谱系及与圣的身体区隔。按照《抱朴子》的论述，仙的身体有一定的位阶。如"上士举形升虚，谓之'天仙'；……下士得道，长生世间。"（《抱朴子内篇·金丹》）和"天上多尊官大神，……而止人间八百余年也。"（《抱朴子内篇·对俗》）等。从这些叙述来看，仙的身体等级是不同的。它分为"天仙""地仙"和"尸解仙"，所居住的地方也不同，天仙居天宫，地仙居昆仑，尸解仙居人间。所从事的工作也不一样，初登仙者，要从事繁重的劳役。

产生这些不平等的原因，《抱朴子》认为是成仙的路径不同，它说："朱砂为金，服之升仙者，上士也；茹芝导引，咽气长生者，中士也；餐食草木，千岁以还者，下士也。"（《抱朴子内篇·黄白》）在这里，《抱朴子》指出服食高等物品朱砂的就成为上仙，服食次等物品茹芝的就成为中仙，服食差等物品草木的就成为下仙。这实际上反映了人世间的不平等。在《抱朴子》看来，具有一定财力的贵族就应该成为上仙，而贫穷的大众只能成为下仙，受上仙的奴役。《抱朴子》想把封建社会人间的这种森严等级的制度，在天上也永远地维持下去。从这一点来讲，《抱朴子》仙的身体谱系就是人世间人的身体位阶的反映。

而圣人作为人世间最尊贵的统治者，其身体自然在天仙身体之列。然而他们沦落世间，主要原因在于他们要救世。《抱朴子》说："夫圣人不必仙，仙人不必圣。圣人受命，不值长生之道，但自欲除残去贼，夷险平暴，制礼作乐，著法垂教，移不正之风，易流遁之俗，匡将危之主，扶亡征之国，刊《诗》《书》，撰《河》《洛》，著经诰，和《雅》《颂》，训童蒙，应聘诸国。突无凝烟，席不暇暖。其事则鞅掌罔极，穷年无已，亦焉能闭聪掩明，内视反听，呼吸导引，长斋久洁，入室炼形，登山采药，数息思神，断谷清肠哉？至于仙者，唯须笃志至信，勤而不息，能恬能静，便可得之，不待多才也。有入俗之高真，乃为道者之重累也。得合一大药，知守一养神之要，则长生久视，岂若圣人所修为者云云之无限乎？且夫俗所谓圣人者，皆治世之圣人，非得道之圣人。得道之圣人，则黄、老是也；治世之圣人，则周、孔是也。"（《抱朴子内篇·辨问》）在《抱朴子》看来，圣人要"除残去贼，……移不正之风，易流遁之俗，匡将危之主，扶亡征之国。"没有时间去"入室炼形"，而仙者可以"长生久视"。这样，《抱朴子》把仙人和圣人的身体位阶通过各自的功能区隔开来了。这一区隔，实际上出于封建统治的需要。对封建统治者来说，"在朝者陈力以秉庶事，山林者修德以厉贪浊。"（《抱朴子内篇·逸民》）这样可以维持封建统治的长治久安。因此，无论是仙人，还是圣人，其旨趣都是在维护封建社会的稳定。

二、对《抱朴子》仙的身体叙事的评价

马克思曾指出：神话是"通过人民的幻想用一种不自觉的艺术方式加工过的自然和社会形式本身。"① 同样，仙的身体叙事，也是人们用幻想的形式，追求长生不老、追求自由平等的一种现实诉求。

第一，东汉建立以来，社会一片黑暗。据《抱朴子外篇·汉过》载："当涂端右，阉官之徒，操弄神器，秉国之钧，废正兴邪，残仁害义，蹲踏背憎，即聋从昧，同恶成群，汲引奸党，吞财多藏，不知纪极，而不能散锱铢之薄物，施振清廉之穷俭焉。……以臻乎凌上替下，盗贼多有；宦者夺人主之威，三九死庸竖之手；忠贤望士，谓之党人，囚捕诛锄，天下嗟嗷。无罪无辜，闭门遇祸。"进入三国，朝廷更是腐化，"贤者不用，滓秽充序；纪纲弛紊，吞舟多漏。贡举以厚货者在前，官人以党强者为右。匪富匪势，穷年无冀。德清行高者，怀英逸而抑沦；有才有力者，蹑云物以官跻。主昏于上，臣欺于下。不党不得，不竞不进。背公之俗弥剧，正直之道遂坏。"（《抱朴子外篇·吴失》）在这衰乱之世，人们的生命得不到保障，如一诗所说："万姓以死亡，白骨露于野，千里无鸡鸣，生民百遗一。"（《嵩里行》）

在这社会失去重心的时代，人们不但遭受身体之痛，而且遭受精神之痛。于是，道教作为一种"被压迫生灵的叹息""无情世界的感情"和"人民的鸦片"② 应运而生了。《抱朴子》仙的身体叙事便是这种思想的反映。在《抱朴子》看来，"明哲色斯而幽遁，高俊括囊而佯愚；疏贱者奋飞以择木，絷制者曲从而朝隐；知者不肯吐其秘算，勇者不为致其果毅。"（《抱朴子外篇·汉过》）实在是一种没有办法的办法。为了保住身体性命，要么急流勇退，要么装疯卖傻。只有这样，才会"身名并全"。

第二，长生意识的反映。先秦时期以来，人们对生命有一种强烈的价值追求。如《庄子》指出："不离于宗，谓之天人；不离于精，谓之神人；不离于真，谓之至人；以天为宗，以德为本，以道为门，兆于变化，谓之圣人。"（《庄子·天下》）这里的天人、神人、圣人和至人，实际上反映了人们对全真保生的追求。汉代以后，这种长生意识更加显著。东汉王充《论衡》中《道虚》指

---

① 中共中央马克思恩格斯列宁斯大林著作编译局. 马克思恩格斯选集（第2卷）[M]. 北京：人民出版社，1972：15.

② 中共中央马克思恩格斯列宁斯大林著作编译局. 马克思恩格斯选集（第1卷）[M]. 北京：人民出版社，1972：2.

出，人们对仙的身体有着强烈的眷恋。它说："今人禀驰走之性，故生无毛羽之兆，长大至老，终无奇怪。好道学仙，中生毛羽，终以飞升。使物性可变，金木水火，可革更也。虾蟆化为鹑，雀入水为蜃蛤，禀自然之性，非学道所能为也。"（《论衡·道虚篇》）而曹操的《短歌行》和《龟虽寿》两诗更是透露了对生命留恋的心情。它说："对酒当歌，人生几何，譬如朝露，去日苦多。""神龟虽寿，犹有竟时；腾蛇乘雾，终为土灰。"总之，两汉魏晋时代，长生、恋生观念是思想家和文人著作中一个重要着眼点。这也是道教仙的思想产生的源泉。葛洪的《抱朴子》光大了这一思想，它说："年期奄冉而不久，托世飘迅而不再。智者履霜则知坚冰之必至，处始则悟生物之有终。六龙促轨于大浑，华颠倏忽而告暮。古人所以映顺流而顾叹、眄过隙而兴悲矣。"（《抱朴子外篇·任命》）主张通过成仙求道来达到长生不死。它说："若夫仙人，以药物养身，以术数延命，使内疾不生，外患不入，虽久视不死，而旧身不改，苟有其道，无以为难也。"（《抱朴子内篇·论仙》）可以说，《抱朴子》仙的身体叙事，是先秦时期以来长生思想的继承和发展，契合了时代的要求。

第三，"穷则独善其身，达则兼济天下"思想的进一步诠释。自孟子提出"得志，泽加于民；不得志，修身见于世。穷则独善其身，达则兼济天下。"（《孟子·尽心章句上》）这一观点后，士和文人一直奉为圭皋。葛洪《抱朴子》仙的身体叙事也是这一观点的反映。《抱朴子》指出："盖君子藏器以有待也，稽德以有为也；非其时不见也，非其君不事也；穷达任所值，出处无所系。其静也，则为逸民之宗；其动也，则为元凯之表。或运思于立言，或铭勋乎国器；殊途同归，其致一焉。"（《抱朴子外篇·任命》）这里的"君子藏器以有待也"就是"独善其身"，"稽德以有为也"就是"兼济天下"。《抱朴子》一直徜徉在入世与出世之间。它说："夫道者，内以治身，外以为国。"（《抱朴子内篇·明本》）表面上是讲"道"的内外两种功能，实际上反映的是儒道双修路径。《抱朴子》指出："道者，儒之本也；儒者，道之末也。"（《抱朴子内篇·明本》）在《抱朴子》看来，道是儒的根本，儒是道的末叶。换言之，《抱朴子》仙的身体叙事是内道外儒。

表面上看，《抱朴子》整篇论及的是如何求道、如何炼丹、如何长生，以求得身心的安宁，实际上是对社会现实的强烈不满。在篇中多处表达了这一思想。它说："纷扰日久，求竞成俗，或推货贿以龙跃，或阶党援以凤起。风成化习，大道渐芜，后生昧然，儒训遂堙。将为立身，非财莫可。苟有卓然不群之士，不出户庭，潜志味道，诚宜优访，以兴谦退也。"（《抱朴子外篇·逸民》）从这段话来看，《抱朴子》仙的身体叙事属于儒家思想的谱系。在《抱朴子》看来，造就仙的身体目的固然是长生不死，可以自由自在，但同时也是为了治理国家和陶冶风俗。它说："夫道者，内以治身，外以为国，能令七政遵度，二气告和，四时不失寒燠之节，风雨不为暴物之灾，玉烛表升平之征，澄醴彰德洽之符，焚轮虹霓寝其袄，频云商羊戢其翼。景耀高照，嘉禾毕遂。疫疠不流，祸乱不作，堑垒不设，干戈不用，不议而当，不约而信，不结而固，不谋而成，不赏而劝，不罚而肃，不求而得，不禁而止，处上而人不以为重，居前而人不以为患，号未发而风移，令未施而俗易，比盖道之治世也。"（《抱朴子内篇·明本》）从这一点来说，《抱朴子》仙的身体叙事是儒家身体叙事与道家身体叙事的综合。

第四，葛洪的人生经历也成就了他的仙的身体叙事。据《抱朴子》外篇《自叙卷》载，葛洪形象丑陋性格木讷。"洪之为人也，……性钝口讷，形貌丑陋，而终不辩自矜饰也。冠履垢弊，衣或褴褛，而或不耻焉。俗之服用，俄而屡改。或忽广领而大带，或促身而修袖，或长裾曳地，或短不蔽脚。洪期于守常，不随世变。言则率实，杜绝嘲戏，不得其人，终日默然。"（《抱朴子外篇·自叙》）这样的形貌，这样的性格，入世很难。

葛洪的家庭背景，又使他在外没有奥援。他说："年十有三，而慈父见背，夙失庭训。饥寒困瘁，躬执耕稼，承星履草，密勿畴袭。"（《抱朴子外篇·自叙》）在这一自卑情况下，"洪以为知人甚未易，上圣之所难，浮杂之交，口合神疣，无益有损。虽不能如朱公叔一切绝之，且必须清澄详悉，乃处意焉。又为此见憎者甚众，而不改也。"（《抱朴子外篇·自叙》）他只能靠读书来求得身心的安宁。"年十六，始读《孝经》《论语》《诗》《易》。……今齿近不惑，素志衰颓，但念损之又损，为乎无为，偶耕薮泽，苟存性命耳。博涉之业，于是日沮矣。"（《抱朴子外篇·自叙》）

在阅读的过程中，葛洪不但阅读了大量儒家经典，而且对道家的学说也广有涉及，这就为他仙的身体叙事的形成提供了理论基础。葛洪的从祖父葛玄为著名大道士，其弟子郑隐在金丹道术方面又给他以很大的启示，这样，葛洪逐渐形成了儒道共通的身体思想。正如侯外庐所说："总结葛洪一生，他本是江南世家子弟，少年时饱受亡国悲哀，然而儒道双修，仍找到了他的安心立命之处。青年的葛洪，以协平农民暴动石冰之乱，建立功业，可是功成不赏。北国的复亡与江南的鼎沸，使他流浪到广州。这时，他沉浸在神仙生活的向往之中。东晋开国，他以旧功被录，封侯食邑，然而仕途既不达，江南又离乱靡已，他终于再度南行，以丹鼎生涯终老罗浮。可知他出则为仕宦贵族，处则为神仙贵族，儒道双修，出处两得，外儒术而内神仙的具体应用，在他的一生中，作了典型的体现。"① 从某一方面来说，《抱朴子》仙的身体叙事实际上就是葛洪一生经历的观照。

《抱朴子》仙的身体叙事对后世的影响也非常深远。

第一，儒道双修身体的形成。《抱朴子》最大成就就是把原始道教贵生养生的观点，通过儒道调和的方式，发展为符合上层贵族和士的口味。《抱朴子》说："夫所谓道，岂唯养生之事而已乎？《易》曰：'立天之道，曰阴与阳；立地之道，曰柔与刚；立人之道，曰仁与义。'又曰：'《易》有圣人之道四焉。'苟非其人，道不虚行。又于治世隆平，则谓之有道；危国乱主，则谓之无道。又坐而论道，谓之三公，国之有道，贫贱者耻焉。凡言道者，上自二仪，下逮万物，莫不由之。"（《抱朴子内篇·明本》）在《抱朴子》看来，"道"不仅是出世，更重要的是入世。这一主张，对一些上层贵族和士来说，正是他们所追求的目标。

南朝梁"山中宰相"陶弘景就是这样做的。据史料记载："陶弘景字通明，丹阳秣陵人也。初，母梦青龙自怀而出，并见两天人手执香炉来至其所，已而有娠，遂产弘景。幼有异操，年十岁，得葛洪《神仙传》，昼夜研寻，便有养生之志。谓人曰：'仰青云，睹白日，不觉为远矣。'及长，身长七尺四寸，神仪明秀，朗目疏眉，细形长耳。读书万余卷。善琴棋，工草隶。未弱冠，齐高帝作相，引为诸王侍读，除奉朝请。虽在朱门，闭影不交外物，唯以披阅为务。朝仪故事，多取决焉。永明十年，上表辞禄，诏许之，赐以束帛。……乃中山立馆，自号华阳隐居。始从东阳孙游岳受符图经法。遍历名山，寻访仙药。每经涧谷，必坐卧其间，吟咏盘桓，不能已已。……高祖既早与之游，及即位后，恩礼逾笃，书问不绝，冠盖相望。"（《梁书·陶弘景传》）陶弘景在"仙身"与"儒身"之间徜徉，正是说明自《抱朴子》后，在士中间，一种新的身体的生成，即儒道双修的身体。

第二，建构起了一套完整的仙的身体生成和修炼体系。《抱朴子》继承前代养生、长生思想，以"玄""道""一"为理论基础，以内丹修炼、金丹服用和房中术为主要路径，建构起了一套完整的造就仙的身体路径。

其"始青之下月与日，两半同升合成一。出彼玉池入金室，大如弹丸黄如橘，中有嘉味甘如蜜，子能得之谨勿失。既往不追身将灭，纯白之气至微密，升于幽关三曲折，中丹煌煌独无匹，立之命门形不卒，渊乎妙矣难致诘。"（《抱朴子内篇·微旨》）这种内丹修炼的方法，对后世道教的内丹学派有很深的影

---

① 侯外庐，赵纪彬，杜国庠，等. 中国思想通史［M］. 北京：人民出版社，1957：283.

响。明代程以宁认为："学仙须要学天仙，唯有金丹最的端，乃全性保命之术。舍金丹而求长生，皆旁门也，非正正也，安能不失其性命之情哉？唯此正正之道，可学而不可为骈，可枝而不可为歧，可长可短。无不足，恶用续；无有馀，恶用断。"① 程以宁的"金丹长生论"就是《抱朴子》内丹修炼方法的弘扬。

《抱朴子》积善成仙的法门："然览诸道戒，无不云欲求长生者，必欲积善立功，慈心于物，恕己及人，仁逮昆虫，乐人之吉，愍人之苦，赒人之急，救人之穷，手不伤生，口不劝祸，见人之得如己之得，见人之失如己之失，不自贵，不自誉，不忌妒胜己，不佞谄阴贼，如此乃为有德，受福于天，所作必成，求仙可冀也。"（《抱朴子内篇·微旨》）对后世也有深刻的影响。《道藏》就这样说道："人有一善，则心定神安。有十善，则气力强壮；有百善，则宝瑞降之；有千善，则后代神真；有二千善，则为圣真仙将吏；有三千善，则为圣真仙曹掾；有四千善，则为天下师圣真仙主统；有五千善，则为圣真仙魁师；有六千善，则为圣真仙卿大夫；有七千善，则为圣真仙公王；有八千善，则为圣真仙皇帝；有九千善，则为元始五帝君；有一万善，则为太上玉皇帝。"② 由此可见，《抱朴子》的积善成仙方法也被后来的道教所采用。而《抱朴子》的符书修炼方法更开道教符箓派的先河。可以说，道教的三派（积善派、丹鼎派和符箓派）的身体修炼思想因《抱朴子》仙的身体叙事而拓展。

第三，进一步拓展了自然气化的身体观。按照中国台湾学者杨儒宾的观点，中国古代有三种身体观，即：一是心气化的身体观，二是礼仪化的身体观，三是自然气化的身体观。③ 其中以中医理论为主的身体观就属于自然气化的身体观。它形成于《黄帝内经》，拓展于《抱朴子》。

《黄帝内经》指出，人的身体机能主要靠气来调节，身体疾病是由于气的不畅通而引起的。它说："人有五脏化五气，以生喜、怒、悲、忧、恐。"④《黄帝内经》这种身体自然气化的观点，被《抱朴子》所继承和发展。它说："故行气或可以治百病，或可以入瘟疫，或可以禁蛇虎，或可以止疮血，或可以居水中，或可以行水上，或可以辟饥渴，或可以延年命。……善用气者，嘘水，水为之逆流数步；嘘火，火为之灭；嘘虎狼，虎狼伏而不得动起；嘘蛇虺，蛇虺蟠而不能去。若他人为兵刃所伤，嘘之，血即止；闻有为毒虫所中，虽不见其人，遥为嘘祝我之手；男嘘我左，女嘘我右，而彼人虽在百里之外，即时皆愈

---

① 胡静道，等. 藏外道书（第2册）[M]. 成都：巴蜀书社，1992：346.
② 道藏（第18册）[M]. 天津：天津古籍出版社，1987：166.
③ 杨儒宾. 儒家身体观 [M]. 台北："中央研究院"中国文哲研究所，1996：2.
④ 《黄帝内经·素问·阴阳应象大论》.

矣。"（《抱朴子内篇·释滞》）在这里，《抱朴子》认为善用气者"可以治百病，或可以入瘟疫……或可以延年命。"这就赋予"行气"重要的作用。

《抱朴子》这种"行气长生"观点，对后来的中医的望闻问切和养生有深刻的影响。南宋医学家陈言说："夫五脏六腑，阴阳升降，非气不生。神静则宁，情动则乱。故有喜、怒、忧、思、悲、恐、惊。七者不同，各随其本脏所生所伤而为病。故喜伤心，其气散。怒伤肝，其气击。忧伤肺，其气聚。思伤脾，其气结。悲伤心胞，其气急。恐伤肾，其气怯。惊伤胆，其气乱。虽七诊自殊，无逾于气。"（《三因极一病证方论·七气叙论》）这里"五脏六腑，阴阳升降，非气不生"就打下了《抱朴子》身体自然气化的烙印。可以说，《抱朴子》仙的身体叙事，对中国中医自然气化身体观的发展有着重要的作用。

第五节　相的身体叙事：《金刚经》身体思想研究

在中国古代文化典籍中，"相"有多种定义，从身体思想史的视角，可以概括为两种：

一是指身体视觉的行为。如《尚书》说："惟太保先周公相宅。"（《尚书·召诰》）《诗经》道："有相之道。"（《诗经·大雅·生民》）和《列子》说："杂然相许。"（《列子·汤问》）等。这里的"相"，按照《说文解字》的说法："相，省视也，从目从木。"，是一种身体视觉，其所观照、省察的对象是"木"。而"木"者"从地，人在大地之上，可观可察的对象莫若于'木'——'木'在中国古代生命本体文化体系中实乃核心意象。"① 从这可以看出，"相"具有身体的意象。

二是指身体的外貌和形体。《史记·李将军列传》指出："岂吾相不当侯邪？"这里的"相"指的是形体。而《论衡·骨相篇》中的"乡者夫人婴儿相皆似君"则指的是外貌。无论是形体还是外貌，都是身体的外在特征。"相"具有根身性。

由于"相"的具身性，佛教传入中土后，在翻译的过程中，把人的意识对事物的某种反映和形体存在的状态均称为"相"。《正法念处经》云："所谓死

---

① 王耘. 论佛教"相"文化对审美意象创构的三重影响 [J]. 学术月刊，2019（2）：137-143.

时，见于色相。若人中死，生于天上，则见乐相。……初生乐处，天身相似，天众相似。如是之相，生处相似，如印所印，亦如一切天众色相，亦如欲界六天受乐，亦如游行境界相似。触亦相似，天色相似，又住中阴。"① 这里的"色相""乐相"和"相似"指的是本体可知、可见的呈现。而佛教的本体不管是真如本体还是心性本体，都与身体密不可分。

《金刚经》的主旨为离相。它说："离一切诸相，即名诸佛。"（《金刚经·离相寂灭分第十四》） 又说："如来说一切诸相即是非相，又说一切众生即非众生。"（《金刚经·离相寂灭分第十四》） 因此，《金刚经》的身体叙事是以"相"为主要内容的身体叙事。它是魏晋南北朝时期佛教身体思想的代表性概括。

一、《金刚经》相的身体叙事的主要内容

《金刚经》是中国佛教史上极为著名的、影响最大的经典之一，与儒家的《论语》、道家的《道德经》《南华经》并列，被视为儒释道三家的宗经宝典。《金刚经》说："一切诸佛及诸佛阿耨多罗三藐三菩提法，皆从此经出。"（《金刚经·依法出生分第八》） 由此可见，《金刚经》在佛教经典中的地位。

《金刚经》关于相的身体叙事始于身心如何安顿。从释迦牟尼本人来说，"食时著衣持钵，入舍卫大城乞食。于其城中次第乞已，还至本处，饭食讫，收衣钵，洗足已，敷座而坐。"（《金刚经·法会因由分第一》） 身心由此得到了安定。但芸芸众生执著我相、人相、众生相和寿者相，有无尽的烦恼。因此，《金刚经》从"破相扫执"入手，来具体拓展其身体思想。

第一，身体的存在是以相的形式出现的。要了解这一点，必先对佛教的"身体"概念作一阐释。在《金刚经》中，"身"和"身体"两词出现的次数颇多。如"须菩提言'世尊，如来说人身长大，即为非大身，是名大身。'"（《金刚经·究竟无我分第十七》）"须菩提，若有善男子、善女人，初日分以恒河沙等身布施，中日分复以恒河沙等身布施，后日分亦以恒河沙等身布施。如是无量百千万亿劫，以身布施。若复有人，闻此经典，信心不逆，其福胜彼，何况书写、受持、读诵、为人解说。"（《金刚经·持经功德分第十五》） 和"如我昔为歌利王割截身体。"（《金刚经·离相寂灭分第十四》） 等。这里的"身"和"身体"义界是否与前面儒家、道家、法家、墨家、杂家等的"身"和"身体"义界相同？

---

① 正法念处经［M］//大正藏（第17册）卷324，第721经。

　　在儒、道、法、墨、杂家看来，"身"和"身体"除了生理性的肉体外，还有气化之"身"、礼义之"身"和道德之"身"。《金刚经》肯定身体的肉体性，但不局限身体的肉体性。也就是说《金刚经》的"身"有色身、法身和报身之分。

　　就色身来说，主要指的是"物质之肉身，以及由肉身所发出的人之一切生理本能。"①《金刚经》说："须菩提，于意云何？佛可以具足色身见不？""不也，世尊。如来不应以具足色身见。何以故？如来说具足色身，即非具足色身，是名具足色身。"② 这里的"色身"就是佛的肉身。

　　在佛教典籍看来，佛的肉身为："一者足安平。足下平满，蹈地安隐。二者足下相轮。千辐成就，光光相照。三者手足网缦，犹如鹅王。四者手足柔软，犹如天衣。五者手足指纤，长无能及者。六者足跟充满，观视无厌。七者鹿䏶肠，上下佣直。八者钩锁骨，骨节相钩，犹如锁连。九者阴马藏。十者平立垂手过膝。十一，一孔一毛生，其毛右旋，绀琉璃色。十二，毛生右旋，绀色仰靡。十三，身黄金色。十四，皮肤细软，不受尘秽。十五，两肩齐亭，充满圆好。十六，胸有万字。十七，身长倍人。十八，七处平满。十九，身长广等，如尼拘卢树。二十，颊车如师子。二十一，胸膺方整如师子。二十二，口四十齿。二十三，方整齐平。二十四，齿密无间。二十五，齿白鲜明。二十六，咽喉清净。所食众味，无不称适。二十七，广长舌，左右舐耳。二十八，梵音清彻。二十九，眼绀青色。三十，眼如牛王，眼上下俱眴。三十一，眉间白毫柔软细泽，引长一寻，放则右旋螺如真珠。三十二，顶有肉髻。"③ 从这段话来看，佛的肉身与众不同，具有许多异证。这与中国传统圣人有特殊的身体形状是一样的。无论是在印度，还是在中国，都认为圣人的身体与众不同，从而突出圣人的神秘性和高贵性。

　　就法身来说，按照东晋时期慧远的解释，它为"一谓法身实相，无来无去，与泥洹同像；二谓法身同化，无四大五根，如水月镜像之类；三谓法性生身是真法身，能久住于世，犹如日现。此三各异，统以一名，故总谓法身。"④ 换言之，法身就是通悟法的身，即法的具身化。《金刚经》说："须菩提言：'甚大，世尊。何以故？佛说非身，是名大身。'"（《金刚经·庄严净土分第十》）这里的"大身"就是法身，即证得不生不死、不增不减之身。而"非身"的身则

---

① 李亮. 早期佛教佛身问题研究［D］. 西安：陕西师范大学，2016：12.

② 《金刚经·离色离相分第二十》。

③ 《长阿含经》见《大正藏》第一册，第1经，卷1。

④ 《鸠摩罗什法师大义·初问答真法身》，见《大正藏》第45卷，第123页。

是色身。

在佛看来，"乃至无有少法可得，是名阿耨多罗三藐三菩提。"（《金刚经·无法可得分第二十二》）法身既非"有"，也非"无"，是"空"。僧肇指出："法身者，虚空身也。"① 因此，"如来者，无所从来，亦无所去，故名如来。"（《金刚经·威仪寂静分第二十九》）如来的法身是"无所从来，亦无所去"的，也是"空"的。

就报身来说，它又称为"自受用身"，指证悟后圆满修行万德具足的佛身。②《金刚经》说："须菩提，于意云何？菩萨庄严佛土不？""不也，世尊。何以故？庄严佛土者，即非庄严，是名庄严。"（《金刚经·庄严净土分第十》）这里的"庄严"就是报身的呈现。

无论是色身、法身，还是报身，都以相的形式显现。如佛色身三十二征，显示的是佛三十二相，即：①足下安平立相；②足下二轮相；③长指相；④足跟广平相；⑤手足指缦网相；⑥手足柔软相；⑦足趺高满相；⑧腨如鹿王相；⑨垂手过膝相；⑩象马阴藏相；⑪身广长等相；⑫毛上向相；⑬一孔一毛生相；⑭金色相；⑮大光相；⑯细薄皮相；⑰七处隆满相；⑱两腋下隆满相；⑲上身如狮子相；⑳大直身相；㉑肩圆好相；㉒四十齿相；㉓齿齐相；㉔牙白相；㉕狮子颊相；㉖味中得上味相；㉗广长舌相；㉘梵声相；㉙真青眼相；㉚牛眼睫相；㉛顶髻相；㉜眉间毫相。③ 而法身显示的是法相。《金刚经》说："须菩提，发阿耨多罗三藐三菩提心者，于一切法，应如是知、如是见、如是信解，不生法相。须菩提，所言法相者，如来说即非法相，是名法相。"（《金刚经·知见不生分第三十一》）这里的"法相"就是法身的展示。

在《金刚经》中，释迦牟尼把相分为四种，即我相、人相、众生相和寿者相。他说："须菩提，若菩萨有我相、人相、众生相、寿者相，即非菩萨。"（《金刚经·大乘正宗分第三》）这里的"我相、人相、众生相、寿者相"四相，按照世亲的解释，则为："如是妄取是名我相，众生相者，见身相续不断，是名众生相，命相者，一报命根不断住故，是名命相，寿者相者，命根断灭复生六道，是名寿者相。"④

就世亲的解释来看，我相主要是执着妄取。在佛教中，人身有六根（眼、耳、鼻、舌、身、意）。这六根受六尘（色尘、声尘、香尘、味尘、触尘、法

---

① 《注维摩诘经》卷2，见《大正藏》第38卷，第343页。

② 齐林华. 中国古代文化中的身体观念及其发展 [D]. 长沙：湖南师范大学，2013：125.

③ 《大智度论》卷四。

④ 世亲：《能断金刚般若波罗蜜多经论释》，见《大正藏》第25册，第1511页。

尘）的影响。这样就出现了"变碍"。换言之，我相就是一架欲望的机器，执著色、声、香、味、触、法。所以《金刚经》的无我相就是"所谓不住色布施，不住声、香、味、触、法布施。"（《金刚经·妙行无住分第四》）和"不应住色生心，不应住声、香、味、触、法生心，应无所住而生其心。"（《金刚经·庄严净土分第十》）等。

人相，又称命相。它维持着生命的延续。吉藏在《金刚般若疏》中指出："计有一根之命不断犹有我，故称为命者，亦名为人。"①在佛教中，人的生命是一个延续不断的过程。用周谨的话说就是："需即此六大所成之色身粗心而行，通过种种殊胜法门、甚深秘义，以空性之火提炼此粗劣身心；就在此世的障、毒与此身的欲、执之中，以最高的空性和智慧气去穿透、降伏、摧毁最低劣的身心欲念，正所谓以毒攻毒、以欲制欲，当下破除俱生我执，而将色身、欲心转化为精微之身、空明之心。"②也就是说，人相即色身—法身—报身（应身）过程。无人相，就是不执著这一过程。

众生相，就是持续存在于世间而不毁坏的身体。《金刚经》里的"以身布施"，就是保住身体的长住性。它说："须菩提，若有善男子、善女人，初日分以恒河沙等身布施，中日分复以恒河沙等身布施，后日分亦以恒河沙等身布施。如是无量百千万亿劫，以身布施。"（《金刚经·持经功德分第十五》）这里的"身"就是众生相的相状。无众生相就是不执著身体的持续存在。《金刚经》说："如我昔为歌利王割截身体，我于尔时，无我相，无人相、无众生相、无寿者相。何以故，我于往昔节节支解时，若有我相、人相、众生相、寿者相，应生嗔恨。"（《金刚经·离相寂灭分第十四》）这里的"割截身体"不生嗔恨，就是"无众生相"。

寿者相，则是人身灭后在六道轮回的存在形式。按照佛教的观点，人死后，根据所修善恶，堕入饿鬼道、畜生道、地狱道、天道、人道和阿修罗道六道，人身转换为饿鬼身、畜生身、地狱身、天身、人身、阿修罗身六身。《金刚经》说："复次，须菩提，若善男子、善女人受持读诵此经，若为人轻贱，是人先世罪业应堕恶道。"（《金刚经·能净业障分第十六》）这里的"恶道"就是寿者相所展示出来的身体轮回。

总之，我相、人相、众生相、寿者相四相所显示的是身体的存在方式。由

---

① 吉藏：《金刚般若疏》，见《大正藏》第 33 册，第 1699 页。

② 周谨. 多元文化视野中的身体——以早期中国身心思想为中心 [D]. 杭州：浙江大学，2003：252.

于相是身体的存在形式，因此，在《金刚经》中，"身"与"相"常联系在一起使用。如"不也，世尊。不可以身相得见如来。何以故？如来所说身相，即非身相。"（《金刚经·如理实见分第五》）从这一点来说，《金刚经》里对相的叙事就是一种相的身体叙事。

第二，离相无住是身心解放和自由的条件。《金刚经》一开始以提问的方式提出了身体思想史上的一个重大问题：人如何安身立命？它说："希有，世尊，如来善护念诸菩萨，善付嘱诸菩萨。世尊，善男子、善女人发阿耨多罗三藐三菩提心，云何应住？云何降伏其心？"（《金刚经·大乘正宗分第三》）针对这一问题，释迦牟尼认为人应放下身心。他说："所有一切众生之类，若卵生，若胎生，若湿生，若化生，若有色，若无色，若有想，若无想，若非有想非无想，我皆令入无余涅槃而灭度之。"（《金刚经·大乘正宗分第三》）在这里，释迦牟尼用了"有色""无色""有想""无想"和"非有想非无想"几个词语。"有色"指在欲界和色界中有血肉有情感的色身；"无色"指在无色界没有物质形态的生命；"有想"指在有想天有思维活动的众生；"无想"指在无想天没有思想的众生。释迦牟尼灭度"有色""无色""有想""无想"和"非有想非无想"，换言之，就是灭度人的身体和精神。

张再林教授说："与先秦儒家学说的身体性不同，佛学最为强调的不是身而是心，佛学把身体称为臭皮囊，对心倍加推崇。"[1] 这是否意味着心不应灭度？或者说，佛学抑身崇心？

前面所述，我相、人相、众生相、寿者相四相皆指人的身体存在形式。但在慧能对四相的解释中，相直指人的心灵。他说："轻慢一切人，名我相；虽行仁义礼智信，而意高自负，不行普敬，言我解行仁义礼智信，不合敬尔，名人相；好事皈己，恶事施于人，名众生相；对境取舍分别，名寿者相。"[2] 表面上，二者存在矛盾。实际上是相的一体两面。相既包含着身体的存在，又包含着身体存在中的意识。西方身体现象学大师梅洛-庞蒂指出："能知觉的心灵是一个肉身化的心灵。对立于那种把知觉当作外界事物作用于我们身体的简单结果的学说，也对立于那些坚持意识自主性的学说，我试图首先去重新确立心灵在身体中和在其世界中的根基。那些哲学家要么赞成一种纯粹的外在性，要么赞成一种纯粹的内在性，它们都遗忘了心灵嵌入在身体性中，遗忘了我们与我

---

① 张再林，张慧敏. 中国古代身体哲学与马克思主义哲学 [J]. 温州大学学报（社会科学版），2018，31（2）：41-46.

② 慧能《金刚经解义》，《续藏经》第 24 册第 459 页。

们的身、相应地与被知觉事物所维持的含混关系。"① 《金刚经》的相就具有这一含混身体的特征。因此，在翻译中，"四相"常译为"四想"："须菩提，一切菩萨无我想、众生想、寿者想、受者想。"② "不善实彼等菩萨摩诃萨我想转，不众生想，不寿想，不人想转……彼如是彼等我取有，众生取，寿取，人取有。"③ 等。

由于《金刚经》中的"相"具有两面性，离相也包含身与心两层含义。"修行者不但要遣除对感官接收的现象的执着，不以为其实有；更要遣除对意识加工现象形成的各种概念、观念、想法的执着。"④ 换言之，就是心中无身和心中无心。它说："是诸众生，若心取相，即为著我、人、众生、寿者；若取法相，即著我、人、众生、寿者。何以故？若取非法相，即著我、人、众生、寿者。是故，不应取法，不应取非法。"（《金刚经·正信希有分第六》）在这里，《金刚经》认为若心中有身，就执著身；若心中有心，就执著心。这怎么能"降伏其心"？为此，《金刚经》建构了"四果离相"的路径。

四果主要指须陀洹果、斯陀含果、阿那含果和阿罗汉。其中须陀洹果为初果，斯陀含果为二果，阿那含果为三果，阿罗汉为四果。"四果离相"就是指证得四果，就不会执著于身和执著于心。

就须陀洹果来说，"不入色、声、香、味、触、法，是名须陀洹。"（《金刚经·一相无相分第九》）这里的色、声、香、味、触、法，在佛教中称为六尘，或称外尘、六贼。佛教认为众生以六识缘六境而遍污六根，就昏昧真性，故称为尘。实际上是指身体的欲望。《金刚经》从身体欲望入手，来摆脱相的执著，正是看到了色、声、香、味、触、法对身心的污染。它说："是故，须菩提，诸菩萨摩诃萨，应如是生清净心，不应住色生心，不应住声、香、味、触、法生心，应无所住而生其心。"（《金刚经·庄严净土分第十》）而色、声、香、味、触、法六尘，又是色身的表现。"不入色、声、香、味、触、法"就是要摆脱色身。从这一点来说，须陀洹果是针对色身而言的。

由于《金刚经》把降伏身体欲望看作降伏其心的先决条件，因此，把须陀洹果称为预流，或入流。"初入圣果之流，故城为入流；断三界之见惑，逆生死

---

① 杨大春. 感性的诗学：梅洛-庞蒂与法国哲学派主流［M］. 北京：人民出版社，2005：74.

② 真谛：《金刚般若波罗蜜经》，见《大正藏》第8册第2307页。

③ 笈多：《金刚能断般若波罗蜜经》，见《大正藏》第8册第238页。

④ 骆庆凯.《金刚经》离相思想研究——以"四相""四见"的理解为中心［D］. 厦门：厦门大学，2017：19.

之流，故称逆流；初证圣果，预入圣道，故称预流。"① 须陀洹果"不应住色生心，不应住声、香、味、触、法生心，应无所住而生其心。"所以"须陀洹名为入流，而无所入。"（《金刚经·一相无相分第九》）也就是说，须陀洹果是离相的第一步，故称为初果离相。

　　就斯陀含果来说，"斯陀含名一往来，而实无往来，是名斯陀含。"（《金刚经·一相无相分第九》）这里"名一往来，而实无往来"指的是身体的轮回。在佛教中，"无论心还是色、小我还是大我，都在因缘和合中聚散生灭，缘聚而生、缘散而灭。三界中的'欲界'六道（六趣）——地狱、饿鬼、畜生、阿修罗、人、天，虽然层级不同、福报有异，但都要在轮回中流转。"② 证得斯陀含果，达到这一果位的人虽然仍需一次生天上，一次生人间，才可以解脱，但没有了身体的六道轮回。这就破除了生死对身体的束缚，达到了身体的自由往来。从这一点来说，斯陀含果是身心解放和自由的重要前提。它为二果离相。

　　就阿那含果来说，"阿那含名为不来，而实无不来，是故名阿那含。"（《金刚经·一相无相分第九》）这里的"名为不来，而实无不来"虽然跟斯陀含果"名一往来，而实无往来"一字之差，但意义截然不同。斯陀含果还有天上人间一来一往的身体，而阿那含果已不需要，它完全断除了欲界修惑。从身的视角来说，它已经是法身了。南怀瑾指出："我生已尽，梵行已立，所作已办，不受后有。"③ 阿那含果已超越三界，离开四相，无我及我所的分别。因此，阿那含果是比较高级的果位。

　　就阿罗汉来说，"实无有法名阿罗汉。"（《金刚经·一相无相分第九》）具体来说，"人中最为第一，是第一离欲阿罗汉。"（《金刚经·一相无相分第九》）也就是说，阿罗汉无欲、无生、无死、无相。哪怕只有一丝身体欲望，则不为阿罗汉。《金刚经》说："世尊，若阿罗汉作是念：我得阿罗汉道，即为著我、人、众生、寿者。……世尊，我若作是念：我得阿罗汉道，世尊则不说须菩提是乐阿兰那行者。以须菩提实无所行，而名须菩提，是乐阿兰那行。"（《金刚经·一相无相分第九》）阿罗汉心无执念，是四果中最高果位。从身的视角来说，则是"报身"或"应身"。

　　从须陀洹果—斯陀含果—阿那含果—阿罗汉可以看出，修行者从有欲—少

　　① 金刚经［M］. 鸠摩罗什，译；王月清，注评. 南京：凤凰出版社，2010：22.

　　② 周谨. 多元文化视野中的身体——以早期中国身心思想为中心［D］. 杭州：浙江大学，2003：247.

　　③ 南怀瑾. 金刚经说什么［M］. 北京：北京师范大学出版社，1993：169.

欲—无欲，其身从色身—法身—报身。《金刚经》说："离一切诸相，即名诸佛"（《金刚经·离相寂灭分第十四》）又说："凡所有相，皆是虚妄。若见诸相非相，即见如来。"（《金刚经·如理实见分第五》）这里的"佛"和"如来"特指佛身。四果离相最终目的就是成就佛身佛心，以获取身心完全解放和自由。

第三，持经奉法是身心解放和身心自由的手段。在《金刚经》看来，摆脱世俗对身体的束缚，主要是法和经。它说："须菩提，当来之世，若有善男子、善女人能于此经受持读诵，即为如来。以佛智慧，悉知是人，悉见是人，皆得成就无量无边功德。（《金刚经·离相寂灭分第十四》）它又说："须菩提，以要言之，是经有不可思议、不可称量无边功德。如来为发大乘者说，为发最上乘者说。若有人能受持、读诵、广为人说，如来悉知是人，悉见是人，皆得成就不可量、不可称、无有边、不可思议功德。如是人等，即为荷担如来阿耨多罗三藐三菩提。"（《金刚经·持经功德分第十五》）这里的"无量无边功德"和"不可量、不可称、无有边、不可思议功德"虽然在文中没有具体指明，但从叙述中，我们可以知道。

（1）受持读诵此经，不会堕恶道，先世罪业即为消灭。《金刚经》说："须菩提，若善男子、善女人受持读诵此经，若为人轻贱，是人先世罪业应堕恶道，以今世人轻贱故，先世罪业即为消灭，当得阿耨多罗三藐三菩提。"（《金刚经·能净业障分第十六》）在佛教经典中，恶道是身体痛苦的简称。人堕入恶道（地狱道、饿鬼道、畜生道）就会受牢狱之苦。以八大地狱为例，可见身体所受痛苦之深：①等活地狱，此中众生相互残杀而死去，凉风一吹又重新复活，不断忍受煎熬；②黑绳地狱，此中众生受黑绳绞勒之苦；③众合地狱，此中以刑具等残害众生；④号叫地狱，众生于此中痛苦不堪，常行悲号；⑤大叫地狱，此地狱中众生所受苦痛又远胜前一地狱；⑥炎热地狱，此中以铜镬、炭炕煮烧有罪众生；⑦大热地狱，其烧灸之苦远胜于前；⑧阿鼻地狱，又叫无间地狱，有罪众生在其中受苦无间，无有止时。因此，"不会堕恶道"就是进善道（天道、人道、阿修罗道），就会摆脱身体的痛苦，证得无上正等正觉，从而享受身体的解放和自由。

（2）受持读诵此经，果报不可思议。《金刚经》说："须菩提，若善男子、善女人于后末世，有受持读诵此经，所得功德，我若具说者，或有人闻，心即狂乱，狐疑不信。须菩提，当知是经义不可思议，果报亦不可思议。"（《金刚经·能净业障分第十六》）这里的"果报"，就是因果报应。《金刚经》中虽然没有对果报作一说明，但《持诵金刚经灵验功德记》载，受持读诵《金刚经》可以免除身体疾病、灾祸，可以长生。《持诵金刚经灵验功德记》说："昔梁时，招提寺僧琰师，初作沙弥。时有相师，语琰曰：'师子虽大聪明智慧，无那相王短命，如何？'琰闻此语，遂请大德，共详其福，修何功德，更得延年。大德云：'佛教圣言，依法受持金刚般若，功德最大，必得延年。'琰时奉命，遂即入山受持般若经。六年出来，更见前相师。云：'法师比来修何功德？长寿殊相顿能如此。'琰便具说：'前者被相寿短命，遂以入山受持《金刚般若》，更无余业。'师曰：'不可思议！'因兹功德，遂为大德法师，年过百岁，方始受终。"① 从这段话来说，《金刚经》的受持读诵，可以使福报绵延。

（3）受持读诵此经，心境能达无相境界。《金刚经》说："若有人能受持、读诵、广为人说，……如是人等，即为荷担如来阿耨多罗三藐三菩提。"（《金刚经·持经功德分第十五》）这里的"阿耨多罗三藐三菩觉提"就是心中无我，心中无相。《金刚经》说：以无我、无人、无众生、无寿者，修一切善法，即得阿耨多罗三藐三菩提。"（《金刚经·净心行善分第二十三》）由于心中无相，心中便没有欲望便没有痛苦，身心获得了解放和自由。张含峰指出：心中无相"是主体在进行了化除心识执著之后的最高智慧的自由任运的心识状态。所谓自由即是不受现象、事件、感受的侵扰。所谓侵扰即是主体自己对现象、事件、感受进行认取的立场，此认取立场一出，主体即伴随着现象、事件、感受而束缚了自己，使主体自己即恒久地处在虚妄的现象世界中流转。"② 从这一点来说，受持读诵此经，以离相故，身心获得了超越。

对于如何持经奉法，《金刚经》认为要基于法而不著于法，基于经而不著于经。它说："须菩提，所谓佛法者，即非佛法。"（《金刚经·依法出生分第八》）在《金刚经》看来，法无定法。理解佛法主要是理解佛法的真义，而不是拘泥于形式。正如须菩提所回答："如我解佛所说义，无有定法名阿耨多罗三藐三菩提，亦无有定法如来可说。何以故？如来所说法，皆不可取、不可说，非法、非非法。所以者何？一切贤圣皆以无为法而有差别。"（《金刚经·无得无说分第七》）由于法无定法，因此，法无定相。《金刚经》说："若以色见我，以音声求我，是人行邪道，不能见如来。"（《金刚经·法身非相分第二十六》）这里的"如来"是指如来的佛身，也就是说，《金刚经》的"法"是一种人格化的"法"，它可以生成法身或法相。而且这一人格的"法"会代代传递下去。《金刚经》说"如来灭后，后五百岁，有持戒修福者，于此章句能生信心，以此

---

① 《持诵金刚经灵验功德记》，见《大藏经》2743。

② 张含峰，张霞，白云. 《金刚经》中福德、功德、无相境界之探究［J］. 管子学刊，2012（3）：88-91.

为实。当知是人，不于一佛、二佛、三四五佛而种善根，已于无量千万佛所种诸善根。闻是章句，乃至一念生净信者，须菩提，如来悉知悉见，是诸众生得如是无量福德。……如来常说：汝等比丘知我说法如筏喻者。法尚应舍，何况非法。"（《金刚经·正信希有分第六》）持经奉法就是要彻底超越世俗知见，坚信法，"闻是章句，乃至一念生净信"，真正做到身心解放和身心自由。

第四，相的时空与身体的时空。有学者对《金刚经》和《心经》对比研究，发现"生命""时间"和"空间"是《金刚经》所表达的主题。如表①

两部佛经中比喻表达的主题

主题	《心经》	《金刚经》	数量	百分比
生命	1	16	17	8.90%
时间	0	13	13	6.81%
空间	0	13	13	6.81%

在这一主题中，《金刚经》的"空间"一般指"虚空"和"界"。《金刚经》说："须菩提，于意云何？东方虚空可思量不？""不也，世尊。""须菩提，南、西、北方、四维、上下虚空可思量不？""不也，世尊。"（《金刚经·妙行无住分第四》）在佛教中，"虚空"指诸相存在之场域。因"虚无形质，空无障碍，故名虚空。"②在虚空中，"四维（东南、西南、西北、东北）"为其方向。《金刚经》的"虚空"并非空无一物，而是包含"微尘"和"世界"。《金刚经》说：

须菩提，若善男子、善女人，以三千大千世界碎为微尘，于意云何？是微尘众宁为多不？

须菩提言："甚多。世尊。何以故？若是微尘众实有者，佛即不说是微尘众。所以者何？佛说微尘众，即非微尘众，是名微尘众。"（《金刚经·一合理相分第三十》）须菩提，于意云何？三千大千世界所有微尘，是为多不？（《金刚经·如法受持分第十三》）

从这几段话可以看出，《金刚经》的空间有三千大千世界。这三千大千世界又有欲界、色界、无色界三界。其中欲界是有食欲和性欲的众生的住处；色界是脱离食欲、性欲但有色相（形貌）的众生的住处；无色界是无形体的众生的

---

① 蓝纯，高秀平. 从认知视角看《心经》和《金刚经》中的概念隐喻［J］. 外语教学与研究（外国语文双月刊），2016，48（1）：17-28，159.

② 金刚经·心经·坛经［M］. 陈秋平，尚荣，译注. 北京：中华书局，2010：18.

住处。三界相对应的是三种身体，即欲望化身体、无欲化身体和精神化身体。同时，这三千大千世界又分为"小世界""小千世界""中千世界"和"大千世界"。无论哪一世界，都由微尘组成。反过来，世界也可以碎为微尘。在每一个大千世界中，都有一个佛在教化，因此，又称佛世界。这样，《金刚经》通过空间的划分，建构起了相的世界，即色相的世界、法相的世界和佛相的世界，与此相对应的是色身、法身和报身。至于我相、人相、众生相、寿者相四相也在这三千大千世界运行和轮回。

在这三千大千世界中又有一片庄严佛土。《金刚经》说："须菩提，于意云何？菩萨庄严佛土不？""不也，世尊。何以故？庄严佛土者，即非庄严，是名庄严。"（《金刚经·庄严净土分第十》）这里的庄严佛土指的是菩萨于因地修行六度万行功德，并以之回向，庄严成时的依报国土。在这庄严佛土里，如来能洞悉人世间所有的念想，如贪心、嗔心、痴心、真心、妄心、定心等。《金刚经》说："尔所国土中，所有众生若干种心，如来悉知。何以故？如来说诸心，皆为非心，是名为心。所以者何？须培提，过去心不可得，现在心不可得，未来心不可得。"（《金刚经·一体同观分第十八》）由于如来看透了所有念想，他"无心"又"有心"。庄严佛土的本质就是要消除一切杂念。如果心执着庄严佛土，心有所属，那就不是真正的庄严佛土。从前面释迦牟尼与须菩提的对答中可以看出，"庄严佛土者，即非庄严，是名庄严"。

《金刚经》相的空间最大是无，即无相庄严。须弥山虽然高大，但毕竟有一定的边界。因此不能算最大。身如须弥山，也不能说最大。《金刚经》说："是故，须菩提，譬如有人，身如须弥山王，于意云何？是身为大不？"须菩提言："甚大，世尊。何以故？佛说非身，是名大身。"（《金刚经·庄严净土分第十》）在《金刚经》中身体空间最大的是无，是空。爱德华·孔兹曾指出"成千上万颂的般若经可总结为两句：①一个人应该成为菩萨（或成佛），即为了一切众生而掌握智慧达到全知，此外一无所有；②不存在诸如菩萨、全知、生物、智慧之圆满、成就等事物。"① 这就道出了《金刚经》的实质是空和无。"不执着于相布施，不执着于我来度众生，无所执着地生活，无所证实地修行。"②

《金刚经》的时间有"初日分""中日分""后日分""过去""往昔""昔""先世""未来""未来世""来世"和"后末世"等。《金刚经》说："若复有人于后末世，能受持读诵此经，所得功德，于我所供养诸佛功德，百分不及一，

① EdwordConze《般若波罗蜜文献》1978年东京英文版，第7页。
② 参见李旭.《金刚经》"空"思想研究［D］.金华：浙江师范大学，2018：5-6.

千万亿分乃至算数，譬喻所不能及。"（《金刚经·能净业障分第十六》）它又说："过去心不可得，现在心不可得，未来心不可得。"（《金刚经·一体同观分第十八》）这里的"过去""现在""未来"和"后末世"指的是长时间的流动。在时间的流动过程中，身心随着流动。从这点来说，《金刚经》的时间是身体的时间。

由于身体存在的方式以相来表现，因此，身体的时间又是相的时间。《金刚经》说："须菩提，若有善男子、善女人，初日分以恒河沙等身布施，中日分复以恒河沙等身布施，后日分亦以恒河沙等身布施，如是无量百千万亿劫以身布施。"（《金刚经·持经功德分第十五》）这里的"以身布施"从短时间的"初日分""中日分""后日分"，到长时段的"无量百千万亿劫"，凸显了相的转化过程，即色相——法相——佛相。

在佛教的教义中，一个世界从形成到消亡经历成、住、坏、空四个阶段，并构成一劫。之后新的一劫又经历成、住、坏、空四个阶段。世界如此循环往复。《金刚经》中"我念过去无量阿僧祇劫，于燃灯佛前，得值八百四千万亿那由他诸佛，悉皆供养承事，无空过者。"（《金刚经·能净业障分第十六》）这里的"无量阿僧祇劫"隐喻生命的久远，亦隐喻一个佛身的产生，需要生命的循环往复，即身体的往复轮回。佛教的劫就是身体从生到死、从死到生的过程。

总之，《金刚经》中的时间和空间，是身体和相的时间和空间。没有身体和相，时间和空间就失去了存在的意义。同样，没有时间和空间，身体和相就失去了载体。

二、《金刚经》相的身体叙事的评价

《金刚经》虽然源自印度的佛教经典，经鸠摩罗什翻译才传入中国，但对中国的影响非常巨大。从身体思想史的视角来说，主要有以下三点。

第一，以身布施的福报吸引大量僧众。《金刚经》一方面认为："若人满三千大千世界七宝，以用布施""是人所得福德"甚多；另一方面又认为"若复有人于此经中受持，乃至四句偈等，为他人说，其福胜彼"（《金刚经·依法出生分第八》）。这就要求众生，为了求取福报，既要布施财物，又要坚信《金刚经》的功德。在此教义下，南北朝时期许多众生以身布施，出家为僧。据资料记载，"其好乐道法，欲为沙门，不问长幼，出于良家，性行素笃，无诸嫌秽，乡里所明者，听其出家。率大州五十，小州四十人，其郡遥远台者十人。"（《魏书》卷114《释老志》）

在此以身布施中，梁武帝的出家更具代表性。梁武帝一生出家四次。公元527年第一次出家同泰寺，并改年号为大通。第二次又去同泰寺舍身出家，由大臣捐钱一亿赎回。第三次又出家，由群臣用两亿钱将其赎回。第四次出家又由群臣捐一亿钱赎回。在梁武帝的影响下，梁朝"都下佛寺五百余所，穷极宏丽；僧尼十余万，资产丰沃。"（《南史·郭祖深传》）以致有人指出：佛教"入国破国，入家破家，入身破身。"（《弘明集》卷8《灭惑论》）可以说，《金刚经》关于相的身体叙事中的"以身布施"可得福报的思想造成了南北朝僧侣制度的一时繁荣。

另外舍身出家还可以有下列好处："佛法不简细流，入者则尊，归依则贵，上不朝天子，下不让诸侯，独玩世间，无为自在，其利一也；身无执作之劳，口餐香积之饭，心不妻妾之务，身饰刍摩之衣，朝无践境之忧，夕不千里之苦，俯仰优游，宁不乐哉，其利二也；躬无任重，居必方域，白壁朱门，理然致敬，夜琴昼瑟，是自娱怀，晓笔暮诗，论情顿足，其利三也；……。"（《广弘明集》卷24《谏仁山深法师罢道书》）这些利益，无论是身体安逸，还是身体享受，都对当时社会产生了深刻的影响。

第二，"心无所住"彰显精神性身体的功能。《金刚经》的中心内容就是"离相无住"。《金刚经》指出："须菩提，是法平等，无有高下，是名阿耨多罗三藐三菩提。以无我、无人、无众生、无寿者修一切善法，即得阿耨多罗三藐三菩提。须菩提，所言善法者，如来说即非善法，是名善法。"（《金刚经·净心行善分第二十三》）也就是说，在精神世界人人是平等的，没有贵贱高下之分。人人都可以通过扫除心中杂念，证得无上正等正觉。无上正等正觉在《金刚经》里就是"阿耨多罗三藐三菩提"。释迦牟尼指出："须菩提，我于阿耨多罗三藐三菩提，乃至无有少法可得，是名阿耨多罗三藐三菩提。"（《金刚经·无法可得分第二十二》）只有"心无所住"，才会身心自由。《金刚经》这种强调心的作用，就是杨儒宾所说的精神性身体的功能，即个体性、主体性的"身体全化为精神流行之场"①

由于《金刚经》的宗旨是"降伏其心"，"心"为其大宗。这就开启了禅宗"明心见性"的思想。《坛经》记载："四祖以袈裟遮围，不令人见。为说《金刚经》，至'应无所住而生其心'，惠能言下大悟，一切万法，不离自性。遂启祖言：何期自性，本自清净；何期自性，本不生灭；何期自性，本自具足；何期自性，本无动摇；何期自性，能生万法。"（《六祖坛经·行由品第一》）禅

---

① 杨儒宾. 儒家身体观［M］. 台北："中央研究院"中国文哲研究所，1996：171.

宗因《金刚经》"应无所住而生其心"而"直指本心"的思想，标志着中国佛教本土化的一场革命。"现在禅宗也把人的觉悟从佛寺以至经典的束缚中解放了出来，认为每一个人'若识本心，即是解脱。'仅就这一点来说，我们至少不能不承认惠能的新禅宗确是中国佛教史上的一场革命运动了。"① 它也是佛教从"出世"到"入世"的拐点。

同时，《金刚经》对唐以后的新儒家也影响深远。朱熹指出："佛者曰：十二时中除了着衣吃饭，是别用心。夫子亦曰：造次必于是，颠沛必于是。须是如此做工夫方得。公等每日只是闲用心，问闲事、说闲话的时节多。问紧要事，究竟自己事底时节少。若是真个做工夫底人。他自是无闲工夫说闲话、问闲事。"（《朱子语类》卷121《训门人九》）换言之，朱熹要求他的门人要像《金刚经》所主张的那样在心上下工夫。《金刚经》对后来理学和心学的形成有相当的影响。从这一点来讲，《金刚经》相的身体叙事意义重大。

第三，无我、无相彰显身心修炼和身心安宁的路径。《金刚经》身心自由的最高境界是无我、无相。《金刚经》说："如来者，即诸法如义。若有人言：如来得阿耨多罗三藐三菩提，须菩提，实无有法，佛得阿耨多罗三藐三菩提。须菩提，如来所得阿耨多罗三藐三菩提，于是中无实无虚。是故如来说一切法皆是佛法。须菩提，所言一切法者，即非一切法，是故名一切法。须菩提，譬如人身长大……"（《金刚经·究竟无我分第十七》）在这里，《金刚经》认为，要证得无上正等正觉须心中无法，即空。而保持心境无相境界，则会心无杂念，心灵宁静，对凡世的痛苦就会泰然处之。何尚之指出："百家之乡，十人持五戒，则十人淳谨矣。千室之邑，百人修十善，则百人和厚矣。傅此风训，以遍寓内，编户千万，则仁人百万矣。此举戒善之全具者耳。若持一戒一善，悉计为数者，抑将十有二三矣。夫能行一善，则去一恶，一恶既去，则息一刑。一刑息于家，则万刑息于国。"（《弘明集》卷11《答宋文皇帝赞扬佛教事》）何尚之认为大众如《金刚经》般持戒修行，则"仁人百万""万刑息于国"。这样，《金刚经》有利于社会稳定。这也是历代封建统治者重视《金刚经》的原因。

而且，《金刚经》对个人来说，有利于身心平和与身心健康。据《夷坚志》载，"东坡先生居黄州时，手抄《金刚经》，笔力最为得意，然止第十五分，遂移临汝。已而入玉堂，不能终卷，旋亦散逸。其后谪惠州，思前经不可复寻，

---

① 余英时. 士与中国文化［M］. 上海：上海人民出版社，2003：404.

即取第十六分以后续书之，置于李氏潜珍阁。"① 苏东坡因手抄《金刚经》对于多次贬谪都能平和待之。从这一点来说，《金刚经》有利于身心健康。

当然，《金刚经》相的身体叙事，与中国传统天的身体叙事、道的身体叙事和气的身体叙事相比，是不同的话语体系。当两种话语体系碰撞的时候，自然会产生冲突。顾欢指出："是以端委 搢绅，诸华之容；剪发旷衣，群夷之服。擎跽磬折，侯甸之恭；狐蹲狗踞，荒流之肃。棺殡椁葬，中夏之制；火焚水沈，西戎之俗。全形守礼，继善之教；毁貌易性，绝恶之学。"（《南齐书》卷 54《顾欢传》）这里的"剪发旷衣""狐蹲狗踞"和"火焚水沈"就是儒家人士对佛教身体观念片面的认识。当然，随着文化的进一步交流，儒、道、释三教身体观念也在慢慢地融合。儒、道身体思想吸收着佛教身体观念的合理成分，佛学身体思想也吸收儒、道身体观念慢慢本土化。如齐林华所说："三教在身体观念上，体现为在互斥又互补、独立又交叉的矛盾推演过程中不断发展壮大，并渐渐形成相互依存、相互渗透、不可分割的一体化关系，这也许是多元文化碰撞过程中所表现出来的某种内在的必然态势。"② 由此，《金刚经》相的身体叙事成为中国古代身体叙事的重要组成部分。

第六节 神的身体叙事：《弘明集》身体思想研究

在中国古代文化典籍中，"神"是一个重要的概念。其意蕴可以概括为以下四种。

一是指天神。《说文解字》说："神，天神，引出万物者也。从示申。食邻切。"《周礼》也说："以祀天神。"（《周礼·大司乐》）由于"神"是天神，是万物的主宰，因此，古代对神非常尊崇，每逢重大的事件，都要进行祭祀。《礼记·表记》说："殷人尊神，率民以事神。"又前面所述，古人"天人同构""天人一体"，天具有根身性，是作为人格化的天而呈现，因此，"神"是根身性的神和人格化的神。这样，神与身体便产生了关联。

二是指身体长生不老的神仙。《山海经》说："西海之南，流沙之滨，赤水之后，黑水之前，有大山，名曰昆仑之丘。有神，人面虎身，有文有尾，皆白，

---

① 洪迈. 夷坚志 [M]. 北京：北京燕山出版社，1997：180.
② 齐林华. 中国古代文化中的身体观念及其发展 [D]. 长沙：湖南师范大学，2013：133.

296

处之。其下有弱水之渊环之，其外有炎火之山，投物辄然。有人戴胜，虎齿，有豹尾，穴处，名曰西王母。此山万物尽有。"（《山海经·大荒西经》）这里的西王母就是神，她不但与人身有异："人面虎身，有文有尾，皆白""虎齿，有豹尾"，而且居住的地方也与人居不同："其下有弱水之渊环之，其外有炎火之山，投物辄然。""此山万物尽有。"这就凸显了神与人身体的区隔。而《列子》说："列姑射山在海河洲中，山上有神人焉，吸风饮露，不食五谷；心如渊泉，形如处女；不偎不爱，仙圣为之臣；不畏不怒，愿悫为之使；不施不惠，而物自足；不聚不敛，而己无愆。"（《列子·黄帝》）这里的"神"，没有情感，靠吸风饮露为生。总之，无论是《山海经》中的"神"，还是《列子》里的"神"，它们都有一个共同之处，即身体长生不老。

三是指主宰生命，发起功用的精神力量。《黄帝内经》说："心者，生之本，神之处也。"（《黄帝内经·灵枢·本神》）《淮南子》说："夫形者，生之舍也；气者，生之充也；神者，生之制也。"（《淮南子·原道训》）这二处的"神"皆是指生命的枢轴，它能生发各种情志。从这一点来说，"神"是一种精神活动。

四是指与整个身体相对立的灵魂。《黄帝内经》说："故生之来谓之精，两精相搏谓之神，随神往来者谓之魂，并精而出入者谓之魄，所以任物者谓之心，心之所忆谓之意，意之所存谓之志，因志而存变谓之思，因思而远慕谓之虑，因虑而处物谓之智。"（《黄帝内经·素问·六节藏象论》）这里的"魂、神、魄、意、志"被称为"五神"。按照蔡璧名的说法，"神"是与"五脏"对立并散居"五脏"处的特殊的意识活动。他说："就'神'之于'心'等的空间意义而言，与其说'魂、神、意、魄、志'为'肝、心、脾、肺、肾'五脏之神，不如说'魂、神、意、魄、志'实为共名之'神'，布居于形躯，其当'肝、心、脾、肺、肾'处，就其特殊功能所立之别名。"① 在这里，"神"的含义的外延比前面"神"是主宰生命的精神力量的含义的外延要宽泛得多。

从这四种"神"的义界来看，都与身体密切相关。无论是人格化的天神，还是长生不老的神仙；无论是主宰生命的"神"，还是与整个身体相对立的"神"都离不开身体这一载体。《说文解字》说："身，神也。"可以说，身体统摄一切"神"的活动。这就表明，在中国古代，已经诞生了"神"的身体叙事，尽管是零碎的、不系统的和隐而不显的。

魏晋南北朝时期，随着佛教的传入，儒、道和佛在对身体的言说上，有了

① 蔡璧名. 身体与自然［M］. 台北:"国立"台湾大学, 1997: 134.

一定的分歧和冲突。这主要表现在神形关系上。《神灭论》和《弘明集》对此作了详细的描述。下面以《弘明集》为切入点，具体展示神的身体叙事内涵。

一、《弘明集》神的身体叙事的主要内容

《弘明集》是南朝僧祐所编撰的一部护法弘教的文献汇编。在这汇编中，编者对当时社会上各种怀疑、讥讽、批评甚至废毁佛教的言行和思想，进行释疑解难，宣传佛教的正当性和合法性。正如僧祐本人在序文中所指出："夫道以人弘，教以文明，弘道明教，故谓之《弘明集》。"（《弘明集·序》）从内容来看，这一文献汇编主要围绕神是什么，神是怎样产生的，神与形的关系怎样，怎样处理好这一关系，等一系列问题展开。而这些问题归结起来实际上就是身心问题。这正是中国古代身体思想所要研究的内容。从这点来说，《弘明集》是一部弘扬佛教身体思想的文献汇编。

第一，神是什么？对于这一问题，慧远在《弘明集·沙门不敬王者论》中指出："夫神者何耶？精极而为灵者也。精极则非卦象之所图，故圣人以妙物而为言，虽有上智，犹不能定其体状，穷其幽致。"它又说："神也者，圆应无生，妙尽无名，感物而动，假数而行。感物而非物，故物化而不灭；假数而非数，故数尽而不穷。有情则可以物感，有识则可以数求。数有精粗，故其性各异；智有明暗，故其照不同。推此而论，则知化以情感，神以化传，情为化之母，神为情之根，情有会物之道，神有冥移之功。"在这里，"神"是"灵"，是"妙物"，"不能定其体状。"而且"圆应""感物"和"假数"。按照齐林华的解释，"圆应"即具有周遍感应一切的能力；"感物"即受外物的感召和感受；"假数"即神的活动借助某种规律。①综合其含义，"神"的意蕴是一种精神活动和精神现象。

由于是精神活动和精神现象，"神"充当了心与外物相交的媒介。《明佛论》指出："夫圣神玄照，而无思营之识者，由心与物绝，唯神而已。故虚明之本，终始常住，不可凋矣。今心与物交，不一于神。虽以颜子之微微，而必乾乾钻仰，好仁乐山，庶乎屡空。皆心用乃识，必用用妙接，识识妙续，如火之炎炎，相即而成焰耳。今以悟空息心，心用止而情识歇，则神明全矣。"（《弘明集·明佛论》）在这里，"心"与"神"的关系，如火与火焰的关系，心识越高，神越强。"心用止而情识歇"则"神明全"。由此可见，"神"是由"心"所发出的活动。正如周谨所指出："精可视作心的精爽，神则是此精爽的发用，

①　齐林华. 中国古代文化中的身体观念及其发展 [D]. 长沙：湖南师范大学，2013：133.

此心绝非只是器官意义上的实指之物，而是能涵具精之明、神之用，并涨溢、发散而融渗于道中的一种柔性之在。"①

由于"神"是"心"的发用，"神之于身，则可离。"② 这里的"神"含有神魂义、灵魂义。牟子说："有道虽死，神归福堂，为恶既死，神当其殃。愚夫暗于成事，贤智预于未萌。道与不道，如金比草；善之与福，如白方黑，焉得不异而言何异乎！"（《弘明集·牟子理惑论》）这里的"神"与前面所述的"神"的含义稍稍不同，它是指魂神。牟子说："神还则生，不还，神何之乎？曰：成鬼神。牟子曰：是也，魂神固不灭矣，但身自朽烂耳。身譬如五谷之根叶，魂神如五谷之种实。根叶生必当死，种实岂有终亡，得道身灭耳。"在牟子看来，神魂归来，则身体诞生；神魂不还，则变为鬼神。神魂永远存在着。《正诬论》也这样认为。它说："凡俗人常谓：人死则灭，无灵无鬼。然则无灵，则无天曹；无鬼，则无所收也。"（《弘明集·正诬论》）这里的"灵"等同于"神"，也是"魂神"之意。由此可见，《弘明集》里的"神"的意蕴是多种多样的。它除了指精神现象和精神活动外，还指"魂神""灵"和"鬼神"。无论哪一种意蕴，都与身体息息相关。

同时，作为存在身体之上的"情"也贯彻于神中。《明佛论》说："夫生之起也，皆由情兆。今男女构精，万物化生者，皆精由情构矣。情构于己，而则百众神受身大似，知情为生本矣。至若五帝三后，虽超情穷神，然无理不顺，苟昔缘所会，亦必循俯入精化，相与顺生，而敷万族矣。况今以情贯神，一身死坏，安得不复受一身，生死无量乎？"在《明佛论》看来，情统合于身则神有禀受的载体，身是神的受体，情是神的统帅。

而《明报应论》对"神"与"情"的关系阐释得更为透彻。它说："难旨全许地水火风结而成身，以为神宅。此即宅有主矣。问主之居宅，有情耶？无情耶？若云无情，则四大之结，非主宅之所感；若以感不由主，故处不以情，则神之居宅无情，无痛痒之知；神即无知，宅又无痛痒，以接物，则是伐卉翦林之喻，无明于义。若果有情，四大之结，是主之所感也；若以感由于主，故处必以情，则神之居宅，不得无痛痒之知；神既有知，宅又受痛痒，以接物，固不得同天地间水火风，明矣。"（《弘明集·明报应论》）在《明报应论》看来，由地水火风聚结形成的身是神的宅所，情为神所感而成，因此，"处不以

---

① 周谨. 多元文化视野中的身体——以早期中国身心思想为中心 [D]. 杭州：浙江大学，2003：133.

② 参见钱穆. 庄老通辩 [M]. 北京：生活·读书·新知三联书店，2002：227.

情，则神之居宅无情，无痛痒之知。"在这里，实际上已经建构了身—神—情的路径。从这点来说，《弘明集》中"情"的论述，实际上是"神"的身体叙事的展开。

另外，"性"也是"神"的归属。《弘明集·重与周书并答所问》说："法性虽以即色图空，虚无诚乃有外张义，然环会其所中，足下当加以半思也。至夫游乃荡思，心尘自拂，思以无荡，一举形上，是虽忘有老如骞释，然而有忘释不伐老。当其神地悠悠，精和坐废，寂然以湛，其神遂通，以冲其用，登其此地。"这里的"法性"也称"佛性"。

在佛教经典中，佛性是一个重要的概念。《佛说大般泥洹经》说："亦复能知一切众生有如来性，不坏吾我寿命之相，心存中道言我身中皆有佛性我当得佛。"[1]《大般涅槃经》亦曰"佛性即是如来，如来即是一切不共之法，不共之法即是解脱，解脱即是涅槃。"[2] 从二经的阐释中可知，佛性是指一切众生皆有成佛的可能性。"佛性者，即是人法二空所显真如。"[3] 而"其神遂通，以冲其用，登其此地。"意思为"神"通达了就有了佛性，说明佛性是"神"的最高境界，佛是神明的宗绪。牟子说："佛者，谥号也。犹名三皇神、五帝圣也。佛乃道德之元祖，神明之宗绪。佛之言觉也。恍惚变化，分身散体，或存或亡，能小能大，能圆能方，能老能少，能隐能彰，蹈火不烧，履刃不伤，在污不染，在祸无殃，欲行则飞，坐则扬光，故号佛。"（《弘明集·牟子理惑论》）从这段话来看，佛不只具有德性的身体，而且具有大神通的身体。可以说，"佛"的意蕴包含"神"的所有意蕴，"佛"就是"神"，"神"就是"佛"。

综上所述，"神"内涵丰富，既是精神，又是魂神、鬼神；既与心相关联，又与情、性和佛相贯通。从身体思想史的视角来看，身神不二，就是身入神入佛。

第二，神是怎样生成的？对于这一问题，《弘明集》有不同的解释。一是认为神是由道生成的。《明佛论》说："今称'一阴一阳之谓道，阴阳不测之谓神'者。盖谓至无为道，阴阳两浑，故曰'一阴一阳'也。自道而降，便入精神，常有于阴阳之表，非二仪所究，故曰'阴阳不测'耳。君平之说'一生二'，谓'神明'是也。"（《弘明集·明佛论》）即道生一，一生二，二为阴阳之气。阴阳不测则谓神。在这里，《明佛论》指出了神的生成路径，即道—气—

---

① 《佛说大般泥洹经》卷 4，见《大正藏》第 12 册，第 376 经，第 882 页。
② 《大般涅槃经》卷 36，见《大正藏》第 12 册，第 374 经，第 575 页。
③ 《佛性论》卷 1，见《大正藏》第 31 册，第 1610 经，第 787 页。

神。这一路径与道家道—气—身—心—神的路径没有什么区别。这是否意味着佛家的"道"就是道家的"道"？

《弘明集·戎华论析顾道士〈夷夏论〉》指出："夫佛者，是正灵之别号；道者，是百路之都名。老子者是一方之哲，佛据万神之宗……于是道指洞玄为正，佛以空空为宗。老以太虚为奥，佛以即事而渊；老以自然而化，佛以缘合而生。"在这里，虽然讲的是佛、道的区别，但实际上对佛家的"道"与道家的"道"进行了区隔。道家的"道"是一种先于天地万物而存在的本体，佛家的"道"是一种一切皆空的境界。

由于佛"道"一切皆空，因此，能够无所不通达。《弘明集·难顾道士〈夷夏论〉》说："夫圣道虚寂，故能圆应无方，以其无方之应，故应无不适。"换言之，佛可以通过体道来生成。《弘明集·喻道论》说："夫佛也者，体道者也。道也者，导物者也。应感顺通，无为而无不为者也。"从含义来看，这里的"道"与老庄的"道"相洽，都是"无为而无不为者也。"但又有区别，佛家的"道"是导物，是"神化万物"的人，而道家的"道"是一种生命的本原。从这一点来看，南北朝时期的佛教吸取了本土道教文化并有所发展。

由于佛家的"道"是"导"，因此，佛道与身体息息相关。《弘明集·正诬论》说："夫佛经自谓得道者，能玄同彼我，浑齐修短。涉生死之变，泯然无概；步祸福之地，而夷心不怛；乐天知命，安时处顺耳。"佛道不但可以融通身体寿命长短，保持心胸开阔和指涉身体生死的变化，而且对身体祸福平和与安身达命有重大的作用。所以佛家的"道"也是一种身道。

同时，佛家的"道"除了"玄同彼我"外，还有导人为善、导人为德之含义，牟子说："道之言'导'也，导人致于无为。牵之无前，引之无后，举之无上，抑之无下，视之无形，听之无声。四表为大，蜿蜒其外，毫厘为细，间关其内，故谓之道。"（《弘明集·牟子理惑论》）这里，牟子虽然说"道"是"导人致于无为"，但在具体的论述中，"道"为"德"、为"善"。牟子说："《老子》云：'上德不德，是以有德；下德不失德，是以无德。'三皇之时食肉衣皮，巢居穴处以崇质朴，岂复须章黼之冠、曲裘之饰哉！然其人称有德而敦庞、允信而无为。沙门之行，有似之矣。"（《弘明集·牟子理惑论》）这里的"德"就是"道德"。在《弘明集》看来，"修德"的过程就是"修道"的过程。因此，佛家的"道"又是塑造德性的身体，即佛身的主体。

"道"与"神""佛"又紧密相连。《弘明集·明佛论》说："夫常无者，道也，唯佛则以神法道。故德与道为一，神与道为二。二故有照以通化，一故常因而无造。"这里的"道"与"德"为一，与"神"无二，说明"道"离不开

"德"，也离不开"神"。而佛"以神法道"，实际上已导引出了成佛的路径，即神—道—佛。所以，炼神成为"得道成佛"的重要环节。

《弘明集·明佛论》说："夫道在炼神，不由存形，是以沙门祝形烧身，厉神绝往。神不可灭，而能奔其往，岂有负哉？契阔人理，崎岖六情，何获于我，而求累于神？诚自剪绝，则日损所情，实渐于道。苦力策观，倾资夐居，未几有之。俄然身灭，名实所收，不出盗跨。构馆栖神象，渊然幽穆，形从其微，神随之远。微则应清，远则福妙。"换言之，炼神就是要断绝过去的身体欲望，保持心灵的清明。在《弘明集·明佛论》看来，身体欲望是决定"神精"和"神悖"的关键。它说："尧无理不照，无欲不尽，其神精也。桀无恶不肆，其神悖也。桀非不知尧之善，知己之恶，恶己亡也。体之所欲，悖其神也。而知尧、恶亡之识，常含于神矣。"尧无欲则"神精"，桀有欲则"神悖"。炼神就是炼欲。从这一点来讲，佛教的"炼神"与儒、道的"养心""养神"是一样的。

由于"炼神"的强弱不一样，得道的多少就不一样。《弘明集·明佛论》指出："日月海岳，犹有朝夕之礼，秩望之义。况佛之道众，高者穷神于生表，中者受身于妙生，下则免夫三趣乎。"在《弘明集·明佛论》看来，禀赋高的人则使道超出世俗生命之外穷事物之神妙，中等禀赋的人则使道禀受人的身体从而生活美好，禀赋低的人则使道可以避免堕入三途恶道轮回之中。神与道互相影响。

二是神是由地水火风四大混合而成的。《弘明集·明报应论》说："夫四大之体，即地水火风耳。结而成身，以为神宅。寄生栖照，津畅明识。"康僧会编译的《六度集经》亦曰："深睹人原始，自本无生。元气，强者为地，软者为水，暖者为火，动者为风。四者和焉，识神生焉。"① 在这里，不但宇宙万物，包括人身，皆是由地、水、火、风集合生灭变化而成，而且神也由此产生。

在产生的过程中，由于"神"的习性不同，便产生了不同的身体，如《佛说胞胎经》所说："神处于内，因其罪福得成四大，成就地种，摄持水种，分别火种，因号风种，而得长大，稍稍成就。非是父母胞胎之缘，人神过生也非父母福，亦非父体，亦非母体，因缘得合也。非空因缘，亦非众缘，亦非他缘，又有俱施同其志愿，而得合会成胚里胞胎。"② 因此，在身体轮回成佛中，"神"起着重要的作用。

---

① 《六度集经》，见《大正藏》卷3，第3册，第152经，第51页。

② 《佛说胞胎经》，见《大正藏》第11册，第886页。

《弘明集·正诬论》说："今所以得佛者，改恶从善故也。若长恶不悛，迷而后遂往，则长夜受苦，轮转五道，而无解脱之由矣。今以其能掘众恶之栽，灭三毒之烬，修五戒之善，书十德之美，行之累劫，倦而不已，晓了本际，畅三世空，故能解生死之虚，外无为之场耳。"这里的"恶"和"善"就是神的习性。按照佛教的教义，"神"的轻重不同，报应的结果不同。《弘明集·三报论》说："业有三报，一曰现报，二曰生报，三曰后报。现报者，善恶始于此身，即此身受。生报者，来生便受。后报者，或经二生、三生、百生、千生，然后乃受。受之无主，必由于心。心无定司，感事而应。"这里的"心"就是"神识"，也是佛教中的"中阴"。

《正法念处经》云："所谓死时，见于色相。若人中死，生于天上，则见乐相。见中阴有，……细软白净，见已欢喜，颜色怡悦。……以善业故，现得天乐。得此乐已，含笑怡悦，颜色清净。亲族兄弟，悲啼号泣，以善相故。不闻不见，心亦不念，以善业故。临命终时，于中阴有，大乐成就。初生乐处，天身相似，天众相似。如是之相，生处相似，如印所印，亦如一切天众色相，亦如欲界六天受乐，亦如游行境界相似。触亦相似，天色相似，又住中阴。见诸天中生处胜故。即生心取，爱境界故，即受天身，是则名曰初中阴有。"①"中阴"（神）决定着六道轮回。换言之，"神"决定着人的"色身""法身"和"报身"。这样，"神"便与佛教的身体观念联系了起来。

而且，在身体轮回中，《弘明集》认为身体可以腐朽，"神"不会改变。《弘明集·明佛论》说："然群生之神，其极虽齐，而随缘迁流，成粗妙之识，而与本不灭矣。今虽舜生于瞽，舜之神也，必非瞽之所生。则商均之神，又非舜之所育。生育之前，素有粗妙矣。既本立于未生之先。则知不灭于既死之后矣。又不灭则不同，愚圣则异，知愚圣生死不革不灭之分矣。故云：精神受形，周遍五道，成坏天地，不可称数也。"在这里《明佛论》指出在舜、商均生育之前，"神"就存在着。而且一个身体坏了，又可以禀受另一个身体。换言之，五道轮回的是身而不是"神"。因此，《弘明集》主张虔心信仰佛法，真心执行戒律，以助"神"的提升而成佛身。它说："夫人之生也，与忧俱生。患祸发于时事，灾沴奋于冥昧。虽复雅贵连云，拥徒百万，初自独以形神坐待无常。家人嗃嗃，妇子嘻嘻，俄复沦为惚恍。人理曾何足恃？是以过隙宜竞，赊谤冥化，纵欲侈害，神既无灭，求灭不得，复当乘罪受身。今之无赖群生，虫豸万等，皆殷鉴也。为之谋者，唯有委诚信佛，托心履戒，以援精神。生蒙灵援，死则

① 《正法念处经》见《大正藏》第17册，卷34，第721经，第197页。

清升。清升无已，径将作佛。"（《弘明集·明佛论》）从这段话来看，"神"的终极目的是佛身。也就是说，"神"虽然是四大的聚合，但最终要回归到佛身中来。

除此之外，《弘明集》还认为神是清和之气产生的。《弘明集·达性论》说："天以阴阳分，地以刚柔用，人以仁义立。人非天地不生，天地非人不灵，三才同体，相须而成者也。故能禀气清和、神明特达。"这样，神的生成有三，即神由道生成、神由四大（地、水、火、风）生成和神由气生成。除了神由四大（地、水、火、风）生成具有异国风情外，神由道生成和神由气生成具有典型的中国特色，它吸收了儒家身体观念和道家身体观念。《弘明集》中的"神"不纯粹是佛教的"神"，它还兼有儒家的"神"和道家的"神"的意蕴，是三教"神"的意蕴的综合。

第三，在神形关系上，《弘明集》主要围绕"形神相即""形质神用""神先形后"和"形神一体"展开。

首先，就"形神相即"来说，神灭论者范缜认为："神即形也，形即神也。是以形存则神存，形谢则神灭也。"①

针对这一观点，萧琛《弘明集·难神灭论》指出："此辩而无征，有乖笃喻矣。子今据梦以验形神不得共体。当人寝时，其形是无知之物；而有见焉。此神游之所接也。神不孤立，必凭形器；犹人不露处，须有居室。但形器是秽暗之质，居室是蔽塞之地。神反形内，则其识微惛，惛故以见为梦。人归室中，则其神暂壅，壅故以明为昧。夫人或梦上腾玄虚，远适万里。若非神行，便是形往耶？形既不往，神又不离，复焉得如此。"

《弘明集·明佛论》说："若使形生则神生，形死则神死，则宜形残神毁，形病神困。据有腐则其身，或属圹临尽，而神意平全者；及自牖执手，病之极矣；而无变德行之主，斯殆不灭之验也。"

《弘明集·答何衡阳难〈释白黑论〉》亦云："夫火者薪之所生，神非形之所作。意有精粗，感而得形随之。精神极则超形独存。无形而神存，法身常住之谓也。是以始自凡夫，终则如来，虽一生尚粗，苟有识向，万劫不没，必习以清升。"

无论是《难神灭论》《明佛论》，还是《答何衡阳难〈释白黑论〉》都肯定"神"超形而独存。这实际上已存在两个主体，一个是"形"，一个是"神"，这是典型的二元论思想。

---

① 范缜. 神灭论 [M]. 天津：天津人民出版社，1975：1.

其次，就"形质神用"来说，范缜指出："形者神之质，神者形之用，是则形称其质，神言其用，形之与神，不得相异也。"并以刀与刃的关系为例，指出："神之于质，犹利之于刃；形之于用，犹刃之于利。利之名非刃也，刃之名非利也。然舍利无刃，舍刃无利。未闻刃没而利存，岂容形亡而神存。"① 范缜认为神只是形存在的一种形式。没有形，就没有神。

针对这一观点，萧琛《弘明集·难神灭论》云："今人之质犹如木也。神留则形立，神去则形废。立也即是荣木，废也即是枯木。子何以辩此非神知，而谓质有知乎？凡万有皆以神知，无以质知者也。但草木昆虫之性，才觉荣悴生死；生民之识，则通安危利害。何谓非有如木之质以为形，又有异木之知以为神耶？此则形神有二，居可别也。"范、萧二者的争论实际上是形和神何者为第一性，何者为第二性的问题。换言之，物质和精神何者为第一性？何者为第二性？显然范缜是形为第一性，神为第二性；萧琛是神为第一性，形为第二性。因此，范缜是唯物主义者，萧琛是唯心主义者。

在这一点上，郑鲜之与萧琛一样也是唯心主义者。他说："夫形也，五脏六腑，四肢七窍，相与为一，故所以为生。当其受生则五常殊授，是以肢体偏病，耳目互缺，无夺其为生。一形之内，其犹如兹，况神体灵照，妙统众形。"他认为形体是五脏六腑、四肢七窍组合而成的，精神是形体的主宰，永远不会消失。并以薪与火为例，指出神是形的本体。他说："夫火因薪则有火，无薪则无火，薪虽所以生火，而非火之本。火本自在，因薪为用耳。若待薪然后有火，则燧人之前，其无火理乎？火本至阳，阳为火极，故薪是火所寄，非其本也。神形相资，亦犹此矣。相资相因，生涂所由耳。安在有形则神存，无形则神尽，其本惚恍不可言矣，请为吾子广其类以明之。当薪之在水则火尽，出水则火生，一薪未改，而火前期。神不赖形又如兹矣。神不待形，可以悟乎？"（《弘明集·神灭论》）在这里，郑鲜之以火理喻神，在无火之前就有火理，薪不是火之本，火理才是火之本。这是典型的唯心主义神本形用的观点。

再次，就"神先形后"来说，慧远认为先有精神后有形体。他说："夫生以形为桎梏，而生由化有。化以情感，则神滞其本，而智昏其照，介然有封，则所存唯己，所涉唯动。于是灵辔失御，生途日开，方随贪爱于长流，岂一受而已哉！是故反本求宗者，不以生累其神；超落尘封者，不以情累其生。不以情累其生，则生可灭；不以生累其神，则神可冥。"（《弘明集·沙门不敬王者论》）在这里，慧远从神—情—形出发建构"神先形后"话语。这一话语是佛

---

① 范缜. 神灭论 [M]. 天津：天津人民出版社，1975：1.

教人士的共识。正如周谨所指出："佛教强调万法唯心、唯识，通过在心上做工夫，以求根本性地破除尘俗迷误、扫去现象垢染，达到去妄显真、本心朗现的目的，从而能够了脱生死、超出轮回。"①

由于佛教注重"神先形后"，对于"形"的别称"身"是持"身退"或"无身"的观点。牟子说："'功遂身退，天之道也。'身既退矣，又何言哉？今之沙门，未及得道，何得不言？"（《弘明集·牟子理惑论》）释僧顺亦云："夫身之为累，甚于桎梏。老氏以形骸为粪土，释迦以三界为火宅。出家之士，故宜去菁华、弃名利，悟逆旅之难。常希寂灭之为乐。流俗之徒反此以求全，即所谓杀生者不死。生生者不生也。"（《弘明集·释〈三破论〉》）在这里，牟子和释僧顺都主张"退身""练神"。《弘明集·灭惑论》曰："夫佛法练神，道教练形。形器必终，碍于一垣之里；神识无穷，再抚六合之外。明者资于无穷，教以胜慧；暗者恋其必终，诳以飞仙。仙术极于饵药，慧业始于观禅。禅练真识，故精妙而泥洹可冀；药驻伪器，故精思而翻腾无期。"《灭惑论》认为"形器必终""神识无穷"，因此，"禅练真识""故精妙而泥洹可冀"。佛教这种"先神后形"的身体观念，对于后来佛教禅宗的出现和新儒家、新道家的发展有着重大的影响。

最后，就形神一体来说，范缜认为形神统合于身体。他说："人体惟一，神何得二？""如手足虽异，总为一人。是非痛痒虽复有异，亦总为一神矣。"② 而萧琛认为"形神分离"。他说："神者何？识虑也。今人或断手足，残肌肤，而智思不乱。犹孙膑刖趾，兵略愈明；肤浮解腕，儒道方谧。此神与形离。形伤神不害之切证也。但神任智以役物，托器以通照，视听香味各有所凭，而思识归乎心气。"（《弘明集·难神灭论》）从范、萧互相诘难可以看出，二人实际上已经触摸到中国身体思想史上一个最根本的问题，即是身心一体问题还是身心二分的问题。

在中国古代，身心一直是合一的。正如张再林教授所指出："如古人所理解的身体从来就是一种身心一体的身体那样，古人的'修身'始终不仅与身体外貌的修饰有关，而且以身心兼修的性质旨在回归'诚于中，形于外'的身心一体的身体，以及回归身体所固有的'不虑而知，不学而能'的'良知良能'，也即舒斯特曼所谓的'身体意识'。"③ 因此，范缜"人体惟一，神何得二？"正

---

① 周谨. 多元文化视野中的身体——以早期中国身心思想为中心 [D]. 杭州：浙江大学，2003：248.

② 范缜. 神灭论 [M]. 天津：天津人民出版社，1975：2.

③ 张再林. 中国古代哲学中的身心一体论 [J]. 中州学刊，2011（5）：149-154.

是中国古代身心合一思想的反映。而萧琛"形神分离"则反映古代印度人的身体观念。弗里茨·施塔尔（First Staal）指出：作为当代西方特性的严格的身心二元论，不仅出现在柏拉图那里，在早期印度也是存在的，但其间仍有不同：在西方，身体被看作是纯物质的存在，另一方面，心灵被看作是纯粹的意识，而在印度，身体从未被看作是纯粹的物质性存在，"身体修习被用来不仅达到所谓身体性的目标（比如健康和力量），同时也被用来达到所谓精神的目标。"①这样，在中国传统的"身心合一"观念上，出现了"身心二分"的身体观念。这一身体观念对以后中国身体思想史的发展有着重大的影响。

尽管如此，但信仰佛教的人士深受中国传统文化的影响，他们也认为形神浑为一体。《弘明集·明报应论》指出："夫神形虽殊，相与而化；内外诚异，浑为一体。自非达观，孰得其际耶？苟未之得，则愈久愈迷耳。凡禀形受命，莫不尽然也。受之既然，各以私恋为滞。滞根不拔，则生理弥固；爱源不除，则保之亦深。设一理逆情，使方寸迷乱，而况举体都亡乎？是故同逆相乘，共生雠隙；祸心未冥，则构怨不息。纵复悦毕受恼，情无遗憾。形声既著，则影响自彰。理无先期，数合使然也。"《弘明集·难神灭论》亦云："若如论言形灭则神灭者，斯形之与神，应如影响之必俱也。然形既病焉，则神亦病也。何以形不知人神独游帝，而欣欢于钧天广乐乎？斯其寐也魂交故，神游于胡蝶，即形与神分也。其觉也形开，遽遽然周也，即形与神合也。然神之与形，有分有合；合则共为一体，分则形亡而神逝也。"这就是说，在南北朝时期，佛教的身体观念已与儒、道身体观念融为一体了。

二、《弘明集》神的身体叙事的评价

张煜曾指出："关于形尽神到底灭还是不灭，以及由此带来的因果报应到底是有还是没有的问题，占据了《弘明集》《广弘明集》中大量的篇幅，这也可以说是中国佛教最重要的一个理论问题。……今天有的论者以唯物主义与唯心主义来区划神灭与神不灭这两大阵营，其实也很难分出优劣。在这些论辩中，我们与其去关心谁更正确，倒不如换一种思维方式，用历史的眼光来分析佛教来到中国后，在理论上所发生的变化，以及产生这种变化的原因，进而得出中

---

① 参见 First Stall, Indian Bodies, Kasulis With R. Ames and W. Dissanayake, ed. Self as Body in Asian Theroy and Practice Albany；State University of New York Press, 1993：59, 70.

国佛教的与众不同的特质。"① 根据张煜的观点，对南北朝神的身体叙事的出现，我们有必要回归到当时的语境去分析。

第一，南北朝时期是儒家、佛教、道教三家身体观念冲突、融合和发展时期。公元1世纪，汉明帝梦见佛身，开始了佛教身体观念的传入。"世传明帝梦见金人，长大，顶有光明，以问群臣。或曰：'西方有神，名曰佛，其形长丈六尺而黄金色。'帝于是遣使天竺问佛道法，遂于中国图画形象焉。"② 进入南北朝时期，随着佛教势力的迅速发展，佛教身体思想与先秦时期形成的儒家、道家身体思想产生了激烈的冲突。

对于这一冲突，僧祐把它总结为六疑，即"一疑经说迂诞，大而无征；二疑人死神灭，无有三世；三疑莫见真佛，无益国治；四疑古无法教，近出汉世；五疑教在戎方，化非华俗；六疑汉魏法微，晋代始盛。"（《弘明集·后序》）其中在"二疑人死神灭，无有三世"中，僧祐指出："是自诬其性灵，而蔑弃其祖祢也。然则周、孔制典，昌言鬼神。《易》曰：'游魂为变，是故知鬼神之情状。'既情且状，其无形乎？《诗》云：'三后在天，王配于京。'升灵上旻，岂曰灭乎？《礼》云：'夏尊命，事鬼敬神'大禹所祗，宁虚诞乎？《书》称周公代武，云能事鬼神。姬旦祷亲，可虚罔乎？苟亡而有灵，则三世如镜，变化轮回，孰知其极？俗士执礼，而背叛五经，非直诬佛，亦侮圣也。若信鬼于五经，而疑神于佛说，斯固聋瞽之徒，非议所及，可为哀矜者二也。"（《弘明集·后序》）从僧祐所论来看，"神"一直存在着，"神"是不灭的。这与儒家的"子不语怪力乱神"（《论语·述而》）产生了冲突。

由于佛教注重的是"神"而不是"形"，因此，在"形"上不注重"身"而注重"心"的修炼。于是出现了"剃头"和"弃妻子，捐财货，或终身不娶"（《弘明集·牟子理惑论》）等现象。这与儒家"身体发肤受之父母，不敢毁伤，孝之始也"（《孝经·开宗明义》）和"不孝有三，无后为大"（《孟子·离娄上》）等身体观念产生了冲突。针对这一冲突，牟子说："苟见其大，不拘于小，大人岂拘常也。须大拏睹世之无常，财货非己宝，故恣意布施，以成大道。父国受其祚，怨家不得入；至于成佛，父母兄弟皆得度世。是不为孝。是不为仁，孰为仁孝哉？"（《弘明集·牟子理惑论》）在牟子看来，"修道成佛""父母兄弟皆得度世"是为大孝。这就在佛教身体观念的基础上把儒家的孝上升

---

① 张煜. 文化的多元与冲突——兼析〈弘明集〉、〈广弘明集〉中的三教关系 [J]. 天津社会科学，2007（1）：137-141.

② 见范晔. 后汉书（卷88）西域传 [M]. 李贤，等注. 北京：中华书局，1975：2922.

到了一个新的高度。

同样，在礼上，佛教"剃头发，披赤布，见人无跪起之礼仪，威仪无盘旋之容止，何其违貌服之制，乖缙绅之饰也！"（《弘明集·牟子理惑论》）这与儒家的礼制不合。针对这一情况，《弘明集·灭惑论》指出："妻者爱累，发者形饰；爱累伤神，形饰乖道。所以澄神灭爱，修道弃饰，理出常均，教必翻俗。若乃不跪父母，道尊故也。父母礼之，尊道故也。礼新冠见母，其母拜之，嘉其备德，故屈尊礼卑也。介胄之士，见君不拜，重其秉武，故尊不加也。缙弁轻冠，本无神道；介胄凶器，非有至德；然事应加恭，则以母拜子；势宜停敬，则臣不跪君。礼典世教，周、孔所制。论其变通，不由一轨，况佛道之尊，标出三界，神教妙本，群致玄宗。"在《灭惑论》看来，"爱累伤神""所以澄神灭爱"，其礼仪必定与世俗不同。世俗礼教尚且变通，佛教之礼仪也要跟着变通。这样，基于"神"，佛教对儒家的"礼"进行了发挥。

对道家来说，佛教的身体观念与其也存在不洽的地方。《弘明集·灭惑论》说："夫佛法炼神，道教炼形。形器必终，碍于一垣之里；神识无穷，再抚六合之外。""道家之教，妙在精思得一，而无死入圣；佛家之化，妙在三昧神通，无生可冀，铭死为泥洹。"《灭惑论》认为佛、道的区隔主要是神和形的区隔及"精思得一"和"三昧神通"的区隔。而《弘明集·与顾道士书》说："佛法以有形为空幻，故忘身以济众；道法以吾我为真实，故服食以养生。"则进一步指出了生与死的差异。道家追求无死，佛教追求无生。这些差异无疑触及了佛、道两家身体思想的根本差异。道家"贵身""重生"。在它看来，人的身体是体道的基点，是贯通道的场域。"人的肉体不仅像印度宗教与哲学认为的那样是其精神的载体，而且更重要的是人据以生成、发展其精神的基础，更为重要的是人还以肉身为根基切入其周围的生活世界，以达致对世界的领悟与认知，从而最终实现其主体间性。"① 佛教"贵神"。在它看来，身体是痛苦的渊薮，应舍身求神。如《弘明集·与顾道士书》指出："若深体三界为长夜之宅，有生为大梦之主，则思觉悟之道，何贵于形骸？"这样，佛教的身体观念与道教的身体观念存在着严重的冲突。而儒、道与佛教身体观念的冲突和融合，造就了神的身体叙事的生成和发展。

第二，南北朝时期是大分裂大融合时期。由于政局纷乱，社会苦难空前加重，统治者迫切需要一种身体思想来维持封建皇权统治，抚慰人的心灵。同时，

---

① 张广保. 涅槃与仙化：佛、道终极解脱思想的差异——以〈弘明集〉、〈广弘明集〉为中心的考察［J］. 中国哲学史，2012（3）：20-27.

随着民族的大融合，各种文化纷杂，也需要一种身体思想来整合。佛教的传入和发展，提供了一种维持封建统治的工具，但也给封建皇权统治带来了不利的一面。是崇佛抑儒抑道，还是抑佛扬儒扬道成为封建统治阶层所面临的一个重大问题。

对封建统治阶层来说，佛教是外来的宗教。是"端委搢绅，诸华之容；剪发旷衣，群夷之服。擎跽磬折，侯甸之恭；狐蹲狗踞，荒流之肃。棺殡椁葬，中夏之制；火焚水沈，西戎之俗。全形守礼，继善之教；毁貌易性，绝恶之学。"① 表面上看是谈佛教与儒、道习俗的不同，实际上是讲佛教在"形"和"神"关系上与儒、道各异。

由于佛、道、儒在"形"和"神"关系上的差异，儒家和道教主张"以儒化佛"和"以道化佛"。桓玄指出："佛之为化，虽诞以茫浩，推乎视听之外，以敬为本，此出处不异。盖所期者殊，非敬恭宜废也。老子同王侯于三大，原其所重，皆在于资生通运，岂独以圣人在位，而比称二仪哉？将以天地之大德曰生，通生理物，存乎王者，故尊其神器而礼实惟隆。岂是虚相崇重，义存弘御而已？沙门之所以生，生资国存，亦日用于理命，岂有受其德而遗其礼，沾其惠而废其敬哉？"（《弘明集·沙门不敬王者论》）在这里，桓玄以道家三大中的"王大"要求沙门敬王。换言之，道教想以道束沙门之身。同样，儒家也想以仁、礼塑佛之身。《明道论》指出："周孔即佛，佛即周孔，盖外内名之耳。……周孔救极弊，佛教明其本耳。共为首尾，其致不殊。"（《弘明集·明道论》）这就说明，尽管佛、道、儒"形""神"各异，但还是可以"化"的。佛"形""神"可以化为道、儒"形""神"。同样，道、儒"形""神"可以化为佛"形""神"。其根本一点，是否能维护封建社会的统治？

在佛教人士看来，佛教有利于维护封建统治秩序。它说："故自汉代以来，淳风转浇，仁义渐废，大道之科莫传，五经之学弥寡。大义既乖，微言又绝；众妙之门莫游。中庸之仪弗睹。礼术既坏，雅乐又崩，风俗寝顿，君臣无章。正教凌迟，人伦失序。于是圣道弥纶，天运远被，玄化东流，以慈系世，仁众生民，黥所先习，欣所新闻，革面从和，精义复兴。"（《弘明集·难顾道士〈夷夏论〉》）这里"仁众生民，黥所先习，欣所新闻，革面从和"就是最好的表证。

而在儒、道人士看来，佛教破国破家破身。《三破论》说："入国而破国者，诳言说伪，兴造无费，苦克百姓，使国空民穷。……人生之体，一有毁伤之疾，

---

① 萧子显. 南齐书（卷54）[M]. 北京：中华书局，1972.

二有髡头之苦，三有不孝之逆，四有绝种之罪，五有亡体从诫，唯学不孝。"（《弘明集·灭惑论》）这就是说佛教不利于社会的稳定。

　　二者的争论，表面上看是谁作为封建统治的工具，实际上是"神灭"与"神不灭"的争论。范缜从"浮屠害政，桑门蠹俗，风惊雾起，驰荡不休。吾哀其弊思拯其溺"① 提出了"神灭论"。而萧子显从"若能监彼流宕，衅不在佛，观此祸福，悟教开诱；思息末以尊本，不拔本以极末；念忘我以弘法，不后法以利我，则虽曰未佛，吾必谓之佛矣。"（《弘明集·神难灭论》）指出"神不灭"。这就是说，神的身体叙事是在是否能维持封建皇权统治的争论中产生的，这也是社会大动荡和大融合的结果。

　　日本学者中村元曾说："从后汉至唐宋，儒教、佛教、道教这三教之间展开了激烈的争论，这在文明史上具有非常重要的意义。"② 从身体思想史来说，《弘明集》神的身体叙事在中国古代身体思想发展史上同样具有重大的意义。

　　第一，促进了佛教身体思想的传播和发展。佛教在东汉初传入中国。随着佛经的翻译和佛教的发展，佛教的身体观念开始传播开来。

　　《弘明集》比较集中地反映了汉代以来特别是南北朝时期的佛教同中国传统文化，主要是道、儒两家的碰撞、冲突和交融的历史状况。在这冲突和交融的历史过程中，佛教身体思想也得到了发展。

　　就"神灭"和"神不灭"来说，当时主张形消神灭的有范缜和何承天，主张神的永恒与玄妙的有慧远、萧子显、曹思文、沈约、宗炳、刘勰等。通过两派的反复辩论，"形""神"关系凸显出来。一个重要标志就是在六朝文学中出现了"贵神论"。刘勰的《文心雕龙》指出："古人云'形在江海之上，心存魏阙之下。'神思之谓也。文之思也，其神远矣。故寂然凝虑，思接千载；悄焉动容，视通万里；吟咏之间，吐纳珠玉之声；眉睫之前，卷舒风云之色；其思理之致乎！故思理为妙，神与物游。神居胸臆，而志气统其关键；物沿耳目，而辞令管其枢机。枢机方通，则物无隐貌；关键将塞，则神有遁心。"（《文心雕龙·神思》）而这一"贵神"思想，到了唐宋时期，"得到了进一步发展以至成熟。唐司空图所谓'离形得似'、'超以象外，得其环中'，宋苏轼极力倡导'传神论'，严羽将'入神'视为诗的最高境界，这些都体现了六朝诗学'神'范畴的发展和演变。"③

---

①　范缜. 神灭论 [M]. 天津：天津人民出版社，1975：2.

②　中村元. 比较思想论 [M]. 吴震，译. 杭州：浙江人民出版社，1987：83.

③　刘艳芬. 试析佛教"神"范畴对六朝诗学的影响 [J]. 青海社会科学，2009（5）：160-164，61.

就因果报应来说，这是佛教的基本教义之一。在《弘明集》里关于它的争论很多。如郑鲜之的对手说："如四时之于万物，岂有心于相济哉，理之所顺，自然之所至耳。"（《弘明集·神灭论》）而慧远认为："会之有本则理自冥对，兆之虽微势极则发。是故心以善恶为形声，报以罪福为影响。本以情感而应自来，岂有幽司由御，失其道也。然则罪福之应唯其所感，感之而然故谓之自然。自然者即我之影响耳，于夫玄宰复何功哉?"（《弘明集·明报应论》）这二者之争，表面上看是因缘自然与佛、道思维方式之争，实际上是形、神之争。因为因果报应是否成立，最根本的理论前提是神灭与神不灭。

通过互相争论，"因果报应说"也深入人心。《法苑珠林》载，"宋王胡者，长安人也。叔死数载，元嘉二十三年忽见形，还家责胡。以修谨有阙，家事不理，罚胡五杖，傍人及邻里并闻其语及杖声，又见杖瘢迹，而不睹其形。唯胡犹得亲接。"① 关于这一方面的事例太多，南北朝时期大众普遍接受了这一学说。这间接表明神的身体叙事通过"因果报应说"已植入大众心中。

第二，开启了身体思想从"外王"转向"内圣"的契机。按照张再林教授的说法，魏晋南北朝时期是我国身体思想退隐的时期。他说："魏晋'玄学'的兴起标志着中国哲学的'身体—主体'时代的历史性的退隐和'身体—客体'时代的来临。在所谓的'玄学'中，受日炽的外来唯识主义佛学的影响，对形下的实在身体的讨论已开始让位于对形上的'无'之本体的讨论。"② 在这一时期，由于佛教的唯识主义（神不灭论），中国身体思想从"行动的人生"转向"静思的人生"。

在佛教人士看来，"神也者，妙万物而为言矣。若资形以造，随形以灭，则以形为本，何妙以言乎? 夫精神四达，并流无极，上际于天，下盘于地。圣之穷机，贤之研微。逮于宰、赐、庄、嵇、吴札、子房之伦，精用所乏，皆不疾不行，坐彻宇宙。而形之臭腐，甘嗜所资，皆与下愚同矣，宁当复禀之以生，随之以灭耶?"（《弘明集·明佛论》）因此，炼神为其主要功课。智圆云："儒者饰身之教，故谓之外典；释者修心之教，故谓之内典也"（《闲居篇》卷19《中庸子传》)，说明南北朝时期，随着佛教的发展和盛行，中国身体思想从"外王"转向了"内圣"。

这一转型有利于维护封建皇权统治。正如何尚之在《答宋文皇帝赞扬佛教

---

① 台湾地区台北佛陀教育基金会. 大正新修大藏经：事汇部［M］. 台北：财团法人佛陀教育基金会出版部，1990：314.

② 张再林. 作为"身体哲学"的中国古代哲学［J］. 人文杂志，2005（2）：28-31.

事》所说："百家之乡，十人持五戒，则十人淳谨矣。千室之邑，百人修十善，则百人和厚矣。传此风训，以遍宇内，编户千万，则仁人百万矣。此举戒善之全具者耳。若持一戒一善，悉计为数者，抑将十有二三矣。夫能行一善则去一恶；一恶既去则息一刑；一刑息于家，则万刑息于国。四百之狱，何足难措？雅颂之兴，理宜倍速。"（《弘明集·答宋文皇帝赞扬佛教事》）佛教的内典"持戒修善"，可以使国君"坐致天平"。

而且对宋明心性之学的产生不无影响。陈寅恪指出："宋儒若程若朱，皆深通佛教者，既喜其义理之高明详尽，足以救中国之缺失，而又忧其用夷变夏也。乃求得而两全之法：避其名而居其实，取其珠而还其椟，采佛理之精粹以之注解四书五经，名为阐明古学，实则吸收异教。声言尊孔辟佛，实则佛之义理，已浸渍濡染。与儒教之宗传，合而为一。此先儒爱国济世之苦心，至可尊敬而曲谅之者也。"① 从这段话来看，程朱理学显然受了《弘明集》的影响。换言之，《弘明集》神的身体叙事导致了"理学"和"心学"的异军突起。

---

① 吴学昭. 吴宓与陈寅恪［M］. 北京：清华大学出版社，1992：10–11.

第三章　唐宋元明清时期身体社会化概述

自先秦时期身体思想发轫，中经两汉魏晋南北朝时期身体思想大发展，到唐宋元明清时期身体思想已经相当丰富与完备，并且日益社会化，出现了中国古代身体思想发展的高峰。著名史学家陈寅恪曾经指出："华夏民族之文化，历数千载之演进，造极于赵宋之世。"① 在这传统文化大繁荣的格局下，身体如何适应时代的要求？如何实现新的发展转向？这是唐宋元明清一些思想家所要思考和解决的问题。

一、唐宋元明清时期身体社会化的主要内容

身体社会化，指的是身体在特定的政治、文化和社会环境中，通过一定的身体行为方式和行为准则，适应政治、文化和社会需要并积极作用于政治、文化和社会。诚如米德所说："没有某种社会制度，没有构成社会制度的有组织的社会态度和社会活动，就根本不可能有充分成熟的个体自我或人格；因为社会制度是一般社会生活有组织的表现形式，而只有当参与该过程的个体各自分别在其个体经验中反映或理解这些由社会制度所体现或代表的有组织的社会态度和社会活动时，才能发展和拥有充分成熟的自我或人格。"② 身体只有在政治中、文化中和社会中并作用于政治、文化和社会才能形塑。

唐朝以前身体固然是政治身体和社会身体，但作用于政治和社会的幅度与频度与唐朝以后的身体相比较，相差甚远。唐朝以后，身体由"外王"向"内圣"转向，形成了一整套系统性和理论性的身体学说。这些学说作用于政治、文化、社会，产生的影响无与伦比。具体来说，主要有以下四个方面。

第一，身体日益世俗化。唐朝以前身体，无论对儒家来说，还是对佛家和道家来说，都存在一定的身体位阶，身体的政治性和社会性基本上在统治精英

① 陈寅恪. 金明馆丛稿二编 [M]. 上海：上海古籍出版社，1980：245.
② 米德. 心灵、自我与社会 [M]. 赵月瑟，译. 上海：上海译文出版社，1992：231.

中进行。唐朝从惠能始，身体的政治性和社会性转向大众。一个最明显的标志就是《坛经》的身体世俗化。

首先，《坛经》强调身体是客观现实的产物。它说："善知识，菩提般若之智，世人本自有之，只缘心迷，不能自悟。须假大善知识，示导见性。当知愚人智人，佛性本无差别，只缘迷悟不同，所以有愚有智。吾今为说摩诃般若波罗蜜法，使汝等各得智慧。志心谛听，吾为汝说。善知识，世人终日口念般若，不识自性般若，犹如说食不饱，口但说空，万劫不得见性，终无有益。"（《六祖坛经·般若品第二》）在这里，《坛经》明确表示身体没有位阶，人人皆有佛性，人人皆可证得般若。这就使得佛教由上层佛教变成了人间佛教。

其次，《坛经》肯定身体欲望的正当性，它说："本从化身生净性，净性常在化身中。性使化身行正道，当来圆满真无穷。淫性本是净性因，除淫即是净性身。性中各自离五欲，见性刹那即是真。今生若遇顿教门，忽悟自性见世尊。若欲修行觅作佛，不知何处拟求真。若能心中自见真，有真即是成佛因。不见自性外觅佛，起心总是大痴人。顿教法门今已留，救度世人须自修。报汝当来学道者，不作此见大悠悠。"（《六祖坛经·付嘱品第十》）人人都有身体欲望，重要的是自性如何战胜欲望，求得身心的安宁。这就解构了佛教的神秘性和神圣性。

再次，《坛经》凸显了身体的自在性。《坛经》认为身心解脱是自己的事，在家就可以自我超越，不必到寺庙进行布施和修炼。它说："善知识，吾有一无相颂，各须诵取。在家出家，但依此修。若不自修，惟记吾言，亦无有益。听吾颂曰：说通及心通，如日处虚空。惟传见性法，出世破邪宗。法即无顿渐，迷悟有迟疾。只此见性门，愚人不可悉。说即虽万般，合理还归一。烦恼暗宅中，常须生慧日。邪来烦恼至，正来烦恼除。邪正俱不用，清净至无余。正见名出世，邪见是世间。邪正尽打却，菩提性宛然。此颂是顿教，亦名大法船。迷闻经累劫，悟则刹那间。"（《六祖坛经·般若品第二》）《坛经》指出，通过自悟，人人都可以断除身心烦恼，从而身心安顿。这就确认了"信仰个体成佛的当下性、现成性，需要形式化的身体修持工夫与烦琐的持戒仪轨。因'自性'而通往'佛道'，取消了佛教信仰的外在性、被动性，张扬了个体信仰的内在性、自觉性。"[①]

最后，《坛经》主张"直指本心"。它说："善知识，智慧观照，内外明彻，识自本心。若识本心，即本解脱。若得解脱，即是般若三昧。般若三昧，即是

---

① 齐林华. 中国古代文化中的身体观念及其发展［D］. 长沙：湖南师范大学，2013：165.

无念。何名无念。若见一切法，心不染著，是为无念。用即遍一切处，亦不著一切处。但净本心，使六识出六门，于六尘中，无染无杂。来去自由，通用无滞。即是般若三昧，自在解脱，名无念行。若百物不思，当令念绝，即是法缚，即名边见。"（《六祖坛经·般若品第二》）在这里，人人都可以内向超越身体的束缚，获得身心的自由。这就使得佛教从出世转向入世，把身体从佛寺和经典的束缚中解放出来了。因此，《坛经》的身体世俗化不仅使佛教转向了人间佛教，而且促使了身体思想的转向，从那以后，身体思想便向心性论发展。

第二，身体不断地形而上化。著名学者余英时曾指出："儒家虽然是入世之教，但唐代的儒学则已与中国人的日常生活脱节了。从两唐书的《儒学传》来看，唐代的儒学只是南北朝以来繁琐的章句之学的延续。"① 这就促使一些学者去重构儒家的道统。

韩愈最先进行这一方面工作。他说："斯道也，何道也？曰：斯吾所谓道也，非向所谓老与佛之道也。尧以是传之舜，舜以是传之禹，禹以是传之汤，汤以是传之文、武、周公，文、武、周公以是传之孔子，孔子传之孟轲，轲之死不得其传焉。"（《原道》）在这里，韩愈指出儒家道统在孟子后就中断了。言下之意，韩愈想把这中断的儒家道统重新连接起来。但在"圣贤之微旨，教化之大本，人伦之纪律，王道之根源，则荡然莫知所措矣"（《吕和叔文集》卷3《与族兄皋请学春秋书》）的语境下，韩愈想凭一己之力去挽救日益颓废的儒道无疑是痴人说梦。

进入宋朝后，社会的急剧动荡和分裂促使人们去继续重构儒家的道统，寻求安身立命之所。刘宗周说："臣闻古之帝王，道统与治统合二为一，故世教明而人心正，天下之所以久安长治也。及其衰也，孔孟不得已而分道统之任，亦惟是托之空言，以留人心之一线，而功顾在万世。又千百余年，有宋儒继之。"（《刘蕺山集》卷三）这里的宋儒指的是"北宋五子（即周敦颐、邵雍、张载、程颢、程颐）"和南宋的朱熹、陆象山等。在他们的努力下，将形而下的身体上升为形而上的心性之学。其中形而上的心性之学就是孔孟"以心传心"的所谓"道统"。

下面是程颐与学生的一段对话。

问：观物察己，还因见物反求诸身否？曰：不必如此说。物我一理，才明彼，既晓此，此合内外之道也。又问：致知先求之四端，如何？曰：求之性情，固是切于身。然一草一木皆有理，须是察（本注：又曰：自一身之中，以至万

---

① 余英时. 士与中国文化 ［M］. 上海：上海人民出版社，2003：418.

物之理，但理会得多，胸次自然豁然有觉处。）①

在这一对话里，程颐认为一草一木皆存有理，这种理可以从身体中来观察，也可以从人的性情来观察。求身不如求理。这样，身体就与理、性紧密联系在一起了。

张载说："形而后有气质之性，善反之则天地之性存焉。故气质之性，君子有弗性者焉。"（《正蒙·诚明》）即气质之性存在于身体生成后，天地之性存在于身体生成之前，吾人如果不能"反身而诚"，则物欲遮蔽天理，固执于"气质之性"而脱离"天地之性"，此时就不能说"气质之性"是"性"了。在这里，张载用"性"统合了身体。

周敦颐指出："故曰：'立天之道，曰阴曰阳；立地之道，曰柔曰刚；立人之道，曰仁曰义。'又曰：'原始反终，故知死生之说'"②。在这里，周敦颐明确认为身道就是仁与义。这样，周敦颐所"自家拈出来"的"道"业已脱离了中国古代原生态的庸常之道的轨道。

无论周敦颐，还是程颐、张载，都把生理性的身体上升到一个精神性身体的高度。通过理、性和道建构起了一种形而上的身体。这表示身体思想到宋代已发展到一个更高的阶段。

同时，由于性、心、理和道是形而上的身体，养身便变为养性、养心、存理和存道。程颢说："圣贤千言万语，只是欲人将己放之心，约之使反复入身来，自能寻向上去。"③ 程颢认为在心上做得主定方验得圣贤之言，主张在"心"上下功夫。而张载强调了持性的重要性，他说："礼所以持性，盖本出于性，持性，反本也。凡未成性，须礼以持之，能守礼已不畔道矣。"④ 北宋理学家将身体从"外向"观照转向"内敛"修炼，标志着"形而上"身体的到来。

第三，身体的道德化越来越彰显。由于北宋理学家把生理性的身体上升为形而上的理、性和心，这就为朱熹身体的进一步道德化奠定了基础。朱熹不但使身体生成道德化，而且使形而上的理、性、心都泛道德化了。

首先，在他看来，身体的生成过程就是道德化的过程。他说："宇宙之间一理而已，天得之而为天，地得之而为地，而凡生于天地之间者，又各得之以为性。其张之为三纲，其纪之为五常，盖皆此理之流行，无所适而不在。若其消

---

① 《近思录》卷三，《格物穷理》，第 144 页。
② 《近思录》卷一，《道体》第 15 页。
③ 《近思录》卷四，《存养》，第 193-194 页。
④ 《经学理窟·礼乐》，第 264 页。

息盈虚，循环不已，则自未始有物之前，以至人消物尽之后，终则复始，始复有终，又未尝有顷刻之或停也。"① 三纲五常道德规范贯穿人身体发展的始终。

其次，朱熹进一步指出"心"作为身体的主宰也要道德化。他说："心者，人之知觉，主于身而应事物者也。指其生于形气之私者而言，则谓之人心；指其发于义理之公而言，则谓之道心。"② 对朱熹来说，人心指的是身体欲望，而道心指的是身体的道德性，要扬道心抑人心。这样，朱熹的心就道德化了。

再次，作为身心属性的"性"也具有善的因子。朱熹指出："性者，人之所得于天之理也；生者，人之所得于天之气也。性，形而上者也；气，形而下者也。人物之生莫不有是性，亦莫不有是气。然以气言之，则知觉运动，人与物若不异也；以理言之，则仁义礼智之禀，岂物之所得而全哉？此人之性所以无不善，而为万物之灵也。告子不知性之为理，而以所谓气者当之，是以杞柳湍水之喻，食色无善无不善之说，纵横缪戾，纷纭舛错，而此章之误乃其本根。"③ 在这里，朱熹不但赋予"性"身体自然属性，而且赋予"性"道德属性。从这一点来说，朱熹的"性"也是道德之性。

又次，作为身体本原的"理"也是道德化的。朱熹认为天理的道德性通过身体这一载体体现出来。他说："集注说'爱之理，心之德。'爱是恻隐，恻隐是情，其理则谓之仁。心之德，德又只是爱。谓之心之德，却是爱之本柄。人之所以为人，其理则天地之理，其气则天地之气。理无迹，不可见，故于气观之。要识仁之意思，是一个浑然温和之气，其气则天地阳春之气，其理则天地生物之心。今只就人身己上看有这意思是如何。才有这意思，便自恁地好，便不恁地干燥。将此意看圣贤许多说仁处，都只是这意。"④ 身体的道德性就是天理的道德性。因此，朱熹主张"存天理，灭人欲"。他说："人只有天理、人欲两途，不是天理，便是人欲。……克得那一分人欲去，便复得这一分天理来。"⑤ 朱熹的"天理"是带有强烈的道德评判性价值准则的。

最后，日常生活的身体修炼也带有浓厚的道德目的性。朱熹指出："自家既有此身，必有主宰。理会得主宰，然后随自家力量穷理格物，而合做底事不可

① 《晦庵先生朱文公文集》卷七十，《读大纪》，第 3377 页。
② 《尚书·大禹谟》，《晦庵先生朱文公文集》卷六十五，《朱子全书》第 23 册，第 3180 页。
③ 朱熹. 四书章句集注 [M]. 北京：中华书局，1983：326.
④ 《朱子语类》卷六，第 111 页。
⑤ 《朱子语类》卷十三，第 225 页。

放过些子。因引程子言：'如行兵，当先做活计。'"①他又说："物格、知致后，其理虽明，到得后来齐家、治国、平天下，逐件事又自有许多节次，须逐件又徐徐做将去。如人行路，行到一处了，又行一处。先来固是知其所往了，到各处又自各有许多行步。若到一处而止不进，则不可，未到一处而欲逾越顿进一处，亦不可。"② 朱熹的日常身体道德修炼是以儒家修身—齐家—治国—平天下为其路径，朱熹身体的"内在超然性"带有强烈的政治功利意识。这种政治功利意识是儒家"内圣外王"的充分反映。

第四，身体的践形化日趋完善。所谓践形化，简单地说，就是一切都以身体的形式出现。中国古代身体思想经过唐宋元时期漫长的身体形而上化和身体道德化后，又开始回归身体的原初状态。张再林教授指出："王阳明的哲学实际上是这样一种极其矛盾的复合体，以至于一方面其代表了宋明心识哲学的进一步的深化，并把这种心识哲学推向了极致；另一方面，其'切己自返'的思想路线不仅为一种通向'此心''本心'的哲学敞开了大门，同时必然也为一种更为彻底的直抵'此身''本身'的哲学提供了契机。"③ 阳明哲学促使了身体的进一步复兴。

阳明身体践形化具体表现在以下三个方面。

1. 天地万物统一于身体

在王阳明看来，"万物皆备于我"，我之身体为世界的主宰。他说："夫人者，天地之心，天地万物，本吾一体者。生民之困苦荼毒，孰非疾痛之切于吾身者乎？不知吾身之疾育，无是非之心者也。是非之心，不虑而知，不学而能，所谓良知也。良知之在人心，无间于圣愚，天下古今之所同也。世之君子惟务致其良知，则自能公是非，同好恶，视人犹己，视国犹家，而以天地万物为一体，求天下无治，不可得矣。"④ 在这里，王阳明认为：天地万物与身体同为一体，百姓的困苦荼毒就是自己身体的困苦荼毒；如果自己身体感受不到这种困苦荼毒，就没有是非之心，就没有良知。因此，要"视人犹己，视国犹家"。而"视人犹己，视国犹家"的出发点和落脚点都是身体。王阳明认为："古之君子，惟知天下之情不异于一乡，一乡之情不异于一家，而家之情不异于吾之一身。

① 《朱子语类》卷九，第 159 页。

② 《朱子语类》卷十六，第 360 页。

③ 张再林. 作为"身体哲学"的中国哲学的历史 [J]. 西北大学学报（哲学社会科学版），2007（3）：52-63.

④ 王阳明全集·传习录·书信 [M]. 陈明，等校注. 武汉：华中科技大学出版社，2016：80.

故视其家之尊卑长幼，犹家之视身也；视天下之尊卑长幼，犹乡之视家也。是以安土乐天，而无入不自得。"① 有身才有家之情，有家才有乡之情，有乡才有天下之情，天下、乡、家都是身体的拓展开去；没有身体便没有家、乡、天下。这样，王阳明建构起了身体—家—乡—天下身体思想框架。

2. 身心不二

王阳明一方面认为心是身体的主宰，他说："身之主宰便是心，心之所发便是意，意之本体便是知，意之所在便是物。如意在于事亲，即事亲便是一物；意在于事君，即事君便是一物；意在于仁民爱物，即仁民爱物便是一物；意在于视听言动，即视听言动便是一物。所以某说无心外之理，无心外之物。"② 世界除了心便无任何东西。意、知、物都是心的发起。另一方面，王阳明又认为："心欲视、听、言、动，无耳、目、口、鼻、四肢亦不能，故无心则无身，无身则无心。"③ 心离不开身，没有身就没有心。他常常把"诚身"与"诚心"结合起来。他说："工夫难处，全在格物致知上，此即诚意之事。意既诚，大段心亦自正，身亦自修。但正心修身工夫，亦各有用力处，修身是已发过，正心是未发边。心正则中，身修则和。"④ 他认为"意既诚"，则"心亦自正，身亦自修"。正是这种"诚身"与"诚心"的结合，中国哲学的"知行合一"才达到一个新的高度。换言之，"知行合一"的基点就是"身心不二"。

3. 良知的践形

在王阳明那里，无论是"心"还是"志""性"和"情"都是践形的。以"心"为例，王阳明说：""汝心之视，发窍于目；汝心之听，发窍于耳；汝心之言，发窍于口；汝心之动，发窍于四肢。"⑤ 这里的"心"通过身体器官目、耳、口、四肢来认识世界和改造世界。没有身体，就没有心的生发。从这点来说，王阳明的"心"是践形的。而王阳明的"良知"来源于孟子的"四端"，也叫"四心"，即"恻隐之心，仁之端也；羞恶之心，义之端也；辞让之心，礼

---

① 王阳明全集·序记说·杂著 [M]. 陈明，等校注. 武汉：华中科技大学出版社，2015：8.

② 王阳明全集·传习录·书信 [M]. 陈明，等校注. 武汉：华中科技大学出版社，2016：9.

③ 王阳明全集·传习录·书信 [M]. 陈明，等校注. 武汉：华中科技大学出版社，2016：91.

④ 王阳明全集·传习录·书信 [M]. 陈明，等校注. 武汉：华中科技大学出版社，2016：30.

⑤ 王阳明全集·传习录·书信 [M]. 陈明，等校注. 武汉：华中科技大学出版社，2016：40.

之端也；是非之心，智之端也。人之有是四端也，犹其有四体也。"（《孟子·公孙丑上》）这"四端"或"四心"在孟子那里是践形的。因此，王阳明的"良知"也是践形的。

由于"良知"的践形，王阳明提倡"知行合一"。他说："知而不行，只是未知。圣贤教人知行，正是要复那本体，不是着你只恁的便罢。故《大学》指个真知行与人看，说'如好好色，如恶恶臭'。见好色属知，好好色属行。只见那好色时已自好了，不是见了后又立个心去好。闻恶臭属知，恶恶臭属行。只闻那恶臭时已自恶也，不是闻了后别立个心去恶。如鼻塞人虽见恶臭在前，鼻中不曾闻得，便亦不甚恶，亦只是不曾知臭。就如称某人知孝、某人知悌，必是其人已曾行孝行悌，方可称他知孝知悌，不成只是晓得说些孝悌的话，便可称为知孝悌？又如知痛，必已自痛了方知痛；知寒，必已自寒了；知饥，必已自饥了；知行如何分得开？此便是知行的本体，不曾有私意隔断的。圣人教人，必要是如此，方可谓之知。不然，只是不曾知。"① 在这里，"知"是"行"的前提，"知而不行，只是未知"。因此，作为圣人，先教人以"知"，后教人以"行"。

由于王阳明对天地、心、性、情、志、良知的阐释都从身体入手，因此，阳明心学又称为阳明身学。

第一，身体社会多元化的正式出现。从身体思想史发展的视角来看，王阳明学说具有一体两面性，即作为心的一面和作为身体的一面。而作为身体的一面经其弟子和再传弟子发扬光大，形成了多元化的身体思想，具体来说，主要有以下三种。

1. 王艮的平民化身体思想

这主要体现在其"尊身""保身""安身"和"修身"的主张上。他说："能爱身，则不敢不爱人；能爱人，则人必爱我；人爱我，则吾身保矣。能爱人，则不敢恶人；不恶人，则人不恶我；人不恶我，则吾身保矣。能爱身，则必敬身如宝；能敬身，则不敢不敬人；能敬人，则人必敬我；人敬我，则吾身保矣。能敬身，则不敢慢人；不慢人，则人不慢我；人不慢我，则吾身保矣。"（《明儒王心斋先生遗集》卷1《明哲保身论》）在这里，"保身"的前提是将爱己之身推及爱人之身。这与孟子的"老吾老以及人之老，幼吾幼以及人之幼"（《孟子·梁惠王上》）的观点没有什么根本性的区别。不同之处是孟子的对象

---

① 王阳明全集·传习录·书信［M］. 陈明，等校注. 武汉：华中科技大学出版社，2016：7.

主要针对的是"王"与"士"，王艮的对象主要针对的是广大的平民百姓。他说："圣人经事，只是家常事。""百姓日用条理处，即是圣人之条理处。圣人知，便不失；百姓不知，便会失。"（《明儒王心斋先生遗集》卷一《语录》）从这一点来说，王艮的身体思想是平民化的身体思想。

2. 罗近溪精神化的身体思想

在罗近溪这里，无论是"赤子之心"，还是"气质之性"都身体化了。他说："心为身主，身为神舍，身心二端，原乐于会合，苦于支离。故赤子孩提欣欣常是欢笑，盖其时身心犹相凝聚。而少少长成，心思杂乱，便愁苦难当了。世人于此随俗习非，往往驰求外物，以图得遂安乐。不想外求愈多，中怀愈苦，甚至老死不克回头。惟是善根宿值、慧自素清的人，他却自然会寻转路，晓夜皇皇，如饥荼想食，冻露索衣，悲悲切切于欲转难转之间，或听好人半句言语，或见故先一段训词，时则憬然有个悟处。所谓皇天不负苦心人，到此方信大道只在此身，此身浑是赤子。又信赤子原解知能，知能本非虑学。至是精神自来帖体，方寸顿觉虚明，如男女媾精以为胎，果仁沾土而成种，生气津津，灵机隐隐，云是造化而造化不以为功，认为人力而人力殆难至是。此则天心道脉，信为洁净精微也已。"① 罗近溪认为人一生下来，就"精神自来帖体""善根宿值"。从这一点来看，罗近溪的"赤子之心"已经践形，是一种精神化的身体。同样，他的"气质之性"也是一种精神化的身体。他说："且气质之在人身，呼吸往来而周流活泼者，气则为之。耳目肢体而视听起居者，质则为之。今子欲屏而去之，非惟不可屏，而实不能屏也。"② 在这里，"气质之性"发于身、行于身，也是一种践形的身体。总之，罗近溪的身体思想是一种精神化的身体思想。

3. 颜山农日常化的身体思想

这主要体现在其"放心体仁"的观点上。"放心"顾名思义就是在日常生活中放下心中的欲望。他说："孟子放心之旨，乃将名利之心一切放落。"③ 故他在《急救心火榜文》中开出"六急六救"救世药方，即"一、急救人心陷梏，生平不知存心养性，如百工技艺，如火益热，兢自相尚。二、急救人心奔驰，老死不知葆真完神，而千层嗜欲，若火始燃，尽力恣好。三、急救人有亲

---

① 《罗近溪先生明道录》卷三，《自述"宗旨"："赤子之心，不虑不学"》，会语 门人乐安詹事讲明甫校梓（1）。

② 《罗近溪先生明道录》卷四《"天命之性"与"气质之性"通论》，会语 门人乐安詹事讲明甫校梓（12）。

③ 见何属乾.《颜山农先生遗集》序，引《急救心火榜文》.

长也，而火炉妻子，薄若秋云。四、急救人有君臣也，而烈焰刑法，缓民欲恶。五、急救人有朋友也，而党同伐异，灭息信义。六、急救世有游民也，而诡行荒业，销砾形质。"① 从这《急救心火榜文》内容来看，颜山农"放心"的目的就是为了更好地"安身"。

同样"体仁"的目的也是为了日常生活的"安身"。他说："何以夫子自吐曰：'我欲仁斯仁至矣'。句中涵藏渊浩生意，使人味悟浩用。又益曰：'但人未之思尔，何远之有？'此言虽似易易，人肯注心玩味，即是活命灵丹也。且教颜子曰：'一日克复，天下归仁'，注《易》曰：'七日来复，利有攸往。'据刷三旨，深钻玩味，却犹人在鼾睡，忽醒见天日，自会起来干家务然也。"② 在这里，颜山农从孔子"我欲仁斯仁至矣"中看到了"仁"的"活命灵丹"。为此，他创造"七日闭关法"来具体"体仁"。他说："收拾各人身子，以绢缚两目，昼夜不开；棉塞两耳，不纵外听；紧闭唇齿，不出一言；拳拳两手，不动一指；趺跏两足，不纵伸缩；直耸肩背，不肆惰慢；垂头若寻，回头内照。如此各各自家严束，此之谓闭关。"③ 闭关的过程就是"体仁""安身"的过程。颜山农从日常生活身体修炼做起，步步"放心体仁"，其身体思想带有一定的宗教性。

第二，身体自由化色彩凸现。明朝是商品经济大力发展的时期，与此相适应的则是身体欲望的膨胀。由此，形成了李贽自由化的身体思想。

李贽身体自由化思想主要表现在以下两个方面。

1. 日常生活中身体的自由化

李贽认为欲望是人的身体自然天性，不应压抑，应该大力张扬。他说："试观公之行事，殊无甚异于人者。人尽如此，我亦如此，公亦如此。自朝至暮，自有知识以至今日，均之耕田而求食，买地而求种，架屋而求安，读书而求科第，居官而求尊显，博求风水以求福荫子孙。种种日用，皆为自己身家计虑，无一厘为人谋者。及乎开口谈学，便说尔为自己，我为他人；尔为自私，我欲利他；我怜东家之饥矣，又思西家之寒难可忍也；某等肯上门教人矣，是孔、孟之志也，某等不肯会人，是自私利之徒也；某行虽不谨，而肯与人为善，某等行虽端谨，而好以佛法害人。以此而观，所讲者未必公之所行，所行者又公之所不讲，其与言顾行、行顾言何异乎？以便说是事，作生意者但说生意，力

① 见何属乾.《颜山农先生遗集》序，引《急救心火榜文》.
② 颜钧. 颜钧集 [M]. 黄宣民，点校. 北京：中国社会科学出版社，1993：55.
③ 颜钧. 颜钧集 [M]. 黄宣民，点校. 北京：中国社会科学出版社，1993：38.

田作者但说力田。凿凿有味，真有德之言，令人所之忘厌倦矣。"① 在这里，李贽认为自私自利是人身体的正常欲望。基于此，李贽对孔孟假道学对身体的规训进行了猛烈的抨击，他主张日常生活身体的自由与解放。这样，李贽从身体思想史的视角，解构了封建礼教的伪善性。

2. 主张童心说

在李贽看来，童心是身体的一种原初状态。在这状态里，身体自由张扬。他说："童子者，人之初也；童心者，心之初也。夫心之初曷可失也！然童心胡然而遽失也？盖方其始也，有闻见从耳目而入，而以为主于其内而童心失。其长也，有道理从闻见而入，而以为主于其内而童心失。其久也，道理闻见日以益多，则所知所觉日以益广，于是焉又知美名之可好也，而务欲以扬之而童心失；知不美之名可丑也，而务欲以掩之而童心失。"（《焚书》卷3《童心说》）李贽主张打假求真。他说"夫诚意之实，在毋自欺；心之不正，始于有所。有所则有住，有住则不得其正，而心始不得自在矣。故曰'心不在焉，视不见，而听不闻'，而生意灭矣。惟无所住则虚，虚则廓然大公，是无物也。既无物，何坏之有？惟无所住则灵，灵则物来顺应，是无息也。既无息，何灭之有？此至诚无息之理，金刚不坏之性，各在当人之身者如此。而愚者不信，智者穿凿，宋人揠苗，告子助长，无住真心，妄立能所，生生之妙几无息灭，是自欺也。"（《续焚书》卷2《金刚经说》） 李贽的诚意虽然是以心为主体，但落脚点还是身体。李贽的"童心说"具有强烈的根身性。

除此之外，对生死、疾病的超脱。在李贽看来，生死、疾病这些身体的束缚根本用不着去理会。他说："生之必有死也，犹昼之必有夜也。死之不可复生，犹逝之不可复返也。人莫不欲生，然卒不能使之久生；人莫不伤逝，然卒不能止之使勿逝。既不能使之久生，则生可以不欲矣。既不能使之勿逝，则逝可以无伤矣。故吾直谓死不必伤，唯有生乃可伤耳。"（《焚书》卷4《伤逝》）而对生死、疾病的态度是衡量一个社会身体自由化的标志。李贽对生死、疾病持超然态度，表明社会身体自由化已经达到一定的程度。总之，李贽身体自由化思想，解构了封建社会礼教和道学的虚伪性，使人重新回归身体的原初状态，有利于身体的自由和解放。

第三，身体的民主化趋势加强。主要指黄宗羲、王夫之等人的思想。明末清初随着社会剧烈变动，社会思潮也跟着剧烈变动。黄宗羲、王夫之等人起而

---

① 李贽. 答耿司寇［M］//李贽. 焚书（卷1）. 陈仁仁，校释. 长沙：岳麓书社，2011：64.

抨击专制而腐化的封建皇权制度，由此形成了身体民主化思想。黄宗羲指出："有人焉，视于无形，听与无声，以事其君，可谓之臣乎？否！杀其身以事其君，可谓之臣乎？否！夫视于无形，听与无声，资于事父也；杀其身者，无私之极则也。而犹不足以当之，则臣道如何而后可？曰：缘夫天下之大，非一人之所能治；而分治之以群工。故我之出而仕也，为天下，非为君也；为万民，非为一姓也。"① 在这里，黄宗羲认为臣的责任是为了天下，而不是"杀其身以事其君"，这就具有强烈的民主因子。

王夫之由于其思想的根身性相较黄宗羲思想要强，其身体民主化思想也更突出。

首先，王夫之认为："人之所自始者，其混沌而开辟也。而其现以为量，体以为性者，则唯阴阳之感。故溯乎父而天下之阳尽此，溯乎母而天下之阴尽此。父母之阴阳有定质，而性情俱不容已于感以生，则灭天下之大始尽此矣。由身以上，父、祖、高、曾，以及乎绵邈不可知之祖，而皆感之以为始；由身以下，子、孙、曾、玄，以及乎绵邈不可知之裔，而皆感之以为始。故感者，终始之无穷，而要居其始者也。"② 王夫之认为无论是君主的身体，还是平民的身体，都是父母感阴阳而生。这就破除了君主身体的神秘性和神圣性，使身体回归到原初的自然状态。

其次，王夫之主张以"我身"建构身体社会关系格局。他说："是故以我为子而乃有父，以我为臣而乃有君，以我为己而乃有人，以我为人而乃有物，则亦以我为人而乃有天地。器道相须而大成焉。未生以前，既死以后，则其未成而已不成者也。故形色与道，互相为体，而未有离矣。是何也？以其成也。故因其已成，观其大备，断然近取而见为吾身，岂有妄哉！"③ 王夫之从"吾身"推及父身、君身、天地、道，其"我"具有强烈的"亲身性"。同时，"我"的本体论地位也得到了充分的肯定。

王夫之身体的原初性和"亲身性"，表证王夫之的身体思想具有强烈的民主意识，其"身"无论是"汤武之身"，还是平民之身，都没有等级身份的区隔。他说："道恶乎察？察于天地。性恶乎著？著于形色。有形斯以谓之身，形无有不善，身无有不善，故汤武身之而以圣。假形而有不善焉，汤、武乃遗其精、用其粗者，岂弗忧其驳杂而违天命之纯哉？"④ 在王夫之看来，无论是圣人，还

① 黄宗羲. 明夷待访录［M］. 段志强，译注. 北京：中华书局，2011：14.
② 周易外传（卷3）咸［M］//船山全书（第1册）. 长沙：岳麓书社，1998.
③ 周易外传（卷3）咸［M］//船山全书（第1册）. 长沙：岳麓书社，1998.
④ 尚书引义（卷4）范洪三［M］//船山全书（第2册）. 长沙：岳麓书社，1998.

是平民，"形无有不善，身无有不善"，没有身体位阶的差异。这在"君主本位"的封建专制社会无疑是一声惊雷。

二、唐宋元明清时期身体社会化的评价

唐宋元明清时期身体之所以出现世俗化、形而上化、道德化、践形化、多元化、自由化和民主化等社会化基本特征，与此阶段政治发展和社会变化有着密切的关系。

首先，封建专制统治，自秦建立后，经过两汉魏晋南北朝的发展，到唐宋元明清时期达到空前强化。黄宗羲曾深刻地道出了封建专制统治强化的表证，他说："嗟乎！后世骄君自恣，不以天下万民为事。其所求乎草野者，不过欲得奔走服役之人。乃使草野之应于上者，亦不出夫奔走服役，一时免于寒饿，遂感在上之知遇，不复计其礼之备与不备，跻之仆妾之间而以为当然。"① 整个社会都匍匐于君主的权力和话语之下。

但长期形成的道统，又使一些思想家和政治家想建构一套理论体系，置君主、官吏与平民于身体规训之中。为了让君主能接受，这一思想带有玄而又玄的超然性质。这就是唐朝惠能身体世俗化、北宋理学家身体形而上化、南宋朱熹身体道德化、明朝王阳明身体践形化、王艮身体平民化、颜钧身体日常化和罗近溪身体精神化的由来。但残暴、腐化的专制统治，并不因惠能、朱熹和王阳明等人的"佛性""天理"和"良知"有所收敛，相反愈演愈烈。而且二程、朱熹和王阳明等人的"天理""良知"愈到后来愈形式化和虚伪化。如梁启超所指出："晚明政治和社会所以溃烂到那种程度，最大的罪恶是在那一群下流无耻的八股先生，巴结太监，鱼肉人民，我们一点不能为他们饶恕，却是为他们反对的。也不过一群上流无用的八股先生添上几句'致知格物'的口头禅做幌子，和别人闹意见闹过不休，最高等的如颜习斋所谓'无事袖手谈心性，临危一死报君王'至矣极矣。当他们笔头上口头上吵得乌烟瘴气的时候，张献忠李自成已经把杀人刀磨得飞快，准备着把千千万万人砍头砍肚，满州人已经把许多降将收了过去，准备着看破风头捡便宜货入主中原。结果几十年门户党派之争闹到明朝亡了，一齐拉倒。这便是前一期学术界最后的一幕悲剧。"② 这样，使得一些思想家起来批判封建礼教和封建专制制度，这就是李贽的身体自由化思想和王夫之的身体民主化思想的由来。可以说，唐宋元明清时期身体社会化

---

① 黄宗羲. 明夷待访录［M］. 段志强，译注. 北京：中华书局，2011：18.
② 梁启超. 中国近三百年学术史［M］. 北京：中国书店，1985：4.

与封建专制统治空前强化有着密切的关系。

其次，唐宋元明清时期是中国封建经济从繁荣逐渐走向衰落的时期。在繁荣时期，由于商品经济的发展，人身体的自主性和自主空间皆有所拓展，身体欲望尽情放纵。据资料记载，南宋临安"贵珰要地，大贾豪民，买笑千金，呼卢百万……日糜金钱，靡有纪极。故杭谚有'销金锅儿'之号。"① 这就迫切需要一套理论和机制，来规训身体的言论和行为。北宋理学家身体形而上化、南宋朱熹身体道德化、明朝王阳明身体践形化、王艮身体平民化、颜钧身体日常化和罗近溪身体精神化由此而来。魏良器在祭王阳明时道："呜呼，先生遽止于斯邪！振千年之绝学，发吾人之良知，靡用志以安排，曷思索而议拟，自知柔而知刚，自知显而知微。挽人心于根本，洗末学之支离。真韩子所谓功不在禹下，障百川而东之。使天假先生以年，大明此道，斯世殆将皞皞而熙熙。"② 这就指出了王阳明身体思想践形化是为了"挽人心于根本，洗末学之支离。"因此，唐宋元明清时期身体思想社会化与封建经济的空前繁荣有密切的关系。

从明开始，封建经济走向衰落。但在衰落的同时，出现了资本主义萌芽，商品经济大力发展，这就使政治生态和社会生态发生了转向，"弃儒就贾"成为一时风气。在这种价值观念发生根本性改变的情况下，一些思想家主张身体转向，要求回归身体的原初自然状态，这就是李贽身体自由化思想和王夫之身体民主化思想的由来。他们高举身体的大旗，以"我"之身体为观照，在诸多方面展开了对封建礼教和封建专制统治的冲击。可以说，明后期和明末清初身体社会化，对近代身体的改造与身体解放有着启蒙性的作用。

最后，唐宋元明清时期是中国古代文化最为繁荣的时期。一个最大的表证就是中国文化从精英文化转向市民文化。唐宋元明清时期因科举制的盛行，门阀世族淡出政治，一般士大夫和平民走向政治舞台的中心。由此催生了消费文化的出现。《中兴小纪》载"李纲私藏，过于国帑，乃厚自奉养，侍妾、歌僮、衣服、饮食，极于美丽，每飨客肴撰必至百品，遇出则厨传数十担。其居福州也，张浚被召，纲睥行一百二十合。合以朱漆镂银装饰，样致如一，皆其宅库所有也。吕颐浩喜酒色，侍妾十数，夜必纵饮。前户部侍郎韩椙，家畜三妾，俱有殊色，名闻一时。"③ 消费文化的兴起，一方面促进了身体欲望的张扬，由此产生了身体平等、身体自由、身体民主等思想；另一方面，身体的失范，又

---

① 泗水潜夫. 武林旧事［M］. 杭州：西湖书社，1981：38.

② 王阳明全集·年谱·世德纪［M］. 陈明，等校注. 武汉：华中科技大学出版社，2016：231.

③ 熊克. 中兴小纪（卷18）［M］. 台北：文海出版社，1968：489.

促使一些思想家从传统文化中寻找合理的因子来根治身体消费文化所带来的种种问题。诚如王阳明所指出："颜子没而圣人之学亡。曾子唯一贯之旨，传之孟轲终，又二千余年而周、程续。自是而后，言益详，道路益晦；析理益精，学益支离无本，而事于外者益繁以难。盖孟氏患杨、墨；周、程之际，释、老大行。今世学者，皆知宗孔、孟，贱杨、墨，摈释、老，圣人之道，若大明于世。然吾从而求之，圣人不得而见之矣。其能有若墨氏之兼爱者乎？其能有若杨氏之为我者乎？其能有若老氏之清净自守、释氏之究心性命者乎？吾何以杨、墨、老、释之思哉？彼于圣人之道异，然犹有自得也。而世之学者，章绘句琢心夸俗，诡心色取，相饰以伪，谓圣人之道劳苦无功，非复人之所可为，而徒取辩于言词之间。"① 由此造就了惠能身体世俗化、北宋理学家身体形而上化、朱熹身体道德化、王阳明身体践形化、王艮身体平民化、颜钧身体日常化、罗近溪身体精神化、李贽身体自由化和王夫之身体民主化。这些身体思想的产生，标志着"民族文化的气质从汉唐的雄强外拓转向精致内敛。"② 也标志着以儒家身体观为主导，道、释身体观为辅的身体思想的融合格局的完成。

唐宋元明清时期身体社会化产生的作用是巨大的，它导致了新的历史时期心性之道的产生，也促进了身体的新觉醒。

第一，心性之道的产生。从唐朝惠能开始，身体思想开始了哲学转向，从身体的言说转向了心性的言说。最著名的案例就是惠能在法性寺所讲的"心动"。他"遂出至广州法性寺。值印宗法师讲涅槃经。时有风吹幡动。一僧曰风动，一僧曰幡动，议论不已。惠能进曰：不是风动，不是幡动，仁者心动。一众骇然。"（《六祖坛经·行由品第一》）由于惠能"直指本心"，这就开启了哲学上的"心性之学"。朱熹所道："及唐中宗时有六祖禅学，专就身上做工夫，直要求心见性。士大夫才有向里者，无不归他去。韩公当初若早有向里底工夫，亦早落在中去了。"③ 讲的就是这一方面意思。

惠能的身体观念，经过李翱《复性书》的光大和北宋理学家的改造，身体越来越形而上化，身体已不是原来的生理性身体和社会性身体，而是精神性身体。朱熹、王阳明又进一步把这一身体改造为"天理"和"良知"。朱熹说："未有天地之先，毕竟也只是理。有此理，便有此天地；若无此理，便亦无天

---

① 王阳明全集·序记说·杂著［M］. 陈明，等校注. 武汉：华中科技大学出版社，2015：8.

② 李水平. 中国传统文化教程［M］. 北京：中国人民大学出版社，2012：17.

③ 《朱子语类》卷一三七，第 3274 页。

地，无人无物，都无该载了！有理，便有气流行，发育万物。"① 王阳明指出："吾心之良知，即所谓天理也。致吾心良知之天理于事事物物，则事事物物皆得其理矣。致吾心之良知者，致知也。事事物物皆得其理者，格物也。是合心与理而为一者也。"② 无论是朱熹的理学，还是王阳明的心学，都使身体从"外王"转向了"内圣"。心性之道占了主导地位。这固然可以使理性宰制欲望，社会有了一定的道德原则和道德价值标准。但是也开启了空谈性理之风，或者借"天理""良知"行苟且之事之俗。心性之道完全沦为了伪善之学。中国身体思想发展到唐宋元明清时期，已经走到了鼎峰和尽头，它需要一种新的理论和范式来重构和突破。这是近代一些思想家所要面临和解决的问题。

第二，身体的觉醒。心识哲学发展到明朝，陷于一种困难境地。由于身心的脱节，导致程朱理学具有一种外在性和超然性。正如王阳明所指出："朱子所谓'格物'云者，在即物而穷其理也。即物穷理，是就事事物物上求其所谓定理者也，是以吾心而求理于事事物物之中，析'心'与'理'而为二矣。夫求理于事事物物者，如求孝之理于其亲之谓也。求孝之理于其亲，则孝之理其果在于吾之心邪？抑果在于亲之身邪？假而果在于亲之身，则亲没之后，吾心遂无孝之理欤？见孺子之入井，必有恻隐之理，是恻隐之理果在于孺子之身欤？抑在于吾心之良知欤？其或不可以从之于井欤？其或可以手而援之欤？是皆所谓理也，是果在于孺子之身欤？抑果出于吾心之良知欤？以是例之，万事万物之理，莫不皆然。是可以知析心与理为二之非矣。夫析心与理而为二，此告子'义外'之说，孟子之所深辟也。"③

这种外在性和超然性，导致现实政治生活空谈和虚伪之风盛行。基于此，王阳明主张身心不二，高举身体复兴的大旗，正好填补程朱理学的不足。从王阳明起，身体重新回归政治领域和社会领域。王阳明指出："惟夫明其明德以亲民也，故能以一身为天下；亲民以明其德也，故能以天下为一身。夫以天下为一身也，则八荒四表，皆吾支体，而况一郡之治，心腹之间乎？"④ 政治的着力点在于亲民，亲民的关键在于"一身为天下"和"天下为一身"。王阳明这一思

---

① 《朱子语类》卷一，第 1 页。

② 王阳明全集·传习录·书信［M］. 陈明，等校注. 武汉：华中科技大学出版社，2016：49.

③ 王阳明全集·传习录·书信［M］. 陈明，等校注. 武汉：华中科技大学出版社，2016：49.

④ 王阳明全集·序记说·杂著［M］. 陈明，等校注. 武汉：华中科技大学出版社，2015：165.

想，对李贽和王夫之产生了重大的影响。李贽指出："苟不明德以修其身，是本乱而求末之治，胡可得也。人之至厚者莫如身，苟不能明德以修身，则所厚者薄，无所不薄，而谓所薄者厚，无是理也。故曰："未之有也。"今之谈者，乃舍明德而直言亲民，何哉？不几于舍本而图末，薄所厚而欲厚所薄乎！意者亲民即明德事耶！吾之德既明，然后推其所有者以明明德于天下，此大人成己、成物之道所当如是，非谓亲民然后可以吾之明德之谓也！"（《焚书》卷1《答周若庄》）李贽认为亲民还须修身，身厚是德厚的表现。而王夫之进一步强调："一人之身，居要者心也。而心之神明，散寄于五藏，待感于五官。肝、脾、肺、肾，魂魄志思之藏也，一藏失理而心之灵已损矣。无目而心不辨色，无耳而心不知声，无手足而心无能指使，一官失用而心之灵已废矣。其能孤扼一心以绌群用，而可效其灵乎？"① 身体决定着心灵，没有身体，什么都无从说起。王阳明、李贽和王夫之从身体出发，对传统政治进行了重构，从而三人的政治思想带有强烈的亲身性和根身性。王阳明、李贽和王夫之这种以自我身体为准绳的身体观念，对近代身体的改造、解放和身体自主起着启蒙的作用。

第一节　身体世俗化：《坛经》身体思想研究

佛教自东汉传入中国，按照刘泽华教授等人的划分，其演变和传播情况大致可分为三个阶段：第一阶段是佛教依附于中国本土文化而扎下根基时期，即两汉魏晋时期；第二阶段是佛教摆脱对中国传统文化的依附且获得迅速发展时期，即南北朝时期；第三阶段是佛教中国化时期，即隋唐宋元明清时期。② 在隋唐时期，佛教教义在儒家心性学说的影响下，逐渐从印度佛教的母体中分离出来，基本上完成了本土化、世俗化的话语转换。一个显著的标志就是佛教从在上层的传播向在下层的传播扩散开来。据资料记载，"普天信向，家家斋戒，人人忏礼，不务农桑，空谈彼岸。夫农桑者今日济育，功德者将来胜因，岂可堕本勤末，置迩效赊也？今商旅转繁，游食转众，耕夫日少，抒轴日空。"（《南史》卷70《循吏·郭祖深传》）与此同时，佛教的一些经典也开始世俗化。最

---

① 尚书引义（卷6）毕命［M］//船山全书（第2册）. 长沙：岳麓书社，1998.
② 刘泽华，葛荃. 中国古代政治思想史［M］. 修订本. 天津：南开大学出版社，2019：338.

明显的就是唐朝惠能的《坛经》。余英时指出："唐代中国佛教的变化，从社会史的观点看，其重要的一点便是从出世转向入世。惠能所创立的新禅宗在这一发展上尤其具有突破性或革命性的成就。有人称他为中国的马丁·路德是不无理由的。"①《坛经》宗教伦理的世俗化，由此携带出相应的身体观念世俗化。

一、《坛经》身体世俗化思想的主要内容

《坛经》身体世俗化主要表现在以下六个方面。

第一，《坛经》强调了身体的现实性。佛教自传入中国后，一直讲求出世，注重身心的解脱。这就导引出一个问题：怎样脱离身体生与死的痛苦？如志道所问："一切众生皆有二身，谓色身法身也。色身无常，有生有灭；法身有常，无知无觉。经云：生灭灭已，寂灭为乐者，不审何身寂灭，何身受灭？若色身者，色身灭时，四大分散，全然是苦，苦不可言乐。若法身寂灭，即同草木瓦石，谁当受乐？又，法性是生灭之体，五蕴是生灭之用。一体五用，生灭是常。生则从体起用，灭则摄用归体。若听更生，即有情之类，不断不灭；若不听更生，则永归寂灭，同于无情之物。如是，则一切诸法被涅槃之所禁伏，尚不得生，何乐之有？"（《六祖坛经·机缘品第七》）在这里，志道提到了一个重要概念，即"法性"。所谓法性，按照湛然的解释，就是："法性即无明，法性无住处；无明即法性，无明无住处。无明法性虽皆无住而与一切诸法为本。"② 而佛性即无明③，故法性就是佛性。在志道看来，无论色身无常，还是法身有常，皆"苦不可言乐"。前面所述，色身为物质之身，即生理之身；法身为通悟法之身，即自性之身。志道色身和法身皆苦，这就否定了身体自性的重要。

针对这一问题。惠能提出要正确处理色身与法身的关系。在他看来，现实的色身是痛苦的根源，世人之所以不能脱离生死的痛苦，是因为沉溺于世俗的享乐。而法身为乐。他说："据汝所说，即色身外别有法身，离生灭求于寂灭，又推涅槃常乐，言有身受用，斯乃执吝生死，耽著世乐。汝今当知佛为一切迷人，认五蕴和合为自体相，分别一切法为外尘相，好生恶死，念念迁流，不知梦幻虚假，枉受轮回，以常乐涅槃，翻为苦相，终日驰求。佛悯此故，乃示涅槃真乐，刹那无有生相，刹那无有灭相，更无生灭可灭，是则寂灭现前。当现前时，亦无现前之量，乃谓常乐。"（《六祖坛经·机缘品第七》）这里"当现

---

① 余英时. 士与中国文化［M］. 上海：上海人民出版社，2003：402.
② 见《大正藏》第33册，第1717经，第920页。
③ 齐林华. 中国古代文化中的身体观念及其发展［D］. 长沙：湖南师范大学，2013：163.

前时，亦无现前之量，乃谓常乐"指的就是法身，即本体化的佛性。惠能认为佛性能带来快乐，这就为他顿悟方法的提出提供了理论依据。

由于佛性自乐，惠能主张"外现众色象，一一音志相，平等如梦幻，不起凡圣见。"（《六祖坛经·机缘品第七》）在惠能看来，"外现众色象"皆梦幻泡影，不起平常心。这是否意味着《坛经》不注重身体，主张出世？回答是否定的。在惠能看来，"佛法在世间，不离世间觉。离世觅菩提，恰如求兔角。"（《六祖坛经·般若品第二》）也就是说，佛性存在于人的现实生活中，身体的存在也是客观的现实存在。因此，惠能在去黄梅求法时，先奉养好老母的身体。"乃蒙一客，取银十两与惠能，令充老母衣粮，教便往黄梅，参礼五祖。"（《六祖坛经·行由品第一》）惠能这种"佛法在世间，不离世间觉"奠定了中国禅宗人间佛教的基本特色。

由于佛法"不离世间觉"，佛教僧侣日常身体行为需按传统的伦理道德行事。《坛经》指出："心平何劳持戒，行直何用修禅？恩则孝养父母，义则上下相怜。让则尊卑和睦，忍则众恶无喧。若能钻木出火，淤泥定生红莲。苦口的是良药，逆耳必是忠言。改过必生智慧，护短心内非贤。日用常行饶益，成道非由施钱。菩提只向心觅，何劳向外求玄？听说依此修行，天堂只在目前。"（《六祖坛经·疑问品第三》）《坛经》主张用儒家的伦理道德来规训佛教徒的身体行为，揭示佛教发展到隋唐时，已经与儒家伦理融合起来了。这意味着佛教从"出世间"已到"即世间"。这样，"在现实生活中遵奉社会伦理和纲常名教当然就是不碍佛法，甚至是修习佛法的重要前提了，因为'君臣父母，仁义礼信，此即是世间法'。不坏世法，方能得解脱，'若坏世法，即是凡夫'"。①从这一点来说，《坛经》的佛性是以身体的现实存在为基点的。

第二，《坛经》肯定了身体的欲望性。《坛经》在肯定身体现实性的同时，也肯定身体欲望的正当性和合理性。它说："善知识，心中众生，所谓邪迷心、诳妄心、不善心、嫉妒心、恶毒心，如是等心，尽是众生。"（《六祖坛经·忏悔品第六》）在《坛经》看来，"邪迷心、诳妄心、不善心、嫉妒心、恶毒心"等心性是众生所固有的。它的存在是社会客观现象。《坛经》指出："盖为一切众生，自蔽光明，贪爱尘境，外缘内扰，甘受驱驰，"（《六祖坛经·机缘品第七》）从这段话来看，《坛经》并不像其他佛教经典把这些心性否定掉，而是肯定其合理内核。因此，《坛经》主张开发身体的佛性，以免身体被身体欲望所

---

① 洪修平.《坛经》的人间佛教思想及其理论特色 [J]. 河北学刊，2011，31（6）：15-19.

遮蔽和所束缚。它说："世人心邪，愚迷造罪。口善心恶，贪嗔嫉妒，谄妄我慢，侵人害物，自开众生知见。"（《六祖坛经·机缘品第七》）在这里，惠能提出"自开众生知见"。"自开"就是从自性本体起念，而不是从眼耳鼻舌起念。他说"真如自性起念，非眼耳鼻舌能念。真如有性，所以起念；真如若无，眼耳色声当时即坏。"（《六祖坛经·定慧品第四》）在他看来，自性本体是生命的原动力和生命本体，也是身体的本体。他说："世人自色身是城，眼耳鼻舌是门，外有五门，内有意门。心是地，性是王。王居心地上，性在王在，性去王无。性在身心存，性去身心坏。"（《六祖坛经·疑问品第三》）在这里，惠能以城比喻色身，以门比喻眼耳鼻舌，以地比喻心，以王比喻性，从而揭示性的主体性地位。在他看来，"性在身心存，性去身心坏"，性决定着身心，没有性，就没有身心。这就赋予"性"本体地位，为破除身体欲望提供了理性工具。

《坛经》认为要破除身体欲望，一是忏悔。《坛经》指出："弟子等，从前念今念及后念，念念不被愚迷染，从前所有恶业愚迷等罪，悉皆忏悔，愿一时销灭，永不复起。弟子等，从前念今念及后念，念念不被骄诳染。从前所有恶业骄诳等罪，悉皆忏悔，愿一时销灭，永不复起。弟子等，从前念今念及后念，念念不被嫉妒染。从前所有恶业嫉妒等罪，悉皆忏悔，愿一时销灭，永不复起。"（《六祖坛经·忏悔品第六》）惠能想通过忏悔克制内心愚迷、骄诳和嫉妒，无疑找到了身体修炼的不二法门。

二是离相。就是摆脱现实对身体的束缚。《坛经》指出"世人外迷著相，内迷著空。若能于相离相，于空离空，即是内外不迷。若悟此法，一念心开，是为开佛知见。"（《六祖坛经·机缘品第七》）《坛经》认为破除身体一切欲望，最好心中没有身体的概念。欲望本体消失了，自然欲望也就消失了。惠能这一思想，与《金刚经》"离相无住"思想是一样的。从这一点来说，《坛经》的身体观念是《金刚经》离相的身体叙事的继承和发展。

第三，《坛经》阐明了身体的自在性。按照萨特的观点，身体具有三维性。其中"我使我的身体存在，这是身体的存在的第一维。"在第一维中，"我的身体对我来说就是我所使的并且不能被任何工具使用的工具"。①《坛经》一书最大的特点就是其身体的第一维性，即身体的自在性，也叫自性。

在《坛经》中，惠能较少谈到"佛性"，而更多的将"佛性"置换为"自

---

① 萨特. 存在与虚无［M］. 3 版. 陈宣良，等译. 北京：生活·读书·新知三联书店，2007：433-435.

性"和"自心"。据专家统计,"自性"出现在《坛经》中的频率高达 40 多次。① 按照《佛学常见词汇》的解释:"诸法各自有其不改变不生灭的自性,故一切现象的本体或一切心相的性体,叫作自性。"②《中论》也说:"自性即是自体,众缘中无自性,自性无故不自生,自性无故他性亦无。"(《中论·观因缘品第一》)无论是一切现象本体的性体还是自体,都离不开身体。《坛经》说:"佛向性中作,莫向身外求。"(《六祖坛经·决疑品第三》)从这一点来说,《坛经》中的"自性"是"自我身体"中的一种本性。这就要求在身体修炼过程中,以自我为中心。

《坛经》认为自身有三身佛,即法身佛、报身佛、化身佛。它说:"于自色身归依清净法身佛,于自色身归依圆满报身佛,于自色身归依千百亿化身佛。"(《六祖坛经·忏悔品第六》)在这里,三身佛以"自色身"或"自身"归依的程度而决定。法身佛——归依清净,报身佛——归依圆满,化身佛——归依千百亿。法身佛、报身佛、化身佛都建立在色身归依的基础上。换言之,法身佛、报身佛、化身佛以现实身体(色身)为依存。

对于三身佛,《坛经》作了进一步的解释。它说:"何名清净法身佛?世人性本清净,万法从自性生。思量一切恶事,即生恶行;思量一切善事,即生善行。如是诸法在自性中,如天常清,日月常明,为浮云盖覆,上明下暗,忽遇风吹云散,上下俱明,万象皆现。世人性常浮游,如彼天云。……何名圆满报身佛?譬如一灯能除千年暗,一智能灭万年愚。莫思向前,已过不可得,常思于后,念念圆明,自见本性。善恶虽殊,本性无二。无二之性,名为实性,于实性中,不染著恶,此名圆满报身佛。……何名千百亿化身佛?若不思万法,性本如空,一念思量,名为变化。思量恶事,化为地狱;思量善事,化为天堂。毒害化为龙蛇,慈悲化为菩萨,智慧化为上界,愚痴化为下方。自性变化甚多,迷人不能省觉,念念起恶,常行恶道,回一念善,智慧即生,此名自性化身佛。"(《六祖坛经·忏悔品第六》)从这些解释中可以看出,清净法身佛、圆满报身佛和千百亿化身佛都是基于人的本性或自性或佛性。由于有念,就生善行、恶行。因此,身体的所思、所行要以善为着眼点。有善就会自性明净,就会有所归依,自身的佛性就会显示出来。这样看来,三身佛可以通过开发自身的本性或佛性而求得。

---

① 韩晴. 论"自性"、"自度"与《坛经》的人间性 [J]. 齐齐哈尔大学学报(哲学社会科学版),2020(3):36-38.

② 陈义孝. 佛学常见词汇 [M]. 苏州:苏州报国寺弘化社,2012:291.

《坛经》指出："向者三身佛，在自性中，世人总有。为自心迷，不见内性；外觅三身如来，不见自身中有三身佛。汝等听说，令汝等于自身中见自性有三身佛。此三身佛，从自性生，不从外得。"（《六祖坛经·忏悔品第六》）自性本自具足，三身佛自性内见。这样"三身佛"的修持，可以在家，也可以在寺内。《坛经》指出："善知识，若欲修行，在家亦得，不由在寺。在家能行，如东方人心善。在寺不修，如西方人心恶。但心清净，即是自性西方。"（《六祖坛经·疑问品第三》）这就摆脱了以前佛法只能在寺庙修炼的身体束缚，在家也可以修炼佛法佛性。这就使佛教变成了人间佛教，身体的空间由寺庙空间变成了大众的自我空间。从这一点来说，《坛经》的"自性具足"不能不说是佛教史上一次重大的革命。

第四，《坛经》突出了身体的平等性。按照唐代三论宗人吉藏的说法："平等大道，为诸众生觉悟之性，名为佛性。"① 佛性是众生平等的根本依持。《坛经》身体思想的核心之一，就是众生平等。它说："善知识，一切修多罗及诸文字，大小二乘，十二部经，皆因人置。因智慧性，方能建立。若无世人，一切万法，本身不有。故知万法本自人兴。一切经书，因人说有。缘其人中，有愚有智。愚为小人，智为大人。愚者问于智人，智者与愚人说法。愚人忽然悟解心开，即与智人无别。善知识，不悟即佛是众生。一念悟时，众生是佛。故知万法尽在自心。何不从自心中，顿见真如本性。"（《六祖坛经·般若品第二》）在这里，佛经对众人来说，由于领悟不同，"有愚有智"，但佛性人皆自有，"众生是佛"。换言之，"佛性本无差别，只缘迷悟不同。"（《六祖坛经·般若品第二》）这就是说，人与人在佛性上没有什么差别，是平等的。不同之处只是迷悟不同。若识即是佛，不识即是凡人。

《坛经》佛性平等思想实际上是身体平等思想的反映。因为佛性是身体的本心或自性。因此，惠能的说法，其对象可以是四品将军，可以是猎人，可以是刺史，也可以是士庶等。只要身生净土，都可有教无类。惠能指出："明与无明，凡夫见二，智者了达，其性无二，无二之性，即是实性。实性者，处凡愚而不灭，在贤圣而不增，住烦恼而不乱，居禅定而不寂。不断不常，不来不去，不在中间，及其内外，不生不灭，性相如如。常住不迁，名之曰道。"（《六祖坛经·护法品第九》）惠能认为无论智者，还是凡夫，身上都有真实的佛性。这种佛性不会因时间长久而消失。惠能把它叫作"道"。我们知道，"道"在道家那儿，是身体的本体。惠能把佛性等同于"道"，实际上赋予佛性身体本体性

---

① 吉藏：《大乘玄论》，见《大正藏》第 45 册，第 141 页。

地位。

由于佛性是平等的，因此，佛没有民族区隔。惠能在回答弘忍的提问"汝是岭南人，又是獦獠，若为堪作佛？"中就指出："人虽有南北，佛性本无南北，獦獠身与和尚不同，佛性有何差别？"（《六祖坛经·行由品第一》）在惠能看来，少数民族与汉族一样身上也具有佛性，如他所说："獦獠身与和尚不同，佛性有何差别？"这就把众生平等上升为民族平等。在"夷夏之辨"的封建社会，这一思想最是难能可贵的。

第五，《坛经》论证了身心的直观性。在古印度里自性就是冥性。《成唯识论述记》说："自性者，冥性也。今名自性，古名冥性，今亦名胜性，未生大等，但住自分，名为自性，若生大等，便名胜性，用增胜故。"① 冥，通"明"。冥性，就是明心见性的意思。故自性也是明心见性之意。《坛经》里"自性"也具有此意。它有五个基本特征，即本来清净、不生不灭、具足一切功德、不来不去、能生一切法。② 无论哪一特征，都与身心有关。它显示的是身心直观面相。

《楞伽师资记·道信传》就记载了这种身心直观的方法。它说："初学坐禅看心，独坐一处，先端身正坐，宽衣解带，放身纵体，自安摩七八番，令腹中嗌气出尽，即滔然得性，清虚恬静。身心调适，能安心神，则窈窈冥冥，气息清冷。徐徐敛心，神道清利，心地明净。观察分明，内外空净，即心性寂灭。如其寂灭，则圣心显矣。"③ 这种禅修方法在惠能这里，转变为"直心"的路径。他说："善知识，一行三昧者，于一切处行往坐卧，常行一直心是也。净名经云：直心是道场，直心是净土。莫心行谄曲，口但说直，口说一行三昧，不行直心。但行直心，于一切法勿有执著。迷人著法相，执一行三昧，直言常坐不动，妄不起心，即是一行三昧。作此解者，即同无情，却是障道因缘。善知识，道须通流，何以却滞。心不住法，道即通流，心若住法，名为自缚。"（《六祖坛经·定慧品第四》）惠能认为"直心"就是言行要一致，不执著于事。换言之，一切身体行为按自己本具的真如施行，也就是要发现自身的"自心佛"或"法身"或"三身佛"。《坛经》指出：

此事须从自性中起。于一切时，念念自净其心，自修自行，见自己法身，见自心佛，自度自戒，始得不假到此。（《六祖坛经·忏悔品第六》）

---

① 《成唯识论述记》第四卷第 20 页。
② 齐林华. 中国古代文化中的身体观念及其发展 [D]. 长沙：湖南师范大学，2013：165.
③ 净觉：《楞伽师资记·道信传》，《大正藏》第 85 册，第 1289 页。

善知识，色身是舍宅，不可言皈。向者三身佛，在自性中，世人总有。为自心迷，不见内性。外觅三身如来，不见自身中有三身佛。汝等听说，令汝等于自身中见自性有三身佛。此三身佛，从自性生，不从外得。（《六祖坛经·忏悔品第六》）

从这些论述可以看出，"自心佛"和"三身佛"存在于自性中，自修自行，可见"自心佛"和"三身佛"。这就"在工夫论上，用心悟置换了禅修；在身体形态上，既破除对色身的执著，同时也用三身统一于色身，取代了法身、化身外求的路向。"①

《坛经》不同以往佛教经典的显著特点就是身体的顿悟。它说："故知万法尽在自心，何不从自心中，顿见真如本性。"（《六祖坛经·般若品第二》）在它看来，顿悟可见"真如本性"，即佛性。为此，《坛经》对身体顿悟的路径作了进一步的阐释。它说："先立无念为宗，无相为体，无住为本。无相者，于相而离相；无念者，于念而无念；无住者，人之本性，于世间善恶好丑，乃至冤之与亲，言语触刺欺争之时，并将为空，不思酬害，念念之中，不思前境。若前念今念后念，念念相续不断，名为系缚。于诸法上，念念不住，即无缚也。此是以无住为本。"（《六祖坛经·定慧品第四》）这里的"无念""无相"和"无住"，就是要摆脱世俗对身心的束缚，达到"空"和"无"的状态。"若前念今念后念，念念相续不断"，身心就不会自由，就不会显示佛性了。《坛经》中这种身体顿悟方法，开启了以后佛教的坐禅路径。

第六，《坛经》提出了身心修炼法。无论是禅宗还是当时的密宗，佛法都主张身心修炼。如密宗认为佛的身、口、意三密相应，人佛合一，即身成佛。"唯真言法中即身成佛故，是说三摩地法（密教的总称）。于诸教中，阙而不书……若人求佛慧，通达菩提心，父母所牛身，速证大觉位。"② 而禅宗的神秀则认为身心时时清明，就会佛性长驻。他说："身是菩提树，心如明镜台，时时勤拂拭，勿使惹尘埃。"（《六祖坛经·行由品第一》）《坛经》身心修炼法与密宗、神秀不同之处，是注重"定慧"。虽然《涅槃经》也主张定慧，它说："诸佛世尊，定慧等故明见佛性了了无碍。"③ 但其"定慧"是明心见佛。惠能的定慧，讲求的是"体用不二"，也就是身心合一。它说："吾所说法，不离自性，离体说法，名为相说，自性常迷。须知一切万法，皆从自性起用，是真戒定慧法。

---

① 齐林华. 中国古代文化中的身体观念及其发展 [D]. 长沙：湖南师范大学，2013：167.
② 《发菩提心论》，见《大正藏》第 32 册，第 572—574 页.
③ ［北凉］昙无谶译《大般涅槃经·狮子吼菩萨品》卷 30，《大正藏》第 12 册，第 547 页。

听吾偈曰：心地无非自性戒，心地无痴自性慧，心地无乱自性定，不增不减自金刚，身去身来本三昧。"（《六祖坛经·渐顿品第八》）在这里，惠能明确指出：定慧是自性的产物。身心不能合一，定慧徒劳无功。正如他一再指出："定慧一体，不是二。定是慧体，慧是定用。即慧之时定在慧，即定之时慧在定。若识此义，即是定慧等学。诸学道人，莫言先定发慧，先慧发定，各别。作此见者，法有二相。口说善语，心中不善，空有定慧，定慧不等。若心口俱善，内外一如，定慧即等。自悟修行，不在于诤，若诤先后，即同迷人。不断胜负，却增我法，不离四相。善知识，定慧犹如何等？犹如灯光。有灯即光，无灯即暗，灯是光之体，光是灯之用。名虽有二，体本同一，此定慧法，亦复如是。"（《六祖坛经·定慧品第四》）惠能认为"定"是"慧体"，即身体；"慧"是"定用"，即身体的生发。惠能以"定慧"喻身心一体，其旨趣为身心同时修炼。

基于此，《坛经》主张三科法门，它说："三科法门者，阴、界、入也。阴是五阴，色受想行识是也。入是十二入。外六尘：色声香味触法；内六门：眼耳鼻舌身意是也。界是十八界，六尘六门六识也。自性能含万法，名含藏识。若起思量，即是转识。生六识，出六门，见六尘，如是一十八界，皆从自性起用。"（《六祖坛经·付嘱品第十》）在这三科法门中，内六门（眼耳鼻舌身意）是人的身体器官；与此相对应的身体的欲望是外六尘（色声香味触法）。六门发生作用就是六识，即眼识、耳识、鼻识、舌识、身识和意识。六识生发就是五阴，也叫五蕴，即色受想行识。六门六尘合称十二入，也叫十二处；六门六尘六识合称十八界。无论是五阴，还是十二入和十八界，"皆从自性起用"。这样，惠能以"自性"为基础，建构起了一套"科学"的身体体系。其中"蕴观，详于心理的分析；处观，详于生理的分析；界观，详于物理的分析。"①

总之，《坛经》以"自性"为起点，肯定了身体的现实性和身体欲望的正当性，在"人间佛教"下，身体越来越世俗化。"佛法在世间，不离世间觉；离世觅菩提，恰如求兔角。"（《六祖坛经·般若品第二》）正是这一趋势的表征。由于身体世俗化，佛教由"出世佛教"变成了"入世佛教"。

二、《坛经》身体世俗化思想的评价

马克斯·韦伯在《新教伦理与资本主义精神》一书中指出：西方近代资本主义的兴起，除了经济本身的因素之外，还有一层文化的背景，即所谓的新教

---

① 参见印顺. 佛法概论［M］. 上海：上海古籍出版社，1998：30.

伦理。主要表现在两个方面：一是"把完成世俗事物的义务尊为一个人道德行为所能达到的最高形式"；二是禁欲主义的出现。① 马克斯·韦伯所谓的新教伦理，在《坛经》中早就有了雏形。

首先，就完成世俗事物来说，《坛经》的身体道德伦理与西方的新教伦理没有什么差别。《坛经》认为人的日常身体行为也是道德呈现的一种形式。它说："一戒香，即自心中，无非，无恶，无嫉妒，无贪嗔，无劫害。名戒香。二定香，即睹诸善恶境相，自心不乱，名定香。三慧香，自心无碍，常以智慧观照自性，不造诸恶。虽修众善，心不执著，敬上念下，矜恤孤贫，名慧香。四解脱香，即自心无所攀缘。不思善，不思恶，自在无碍，名解脱香。五解脱知见香，自心既无所攀缘善恶。不可沉空守寂。即须广学多闻，识自本心，达诸佛理，和光接物，无我无人，直至菩提，真性不易，名解脱知见香。"（《六祖坛经·忏悔品第六》）这里的"无非，无恶，无嫉妒，无贪嗔，无劫害"和"敬上念下，矜恤孤贫"都是世俗的身心行为，也是日常的道德标准，它们通过日常的上香形式表现出来。由此可见，《坛经》的"自性五分法身香"实质就是身体世俗化的过程。从这一点来说，《坛经》"把完成世俗事物的义务尊为一个人道德行为所能达到的最高形式。"

其次，在禁欲主义方面，《坛经》的禁欲思想与西方新教的禁欲观念不分伯仲。《坛经》指出："佛者，觉也。法者，正也。僧者，净也。自心归依觉，邪迷不生，少欲知足，能离财色，名两足尊。自心归依正，念念无邪见，以无邪见故，即无人我贡高贪爱执著，名离欲尊。自心归依净，一切尘劳爱欲境界，自性皆不染著，名众中尊。"（《六祖坛经·忏悔品第六》）在这里，《坛经》不但要求"少欲知足，能离财色"，而且要求"念念无邪见""自心归依净"，这是否意味着中国的禁欲像西方的禁欲一样，也会出现资本主义精神？回答是否定的。因为资本主义精神的出现，除了宗教因素之外，最重要的是经济和政治因素。唐朝商品经济的不发达、政治上的高度专制注定资本主义精神不会产生。

尽管如此，《坛经》开启了身体世俗化的过程。"唐宋时期中国化的佛教对于法身的想象其意图不仅仅是膜拜与仰望佛祖的法身神通，而更主要的是从个体自身佛性的领受与浇灌的角度，用更为具象的话语范畴去描述与把捉这个并非肉身形象的抽象本体。……禅宗更是直接把'佛性'改造为'自性'，使得

---

① 韦伯. 新教伦理与资本主义精神［M］. 彭强，黄晓京，译. 西安：陕西师范大学出版社，2002：56.

抽象的本体现实化，把出世间法转向世间法。"①

第一，《坛经》开启了佛教身体从出世转向入世的先河。《坛经》以前，佛教是主张出世的。《金刚经》指出："是故，佛说菩萨心不应住色布施。须菩提，菩萨为利益一切众生故，应如是布施。如来说一切诸相即是非相，又说一切众生即非众生。"（《金刚经·离相寂灭分第十四》）这里"如来说一切诸相即是非相，又说一切众生即非众生。"这就要求众生出世"离相无住"。

又由于中国古代身体思想中有"反身求己"观念，如孟子说："万物皆备于我矣。反身而诚，乐莫大焉。强恕而行，求仁莫近焉。"（《孟子·尽心上》）"行有不得者，皆反求诸己，其身正而天下归之。"（《孟子·离娄上》）这种身体观念与佛教的出世思想相结合，产生了禅宗"自性见佛"和身体顿悟思想。

《坛经》指出："善知识，摩诃般若波罗蜜是梵语，此言有智慧到彼岸，此须心行，不在口念。口念心不行，如幻如化，如露如电。口念心行，则心口相应。本性是佛，离性无别佛。"（《六祖坛经·般若品第二》）它又说："为一切众生，自心迷悟不同。迷心外见，修行觅佛，未悟自性，即是小根。若开悟顿教，不执外修，但于自心常起正见，烦恼尘劳，常不能染，即是见性。"（《六祖坛经·般若品第二》）在这里，《坛经》认为"本性是佛""不执外修"。而且，《坛经》主张在家自度悟性的过程中，用儒家的伦理道德来约束自己。它说："君臣父母，仁义礼信，此即是世间法。"② 这就是说，《坛经》吸收了儒家的伦理道德来"明心见性"。而儒家的"明心见性"是为出世作准备的，即"穷则独善其身，达则兼济天下"。因此，《坛经》一个重要的着力点就是入世开启世人的佛性。

《坛经》说："何名自性自度。即自心中邪见烦恼愚痴众生，将正见度。既有正见，使般若智打破愚痴迷妄众生，各各自度。邪来正度，迷来悟度。愚来智度，恶来善度。如是度者，名为真度。"（《六祖坛经·忏悔品第六》）在这里，《坛经》明确指出其主要任务是度脱现实愚痴迷妄众生。《坛经》从"自度"到"他度"，从"此岸"到"他岸"，标志着身体从出世转向入世。《坛经》以后的禅宗一边身参佛法，一边身耕力作就是明证。《幻住庵清规》明确要求："公界普请，事无轻重，均力为之，不可执坐守静，拗众不赴。但于作务中，不可讥呵戏笑，夸俊逞能。但心存道念，身顺众缘，事毕归堂，静默如故。动静

---

① 齐林华. 中国古代文化中的身体观念及其发展［D］. 长沙：湖南师范大学，2013：161.
② 大照禅师：《大乘开心显性顿悟真宗论》，见《大正藏》第 85 册，第 1279 页。

二相，当体超然，虽终日为而未尝为也。"① 这里"不可执坐守静"说明禅宗不只是自性顿悟，还有"公界普请，事无轻重，均力为之"。换言之，禅宗把"出世"与"入世"紧密地结合在一起，完全变成了人间佛教。从这一点来说，《坛经》开启了佛教身体世俗化的先河。

第二，《坛经》从身心本体到身心实践的修炼方法深刻影响着理学和心学的发展。《坛经》的一个重要内容就是论述身心的关系。它说："大众，世人自色身是城。眼耳鼻舌是门。外有五门，内有意门。心是地，性是王。王居心地上，性在王在，性去王无。性在身心存，性去身心坏。佛向性中作，莫向身外求。"（《六祖坛经·疑问品第三》）在《坛经》看来，心是第一性的，身是第二性的，心决定着身。而在心中，性又是最重要的。"性在身心存，性去身心坏"。自性是众生身心和生命的根本，自性决定身心如何发生作用。在《坛经》第一章中，它就对自性着重进行了阐述。惠能在回答弘忍大师时说："何期自性，本自清净；何期自性，本不生灭；何期自性，本自具足；何期自性，本无动摇；何期自性，能生万法。"（《六祖坛经·行由品第一》）在这里，惠能把自性当作身心的本体，自性离开了身心，身心就会寂灭。

由于自性是身心的本体，因此，惠能主张心内用功。他说："善知识，一切般若智，皆从自性而生，不从外入，莫错用意，名为真性自用。一真一切真。心量大事，不行小道。口莫终日说空，心中不修此行，恰似凡人，自称国王，终不可得，非吾弟子。"（《六祖坛经·般若品第二》）惠能认为自性能产生般若。般若是佛教的一个重要概念，指的是认知万物的智慧。"心中不修此行"就"恰似凡人"就无"般若智"。而身体是实践的载体，自性就从这载体中产生。他说"善知识，法身本具，念念自性自见，即是报身佛。从报身思量，即是化身佛。自悟自修自性功德，是真归依。皮肉是色身，色身是宅舍，不言归依也。但悟自性三身，即识自性佛。"（《六祖坛经·忏悔品第六》）因此，惠能主张身心实践。他说："佛，犹觉也。分为四门，开觉知见，示觉知见，悟觉知见，入觉知见。若闻开示，便能悟入，即觉知见，本来真性而得出现。"（《六祖坛经·机缘品第七》）这里的"开觉""示觉""悟觉"和"入觉"就是身心的一种体认过程。《坛经》这种身心本体与身心实践相结合的做法对后来理学和心学的发展产生了非常深刻的影响。

就理学来说，朱熹的人心说和穷理就是深受《坛经》的影响。他说："盖人心至灵，有什么事不知，有什么事不晓，有什么道理不具在这里。何缘有不明，

---

① 《续藏经》第二册。

为是气禀之偏，又为物欲所乱，如目之于色，耳之于声，口之于味，鼻之于臭，四肢之于安佚，所以不明。"（《朱子语类》卷14）"此心本来虚灵，万理具备，事事物物皆所当知。今人多是气质偏了，又为物欲所蔽，故昏而不能尽知，圣贤所以贵于穷理。"（《朱子语类》卷60）这里的"人心"相当于《坛经》的"自性"，即身体的本体，而"穷理"就是身心的运用。从这点来说，《坛经》对理学的发展有着重大的影响。余英时说："宋代新儒家强调超越之'理'的重要即从佛教的超越的'心'移形换步而来。"① 说的就是此。

就心学来说，王阳明的"致良知"方法与《坛经》的"识心见性"方法没有什么区隔。王阳明说："君子之学以明其心。其心本无昧也，而欲为之蔽，习为之害。故去蔽与害而明复，匪自外得也。心犹水也，污入之而流浊；犹鉴也，垢积之而光昧。"② 这与《坛经》中的"真如自性是真佛，邪见三毒是魔王。邪迷之时魔在舍，正见之时佛在堂。性中邪见三毒生，即是魔王来住舍。正见自除三毒心，魔变成佛真无假。法身报身及化身，三身本来是一身。若向性中能自见，即来成佛菩提因。"（《六祖坛经·付嘱品第十》）意蕴是一样的，都是从自我身心中去寻找良知和佛性。因此，黄宗羲在《明儒学案》中指出：王阳明是由于"出入佛老者久之，及至居夷处困，动心忍性，因念圣人处此，更有何道，忽悟格物致知之旨，圣人之道，吾性自足，不假外求。"③ 显然，王阳明的心学受了《坛经》的影响。

理学和心学在身心上下功夫，表证儒学进入了一个新的发展时期，即"在内向超越的文化型态之下，新儒家更把他们和'此世'之间的紧张提高到最大的限度。"④ 这同时说明，无论是禅宗还是新儒家，身体都进入了世俗化的过程。

第三，《坛经》指明了从身心束缚到身心超脱的路径。摆脱身心束缚，一直是佛教所追求的目标。《坛经》以前的佛教基本上走的是外向超越型的路径。《金刚经》就是想通过布施和念经来降伏身心烦恼，摆脱身体生死轮回的束缚。它说："须菩提，若有善男子、善女人，初日分以恒河沙等身布施，中日分复以恒河沙等身布施，后日分亦以恒河沙等身布施。如是无量百千万亿劫，以身布施。若复有人，闻此经典，信心不逆，其福胜彼，何况书写、受持、读诵、为人解说。"（《金刚经·持经功德分第十五》）这与西方基督教购买赎罪券即可

---

① 余英时. 士与中国文化 ［M］. 上海：上海人民出版社，2003：433.
② 《别黄宗贤归天台序》，见《王阳明全集》第11页。
③ 黄宗羲. 明儒学案（卷10）姚江学案 ［M］. 北京：中华书局，1985.
④ 余英时. 士与中国文化 ［M］. 上海：上海人民出版社，2003：430.

免除身体罪恶进入天堂的观念是一样的。

《坛经》主张"若识本心，即本解脱。"（《六祖坛经·般若品第二》）这种内向型超越，把人的身体从佛寺以至经典的束缚中解放了出来。在《坛经》看来，众生不必出家，在家通过修炼佛性即可求得身心解脱。如惠能所道："菩提本自性，起心即是妄。净心在妄中，但正无三障。世人若修道，一切尽不妨。常自见己过，与道即相当。色类自有道，各不相妨恼。离道别觅道，终身不见道。波波度一生，到头还自懊。欲得见真道，行正即是道。自若无道心，暗行不见道。若真修道人，不见世间过。若见他人非，自非却是左。他非我不非，我非自有过。但自却非心，打除烦恼破。憎爱不关心，长伸两脚卧。欲拟化他人，自须有方便。勿令彼有疑，即是自性现。"（《六祖坛经·般若品第二》）只要身正心正行正，便可得道。这不能不说是佛教史上一次重大的革命。从此，禅宗变成了人间佛教。

马祖道一曾云："道不用修，但莫污染，何为污染？但有生死心，造作趋向，皆是污染。若欲直会其道，平常心是道。何谓平常心？无造作，无是非，无取舍，无断常，无凡无圣。经云：非凡夫行，非圣贤行，是菩萨行，只如今行住坐卧，应机接物，尽是道。"① 在马祖道一看来，"行住坐卧，应机接物"都是道，保持"平常心"则可。而曹洞宗的曹山本寂禅师更是认为"世间粗重之事""知有便得"。他说："知有即得，用免作么？但是菩提涅槃烦恼无明等，总是不要免，乃至世间粗重之事，但知有便得，不要免，免即同变易去也。乃至成佛成祖，菩提涅槃，此等殃祸为不小。因甚么如此？只为变易。若不变易，直须触处自由始得。"② 无论是马祖道一，还是曹山本寂都把日常世俗之事当作获取佛性的途径，他们的身心超越完全变成了个人的私事。

同时，由于佛性可以身体自我体认，宗教的戒律也失去了作用。这样，为宗教的自我瓦解也提供了条件。正如葛兆光所指出："承认人性中虽有佛性但与佛性有差异，从人性到佛性的过程中需要持戒、入定、习慧，需要经历艰苦的修行，这就为佛教教团之存在、戒律之恪守、修行之坚持存下了一个理论支点，更为终极意义之信仰守住了最后一道防线。但是，若是认为人性即佛性，人就可以放弃所有的宗教性约束和学习，这就为宗教世俗化大开方便之门，但也为宗教自我瓦解预埋了伏笔，接踵而来的是，戒律也将松弛，修行也可以免去，

---

① 道原：《景德传灯录》，卷28，《大正藏》第51册，第440上页。
② 郭凝之编集：《抚州曹山本寂禅师语录》，《大正藏》第47册，第540中页。

信仰也当然崩溃，心灵的自由有时是以终极意义的丧失为代价的。"①

总之，《坛经》身体世俗化是身体思想史上一次重大的革命。它使思想界从身体的言说转向心的言说，开启了以后新儒学、新道教和新禅宗身体思想的新路径。同时，身体的世俗化，促进了以后身体的道德化、形而上化、践行化、平民化、精神化、民主化和自由化。正如洪修平所指出："《坛经》所倡导的入世化、人生化倾向，一方面反映了佛教为适应中国社会和人生的需要所作出的随机调整，另一方面也与整个中国文化具有一种关怀现实人生的入世精神和现实主义品格密切相关。因此，本质上追求出世解脱的佛教传入中国后，在传统文化的氛围中日益获得了关注现实人生的品格，立足于'众生'（人及一切有情识的生物）的解脱而强调永超人生苦海的佛教在中国更突出了'人'的问题。"② 这里"人"的问题，实际上就是身体的问题。自《坛经》后，身体形而上化、道德化、精神化、平民化、自由化和民主化越来越突出。

第二节　身体形而上化：《近思录》身体思想研究

张再林教授曾指出："宋儒的'理性'由于与中国古代先秦传统有着千丝万缕的联系而其性质具有双重性，即该'理性'既为源自异域哲学的'心识'的'理性'，又从本土哲学脱胎而出而打上了鲜明的'身体'的烙印，从而使该'理性'不可避免地具有身心兼有的特征。"③ 这种身心兼有的特征具有鲜明的形而上学的超验性质。换言之，宋代理学中的身体观念已形而上化了。

不同于汉代经学的训诂方法，宋代的理学侧重于义理的阐释与发挥。在诠释中，如周与沉所说，不可避免地"力阐心性形而上学以应对佛老挑战，大有功与圣学，但不仅有断裂之失，而且极大遮蔽了'气——身体'蕴含。"④ 这种形而上的心性之学，是超越世俗性的精神追求，这表明身体思想发展到宋代，

---

① 葛兆光. 中国思想史 [M]. 上海：复旦大学出版社，2001：436.

② 洪修平.《坛经》的人间佛教思想及其理论特色 [J]. 河北学刊，2011，31（6）：15-19.

③ 张再林. 作为"身体哲学"的中国哲学的历史 [J]. 西北大学学报（哲学社会科学版），2007，37（3）.

④ 周与沉. 身体：思想与修行——以中国经典为中心的跨文化观照 [M]. 北京：中国社会科学出版社，2005：424.

已上升为形而上的心性观念。表面上看是身体的退隐，实际上是身体的升华。

《近思录》作为宋儒思想的一本哲学词典，为南宋朱熹和吕祖谦编订的一部理学入门书和概论性著作。它摘取北宋理学家周敦颐、程颢、程颐、张载4人语录622条分类编辑而成。尽管内容简单精炼，但基本上反映了北宋理学家周敦颐、张载、二程的身体思想。通过对《近思录》的分析，辅以相关原著，可以看出身体思想到北宋时期越来越形而上化了，天理开始成为世界的本体。

一、《近思录》身体形而上化思想的主要内容

中国传统哲学的本体，不像西方指的是那种超越现象之外的本质之意，而是指人之"本然的内容"①。这种"人之本然的内容"在宋明理学和心学中，它表现为"理"和"心"两方面议题。北宋理学家的身体思想就是围绕"理"和"心"这两大主题展开。

第一，《近思录》总结了宋儒身体的生成理论。无论是周敦颐、二程还是张载，都认为身体是气的产物。

周敦颐指出："二气交感，化生万物，万物生生而变化无穷焉。惟人也，得其秀而最灵。形既生矣，神发知矣，五性感动而善恶分，万事出矣。"② 在这里，周敦颐认为阴阳二气化合而生万物。在生成过程中，人身体"得其秀而最灵"。这是否意味着周敦颐身体的本体就是阴阳二气？回答是否定的。周敦颐在阴阳二气之外，还有一个本体，叫无极或太极。他说："无极而太极。太极动而生阳，动极而静；静而生阴，静极复动。一动一静，互为其根。分阴分阳，两仪立焉。阳变阴合，而生水、火、木、金、土。五气顺布，四时行焉。五行，一阴阳也；阴阳，一太极也；太极，本无极也。"③ 周敦颐的身体生成模式为无极—阴阳—五行—身体。周敦颐以太极图的形式建构起了宇宙生成系统和身体生成系统。

张载说："气坱然太虚，升降飞扬，未尝止息。此虚实动静之机，阴阳刚柔之始。浮而上者阳之清，降而下者阴之浊。其感通聚结，为风雨，为霜雪，万品之流形，山川之融结。"④ 在这里，张载用了一个词"太虚"。按照他的解释，

---

① 张岱年. 中国哲学中的本体观念 [J]. 安徽大学学报（哲学社会科学版），1983（3）：1-4.

② 朱熹，吕祖谦. 近思录 [M]. 查洪德，注译. 郑州：中州古籍出版社，2008：15.

③ 朱熹，吕祖谦. 近思录 [M]. 查洪德，注译. 郑州：中州古籍出版社，2008：15.

④ 朱熹，吕祖谦. 近思录 [M]. 查洪德，注译. 郑州：中州古籍出版社，2008：51.

"太虚无形，气之本体，其聚其散，变化之客形尔。"① 这与老子"道"的概念相似。张载认为身体生成体系是太虚—气—万物—身体。这与周敦颐身体生成模式相似。不同之处在于，周敦颐身体的本体是无极或太极，张载身体本体是太虚。而且张载把太虚和气进行了整合。他说："合虚与气，有性之名"（《正蒙·太和》）。无论是"无极"，还是"太虚"，都是从"无"到"有"，因此，周敦颐和张载的身体都是从"无形"到"有形"。

二程也指出万物和身体禀受阴阳二气而生。他们说："生物万殊，睽也；然而得天地之合，禀阴阳二气，则相类也"②，"圣人之生，亦天地交感，五行之秀，乃生圣人。"③ 他们认为不但常人的身体因气而生，而且圣人的身体也因气而生。这与周敦颐和张载身体禀气而生思想相似。不同之处在于，二程的"气"还等同于"性"。他们说："有自幼而善，有自幼而恶，是气禀有然也。"④ 又说"'生之谓性。'性即气，气即性，'生'之谓也。人生气禀，理有善恶，然不是性中元有此两物相对而生也。有自幼而善，有自幼而恶，是气禀有然也。"⑤ 这为他们的"天命之性"和"气质之性"的生发提供了理论依据。

周敦颐、张载和二程，从中国传统的气本论出发，结合佛、道身体观念，赋予气生成身体新的意蕴："在延续对儒家人伦世教关怀的同时为儒家现实人伦关怀找到了根据与信仰，真正意义上完成了对儒家现实人伦关怀的落实。"⑥

第二，《近思录》梳理了"道""性""理"与身体的辩证关系。关于"理"最早出现在《礼记》中，它说："好恶无节于内，知诱于外，不能反躬，天理灭矣。……人化物也者，灭天理而穷人欲者也。"（《礼记·乐记》）这是"天理"与"人欲"概念的最早由来。到战国时期，韩非子把"理"与"道"又紧密联系在一起。他说："道者，万物之所以然也，万理之所稽也。理者，成物之文也；道者，万物之所以成也。"（《韩非子·解老》）这样，"理"与"欲"、"理"与"道"的关系逐渐成为身体思想的重要范畴。

按照二程的观点："有形总是气，无形只是道。"（《二程遗书》卷六）"以气明道，气亦形而下者耳。"（《二程遗书》卷一）和"夫彻上彻下，不过如此，形而上为道，形而下为器，须著如此说，器亦道，道亦器。但得道在，不挈今

---

① 张载. 张载集 [M]. 北京：中华书局，1978：7.
② 程颢，程颐. 二程集 [M]. 王孝鱼，点校. 北京：中华书局，1981：899.
③ 程颢，程颐. 二程集 [M]. 王孝鱼，点校. 北京：中华书局，1981：159.
④ 程颢，程颐. 二程集 [M]. 王孝鱼，点校. 北京：中华书局，1981：10.
⑤ 朱熹，吕祖谦. 近思录 [M]. 查洪德，注译. 郑州：中州古籍出版社，2008：33.
⑥ 孙德仁. 张载气化思想考察 [J]. 西安工业大学学报，2016，36（9）：764-769.

与后，己与人。"（《二程遗书》卷一）道形而上，气形而下。身体是气的产物，自然身体是形而下。但"道者，万物之所以然也""理者，成物之文也"，在形而下的身体上面还存在一个形而上的"道"或"理"，这个"道"和"理"主宰和制约着身体的存在和发展。北宋的理学就是这样以"道"或"性"或"理"为身体的本体和本原展开身体思想论述的。

就周敦颐来说，这个"道"就是"诚"。他说："'大哉乾元，万物资始'，诚之源也。'乾道变化，各正性命'，诚斯立焉。纯粹至善者也。故曰：'一阴一阳之谓道，继之者善也，成之者性也。'元、亨，诚之通；利、贞，诚之复。大哉《易》也，性命之源乎！"① 这个"诚"不但是万物和身体的本原，而且还是天道的载体和天人合一的桥梁。在周敦颐看来，"诚"的最高境界是"无为"，但到了"几"的状态可能产生"恶"的东西。他说："诚无为，几善恶。德：爱曰仁，宜曰义，理曰礼，通曰智，守曰信。性焉安焉之谓圣，复焉执焉之谓贤，发微不可见、充周不可穷，之谓神。"② 这就把"诚"与"几"的辩证关系通过身体展示了出来。换言之，周敦颐"诚"和"几"关系实际上是"道"与"欲"、"天理"与"人欲"关系的拓展和深化。

就张载来说，这个"道"就是"性"。张载指出："性者万物之一源，非有我之得私也。惟大人为能尽其道。是故立必俱立，知必周知，爱必兼爱，成不独成。彼自蔽塞而不知顺吾性者，则亦未如之何矣。"③ 这里的"性"就是"道"。张载说："惟大人为能尽其道。"他又说："运于无形之谓道，形而下者不足以言之。"④ "道"在张载这里，是形而上的东西。因此，张载的"性"也是形而上的东西。

在张载看来，"天道"也是"性"。他说："乾称父，坤称母：予兹藐焉，乃浑然中处。故天地之塞，吾其体；天地之帅，吾其性。"⑤ 这里的"天地之帅"就是天道。张载通过"性"把天地、身体统合了起来。

同样，张载的"性"也是"理"。他说："不曰性命之理，谓之何哉？"⑥ 朱熹也说："盖所谓性，既天地所以生物之理，所谓维天之命，于穆不已，大哉

---

① 周敦颐. 周子通书 [M]. 徐洪兴，导读. 上海：上海古籍出版社，2000：31.
② 朱熹，吕祖谦. 近思录 [M]. 查洪德，注译. 郑州：中州古籍出版社，2008：19.
③ 朱熹，吕祖谦. 近思录 [M]. 查洪德，注译. 郑州：中州古籍出版社，2008：55.
④ 张载. 张载集 [M]. 北京：中华书局，1978：207.
⑤ 张载. 张载集 [M]. 北京：中华书局，1978：62.
⑥ 张载. 张载集 [M]. 北京：中华书局，1978：12.

乾元，万物资始者也。"① 因此，张载"性"与"欲"的关系就是"天理"与"人欲"的关系。张载主张重建"天理"的价值系统。他说："今之人灭天理而穷人欲，今复反归其天理。古之学者便立天理，孔孟而后，其心不传，如荀扬皆不能知。"② 当然张载对正当的"人欲"也进行了肯定。他说："饮食男女皆性也，是乌可灭？"③ 从这一点来说，张载的"性"既是"天地之性"，又是"气质之性"，即："性其总，合两也。"④

就二程来说，"道"就是"理"。他们说："天下之理，终而复始，所以恒而不穷。恒非一定之谓也，一定则不能恒矣。惟随时变易，乃恒道也。天地常久之道，天地常久之理，非知道者孰能识之？"⑤ 在这里，天道就是天理。这一天理在万物和身体生成之前，就早已存在。他们说："冲漠无朕，万象森然已具，未应不是先，已应不是后。如百尺之木，自根本至枝叶，皆是一贯。不可道上面一段事，无形无兆，却待人旋安排引入来教入涂辙。既是涂辙，却只是一个涂辙。"⑥ "涂辙"，本意为车轮辗压过后留的痕迹，这里引申为"天理"。它像"诚"和"道"一样，"无形无兆"，它是虚静无为的，它也是生成身体的本原。二程指出："近取诸身，百理皆具。屈伸往来之义，只于鼻息之间见之。屈伸往来只是理，不必将既屈之气，复为方伸之气。生生之理，自然不息。如《复》卦言'七日来复'，其间元不断续。阳已复生，物极必返。其理须如此。有生便有死，有始便有终。"⑦ 透过身体，便可以观察理"屈伸往来之义"和"生生不息"之变化。"理"也因而成为身体的本体。

当然，对于后天的"人欲"，二程持否定态度。他们说："甚矣，欲之害人也。人之为不善，欲诱之也。诱之而弗知，则至于天理灭而不知反。故目则欲色，耳则欲声，以至鼻则欲香，口则欲味，体则欲安，此皆有以使之也。"⑧ 二陈认为耳、目、鼻、舌、身，都是欲望的触媒，容易"天理灭而不知反"，因此他们主张"存天理，灭人欲"。

无论是周敦颐、张载，还是二程，他们都赋予身体形而上的特质。周敦颐

---

① 朱熹. 晦庵先生朱文公文集（卷43）答李伯谏 [M]. 上海：上海古籍出版社，2002：466.
② 张载. 张载集 [M]. 北京：中华书局，1978：273.
③ 张载. 张载集 [M]. 北京：中华书局，1978：63.
④ 张载. 张载集 [M]. 北京：中华书局，1978：22.
⑤ 朱熹，吕祖谦. 近思录 [M]. 查洪德，注译. 郑州：中州古籍出版社，2008：26.
⑥ 朱熹，吕祖谦. 近思录 [M]. 查洪德，注译. 郑州：中州古籍出版社，2008：43.
⑦ 朱熹，吕祖谦. 近思录 [M]. 查洪德，注译. 郑州：中州古籍出版社，2008：44.
⑧ 程颢，程颐. 二程集 [M]. 王孝鱼，点校. 北京：中华书局，1981：319.

赋予身体"诚",张载赋予身体"性",二程赋予身体"理"。而且,在"天理"与"人欲"关系上,他们"注意到了从天人合一的思维模式出发,认定'欲'应该与'理'合,但是,他们对于实际情境中的天人两分,理欲冲突的处理态度与应对策略是不一样的。"① 换言之,周敦颐、张载和二程的"诚"、"性"、"理"和"欲"都与身体密不可分,都具有根身性。这标志着身体思想发展到北宋时期,已走向形而上的"理""欲"之辨了,身体也由此形而上化了。

第三,《近思录》描述了性的身体本基。人性是人之所以为人的本质特征,是人身体欲望和身体行动的外在理性表现。康德指出:"非人类的动物不具有理性,只具有感性的欲望或经验的行动"② 人性是人身体所独有的特征。

周敦颐、张载和二程都对人性进行了讨论。就周敦颐来说,人性可分为五种,即刚善、刚恶、柔善、柔恶、中性。在这五种人性中,周敦颐主张"中"和"和"。他说:"性者,刚柔善恶,中而已矣。……惟中也者,和也,中节也,天下之达道也,圣人之事也。故圣人立教,俾人自易其恶,自至其中而止矣。"(《通书·师第七》)在周敦颐看来,五性都有善恶的一面,作为圣人要恪守中正之道。

而五性的生成,是由于身体感受气的不同。他说:"五行之生也,各一其性。……惟人也,得其秀最灵。形既生矣,神发知矣,五性感动而善恶分,万事出矣。"③ 周敦颐基于"性"感动又把道分为天道与人道。他说:"立天之道,曰阴曰阳;立地之道,曰柔曰刚;立人之道,曰仁与义。"④ 这样,以身体为切入点,周敦颐建构了气——性——道的天人合一的宇宙模式。在这模式中,性和身体是气的产物;由于性的不同,道也就有了差异。周敦颐主张人道,主要基于诚的道德本体。他说:"圣,诚而已矣。诚,五常之本,百行之源也。静无而动有,至正而明达也。"(《通书·诚下》)而《中庸》指出:"唯天下之至诚,为能尽其性;能尽其性,则能尽人之性;能尽人之性,则能尽物之性;能尽物之性,则可以赞天地之化育;可以赞天地之化育,则可以与天地参矣。"(《大学·中庸》)周敦颐的人性论走的是《中庸》人性建构的路子,因此,周敦颐的"性"论实际上是其"诚"本体的具体运用。

就张载来说,万物都有性。他说:"凡物莫不有是性。由通、蔽、开、塞,

① 齐林华. 中国古代文化中的身体观念及其发展 [D]. 长沙:湖南师范大学,2013:146.
② 康德. 道德的形而上学原理 [M] //周辅成. 西方伦理学名著选辑(下卷). 北京:商务印书馆,1987:363.
③ 朱熹,吕祖谦. 近思录 [M]. 查洪德,注译. 郑州:中州古籍出版社,2008:15.
④ 朱熹,吕祖谦. 近思录 [M]. 查洪德,注译. 郑州:中州古籍出版社,2008:15.

所以有人物之别；由蔽有薄厚，故有知愚之别。塞者牢不可开。厚者可以开，而开之也难；薄者开之也易。开则达于天道，与圣人一。"① 在这里，张载以"性"的通、蔽、开、塞来区隔愚人与圣人的身体。在他看来，圣者性厚，愚者性薄。前面所述，张载的"性"亦"道"亦"理"，性厚性薄实际上是道厚道薄，理厚理薄。故"开则达于天道，与圣人。"

由于性的厚薄程度不同，性可分为两种，即天地之性和气质之性。其中天地之性本善，气质之性有善恶不同。张载指出："性于人无不善，系其善反不善反而已，过天地之化，不善反者也；命于人无不正，系其顺与不顺而已，行险以饶幸，不顺命者也。形而后有气质之性，善反之则天地之性存焉。故气质之性，君子有弗性者焉。"（《正蒙·诚明》）在张载看来，人性以至善为本原，人天生具有仁义礼智。他说："仁义礼智，人之道也。"他自注道"亦可谓性"②。这是孟子"性本善"思想的翻版。但人性由于后天身体欲望的遮蔽，由天地之性转为气质之性。他说："攻取，气之欲。口腹于饮食，鼻舌于臭味，皆攻取之性也。"（《正蒙·诚明》）这里"攻取之性"就是气质之性。张载的"天地之性"是一种普遍的、先天固有的本心，"气质之性"则是个体的、后天存在的习心。无论哪一种，都具有根身性。

由于"天地之性"是至善的反映，"气质之性"是人身体欲望的外现，因此，张载主张心统性情。他说："心统性情者也，有形则有体，有性则有情，发于性则见于情，发于情则见于色，以类而应也。"③ 这里的"体"指全体，包括心、性、情、色（欲）。有了身体才有了心、性、情、色（欲）。心统性情实际上是身统性情。通过身可以通达性。他说："一故神。譬之人身，四体皆一物，故触之而无不觉，不待心至此而后觉也。此所谓'感而遂通'，'不行而至，不疾而速'也。"④ 从这点来说，身体是性的本体，性是身体的生发。

就二程来说，他们像周敦颐和张载一样，也认为气是性的本原。他们说："性出于天，才出于气。气清则才清，气浊则才浊。才则有善有不善，性则无不善"⑤。二程认为性像身体一样也是由气组成的，由于气的不同，性可分为"天命之性"与"气禀之性"。其中，"天命之性"是身体生来俱有的善的外在表

---

① 朱熹，吕祖谦. 近思录 [M]. 查洪德，注译. 郑州：中州古籍出版社，2008：57.
② 《张子语录》，第 324 页。
③ 张载. 张载集 [M]. 北京：中华书局，1978：374.
④ 朱熹，吕祖谦. 近思录 [M]. 查洪德，注译. 郑州：中州古籍出版社，2008：55.
⑤ 朱熹，吕祖谦. 近思录 [M]. 查洪德，注译. 郑州：中州古籍出版社，2008：50.

现。二程指出："人性本善，有不可革者，何也？曰：语其性，则皆善也。"①
而"气质之性"有善有恶。二程指出："有自幼而善，有自幼而恶，是气禀有然
也。"② 显然，二程的"天命之性"与"气禀之性"的划分深受张载"天地之
性"和"气质之性"划分的影响。诚如叶文英所道："张载把'性'分为'天
地之性'与'气质之性'，得到二程的接受和赞同。二程采取了张载'天地之
性'与'气质之性'的观点，认为'性'有'天命之性'和'生之谓性'之
别，两者的来源、标准以及能否改变等都不一样。"③

二程把"气禀之性"又分为三种：上等"气禀之性"是"流而至海，终无
所污"；中等"气禀之性"是"出而甚远，方有所浊"；下等"气禀之性"是
"流而未远，固已渐浊"。④ 而这一性的等级不是永恒不变的。通过"澄治之
功"，下愚之人可以成为圣贤。二程指出："所谓下愚，有二焉：自暴也，自弃
也。人苟以善自治，则无不可移。虽昏愚之至，皆可以渐磨而进也。惟自暴者
拒之以不信，自弃者绝之以不为，虽圣人与居，不能化而入也。仲尼之所谓下
愚也。然天下自暴自弃者，非必皆昏愚也，往往强戾而才力有过人者，商辛是
也。圣人以其自绝于善，谓之下愚。然考其归，则诚愚也。既曰下愚，其能革
面，何也？曰：心虽绝于善道，其畏威而寡罪，则与人同也。惟其有与人同，
所以知其非性之罪也。"⑤ 在二程看来，人的本性是善的，人只要用善自我修
治，"虽昏愚之至，皆可以渐磨而进也。"这就为身体等级的能动性转化提供了
学理依据。

总之，无论是周敦颐、张载，还是二程，都对人性进行了深刻的哲学反思
和理论划分。性，按照许慎《说文解字》的解释：性，人之阳气，性善者也，
从心，生声。⑥ "性"是生命的一种原初状态，也是身体的一种原初状态。同
时，"性"还是身体的一种欲望。告子曰："食色，性也。"这里的"性"就是
一种身体欲望的表达。另外，"性"还是身体行为的一种外在表现。孟子说：
"君子所性，仁义礼智根于心，其生色也睟然，见于面，盎于背，施于四体，四
体不言而喻。"（《孟子·尽心上》）这里的"性"是"心"的外发。周敦颐、

---

① 朱熹，吕祖谦. 近思录 ［M］. 查洪德，注译. 郑州：中州古籍出版社，2008：27.

② 程颢，程颐. 二程集 ［M］. 王孝鱼，点校. 北京：中华书局，1981：10.

③ 叶文英. 张载"性"论思想对程朱的影响 ［J］. 江西社会科学，2007（6）：63-66.

④ 程颢，程颐. 二程集 ［M］. 王孝鱼，点校. 北京：中华书局，1981：10.

⑤ 朱熹，吕祖谦. 近思录 ［M］. 查洪德，注译. 郑州：中州古籍出版社，2008：27.

⑥ 柴剑虹，李肇翔. 中国古典名著百部：语言文字类 ［M］. 北京：九州出版社，2001：
352.

张载和二程肯定"性"生命的原初状态，又对"性"是身体欲望和身体行为的外在表现进行了发挥。在他们看来，"性是在人身之内的，所以人之道德系发于内，而属于每个人自己，因而可以完全建立起道德的主体性；这是要通过具体的个人沉潜反省的工夫，而始能从自己的生命中透出来……所以尽管道德法则化了以后的天地之性，可以'命'到人身上来，使人之性与天地之性相应；但这是由合理性的推论而来，而不是由个人工夫的实证而来。只算是为以后的人性论开辟了一段更深更长的路程。"① 从这一点来说，周敦颐、张载和二程的"性"完全根身化了。反过来，周敦颐、张载和二程的"身体"因"性"完全形而上化了。

第四，在《近思录》中，心与身体关系的统一性得到进一步的弘扬，心的主导性凸显。中国传统哲学不像西方哲学身心分离一样，身心是如一的。而在这身心如一的过程中，从唐惠能开始，凸现了心在如一中的主导性地位。北宋理学身体思想就是在这一趋势下形成和发展着的。

首先，周敦颐认为身体好坏的关键在于心。他说："治天下有本，身之谓也；治天下有则，家之谓也。本必端。端本，诚心而已矣；则必善，善则，和亲而已矣。家难而天下易，家亲而天下疏也。家人离，必起自妇人，故《睽》次《家人》，以'二女同居而志不同行'也。尧所以釐降二女于妫汭，舜可禅乎？吾兹试矣。是治天下观于家，治家观身而已矣。身端，心诚之谓也；诚心，复其不善之动而已矣。"② 在周敦颐看来，诚心是身体治理的本原，它可以把不善转化为善。"身端，心诚之谓也；诚心，复其不善之动而已矣。"基于此，周敦颐提出了养心的主张。他说："孟子曰：'养心莫善于寡欲。'予谓养心不止于寡焉而存耳。盖寡焉以至于无，无则诚立明通。诚立，贤也；明通，圣也。"③ 周敦颐的养心是完全消灭身体欲望，达到虚无的状态，这就彻底地否定了身体欲望的正当性，心开始作为身体的主导性凸现。

其次，在周敦颐的基础上，二程一方面承认心离不开身体，身体是心的载体，他们说："满腔子是恻隐之心"④；另一方面又认为心是身体的主宰，他们指出："问：心有善恶否？曰：在天为命，在义为理，在人为性，主于身为心，其实一也。心本善，发于思虑，则有善有不善。若既发，则可谓之情，不可谓

---

① 徐复观. 中国人性论史（先秦篇）[M]. 上海：上海三联书店，2002：52-53.
② 朱熹，吕祖谦. 近思录 [M]. 查洪德，注译. 郑州：中州古籍出版社，2008：299.
③ 朱熹，吕祖谦. 近思录 [M]. 查洪德，注译. 郑州：中州古籍出版社，2008：231.
④ 朱熹，吕祖谦. 近思录 [M]. 查洪德，注译. 郑州：中州古籍出版社，2008：39.

之心。譬如水，只可谓之水。至如流而为派，或行于东，或行于西，却谓之流也。"① 在这里，"心"即"命"，即"理"，即"性"。"心"有多重意蕴。黄宗羲指出："若夫至仁，则天地为一身，而天地之间，品物万形为四肢百体。夫人岂有视四肢百体而不爱者哉？圣人，仁之至也，独能体是心而已，蜀尝支离多端，而求自外乎？"② 黄宗羲这里说的"仁"就是二程的"命""理"和"性"。这就是说，二程的"心"已上升为更高层次的"天理"和"仁"上。换言之，二程的"心"已形而上化了。

同时，二程对心进行了划分，他们把它为分本质之心和体用之心。他们说："心一也，有指体而言者（本注：寂然不动是也），有指用而言者（本注：感而遂通天下之故是也），惟观其所见何如耳。"③ 本质之心是喜怒哀乐之未发的状态，也称"中"；体用之心是喜怒哀乐之已发的状态，也称为"和"。二程把中国传统哲学最重要的两个概念"中"和"和"用于心的状态，说明"心"是一个过程。在这一过程中，本质之心（简称本心）是情感未发之状态，是固有的伦理道德。而体用之心是情感已发的状态，是伦理道德的运用。二程以吕大临独坐为例，表证本质之心与体用之心的关系。针对有人问："人之燕居，形体息惰，心不慢，可否？"二程回答道"安有箕踞而心不慢者？昔吕与叔六月中来缑氏，闲居中某尝窥之，必见其俨然危坐，可谓敦笃矣。心志须恭敬，但不可令拘迫，拘迫则难久。"④ 在这里，二程认为箕踞心慢，危坐心不慢。本质之心影响体用之心。同时，身体行为也影响心的体用。这就赋予心德性自觉功能和实践功能。

最后，张载的"心"是以身体知觉的形式呈现的。他说："心统性情者也。"⑤ 他又说："心清时少，乱时常多。其清时视明听聪，四体不待羁束而自然恭谨。其乱时反是。"⑥ 在张载看来，心的波动影响着身体的波动，心宽则身宽。因此，心的向外拓展就是身体的向外拓展。张载指出："大其心，则能体天下之物；物有未体，则心为有外。世人之心，止于见闻之狭；圣人尽性，不以见闻梏其心。其视天下，无一物非我。孟子谓尽心则知性知天以此。天大无外，

---

① 朱熹，吕祖谦. 近思录［M］. 查洪德，注译. 郑州：中州古籍出版社，2008：49.
② 黄宗羲. 宋元学案（第一卷）［M］. 北京：中华书局，1982：553.
③ 朱熹，吕祖谦. 近思录［M］. 查洪德，注译. 郑州：中州古籍出版社，2008：21.
④ 朱熹，吕祖谦. 近思录［M］. 查洪德，注译. 郑州：中州古籍出版社，2008：217.
⑤ 朱熹，吕祖谦. 近思录［M］. 查洪德，注译. 郑州：中州古籍出版社，2008：57.
⑥ 朱熹，吕祖谦. 近思录［M］. 查洪德，注译. 郑州：中州古籍出版社，2008：227.

故有外之心，不足以合天心。"① 张载以"我心"扩充为"天下之心"，打通了我之身体与天下万物的关联，即"万物皆备于我。"（《孟子·尽心上》）这样看来，张载心的身体知觉，是一种身体现象学的知觉。梅洛-庞蒂指出："不是所谓外在的认识主体在意识着，而是鲜活的身体在进行着感官的综合，意向通过协同作用的现象而显现在身体中。我们夺走客观身体的综合只是为了把它给予现象身体，也就是给予身体，因为身体在其周围投射某种'环境'。"② 张载的"心"是身体在其周围投射某种"环境"。张载通过"心"来体认客观世界。从这一点来说，张载的"心"具有本体性。

总之，周敦颐、二程和张载把心从身心合一中解放出来，赋予心主导性地位，表明自唐以后，心的作用越来越显著。黄宗羲在《宋元学案》指出："孔孟而后，汉儒止有传经之学，性道微言之绝久矣。元公崛起，二程嗣之，又复横渠诸大儒辈出，圣学大昌。故安定、徂徕卓乎有儒者之矩范，然仅可谓有开之必先。若论阐发心性义理之精微，端数元公之破暗也。"③ 北宋理学家继承孔孟"心"的身体践形思想，赋予"心"独立、自觉的地位。身体升华为"心"。同时，"心"为"诚心"，"心"即"理"、即"命"、即"性"、即"仁"则将"心"上升为一个更高的高度，"心"更形而上化了。

北宋理学"心"的形而上化对南宋陆九渊的心学影响颇大。他说："人心至灵，此理至明，人皆有是心，心皆具是理，心即理也。"④ 这里明显见北宋理学心即理的痕印。他又说："为政在人，取人以身；修身以道，修道以仁。仁，人心也。人者，政之本也；身者，人之本也；心者，身之本也。"⑤ 在这里，陆九渊赋予心主导地位。陆九渊心本位身体思想与北宋理学身体形而上化有着千丝万缕的联系。

第五，《近思录》强调日常生活的身体修炼。既然周敦颐、张载和二程，他们把身体升华到形而上的"理""性"和"心"，那么"理""性"和"心"日常生活的存养和修炼就是身体的存养和修炼。

就周敦颐来说，"一""思"和"几"是生成圣人身体的关键。首先，就"一"来说，它是学做圣人的要领。周敦颐指出："一为要。一者无欲也。无欲

---

① 朱熹，吕祖谦. 近思录［M］. 查洪德，注译. 郑州：中州古籍出版社，2008：112.
② 梅洛-庞蒂. 知觉现象学［M］. 姜志辉，译. 北京：商务印书馆，2005：297.
③ 黄宗羲. 宋元学案［M］. 全祖望，补修；陈金生，梁运华，点校. 北京：中华书局，1986：482.
④ 《象山集》，见《文渊阁四库全书》第1156册，第270页.
⑤ 陆九渊. 陆九渊集［M］. 钟哲，点校. 北京：中华书局，1980：233.

则静虚动直。静虚则明，明则通；动直则公，公则溥。明、通、公、溥，庶矣乎。"① 周敦颐认为身体没有欲望，身体行为就会公正，就会成为圣人。

其次，"思"为睿圣之本。周敦颐指出："《洪范》曰：'思曰睿，睿作圣。'无思，本也；思通，用也。几动于彼，诚动于此，无思而无不通，为圣人。不思，则不能通微；不睿，则不能无不通。是则无不通生于通微，通微生于思。故思者，圣功之本，而吉凶之几也。"② 在这里，"思"，作为身体知觉的活动，它直接影响到事物的了解。"故思者，圣功之本，而吉凶之几也。"

最后，"几"为身体修炼之关键。按照孔颖达对几的解释："几，微也，是已动之微。动谓心动，事动。初动之时，其理未著，唯纤微而已。若其已著之后，则心事显露，不得为几；若未动之前，又寂然顿无，兼亦不得称几也。几是离无入有，在有无之际，故云动之微也。若事著之后乃成为吉，此几在吉之先，豫前已见，故云吉之先见者也。此直云吉而不云凶者，凡豫前知几，皆向吉而背凶，违凶而就吉，无复有凶，故特云吉也。"（《十三经注疏·尚书正义》卷八）"几"是一种心理机制，周敦颐"诚无为，几善恶。"③ 就是这种心理机制的生发。在周敦颐看来，"诚"是清静无为的，"几"则是心受外物所感而起的善恶之念。诚、几的关系就是体与用的关系。

表面来看，周敦颐的一、思和几是针对心而发，实际上是一种身体的日常存养与修炼。因为，心离不开对身体的依赖，无身体便无心。而且，周敦颐还主张用礼法来约束身体的行为，他说："古圣王制礼法，修教化，三纲正，九畴叙，百姓太和，万物咸若，乃作乐以宣八风之气，以平天下之情。故乐声淡而不伤，和而不流，入其耳，感其心，莫不淡且和焉。淡则欲心平，和则躁心释。优柔平中，德之盛也；天下化中，治之至也。"④ 周敦颐日常生活的身体存养和修炼是以心为切入点，打造德性的身体。

就张载来说，日常生活的身体存养和修炼是上达下达。他说："上达反天理，下达徇人欲者欤？"⑤ 在这里，"达"是架起"天理"和"人欲"的桥梁。按照《说文解字》的解释，"达，行不相遇也。从辵奎声。《詩》曰：'挑兮達兮。'达，達或从大。"达，是一种身体行为。通过"达"可以在"天理"与"人欲"之间找到一个平衡点。基于此，张载从身体生成的视角，论述了上达下

① 朱熹，吕祖谦. 近思录 [M]. 查洪德，注译. 郑州：中州古籍出版社，2008：190.
② 周敦颐. 周子通书 [M]. 上海：上海古籍出版社，2000：35.
③ 朱熹，吕祖谦. 近思录 [M]. 查洪德，注译. 郑州：中州古籍出版社，2008：19.
④ 朱熹，吕祖谦. 近思录 [M]. 查洪德，注译. 郑州：中州古籍出版社，2008：321.
⑤ 朱熹，吕祖谦. 近思录 [M]. 查洪德，注译. 郑州：中州古籍出版社，2008：114.

达的必要性。他说:"乾称父,坤称母。于兹藐焉,乃混然中处。故天地之塞,吾其体;天地之帅,吾其性。民,吾同胞;物,吾与也。大君者,吾父母宗子;其大臣,宗子之家相也。尊高年,所以长其长;慈孤弱,所以幼其幼。圣,其合德;贤,其秀也。凡天下疲癃残疾、茕独鳏寡,皆吾兄弟之颠连而无告者也。'于时保之',子之翼也;'乐且不忧',纯乎孝者也。违曰悖德,害仁曰贼,济恶者不才。其践形,惟肖者也。知化,则善述其事;穷神,则善继其志。不愧屋漏为无忝,存心养性为匪懈。"① 在这里,张载以乾坤生"我身"为基干,向外蔓延开去,为父母身、为兄弟身、为国君身、为大臣身。并以"我身"为"他身","长其长""幼其幼"。这样,通过身体的上达下达,把"天理"和"人欲"结合了起来。

同时,张载对理与命的关系进行了阐述。他说:"顺性命之理,则得性命之正,灭理穷欲,人为之招也。"② 这里的"性命"是一种身体道德价值。"道德性命是长在不死之物也,己身则死,此则常在。"③ "顺性命之理"就是要顺应自己的身体道德取向。程颐就此评述道:"横渠立言,诚有过者,乃在《正蒙》。《西铭》之为书,推理以存义,扩前圣所未发,与孟子性善、养气之论同功。"④

由于张载的身体存养和修炼是从理与欲的关系及理与命的关系的视角进行的,因此,其存养和修炼的路径一要明善。他说:"明善为本,固执之乃立,扩充之则大,易视之则小。在人能弘之而已。"⑤ 张载认为"明善"是"本",是"大"。张载像周敦颐一样,打造的也是人德性的身体。二要立命。他说:"为天地立心,为生民立命,为往圣继绝学,为万世开太平"⑥。这里的"立命"是立"德命"。他说:"德不胜气,性命于气;德胜其气,性命于德。穷理尽性,则性天德,命天理。"⑦ 从这一段话来看,"德命"就是"天道"或"天理"。故"立命"有时称"立道"。张载"为生民立命"就是为百姓树立身体道德准则。三要守静。他说:"敦笃虚静者仁之本。不轻妄则是敦厚也,无所系阂昏塞则是虚静也。"⑧ 很明显,张载的身体存养和修炼以"敦笃虚静"为要,带有强烈的道家身体存养和修炼色彩。

---

① 朱熹,吕祖谦. 近思录 [M]. 查洪德,注译. 郑州:中州古籍出版社,2008:116.
② 张载. 张载集 [M]. 北京:中华书局,1978:24.
③ 张载. 张载集 [M]. 北京:中华书局,1978:273.
④ 朱熹,吕祖谦. 近思录 [M]. 查洪德,注译. 郑州:中州古籍出版社,2008:118.
⑤ 朱熹,吕祖谦. 近思录 [M]. 查洪德,注译. 郑州:中州古籍出版社,2008:125.
⑥ 朱熹,吕祖谦. 近思录 [M]. 查洪德,注译. 郑州:中州古籍出版社,2008:127.
⑦ 张载. 张载集 [M]. 北京:中华书局,1978:23.
⑧ 朱熹,吕祖谦. 近思录 [M]. 查洪德,注译. 郑州:中州古籍出版社,2008:229.

就二程来说，日常生活的身体存养和修炼是正其心、养其性。他们说："天地储精，得五行之秀者为人。其本也真而静，其未发也五性具焉，曰仁、义、礼、智、信。形既生矣，外物触其形而动其中矣。其中动而七情出焉，曰喜、怒、哀、惧、爱、恶、欲。情既炽而益荡，其性凿焉。是故觉者约其情使合于中，正其心，养其性。愚者则不知制之，纵其情而至于邪僻，梏其性而亡之。然学之道，必先明诸心，知所往，然而力行以求至。所谓自明而诚也。诚之之道，在乎信道笃；信道笃，则行之果；行之果，则守之固。仁义忠信不离乎心，造次必于是，颠沛必于是，出处语默必于是。久而弗失，则居之安。"① 他们认为人的身体本来具有五性，由于外界的作用，出现了七情。七情发展又影响了身体。因此，在日常生活存养和修炼中，"先明诸心"，"然而力行以求至"。二程身体存养和修炼路径是先心后身。

由于二程把心摆在一个主要位置，因此，在存养和修炼过程中强调的是主敬守义。他们说："君子主敬以直其内，守义以方其外。敬立而内直，义形而外方。义形于外，非在外也。敬义既立，其德盛矣，不期大而大矣，德不孤也。无所用而不周，无所施而不利，孰为疑乎？"② 他们认为敬、义影响着身体的行为方式。"主敬"从内使其"内直"，"守义"从外使其"外方"。二者统一则"德盛""为大"。这样看来，二程的"主敬守义"除了打造德性的身体外，还打造礼义的身体。

除此之外，二程还主张寡欲。他们说："致知在所养，养知莫过于'寡欲'二字。"③ 二程的"养"不但是养德，而且是养身（养体）。他们说："'慎言语'以养其德，'节饮食'以养其体。事之至近而所系至大者，莫过于言语饮食也。"④ 他们又说："动静节宣，以养生也；饮食衣服，以养形也；威仪行义，以养德也；推己及物，以养人也。"⑤ 二程通过"寡欲"，养生、养形、养德、养人，其最终目标为"养知"。换言之，就是要达到一个高度的道德自觉境界。

总之，周敦颐、张载和二程等理学家从诚、性、心和理的角度阐释了如何打造德性的身体和礼义的身体。在打造的过程中，凸显了身体道德价值的功能，其身体已形而上化了。诚如齐林华所指出："他们以理学规训人的身体，以理教来捆绑人的身体，恰恰偏离了先秦儒家的德性身体、礼仪身体、礼教身体的原

① 朱熹，吕祖谦. 近思录 [M]. 查洪德，注译. 郑州：中州古籍出版社，2008：61.
② 朱熹，吕祖谦. 近思录 [M]. 查洪德，注译. 郑州：中州古籍出版社，2008：70.
③ 朱熹，吕祖谦. 近思录 [M]. 查洪德，注译. 郑州：中州古籍出版社，2008：224.
④ 朱熹，吕祖谦. 近思录 [M]. 查洪德，注译. 郑州：中州古籍出版社，2008：191.
⑤ 朱熹，吕祖谦. 近思录 [M]. 查洪德，注译. 郑州：中州古籍出版社，2008：191.

初精神。这既是宋代理学在儒家身体观念上的推进，同时也为进一步思考身体与知识、身体与社会、身体与政治的关系提供了重要的思想文本。"①

二、《近思录》身体形而上化思想的评价

北宋理学家身体形而上化思想有深刻的时代背景。在马克思主义、历史唯物主义的理论视阈中，《近思录》所汇集的身体形而上化理论表证了宋朝社会在经济、政治、文化等各个方面的历史风貌及其发展状况。

第一，北宋时期人身依附关系日益松散。唐两税法以前，国家按人丁征税，百姓被迫固定在土地上，人身很不自由。两税法后，"唯以资产为宗，不以丁身为本。"② 大大促进了农民生产的积极性，促进了商品经济的发展，同时，唐宋这种"不以丁身为本"的赋税制度，又大大解除了农民对国家和地主的人身依附关系。一个重要表证就是北宋身体娱乐休闲业的发展。

据《东京梦华录》载，北宋都城开封共有勾栏瓦子九处。其九处："殿上下回廊，皆关扑钱物、饮食，伎艺人作场，勾肆罗列左右……桥之南立棂星门，门里对立彩楼……池之东岸，临水近墙，皆垂杨，两边皆彩棚幕次……街东皆酒食店舍，博易场户，艺人勾肆质库。"（《东京梦华录》卷7《三月一日开金明池琼林苑》）这种经济发展下松散的人身依附关系，一方面是对身体束缚的解放；另一方面，又促进了身体享受和身体娱乐业的发展。

针对这一现象，周敦颐指出："后世礼法不修，政刑苛紊，纵欲败度，下民困苦。谓古乐不足听也，代变新声，妖淫愁怨，导欲增悲，不能自止。故有贼君弃父，轻生败伦，不可禁者矣。"③ 这就促使北宋理学家建构一种新的道统来正确处理"天理"与"人欲"的关系。

第二，随着医学的发展，北宋对身体的认识不断进步。随着经济的繁荣，北宋时期的医学得到进一步的发展，出现了一批有影响的对身体结构认识的著作，如《区希范五脏图》《存真图》《洗冤集录》等。在这些著作里，对人的身体生理结构作了详细的介绍，如《区希范五脏图》载："欧希范作恶当刑三十人，亦送来刑，命画工于法场割开诸人胸腹，详视画之。见喉咙中排三窍：曰水，曰食，曰气。相推惟水食同一窍，走胞中入胃，上口一窍通肺，循腹抵脊膂，转脐下两肾。与任冲督三脉会丹田者，气海也。胃管下有肺两叶，为华盖。

---

① 齐林华. 中国古代文化中的身体观念及其发展 [D]. 长沙：湖南师范大学，2013：146.
② 陆贽：《均节赋税恤百姓六条》见《陆宣公集》，四部丛刊本。
③ 朱熹，吕祖谦. 近思录 [M]. 查洪德，注译. 郑州：中州古籍出版社，2008：15.

诸脏腑肺下有心，外有黄脂裹之，其色赤黄，割开视之，其心个个不同：有窍无窍、有毛无毛，尖者长者。……此君子小人之体各异，见成性气缓急。五脏六腑皆造化所成也。"① 这些著作提高了人们对身体、身体结构及其身体知觉的认识。

二程指出："人心作主不定，正如一个翻车，流转动摇，无须臾停，所感万端。若不做一个主，怎生奈何？张天祺昔尝言：'自约数年，自上著床，便不得思量事。'不思量事后，须强把他这心来制缚，亦须寄寓在一个形象，皆非自然。君实自谓：'吾得术矣，只管念个'中'字。'此又为'中'所系缚。且中亦何形象？有人胸中常若有两人焉，欲为善，如有恶以为之间；欲为不善，又若有羞恶之心者。本无二人，此正交战之验也。持其志，使气不能乱，此大可验。要之圣贤必不害心疾。"② 在这里，二程认为人心如一个翻车，"流转动摇，无须臾停。"就是受了当时医学著作关于心的看法的影响。北宋理学家把身体升华到理、性、心的高度，与身体医疗知识的进步不无关系。

第三，儒家身体观的衰微与对佛道身体观的吸收，则在中国古代身体思想中融汇出新的认识论路径。先秦时期儒家身体图式的建构，主要是为现实统治确立道统和治统。荀子说："无土则人不安居，无人则土不守，无道法则人不至，无君子则道不举。故土之与人也，道之与法也者，国家之本作也；君子也者，道法之总要也，不可少顷旷也。得之则治，失之则乱；得之则安，失之则危；得之则存，失之则亡。"（《荀子·致士》）荀子认为道是国家的根本，"得之则治，失之则乱"。由此，在先秦时期出现了荀子礼义身体观和孟子践形身体观。它们主张"内圣外王"，从"内圣"静思的人生达到"外王"行动的人生。

至西汉董仲舒时，他的天的身体叙事又把儒家的礼和仁固化于三纲五常的身体等级框架里，从而导致儒学走向烦琐的解经之中和空谈义理的玄学之中。到北宋时期儒学出现了极大的困境。刘宗周指出："臣闻古之帝王，道统与治统合而为一，故世教明而人心正，天下之所以久安长治也。及其衰也，孔孟不得已而分道统之任，亦惟是托之空言，以留人心之一线，而功顾在万世。又千百余年，有宋诸儒继之"（《刘蕺山集》卷3）刘宗周认为在先秦到唐这段时期孔孟的道统与治统已成为"空言"，只有到北宋时期，理学家才恢复这道统与治统。

在儒家身体思想衰落的同时，佛道身体思想开始兴起。据一专家研究，魏

---

① ［明］章潢编：《图书编》卷68"脏腑全图说"条，第16册第23页。
② 朱熹，吕祖谦. 近思录［M］. 查洪德，注译. 郑州：中州古籍出版社，2008：203.

晋南北朝道教的身体思想主要从四个方面展开：、①以老庄为端，对"身体"缘起作理论溯源性研究；②立足于"神仙道教"的整体特征，发掘、耙梳其中的"身体"意蕴；③判别"道"与"身体"之间的关系，厘定"身体哲学"研究的前提性问题；④运用元哲学的研究成果构建"身体哲学"的研究范式。① 这种身体研究，对北宋理学家身体思想的形成不无学理基础。周敦颐《太极图》中的"无极""太极"和"阴阳"就是这一道家身体思想的继承和发展。

　　而南北朝佛教相的身体叙事，经过唐惠能的改造，从"以身布施"到"直指本心"，开启了禅宗新的革命。这种革命又影响了北宋理学身体思想的发展。前面所述周敦颐的"无欲"身体观念，就是吸收了佛教的"灭欲"思想。《佛本行集经》卷六云："不净观，是法明门，舍欲染心故。"② 这里的"舍欲"观念即是周敦颐的"无欲"身体思想的基础。而二程指出："圣人本天，释氏本心"（《二程遗书》卷21下《伊川先生语七下》），"昨日之会，谈空寂者纷纷，吾有所不能。噫！此风既成，其何能救也！古者释氏盛时，尚只崇像设教，其害小尔。今之言者，乃及乎性命道德，谓佛为不可不学，使明智之士先受其惑。"（《二程遗书》卷2上，《论学篇》）显见佛教身体观念对理学身体思想的影响。

　　北宋理学家身体形而上化思想对后来身体思想的发展有重大的价值功能和实践作用。

　　第一，身体形而上化思想重构了儒家道统和身道。先秦时期形成的儒家身道和道统，中经魏晋南北朝已日益式微。韩愈说："周道衰，孔子没，火于秦，黄老于汉，佛于晋、魏、梁、隋之间，其言道德仁义者，不入于杨则入于墨，不入于老则入于佛。"③ 在这里，韩愈指出儒家身道和道统逐渐被佛、道身道和道统所替代。同时，儒家三纲五常的身体规训模式和身—家—国—天下身体治理框架也遭受重创。韩愈指出："传曰：'古之欲明明德于天下者，先治其国；欲治其国者，先齐其家；欲齐其家者，先修其身；欲修其身者，先正其心；欲正其心者，先诚其意。'然则古之所谓正心而诚意者，将以有为也。今也欲治其心而外天下国家，灭其天常，子焉而不父其父，臣焉而不君其君，民焉而不事其事。"④ 韩愈认为现在天常断灭，子"不父其父"，臣"不君其君"，民"不

---

①　杨普春. 魏晋南北朝道教身体哲学建设论纲［J］. 宝鸡文理学院学报（社会科学版），2015，35（4）：61-66.

②　《佛本行集经》，卷六，见《大正藏》第3册，第190经，第681页.

③　韩愈集［M］. 严昌，校点. 长沙：岳麓书社，2000：147.

④　韩愈集［M］. 严昌，校点. 长沙：岳麓书社，2000：148.

事其事"。因此，从唐韩愈开始，就一直着力儒家道统和身道的重构。

由于历史，这一重构过程，到北宋理学兴起时才基本完成。周敦颐从"诚"、张载从"性"、二程从"理"的视角，分别对儒家道统和身道进行了改造，从而为儒家从"外王"转向"内圣"，从身体行动转向身心存养和修炼提供了契机。这一改造再经朱熹、吕祖谦和陆九渊进一步发扬光大，成为封建国家的制度化依托。

叶采在《近思录集解序》指出："皇宋受命，列圣传德，跨唐越汉，上接三代统纪。而天僖、明道间，仁深泽厚，儒术兴行。天相斯文，是生濂溪周子，抽关发蒙，启千载无传之学。既而洛二程子，关中张子，缵承羽翼，阐而大之。圣学淹而复明，道统绝而复续，猗欤盛哉！中兴再造，崇儒务学，逎遵祖武，是以巨儒辈出，沿溯大原，考合诸论。时则朱子与吕成公，采四先生之书，条分类别，凡十四卷，名曰《近思录》，规模之大而进修有序，纲领之要而节目详明，体用兼备，本末殚举。至于辟邪说，明正宗，罔不精核洞尽，是则我宋之一经，将与四子并列，诏后学而垂无穷也。"① 叶采认为周敦颐开宋代理学身体思想源流，张载、二程成其大者，朱熹、吕祖谦继承和发展。从此，理学成为封建国家规训和枷制人身体行为的工具。

《程董二先生学则》规定："居处必恭：居有常处，序坐以齿。凡坐必直身正体，毋箕踞倾倚，交胫摇足。寝必后长者。既寝勿言，当昼勿寝。步立必正：行必徐，立必拱，必后长者，毋背所尊，毋践阈，毋跛倚。视听必端：毋淫视，毋倾听。言语必谨：致详审，重然诺，肃声气，毋轻毋诞，毋戏谑喧哗，毋论及乡里人物长短，及市井鄙俚无益之谈。容貌必庄：必端严凝重，毋轻易放肆，毋粗豪狠傲，毋轻有喜怒。衣冠必整：毋为诡异华靡，毋致垢弊简率。虽燕处，不得裸袒露顶；虽盛暑，不得辄去鞋袜。饮食必节：毋求饱，毋贪味，食必以时，毋耻恶食。非节假及尊命不得饮，饮不过三爵，勿至醉。出入必省：非尊长呼唤、师长使令及己有急干，不得辄出学门。出必告，反必面，出不易方，入不逾期。……接见必有定：凡客请见，师长坐定，值日击板，诸生如其服升堂序揖立侍，师长命之退则退。若客于诸生中有自欲相见者，则见师长既毕，就其位见之，非其类者，勿与亲狎。"②在这里，人身体的一言一行、一饮一食都受"理"的统辖和管控。理学成为封建社会的道统，也成为封建统治者进行身体统治的工具和技术。

---

① 朱熹，吕祖谦. 近思录 [M]. 查洪德，注译. 郑州：中州古籍出版社，2008：452.
② 转引邱志诚. 国家、身体、社会：宋代身体史研究 [D]. 北京：首都师范大学，2012.

第二，身体道德化的豁醒加速了身体形而上化的发展趋向。周敦颐、二程和张载把身体升华为"诚""心""性"和"理"，这不只是工具价值的需要，更是道德价值的需要。周敦颐主张"圣人之道入乎耳，存乎心，蕴之为德行，行之为事业。"① 张载指出："德不胜气，性命于气；德胜其气，性命于德。穷理尽性，则性天德，命天理。"② 二程认为："内积忠信，所以进德也；择言笃志，所以居业也。知至至之，致知也。"③ 都是从身体道德践形化的视角来进行的。这标志着自北宋时期始，身体道德化成为一些士安身立命的工具。《横渠先生行状》载：张载"终日危坐一室，左右简编，俯而读，仰而思，有得则识之。或中夜起坐，取烛以书。其志道精思，未始须臾息，亦未尝须臾忘也。学者有问，多告以知礼成性，变化气质之道，学必如圣人而后已。"④ 身体道德化已成为张载及以后一些士处世的标杆。

但是，"人欲"中自私、逐利的天性并不以"天理"的压制有所收敛，相反，在"存天理，灭人欲"的幌子下，以新的形式出现。明代李贽指出："彼以为周、程、张、朱者皆口谈道德而心存高官，志在巨富；既已得高官巨富矣，仍讲道德，说仁义自若也；又从而哓哓然语人曰：'我欲厉俗而风世。'彼谓败俗伤世者，莫甚于讲周、程、张、朱者也。"⑤ 这里"口谈道德而心存高官，志在巨富"的人在北宋时或北宋后不在少数，社会出现了一些具有双面人格的官和士。从这个角度来说，北宋理学身体形而上化催生了一批满口仁义道德实际男盗女娼伪善的身体。同时，又催生了一批高谈性、理之学的清流之士。费弘道指出："清谈害实，始于魏晋而固陋变中，盛于宋南北。……至宋而后，齐逞意见，专事口舌……何补于国，何益于家，何关于政事，何救于民生……学术蛊坏，世道偏颇，而夷狄寇盗之祸亦相挺而起。"（《费氏遗书》，弘道书卷中）这种现象的出现，标志着儒学从身体的"驰物外求"走向身体的"切己自反"，北宋理学家的身体彻底形而上化了。

---

① 朱熹，吕祖谦. 近思录 [M]. 查洪德，注译. 郑州：中州古籍出版社，2008：59.
② 朱熹，吕祖谦. 近思录 [M]. 查洪德，注译. 郑州：中州古籍出版社，2008：111.
③ 朱熹，吕祖谦. 近思录 [M]. 查洪德，注译. 郑州：中州古籍出版社，2008：69.
④ 朱熹，吕祖谦. 近思录 [M]. 查洪德，注译. 郑州：中州古籍出版社，2008：449.
⑤ 李贽. 焚书·续焚书校释 [M]. 陈仁仁，校释. 长沙：岳麓书社，2011：91.

第三节　身体道德化：朱熹身体思想研究

早在先秦时期，中国思想家就有身体道德化观点，其中比较有名的人物有孟子。他说："君子所以异于人者，以其存心也。君子以仁存心，以礼存心。仁者爱人，有礼者敬人。爱人者，人恒爱之；敬人者，人恒敬之。有人于此，其待我以横逆，则君子必自反也：我必不仁也，必无礼也，此物奚宜至哉？其自反而仁矣，自反而有礼矣，其横逆由是也，君子必自反也，我必不忠。自反而忠矣，其横道由是也，君子曰：'此亦妄人也已矣。如此，则与禽兽奚择哉？于禽兽又何难焉？'是故君子有终身之忧，无一朝之患也。乃若所忧则有之：舜，人也；我，亦人也。舜为法于天下，可传于后世，我由未免为乡人也，是则可忧也。忧之如何？如舜而已矣。若夫君子所患则亡矣。非仁无为也，非礼无行也。如有一朝之患，则君子不患矣。"（《孟子·离娄下》）在这里，孟子把"以仁存心"和"以礼存心"作为君子与小人的道德区别。而"心"在孟子学说里具有显然的身体践形性①，孟子的身体思想已初具道德化趋向。

经过一千多年的发展，到南宋朱熹时，已形成系统化、理论化的身体道德化思想。齐林华指出："朱熹不仅把'理'视为宇宙论的最高存在，而且对'理'作了道德本体的阐释。"② 朱熹身体思想是道德化的"理教身体"③ 思想。

一、朱熹身体道德化思想的主要内容

朱熹身体道德化思想主要表现在以下六个方面。

第一，身体生成的道德化。像北宋理学家周敦颐、张载和二程认为身体是气的产物一样，朱熹也认为身体是由气生成的。他说："且如天地间人物草木禽兽，其生也，莫不有种，定不会无种子白地生出一个物事，这个都是气。若理，

---

① 杨儒宾. 儒家身体观 [M]. 台北："中央研究院"中国文哲研究所，1996：168.
② 齐林华. 中国古代文化中的身体观念及其发展 [D]. 长沙：湖南师范大学，2013：144.
③ 关于"理教身体"，齐林华指出：这种通过预设先验的"理"的绝对权威，同时经由知识权力话语的流播而设定的对于身体与欲望的规训与控制的身体形态，可以称之为"理教身体"。见齐林华. 中国古代文化中的身体观念及其发展 [D]. 长沙：湖南师范大学，2013：146.

则只是个净洁空阔底世界，无形迹，他却不会造作；气则能酝酿凝聚生物也。"① 不同之处，朱熹在气之上，还有一个"理"。朱熹说："未有天地之先，毕竟也只是理。有此理，便有此天地；若无此理，便亦无天地，无人无物，都无该载了；有理，便有气流行，发育万物。"② 这个"理"，对朱熹来说，在天地产生之前就存在着。有了这个"理"，便有了天地。由此看来，"理"不但是身体的本体，而且是宇宙万物的本体。

在"气"和"理"之间，朱熹认为"理"形而上，"气"形而下。他说："天地之间，有理有气。理也者，形而上之道也，生物之本也。气也者，形而下之器也，生物之具也。是以人物之生，必享此。然后有性，必禀此气，然后有形。其性、其形虽不外乎一身，然其道器之间，分际甚明，不可乱也。"③ 在这里，朱熹指出"理"是"生物之本"，是形而上的；"气"是"生物之具"，是形而下的。先有"理"，"然后有性"；性禀其气，"然后有形"。这样，朱熹建构起了身体生成的模式，即：理—气—性—形。这就颠倒了物质和意识的关系，"理"成了世界和身体的本原。

由于"理"是形而上的、抽象的、僵化的，"理"无形无影，缺乏具体的、有欲望的身体维度。他说："形而上者，无形无影是此理；形而下者，有情有状是此器。然有此器则有此理，有此理则有此器，未尝相离，却不是于形器之外别有所谓理。亘古亘今，万事万物皆只是这个，所以说'但得道在，不系今与后'。"④ 在这里，作为形而上者的"理"就是形而上者的"道"。这是否意味着"理"就是"道"？朱熹指出："道便是路，理是那文理。"又说："'道'字包得大，理是'道'字里面许多理脉。"⑤ 从这两句话来看，"道"包含"理"，"理"是"道"的外在表现。无论是在内涵上还是在外延上，"道"比"理"要宽泛得多。

而朱熹以理释道，化道成理，主要是想把儒家身体宇宙观和道家身体宇宙观结合起来，建构起一套自己的身体生成体系。他说："天道流行，发育万物。其所以为造化者，阴阳五行而已。而所谓阴阳五行者，又必有理而后有是气。及其生物，则又必因是气之聚而后有形。故人物之生，必得是理，然后有以

---

① 黎靖德. 朱子语类［M］. 王星贤，点校. 北京：中华书局，1986：3.
② 黎靖德. 朱子语类［M］. 王星贤，点校. 北京：中华书局，1986：1.
③ 朱熹. 晦庵先生朱文公文集［M］. 上海：上海古籍出版社，2002：2755.
④ 黎靖德. 朱子语类［M］. 王星贤，点校. 北京：中华书局，1986：232.
⑤ 黎靖德. 朱子语类［M］. 王星贤，点校. 北京：中华书局，1986：99.

为健顺仁义礼智之性；必得是气，然后有以为魂魄五脏百骸之身。"① 在这里，朱熹又认为身体生成的路径为道—气—阴阳五行—性—形—身。其中，气的凝聚构成人的形体，理构成人的性体。二者合一，构成人的身体。而这一切皆置于"天道流行"之下。

这里的"天道"与老庄的"天道"是不一样的。老庄的"天道"是一种生命的原初状态，而朱熹的"天道"除了是生命的本原外，还是一种道德性。朱熹指出："道者，古今共由之理，如父之慈、子之孝，君仁、臣忠，是一个公共底道理。德，便是得此道于身，则为君必仁，为臣必忠之类，皆是自有得于己，方解恁地。尧所以修此道而成尧之德，舜所以修此道而成舜之德，自天地以先，羲黄以降，都即是这一个道理……吾儒说只是一个物事。以其古今公共是这一个，不著人身上说，谓之道。"② 朱熹认为父慈、子孝、君仁、臣忠是一种根身的道德准则，表现于人身则是德。同样，"理"也是道德的生发。朱熹说："所居之位不同，则其理之用不一。如为君须仁，为臣须敬，为子须孝，为父须慈，物物各具此理，而物物各异其用，然莫非一理之流行也。"③ 因此，朱熹的身体生成是一种道德的生成。朱熹的身体集自然性、社会性和道德性于一体。

第二，身体与性的道德化。关于这一命题，朱熹主要从以下两个方面展开：首先，性的普遍性。像北宋理学家张载认为万物都有性一样，朱熹也认为天下无无性之物。朱熹说："盖有此物，则有此性；无此物，则无此性。"④ 万物皆有性。身体作为一种物质，自然也有性。朱熹指出："性者，人之所得于天之理也；生者，人之所得于天之气也。性，形而上者也；气，形而下者也。人物之生莫不有是性，亦莫不有是气。然以气言之，则知觉运动，人与物若不异也；以理言之，则仁义礼智之禀，岂物之所得而全哉？此人之性所以无不善，而为万物之灵也。"⑤ 在这里，朱熹不但指出"性"禀"理"而生，是形而上者；人禀"气"而生，是形而下者，而且指出人生下来就有"性"，就有"仁义礼智"，人性无不善。这与孟子"性本善"之说相洽。

由于朱熹把"性"看作人身所固有的，而"理"也是先天存在的。这样，性即理。他说："性只是理，然无那天气地质，则此理没安顿处。但得气之清明

---

① 朱杰人，严佐之，刘永翔. 朱子全书（第6册）上海：上海古籍出版社，2002：505.

② 黎靖德. 朱子语类 [M]. 王星贤，点校. 北京：中华书局，1986：231.

③ 黎靖德. 朱子语类 [M]. 王星贤，点校. 北京：中华书局，1986：398.

④ 黎靖德. 朱子语类 [M]. 王星贤，点校. 北京：中华书局，1986：56.

⑤ 朱熹. 四书章句集注 [M]. 北京：中华书局，1983：326.

则不蔽锢，此理顺发出来。蔽锢少者，发出来天理胜；蔽锢多者，则私欲胜。"① 朱熹通过"理"把身体的"性"与天地的"气"统一了起来，从而建构起了宇宙大天地与人身小天地互动的模式。

其次，性的差异性。由于身体禀气的厚薄不同，其表现出来的性有明暗之别。朱熹说："人物并生于天地之间，其所资以为体者，皆天地之塞。其所得以为性者，皆天地之帅。然体有偏正之殊，故其于性也不无明暗之异，惟人也得其形气之正，是以其心最灵，而有以通乎性命之全体于并生之中，又为同类而最贵焉，故曰'同胞'。则其视之也皆如己之兄弟矣。物则得夫形气之偏，而不能通乎性命之全，故与我不同类，而不若人之贵。"② 朱熹认为人之身体得气最正，故性最灵；动物身体得气最偏，故性最暗。又由于"通乎性命之全体于并生之中"，人互视为兄弟。这样，通过性，把人的身体与动物的身体区隔开来。由此，人的身体不只是生理性的身体，而是社会性的身体了。

在此基础上，朱熹进一步地把性分为天地之性（天命之性）和气质之性。他说："孟子所谓性善，周子所谓纯粹至善，程子所谓性之本，与夫反本穷源之性，是也。只被气质有昏浊，则隔了，故'气质之性，君子有弗性者焉。学以反之，则天地之性存矣。'故说性，须兼气质说方备。"③ 朱熹继承了张载关于"天地之性"与"气质之性"的二元区分思想，但有所创新。他说："论天地之性，则专指理而言；论气质之性，则以理与气杂而言之。"④ 对朱熹来说，"'天地之性'，亦称'天命之性''义理之性'，也是先验的道德理性，是从作为世界本源的'理'得来的，是纯粹至善的；而'气质之性'，是从构成身体的'气'得来的，是'理与气杂'的人性，是可善可恶的，包括人的同有的感情、欲望等。"⑤ 朱熹在张载"性本论"的基础上，生发出"理本论"。这就是说朱熹是南宋理学大师的原因。

由于天命之性是本然之性，是绝对的善；而气质之性是后天之性，有善有恶。因此，朱熹的"性"具有强烈的道德性。他说："天命之性，本未尝偏。但气质所禀，却有偏处，气有昏明厚薄之不同。然仁义礼智，亦无阙一之理。但

---

① 黎靖德. 朱子语类 [M]. 王星贤, 点校. 北京：中华书局, 1986：66.

② 朱熹. 西铭解 [M] //朱杰人, 严佐之, 刘永翔. 朱子全书（第 13 册）上海：上海古籍出版社, 2002：141.

③ 黎靖德. 朱子语类 [M]. 王星贤, 点校. 北京：中华书局, 1986：66.

④ 朱杰人, 严佐之, 刘永翔. 朱子全书（第 6 册）[M]. 上海：上海古籍出版社, 2002：2688.

⑤ 齐林华. 中国古代文化中的身体观念及其发展 [D]. 长沙：湖南师范大学, 2013：144.

若恻隐多，便流为姑息柔懦；若羞恶多，便有羞恶其所不当羞恶者。且如言光，必有镜，然后有光；必有水，然后有光。光便是性，镜水便是气质。若无镜与水，则光亦散矣。谓如五色，若顿在黑多处，便都黑了。入在红多处，便都红了，却看你禀得气如何，然此理却只是善矣。……既是此理，如何得恶！所谓恶者，却是气也。孟子之论，尽是说性善。至有不善，说是陷溺。是说其初无不善，后来方有不善耳。"① 朱熹认为仁义礼智是先验的道德理性，由于后天气质所禀不同，这一道德理性在人身上表现各异。"若恻隐多，便流为姑息柔懦；若羞恶多，便有羞恶其所不当羞恶者。"这样，朱熹把先验的道德与实践的道德结合了起来。

又由于性是身体之性，身体是性之身体，因此，性的道德性就是身体的道德性。朱熹在答释氏作用是性时说道："其言曰：'在目曰见，在耳曰闻，在鼻嗅香，在口谈论，在手执捉，在足运奔，遍现俱该法界，收摄在一微尘。识者知是佛性，不识唤作精魂'……他个本自说得是，所养者也是，只是差处便在这里。吾儒所养者是仁义礼智，他所养者只是视听言动……他只见得个浑沦底物事，无分别，无是非。"② 这里"视听言动"虽然是身体行为，但也是仁义礼智的载体，仁义礼智通过视听言动展现出来。朱熹的"性"和身体都具道德性。

第三，身体与心的道德化。关于这一命题，朱熹也从两个方面展开论述。首先，心是身体的主宰。朱熹说："心者，一身之主宰；意者，心之所发；情者，心之所动；志者，心之所向，比于情、意尤重；气者，即吾之血气而充乎体者也，比于他，则有形器而较粗者也。又曰'舍心无以见性，舍性无以见心'。"③ 他又说："夫心者，人之所以主乎身者也。一而不二者也，为主而不为客者也，命物而不命于物者也。"④ 在朱熹看来，意、情、性、志皆心所发所动，无心则无性、无意、无情、无志，心是身的主宰。这样，朱熹赋予心主导地位。这也是朱熹被称为"主观唯心主义者"的由来。

由于朱熹把心当作主体，把身体当作客体，因此，心影响着身体的行为。我们通过一段答问："问'形体之动，与心相关否？'曰：'岂不相关？自是心使他动。'曰：'喜怒哀乐未发之前，形体亦有运动，耳目亦有视听，此是心已发，抑未发？'曰：'喜怒哀乐未发，又是一般。然视听行动，亦是心向那里。若形体之行动心都不知，便是心不在。行动都没理会了，说甚未发！未发不是

---

① 黎靖德. 朱子语类 [M]. 王星贤，点校. 北京：中华书局，1986：64-65.
② 黎靖德. 朱子语类 [M]. 王星贤，点校. 北京：中华书局，1986：3008.
③ 黎靖德. 朱子语类 [M]. 王星贤，点校. 北京：中华书局，1986：96.
④ 朱熹. 晦庵先生朱文公文集 [M]. 上海：上海古籍出版社，2002：3273.

漠然全不省，亦常醒在这里，不恁地困。'"① 可以看出，形体之动与心相关，是心使形体在动。朱熹从"身"走向"心"，从"外王"走向"内圣"，"标识着士的理性意识的崛起，以及士以之为己任、以之为托庇的'道统'之于'君统''政统'的分离和独立。"②

其次，心的道德性。朱熹的心像朱熹的性一样，也划分为两大部分，即道心与人心。他说："心之虚灵知觉，一而已矣，而以为有人心、道心之异者，则以其或生于形气之私，或原于性命之正，而所以为知觉者不同，是以或危殆而不安，或微妙而难见耳。然人莫不有是形，故虽上智不能无人心，亦莫不有是性，故虽下愚不能无道心。二者杂于方寸之间，而不知所以治之，则危者愈危，微者愈微，而天理之公卒无以胜夫人欲之私矣。精则察夫二者之间而不杂也，一则守其本心之正而不离也。从事于斯，无少间断，必使道心常为一身之主，而人心每听命焉，则危者安，微者著，而动静云为自无过不及之差矣。"③ 在这里，朱熹指出了道心和人心的差别在于身体禀气的不同和身体性的差异，认为道心为身体的主宰，人心听命于道心。

朱熹又说："只是这一个心，知觉从耳目之欲上去，便是人心；知觉从义理上去，便是道心。"④ 这里的"人心"是从知觉的身体欲望来说的；而"道心"是从知觉的义理、天理来谈的。一种是习心，一种是本心。相当于"人欲"与"天理"。二程认为"道心"与"人心"是对立的。他们说："人心，私欲也，危而不安；道心，天理也，微而难得。惟其如是，所以贵于精一也。精之一之，然后能执其中。中者，极至之谓也。"（《程氏粹言》卷2）而朱熹认为"道心"与"人心"既有对抗，又有统一。他说："若说道心天理，人心人欲，却是有两个心。人只有一个心，但知觉得道理底是道心，知觉得声色臭味底是人心。"⑤这样，朱熹从知觉对象的视角纠偏了二程在二心上的价值判断。

道心在朱熹具体看来，则是"恻隐、羞恶、是非、辞逊"之心。⑥ 他说："道心是义理上发出来底，人心是人身上发出来底。虽圣人不能无人心，如饥食渴饮之类；虽小人不能无道心，如恻隐之心是。"⑦ 在朱熹看来，道心，它是一

① 黎靖德. 朱子语类 ［M］. 王星贤，点校. 北京：中华书局，1986：86.
② 张再林. 作为"身体哲学"的中国哲学的历史 ［J］. 西北大学学报（哲学社会科学版），2007（3）.
③ 《四书章句集注》，《中庸章句序》第17页。
④ 黎靖德. 朱子语类 ［M］. 王星贤，点校. 北京：中华书局，1986：2009.
⑤ 黎靖德. 朱子语类 ［M］. 王星贤，点校. 北京：中华书局，1986：2010.
⑥ 黎靖德. 朱子语类 ［M］. 王星贤，点校. 北京：中华书局，1986：1486.
⑦ 黎靖德. 朱子语类 ［M］. 王星贤，点校. 北京：中华书局，1986：2011.

种绝对的善。同时，它又是天地所固有的本心。他说："'人皆有不忍人之心'者，是得天地生物之心为心也。盖无天地生物之心，则没这身。才有这血气之身，便具天地生物之心矣。"① 朱熹认为作为"人皆有不忍人之心"的道心，是天地之心。有了这天地之心，便有了"血气之身"。这就置道心于身上，颠倒了身心主客关系。

人心在朱熹具体看来，是由人的形体血气生发出来的一种身体欲望，或知觉活动。他说："如饥饱寒暖之类，皆生于吾身血气形体，而他人无与，所谓私也。"② 这里的"私"突出了人心的个体性、生理性和道德性，它是"吾身血气形体"生发的一种自然属性。但它也有善的因子。朱熹在下述答问："问'人心本无不善，发于思虑，方始有不善。今先生指人心对道心而言，谓人心'生于形气之私'，不知是有形气便有这个人心否'？曰：'有恁地分别说底，有不恁地说底。如单说人心，则都是好。对道心说著，便是劳攘物事，会生病痛底。'"③ 中，指出人心因知觉运动便有了不善。这样，人心像道心一样，也具有道德性。而身体是道心和人心的载体，道心和人心的道德化，便是身体的道德化。

第四，身体与理的道德化。对朱熹来说，在身体生成时，理便存在着。他说："命犹令也，性即理也，天以阴阳五行，化生万物，气以成形，而理亦赋焉，犹命令也。于是人物之生，因各得其所赋之理，以为健顺五常之德，所谓性也。"④ 由于"气以成形，而理亦赋焉"，朱熹将理的形而上的超验性质推向极致。"理在物先""理在事先""理在气先"便应运而生。他说："未有这事，先有这理，如未有君臣，已先有君臣之理；未有父子，已先有父子之理。不成元无此理，直待有君臣父子，却旋将道理入在里面。"⑤ "若在理上看，则虽未有物，而已有物之理，然亦但有其理而已，未尝实有是物也。"⑥ 在这里，理是超历史、超时空的万物本体。

由于理是事物的本原，因此，朱熹用理来统性、统心、统情。就统性来说，"物物皆有性，便皆有其理"。他说："不论枯槁，它本来都有道理。""花瓶便

① 黎靖德. 朱子语类 [M]. 王星贤，点校. 北京：中华书局，1986：1280.

② 黎靖德. 朱子语类 [M]. 王星贤，点校. 北京：中华书局，1986：1486.

③ 《朱子语类》卷六十二，第 1486 页。

④ 《四书章句集注》，《中庸章句序》第 20 页。

⑤ 朱杰人，严佐之，刘永翔. 朱子全书（第 17 册）[M]. 上海：上海古籍出版社，2002：3204.

⑥ 朱杰人，严佐之，刘永翔. 朱子全书（第 14 册）[M]. 上海：上海古籍出版社，2002：114.

有花瓶底道理，书灯便有书灯底道理，水之润下，火之炎上，金之从革，木之曲直，土之稼穑，一一都有性，都有理。人若用之，又着顺它。理，始得。若把金来削做木用，把木来镕做金用，便无此理。"① 在这里，理是事物的本质，性是事物的属性，理决定性。

就统心、统情来说，理主心、情。他说："'寂然不动'，而仁义礼智之理具焉。动处便是情。有言静处便是性，动处是心，如此，则是将一物分作两处了。心与性，不可以动静言。凡物有心而其中必虚，如饮食中鸡心猪心之属，切开可见。人心亦然。只这些虚处，便包藏许多道理，弥纶天地，该括古今。推广得来，盖天盖地，莫不由此，此所以为人心之妙欤。理在人心，是之谓性。性如心之田地，充此中虚，莫非是理而已。心是神明之舍，为一身之主宰。"② 朱熹认为理是心的源头，理拓展开去就是心、性、情；理在人心，心主宰身。这样朱熹通过理统性、统心、统情建构起了一种新的身体模式，即：理—气—心—性—情—形。从这一模式来看，理是最重要的，它是气、心、性、情和形的本原。形虽然排在最后，但它是理、气、心、性和情的载体，是理、气、心、性和情的落脚处。

正如二程把理归于天理一样，朱熹也认为理是天之理。他说："盖天者，理之自然，而人之所由以生者也。性者，理之全体而人之所得以生者也；心则人之所以主于身而具是理者也。天大无外而性禀其全，故人之本心，其体廓然，亦无限量，惟其梏于形器之私，滞于闻见之小，是以有所蔽而不尽。人能即事即物，穷究其理，至于一日会贯通彻而无所遗焉，则有以全其本心廓然之体，而吾之所以为性与天之所以为天者，皆不外乎此，而一以贯之矣。"③ 在这里，朱熹不仅指出天理是身体的本体，而且指出人生的目标是穷天理以保全身体，从而达到天人合一。朱熹以"天理"替换"理"，更彰显"理"的至高无上性、永恒性和超验性。

同时，朱熹的理，如其心、性一样，也具道德性。朱熹指出："万物皆有此理，理皆同出一原。但所居之位不同，则其理之用不一。如为君须仁，为臣须敬，为子须孝，为父须慈。物物各具此理，而物物各异其用，然莫非一理之流行也。圣人所以'穷理尽性而至于命'，凡世间所有之物，莫不穷极其理，所以

---

① 黎靖德. 朱子语类［M］. 王星贤，点校. 北京：中华书局，1986：2484.
② 黎靖德. 朱子语类［M］. 王星贤，点校. 北京：中华书局，1986：2514.
③ 朱杰人，严佐之，刘永翔. 朱子全书（第23册）［M］. 上海：上海古籍出版社，2002：3272.

处置得物物各得其所，无一事一物不得其宜。"① 这里的"仁""敬""孝"和"慈"就是理在不同身体等级上的道德性的反映。其中，"仁"是理道德性的最大体现。朱熹说："天地生物，本乎一源，人与禽兽草木之生，莫不具有此理。其一体之中，既无丝毫欠剩；其一气之运，亦无顷刻停息，所谓仁也。但气有清浊，故禀有偏正。惟人得其正，故能知其本，具此理而存之，而见其为仁；物得其偏，故虽具此理而不自知，而无以见其为仁。然则，仁之为仁，人与物不得不同；知仁之为仁而存之，人与物不得不异。"② 在朱熹看来，理的知觉为仁。作为"仁"，"人与物不得不同"，知"仁"为"仁"，"人与物不得不异。"这就是说"仁"是人与物所固有的道德理性。由于所禀气不同，在知"仁"为"仁"上，人与物各有差异。这实际上是先验道德与实践道德的区隔。

朱熹又说"所知觉者是理。理不离知觉，知觉不离理。"③ 从这段话来看，理又有具身性。它是知觉的一种状态。理离不开知觉，知觉也离不开理。理是知觉中的理，知觉是理的知觉。综上所述，朱熹的理是一种身体现象学视野下的道德准则，理与其载体身体都道德化了。

第五，身体与人欲的道德化。人欲作为天理对应物，首先是一种身体的本能。朱熹指出："饥欲食，渴欲饮者，人心也。"④ 人心，按照二程的说法，则是人欲。朱熹尽管认为：人心恐未便是人欲。⑤ 但在实际的言行中，人心又往往表现为人欲。朱熹说："同是事，是者便是天理，非者便是人欲。如视听言动，人所同也。非礼勿视听言动，便是天理；非礼而视听言动，便是人欲。"⑥ 这里"礼"指封建纲常伦理道德。在朱熹看来，不符合封建纲常伦理道德的"视听言动"都是人欲。这就赋予人心根身性。也就是说，人心，相对道心而言，人欲，相对天理而言，其实际是一样的。

按照齐林华的研究，"朱熹所指的'人欲'，并非狭义地指性欲，也非泛指一切感性欲望，而是仅仅指与道德法则相冲突的感性欲望。"⑦ 人欲（人心）作为一种身体欲望，自然会与道德产生关系。朱熹说："人心是知觉得声色臭味底。人心不全是不好，若人心是全不好底，不应只下个'危'字。盖为人心易

---

①　黎靖德. 朱子语类［M］. 王星贤，点校. 北京：中华书局，1986：2409.

②　朱熹. 延平答问［M］//陈来. 朱子哲学研究. 上海：华东师范大学出版社，2000：57.

③　黎靖德. 朱子语类［M］. 王星贤，点校. 北京：中华书局，1986：85.

④　黎靖德. 朱子语类［M］. 王星贤，点校. 北京：中华书局，1986：2011.

⑤　黎靖德. 朱子语类［M］. 王星贤，点校. 北京：中华书局，1986：2010.

⑥　黎靖德. 朱子语类［M］. 王星贤，点校. 北京：中华书局，1986：1031.

⑦　齐林华. 中国古代文化中的身体观念及其发展［D］. 长沙：湖南师范大学，2013：146.

得走从恶处去，所以下个'危'字。若全不好，则是都倒了，何止于危？危，是危殆。"① 这里的"好"与"不好"，便是人欲（人心）的道德价值评判标准。朱熹认为人欲（人心）不能单从好坏来评判，主要看其行为。

朱熹以饥渴为例，说："饥欲食，渴欲饮者，人心也；得饮食之正者，道心也。"② 这里的"饥欲""渴欲"是人欲，也是人心。如果饮食观念正，人欲（人心）可以转化为道心。因此，人欲，从体来看，是好的。但从用来看，又具有很大的破坏性。朱熹指出："大凡徇人欲，自是危险。其心忽然在此，忽然在彼，又忽然在四方万里之外。庄子所谓'其热焦火，其寒凝冰'。凡苟免者，皆幸也。动不动便是堕坑落堑，危孰甚焉！"③ 朱熹主张用天理来压制人欲。他说："学者须是革尽人欲，复尽天理，方始是学。"④ 他又说："天理人欲是交界处，不是两个。人心不成都流，只是占得多；道心不成十全，亦是占得多。须是在天理则存天理，在人欲则去人欲。"⑤ 从这两段话来看，朱熹的"天理"和"人欲"是相互排斥的。有天理无人欲，有人欲无天理。朱熹主张"存天理，灭人欲"就是把人原始的生理性身体升华为精神性身体，具有强烈的道德指向。从这点来说，朱熹的人欲与其载体身体也道德化了。

第六，日常生活身体修炼与道德。功夫论是儒释道三家身体思想的重要内容。朱熹特别重视在身心上下功夫。他说："盖曰忠信笃敬，不忘乎心，则无所适而不见其是云尔，亦非有以见夫心之谓也。且身在此而心参于前，身在舆而心倚于衡，是果何理也耶？大抵圣人之学，本心以穷理，而顺理以应物。如身使臂，如臂使指，其道夷而通，其居广而安，其理实而行自然。"⑥ 朱熹以心为主宰，以身体为载体，提出了一条道德修养的路径。

朱熹关于日常生活身体的道德修养主要从两个方面展开：一是"涵养须用敬"；二是"进学则在致知"。

首先从"涵养须用敬"来看，它是身体道德化的最基本要求。敬，按照孔子弟子子思的解释，则是"君子美其情，贵其义，善其节，好其容，乐其道，悦其教，是以敬焉。"（子思：《性自命出》）具体来说，就是"君子执志必有夫广广之心；出言必有夫柬柬之信；宾客之礼必有夫齐齐之容；祭祀之礼必有夫

---

① 黎靖德. 朱子语类 ［M］. 王星贤，点校. 北京：中华书局，1986：2010.
② 黎靖德. 朱子语类 ［M］. 王星贤，点校. 北京：中华书局，1986：2011.
③ 黎靖德. 朱子语类 ［M］. 王星贤，点校. 北京：中华书局，1986：2013.
④ 黎靖德. 朱子语类 ［M］. 王星贤，点校. 北京：中华书局，1986：225.
⑤ 黎靖德. 朱子语类 ［M］. 王星贤，点校. 北京：中华书局，1986：2015.
⑥ 朱熹. 晦庵先生朱文公文集 ［M］. 上海：上海古籍出版社，2002：3273.

脐脐之敬；居丧必有夫恋恋之哀。君子身以为主心。"（子思：《性自命出》）换言之，身体的一言一行，用礼来约束。

按照这一方法，朱熹提出了他的"敬"的道德功夫。他说："未发之中，本体自然，不须穷索，但当此之时，敬以持之，使此气象常存而不失，则自此而发者，其必中节矣。此日用之际本领工夫。其曰'却于已发之处观之'者，所以察其端倪之动而致扩充之功也。一不中则非性之本然，而心之道或几乎息矣。故程子于此，每以'敬而无失'为言。又云'入道莫如敬，未有能致知而不在敬者'。又曰'涵养须用敬，进学则在致知'。以事言之，则有动有静。以心言之，则周流贯彻，其工夫初无间断也，但以静为本尔。"① 在这一功夫中，通过"敬"，在"未发之中"，"使此气象常存而不失"；"已发之处"，"察其端倪之动而致扩充之功。"从这一点来看，朱熹"敬"的修身功夫是一种静养的修身功夫。正如其指出："大抵人要读书，须是先收拾身心。令稍安静，然后开卷，方有所益。若只如此驰骛纷扰。则方寸之间，自与道理全不相近，如何看得文字？"② 朱熹"涵养须用敬"与释、道的调息和静坐功夫密切相关。朱熹本人曾写过《调息箴》，这说明朱熹日常生活身体的道德修炼吸取了释道二家身体修炼的有关方法。

其次，从"进学则在致知"来看，它是身体道德化进一步深化的阶梯。朱熹认为身心由于气禀不同而有昏蔽，格物致知可以拨云见日。他说："然而本明之体，得之于天，终有不可得而昧者，是以虽其昏蔽之极，而介然之顷一有觉焉，则即此空隙之中，而其本体已洞然矣。是以圣人施教，既已养之于小学之中，而后开之以大学之道。其必先之以格物致知之说者，所以使之即其所养之中，而因其所发，以启其明之之端也；继之以诚意、正心、修身之目者，则又所以使之因其已明之端，而反之于身，以致其明之之实也。夫既有以启其明之之端，而又有以致其明之之实，则吾之所得于天而未尝不明者，岂不超然无有气质物欲之累，而复得其本体之全哉？"③ 在这里，朱熹是从身心道德化的视角来谈格物致知的启明作用的。在他看来，"格物致知""启其明之之端"，"诚意、正心、修身""致其明之之实"。无物欲之累，成德性之身体。诚如其在《大学或问》中说："今且以其至切而近者言之，则心之为物，实主于身，其体则有仁义礼智之性，其用则有恻隐羞恶恭敬是非之情，浑然在中，随感而应，

---

① 朱熹. 晦庵先生朱文公文集［M］. 上海：上海古籍出版社，2002：3131.

② 朱熹集（第6册）［M］. 台北：台湾东大图书股份有限公司，1990：3331.

③ 朱熹. 四书或问［M］. 黄坤，校点. 上海：上海古籍出版社，2001：508.

各有攸主，而不可乱也。次而及于身之所具，则有口鼻耳目四肢之用。又次而及于身之所接，则有君臣父子夫妇长幼朋友之常，是皆必有当然之则，而自不容已，所谓理也。外而至于人，则人之理不异于已也；远而至于物，则物之理不异于人也；极其大，则天地之运，古今之变，不能外也；尽于小，则一尘之微，一息之顷，不能遗也。"① 朱熹道德修炼的目标就是造就礼义身体和德性身体。从这一点来说，朱熹日常生活的道德修炼就是身体的道德化过程。

二、对朱熹身体道德化思想的评价

朱熹身体道德化思想承继了北宋理学家身体形而上化思想。姚勉说："天开我朝，道统复续。艺祖皇帝问赵普曰：'天下何物最大'？普对曰：'道理最大。'此言一立，气感类从，五星聚奎，异人间出。有濂溪周敦颐倡其始，有河南程颢、程颐衍其流，有关西张载翼其派。南渡以来，有朱熹以推广之，有张栻以讲明之。于是天下之士，亦略闻古圣人之所谓道矣。"② 在这里，姚勉指出了理学的脉络，即"周敦颐倡其始"——"程颢、程颐衍其流"——"张载翼其派"——"朱熹以推广之"——" 张栻以讲明之"。从身体思想史视角来说，正因为有北宋理学家把身体升华为气、性、心、理等形而上的物质，才有朱熹心、性、理、日常生活的身体道德化。

朱熹身体道德化思想与当时的经济、政治、文化和社会结构的变迁有密切的关系。

第一，经济的空前发展为朱熹身体道德化思想提供了强有力的物质基础。宋史专家邓广铭曾指出："宋代是我国封建社会发展的最高阶段，其物质文明和精神文明所达到的高度，在中国整个封建社会历史时期之内，可以说是空前绝后的。"③ 高度的物质文明和精神文明，促进了封建社会的空前繁荣。

随着封建经济的大力发展，科学技术有了很大的提高。印刷术、指南针和火药的进一步完善与广泛应用，人们对世界的认识进一步深化。例如朱熹在前人气论的基础上，对气有了新的认识。他说："这一个气运行，磨来磨去，磨得急了，便拶得许多渣滓，里面无处出，便结成个地在中央。气之清者便为天，为日月，为星辰，只在外常周环运转。"④ 这种认识达到了当时科技的最高

---

① 朱熹. 四书或问［M］. 黄坤，校点. 上海：上海古籍出版社，2001：526-527.

② 姚勉：《雪坡集》卷七，文渊阁四库全书影印本.

③ 邓广铭，漆侠. 宋史专题课［M］. 北京：北京大学出版社，2008：4.

④ 黎靖德. 朱子语类［M］. 王星贤，点校. 北京：中华书局，1986：6.

水平。

由于朱熹认为天地、日月星辰都是气运行的结果。因此，宇宙的生成和人身体的生成同样是气"周环运转"的产物。他说："但禀气之清者，为圣为贤，如宝珠在清冷水中；禀气之浊者，为愚为不肖，如珠在浊水中。"① 在这里，朱熹指出圣贤的身体是因为气在运转的过程中禀的是清气，愚、不肖的身体禀的是浊气。这就把气、身体和道德结合了起来，建构起宇宙和身体生成的道德模式。可以说，朱熹身体道德化思想与当时经济的发展和科技的进步息息相关。

第二，南宋时期政局动荡为朱熹身体道德思想化创造了现实条件。南宋一朝，先有"靖康之变"，后有"符离之败"和"庆元党禁"。朝局不稳，使得封建官僚体制松散而漂浮。朱熹指出："大抵近年风俗浮浅，士大夫之贤者不过守文墨、按故事，说得几句好话而已。如狄梁公、寇莱公，杜、范、富、韩诸公规模事业，固未尝有讲之者，下至王介甫做处，亦摸索不著。其有读得楚汉、孙刘、杨李间数十卷书者，则又便有不做士大夫之意，善人君子莫能抗也。端居深念，为之永慨，未知天意竟如何耳。"② 而封建官僚体制涣散和政局动荡，使士大夫无所适从。

而且，封建官僚为了各自利益结党营私。朱熹说："国家自熙、丰、元祐以来，人才政事，分为两途，是此者非彼，向左者背右，既不可得而同矣。而于其同之中，又有异焉，则若元祐之朔党、洛党、川党，而熙丰之曾文肃、赵清献、张丞相，又与章、蔡自不同也。"③ 这就迫切需要统一的思想来改变这日趋浅薄的道德责任感。如朱熹所说："夫忠义之性，出于人心之秉彝，策名委质以事人者，其讲之宜熟矣。而吾观于前日中原之祸、一时士大夫出身殉国，死其官守如郑公者何少也，岂非义利之分不素明，取舍之极不素定，一旦仓卒，则贪生畏死而惟利之从哉？"④ 基于此，朱熹大力打造"理教的身体"，欲以理教来挽救颓废的人心。从这一点来说，朱熹身体道德化思想适应了时代的要求。

第三，士大夫道德自觉，身体道德感增强。《宋史》说："士大夫忠义之气，至于五季，变化殆尽。宋之初兴，范质、王溥，犹有余憾，况其他哉！艺祖首褒韩通，次表卫融，足示意向。厥后西北疆场之臣，勇于死敌，往往无惧。真、

---

① 黎靖德. 朱子语类［M］. 王星贤，点校. 北京：中华书局，1986：73.

② 《晦庵先生朱文公文集》卷46《答詹元善》书三《朱子全书》第二十二册，第2137页。

③ 《晦庵先生朱文公文集》卷83《题赵清献事实后》；《朱子全书》第二十四册，第3914页。

④ 《晦庵先生朱文公文集》卷82《跋郑威愍遗事》《朱子全书》第二十四册，第3869页。

仁之世，田锡、王禹偁、范仲淹、欧阳修、唐介诸贤，以直言谠论倡于朝，于是中外缙绅知以名节相高，廉耻相尚，尽去五季之陋矣。"① 在北宋时期，出现了大批道德楷模和政治人物身体标杆。

南宋时期承继了这一优良传统，士大夫日益讲名节、立忠义，如罗从彦所说："士之立身，要以名节忠义为本。"② 朱熹生活在这道德自觉时代，从小就以诚身作圣作为其道德追求目标，他说"某十数岁时读《孟子》言'圣人与我同类者'，喜不可言！以为圣人亦易做，今方觉得难。"③ 长大后，又"访求名士以为表率，日与讲说圣贤修己治人之道。年方踰冠，闻其风者，己知学之有师而尊慕之"④ 而其直接师承的道南学派，精神层面更是道德化。"他们（杨、游、罗、李四人）都以倡导儒家道统为己任，继承二程以理为哲学的最高范畴，并重视气的化生作用，强调养心、养气，重视分殊之理及万物；都认为人性本善，注重心之未发气象，主张反身而诚，强调对未发的体验，而静中体验未发的修养方法还是杨时、罗从彦、李侗师徒一脉相承的指诀；都注重对儒家经典的阐述发挥；都重视理想人格的塑造；都既辟佛、道，又不同程度地融佛、道；都以合内外之道为思想学说的宗旨等。"⑤ 这些人生经历，有利于朱熹身体道德化思想的形成。

朱熹的身体道德化思想对后世产生了深刻的影响。美国学者刘子健曾指出："11 世纪是文化在精英中传播的时代。它开辟了新的方向，开启新的、充满希望的道路，乐观而生机勃发。与之相比，在 12 世纪，精英文化将注意力转向巩固自身地位和在整个社会中扩展其影响。它变得前所未有地容易怀旧和内省，态度温和，语气审慎，有时甚至是悲观。一句话，北宋的特征是外向的，而南宋却在本质上趋向于内敛。"⑥ 南宋时期在中国传统文化转型中，具有重要的地位。它是从"外向"转向"内敛"的时代，也是道德自我意识觉醒的时代。诚如张再林所说："该时代的哲学家的人生使命并非'明哲保身'，并非'有道则见，无道则隐'地与时进退，而是'乐以天下、忧以天下'地'以天下为己

① 脱脱，等. 宋史 [M]. 北京：中华书局，1977：13149.
② 罗从彦：《豫章文集》卷十一，文渊阁四库全书影印本。
③ 黎靖德. 朱子语类 [M]. 王星贤，点校. 北京：中华书局，1986：2611.
④ 黄榦《勉斋集》卷三十六，《朝奉大夫文华阁侍制赠宝谟阁直学士通议大夫谥文朱先生行状》，文渊阁四库全书影印本。
⑤ 刘京菊. 承洛启闽——道南学派思想研究 [M]. 北京：人民出版社，2007：46.
⑥ 刘子健. 中国转向内在——两宋之际的文化内向 [M]. 赵冬梅，译. 南京：江苏人民出版社，2002：7.

任'，以及知其不可而为之地'与道进退'。"①

在这一时代中，朱熹所起的作用尤其重要。余英时曾把南宋时期称为朱熹时代。他说："我用一个'后'字是强调朱熹时代（第三阶段）的政治文化并不仅仅是王安石时代（第二阶段）的单纯的延续，其中也发生了一个重要的变异，这个变异即因道学的完成而出现了'外王'，必须基于'内圣'的明确观念。所以我又称朱熹时代的政治文化为转型期。"② 从身体思想史演进的角度来看，朱熹身体道德化思想的出现也是一个重要的拐点。

第一，朱熹进一步完善了理学规训身体的道德机制。理学经周敦颐发轫后，中经二程和张载，到朱熹时形成了系统完备的身体统辖道德机制，它从心、性到日常生活各个方面都进行了全景敞视的身体规训和道德统制。朱熹说："吾儒家若见得道理透，就自家身心上理会得本领，便自兼得禅底；讲说辨讨，便自兼得教底；动由规矩，便自兼得律底，事事是自家合理会。"③ 这里的"禅底""教底""律底"就是身体道德统辖的结果。

朱熹这一身体统辖道德机制被后来的封建统治者上升为官方意识形态统治机制后，日益成为巩固封建社会政治统治秩序的精神支柱。宋理宗说："朕惟孔子之道，自孟轲后不得其传，至我朝周敦颐、张载、程颢、程颐，真见力践，深探圣哉，千载绝学，始有指归。中兴以来，又得朱熹，精思明辨，表里浑融，使《中庸》《大学》《孔子》《孟子》之书，本末洞彻，孔子之道，益以大明于世。朕每观五臣论著，启沃良多。"（《续资治通鉴》卷一百七十）间接反映了朱熹身体道德化思想作为封建专制统治工具被利用的状况。因此，后来的维新人士对朱熹以"存天理，灭人欲"为形式的身体道德化思想进行了猛烈抨击。谭嗣同指出："夫彼君主犹是耳目手足，非有两头四目，而智力出于人也。亦果何所恃以虐四万万之众哉？则赖乎早有三纲五伦字样，能制人之身者，兼能制人之心。"④ 谭嗣同认为朱熹身体道德化思想，"能制人之身"，"兼能制人之心"。朱熹完善的"理教身体"道德规训机制对后来身体的发展颇有影响。

第二，朱熹开启了身体思想从"外向"到"内敛"的路径。朱熹以前的身体思想基本上是外向的。张再林指出："以朱子为代表宋儒的历史地位乃在于，

① 张再林. 作为"身体哲学"的中国哲学的历史 [J]. 西北大学学报（哲学社会科学版），2007（3）.
② 余英时. 朱熹的历史世界——宋代士大夫政治文化的研究（下册）北京：生活·读书·新知三联书店，2004：896.
③ 黎靖德. 朱子语类 [M]. 王星贤，点校. 北京：中华书局，1986：141.
④ 蔡尚思，方行. 谭嗣同全集 [M]. 北京：中华书局，1981：337.

其经由沙门援佛于儒地从'身'走向'心',从'外王'走向'内圣',把孔子所罕言而《孟》《庸》所独揭的'性与天道'大力发明,并以这一新辟的'谈辩境域'为依凭而为自己赢得了前所未有的话语身份,以与曾经不可一世无可匹敌的王权话语相抗衡。"① 间接反映朱熹以前的身体思想是"外王"的哲学。

南宋时期,这种"外王"思想在士大夫身上表现得淋漓尽致。朱熹指出:"今人皆不能修身。方其为士,则役役求仕;既仕,则复患禄之不加。趋走奔驰,无一日闲。何如山林布衣之士,道义足于身。道义既足于身,则何物能婴之哉!"② 这里"役役求仕"和"趋走奔驰"则是这"行动哲学"的结果。且义理空谈。朱熹说:"然觉得今世为学不过两种:一则径趋简约,脱略过高;一则专务外驰,支离繁碎。其过高者固为有害,然犹为近本;其外驰者诡谲狼狈,更不可言。吾侪幸稍平正,然亦觉欠却涵养本原功夫,此不可不自反也。"③

基于此,朱熹主张从心识上加强道德修养。他说:"然而举天下之事,莫不有理。且臣之事君,便有忠之理。子之事父,便有孝之理;目之视,便有明之理;耳之听,便有聪之理;貌之动,便有恭之理;言之发,便有忠之理。只是常常恁地省察,则理不难知也。"④ 这里的"常常恁地省察"和"理不难知也"揭示着"内圣"时代的到来。

朱熹道德内倾化这一主张对明中期的王阳明影响颇深。王阳明说:"众人只说格物要依晦翁,何曾把他的说去用?我着实曾用来。初年与钱友同论做圣贤要格天下之物。如今安得这等大的力量?因指亭前竹子,令去格看。钱子早夜去穷格竹子的道理,竭其心思,至于三日,便致劳神成疾。当初说他这是精力不足,某因自去穷格。早夜不得其理,到七日,亦以劳思致疾。遂相与叹圣贤是做不得的,无他大力量去格物了。及在夷中三年,颇见得此意思。乃知天下之物,本无可格者。其格物之功,只在身心上做。决然以圣人为人人可到,便自有担当了。"⑤ 这"格物之功,只在身心上做"便是受朱熹"格物致知"的影响。也就是说,自朱熹后,身体思想从"外向"转向"内敛"了。

第三,朱熹重构了君道身体的约束。自先秦时期起开始的对君主的身体规

---

① 张再林. 作为"身体哲学"的中国哲学的历史 [J]. 西北大学学报(哲学社会科学版),2007(3):52-63.

② 黎靖德. 朱子语类 [M]. 王星贤,点校. 北京:中华书局,1986:247-248.

③ 《晦庵先生朱文公文集》卷52,《答吴伯丰》书九《朱子全书》第二十二册,第2433页。

④ 黎靖德. 朱子语类 [M]. 王星贤,点校. 北京:中华书局,1986:232.

⑤ 王阳明全集·传习录·书信 [M]. 陈明,等校注. 武汉:华中科技大学出版社,2016:116.

训，在朱熹这里得到了进一步张扬。朱熹的"存天理，灭人欲"不只是针对普通大众，也针对君主。"正君心"是朱熹身体道德化思想的一项重要内容。他说："天下事有大根本，有小根本。正君心是大本。"①他又说："人主之心一正，则天下之事无有不正；人主之心一邪，则天下之事无有不邪。"② 对朱熹而言，君主掌握着绝对的政治权力，君主身体的一言一行影响着社会风气的好坏和国家的安稳。基于此，朱熹主张君主去私心私欲，存道心天理。他说："自今以往，一念之顷必谨而察之，此为天理耶，人欲耶？果天理也，则敬以充之，而不使其少有壅阏；果人欲也，则敬以克之，而不使其少有凝滞。推而至于言语动作之间，用人处事之际，无不以是裁之。"③ 朱熹想用君主身体道德化来实现心中理想的王道，在封建专制社会里，这是不可能达到的。南宋以后的君主无不是为了人欲，大肆进行身体享受和身体娱乐的。但朱熹的"天理"毕竟给君主套上了道德的笼子和制度的枷锁。从这一点来说，朱熹的"存天理，灭人欲"主张具有进步的意义。

第四，朱熹倡导了理性自律与自我身体道德修炼主张。朱熹身体道德化思想的着力点就是身体的自律。朱熹指出："气相近，如知寒暖，识饥饱，好生恶死，趋利避害，人与物都一般。理不同，如蜂蚁之君臣，只是他义上有一点子明，虎狼之父子，只是他仁上有一点子明。其他更推不去。"④ 在朱熹看来，人与动物生理欲望是相同的，但人有道德自律能力，因此，朱熹主张日常生活身体的道德修炼。他说："然人之一身，知觉运用，莫非心之所为，则心者，固所以主于身，而无动静语默之间者也。然方其静也，事物未至，思虑未萌，而一性浑然，道义全具，其所谓中，是乃心之所以为体而寂然不动者也。及其动也，事物交至，思虑萌焉，则七情迭用，各有攸主，其所谓和，是乃心之所以为用，感而遂通者也。然性之静也而不能不动，情之动也而必有节焉，是则心之所以寂然感通、周流贯彻，而体用未始相离者也。然人有是心而或不仁，则无以著此心之妙；人虽欲仁而或不敬，则无以致求仁之功。盖心主乎一身而无动静语默之间，是以君子之于敬，亦无动静语默而不用其力焉。未发之前是敬也，固已主乎存养之实；已发之际是敬也，又常行于省察之间。方其存也，思虑未萌而知觉不昧。是则静中之动，复之所以'见天地之心'也；及其察也，事物纷纠而品节不差，是则动中之静，艮之所以'不获其身，不见其人'也。有以主

---

① 黎靖德. 朱子语类 [M]. 王星贤，点校. 北京：中华书局，1986：2678.

② 《己酉拟上封事》，《朱文公文集》卷十二，《朱子全书》第 20 册，第 618 页。

③ 《戊申延和奏札五》，《朱文公文集》卷十四，《朱子全书》第 20 册，第 664-665 页。

④ 黎靖德. 朱子语类 [M]. 王星贤，点校. 北京：中华书局，1986：57.

乎静中之动，是以寂而未尝不感；有以察乎动中之静，是以感而未尝不寂。寂而常感，感而常寂，此心之所以周流贯彻而无一息之不仁也。"① 朱熹认为心主宰身，性、情皆是心的生发。因此，君子在心的道德修炼中，要"寂然感通、周流贯彻"。

朱熹这一主张，对后来的影响也是巨大的。道光年间的太谷学派就深受其影响。太谷学派传人李光炘说："人但知遏欲去私，在心上讲求，虽百倍其功不能见性也。致知即是正心，格物即是诚意。知致而心无不正矣。物格而意无不诚矣……太谷曰视思明，明足以致知，听思聪，聪亦足以致知。知致而后物格，格者，合也，合身命而言之性之德也。"② 明显打上了朱熹自我身心道德修炼的烙印。总之，朱熹身体道德化思想对后世的影响是重大而深远的。

第四节　身体践形化：王阳明身体思想研究

自从孟子提出："恻隐之心，人皆有之；羞恶之心，人皆有之；恭敬之心，人皆有之；是非之心，人皆有之。"（《孟子·告子章句上》）身体作为心的形体之后，中国古代身体思想一直存在着身体践形化问题。宋朝二程、朱熹更是把这一问题上升到道德层面。朱熹指出："人性本明，如宝珠沉溷水中，明不可见。去了溷水，则宝珠依旧自明。自家若得知是人欲蔽了，便是明处。只是这上便紧紧著力主定，一面格物，今日格一物，明日格一物，正如游兵攻围拔守，人欲自销铄去。"③ 这里的"人性"显明，就是身体践形和身体道德化的过程。王阳明继承了孟子、程朱的身体践形观并把它们发扬光大，形成了独特的王氏身体践形化思想。

一、王阳明身体践形化思想的主要内容

所谓身体践形化，按照台湾学者杨儒宾的定义，指的是"充分实现学者的身体"，具体来说，"身体"所以能经由学者的努力加以转化，乃因"身体"与

---

① 朱熹. 晦庵先生朱文公文集［M］. 上海：上海古籍出版社，2002：1418-1419.
② 李光炘. 观海山房追随录［M］//方宝川. 太谷学派遗书（第一辑第三册）. 扬州：江苏广陵古籍刻印社，1997：4- 5.
③ 黎靖德. 朱子语类［M］. 王星贤，点校. 北京：中华书局，1986：7.

"意识"在本源上是同质的。这种本源上同质的"身心一如"现象，圣人可以在果地境界上重新体现出来。① 王阳明身体践形化思想主要表现在以下四个方面。

第一，天地的践形与身体的"万物一体"。这是王阳明身体践形化思想的基点，也是阳明学说的基本精神。

在王阳明看来，人的身体由天地或道生成。他说："人，天地之心而五行之秀也。凝则形而生，散则游而变。道之不凝，虽生犹变。反身而诚，而道凝矣。"② 这里的"道"，按照王阳明的说法，则是"父子之亲""君臣之义""夫妇之别""长幼之序"和"朋友之信"。他说："经，常道也。其在于天谓之命，其赋于人谓之性，其主于身谓之心。心也，性也，命也，一也。通人物，达四海，塞天地，亘古今，无有乎弗其，无有乎弗同，无有乎或变者也。是常道也，其应乎感也，则为恻隐，为羞恶，为辞让，为是非；其见于事也，则为父子之亲，为君臣之义，为夫妇之别，为长幼之序，为朋友之信。是恻隐也，羞恶也，辞让也，是非也；是亲也，义也，序也，别也，信也；一也。皆所谓心也，性也，命也。通人物，达四海，塞天地，亘古今，无有乎弗具，无有乎弗具，无有乎弗同，无有乎或变者也，是常道也。"③ 而"父子之亲""君臣之义""夫妇之别""长幼之序"和"朋友之信"在孔孟那里，被称为"仁"，它们是践形的。因此，王阳明的"道"和"天地"也是践形的。

由于"道"和"天地"是践形的，因此，天地生成身体的过程，就是"道"和"天地"践形化的过程。王阳明指出："天下之说，贞而已。乾道变化，於穆流行，无非说也，天何心焉？坤德阖阙，顺成化生，无非说也，坤何心焉？仁理恻怛，感应和平，无非说也，人亦何心焉？故说也者，贞也；贞也者，理也。全乎理而无所容其心焉之谓贞；本于心而无所拂于理焉之谓说。故天得贞而说道以亨，地得贞而说道以成，人得贞而说道以生。贞乎贞乎，三极之体，是谓无已；说乎说乎，三极之用，是谓无动。无动故顺而化，无已故诚而神。诚神，刚之极也；顺化，柔之则也。故曰：刚中而柔外，说以利贞，是

---

① 杨儒宾. 儒家身体观 [M]. 台北："中央研究院"中国文哲研究所，1996：46-49.

② 王阳明全集・序记说・杂著 [M]. 陈明，等校注. 武汉：华中科技大学出版社，2015：45-46.

③ 《王阳明全集：序记说・杂著》，陈明等 注释、审校，武汉：华中科技大学出版社 2016 年版，第 78 页。

以顺乎天而应乎人。"① 这里的"贞"语出《易经》乾卦的卦辞:"元亨利贞"(《周易·乾》),"贞"通"正"(《周易·乾》),是作为德看待的。王阳明的"贞"亦是如此。它说:"仁而父子也,义而君臣也,礼而夫妇也,信而朋友也,说也,有贞焉,君子不敢以不致也,贞而已矣。"② 王阳明的"贞"是"仁、义、礼、信"四德。"天得贞而说道以亨,地得贞而说道以成,人得贞而说道以生。"一方面说明天、地、人三者皆得"仁、义、礼、信"四德而生,天、地、人一体;另一方面揭示"仁、义、礼、信"四德,先天地万物而存在。这与朱熹"理在事先""理在物先"是一样的。这样,王阳明既建构起了身体生成模式,即贞(道)—天地—身体,把贞(道)和天地与身体联系起来;又赋予"仁、义、礼、信"四德具身性。

由于王阳明的天地和身体是一体的,因此,作为圣人自然要体天地之心,以天地万物为念。他说:"夫圣人之心,以天地万物为一体,其视天下之人,无外内远近,凡有血气,皆其昆弟赤子之亲,莫不欲安全而教养之,以遂其万物一体之念。天下之人心,其始亦非有异于圣人也,特其间于有我之私,隔于物欲之蔽,大者以小,通者以塞,人各有心,至有视其父子兄弟如仇雠者。圣人有忧之,是以推其天地万物一体之仁以教天下,使之皆有以克其私,去其蔽,以复其心体之同然。"③ 这里"天地万物为一体"是把天下当作己身看待,推而广之,天下之人"皆其昆弟赤子之亲,莫不欲安全而教养之"。这与孟子"老吾老,以及人之老;幼吾幼,以及人之幼"(《孟子·梁惠王上》)意蕴是一样的。也就是说,"万物一体之念"就是把宇宙大身体与己身小身体联系起来,从而天道与身道融汇一体。具体来说:

一是形与天地的互动。在王阳明看来,身体与天地本来就是一整体。他说:"夫人者,天地之心,天地万物,本吾一体者也。"④ 他又说:"目无体,以万物之色为体;耳无体,以万物之声为体;鼻无体,以万物之臭为体;口无体,以

---

① 王阳明全集·序记说·杂著 [M]. 陈明,等校注. 武汉:华中科技大学出版社,2015:121.

② 王阳明全集·序记说·杂著 [M]. 陈明,等校注. 武汉:华中科技大学出版社,2015:121.

③ 王阳明全集·传习录·书信 [M]. 陈明,等校注. 武汉:华中科技大学出版社,2016:58.

④ 王阳明全集·传习录·书信 [M]. 陈明,等校注. 武汉:华中科技大学出版社,2016:80.

万物之味为体；心无体，以天地万物感应之是非为体。"① 在这里，王阳明认为知觉的本体是万物，即目——万物之色，耳——万物之声，鼻——万物之臭，口——万物之味，心——天地万物感应。没有万物，就没有身体的知觉。天地万物既是身体的主体，同时，又是身体感应的对象，是身体的客体。天地万物与身体是主、客观的统一。

二是心与天地的互动。由于天地万物是身体的主体，作为身体的主宰的心自然也是天地万物的客体。王阳明指出："盖其心学纯明，而有以全其万物一体之仁，故其精神流贯，志气通达，而无有乎人己之分，物我之间。譬之一人之身，目视、耳听、手持、足行，以济一身之用。目不耻其无聪，而耳之所涉，目必营焉；足不耻其无执，而手之所探，足必前焉；盖其元气充周，血脉条畅，是以痒疴呼吸，感触神应，有不言而喻之妙。此圣人之学所以至易至简，易知易从，学易能而才易成者，正以大端惟在复心体之同然，而知识技能非所与论也。"② 王阳明认为人的身体器官是一整体。"目不耻其无聪，而耳之所涉，目必营焉；足不耻其无执，而手之所探，足必前焉。"同样，身心也是一整体。"元气充周，血脉条畅""感触神应，有不言而喻之妙"。王阳明的"身心一如"，就是要证得"万物一体之仁"。这样，王阳明身心一体就通过天地万物一体建构起来了。

王阳明身心与天地万物一体的观念，与西方身体现象学大师梅洛-庞蒂的身心统一于世界有异曲同工之妙。梅洛-庞蒂指出："我们所谓的肉，这一内在的精心制作成的团块，在任何哲学中都没有其名。作为客体和主体的中间，它并不是存在的原子，不是处在某一独特地方和时刻的坚硬自在：人们完全可以说我的身体不在别处，但不能在客体意义上说它在此地或此时，可是我的视觉不能够俯瞰它们，它并不是完全作为知识的存在，因为它有其惰性，有其各种关联，必须不是从实体、身体和精神出发思考肉，因为这样的话它就是矛盾的统一；我们要说，必须把它看作是元素，在某种方式上是一般存在的具体象征。"③ 这里的"世界之肉"就是身体与精神的结合物，世界已"肉身化"了。这与王阳明身心和天地万物一体是一样的。由此可见，在明朝中叶，我国就已

① 王阳明全集·传习录·书信［M］. 陈明，等校注. 武汉：华中科技大学出版社，2016：106.

② 王阳明全集·传习录·书信［M］. 陈明，等校注. 武汉：华中科技大学出版社，2016：59.

③ 杨大春. 感性的诗学：梅洛-庞蒂与法国哲学主流［M］. 北京：人民出版社，2005：233.

经用身体现象学来分析天地与身体了。其身体是现象学的身体，其现象学是身体的现象学。

王阳明天地万物一体，大大拓展了王阳明身体思想的应用范围。诚如齐林华所指出："'万物一体'的观念则相对而言扬弃了自我与他者的紧张与对峙，从而对自我的无限开放性有某种程度的限制，一方面，天地万物以良知为本；而另一方面，良知亦以天地万物为体。但是无论是王阳明的心身合一、以心主身的价值观念，还是'万物一体'的境域呈现，都是他以'天人合一'的理论视阈观照的结果，是'良知'与'万物'的本与体之间的沟通与转化，也是其对先秦儒家德性身体的回归，以及对宋代程朱理教身体的反拨。"① 从这点来说，王阳明天地万物的践形与身体的"万物一体"，开启了中国古代身体思想中"身本体"的回归。

第二，心的践形与身心合一。在中国古代身体思想中，身心一直是合一的。重要的是在这合一过程中，究竟是谁起主导作用？谁起次要作用？我们先看一段话：

> 耳、目、口、鼻、四肢，身也，非心安能视、听、言、动？心欲视、听、言、动，无耳、目、口、鼻、四肢亦不能，故无心则无身，无身则无心。②

在这段话中，王阳明一方面说，"非心安能视、听、言、动？"没有心就没有身体行为，心是身体的主宰，"身之主宰便是心"③。另一方面又说"心欲视、听、言、动，无耳、目、口、鼻、四肢亦不能。"没有身体就没有心的生发。在身心关系上，王阳明似乎陷入了一种矛盾的状态，如张再林教授指出："王阳明的哲学实际上是这样一种极其矛盾的复合体，以至于一方面其代表了宋明心识哲学的进一步的深化，并把这种心识哲学推向了极致；另一方面，其'切己自返'的思想路线不仅为一种通向'此心''本心'的哲学敞开了大门，同时必然也为一种更为彻底的直抵'此身''本身'的哲学提供了契机，因为'亲己之切，无重于身'，惟有'身'而非'心'才是真正的'当下'和'自己'，才是经过现象学还原的真正的'此在'本身。"④

① 齐林华. 中国古代文化中的身体观念及其发展 [D]. 长沙：湖南师范大学，2013：174.
② 王阳明全集·传习录·书信 [M]. 陈明，等校注. 武汉：华中科技大学出版社，2016：91.
③ 王阳明全集·传习录·书信 [M]. 陈明，等校注. 武汉：华中科技大学出版社，2016：9.
④ 张再林. 作为"身体哲学"的中国哲学的历史 [J]. 西北大学学报（哲学社会科学版），2007（3）.

由于身心关系是一种极其矛盾的复合体，王阳明一方面主张舍身就心。他说："只为世上人都把生身命子看得来太重，不问当死不当死，定要宛转委曲保全，以此把天理却丢去了。忍心害理，何者不为？若违了天理，便与禽兽无异，便偷生在世上百千年，也不过做了千百年的禽兽。学者要于此等处看得明白。比干、龙逢只为他看得分明，所以能成就得他的仁。"① 在这里，王阳明认为"忍心害理""与禽兽无异"。因此，他从心上起念，重视天理。这符合儒家一贯传承的"杀身成仁""舍身就义"的身体观念。

另一方面，王阳明主张"从躯壳上起念"。他说："此又是躯壳上起念，故替圣人争分两。若不从躯壳上起念，即尧、舜万镒不为多，孔子九千镒不为少；尧、舜万镒只是孔子的，孔子九千镒只是尧、舜的，原无彼我，所以谓之圣。"② 在王阳明看来，躯壳是心的载体，离开躯壳，便无心体。因此，"无身则无心"。从这一点上来讲，王阳明的身心关系是一种笛卡儿式的身心二元关系，即身心互相依赖，互为主、客体。

同时，王阳明把心也分为两类，即道心与人心。他说："道心者，率性之谓，而未杂于人。无声无臭，至微而显，诚之源也。人心，则杂于人而危矣，伪之端矣。见孺子之入井而恻隐，率性之道也；从而内交于其父母焉，要誉于乡党焉，则人心矣。饥而食，渴而饮，率性之道也；从而极滋味之美焉，恣口腹之饕焉，则人心矣。惟一者，一于道心也。惟精者，虑道心之不一，而或二之以人心也。道无不中，一于道心而不息，是谓"允执厥中"矣。一于道心，则存之无不中，而发之无不和。是故率是道心而发之于父子也无不亲；发之于君臣也无不义；发之于夫妇、长幼、朋友之无不别、无不序、无不信：是为中节之和，天下之达道也。放四海而皆准，亘古今而不穷，天下之人同此心，同此性，同此达道也。"③ 在这里，王阳明指出："道心者，率性之谓"。而"见孺子之入井而恻隐，率性之道也"。由此可见，"道心"就是"见孺子之入井而恻隐"，就是孟子的"四心"，即恻隐、羞恶、是非、辞逊之心。

在孟子那里，"四心"是践形的。他说："恻隐之心，仁之端也；羞恶之心，义之端也；辞让之心，礼之端也；是非之心，智之端也。人之有是四端也，犹

---

① 王阳明全集·传习录·书信［M］. 陈明，等校注. 武汉：华中科技大学出版社，2016：102.

② 王阳明全集·传习录·书信［M］. 陈明，等校注. 武汉：华中科技大学出版社，2016：36.

③ 王阳明全集·序记说·杂著［M］. 陈明，等校注. 武汉：华中科技大学出版社，2015：80.

其有四体也。有是四端而自谓不能者，自贼者也；谓其君不能者，贼其君者也。"（《孟子·公孙丑上》）"四心"（四端）通过身体才能展示出来，因此，孟子的"四心"（四端）身体化了。同样，王阳明的道心也身体化了。他说："仁、义、礼、智也是表德。性一而已：自其形体也谓之天，主宰也谓之帝，流行也谓之命，赋于人也谓之性，主于身也谓之心。心之发也，遇父便谓之孝，遇君便谓之忠，自此以往，名至于无穷，只一性而已。犹人一而已：对父谓之子，对子谓之父，自此以往，至于无穷，只一人而已。人只要在性上用功，看得一性字分明，即万理灿然。"① 这里的"道心"表现为"性"，这与前面的道心就是率性相符合。无论是道心，还是性，都天生固存仁、义、礼、智四德。这四德"主于身"。"心之发"便是践形。从这一点来说，王阳明的"道心"是践形的。

王阳明有时把道心称为真己。他说："所谓汝心，却是那能视听言动的，这个便是性，便是天理。有这个性，才能生这性之生理，便谓之仁。这性之生理，发在目便会视，发在耳便会听，发在口便会言，发在四肢便会动，都只是那天发生，以其主宰一身，故谓之心。这心之本体，原只是个天理，原无非礼，这个便是汝之真己。这个真己，是躯壳的主宰。若无真己，便无躯壳，真是有之即生，无之即死。汝若真为那个躯壳的己，必须用着这个真己，便须常常守着这个真己的本体，或慎不睹，恐惧不闻，惟恐亏损了他一些，才有一毫非礼萌动，便如刀割，如针刺，忍耐不过，必须去了刀，拔了针，这才是有为己之心，方能克己。"② 从这段话来看，真己就是人的本心，也是道心。守着真己的本体，就是守着道心。真己的践形，就是道心的践形。

与道心相对的概念是人心。如果说道心是身体原初的本心，那么人心就是身体的欲望。王阳明说："从而内交于其父母焉，要誉于乡党焉，则人心矣。"③"从而极滋味之美焉，恣口腹之饱焉，则人心矣。"从这些话来看，人心又是人欲。王阳明像朱熹一样，人心和人欲通用。他说："天理人欲，其精微必时时用力省察克治，方日渐有见。如今一说话之间，虽只讲天理，不知心中倏忽之间已有多少私欲。盖有窃发而不知者，虽用力察之，尚不易见，况徒口讲而可得

---

① 王阳明全集·传习录·书信［M］. 陈明，等校注. 武汉：华中科技大学出版社，2016：21.

② 王阳明全集·传习录·书信［M］. 陈明，等校注. 武汉：华中科技大学出版社，2016：40-41.

③ 王阳明全集·序记说·杂著［M］. 陈明，等校注. 武汉：华中科技大学出版社，2015：80.

尽知乎？今只管讲天理来顿放着不循；讲人欲来顿放着不去；岂格物致知之学？后世之学，其极至，只做得个义袭而取的工夫。"① 这里的"人欲"和"私欲"就是人心。只不过用"人欲"和"私欲"替代人心，更能彰显身体的欲望性和个体性。

在王阳明看来，人在童年时代，身体尽是道心。随着进入社会，这种道心便被遮蔽，变成了人心，便有了对美色、美味、美声的追求。这种追求对身体是有害的。王阳明指出："'美色令人目盲，美声令人耳聋，美味令人口爽，驰骋田猎令人发狂'，这都是害汝耳目口鼻四肢的，岂得是为汝耳目口鼻四肢？若为耳目口鼻四肢时，便须思量耳如何听，目如何视，口如何言，四肢如何动。"② 王阳明认为美色、美味、美声引发了身体器官的原始冲动。因此，须从心上克制这种欲望。换言之，王阳明主张"去人欲，存天理"。"静时念念去人欲、存天理，动时念念去人欲、存天理。"③ 从这一点来说，王阳明与朱熹在"天理"与"人欲"关系上是一样的。

由于人心像道心一样，也是从身体起念，因此，人心也是践形的。王阳明指出："若为着耳目口鼻四肢时，便须思量耳如何听，目如何视，口如何言，四肢如何动。必须非礼勿视听言动，方才成得个耳目口鼻四肢，这个才是为着耳目口鼻四肢。汝今终日向外驰求，为名为利，这都是为着躯壳外面的物事。"④ 这里的人心便是从耳目口鼻四肢发出，它完全具身化了。

无论道心，还是人心，都践形。因此，王阳明的身心是合一的。他说："故无心则无身，无身则无心。但指其充塞处言之谓之身，指其主宰处言之谓之心，指心之发动处谓之意，指意之灵明处谓之知，指意之涉着处谓之物，只是一件。"⑤ 这里的"一件"就是它的统合性。而且王阳明的心性、情志也融汇一体。他说："这视听言动皆是汝心：汝心之视，发窍于目；汝心之听，发窍于耳；汝心之言，发窍于口；汝心之动，发窍于四肢。若无汝心，便无耳目口鼻。

---

① 《王阳明全集·传习录·书信〔M〕. 陈明，等校注. 武汉：华中科技大学出版社，2016：30.

② 王阳明全集·传习录·书信〔M〕. 陈明，等校注. 武汉：华中科技大学出版社，2016：40.

③ 王阳明全集·传习录·书信〔M〕. 陈明，等校注. 武汉：华中科技大学出版社，2016：13.

④ 王阳明全集·传习录·书信〔M〕. 陈明，等校注. 武汉：华中科技大学出版社，2016：40-41.

⑤ 王阳明全集·传习录·书信〔M〕. 陈明，等校注. 武汉：华中科技大学出版社，2016：91.

所谓汝心，亦不专是那一团血肉。若是那一团血肉，如今已死的人，那一团血肉还在，缘何不能视听言动？"① 这里的"那一团血肉"既包括身，又包括心和性。因此，王阳明的身心是合一的。诚如朱晓鹏所指出："王阳明的身心之学在融摄儒道等身体哲学的传统思想资源的基础上，着力于克服身心关系上的二元论，把精神自由和理性原则的追求与生命存在的切身感受统一起来，既充分注意到了个体生命中身心结构的一体性关系，又特别突出了内在的精神意志对身体的调节、控制、整合作用，强调了人的心灵自由的精神诉求等的价值导向意义。"②

第三，良知的践形与知行合一。良知是阳明学说一个核心概念。按照王阳明的解释，良知一是指本心。他说："见父自然知孝，见兄自然知弟，见孺子入井自然知恻隐，此便是良知。"③ 这里的"自然知孝""自然知弟"和"自然知恻隐"就是良知。

二是良知指天理。他说："若鄙人所谓致知格物者，致吾心之良知於事事物物也。吾心之良知，即所谓天理也。致吾心良知之天理於事事物物，则事事物物皆得其理矣。致吾心之良知者，致知也。"④ 这里的"天理"就是良知。

三是良知指仁。他说："神无方而道无体，仁者见之谓之仁，知者见之谓之知。"⑤ 这里的"知"是良知的简称。"仁者见之谓之仁，知者见之谓之知。"表明良知就是仁。

朱熹也讲"天理"和"仁"，但朱熹的"天理"和"仁"是一种道德准则，而王阳明的"天理"和"仁"是一种本心。而这一本心，则是践形的。王阳明指出："心之体，性也，性即理也。天下宁有心外之性？宁有性外之理乎？宁有理外之心乎？外心以求理，此告子'义外'之说也。理也者，心之条理也。是理也，发之于亲则为孝，发之于君则为忠，发之于朋友则为信。千变万化，至

---

① 王阳明全集·传习录·书信 [M]. 陈明，等校注. 武汉：华中科技大学出版社，2016：40.

② 朱晓鹏. 论王阳明的"身心之学"[J]. 哲学研究，2013（1）：44-50.

③ 王阳明全集·传习录·书信 [M]. 陈明，等校注. 武汉：华中科技大学出版社，2016：10.

④ 王阳明全集·传习录·书信 [M]. 陈明，等校注. 武汉：华中科技大学出版社，2016：49.

⑤ 王阳明全集·序记说·杂著 [M]. 陈明，等校注. 武汉：华中科技大学出版社，2015：113.

不可穷竭，而莫非发于吾之一心。"① 这里的"心""性"和"理"都是一种精神化的身体。因此，王阳明的"良知""天理"和"仁"都是践形的。

既然良知是人的本心，那么人人都有良知，人人都能致良知，为什么社会上逐利多、良知少？是否古今人性不同？"古之仕者，将以行其道；今之仕者，将以利其身。将以行其道，故能不以险夷得丧动其心，而惟道之行否为休戚。利其身，故怀土偷安，见利而趋，见难而惧。"② 王阳明的回答是否定的。他认为古今人性相同，良知是一样的。不同之处，当今的人的良知被人欲所蔽。他说："今人多以言语不能屈服得人为耻，意气不能陵轧得人为耻，愤怒嗜欲不能直意任情得为耻，殊不知此数病者，皆是蔽塞自己良知之事，正君子之所宜深耻者。今乃反以不能蔽塞自己良知为耻，正是耻非其所当耻，而不知耻其所当耻也。"③

而且，还振振有词，口头上说的是良知，行动上做的事非良知。换言之，知行不一。如徐爱所说："如今人尽有知得父当孝、兄当弟者，却不能孝、不能弟，便是知与行分明是两件。"④ 王阳明认为这是人欲导致的结果，不是良知本体使然。他说："知而不行，只是未知。圣贤教人知行，正是要复那本体，不是着你只恁的便罢。故《大学》指个真知行与人看，说'如好好色，如恶恶臭'。见好色属知，好好色属行。只见那好色时已自好了，不是见了后又立个心去好。闻恶臭属知，恶恶臭属行。只闻那恶臭时已自恶也，不是闻了后别立个心去恶。如鼻塞人虽见恶臭在前，鼻中不曾闻得，便亦不甚恶，亦只是不曾知臭。就如称某人知孝、某人知弟，必是其人已曾行孝行弟，方可称他知孝知弟，不成只是晓得说些孝弟的话，便可称为知孝弟？又如知痛，必已自痛了方知痛；知寒，必已自寒了；知饥，必已自饥了；知行如何分得开？此便是知行的本体，不曾有私意隔断的。圣人教人，必要是如此，方可谓之知。不然，只是不曾知。"⑤ 在这里，王阳明提出了一个重要概念：知行的本体。据方英敏教授研究，身心

① 王阳明全集·序记说·杂著 [M]. 陈明，等校注. 武汉：华中科技大学出版社，2015：113.

② 王阳明全集·序记说·杂著 [M]. 陈明，等校注. 武汉：华中科技大学出版社，2015：50.

③ 王阳明全集·传习录·书信 [M]. 陈明，等校注. 武汉：华中科技大学出版社，2016：220.

④ 王阳明全集·传习录·书信 [M]. 陈明，等校注. 武汉：华中科技大学出版社，2016：6.

⑤ 王阳明全集·传习录·书信 [M]. 陈明，等校注. 武汉：华中科技大学出版社，2016：7.

一体是知行的本体。他说：在日常状态中，人的身心之间一般是统一的，否则人日常的视听言动便难以为继，但同时人的身心又偶存紧张状态。阳明的知行合一观以身心统一论为理据，但又注意到身心对立的情形。从前者说，人的身心在普遍情形下是统一的，所以知行合一实属常态。从后者说，阳明认为人的身心之间虽然由于私欲、习心的掺入、阻隔而偶呈对立状态，但通过诚意功夫剔除私欲、习心的影响，则可以内调身心紧张关系、达致统一而外显为知行合一。① 也就是说，王阳明的知行观是以他的身体一体观为基点的。

由于身心一体是知行的本体，因此，知行合一就是意识与身体行动的统一。王阳明大力主张知行合一，他说："知是行的主意，行是知的功夫；知是行之始，行是知之成。"② "知之真切笃实处，即是行；行之明觉精察处，即是知：知行工夫本不可离。"③ 并以孝亲为例，说明知行合一的不易："知行二字即是功夫，但有浅深难易之殊耳。良知原是精精明明的，如欲孝亲，生知安行的只是依此良知，实落尽孝而已；学知利行者只是时时省觉，务要依此良知尽孝而已；至于困知勉行者，蔽锢已深，虽要依此良知去孝，又为私欲所阻，是以不能，必须加人一己百、人十己千之功，方能依此良知以尽其孝。圣人虽是生知安行，然其心不敢自是，肯做困知勉行的功夫。"④ 在他看来，知行为二，就会使本体分裂，心为心、身为身，就会出现言行不一的局面。王阳明指出："古人立言所以分知行为二者，缘世间有一种人，懵懵然任意去做，全不解思惟省察，是之为冥行妄作，所以必说知而后行无缪。又有一种人，茫茫然悬空去思索，全不肯着实躬行，是之为揣摸影响，所以必说行而后知始真。此是古人不得已之教，若见得时，一言足矣。今人却以为必先知然后能行，且讲习讨论以求知，俟知得真时方去行，故遂终身不行，亦遂终身不知。某今说知行合一，使学者自求本体，庶无支离决裂之病。"⑤ 王阳明认为片面强调知或片面强调行，都会割裂知和行的关系，都会"终身不行"或"终身不知"。

由于王阳明大力提倡"知行合一"，因此他主张诚意与诚身结合起来。他

① 方英敏. 王阳明的身体哲学思想［J］. 江西社会科学，2015（3）：17-24.

② 王阳明全集·传习录·书信［M］. 陈明，等校注. 武汉：华中科技大学出版社，2016：7.

③ 王阳明全集·传习录·书信［M］. 陈明，等校注. 武汉：华中科技大学出版社，2016：46.

④ 王阳明全集·传习录·书信［M］. 陈明，等校注. 武汉：华中科技大学出版社，2016：109.

⑤ 王阳明全集·年谱·世德纪［M］. 陈明，等校注. 武汉：华中科技大学出版社，2016：15.

说："夫诚者，无妄之谓。诚身之诚，则欲其无妄之谓。诚之之功，则明善是也。故博学者，学此也；审问者，问此也；慎思者，思此也；明辨者，辨此也；笃行者，行此也。皆所以明善而为诚身之功也。故诚身有道，明善者，诚身之道也；不明乎善，不诚乎身矣。非明善之外别有所谓诚身之功也。诚身之始，身犹未诚也，故谓之明善；明善之极，则身诚矣。若谓自有明善之功，又有诚身之功，是离而二之也，难乎免于毫厘千里之谬矣。"① 这里的"诚身"，顾名思义就是立身行事。《礼记·中庸》说："顺乎亲有道，反诸身不诚，不顺乎亲矣；诚身有道，不明乎善，不诚乎身矣。"（《礼记·中庸》）而诚意，则是使意念精诚，《礼记·大学》说："欲正其心者，先诚其意。"（《礼记·大学》）前面的"明善"和"博学、审问、慎思、明辨"从某一角度上说，就是诚意，而"笃行"就是诚身。诚意是诚身的先导，诚身是诚意的行为过程。诚身与诚意的统合就是知行合一。

第四，身体与格物致知。格物致知是中国传统文化的一个重要概念，它指的是推究事物的原理，从而获得知识。《大学》指出："欲诚其意者，先致其知；致知在格物。物格而后知至，知至而后意诚。"（《礼记·大学》）这里的"致知"就是获取知识。它是知觉一种自觉的过程。

宋朝朱熹进一步发挥道："格物，须是从切己处理会去。待自家者已定叠，然后渐渐推去，这便是能格物。"②"所谓致知在格物者，言欲致吾之知，在即物而穷其理也。盖人心之灵，莫不有知，而天下之物，莫不有理。惟于理有未穷，故其知有未尽也。是以《大学》始教，必使学者即凡天下之物，莫不因其已知之理而益穷之，以求至乎其极。至于用力之久，一旦豁然贯通，则众物之表里精粗无不到，吾心之全体大用无不明矣。此谓物格，此谓知之至也。"③ 朱熹的格物致知，就是"在即物而穷其理"，讲的是一种身体行为的向度，它忽视了身体的主体性。正如王阳明所指出："先儒解格物为格天下之物，天下之物如何格得？且谓一草一木亦皆有理，今如何去格？纵格得草木来，如何反来诚得自家意？"④

王阳明的"格物致知"与朱熹的"格物致知"有所不同，首先在格物上，

---

① 王阳明全集·传习录·书信［M］．陈明，等校注．武汉：华中科技大学出版社，2016：154．

② 黎靖德．朱子语类［M］．王星贤，点校．北京：中华书局，1986：284．

③ 黎靖德．朱子语类［M］．王星贤，点校．北京：中华书局，1986：280．

④ 王阳明全集·传习录·书信［M］．陈明，等校注．武汉：华中科技大学出版社，2016：115-116．

它突出心的地位。他说："故格物者，格其心之物也，格其意之物也，格其知之物也。"① 而心、意、知都离不开身体这一载体，它们通过身体表现出来。王阳明说："身之主宰便是心，心之所发便是意，意之本体便是知，意之所在便是物。"② 因此，王阳明的"格物"突出心的作用，实际上是突出身体的地位。他对格物的解释，就充分表证了这一点。他说："我解'格'作'正'字义，'物'作'事'字义。《大学》之所谓'身'，即耳、目、口、鼻、四肢是也。欲修身，便是要目非礼勿视，耳非礼勿听，口非礼勿言，四肢非礼勿动。要修这个身，身上如何用得工夫？心者身之主宰，目虽视而所以视者心也，耳虽听而所以听者心也，口与四肢虽言动而所以言动者，心也。故欲修身在于体当自家心体，常令廓然大公，无有些子不正处。主宰一正，则发窍于目，自无非礼之视；发窍于耳，自无非礼之听；发窍于口与四肢，自无非礼之言动：此便是修身在正其心。"③ 在这里，王阳明明确指出"格物"就是"修身"与"正其心"。具体而言，就是要"目非礼勿视，耳非礼勿听，口非礼勿言，四肢非礼勿动"。从这点来说，王阳明的"格物"是格身心之物。身体成为王阳明"格物"的出发点和落脚点。

其次，在致知上，王阳明突出良知的价值功能。在他看来，知不是知识，而是良知。他说："知是心之本体。心自然会知：见父自然知孝，见兄自然知弟，见孺子入井自然知恻隐，此便是良知，不假外求。若良知之发，更无私意障碍，即所谓'充其恻隐之心，而仁不可胜用矣'。"④ 这里的"知"，指的是"见父自然知孝，见兄自然知弟，见孺子入井自然知恻隐"，是"心之本体"，被称为良知。

这一良知，不仅圣人具备，而且愚夫也具备；不仅人具备，而且天地万物都具备。王阳明指出："人的良知，就是草、木、瓦、石的良知。若草、木、瓦、石无人的良知，不可以为草、木、瓦、石矣。岂惟草、木、瓦、石为然？天地无人的良知，亦不可为天地矣。盖天地万物与人原是一体，其发窍之最精处，是人心一点灵明。风、雨、露、雷，日、月、星、辰，禽、兽、草、木，

---

① 王阳明全集·传习录·书信 [M]. 陈明，等校注. 武汉：华中科技大学出版社，2016：78.

② 王阳明全集·传习录·书信 [M]. 陈明，等校注. 武汉：华中科技大学出版社，2016：9.

③ 王阳明全集·传习录·书信 [M]. 陈明，等校注. 武汉：华中科技大学出版社，2016：115-116.

④ 王阳明全集·传习录·书信 [M]. 陈明，等校注. 武汉：华中科技大学出版社，2016：10.

山、川、土、石，与人原只一体。故五谷禽兽之类，皆可以养人；药石之类，皆可以疗疾。只为同此一气，故能相通耳。"① 王阳明通过良知，把人与天地万物统合起来，实际上是其"天地万物为一体"的生发和拓展。

由于良知是人和万物天然的、固有的、绝对的善。致知，顾名思义就是发现好这一绝对的善，运用好这一绝对的善。王阳明说："诚意之极，止至善而已矣。止至善之则，致知而已矣。"在这里，王阳明明确认为"止至善之则，致知而已矣。"致知的目的，是达到至善。他又说："是故至善也者，心之本体也。动而后有不善，而本体之知，未尝不知也。意者，其动也。物者，其事也。至其本体之知，而动无不善。然非即其事而格之，则亦无以致其知。故致知者，诚意之本也。"② 由于"至善"是"心之本体"，致知就是这一本体的践形。从这一点来讲，致知的过程就是至善践形的过程。

但是，在社会上，并不是人性都是绝对善的，并不是人人都有良知。基于这一点，王阳明把人分为三种，即圣人、贤人和愚不肖者。他说："心之良知是谓圣。圣人之学，惟是致此良知而已。自然而致之者，圣人也；勉然而致之者，贤人也；自蔽自昧而不肯致之者，愚不肖者也。愚不肖者，虽其蔽昧之极，良知又未尝不存也。苟能致之，即与圣人无异矣。此良知所以为圣愚之同具，而人皆可以为尧舜者，以此也。是故致良知之外无学矣。"③ 在王阳明看来，自然致知是圣人，勉强致知是贤人，自蔽自昧不肯致知是愚人不肖者。这样，王阳明以致知程度的多少，把人分为三等。但这三等是流动的，不是固定不变的。只要致良知，人人皆可为尧舜。这就突破了身体等级的差别，树立起了身体平等的观念。

而王阳明致知明善的目的，是"成身"。换言之，就是造就德性的身体。王阳明指出："夫子曰：'成身有道。不明乎善，不成其身矣。'斯之为中。"④ 王阳明认为"成身"的路径是"明善"。因此，王阳明的致知，常常与身体联系在一起。他说："亲吾之父，以及人之父，而孝之德明矣；亲吾之子，以及人之子，而慈之德明矣。明德亲民也，而可以二乎？惟夫明其明德以亲民也，故能

---

① 王阳明全集·传习录·书信［M］．陈明，等校注．武汉：华中科技大学出版社，2016：105．

② 王阳明全集·序记说·杂著［M］．陈明，等校注．武汉：华中科技大学出版社，2015：19-20．

③ 王阳明全集·序记说·杂著［M］．陈明，等校注．武汉：华中科技大学出版社，2015：158．

④ 王阳明全集·序记说·杂著［M］．陈明，等校注．武汉：华中科技大学出版社，2015：63．

以一身为天下；亲民以明其德也，故能以天下为一身。夫以天下为一身也，则八荒四表，皆吾支体，而况一郡之治，心腹之间乎？"① 在王阳明看来，致知明善既"能以一身为天下"，又"能以天下为一身"。这样，通过致知，把己身与天下之身贯通起来，从而达到"天地万物一体"与"天人合一"之境界。

二、王阳明身体践形化思想的评价

王阳明身体践形化思想具有以下四个方面的内涵。

（1）人的身体由天地或道生成，而天地或道是践形的。它具有仁、义、礼、心四种德性。作为圣人自然要体天地之心，以天地万物为念。从而达到"天地万物一体"与"天人合一"之境界。

（2）身心关系是一种矛盾的复合体，一方面心起着主导作用，另一方面又回归于身。作为本心的道心是践形化的身，同样作为习心的人心也是践形化的身。无论是道心、人心，还是性、情、志都身体化了。阳明的身心是合一的。

（3）阳明的良知实际上是一种本心，相当于"天理"和"仁"。它是践形的。无论天地万物，还是人的身体，都有良知。知行合一实际上是身心合一。

（4）所谓格物致知，就是不断地格去身心的欲望，把良知这一绝对的善生发出来，从而造就德性的身体。

而上述内涵的产生，主要是因为：

第一，明朝封建专制皇权空前强化。明王朝为了加强中央集权，实行了一系列制度，如废丞相、设六部，废行省、设三司，建立特务机构和实行八股取士等。这些制度的推行，强化了封建专制统治对身体的禁锢和控制。在这一语境下，传统的士中一部分人进行反叛，如何心隐、李贽和王夫之等；另一部分人从"外王"转向"内圣"，如王阳明、王艮、颜钧和罗近溪等。

王阳明作为封建专制统治的卫道士，自然为封建专制统治服务。如他指出："人只要成就自家心体，则用在其中。如养得心体，果有未发之中，自然有发而中节之和，自然无施不可。苟无是心，虽预先讲得世上许多名物度数，与己原不相干，只是装缀，临时自行不去。"② 这种明心见性思想，就容易使人逃避社会现实，在"心"上下功夫。

---

① 王阳明全集·序记说·杂著［M］. 陈明，等校注. 武汉：华中科技大学出版社，2015：165.
② 王阳明全集·传习录·书信［M］. 陈明，等校注. 武汉：华中科技大学出版社，2016：27.

　　王阳明的良知、道心、天理、格物致知亦是如此，它用封建的伦理道德准则来规训官吏和百姓的身体，从而维持封建统治的稳定。但在身心合一的境况下，诚心就是成身，他说："君子之成身也，不惟其外，惟其中；其事亲也，不惟其文，惟其实。"① 这在纷纭复杂、动荡的政局下，又容易使个人身心安顿，有利于身心健康。

　　同时，王阳明主张在日常身体生活中下功夫。他说："日用工夫，比复何如？文字虽不可废，然涵养本原而察于天理人欲之判，此是日用动静之间，不可顷刻间断底事。若于此处见得分明，自然不到得流入世俗功利权谋里去矣。熹亦近日方实见得向日支离之病，虽与彼中证候不同，然忘己逐物，贪外虚内之失，则一而已。程子说'不得以天下万物挠己，己立后自能了得天下万物'，今自家一个身心不知安顿去处，而谈王说霸，将经世事业别作一个伎俩商量讲究，不亦误乎！相去远，不得面论。书问终说不尽，临风叹息而已。"② 这对改善社会风俗有一定的作用。

　　第二，明朝中后期商品经济的大力发展。明朝时期是封建社会从繁荣走向衰落的时期。在这一时期，商品经济大力发展，封建经济空前繁荣。这就使得社会观念发生了重大变化。宋朝以来的"灭人欲，存天理"的身体精神性的追求发生动摇，社会开始汲汲于身体的欲望和享受。王阳明说："世之人从其名之好也，而竞以相高；从其利之好也，而贪以相取；从其心意耳目之好也，而诈以相欺：亦皆自以为从吾所好矣，而岂知吾之所谓真吾者乎！"③ 世人追名逐利，已失去了自我。而且，为了私利，"相陵相贼"，祸乱无穷。诚如王阳明所指出："后世良知之学不明，天下之人用其私智以相比轧，是以人各有心，而偏琐僻陋之见，狡伪阴邪之术，至于不可胜说；外假仁义之名，而内以行其自私自利之实，诡辞以阿俗，矫行以干誉，掩人之善而袭以为己长，讦人之私而窃以为己直，忿以相胜而犹谓之徇义，险以相倾而犹谓之疾恶，妒贤忌能而犹自以为公是非，恣情纵欲而犹自以为同好恶，相陵相贼，自其一家骨肉之亲，已不能无尔我胜负之意，彼此藩篱之形，而况于天下之大，民物之众，又何能一

---

①　王阳明全集·序记说·杂著［M］.陈明，等校注.武汉：华中科技大学出版社，2015：62.

②　王阳明全集·传习录·书信［M］.陈明，等校注.武汉：华中科技大学出版社，2016：125.

③　王阳明全集·序记说·杂著［M］.陈明，等校注.武汉：华中科技大学出版社，2015：73-74.

体而视之？则无怪于纷纷籍籍，而祸乱相寻于无穷矣！"①

在这种语境下，王阳明提出了"致良知"。致良知的路径一是正心，二是修身。而正心和修身的结果，就是凸现身体的精神性和道德性。王阳明说："夫心之本体，即天理也。天理之昭明灵觉，所谓良知也。君子之戒慎恐惧，惟恐其昭明灵觉者或有所昏昧放逸，流于非僻邪妄而失其本体之正耳。戒慎恐惧之功无时或间，则天理常存，而其昭明灵觉之本体，无所亏蔽，无所牵扰，无所恐惧忧患，无所好乐忿懥，无所意必固我，无所歉馁愧怍。和融莹彻，充塞流行，动容周旋中礼，从心所欲而不逾，斯乃所谓真洒落矣。"② 通过"昭明灵觉之本体"，最终达到身体个体的自由。从这一角度上来讲，王阳明身体践形化思想有利于身心的正常发展。

第三，王阳明个人的境遇。王阳明的理想是生成圣人的身体。据资料记载，王阳明"尝问塾师曰：'何为第一等事？'塾师曰：'惟读书登第耳。'先生疑曰：'登第恐未为第一等事，或读书学圣贤耳。'"③ 在这里，王阳明明确表示了他的人生理想不是功名富贵，而是成为一代圣人。

在王阳明看来，圣体即为仁体。他说："圣人之心如明镜，纤翳自无所容，自不消刮。若常人之心，如斑垢驳蚀之镜，须痛刮磨一番，尽去驳蚀，然后纤尘即见，才拂便去，亦不消费力。到此已是识得仁体矣。若驳蚀未去，其间固自有一点明处，尘埃之落，固亦见得，才拂便去；至于堆积于驳蚀之上，终弗之能见也。"④ 而这"仁体"的生成，"须痛刮磨一番"，要时刻加强内心的道德修养。换言之，王阳明追求的是一种精神性身体。

这种精神性身体的生成，除了儒家"修身、齐家、治国、平天下"外，还需其他圣贤思想的浸染。他说："圣人尽性至命，何物不具，何待兼取？二氏之用，皆我之用：即吾尽性至命中完养此身谓之仙；即吾尽性至命中不染世累谓之佛。但后世儒者不见圣学之全，故与二氏成二见耳。譬之厅堂三间共为一厅，儒者不知皆吾所用，见佛氏，则割左边一间与之；见老氏，则割右边一间与之；而己则自处中间，皆举一而废百也。圣人与天地民物同体，儒、佛、老、庄皆

---

① 王阳明全集·传习录·书信 [M]. 陈明，等校注. 武汉：华中科技大学出版社，2016：80-81.

② 王阳明全集·传习录·书信 [M]. 陈明，等校注. 武汉：华中科技大学出版社，2016：187.

③ 王阳明全集·年谱·世德纪 [M]. 陈明，等校注. 武汉：华中科技大学出版社，2016：5.

④ 王阳明全集·年谱·世德纪 [M]. 陈明，等校注. 武汉：华中科技大学出版社，2016：17.

吾之用，是之谓大道。"① 这里"儒、佛、老、庄皆吾之用"表明王阳明身体践形化思想一方面吸收了儒家身道的精华，另一方面又融汇了道家身道和佛家身道的合理因子。王阳明实行的"以道殉身"和"以身殉道"中的"道"乃是儒家身道、道家身道和佛家身道的综合。

而且，在龙场遭贬恶劣的心情下，王阳明仍思考着人身心如何安顿、生死如何超脱、这些重大哲学命题。据载："龙场在贵州西北万山丛棘中，蛇虺魍魉，蛊毒瘴疠，与居夷人鴃舌难语，可通语者，皆中土亡命。旧无居，始教之范土架木以居。时瑾憾未已，自计得失荣辱皆能超脱，惟生死一念尚觉未化，乃为石墩自誓曰：'吾惟俟命而已！'日夜端居澄默，以求静一；久之，胸中洒洒，而从者皆病，自析薪取水作糜饲之；又恐其怀抑郁，则与歌诗；又不悦，复调越曲，杂以诙笑，始能忘其为疾病夷狄患难也。因念：'圣人处此，更有何道？'忽中夜大悟格物致知之旨，寤寐中若有人语之者，不觉呼跃，从者皆惊。始知圣人之道，吾性自足，向之求理于事物者误也。乃以默记《五经》之言证之，莫不吻合，因著《五经臆说》。"② 从这段话可以看出，在龙场，王阳明已化解生死之念，达到了身体自由。因此，王阳明个人的境遇也是王阳明身体践形化思想生成的一个重要条件。

王阳明身体践形化思想对后来身体思想的发展有着非常深刻的影响。

第一，它重新确定了身的主体性地位。唐宋时期是身的退隐时期。在这一时期，以惠能、周敦颐、张载、二程、朱熹为代表的禅宗、理学不断高扬佛性、天理，从而心识论替代身本论，身体从形而下的自然身体走向了形而上的精神说教。

王阳明虽然宣扬心的主体性。他说："心之本体原自不动。心之本体即是性，性即是理，性元不动，理元不动。集义是复其心之本体。"③ 主张"无善无恶心之体，有善有恶意之动，知善知恶是良知，为善去恶是格物。"④ 但王阳明的心是以身为基础的。正如张再林教授所指出："在阳明心学乃至整个中国哲学中，身体既是形而下的肉身，亦是形而上的道身；身体之践履既是在世的，也

---

① 王阳明全集·年谱·世德纪 [M]. 陈明，等校注. 武汉：华中科技大学出版社，2016：78.

② 王阳明全集·年谱·世德纪 [M]. 陈明，等校注. 武汉：华中科技大学出版社，2016：13-14.

③ 王阳明全集·传习录·书信 [M]. 陈明，等校注. 武汉：华中科技大学出版社，2016：30.

④ 王阳明全集·年谱·世德纪 [M]. 陈明，等校注. 武汉：华中科技大学出版社，2016：98.

是超越的，因此，生命既可以白驹过隙般偕草木同腐，也可以与道同体而共天地长存，这正是中国哲学以身为本的深意之所在。"① 从这一点来说，心的主体性就是身的主体性，阳明心学又叫阳明身学。近代国学大师章太炎早就认识到了这一点。他说："文成之术，非贵其能从政也，贵乎敢直其身、敢行其意也"② 这里的"贵乎敢直其身"揭示阳明心学是以身为其本体论的。阳明后学也因为阳明心学强烈的"根身性"和"践形性"，在"身"上进行承继与发扬光大。王艮指出："身与道原是一件。圣人以道济天下，是至尊者道也。人能宏道，是至尊者身也。尊身不尊道，不谓之尊身；尊道不尊身，不谓之尊道"。（《语录上》）他又说："能爱身，则不敢不爱人""能敬身，则不敢不敬人。"（《明哲保身论》）因此，王阳明身体践形化思想有力地促进了后来身体的自主发展和个性的张扬。

第二，它重新确定了身心一如的实践路径。自宋理学兴起后，知与行在某种程度上是分离的。朱熹指出："论先后，知为先。"③他又说："大凡义理积得多后，贯通了，自然见效""今只是要理会道理。若理会得一分，便有一分受用"④。朱熹过分强调知的重要性，而忽视行的功能，这就容易使道德空乏化，造成身心的分裂。如王阳明所说："天理人欲，其精微必时时用力省察克治，方日渐有见。如今一说话之间，虽只讲天理，不知心中倏忽之间已有多秒私欲。盖有窃发而不知者，虽用力察之，尚不易见，况徒口讲而可得尽知乎？今只管讲天理来顿放着不循；讲人欲来顿放着不去；岂格物致知之学？后世之学，其极至，只做得个义袭而取的工夫。"⑤ 因此，王阳明主张身心一如的知行合一。他说："知是行之主意，行是知之功夫；知是行之始，行是知之成。"⑥ 在这里，王阳明揭示了心与身的关系。即"知"是"心"的"知"，"行"是"身"在"行"，知行合一就是身心的统一。

这一主张，对后世的影响非常深刻。明清时期的实学就是在知行合一的基础上发展起来的。实学家陈确说："言知行合一，则天下始有实学。"（《瞽言·

---

① 张再林，马新锋. 本心与习心——基于"身体哲学"的阳明心学阐释［J］. 人文杂志，2010（2）：25-31.

② 《章太炎全集》第3卷，第461页。

③ 黎靖德. 朱子语类［M］. 王星贤，点校. 北京：中华书局，1986：.

④ 黎靖德. 朱子语类［M］. 王星贤，点校. 北京：中华书局，1986：.

⑤ 王阳明全集·传习录·书信［M］. 陈明，等校注. 武汉：华中科技大学出版社，2016：30.

⑥ 王阳明全集·年谱·世德纪［M］. 陈明，等校注. 武汉：华中科技大学出版社，2016：15.

圣学》）唐甄又指出："甄虽不敏，……盖服乎知行合一之教也……知行合一者，致知之实功也。"（《潜书·知行》）陈、唐二人都认为知行合一是实学的核心。知行合一有力地促进了实学的发展。近来思想家章太炎曾援引王阳明"行而知之"和"不行不足以为知"的观点去驳斥康有为"公理未明，旧俗俱在"不能革命的论调。① 也间接揭示王阳明知行合一学说对革命者革命的身体行动也产生过促进作用。总之，王阳明重新确立的身心一如路径知行合一对后世影响巨大。

王阳明基于良知的修身主张对后来也影响深远。关于良知的修身方式，王阳明提出了许多真知灼见。如在立志上，他说："夫志，气之帅也，人之命也，木之根也，水之源也。源不浚则流息，根不植则木枯，命不续则人死，志不立则气昏。是以君子之学，无时无处而不以立志为事。正目而视之，无他见也；倾耳而听之，无他闻也。如猫捕鼠，如鸡覆卵，精神心思凝聚融结，而不知有其他，然后此志常立，神气精明，义理昭著。一有私欲，即便知觉，自然容住不得矣。故凡一毫私欲之萌，只责此志不立，即私欲便退；听一毫客气之动，只责此志不立，即客气便消除。或怠心生，责此志，即不怠；忽心生，责此志，即不忽；躁心生，责此志，即不躁；妒心生，责此志，即不妒；忿心生，责此志，即不忿；贪心生，责此志，即不贪；傲心生，责此志，即不傲；吝心生，责此志，即不吝。盖无一息而非立志责志之时，无一事非立志责志之地。故责志之功，其于去人欲，有如烈火之燎毛，太阳一出，而魍魉潜消也。"② 在这里，从气一志一心一良知的角度，论述了志的重要性。在他看来，志立，则"神气精明，义理昭著"，则私欲退，则无"怠心"、无"忽心"、无"躁心"、无"妒心"、无"忿心"、无"贪心"、无"傲心"和无"吝心"，良知自然呈现。而这些正是中国传统儒家文化"养浩然之气"思想的拓展。曾国藩的"人之气质，由于天生，本难改变，惟读书则可变化气质。欲求变之之法，总须先立坚卓之志。……古称金丹换骨，余谓立志即丹也。"③ 的观念与王阳明"志"的思想异曲同工，不能说曾国藩没有深受王阳明身体践形化思想的影响。

总之，王阳明身体践形化思想对中国古代身体思想史上身体的回归起着重大的作用。

---

① 李德芳. 王阳明"知行合一说"的渊源及其影响［M］. 贵阳师范学院学报（社会科学版），1982（6）：23-30.

② 王阳明全集·序记说·杂著［M］. 陈明，等校注. 武汉：华中科技大学出版社，2015：111.

③ 《同治元年四月二十四日谕纪泽》，见《曾国藩家书》。

第五节 身体多元化：王艮、颜钧、罗近溪身体思想研究

黄宗羲曾指出："阳明先生之学，有泰州、龙溪而风行天下，亦因泰州、龙溪而渐失其传。泰州、龙溪时时不满其师说，益启瞿昙之秘而归之师，盖跻阳明而为禅矣。然龙溪过后，力量无过於龙溪者，又得江右为之救正。故不至十分决裂。泰州之后，其人多能以赤手搏龙蛇，传至颜山农、何心隐一派，遂复非名教之所能羁络矣。"（《明儒学案》卷32《泰州学案一·前言》）这里的泰州学派是阳明后学（浙中、江右、南中、楚中、北方、闽粤、泰州）七家之一。它摄入了阳明心学身体观念，如张再林所说："泰州学派的为学之要，乃是作为心学的切己路线的继续，……泰州学派所切入的'己'，已不是'心'之'己'而是'身'之'己'；同为'切己自反'，泰州学派所诉诸的'反'，已不是'反思'之'反'而是'反身'之'反'。这样，随着泰州学派之于我之'当下'的重新解读，沉睡了千年业已退隐的中国古代的此在之身又一次重新朗现在明儒的视域。"① 换言之，泰州学派继承和发展了王阳明身体践形化思想，形成了多元化的阳明后学身体观念。

一、王艮身体平民化思想的主要内容

作为王阳明弟子的王艮把其师的"心本论"转化为"身本论"，突出身体在人的自身存在中的价值。由于王艮的讲学对象是广大的平民，如刘师培所指出："今观心斋先生，以盐贩而昌心学，见闻不与，独任真诚，而讲坛所在，渐摩濡染，几及万人，下至于樵夫收竖。"② 王艮的身体观念具有平民化的倾向。

第一，"万物皆备我身"③与平民化。在王艮看来，天人同体。他说："父母生我，形气俱全。形属乎天，气本乎地。中涵太极，号人之天。此人之天，即天之天。此天不昧，万理森然。动则俱动，静则通焉。天人感应，同体同然。天人一理，无大小焉。"（《明儒王心斋先生遗集》卷一《语录》）这里"同体

---

① 张再林. 作为"身体哲学"的中国哲学的历史 [J]. 西北大学学报（哲学社会科学版），2007（3）：52-63.

② 章太炎，刘师培，等. 中国近三百年学术史论 [M]. 罗志田，导读；徐亮工，编校. 上海：上海古籍出版社，2006：257.

③ 王艮. 王心斋全集 [M]. 陈祝生，校点. 南京：江苏教育出版社，2001：161.

同然"不但指天人身体同构，而且指天人天性同构。他说："天性之体本自活泼，鸢飞鱼跃便是此体。"（《明儒王心斋先生遗集》卷一《语录》）"天性之体"中的"体"，按照余英时的解释，指的是个体的身体。① 因此，王艮的"天人同体"是个体的身体与天地万物的相通。

王艮指出："身与天下国家，一物也，惟一物而有本末之谓。"（《明儒王心斋先生遗集》卷一《答问补遗》）在天人同体中，是天起着主导作用，还是身体起着主导作用？王艮明确指出："是故身也者，天地万物之本也，天地万物，末也。"（《明儒王心斋先生遗集》卷一《答问补遗》）在天地万物与身体的主客关系中，身体是本，天地万物是末。这一提法，"这是古代民本主义思想无法容纳的，同时也是宋明义理之学所不能包容的思想。"② 王艮的"身本论"是建立在天地万物皆我一体的基础上的。

由于身体是主体，王艮主张"天地万物依于己"。他说："吾身是个'矩'，天下国家是个'方'。"③ 他又说："知得身是天下国家之本，则以天地万物依于己，不以己依于天地万物。"（《明儒学案》卷 32《泰州学案一·处士王心斋先生艮》）这里的"矩"和"方"的关系揭示了身体是天地万物的根本，没有身体，就没有天地万物。按照齐林华的说法：王艮"把阳明心学中对个体的认同与肯定的思想进一步推进，认为个体的身体才是天地万物之所以存在的依据，主张'不以身依于天地万物'，从而将天人关心理解为由个体的身体单向度规定的结构。这样，王艮悬置了普遍本质规定的形而上学道德本体，而立足于百姓日常的身体本体，使得阳明学的整个价值取向颠倒了，从为统治阶级服务以维护现有的伦理秩序，转向为市民、平民的道德伦理要求服务，既是儒家思想学说的逻辑转换，也是儒家德性身体观念的消退。"④ 从这里来讲，王艮的"万物皆备我身"具有强烈的平民性。

第二，良知的践形与平民化。王阳明学说的核心之一是"致良知"，王艮学说的核心之一是"良知致"。二者从字面上看，一个是动宾组合，一个是主谓组合。从王阳明的"致良知"来说，他是把良知拓展开来。罗洪先说："阳明拈出良知，上面添一致字，便是扩养之意。"（《明儒学案》卷 18《江右王门学案

---

① 余英时. 明代理学与政治文化发微［M］//余英时. 宋明理学与政治文化. 桂林：广西师范大学出版社，2006：50.

② 胡维定. 王艮"身本论"的主体存在价值［J］. 湖北师范学院学报（哲学社会科学版），2000（1）：63-66.

③ 王艮. 王心斋全集［M］. 陈祝生，校点. 南京：江苏教育出版社，2001：33.

④ 齐林华. 中国古代文化中的身体观念及其发展［D］. 长沙：湖南师范大学，2013：177.

三》）王艮"良知致"是良知作用的自然发挥。王栋说："良知无时而昧，不必加加，……故学者之于良知，亦只需认识此体端的便可，不消更着致字。先师云：明翁（王阳明）初讲致良知，后来只说良知，传之者自不察耳。"（《明儒王一菴先生集》卷一）王艮认为根本勿须在"良知"之前加"致"，根据良知去做则可。从上述分析中可以看出，二者的中心词都是良知，不同之处，一个是扩展良知，一个是按照良知去做。

王阳明和王艮的"良知"都是"天理"的另一种说法。王艮指出："或问'天理良知之学，同乎？'曰：'同。'曰：'有异乎'曰：'无异也。'天理者，天然自有之理也。良知者，不虑而知、不学而能者也。惟其不虑而知、不学而能，所以为天然自有之理；惟其天然自有之理，所以不虑而知，不学而能也。故孔子曰：'知之为知之，不知为不知'，是良知也。'入太庙，每事问'，是天理也。"（《明儒王心斋先生遗集》卷一《天理良知说》）在王阳明那里，"天理"是践形的。同样，王艮的"天理"也是践形的。他说："天理者，父子有亲，君臣有义，夫妇有别，长幼有序，朋友有信是也。人欲者，不孝不弟，不睦不姻，不任不恤，造言乱民是也。存天理，则人欲自遏，天理必见。"（《明儒王心斋先生遗集》卷二《王道论》）这里"天理"是人先天固有的知觉本能和生理本能，即"父子有亲，君臣有义，夫妇有别，长幼有序，朋友有信"。这就把封建的伦理道德践形化了。

由于"天理"是"良知"的别称，自然王艮的"良知"也践形化。他说："此乐多言无处寻，原来在有自家心。圣师专以良知教，贤友当为切己箴。"（《明儒王心斋先生遗集》卷二）他又说："知得良知却是谁，良知原有不须知。而今只有良知在，没有良知之外知。"（《明儒王心斋先生遗集》卷二）在王艮看来，良知是自家本心的发用，它具有根身性。又由于良知是平民的日用。他说："圣人经世，只是家常事。""圣人之道，无异于百姓日用，凡有异者，皆谓之异端。""百姓日用条理处，即是圣人之条理处。圣人知，便不失；百姓不知，便会失。"（《明儒王心斋先生遗集》卷一《语录》）等。因此，良知又具有平民性。

第三，淮南格物与平民化。黄宗羲曾指出："先生以'格物，即物有本末之物。身与天下国家一物也，格知身之为本，而家国天下之为末，行有不得者，皆反求诸己。反己，是格物底工夫，故欲齐治平在於安身。《易》曰：'身安而天下国家可保也。'身未安，本不立也，知身安者，则必爱身、敬身。爱身、敬身者，必不敢不爱人、不敬人。能爱人、敬人，则人必爱我、敬我，而我身安矣。一家爱我敬我，则家齐；一国爱我敬我，则国治；天下爱我敬我，则天下平。故人不爱我，非特人之不仁，己之不仁可知矣。人不敬我，非特人之不敬，己之不敬可知矣。'此所谓淮南格物也。"（《明儒学案》卷32《泰州学案一·处士王心斋先生艮》）这就揭示了王艮淮南格物的内涵为安身、爱身和敬身。

而安身、爱身和敬身是王艮身本论的重要内容。按照胡维定的研究，王艮的身本论有三个层次，即①"尊身尊道"；②"修身立本"；③"保身爱人"。①具体来说，在"尊身尊道"上，王艮主张身道一体。他说："身与道原是一件，至尊者此道。至尊者此身。尊身不尊道，不谓之尊身；尊道不尊身，不谓之尊道，须道尊身尊才是至善"。（《明儒王心斋先生遗集》卷一《答问补遗》）他又说："圣人以道济天下，是至尊者道也；人能弘道，是至尊者身也。道尊则身尊，身尊则道尊。"（《明儒王心斋先生遗集》卷三《年谱》）这样，把主体的自觉落实到个体之身上，形成个体之身与道的交融。

在"修身立本"上，王艮主张修己安人。他说："故必修身为本，然后师道立而善人多矣。如身在一家，必修身立本，以为一家之法，是为一家之师矣。身在一国，必修身立本，以为一国之法，是为一国之师矣。身在天下，必修身立本，以为天下之法，是为天下之师矣。"（《明儒王心斋先生遗集》卷一《答问补遗》）王艮的"修身"以己修为圆点，向外拓展。同样，安人也以安己为基点，再向外拓展安国、安天下。他说："立本，安身也，安身以安家而家齐，安身以安国而国治，安身以安天下而天下平也。故曰修己以安人，修己以安百姓，修其身而天下平。不知安身，便去干天下国家事，是之为失本。就此失脚，将烹身割股，饿死结缨，且执以为是矣。不知身不能保，又何以保天下国家哉？"（《明儒学案》卷32《泰州学案一》）这里的"安身"就是"安己"，在王艮这里，个体之身得到了高度重视。而且个体之心也上升到一个重要地位。他说："然所谓安身者，亦是安其心耳，非区区保此形骸之安也。……安其身而安其心者，上也；不安其身而安其心者，次之；不安其身又不安其心者，斯其为下矣。"（《明儒王心斋先生遗集》卷1《语录》）因此，王艮的"安身"是身心互安。王艮强调的是个体身心的安逸。从这点来说，王艮的"修身立本"突出了个体身体价值，使身体范式从宏大的家国天下转向个体身心修养与安全。

在"保身爱人"上，王艮主张以良知为基础。在王艮那里，良知又是明哲，他说："明哲者，良知也。明哲保身者，良知良能也，所谓不虑而知、不学而能者也，人皆有之，圣人与我同也。"（《明儒王心斋先生遗集》卷1《明

---

① 胡维定. 王艮"身本论"的主体存在价值［J］. 湖北师范学院学报（哲学社会科学版），2000（1）：63-66.

哲保身论》）因此，"明哲保身"就是以良知为基础，来保护自己爱护自己，从而建构从己身到他身的理想的身体社会。

总之，无论是"尊身尊道"，还是"修身立本"和"保身爱人"，其针对的对象主要是平民百姓。赵贞吉在《王艮墓铭》说："先生引接人，无问隶仆，皆令有省。虽显贵至悍戾不悦者，闻先生言，皆对众悔谢不及。"（《明儒王心斋先生遗集》卷4）王艮自己也说："入山林求会隐逸，过市井启发愚蒙，沿途聚讲，直抵京师。"（《明儒王心斋先生遗集》卷1《语录》）因此，王艮的"尊身"、"安身"和"保身"具有强烈的平民化色彩。

二、颜钧身体日常化思想的主要内容

黄宗羲在《明儒学案》中说："颜钧，字山农，吉安人也。……其学以人心妙万物而不测者也。性如明珠，原无尘染，有何睹闻？着何戒惧？平时只是率性所行，纯任自然，便谓之道。及时有放逸，然后戒慎恐惧以修之。"（《明儒学案》卷32《泰州学案一·前言》）在这里，黄宗羲指出颜钧（颜山农）思想是"以人心妙万物而不测""然后戒慎恐惧以修之。""人心"，按照孟子的解释，则是"仁，人心也；义，人路也。舍其路而弗由，放其心而不知求，哀哉！人有鸡犬放，则知求之；有放心而不知求。学问之道无他，求其放心而已矣。"（《孟子·告子上》）颜钧思想直通孟子，故其"人心"乃"仁"。由于孟子的"仁"是践形的，因此，颜钧的"人心"也是践形的。又由于颜钧的"心"主要是应酬日用，他说："默朕渊浩，独擅神聪；变适无疆，统率性融；生德充盈，润溉形躬；亲丽人物，应酬日用，自不虑而知，不学而能者也"① 因此，颜钧的"以人心妙万物而不测""然后戒慎恐惧以修之。"思想就是日常的心的践形思想。

第一，"放心体仁"与日常化。在展开论述前，我们先看一段话：

始罗（罗汝芳）为诸生，慕道极笃，以习静婴病，遇先生在豫章，往谒之。先生一见即斥之曰："子死矣，子有一物，据子心，为大病，除之益甚，幸遇吾，尚可活也。"罗公曰："弟子习澄湛数年，每日取明镜止水，相对无二，今于死生得失不复动念矣。"先生复斥曰："是乃子之所以大病也，子所为者，乃制欲，非体仁也。欲之病在肢体，制欲之病乃在心矣。心病不治，死矣。子不闻放心之说乎？人有沉病者，心怔怔焉，求秦越人决脉，即诊，曰：'放心，尔

---

① 见何属乾. 颜山农先生遗集［M］//颜钧. 颜钧集. 黄宣民，点校. 北京：中国社会科学出版社，1996：3.

无事矣。'其人素信越人之神也，闻言不待针砭而病霍然。已，有负官帑千金者，入狱，遽甚。其子忽自商持千金归，示父曰：'千金在，可放心矣。'父信其子之有千金，虽荷校负铙铛，不觉其身之轻也。夫人心有所系则不得放，有所系而强解之又不得放。夫何故？见不足以破之也。蛇师不畏蛇，信咒术足辟蛇也。幻师不畏水火，信幻术足辟水火也。子惟不敢自信其心，则心不放矣。不能自见其心，则不敢自信，而心不放矣。孔子谓：'朝闻道，夕死可矣，'放心之谓也。孟子曰：'学问之道无他，求其放心而已矣。'但放心则萧然若无事人矣。观子之心，其有不自信者耶！其有不得放者耶！子如放心，则火燃而泉达矣。体仁之妙，即在放心。初未尝有病子者，又安得以死子者耶？"罗公跃然，如脱缰锁，病遂愈。①

从这段话可以看出，身体与"放心"有着密切的关系。按照黄宣民的研究，颜钧这里的"放心"具有四层意蕴，即"一是要能'自见其心''自信其心'；二是心不能有所系，不应有思想束缚；三是此心要能顺应自然，不断自我扩充；四是'放心'与'体仁'相联系，与'制欲'相对立。"② 一言以蔽之曰，让本心充分展示出来。

从颜钧对罗近溪的回答："子不观孟子之论四端乎？知皆扩而充之，如火之始燃、泉之始达，如此体仁，何等直截！子患当下日用而不知，勿妄疑天性之生生或息也。"（《明儒学案》卷34《泰州学案三·参政罗近溪先生汝芳》）我们知道，颜钧的"本心"就是孟子的"四端"，也就是"仁"。颜钧的"放心体仁"实际上其"心"是其"仁"的践形化。

颜钧指出："是至无上独仁，无敌自神，往来中立，时宜飞御乎性天之乐，莫御乎覆载持帱之大中；如此安身以运世，如此居其所，而凡有血气莫不尊亲，是为亢。丽神易仁道，无声臭乎上下四旁，所谓'时乘六龙以御天'，独造化也。如此哲晰大中大易，以变化学庸，仁道必身亲，易善易天下，彰顺化，自将进灭百代蓁芜、千家注集之糜滥也。此为耕樵一生，既竭精神心思，知及仁守，庄莅动礼，成乐之极至深涵，如是严造脱颖，如是乐止自神，不贰息也。"③ 颜钧的"仁"就是打造德性的身体和礼义的身体。为此，他提倡超形骸，洗嗜欲，他说："农之学，自授（受）承于东海，单洗思虑嗜欲之盘结，鼓之以快乐，而除却心头炎火。农之道，传衣钵于西江，专辟形骸凡套之缰锁，

---

① 颜钧. 颜钧集 [M]. 黄宣民，点校. 北京：中国社会科学出版社，1993：82-83.

② 黄宣民. 明代平民儒者颜钧的大中哲学 [J]. 哲学研究，1995 (1)：49-58.

③ 颜钧. 耕樵问答 [M]//颜钧. 颜钧集. 黄宣民，点校. 北京：中国社会科学出版社，1993：51.

舞之以尽神而尽涤性上逆障。"① 但颜钧并不否定正常的身体欲望。"在他看来，即使人之自然欲望可以构成疾病，也只能谓之'肢体之病'，因为欲望是源自感官并通过肢体行为表达出来的。肢体之病害身，故可以救治；但若苦苦强制自己不起念虑、扼杀心中一切欲望，无疑是一种心病。心病难治，不但害心，亦且害身家性命。"② 因此，颜钧的"放心体仁"是建立在不制欲的基础上。

而且，颜钧的"放心体仁"植根于百姓的日常生活之中，他说："日用此生此仁，而皆不知此即己心之良知良能，此即'从心所欲不逾矩'之大学中庸也。"③ 从这一点来说，颜钧的身体思想具有日常化的特征。

第二，"戒慎恐惧"与日常化。这表现在两个方面：一是个体的日常身心修炼；一是大众的日常身心修炼。

就个体的日常身心修炼来说，颜钧提出了"七日闭关法"。他这样说道："功先设立，回光腔寰，三日苦磨困神，各致其力。于闭关七日之前曰：'凡有志者，欲求此设武功，或二日夜，或三日夜，必须择扫楼居一所，摊铺连榻，然后督置愿坐几人，各就榻上正坐，无纵偏倚，任我指点。收拾各人身子，以绢缚两目，昼夜不开；绵塞两耳，不纵外听；紧闭唇齿，不出一言；擎拳两手，不动一指；跌跏两足，不纵伸缩；直耸肩背，不肆惰慢；垂头若寻，回光内照。如此各各自加严束，此之谓闭关。夫然后又从而引发内照之功，将鼻中吸收满口阳气，津液漱嘤，咽吞直送，下灌丹田，自运旋滚几转，即又吸嘤津液，如样吞灌，百千轮转不停，二日三日，不自已已。如此自竭辛力作为，虽有汗流如洗，不许吩咐展拭，或至骨节疼痛，不许久伸喘息。……如此安恬周保，七日后方许起身，梳洗衣冠，礼拜天地、皇上、父母、孔孟、师尊之生育传教，直犹再造此生。"④ 从这段话来看，"七日闭关法"不只是身的修炼，还是心的修炼。因此，产生的效能自然是全方位的。据马晓英研究，其效能有三："其一，自身体而言，是一种摆脱了重重束缚的放松感，即所谓'超然脱离出监，纵步有乘虚御风之轻爽'；其二，自心理而言，是一种摆脱尘俗羁绊、使心灵达到纯净无滞的超越感和无往而不适的愉悦感，即所谓'若平日偃埋在百丈深坑

---

① 颜钧. 急救心火榜文 [M] //颜钧. 颜钧集. 黄宣民，点校. 北京：中国社会科学出版社，1993：3.
② 马晓英. 从放心体仁到戒慎涵养——明儒颜钧的体仁工夫论探析之一 [J]. 中国哲学史，2004 (4)：101-108.
③ 颜钧. 颜钧集 [M]. 黄宣民，点校. 北京：中国社会科学出版社，1993：14.
④ 颜钧. 颜钧集 [M]. 黄宣民，点校. 北京：中国社会科学出版社，1993：38.

中，今日俄顷自能升入天堂上'；其三，使人本有的灵明智慧得到开发和彰显。"① 颜钧的"七日闭关法"彰显的是个体日常身体的自由，其最终目标是良知的恢复和凸显。从这一点来说，颜钧的个体的日常身心修炼实际上是开发良知。同时，为使良知普及于百姓的日常生活中，他采用了百姓最易接受的最具有神秘感的宗教修持方式，也间接表明了颜钧的个体的日常身心修炼吸收了佛、道两家身心修炼方法的精华。

就大众的日常身心修炼来说，主要表现在《箴言六章》和《急救心火榜文》中。在《箴言六章》"孝顺父母"条中指出："天地生民，人各有身。身从何来，父母精神。形化母腹，十月艰辛。儿生下地，万般殷勤。儿饥啼食，儿冷啼衣。乳抱缝浣，惕惕时时。儿渐长大，择师教儿。儿长大矣，求妇配儿。人有此身，谁不赖亲。幼赖养育，长赖教成。……思之痛之，泪血淋淋。孝顺父母，圣谕化民。"② 这里的"孝顺父母，圣谕化民"是基于"身体发肤，受之父母"的身体观念。在颜钧看来，人有此身，全赖父母"养育"和"教成"。因此，"孝顺父母"就是对父母之身的回报。颜钧的《箴言六章》表面上看，是大众的日常身体修炼，实际上，是用封建统治的日常伦理道德来规训百姓的身体，以维护封建皇权的统治。因为在《箴言六章》每一条结尾处，都有对封建皇权圣谕的赞美。如"孝顺父母，圣谕化民""尊敬长上，圣谕劝贤""和睦乡里，圣谕锡福""教训子孙，圣谕立极""各安生理，圣谕叮咛"和"毋作非为，圣谕明睹"③ 等。

在《急救心火榜文》中，颜钧对大众的日常身心修炼提出了具体要求。如在"六急六救"中，指出：

1. 急救人心陷梏，生平不知存心养性，如百工技艺，如火益热，兢自相尚。

2. 急救人心奔驰，老死不知葆真完神，而千层嗜欲，若火始燃，尽力恣好。

3. 急救人有亲长也，而火炉妻子，薄若秋云。

4. 急救人有君臣也，而烈焰刑法，缓民欲恶。

5. 急救人有朋友也，而党同伐异，灭息信义。

6. 急救世有游民也，而诡行荒业，销砾形质。④

---

① 马晓英. 明儒颜钧的七日闭关工夫及其三教合一倾向 [J]. 哲学动态, 2005 (3): 56-61.

② 颜钧. 颜钧集 [M]. 黄宣民，点校. 北京：中国社会科学出版社, 1993: 39.

③ 颜钧. 颜钧集 [M]. 黄宣民，点校. 北京：中国社会科学出版社, 1993: 39-44.

④ 颜钧. 急救心火榜文 [M] // 颜钧. 颜钧集. 黄宣民，点校. 北京：中国社会科学出版社, 1993: 3.

从榜文来看，"六急六救"主要是灭人欲，打造国家、社会所需要的德性身体和礼义身体。马晓英指出："尽管'六急六救'从对自我生命的关注出发，有着强调主体自我意识的因素，但它的内容和目标，以及它实施的方法，都清晰无疑地表明它的儒家本色。"① "六急六救"是儒家道德救世思想的反映。它通过榜文形式的呈现，使百姓日常的个体身体深深打上道德的烙印。

总之，无论是"放心体仁"，还是"七日闭关法"和《急救心火榜文》，都突出了平民百姓日常个体之身的主观能动性，这是晚明社会市民意识提升在儒家身道上的反映。

三、罗近溪身体精神化思想的主要内容

黄宗羲在《明儒学案》中说："先生之学，以赤子良心、不学不虑为的，以天地万物同体、彻形骸、忘物我为大。此理生生不息，不须把持，不须接续，当下浑沦顺适。工夫难得凑泊，即以不屑凑泊为工夫，胸次茫无畔岸，便以不依畔岸为胸次，解缆放船，顺风张棹，无之非是。学人不省，妄以澄然湛然为心之本体，沉滞胸膈，留恋景光，是为鬼窟活计，非天明也。"（《明儒学案》卷34《泰州学案三·参政罗近溪先生汝芳》）在这里，黄宗羲指出"澄然湛然"不是罗近溪"心之本体"，"赤子良心"乃是其学说的"的"。而"赤子良心"是一种本心，在儒家身道中，它是一种精神性的身体。因此，罗近溪身体思想的核心是身体精神化。

第一，"赤子之心"与身体精神化。"赤子之心"四字最早出现在孟子的《离娄章句下》，它说："大人者，不失其赤子之心者也。"（《孟子·离娄章句下》）指的是天真、无邪的童心。罗近溪继承了孟子的意蕴，他说："夫赤子之心，纯然而无杂，浑然而无为，形质虽有天人之分，本体实无彼此之异。故生人之初，如赤子时，与天甚是相近。奈何天生而静后，却感物而动，动则欲已随之，少为欲间，则天不能不变而为人；久为欲引，则人不能不化为物。甚而为欲所迷且没焉，则物不能不终而为鬼魅妖孽矣。此等田地，其喜怒哀乐，岂徒失天之则，亦且拂人之性；岂惟拂人之性，亦且造物之殃。"② 从这段话可以看出，"赤子之心"是人欲没有遮蔽的本心，即"纯然而无杂，浑然而无为"。

这一本心，在罗近溪看来，就是一种"天命之性"，即仁义礼智四端。他

---

① 马晓英. 敦伦化俗，运世造命——明末"异端"学者颜钧的儒学化俗实践及其讲学活动 [J]. 孔子研究，2007（1）：57-66.

② 罗汝芳《近溪子集·卷御》，《罗汝芳集》第124页。

说："况天命之性，固专谓仁义礼智也已，然非气质生化呈露发挥，则五性何从而感通，四端何自而出见也耶？故维天之命，充塞流行，妙凝气质，诚不可掩，斯之谓天命之性。合虚与气而言之者也。是则无善而无不善，无不善而实无善，所谓赤子之心浑乎天者也。"① 而这种"天命之性"是践形的。罗近溪指出："性命在人，原是神理。看子于言下执滞不通，一至于是，岂亦气质之为病，而子未之觉也乎？请为子详之。夫性善之宗，道之孟子，而非始于孟子也。'继之者善也，成之者性也'，孔子固先言之。气质之说，主于诸儒，而非始于诸儒也。'形色天性也'，孟子固先言之也。且气质之在人身，呼吸往来而周流活泼者，气则为之。耳目肢体而视听起居者，质则为之。今子欲屏而去之，非惟不可屏，而实不能屏也。"② 这里的"形色天性也"揭示的就是"性"的践形过程。无论是"天命之性"，还是"气质之性"都身体化了。换言之，罗近溪的"天命之性"是一种精神化的身体。同样，"赤子之心"也是一种精神化的身体。

由于"赤子之心"身体化、精神化，因此，"赤子之心"又称为"赤子之身"。罗近溪说："心为身主，身为神舍，身心二端，原乐于会合，苦于支离。故赤子孩提欣欣常是欢笑，盖其时身心犹相凝聚。而少少长成，心思杂乱，便愁苦难当了。……所谓皇天不负苦心人，到此方信大道只在此身，此身浑是赤子。又信赤子原解知能，知能本非虑学。至是精神自来帖体，方寸顿觉虚明，如男女媾精以为胎，果仁沾土而成种，生气津津，灵机隐隐，云是造化而造化不以为功，认为人力而人力殆难至是。此则天心道脉，信为洁净精微也已。"③罗近溪"精神自来帖体"揭示了"赤子之心"与"赤子之身"是身心合一的，罗近溪从"赤子之心"精神性身体出发，拓展其"仁孝说""良知说"，从而使其身体思想"实落处"。

第二，"天地万物皆备吾身"与身体精神化。在罗近溪看来，天地与人身体同构，共为一体，他说："我身以万物而为体，万物以我身而为用。其初也，身不自身，而备物乃所以身其身；其既也，物不徒物，而反身乃所以物其物。是惟不立，而身立则物无不立；是惟不达，而身达则物无不达。盖其为体也诚一，

---

① 罗汝芳：《近溪子集卷射》，《罗汝芳集》第 87 页。

② 《罗近溪先生明道录》卷之四《"天命之性"与"气质之性"通论》，会语 门人乐安詹事讲明甫校梓（12）。

③ 《罗近溪先生明道录》卷之三，《自述"宗旨"："赤子之心，不虑不学"》，会语 门人乐安詹事讲明甫校梓（1）。

则其为用也自周。"① 在这里,"我身"既是"万物"的主体,又是"万物"的客体。"身立则物无不立""身达则物无不达"。通过身体,可以体认天地客观世界,即"以一身体万物"。

由于罗近溪以身体来观察和体认万物,因此,其身体是一种知觉,是可视可听可思的活动之物。他说:"夫我与万物,其形迹似涣泮而殊以异也,况众以万言,将盈天地之间焉举之矣,曷从而定于我也哉?盖君子善观乎其中也,不求诸物,惟取诸我。我之形也有涯,而其气也无涯;我之迹也可定,而其神也莫定。夫无涯则触处而充满,莫定而随时而妙应。即大如两间,远如千古,咸精彻于思,聪明于视听,而莫或外之也。万物虽众,固尽藏于两间,消息乎千古者也。独不善观而得,反身而诚,以皆备于我也哉。"② 这里的"我"与"万物"是纠缠的主客两维,"我"既是被看、被触、被想的身,又是在看、在触、在想的身;"万物"既是我的世界,又是世界的我。因此,"天地万物皆备吾身"为精神性身体的塑造提供了理论依据和实践基础。

罗近溪又指出:"《易》所以求仁也。盖非易无以见天地之仁,故曰:'生生之谓易',非易无以见天地之易,故又曰:复见其天地之心。夫大哉乾元!生天生地,生人生物,浑融透彻,只是一团生理。吾人此身,自幼及老,涵育其中,知见云为,莫停一息,本与乾元合体。"③ 天地以"仁"而存在,"天地万物皆备吾身"。换言之,是"仁"备于我身。用王一庵的话说就是:"孟子语意犹云视天下无一物非我,总只是万物一体之意,即所谓仁备于我者,备于我身之谓也。故下文即说反身而诚,其云强恕而行,正是反身之学。"④

而罗近溪的"仁"的别称为"孝弟",他说:"盖天下最大的道理只是仁义,殊不知仁义是个虚名,而孝弟乃是其名之实也。今看人从母胎中来,百无一有,止晓得爱个母亲,过几时,止晓得爱个哥,圣贤即此个事亲的心叫他做仁,即此个从兄的心叫他做义,仁义是替孝弟安个名而已。"⑤ "仁"备于我身,即"孝弟"备于我身。而"孝弟"在罗近溪看来是践形的。他说:"故太和氤氲,凝结此身。其始之生也,以孝弟慈而生,是以其终之成也必以孝弟慈而成

① 罗汝芳著:《罗近溪先生语录汇集》,李庆龙汇集,首尔:新星出版社 2006 年版,第 303 页。
② 方祖猷,梁一群,李庆龙,等. 罗汝芳集 [M]. 南京:凤凰出版传媒集团,2007:523.
③ 罗汝芳《近溪子集·卷礼》,《罗汝芳集》第 28 页。
④ 王艮. 王心斋全集 [M]. 陈祝生,校点. 南京:江苏教育出版社,2001:161.
⑤ 《罗近溪先生明道录》卷之七《仁义是替孝弟安个名》,会语 门人乐安詹事讲明甫校梓 (17)。

也。人徒见圣人之成处其知则不思而得、其行则不勉而中，而不知皆从孝弟慈之不虑而知、不学而能中来也。此个道理，果是愚夫愚妇、鸢飞鱼跃皆可与知与能而圣人天地有所不能尽也。惟孔子天纵聪明，其见独超拔一世，故将自己身心总放入此个天命性中，保合初生一点太和更不丧失，凭其自然之知以为知，凭其自然之能以为能，怡犹于父子兄弟之间，浑沦于日用常行之内，凡所思惟、凡所作用、凡所视听言动，无昼无夜、无少无老，看着虽是个人身，其实都是天体；看着虽是个寻常，其实都是神化。"① 因此，"仁"也是践形的，进一步说，天地万物也是践形的。换言之，罗近溪的天地万物、仁和孝弟都是精神化的身体。

第三，身体的根枝性与良知的精神身体化。对罗近溪来说，身体呈根枝性蔓延。他说："吾人之生只是一身，及分之而为子姓，又分之而为玄曾，久分而益众焉则为九族。至是，各父其父，各子其子，更不知起初为一人之身也已，故圣人立为宗法，则统而合之。由根以达枝，由源以及委，虽多至千万其形，久至千万其年，而触目感衷，与原日初生一人一身之时，光景固无殊也。"② 从纵的方面来看，己身可分为子身，子身又可分为玄曾身，玄曾身又可分为九族身，即罗近溪的身体是族类化的身体。

从横的方面来看，己身乃父母身所生，与妻身结合，又生子身。他说："盖我此身，父母分胎，父母其一也；此身兄弟同胞，兄弟其一也；此身妻子传后，妻子又其一也。"③ 这种家庭之身，拓展开去，就是天下之身。"视人犹己，视国犹家，而以天地万物为一体，求天下无治，不可得矣。"④

由于罗近溪的身体是族类化的身体和家庭化的身体，因此，维持此类身体的日用之道，即良知非常必要。他说："汝辈只晓得说知，而不晓得知有两样。故童子日用捧茶，是一个知，此则不虑而知，其知属之天也；觉得是知能捧茶，又是一个知，此则以虑而知，而是知属之人也。天之知只是顺而出之，所谓顺，则成人成物也；人之知却是返而求之，所谓逆则成圣成神也。故曰'以先知觉后知，以先觉觉后觉。'人能以觉悟之窍而妙合不虑之良，使浑然为一而纯然无间，方是睿以通微，又曰'神明不测'也。噫！亦难矣哉！亦难矣哉！"⑤ 罗近

---

① 《罗近溪先生明道录》卷之七《仲尼祖述尧舜》，会语 门人乐安詹事讲明甫校梓（16）。
② 罗汝芳：《罗汝芳集》，第 205 页。
③ 罗汝芳：《罗汝芳集》，第 423 页。
④ 王阳明全集·传习录·书信［M］. 陈明，等校注. 武汉：华中科技大学出版社，2016：80.
⑤ 罗汝芳《近溪子集·卷乐》，《罗汝芳集》第 45 页。

溪以童子日用捧茶为例，把良知分为两种，一种是"天之知"，一种是"人之知"。"天之知"是人天生所固有的良知，"人之知"是后天修炼才呈现的良知。无论哪一种，皆要终身践行。他说："今受用的，即是现在良知，而圣体具足。其觉悟工夫，又只可顷刻立谈，便能明白洞达，却乃何苦而不近前。况此个体段，但能一觉，则日用间，可以转凡夫而为圣人。若不能一觉，则终此身弃圣体而甘为凡夫矣。"①罗近溪认为"觉悟工夫"是"圣体具足"的途径。这里的"圣体具足"就是德性的身体；而"觉悟工夫"就是尽力把良知生发出来。罗近溪指出："有志豪杰，须早觅明眼真师，下番辛苦气力，凡从前见解技能，尽数通身，剥落到牙关再开不得处，脚步再进不得处，不计日子年岁，不图些小便宜，到那水穷山尽之乡，自有闯卒转头时候，方信孩提之知能，与造化之知能，欲拟一个也非一个，欲拟两样也非两样。统天统地而为心，尽人尽物以成性，大似混沌而却实伶俐，大似细碎而却实浑全。"②只有"下番辛苦气力"，良知才会"统天统地而为心，尽人尽物以成性"。换言之，良知才会身体精神化。

总之，无论是赤子之心，还是天命之性、气质之性，无论是仁、孝弟，还是良知，都是精神性的身体。罗近溪的身体思想就是围绕身体精神化内涵而展开的。

四、王艮、颜钧、罗近溪身体思想的评价

张再林教授曾指出："也许，在先秦后的中国哲学中没有任何人像泰州学派那样，使身体的哲学意义得以如此明确的揭橥和提撕。"③而泰州学派这种身体"揭橥和提撕"是与当时的社会背景息息相关的。

第一，市民社会的崛起。明中后期，随着经济的高度发展，在传统的农业社会外，出现了新的阶层。如商人、作坊主、手工业工人、自由手工业者、艺人、妓女和城市贫民等。这些新兴阶层建构起以财产关系为核心的市民社会。据资料载：正德以前，百姓十分之九安于农亩。过了四五十年，便纷纷弃农，到乡官人家做佣人的比以前增加了十倍；到官府干杂活"蚕食于官府者"增加了五倍；"改为工商者"增加了三倍；流浪汉也"十之二三"；这样下来，"大

---

① 罗汝芳《近溪子集·卷射》，《罗汝芳集》第 105 页。
② 罗汝芳《近溪子续集》，《罗汝芳集》第 277 页。
③ 张再林. 作为"身体哲学"的中国哲学的历史 [J]. 西北大学学报（哲学社会科学版），2007（3）：52-63.

抵以十分百姓言之已六七分去农。"① 这一社会现象的出现和平民阶级的崛起，必然产生为其利益诉求代言的思想家。

王艮针对灶户"七苦"："海滨壮丁，缚草堤坎，数尺容膝，寒风砭骨，烈日铄肤，藜藿粗砺，不得一饱，此居食之苦也；海沙渺漫，人畜窃（少）践，欲守无人，不守无薪，此积薪之苦也；晓霜未晞，忍饥登场，刮泥汲海，伛偻如豕，此淋卤之苦也；暑日流金，海水百沸，煎灼烧灼，垢面变形，此煎办之苦也；寒暑阴晴，日有程课，煎办缩额，鞭挞随之，此征盐之苦也；春贷秋偿，盐不抵息，权及子母，束手忧悸，此赔盐之苦也；秋潮忽来，飓风并作，田薪立槁，庐舍蓬飞，露处啼号，不识所在，此遇潮之苦也。逃亡则丁口飘零，住业则宅器荡尽，加意矜悯宜莫如灶户矣。"（《东台县志》卷18《盐法》）提出了宽刑简政。他说："盖刑以弼教，不得已而后用之。古人刑期于无刑，故能刑措不用。今之为政者非不慕此，然而刑不胜刑，罚不胜罚，则必有所以然之说也。岂人心有古今之异，抑时势之不同而治之有难易欤？将古之善为政者，必有至简至易之道、易从易知之方，而后之为政者未之思欤？所谓人人君子，刑措不用，道不拾遗者，不识何日而得见乎？"（《明儒王心斋先生遗集》卷2《答侍御张蘧冈先生》）这里"刑措不用，道不拾遗"揭示了平民"尊身""安身"和"保身"的利益诉求和身体社会的理想状态。

同样，颜钧、罗近溪反映的也是平民阶级的利益。这一点，我们可以从其讲学的对象来看，据资料记载，颜钧"发引众儿媳、群孙、奴隶、家族，乡间老壮男妇，几近七百余人，聚庆慈帏，列坐两堂室，命铎讲耕读正好作人，讲作人先要孝悌，讲起俗急修诱善，急回良心。"② 罗近溪"至若牧童樵竖、钓老渔翁、市井少年、公门将健、行商坐贾、织妇耕夫、窃屦名儒、衣冠大盗，此但心至则受，不问所由也。况夫布衣韦带，水宿岩栖，白面书生，青衿子弟，黄冠白羽，缁衣大士，缙绅先生，象笏朱履者哉？是以车辙所至，奔走逢迎，先生抵掌其间，坐而谈笑，人望丰采，士乐简易，解带披襟，八风时至。"③ 颜钧、罗近溪的受众非常广泛，其中大多是平民阶层。自然颜钧、罗近溪代表的也是平民利益。而"正好作人""先要孝悌"和"急回良心"正是"切己反身"。因此，王艮、颜钧、罗近溪身体思想建立在市民社会崛起的基础之上。

---

① 何良俊. 四友斋丛说摘抄（第2册）［M］. 北京：商务印书馆，1934：171-172.

② 颜钧. 自传［M］//颜钧. 颜钧集. 黄宣民，点校. 北京：中国社会科学出版社，1993：3.

③ 李贽. 罗近溪先生告文［M］//李贽. 焚书·续焚书（卷三）. 北京：中华书局，1975：125.

第二，明中后期，高度集权的封建社会从盛到衰，社会矛盾异常尖锐。据资料记载，"群臣皆背公营私，日甚一日，外患愈逼，党局愈多……民愈贫矣，吏愈贪矣，风俗益以坏矣。将士不知杀敌，但知虐民；百官不知职守，但知苛刻。"① 在这一语境下，如何挽救颓废的封建专制统治，保障平民人身安全，成为泰州学派所要面临和解决的重大问题。

王艮提出"尊身""安身"和"保身"等主张，其旨趣并不是要反对封建专制统治，相反是要维持封建皇权，他说"若夫知爱人而不知爱身，必至于烹身割股，舍生杀身，则吾身不能保矣。吾身不能保，又何以保君父哉？"（《明儒王心斋先生遗集》卷1《明哲保身论》）这里的"君父"是对封建皇帝的别称，从这一段话来看，"保身"的最终目的是保君王之身。

同样，颜钧的"放心体仁"和"急救心火"也是为封建专制统治服务的。他说："愿望多士以道为志，以寰区为家，兴所会以联洽乎同志之士，兴所学以提掣未闻之人，俾世人咸归夫中正，正端心学。"② 这里的"归夫中正，正端心学"就是要把世人纷纭杂乱的思想重新纳入封建社会的运行轨道。从这一点来说，颜钧日常化身体思想并没有跳出封建专制社会的樊篱。诚如李承贵所指出："颜钧之悟道、布道、践道和创道说明其学行思想是儒家圣学的延承，而且在一定程度上是一种对儒家圣学有所升华的延承。"③

罗近溪作为一位封建官吏，自然为封建社会歌功颂德。他说："盖我太祖高皇帝天纵神圣，德统君师，只孝弟数语，把天人精髓，尽数捧在目前，学问枢机，顷刻转回脚底，以我所知，知民所知，天下共成一个大知；以我所能，能民所能，天下共成一个大能。知能尽出天然，聪明自可不作。此岂非圣治之既善而儒道之自真也哉？"④ 从这一段话来看，罗近溪是典型的封建卫道士，因此，罗近溪的精神性身体具有明显的阶级性。他所提出的"赤子之心""仁""孝弟""良知"明显是为封建专制统治服务的。

总之，无论是王艮，还是颜钧和罗近溪，都是基于挽救大厦将倾的明王朝。如王艮少年梦所显示："先生一夕梦天坠压身，万人奔号求救，先生独奋臂托天而起，见日月列宿失序，又手自整布如故，万人欢舞拜谢。醒则汗溢如雨，顿觉心体洞彻，万物一体，宇宙在我之念益真切不容已。"（《明儒王心斋先生遗

---

① 《明史》卷281，《循吏传》，第7186页。

② 颜钧. 急救心火榜文［M］//颜钧. 颜钧集. 黄宣民，点校. 北京：中国社会科学出版社，1993：3.

③ 李承贵. 颜钧的平实之学［J］. 中国哲学史，2002（1）：105-113.

④ 罗汝芳《近溪子续集》，《罗汝芳集》第234页。

集》卷3《年谱》）但在滚滚历史车轮面前，这只能是幻想。

尽管如此，王艮、颜钧、罗近溪身体思想对后世产生了深刻的影响。

第一，经世致用为宗旨的身学凸显。泰州学派思想的重要内容为"百姓日用即道"。我们先来看颜钧对"日用"二字的解释：

> 夫日也，体曰阳精，运行为昼，亘古今而悬旋，为白日之明，曝丽天地，万象万形之生生化化也。夫用也，言在人身天性之运动也。是动，从心率性；是性，聪明灵觉，自不虑不学，无时无日，自明于视，自聪于听，自信于言，自动乎礼，动乎喜怒哀乐之中节也，节乎孝弟慈让为子臣弟友之人也，故曰日用。①

从这段话可以看出："日用"一词，主要指身体"天性之运动"。"百姓日用即道"就是指百姓的身体运动符合知、礼、仁。《易传》指出："一阴一阳之谓道，继之者善也，成之者性也。仁者见仁谓之仁，知者见之谓之知。百姓日用而不知，君子之道鲜矣。"（《周易·系辞上》）具体到上述颜钧的解释，则是："自明于视，自聪于听，自信于言，自动乎礼，动乎喜怒哀乐之中节也，节乎孝弟慈让为子臣弟友之人也。"

王艮的"百姓日用即道"与颜钧的"百姓日用即道"基本上相似。据专家研究，王艮的"百姓日用即道"有三层含义："第一，百姓日用之道和圣人之道具有同等地位。……儒家的'圣人之道'是人的生存根据、价值之源，具有人的生存本体论地位。王艮把'百姓日用之道'和'圣人之道'等同，其目的正是凸显'百姓日用之道'的生存本体地位。这大概是后人以'百姓日用即道'概括王艮思想的主要根据。第二，'百姓日用之道'即良知。……第三，王艮认为，'百姓日用之道'是简易的。"② 王艮的"百姓日用即道"像颜钧的"百姓日用即道"一样，也是仁、良知、孝弟，只不过日常化了。

罗近溪的"捧茶童子却是道"是"百姓日用即道"的通俗说法。"它使王艮的'百姓日用即道'的观念更通俗易懂，从而更易为广大民众所理解和接受。"③ 在罗近溪看来，"道之为道，不从天降，亦不从地出，切近易见，则赤子下胎之初哑一声是也。……若舍此不去着力理会，其学便叫做远人以为道，

---

① 颜钧. 日用不知辨［M］//颜钧. 颜钧集. 黄宣民，点校. 北京：中国社会科学出版社，1993：3.

② 徐春林. 儒学民间化的内在理路——以泰州学派"百姓日用即道"思想的演进为轴线［J］. 江西社会科学，2007（2）：56-59.

③ 徐春林. 儒学民间化的内在理路——以泰州学派"百姓日用即道"思想的演进为轴线［J］. 江西社会科学，2007（2）：56-59.

从是甚样聪明，甚样博洽，甚样精透，却总是无源之水、无根之木，用力虽勤而推充不去。不止推充不去，即身心亦受用不来。"① "百姓日用即道"是人的本心，只着在此下功夫。

无论是王艮，还是颜钧和罗近溪，都把"百姓日用"作为"道"的使用范围，而且孝弟慈是"百姓日用即道"的主要内涵，这样，长期被理学家所忽视的"百姓日用"问题由此得到高度的肯定，如张再林教授所说："故泰州学派的出现，标志着长期占统治地位并留连于玄虚光景的'心性之学'的行将衰敝，和一种以经世致用为宗旨的'实学'思潮在明清之际业已初现端倪。"②

第二，平民身体观的兴起。泰州学派之前，儒家身道为希圣希贤之学。泰州学派时和泰州学派之后，儒家身道转为平民之学。

王艮指出："在上者果能以是取之，在下者则必以是举之，父兄以是教之，子弟以是学之，师保以是勉之，乡党以是荣之，是上下皆趋于孝矣。然必时时如此，日日如此，月月如此，岁岁如此，在上者不失其操纵鼓舞之机，在下者不失其承流宣化之职，遂至穷乡下邑愚夫愚妇皆可与知与能，所以为至简至易之道，然而不至于人人君子、比屋可封者，未之有也。"③ 这里的"穷乡下邑愚夫愚妇皆可与知与能"指的是平民的践形性的身体。同样，颜钧、罗近溪的"孝弟慈"思想便是平民身体精神化的反映。罗近溪说："故《大学》虽有许多功夫，然实落处，只是上老老而民兴孝，上长长而民兴弟。故上老老、上长长，便是修身以立天下之本；民兴孝、民兴弟，便是齐、治、平而毕修身之用也。"④ 这里"民兴孝、民兴弟"为"修身之用"，揭示泰州学派诸人已经把"孝弟慈"践形化了。换言之，泰州学派的身道是平民化的身道。这一身道，对于平民身体的觉醒和精神世界的构建具有重大的价值功能。

梁汝元（何心隐）正是平民个体身体价值凸显的典范。据资料说，梁汝元"与闻心斋立本之旨"（《明儒学案》卷32《泰州学案一·前言》）"其生也，不能富人，不能贫人，不能贵人，不能贱人，樵儿牧竖且相与狷身在赴之，至胄鼎镬蹈白刃而不恤。张江陵，堂堂相君也。其生也，能以人贫，能以人富，能以人贱，能以人贵，公卿百执事侈口诵功德焉。比其死也，人皆快之，为之党者且相与戳身以避之，唯恐影响之不悬以蒙其累。是何两人之处世显微判然，

---

① 曹胤儒. 盱坛直诠 [M]. 中国子学名著集成本（第44册）：86.

② 张再林. 作为"身体哲学"的中国哲学的历史 [J]. 西北大学学报（哲学社会科学版），2007（3）：52-63.

③ 王艮. 王心斋全集 [M]. 陈祝生，校点. 南京：江苏教育出版社，2001：51.

④ 罗汝芳：《罗汝芳集》，第188页

而得失之效更自相反，何也？此以心服，彼以力服也。"① 这里的"此以心服"揭示的是梁汝元（何心隐）平民身体的精神世界。而李贽"穿衣吃饭即是人伦物理。除却穿衣吃饭，无伦物矣。"（《焚书》卷1《答邓石阳》）更是将平民身道生活化、世俗化。由此可见，王艮开创的泰州学派平民化身道对后来影响颇丰。诚如《明儒学案》所说："诸公掀翻天地，前不见有古人，后不见有来者。释氏一棒一喝，当机横行，放下拄杖，便如愚人一般。诸公赤身担当，无有放下时节。"（《明儒学案》卷32《泰州学案一·前言》）

第六节　身体自由化：李贽身体思想研究

明末随着商品经济的发展，中国古代身体观发生了重大变化。《吕氏春秋》所说的"以身为家，以家为国，以国为天下。此四者，异位同本。故圣人之事，广之则极宇宙、穷日月，约之则无出乎身者也。"（《吕氏春秋·审分览·执一》）这种传统的身家同构与身国同构思想开始随历史风云而不断向身体个体化渗透发展。一个最显著的标志就是明末文学界情色小说的大量出现。究其原因，正如有学者分析指出那样："进入明朝末年，天理与人欲之辩经王阳明从理学内部颠覆了其天理灭人欲的根本'天理即人欲'的观点彻底击溃了千年的道德大防。于是孔子的'吾未见好德如好色者'，孟子的'好色，人之所欲也'，《礼记》中的'饮食男女，人之大欲存'都被时人重新理解为解开禁欲枷锁的钥匙。于是一夜之间，纵欲的大潮席卷了整个社会。"②

在历史的大潮中，随着社会经济、政治、文化的演进发展，中国传统文化中有关义利之争、天理人欲之辩等基本理论范畴的辩证关系也随之氤氲流变。在明朝思想界，一些学者开始主张与鼓吹自由的平等理念及身体的个性解放。如陈确在《私说》中所言："或复于陈确子曰：子尝教我治私矣。无私实难。敢问君子亦有私乎？确曰：有私。有私何以为君子？曰：有私所以为君子。惟君子而后能有私，彼小人者恶能有私乎哉！……惟君子知爱其身也，惟君子知爱其身而爱之无不至也。曰：焉有（爱？）吾之身而不能齐家者乎？不能治国者乎？不能平天下者乎？君子欲以齐、治、平之道私诸其身，而必不能以不德之

① 重刻《怀师录》题辞［M］//黄宗羲. 明文海（卷233）.
② 沈叶娟. 十七世纪世情小说情色主题之变迁［J］. 文艺评论，2014（4）：43-48.

身而齐之治之平之也。"(《陈确集·文集》卷11《私说》）在这主流社会思潮中，对个体自由及其感受的生命本体问题愈益受到关切重视，个人身体重要性凸显出来。

同时，明朝中后期资本主义萌芽的生发，一些商人、手工业者因经济地位的提升寻求政治地位，他们"弃贾就仕"，出现了士商合流的态势。这反映到思想界来，势必是追求个体身体自由化的发展。李贽说："夫人生出世，此身便属人管了。幼时不必言；纵训蒙师时又不必言；既长而入学，即属师父与提学宗师管矣；入官，即为官管矣。弃官回家，即属本府本县公祖父母管矣。来而迎，去而送；出分金，摆酒席；出轴金，贺寿旦。一毫不谨，失其欢心，则祸患立至，其为管束至入木埋下土未已也，管束得更苦矣。"① 人从出生到死，身体片刻不能自由。因此，追求身体自由化成为当时有识之士的目标。如黄仁宇所指出："传统的政治已经凝固，类似宗教改革或者文艺复兴的新生命无法在这样的环境中孕育。社会环境把个人理智上的自由压缩在极小的限度内，人的廉洁和诚信，也只能长为灌木，不能形成丛林。"② 基于这一情况，李贽揭橥个体身体自由发展，显示一种反传统的、启蒙的新兴身体思想的出现。

一、李贽身体自由化思想的主要内容

李贽在《明儒学案》中，虽然没有列入泰州学派的谱系，但他师从王艮之子王襞，并数次问学于罗近溪，且与泰州学派的焦竑、耿定理、耿定向等人交好，因此，他的身体思想可归为阳明后学这一范围。但李贽的身体思想又不完全同于王艮的平民化身体思想和罗近溪精神化身体思想。在本体上，李贽把王阳明、王艮、罗近溪所谓的"良知"置换为"童心"；在内容上，李贽更强调身体的个性自由发展。

第一，从形而上的心到形而下的日常生活身体。从唐朝惠能佛性自悟起，心的言说开始超越身体的言说。特别是程朱理学和陆王心学把"心"提高到一个突出的地位。陆九渊说："宇宙便是吾心，吾心便是宇宙。"③ 这也是张再林教授把宋明时期称为身体退隐时期的一个由来。④ 王阳明、王艮、颜钧、罗近溪尽管将身体进行了哲学意义上的提撕，但心识之学仍然占有重要的地位。如

---

① 张建业. 李贽文集（第一卷）[M]. 北京：社会科学文献出版社，2000：6.
② 黄仁宇. 万历十五年 [M]. 增订本. 北京：中华书局，2007：190.
③ 陆九渊. 陆九渊集 [M]. 钟哲，点校. 北京：中华书局，1980：483.
④ 张再林. 作为"身体哲学"的中国哲学的历史 [J]. 西北大学学报（哲学社会科学版），2007（3）.

湛若水所说："夫圣人之学，心学也。如何谓心学？万事万物，莫非心也。记曰，人者，天地之心。人如何谓天地之心？人与天地同一气，人之一呼一吸，与天地之气相通为一气，便见是天地人合一处。"（《泉翁大全集·泗州两学讲章》卷12）"盖物我一体，理无内外，万物皆备于我之说尽之矣。然谓之在物为理则不可，此理毕竟在心，贯通乎万物万事。"（《泉翁大全集·新泉问辩录》卷70）

这种心识之学势必催生出空谈性理的玄学和满口"天理""仁心"的假道学。时儒士王时槐言道："学者以任情为率性，以媚世为与物同体，以破戒为不好名，以不事检束为孔颜乐地，以虚见为超悟，以无所用耻为不动心，以放其心而不求为，未尝致纤毫之力者多矣。"（《小心斋札记》卷3）李贽也说道："彼以为周、程、张、朱者皆口谈道德而心存高官，志在巨富；既已得高官巨富矣，仍讲道德，说仁义自若也；又从而晓晓然语人曰："我欲厉俗而风世。"彼谓败俗伤世者，莫甚于讲周、程、张、朱者也。"（《焚书》卷2《又与焦弱侯》）这里"以放其心而不求为，未尝致纤毫之力者多矣。"和"口谈道德而心存高官，志在巨富"显示社会已出现两大人群，一类夸夸其谈，不经世致用；一类满口仁义道德，实际男盗女娼。整个社会俨然变成了一个伪善、追名逐利的大场域。诚如李贽所指出："今之学者，官重于名，名重于学，以学起名，以名起官，循环相生，而卒归重于官。"（《焚书》卷2《复焦弱侯》）社会以虚名和当官为人生主要目标。

这个畸形社会发展产生的一个可怕后果就是以理杀人和以心误国。李贽说："公但知小人之能误国，不知君子之尤能误国也。小人误国犹可解救，若君子而误国，则未之何矣。何也？彼盖自以为君子而本心无愧也。故其胆益壮而志益决，孰能止之。如朱夫子亦犹是矣。故余每云贪官之害小，而清官之害大；贪官之害但及于百姓，清官之害并及于儿孙。"（《焚书》卷5《党籍碑》）在这里，李贽对人们日常所见的"君子""清官"进行了解构，认为君子误国比小人误国后果更严重，清官之害比贪官之害更厉害。因为，他们打着"本心无愧"的旗号。这样，彻底揭示了封建社会那些"君子""清官"的"本心"并不是"致善"，而是"致恶"。这与宋明理学家和心学家"人心本善"的身体观念是截然不同的，这就彻底颠覆了传统的"性善论"。

基于此，李贽全力为身心正名，对身体固有的生物欲望进行充分肯定。诚如明末学者张鼐所指出："卓吾疾末世为人之儒，假义理，设墙壁，种种章句解说，俱逐耳目之流，不认性命之源，遂以脱落世法之踪，破人间涂面登场之习，事可怪而心则真，迹若奇而肠则热。且不直人世毁誉、生死不关其胸中，即千岁以前，千岁以后，笔削是非，亦不能口其权度。总之，要人绝尽支蔓，直见本心，为臣死忠、朋友死交、武夫死战而已。"（《续焚书》《李氏焚书序——读卓吾老子书术》）这里"性命之源"就是人"自私自利"的天赋人性。

首先，李贽肯定日常生活身体的正当性和合法性。他说："世间种种皆衣与饭类耳，故举衣与饭而世间种种自然在其中，非衣饭之外更有所谓种种绝与百姓不相同者也。"（《焚书》卷1《答邓石阳》）在这里，李贽指出维持身体存在的穿衣吃饭是世界的本体。人人都在为这一本体生活着。李贽这一观念将生命之道世俗化、生活化，给"圣贤神话"和"道学偶像"的"祛身化"一次日常生活的身体解构。

在这基础上，李贽进一步指出人都是自私的，自私自利的身体生物性欲望为每一个人所固有。他说："自朝至暮，自有知识以至今日，均之耕田而求食，买地而求种，架屋而求安，读书而求科第，居官而求尊显，博求风水以求福荫子孙。种种日用，皆为自己身家计虑，无一厘为人谋者。及乎开口谈学，便说尔为自己，我为他人；尔为自私，我欲利他；我怜东家之饥矣，又思西家之寒难可忍也；某等肯上门教人矣，是孔、孟之志也，某等不肯会人，是自私自利之徒也；某行虽不谨，而肯与人为善；某等行虽端谨，而好以佛法害人。以此而观，所讲者未必公之所行，所行者又公之所不讲，其与言顾行、行顾言何异乎？以便说是事，作生意者但说生意，力田作者但说力田。凿凿有味，真有德之言，令人所之忘厌倦矣。"（《焚书》卷1《答耿司寇》）这就破天荒地第一次把身体的生理性、物质性摆在了一个重要的位置。这种观念与后来西方近代思想家尼采所提出的思考几近一致："根本的问题：要以肉体为出发点，并且以肉体为线索。肉体是更为丰富的现象，肉体可以仔细观察。肯定对肉体的信仰，胜于肯定对精神的信仰。"[①] 他们都是以身体的生物性欲望作为观察世界的支点。

对于李贽"自私自利"人性论，张再林教授评价甚高。他说："基于对'自私自利'这一人性的肯定，他把好货、好色、多积金宝、多买田宅为子孙谋，博求风水为子孙福荫，诸如此类世间的一切治生产业等等，称为圣贤之'真迩言'；他把讲修齐治平的儒学的《大学》，视作是一部'明言生财有大道'的人类经济学的专著；他把曰'视富贵如浮云'的孔圣人，还原为'富与贵是人之所欲'这一人生主张的身体力行者；并且他还把那些开口'尔为自己，我

---

① 尼采. 权力意志——重估一切价值的尝试 [M]. 张念东，等译. 北京：商务印书馆，1996：178.

为他人；尔为自私，我欲利他’的当今道学家们，彻底打回了‘种种日用，皆为自己身家计虑，无一厘为人谋者’这一原形。"① 李贽不但为商人、手工业者代言，而且对儒家经典《大学》和儒家创始人孔子进行新的解读，这就为其自由化身体思想奠定了坚实的理论基础和实践基础。

其次，李贽主张对功名富贵的追逐，回归原初"身道"。李贽指出：

夫功名富贵，大地众生所以奉此七尺之身者也，是形骸以内物也，其急宜也。是故终其身役役焉劳此心以奉此身，直至百岁而后止。是百岁之食饮也，凡在百岁之内者所共饥渴而求也。而不知止者犹笑之曰："是奚足哉！男儿须为子孙立不拔之基，安可以身死而遂止乎？"于是卜宅而求诸阳，卜地而求诸阴，务图吉地以覆荫后人，是又数十世之食饮也。凡贪此数十世之食饮者所共饥渴而求也。故或积德于冥冥，或施报于昭昭，其用心至繁至密，其为类至赜至众。然皆贪此一口无穷茶饭以贻后人耳。而贤者又笑之曰："此安能久！此又安足云！且夫形骸外矣。劳其心以事形骸，智者不为也，况复劳其形骸，以为儿孙作牛马乎？男儿生世，要当立不朽之名。"是啖名者也。名既其所食啖之物，则饥渴以求之，亦自无所不至矣。不知名虽长久，要与天壤相敝者也，故天地有尽，则此名亦尽，安得久乎？而达者又笑之曰："名与身孰亲？夫役此心以奉此身，已谓之愚矣，况役此心以求身外之名乎？"然则名不亲于身审矣，而乃谓"疾没世而名不称"者，又何说也？盖众人之病病在好利，贤者之病病在好名，苟不以名诱之，则其言不入。夫惟渐次导之，使令归实，归实之后，名亦无有，故曰："夫子善诱"。然颜氏没而能知夫子之善诱者亡矣，故颜子没而夫子善诱之术遂穷。（《焚书》卷2《答刘方伯书》）

在这里，李贽肯定功名富贵，是人身体所固有的习性，理宜"终其身役役焉劳此心奉此身，直至百岁而后止。""名既其所食啖之物，则饥渴以求之，亦自无所不至矣。"由此看来，李贽的"身道"是"万化根乎身"的"身"之道，是"饥定思食，渴定思饮"（《焚书》卷2《答刘方伯书》）之道。这一身道由于把生理性身体置于一个重要的位置，把人的自然状态当作伦理规则，这就为身心的自由发展大开方便之门。如李贽所说："就其力之所能为，与心之所欲为，势之所必为者以听之，则千万其人者，各得其千万人之心，千万其心者，各遂千万人之欲。"② 当然，这容易导致人欲横流，在实践中出现纵欲现象。

李贽身体思想从形而上的心到形而下的日常生活身体的回归，实际上是以

① 张再林. "身道"视野下的李贽和法家 [J]. 江苏社会科学, 2009 (4)：21-25.

② 李贽文集（第7卷）[M]. 北京：社会科学文献出版社, 2000：365.

身体为武器，摆脱传统的"天理""道学"对身体的严重束缚。正如袁中道在《李温陵传》所说：李贽的《焚书》《续焚书》写作目的在于"以为世道安危治乱之机，捷于呼吸，微于缕黍。世之小人既侥幸丧人之国，而世之君子理障太多，名心太重，护惜太甚，为格套局面所拘，不知古人清净无为、行所无事之旨，与藏身忍垢、委曲周旋之用。使君子不能以用小人，而小人得以制君子。故往往明而不晦、激而不平，以至于乱。而世儒观古人之迹，又概绳以一切之法，不能虚心平气，求短于长，见瑕于瑜，好不知恶，恶不知美。至于今，接响传声，其观场逐队之见，已入人之骨髓而不可破。"① 从这一点来说，李贽的《焚书》和《续焚书》是两部身体解放和身体自由的宣言书。

第二，从假心假人到"真人"身体"童心说"。在李贽看来，现实社会到处是假。他说："言虽工，于我何与，岂非以假人言假言，而事假事、文假文乎？盖其人既假，则无所不假矣。由是而以假言与假人言，则假人喜；以假事与假人道，则假人喜；以假文与假人谈，则假人喜。无所不假，则无所不喜。满场是假，矮人何辩也？然则虽有天下之至文，其湮灭于假人而不尽见于后世者，又岂少哉？"（《焚书》卷3《童心说》）这里的"假人""假言""假事"和"假文"等是由封建理学和道学所造就的，它否定人身体的正常欲望，漠视人身体的本体。正如学者卫亭绒所指出："宋明道学正是通过政治批判和道德谴责，时刻提醒人们，身体是罪恶和欲望的策源地，是该受到约束和审判的，这就导致了整个社会都过着黑暗的身体生活，它直接的后果就是助长了身体的阴暗品行的发展，压制了身体中正常品质得以存在的空间。它把人的身体尽量地遮蔽，使之处于阴暗卑微的角落。"② 因此，李贽着力主张回归身体的初始状态——"童心"。

关于童心，明代学者吕坤曾指出："童心是做人一大病弊，只脱了童心便是大人君子。或问之。曰：'凡炎热念、骄矜念、华美念、欲速念、浮薄念、声名念，皆童心也。'"③ 曹于汴也说："夫色之于目，声之于耳……安佚之于四肢，环向而相饵，而我之欲心、竟心、嗔心、矜心、习心方且沸如汤……故君子忍小以就大，忍妄以就真，忍童心、俗气以躅圣贤轨。"④ 从吕、曹二人的话来看，童心就是人的一种身体自然欲望。

---

① 袁中道. 李温陵传［M］//李贽. 焚书·续焚书校释. 陈仁仁，校释. 长沙：岳麓书社，2011：11.

② 卫亭绒. 李贽思想中的身体意识［J］. 沧桑，2010（2）：227-228.

③ 吕坤. 呻吟语［M］. 长沙：岳麓书社，1991：18.

④ 曹于汴：《送刘生本唐西还序》，见《卿节堂集》卷二。

李贽的童心是否如吕、曹一样，也是一种生理本能？李贽说："夫童心者，真心也。若心童心为不可，是以真心为不可也。夫童心者，绝假纯真，最初一念之本心也。若失却童心，便失却真心；失却真心，便失却真人。人而非真，全不复有初矣。"（《焚书》卷3《童心说》）李贽又说："童子者，人之初也；童心者，心之初也。夫心之初，曷可失也？然童心胡然而遽失也。盖方其始也，有闻见从耳目而入，而以为主于其内而童心失。其长也，有道理从闻见而入，而以为主于其内而童心失。其久也，道理闻见日以益多，则所知所觉日以益广，于是焉又知美名之可好也，而务欲以扬之而童心失；知不美之名之可丑也，而务欲以掩之而童心失。"（《焚书》卷3《童心说》）从这两段话来看，童心首先是本心、初心，是身体的一种最初混沌状态；其次，是身体的一种生物性欲望，它是个体存在的依据。

李贽化王阳明的"良知"为"童心"，消解了阳明心学超验本质的伦理道德。"并对'良知说'中所包含的'个体性'意识加以突出的强调和发展，对'心、性'的理论内涵加以大胆的突破性的发明和阐述，对个体'自然真情'的合理性意义进行了自觉并肯定，将其视为个体精神的'主宰'，把人的自然'本性'提升到了'本体性'层面的理论高度。"[1]

李贽对童心的论述，与西方当代身体社会学大师布隆迪厄对身体习性的阐释意蕴基本上是一致的。布隆迪厄指出：习性作为一个历史的产物，是性情的一个开放系统，这个系统不断服从体验，并因此以一种加强或改变结构的方式不断受到体验的影响。[2] 不同之处，布隆迪厄的身体习性是在历史和现实实践不断形塑下形成的，无所谓好坏善恶，是一种社会结构的反映。而李贽的童心说，充满了强烈的善恶感。

在他看来，在童心的初始状态，人的"意念初动"没有恶的因素，他说："此时正在病，只一心护病，岂容更有别念乎？岂容一毫默识工夫参于其间乎？是乃真第一念也，是乃真无二念也；是乃真空也，是乃真纤念不起，方寸皆空之实境也。"（《焚书》卷1《复丘若泰》）这种"最初一念"只是一种身体的本能，是一种"空"。这种"空"与佛教的"空"有所区隔。佛教的"空"是一种没有世俗社会的虚空。李贽的"空"是无意念，即"纤念不起"，它并没有否定世俗世界。因此，随着伪理学伪道学的"污染"，这种身体中的"空"

---

① 李云涛. 李贽"童心说"对王阳明"良知说"的继承与发展［J］. 中国文化研究, 2014年夏之卷：102-110.

② 包亚明. 文化资本与社会炼金术——布尔迪厄访谈录［M］. 包亚明, 译. 上海：上海人民出版社, 1997：180-181.

不断受到侵袭。李贽说："'仁者'以天下之失所也而忧之，而汲汲焉欲贻之以得所之域。于是有德礼以格其心，有政刑以絷其四体，而人始大失所矣。"（《焚书》卷1《答耿中丞》）于是出现了言行不一，教别人是一套，自己做的是另一套的假道学。

对于这种情况，李贽进行了猛烈抨击，他说："凡今之人，自生至老，自一家以至万家，自一国以至天下，凡迩言中事，孰待教而后行乎？趋利避害，人人同心。是谓天成，是谓众巧，迩言之所以为妙也。大舜之所以好察而为古今之大智也。今令师之所以自为者，未尝有一厘自背于迩言；而所以诏学者，则必曰专志道德，无求功名，不可贪位慕禄也，不可患得患失也，不可贪货贪色，多买宠妾田宅为子孙也。视一切迩言，皆如毒药利刃，非但不好察之矣。"（《焚书》卷1《答邓明府》）李贽主张恢复人的自然天性，回归身体自然本能。他说："富贵利达所以厚吾天生之五官，其势然也。是故圣人顺之，顺之则安之矣。是故贪财者与之以禄，趋势者与之以爵，强有力者与之以权，能者称事而官，懦者夹持而使。有德者隆之虚位，但取具瞻；高才者处以重任，不问出入。各从所好，各骋所长，无一人之不中用。"（《焚书》卷1《答耿中丞》）李贽这种"童心说"宣称人的身体原始欲望，高扬人的自然天性，对身体从退隐到走向台前无疑起着石破天惊的作用。

李贽在宣扬"童心说"的同时，也主张社会做"真人"。在他看来，真人就是顺应身体的自然欲望，不受礼教的约束。为此，他把世界人分为三等。他说："弟尝谓世间有三等人，致使世间不得太平，皆由两头照管。第一等，怕居官束缚，而心中又舍不得官。既苦其外，又苦其内。此其人颇高，而其心最苦，直至舍了官方得自在，弟等是也。又有一等，本为富贵，而外矫词以为不愿，实欲托以为荣身之梯，又兼采道德仁义之事以自盖。此其人身心俱劳。无足言者。独有一等，怕作官便舍官，喜作官便作官；喜讲学便讲学，不喜讲学便不肯讲学。此一等人心身俱泰，手足轻安，既无两头照顾之患，又无掩盖表扬之丑，故可称也。"（《焚书》卷2《复焦弱侯》）其中，第三等就是李贽的"真人"。"真人"就是不受外界约束，做自己想做的事。

李贽从不讳言自己不想富贵利达、不想美食美色。他说："亦好做官，亦好富贵，亦有妻孥，亦有庐舍，亦有朋友，亦会宾客，公岂能胜我乎？何为乎公独有学可讲，独有许多不容已处也？"（《焚书》卷1《答耿司寇》）他又说："如好货，如好色，如勤学，如进取，职多积金宝，如多买田宅为子孙谋，博求风水为儿孙福荫，凡世间一切治生产业等事，皆其所共好而共习，共知而共言者，是真迩言也。于此果能反而求之，顿得此心，顿见一切贤圣佛祖大机大用，识得本来面目，则无始旷劫未明大事，当下了毕。"（《焚书》卷1《答邓明府》）由于李贽以"真人"处世，揭露了封建伦理道德的伪善，因此被视为"异端"，他只能游戏人间。

但李贽并没有完全摆脱封建伦理道德对身体的束缚。袁中道指出："本绝意仕进人也，而专谈用世之略，谓天下事决非好名小儒之所能为。本狷洁自厉，操若冰霜人也，而深恶枯清自矜，刻薄琐细者，谓其害必在子孙。本屏绝声色，视情欲如粪土人也，而爱怜光景，于花月儿女之情状亦极其赏玩，若借以文其寂寞。本多怪少可，与物不和人也，而于士之有一长一能者，倾注爱慕，自以为不如。本息机忘世，槁木死灰人也，而于古之忠臣义士、侠儿剑客，存亡雅谊，生死交情，读其遗事，为之咋指研案，投袂而起，泣泪横流，痛哭滂沱而不自禁。若夫骨坚金石，气薄云天；言有触而必吐，意无往而不伸；排揭胜己，跌宕王公。"① 在这里，李贽是一个矛盾体。一方面弃名利场和富贵场，另一方面又留恋于名利富贵。这说明李贽的"真人说"和"童心说"存在一定的局限，但它毕竟突出个体身体主体地位，高扬个性自由，对身体自由和身体解放有重大的启蒙作用。

第三，从疾病、生死到身体的出世。疾病、生死和出世这些日常身体行为，是身体思想史建构中的一些基本要素，它事关一个社会身体自由化的程度。因此，有必要对李贽疾病观和生死观进行深入细致的分析。

李贽疾病观念和生死观念是建立在其"气化论"的基础之上的。他说："夫厥初生人，惟是阴阳二气，男女二命耳。初无所谓一与理也，而何太极之有？……是故但言夫妇二者而已，更不言一，亦不言理。"② 在这里，李贽明确指出：在阴阳二气上无"一"与"理""太极"。这就消解了宋代理学家所预设的先验本体论概念"天理"与"太极"，赋予"气化"自然的过程。李贽指出："盖声色之来，发乎情性，依乎自然，是可以牵合矫强而致乎？故自然发乎情性，则自然止乎礼义，非情性之外复有礼义可止也。惟矫强乃失之，故以自然之为美耳，又非于情性之外复有所谓自然而然也。"③ 享受声色是人之"情性"，是一个自然的过程，非"礼义可止"。同样，疾病、生死也是一个自然的过程。

首先，就疾病来说，它是一种自然的生理现象。李贽指出"苦海有八，病其一也。既有此身，即有此海；既有此病，即有此苦。丹阳安得而与人异邪！

---

① 袁中道. 李温陵传［M］//李贽. 焚书·续焚书校释. 陈仁仁, 校释. 长沙：岳麓书社, 2011：12-13.

② 李贽文集（第5卷）［M］. 北京：社会科学文献出版社, 2001：1.

③ 李贽文集（第1卷）［M］. 北京：社会科学文献出版社, 2001：123.

人知病之苦，不知乐之苦——乐者苦之因，乐极则苦生矣。人知病之苦，不知病之乐 ——苦者乐之因，苦极则乐至矣。苦乐相乘，是轮回种；因苦得乐，是因缘法。"（《焚书》卷1《复丘学泰》）这里"既有此身，即有此海"，揭示出疾病是身体所固有的存在。重要的是超脱疾病，获取快乐。李贽说："若夫卧病房榻之间，徘徊妻孥之侧，滔滔者天下皆是也。此庸夫俗子之所习惯，非死所矣，岂丈夫之所甘死乎？虽然，犹胜于临终扶病歌诗，杖策辞别，自以为不怖死，无顾恋者。盖在世俗观之，未免夸之为美谈，呼之为考终。然其好名说谎，反不如庸夫俗子之为顺受其正，自然而死也。等死于牖下耳，何以见其节，又何以见其烈，而徒务此虚声为耶？"（《焚书》卷4《五死篇》）李贽认为"卧病房榻之间，徘徊妻孥之侧"是庸夫俗子所为，大丈夫应看淡疾病、看淡生死。他赋诗一首道："四大无依假此身，须从假处更闻真。风侵暑蚀非常苦，苦极方知不苦人。"（《续焚书》卷5《读李太史集》）从李贽对疾病超脱的看法，"把我们的目光引向一个具有稳定可见性的世界。"① 这个稳定可见性的世界，就是对疾病的超脱和身体自由化的追求。

其次，就死亡来说，它也是一种自然发生的过程，同时，它是身体自由化的一个标志。如伯格指出："无论什么社会，都无法回避有关死亡的知识，就此而言，面对死亡，将有关社会世界的实在合法化，在任何社会中都是决定性的要求。"② 死亡问题是身体思想史所要关注的一个重大问题，对死亡的态度是个体与社会身体自由化的一个标志。

面对死亡，中国传统文化向来注重对生死的超越和对精神价值的追求。在传统文化长期熏陶下的李贽自然难免例外。他说："世间万事皆假，人身皮袋亦假也。然既已假合而为人，一失诚护，百病顿作，可以其为假也而遂不以调摄先之，心诚求之乎？今日之会，调剂之方也，要在兄心诚求之耳。此成己成物一体之学，侗老所以真切示人者，兄独不闻之乎？若谓大休歇人到处自在，只好随时着衣吃饭度日。"（《续焚书》卷1《与耿楚倥》）在他看来，身体就是一个"皮袋"。这个"皮袋"也是假的。人活在当下，应"到处自在"，"随时着衣吃饭度日"。这就说明"没有身体的解放就没有人的解放，没有与身体细节密切相关的日常生活的全面恢复，也就没有真正的人性基础和真正的文学表达"③

基于此，李贽指出人不必为着臭皮袋徒生烦恼。他运用佛教知识，对这一

---

① 福柯. 临床医学的诞生［M］. 刘北成，译. 上海：译林出版社，2001：2.

② 希林. 身体与社会理论［M］. 2版. 李康，译. 北京：北京大学出版社，2010：170.

③ 谢有顺. 文学身体学［J］. 花城，2001 (6)：121.

烦恼作了理论上的解构，他说："既以妄色妄想相交杂而为身，于是攀缘摇动之妄心日夕屯聚于身内，望尘奔逸之妄相日夕奔趣于身外，如冲波逐浪，无有停止，其为昏扰扰相，殆不容以言语形状之矣。是谓心相，非真心也，而以相为心可欤！是自迷也。既迷为心，则必决定以为心在色身之内，必须空却诸扰扰相，而为空之念复起矣。复从为空结色杂想以成吾身，展转受生，无有终极，皆成为为空之一念，始于晦昧之无明故耳。"《焚书》卷4《解经文》李贽认为身是"妄色妄想"交杂而成，因此，"必须空却诸扰扰相"。

而"空却扰扰相"相当于老子的"无身"。按照李贽的观点："无身则自无患，无患则自无恼。"（《焚书》卷2《复李渐老书》）死亡就是摆脱烦恼的身体工具。因此，李贽对死亡持超然态度。在他看来，死亡就是去西天道场走了一遭。他说："仆以西方是阿弥陀佛道场，是他一佛世界，若愿生彼世界者，即是他家儿孙。既是他家儿孙，即得暂免轮回，不为一切天堂地狱诸趣所摄是的。彼上上品化生者，便是他家至亲儿孙，得近佛光，得闻佛语，至美矣。若上品之中，离佛稍远，上品之下，见面亦难，况中品与下品乎。是以虽生彼，亦有退堕者，以佛又难见，世间俗念又易起，一起世间念即堕矣。是以不患不生彼，正患生彼而不肯住彼耳。此又欲生西方者之所当知也。若仆则到处为客，不愿为主，随处生发，无定生处。既为客，即无常住之理，是以但可行游西方，而以西方佛为暂时主人足矣。"（《焚书》卷2《与李惟清》）在这里，李贽认为死亡可以免除人世间的痛苦，获得身心自由与解放。

因此，对于那些圣贤带有名利性的死亡，李贽持鄙视态度。他说："夫忠孝节义，世之所以死也，以有其名也，所谓死有重于泰山者是也，未闻有为道而死者。道本无名，何以死为？"（《焚书》卷3《何心隐论》）李贽指出为忠孝节义而死，是为虚名，不值得。

同样，李贽对市井小儿带着小利而死也持反对态度。他说："且夫市井小儿，辛勤一世，赢得几贯钱钞，至无几也。然及其将终也，已死而复苏，既瞑而复视，犹恐未得所托然者。使有托也，则亦甘心瞑目已矣。"《焚书》卷3《罗近谿先生告文》李贽主张自然而生自然而死，并为此设计了一套自己的死法："倘一旦死，急择城外高阜，向南开作一坑：长一丈，阔五尺，深至六尺即止。既如是深，如是阔，如是长矣，然复就中复掘二尺五寸深土，长不过六尺有半，阔不过二尺五寸，以安予魄。既掘深了二尺五寸，则用芦席五张填平其下，而安我其上，此岂有一毫不清净者哉！我心安焉，即为乐土，勿太俗气，摇动人言，急于好看，以伤我之本心也。"《续焚书》卷4《李卓吾先生遗言》李贽对死的超越与传统的生死之道有很大的不同。传统的生死之道注重生命的价值，而李贽彻底地摆脱精神对身体的禁锢，赤条条地来赤条条地去，达到了身心的完全自由。

最后，就出世来说，它是身体摆脱现实束缚的一种手段。李贽说："古人以有身为患，故欲出离以求解脱。苟不出离，非但转轮圣王之极乐极富贵，释迦老子不屑有之，即以释迦佛加我之身，令我再为释迦出世，教化诸众生，受三界二十五有诸供养，以为三千大千世界人天福田，以我视之，犹入厕处秽，掩鼻闭目之不暇也。何也？有身是苦：非但病时是苦，即无病时亦是苦；非但死时是苦，即未死时亦是苦；非但老年是苦，即少年亦是苦；非但贫贱是苦，即富贵得意亦无不是苦者。知此极苦，故寻极乐。"（《续焚书》卷1《与周友山》）在李贽看来，有身则有苦，"故欲出离以求解脱"。换言之，出世可以带来身体的快乐和自由。

因此，李贽对出世持肯定态度，他把出世境界分为三层，即"身隐""身隐心不隐"和"身心俱隐"。他说："若夫身隐者，以隐为事，不论时世是也。此其人盖若有数等焉：有志在长林丰草，恶嚣寂而隐者；有懒散不耐烦，不能事生产作业，而其势不得不隐者。以此而隐，又何取于隐也？等而上之，不有志在神仙，愿弃人世如陶弘景辈者乎？身游物外，心切救民如鲁连子者乎？志趣超绝，不屈一人之下，如庄周、严光、陶潜、邵雍、陈抟数公者乎？盖身虽隐而心实未尝隐也，此其隐盖高矣，然犹未大也，必如阮嗣等始为身心俱隐，无得而称焉。"（《续焚书》卷2《隐者说》）无论哪一层，都是对身体个性自由的追求。正如他在《答马历山》中所说："是故有弃官不顾者，有弃家不顾者，又有视其身若无有，至一麻一麦，鹊巢其顶而不知者。无他故焉，爱性命之极也。"（《续焚书》卷1《答马历山》）从这一点来说，李贽的"出世"与佛、道的"出世"又有所不同。佛、道的"出世"是为了摆脱世俗对身体的束缚，追求生命的不朽，它有一定的空间。而李贽的"出世"随时随地，追求的是身心的快乐与自由。

第四，对身体平等的看法。李贽认为，趋利避害是人身体的天性，无论圣人还是凡夫，都具有这一特质。他说："夫世间打滚人何限，日夜无休进，大庭广众之中，诣事权贵人以保一日之荣；暗室屋漏之内，为奴颜婢膝事以幸一时之宠。无人不然，无时不然，无一刻不打滚，而独山农一打滚便为笑柄也！侗老恐人效之，便日日滚将去。予谓山农亦一时打滚，向后绝不闻有道山农滚者，则虽山农亦不能终身滚，而况他人乎？即他人亦未有闻学山农滚者，而何必愁人之学山农滚也？此皆平日杞忧太重之故，吾独憾山农不能终身滚滚也。当滚时，内不见己，外不见人，无美于中，无丑于外，不背而身不获，行庭而人不见，内外两忘，身心如一，难矣，难矣。"（《焚书》增补一《答周柳塘》）不同之处，圣人能"内外两忘，身心如一"。换言之，圣人敢鄙视世俗道德，张扬自然人性和独立人格；凡夫之人"平日杞忧太重"。但凡夫只要知善，便与圣人无异。

李贽说："圣人不责人之必能，是以人人皆可以为圣。故阳明先生曰'满街皆圣人。'佛氏亦曰：'即心即佛，人人是佛。'夫惟人人之皆圣人也，是以圣人无别不容已道理可以示人也，故曰：'予欲无言。'夫惟人人之皆佛也，是以佛未尝度众生也。无众生相，安有人相；无道理相，安有我相。无我相，故能舍己；无人相，故能从人。非强之也，以亲见人人之皆佛而善与人同故也。善既与人同，何独于我而有善乎？人与我既同此善，何有一人之善而不可取乎？故曰'自耕稼陶渔以至为帝，无非取诸人者'。后人推而诵之曰：即此取人为善，便自与人为善矣。"（《焚书》卷1《答耿司寇》）从这一段话来看，李贽这一"圣人不曾高，众人不曾低"（《焚书》卷1《复京中朋友》）思想，主要基于佛教"众生平等"思想和王阳明"人人皆可致良知"身体观念。李贽身体平等思想融合了儒、道、佛三者身体平等观念的精华。

由于身体平等，李贽对士、农、工、商社会结构最末端的商持肯定态度。他说："且商贾亦何可鄙之有？挟数万之赀，经风涛之险，受辱于关吏，忍诟于市易，辛勤万状，所挟者重，所得者末。"（《焚书》卷2《又与焦弱侯》）这里"所挟者重，所得者末"揭示出在商品经济十分发达的明朝，商人经济、政治地位的上升，由此呈现"商贾亦何可鄙之有？"现象。

同时，李贽认为女的见识并不比男的差。他说："余窃谓欲论见之长短者当如此，不可止以妇人之见为见短也。故谓人有男女则可，谓见有男女岂可乎？谓见有长短则可，谓男子之见尽长，女人之见尽短，又岂可乎？设使女人其身而男子其见，乐闻正论而知俗语之不足听，乐学出世而知浮世之不足恋，则恐当世男子视之，皆当羞愧流汗，不敢出声矣。"（《焚书》卷2《答以女人学道为见短书》）在这段话里，李贽提出了一个重要论点："设使女人其身而男子其见，乐闻正论而知俗语之不足听，乐学出世而知浮世之不足恋，则恐当世男子视之，皆当羞愧流汗，不敢出声矣。"这在封建社会"男尊女卑"的身体格局下无疑是一声惊雷。诚如刘泽华所指出："李贽的平等思想无疑是一种认识上的超越，在等级观念根深蒂固、君主专制日益强化的明代，足以惊世骇俗、振聋发职。虽说理论本身过于朦胧含混，但仍然具有一定的启蒙意义。"①

而身体平等是衡量身体自由化的尺度。李贽身体平等观念，揭示出明朝中后期由于商品经济的发展，身体自由化程度较以前有了一定的提高。但身体真正自由化，还有一段漫长的路要走。

二、对李贽身体自由化思想的评价

李贽身体自由化思想具有重要的历史意义和现实意义。

第一，解构了道学家的虚伪，重构了身体意识。儒家思想经过两千年来的变化，到明朝时期越来越僵化。李贽指出："若乃切切焉以求用，又不能委曲以济其用，操一己之绳墨，持前王之规矩，以方枘欲入圆凿，此岂用世才哉！徒负却切切欲用本心矣。吾儒是也。"（《焚书》卷1《复周南士》）这里"操一己之绳墨，持前王之规矩，以方枘欲入圆凿"揭示出儒家思想不能适应时代的要求，经世致用。表现在身体思想上，就是空谈形而上的、先验性的"天理""良知"，而对心的本体身体置之不问，这就出现了本末倒置的现象。李贽说："夫惟孔子未尝以孔子教人学，故其得志也，必不以身为教于天下。是故圣人在上，万物得所，有由然也。夫天下之人得所也久矣，所以不得所者，贪暴者扰之，而'仁者'害之也。'仁者'以天下之失所也而忧之，而汲汲焉欲贻之得所之域。于是有德礼以格其心，有政刑以繫其四体，而人始大失所矣。"（《焚书》卷1《答耿中丞》）这里"有德礼以格其心，有政刑以繫其四体"使得人身心束缚，大违身道。这也是"仁者"害人的表证。

基于此，李贽高扬身体原始欲望和自然天性，从"意识中心"回到"身体中心"。他说："夫天下曷尝有不思食饮之人哉！其所以不思食饮者有故矣：病在杂食也。今观大地众生，谁不犯是杂食病者。杂食谓何？见小而欲速也，所见在形骸之内，而形骸之外则不见也，所欲在数十世之久，而万亿世数则不欲也。"（《焚书》卷2《答刘方伯书》）李贽认为食饮是身体的本能，即使过去"数十世"，这一本能也不会消退。人应顺应这一身体自然天性。他说："自然之性，乃是自然真道学也。"② 从这一点来讲，李贽身体自由化思想价值重大，诚如张再林教授所指出："一方面，李贽从一种本体论的'身道'出发，与理学家的'祛身化'的人生价值取向彻底决裂，在中国历史上破天荒地对有别于'天

---

① 刘泽华，葛荃. 中国古代政治思想史 [M]. 修订本. 天津：南开大学出版社，2015：516.

② 李贽文集（第1卷）[M]. 北京：社会科学文献出版社，2001：87.

理'的'人欲'给予肯定。……另一方面，也正是从这一本体论的'身道'出发，使李贽发现了无比尊贵的'真理'与人的卑下的生物欲望之间的假借依托关系，使李贽像断言真理是'权力意志'的工具、真理是最深的谎言的尼采那样，在一个道学被奉为至尊的时代，以千古只眼为我们揭穿了道学家之'天理'不过是其自己'人欲'的翻版，揭穿了道学家之'阳为道学，阴为富贵'这一真实嘴脸。"①

第二，适应了商品社会空前发展过程中身道的需要。明中后期随着商品经济的大力发展与繁荣，在一些士中间，出现了一批"弃儒就贾"的人。卓禺就是其中一个。《卓海幢墓表》中载："公讳禺，姓卓氏……居京师五载，屡试于琐院，辄不利，归而读书武康山中，益探究为性命之学。先是，公弱冠，便有得于姚江知行合一之旨。姚江重良知，颇近佛氏之顿教，而源流本殊。后之门人推演其义，以见吾道之大，于是儒释遂合。公既偕同志崇理学、谈仁义，而好从博山、雪峤诸耆宿请质疑滞。……公之为学，从本达用多所通。涉诗词书法，无不精诣。即治生之术，亦能尽其所长。精强有心计，课役僮隶，各得其宜。岁所入数倍，以高赀称里中。"② 这里卓禺对利的追求，揭示出在明朝中后期社会风气的转变。这反映在身体思想上，就是对身体欲望的追逐和享受。李贽说："名利无兼得之理。超然于名利之外，不与利名作对者，唯孔夫子、李老子、释迦佛三大圣人尔。舍是，非名即利，孰能免此，而可以同不同自疑畏耶！但此事无兼得之理，欲名而又徇利，与好利而兼徇名，均为不智，岂以兄宗孔为道学先生一生矣，而顾昧此义耶?"（《续焚书》卷1《复李士龙》） 李贽指出除了孔夫子、李老子、释迦佛三人不追名逐利外，其余芸芸众生都追名逐利。追名逐利是人的天性。李贽主张释放这一天性，反对礼教的禁锢和约束，让身体自由，这就顺应了时势发展的要求，为建构新的伦理道德价值开辟了新的路径。

第三，促进了身体个性张扬和经济发展。按照马克思观点，身体发展经历三个阶段：人的依赖关系的发展阶段、物的依赖关系的发展阶段和自由个人联合的发展阶段。③ 明后期正处于身体第一发展阶段向身体发展第二阶段过渡阶段。在这一阶段，"大人者，庇人者也；小人者，庇乎于人者也。凡大人见识力

---

① 张再林. 作为"解构大师"的李贽 [J]. 西北大学学报（哲学社会科学版），2009，39（3）：29-38.

② 吴梅村：《梅村家藏稿》卷五0，《卓海幢墓表》。

③ 马克思恩格斯全集（第25卷）[M]. 中共中央马克思恩格斯列宁斯大林著作编译局，译. 北京：人民出版社，1974：926.

量与众不同者，皆从庇人而生，日充日长，日长日昌。若徒荫于人，则终其身无有见识力量之日矣。今之人皆受庇于人者也，初不知有庇人事也。居家则庇荫于父母，居官则庇荫于官长，立朝则求庇荫于宰臣，为边帅则求庇荫于中官，为圣贤则求庇荫于孔、孟，为文章则求庇荫于班、马，种种自视，莫不皆自以为男儿，而其实则皆该子而不知也。豪杰凡民之分，只从庇人与庇荫于人处识取。"（《焚书》卷2《别刘肖川书》）这里"居家则庇荫于父母，居官则庇荫于官长，立朝则求庇荫于宰臣，为边帅则求庇荫于中官，为圣贤则求庇荫于孔、孟，为文章则求庇荫于班、马。"揭示人一出生，就处于依赖关系中，既依赖父母，又依赖官长、宰臣；既依赖孔、孟，又依赖班、马。整个社会就是一个失去个体身体自由，从下到上依赖的社会。它不但是人的依赖，而且是物的依赖。李贽指出："夫天之生人，以其贵于物也，而反遗之食，则不如勿生，则其势自不得不假物以为用，而弓矢戈矛甲胄剑楯之设备矣。盖有此生，则必有以养此生者，食也。有此身，则必有以卫此身者，兵也。食之急，故井田作；卫之急，故弓矢甲胄兴。是甲胄弓矢，所以代爪牙毛羽之用，以疾驱虎豹犀象而远之也。"（《焚书》卷3《兵食论》）这里"有此生，则必有以养此生者""有此身，则必有以卫此身者"就是对物的依赖。因此，要突破这种人的依赖和物的依赖，必须身体自由、平等和提倡"人欲"以刺激生产的发展。李贽说："就此百姓日用处提撕一番。如好货，如好色，如勤学，如进取，如多积金宝，如多买田宅为子孙谋，博求风水为儿孙福荫，凡世间一切治生产业等事，皆其所共好而共习，共知而共言者，是真迩言也。"（《焚书》卷1《答邓明府》）这里的"真迩言"就是"好货""好色"和"多积金宝"等。李贽主张释放人的自然天性，有利于身体个性的发挥和生产的发展。

而且，李贽自由化身体思想中的身体不单是个体性的身体，还是社会性的身体和政治性的身体。李贽说："知天下之人之身，即吾一人之身，人亦我也。""知吾之身，即天下之人之身，我亦人也。"[①] 这里的"我身"和"天下之人之身"是互通的。我之自然天性，就是天下之人自然天性。释放个体自然天性，实现身体个体自由化，实际上就是释放天下之人自然天性，实现整个社会身体自由化。但在高度集权的封建专制社会，这是不可能实现的幻想。最终结果，李贽本人以"异端"身份被封建专制社会所绞杀。

同时，李贽身体自由化思想由于过分强调身体的自由和解放，而忽视身体的规训，导致身体缺乏道德的约束，为"人欲"泛滥大开了方便之门。诚如邓

① 张建业. 李贽文集［M］. 北京：社会科学文献出版社，2000：351.

晓芒所指出的那样，李贽"而不具有成熟的、自律的理智（理性）""与普遍理性无关"。①因此，李贽身体自由化思想就会出现感性替代理性、自然天性替代伦理道德的现象。从这一点来说，李贽身体自由化思想具有一定的局限性。

第七节　身体民主化：王夫之身体思想研究

张再林教授曾指出："王夫之堪称中国古代身体哲学思想的集大成者，乃至可以说，在中国哲学史上，没有哪一位哲学家能像王夫之那样，使中国古老的身体本体的思想得以如此深切著明的洞揭。"② 这就导引出一个问题，王夫之身体思想的核心是什么？笔者认为：身体民主化思想是王夫之身体思想的重要着力点，因为无论是马克思主义学者，还是资产阶级思想家都一致公认为民主思想是王夫之政治思想的内核。谭嗣同就曾认为："国初三大儒，惟船山先生纯是兴民权之微旨。"③ 而其身体思想是以其政治思想为基础的。张再林教授指出："这种身体本体的思想并非出自其突发的和凭空的奇想，而是深深地植根于王夫之所处时代的特定的哲学语境之中。这种特定的哲学语境就是，饱受佛学浸淫而渐以意识为其本体的宋明理学思潮的风靡，以及随之而来的对中国传统哲学中的身体维度的弃如敝屣。这就决定了王夫之的身体哲学思想的推出，既是回归中国哲学的原典和原道联系在一起，又是批判理学的超验主义的思想产物。"④ 因此，身体民主化思想是王夫之身体思想的主要内容。

一、王夫之身体民主化政治思想的主要内容

民主政治，按照林肯 1863 年在《葛底斯堡演讲词》中的定义，指的是："人民的政府、由人民来治理、为了人民"（"The government of the people，by the people，for the people"）。从身体思想史的视角来看，身体民主化指的身体的属己性和为民性。

---

① 邓晓芒. 启蒙的进化 [J]. 读书，2009（6）：3-11.
② 张再林. 王夫之的身体哲学思想 [J]. 陕西师范大学学报（哲学社会科学版），2008，37（1）.
③ 谭嗣同. 谭嗣同集 [M]. 长沙：岳麓书社，2012：503.
④ 张再林. 王夫之的身体哲学思想 [J]. 陕西师范大学学报（哲学社会科学版），2008，37（1）：103-112.

第一，身体的属己性。首先，王夫之运用中国传统文化的阴阳二气理论，对身体的本体性进行了重构。他说："阴阳之始本一也，而因动静分而为两，迨其成又合阴阳于一也。如男阳也而非无阴，女阴也而非无阳。以至于草木鱼鸟，无孤阳之物，无孤阴之物，唯深于格物者知之。时位相得，则为人，为上知；不相得，则为禽兽，为下愚；要其受气之游，合两端于一体，则无有不兼体者也。"① 他又说："阳以生而为气，阴以生而为形。有气无形，则游魂荡而无即；有形无气，则胔骼具而无灵。乃形气具而尚未足以生邪？形盛于气则壅而萎，气胜于形则浮而枵，为夭、为尪、为不慧，其去不生也无几。惟夫和以均之，主以持之，一阴一阳之道善其生而成其性，而生乃伸。"② 在这里，王夫之不但指出身体乃阴阳二气化合而成；而且指出了人与动物的区隔及人身中的气、形之间的辩证关系。从这一点来看，王夫之的阴阳之论与传统的阴阳之说没有什么根本的差别。不同之处，王夫之在阴阳二气基础上，建构了太虚、太极、太和三个重要范畴。

就太虚来说，它是一种真实无妄的实有。王夫之指出："人之所见为太虚者，气也，非虚也。虚涵气，气充虚，无有所谓无者。"③ 这与程朱把太虚解读为形而上的道气和理气以维护天理至上的本体地位有本质的区别。王夫之的太虚是气的现成实体，是身体和万物生成的重要元素。因此，王夫之"通过气的生成性实有论较为妥帖地解决了张载未能很好说明的太虚本然之气与物质聚散攻取之气的统一性关系，以及太虚之气与价值理性的有机联系。"④

就太极来说，它是一个浑沦、氤氲、圆融的创生过程。王夫之说："在易则乾坤并建，六爻交函，而六十四卦之象该而存焉。著运其间，而方听乎圆，圆不失方，交相成以任其摩荡，静以摄动，无不浃焉，故曰易有太极，言《易》之书备有此理也。"⑤ 在这里，乾坤交相摩荡，创生了宇宙。而身体的生成，则是乾坤作用的结果。他说："思吾形之所自成，至顺之理在焉；气固父之所临也，形固母之所授也。……是以可名乾以父，名坤以母，六子，皆乾坤之所生也，则吾之有身，备六子之体用性情者，无非父母之所全以生者也，无二本也。"⑥ 这里的"乾坤"禀受天地阴阳之气。因此，太极是一个气化的创生

① 王夫之. 张子正蒙注 [M] //船山全书（第十一册）. 长沙：岳麓书社，2011：82.
② 王夫之. 周易外传 [M] //船山全书（第一册）. 长沙：岳麓书社，2011：1043.
③ 王夫之. 张子正蒙注 [M] //船山全书（第十一册）. 长沙：岳麓书社，2011：30.
④ 陈屹. 王夫之人性生成哲学研究 [D]. 武汉：武汉大学，2012：39.
⑤ 王夫之. 周易内传 [M] //船山全书（第一册）. 长沙：岳麓书社，2011：1024.
⑥ 王夫之. 周易内传 [M] //船山全书（第一册）. 长沙：岳麓书社，2011：78.

世界。

就太和来说，它是阴阳二气絪缊化合的态势。王夫之指出："太和之中，有气有神。神者非他，二气清通之理也。不可象者，即在象中。阴与阳和，气与神和，是谓太和。"① 这里的"神"指的是气的清通无碍和气的灵动性、神妙性。他说："神者，气之灵，不离乎气而相与为体，则神犹是神也。"② 这样，气的运动变化按照一定的规则而进行。

王夫之通过太虚、太极、太和，赋予阴阳二气勃勃生机，同时，使阴阳固有的身体性质凸显，剔除了宋明理学家在气之上的"天理"本体，还身体以本原。从这点来说，王夫之的气本论实际上是身本论。关于这，张再林教授有段精彩的论述。他说："对王夫之来说，既然身体是一种宇宙本体论意义上的身体，既然身与道、身与太极是彻底为一的，那么，身体本身的原发机制也即宇宙本身的原发机制。这样，身体得以生命发生的男女之道实际上就不外乎为宇宙万化得以可能的阴阳之道，阴阳与男女二者终归是异名同谓的东西。故我们看到，一方面，王夫之在其学说里极力肯定和再次申明阴阳所具有的本体论的普遍意义……另一方面，他又以一种'近取诸身'的现象学还原的方式，把阴阳具体显现和还形为人身体的男女。"③ 换言之，王夫之的身体思想是以其阴阳二气说为起点，向外生发开出男女关系的。

由于阴阳关系与男女关系同构，因此，王夫之从阴阳关系衍化出封建伦理关系。他说："天地率由于一阴一阳之道以生万物，父母率行于一阴一阳之道以生子。故孝子事父母如天地，而帝王以其亲配上帝。……天地之物，求拟其似，惟父母而已。"④ 在这里，王夫之除了指出"孝子事父母如天"和"帝王以其亲配上帝"是阴阳之道的生发外，还指出天地除了父母之道别无他物。这就否定了封建专制制度下的"君道"和"臣道"。他说："人无易天地、易父母，而有可易之君"。⑤ 从这一点来看，王夫之身体民主化思想非常明显。

其次，王夫之从男女之道拓展开去重构"我身"的主体地位。既然身体乃父母所赐，"亲身"就天经地义。他说："是故以我为子而乃有父，以我为臣而乃有君，以我为己而乃有人，以我为人而乃有物，则亦以我为人而乃有天地。

---

① 王夫之. 张子正蒙注 [M] //船山全书（第十一册）. 长沙：岳麓书社，2011：16.

② 王夫之. 张子正蒙注 [M] //船山全书（第十一册）. 长沙：岳麓书社，2011：23.

③ 张再林. 王夫之的身体哲学思想 [J]. 陕西师范大学学报（哲学社会科学版），2008，37（1）：103-11.

④ 王夫之. 尚书引义 [M] //船山全书（第二册）. 长沙：岳麓书社，2011：324.

⑤ 王夫之. 尚书引义 [M] //船山全书（第二册）. 长沙：岳麓书社，2011：324.

器道相须而大成焉。未生以前，既死以后，则其未成而已不成者也。故形色与道，互相为体，而未有离矣。是何也？以其成也。故因其已成，观其大备，断然近取而见为吾身，岂有妄哉！"① 在这里，"我"是父、君、人、物、天地的基点，无我，则无父、无君、无人、无物和无天地。显然，这里的"我"具有属己性和亲身性。

王夫之除了突出"我身"的主体地位外，还特别强调"断然近取"。即从"我身"出发，打通天地和人的关系。他说："故尽人之身，五官百骸皆与天下相感应，安各有自体，以辨治乎天下。"② 这里的"天人感应"与董仲舒的"天人感应"是不一样。董仲舒的"天人感应"是通过灾祥来影响人事，而王夫之的"天人感应"是"继善成性"。他说："'继'者，天人相接续之际，命之流行于人者也。其合也有伦，其分也有理，仁智不可为之名，而实其所自生。在阳而为象为气者，足以通天下之志而无不知，在阴而为形为精者，足以成天下之务而无不能，斯其纯善而无恶者。孟子曰：'人无有不善'，就其继者而言也。"③ 换言之，通过"天人感应"将天之"善"凝聚成人身中的"善"，从而人身与天道合为一体。"然固此而见人之一身，无非乾坤六子之德业所自著，则由此而推之血气营卫，筋骸皮肉之终理……盖人身浑然一天道之合体。"④

由于王夫之的"天道"是以人身中的"善"为基础的，因此，通过它，可以建构人极，进而达到天极。他说："且道行于《乾》《坤》之全，而用必以人为依……此其所以通于昼夜寒暑，而建寅以为人纪，首摄提以为天始，皆莫有易焉。何也？以人为依，则人极建而天地之位定也。"⑤ 王夫之这种"依身建极"和"依人建极"的观点，实际上是一种哲学上的"具身性"与"本我论"的结合，是身体民主化的一个重要着眼点。

最后，王夫之主张"敬身""爱身"和"珍身"。既然身体是天地万物的主体，自然就应该重视身体。王夫之指出：

故君子之爱身也，甚于爱天下；忘身以忧天下，则祸未发于天下而先伏于吾之所忧也。外戚也，宦寺也，女主也，夷狄也，一失其身，虽有扶危定倾之雅志，不得自救其陷溺；未有身自溺而能拯人之溺者也。⑥

---

① 王夫之. 周易外传［M］//船山全书（第一册）. 长沙：岳麓书社，2011：905.
② 王夫之. 尚书引义［M］//王夫之. 船山遗书. 北京：北京出版社，1999：489.
③ 王夫之. 周易内传［M］//船山全书（第一册）. 长沙：岳麓书社，2011：526.
④ 王夫之. 周易内传［M］//船山全书（第一册）. 长沙：岳麓书社，2011：165.
⑤ 王夫之. 周易外传［M］//船山全书（第一册）. 长沙：岳麓书社，2011：851.
⑥ 王夫之. 读通鉴论［M］//船山全书（第十册）. 长沙：岳麓书社，2011：184.

故君子不舍事而亲人，不忘人而珍身，不外身而观天。①

太上敬天，其次敬身，其次敬人，其次敬事。②

从这些话来看，王夫之不但把身体提高到一个非常重要的地位："爱身""甚于爱天下"，而且，把身体存在作为一切存在的基础："一失其身，虽有扶危定倾之雅志，不得自救其陷溺"。透过身体，观察宇宙万物。显然，王夫之的思想是一种身本论思想。通过身体，可以体察天统、道统和治统。王夫之说："道恶乎察？察于天地。性恶乎著？著于形色。有形斯以谓之身，形无有不善，身无有不善，故汤武身之而以圣。假形而有不善焉，汤、武乃遗其精、用其粗者，岂弗忧其驳杂而违天命之纯哉？"（《尚书引义》卷4《洪范三》）这里"汤武身之而以圣"就是发挥出了人身中的"善"。王夫之的"敬身""爱身"和"珍身"，就是以"我身"之善出发，去解构封建专制社会的道统、治统。从这一点来说，王夫之的身体思想具有民主的因子。

第二，对"天理""人欲"的解构。自从朱熹提出"存天理，灭人欲"后，理学成为封建君主专制统治的工具和封建社会的官方意识形态。解构朱熹的理学，就是解构封建君主专制统治的思想基础。

朱熹理学的核心是"天理"。在朱熹看来，"天理"不但是天地万物存在的依据，而且是身体道德行为的规范。朱熹指出："宇宙之间一理而已，天得之而为天，地得之而为地，而凡生于天地之间者，又各得之以为性。其张之为三纲，其纪之为五常，盖皆此理之流行，无所适而不在。"③ 对朱熹来说，三纲五常是"天理"之流行，应"无所适而不在"。而人欲遮蔽了天理，如朱熹所说："己者，人欲之私也；礼者，天理之公也。一心之中，二者不容并立，而其相去之间，不能以毫发。出乎此，则入乎彼；出于彼，则入于此矣。"④ 因此，克人欲，明天理。朱熹指出："人只有天理、人欲两途，不是天理，便是人欲。……克得那一分人欲去，便复得这一分天理来。"⑤ 朱熹这种"克人欲，明天理"思想，是对身体正常欲望的扼杀，它迎合了封建专制统治的需要。因此，朱熹理学被封建统治者上升为官学。

王夫之解构封建理学和封建礼教的着力点是对人欲的积极肯定。王夫之认为饮食男女是人身体本质特征，是正当的。他说："饮食男女之欲，人之大共

---

① 王夫之. 诗广传［M］//船山全书（第三册）. 长沙：岳麓书社，2011:.
② 王夫之. 诗广传［M］//船山全书（第三册）. 长沙：岳麓书社，2011:.
③ 《晦庵先生朱文公集》卷七十，《读大纪》，第3377页。
④ 《论语或问》卷十二，《朱子全书》第6册，第799页。
⑤ 《朱子语类》卷四十一，第1047页。

也。共而别者，别之以度乎！君子舒焉，小人劬焉，禽兽驱焉；君子宁焉，小人营焉，禽兽奔焉。"① 在这里，王夫之指出饮食之欲是人身的共性。无论君子，还是小人和禽兽，都有饮食之欲。饮食之欲是不应当灭掉的。社会应当顺应人的自然欲望，促进人性的自然发展。他说："天之使人甘食悦色，天之仁也……恃天之仁而违其仁，则去禽兽不远矣。"② 这就彻底否定了朱熹"存天理，灭人欲"的观点。而且，王夫之指出："天理必寓于人欲以见"，③ 把人欲置于天理之上，肯定人欲对天理的合理性，这就彻底地动摇了理学的理论根基。

在此基础上，王夫之把人欲分为私欲和公欲。私欲则是"匹夫匹妇，欲速见小，习气之所流，类于公好公恶而非其实"，④ 它是身体的一种习气。而公欲则是一种以天下百姓为己任的身体欲望，他说："私欲净尽，天理流行，则公矣。天下之理得，则可以给天下之欲矣。以其欲而公诸人，未有能公者也。即或能之，所谓违道以干百姓之誉也，无所往而不称愿人也。"⑤ 在这里，王夫之把公欲称为"天理"或"理欲"。

无论是天理，还是人欲，王夫之都进行了充分肯定。不同之处，"只争公私诚伪"。王夫之指出："天理、人欲，只争公私诚伪。如兵农礼乐，亦可天理，亦可人欲。春风沂水，亦可天理，亦可人欲。才落机处即伪。夫人何乐乎为伪，则亦为己私计而已矣。"⑥ 这就把天理（公欲）和人欲（私欲）统一了起来。这是一种新的理欲观。吴根友指出：相对于宋明理学，明清时期的王夫之和戴东原实现了理欲观的一种转向，即其关注的核心问题不再是"有欲""无欲"，而是"有私""无私"的问题。⑦

由于王夫之的天理，即公欲是为天下的百姓，而不是为一家一姓的君主，因此，他更关心百姓的生死，而不是王朝的更替。他说："一姓之兴亡，私也，而生民之生死，公也。"⑧ 显然，王夫之的公欲身体观念具有强烈的民主成分。

第三，对理学性的解构。朱熹理学除了"天理""人欲"范畴的建构以外，还在心、性、情方面建构了一定的理论体系。这些理论体系像天理一样都是为了维护封建君主专制统治。王夫之对这些理论体系的解构，同样也是为了破除

---

① 王夫之. 诗广传［M］//船山全书（第三册）. 长沙：岳麓书社，2011：375-376.
② 王夫之. 思问录·内篇［M］//船山全书（第十二册）. 长沙：岳麓书社，2011：406.
③ 王夫之. 读四书大全说［M］//船山全书（第六册）. 长沙：岳麓书社，2011：913.
④ 王夫之. 思问录·内篇［M］//船山全书（第十二册）. 长沙：岳麓书社，2011：428.
⑤ 王夫之. 思问录·内篇［M］//船山全书（第十二册）. 长沙：岳麓书社，2011：413.
⑥ 王夫之. 读四书大全说［M］//船山全书（第六册）. 长沙：岳麓书社，2011：765.
⑦ 参见吴根友. 明清哲学与中国现代哲学诸问题［M］. 北京：中华书局，2008：112-114.
⑧ 王夫之. 读通鉴论［M］//王夫之. 船山全书（第十册）. 长沙：岳麓书社，2011：669.

封建皇权统治对身体的束缚。

就性来说，朱熹把它分为两种，即天命之性和气质之性。其中天命之性就是仁义礼智的本质，而气质之性则是人禀受仁义礼智的强弱程度。"问'子罕言命，若仁、义、礼、智、五常，皆是天所命。如贵贱、死生、寿夭之命有不同，如何？'曰：'都是天所命，禀得精英之气，便为圣为贤，便是得理之全，得理之正。禀得清明者便英爽，禀得敦厚者便温和，禀得清高者便贵，禀得丰厚者便富，禀得久长者便寿，禀得衰颓薄浊者，便为愚、不肖，为贫、为贱、为夭。'"① 在这里，朱熹指出，由于人的气质之性不同，社会就分出圣贤与小人的类型来。圣人"能尽其性"："一有聪明睿智，能尽其性者出于其间，则天必命之以为亿兆之君师，使之治而教之，以复其性。此伏羲、神农、黄帝、尧、舜所以继天立极，而司徒之职、典乐之官所由设也。"② 他们可以为君、为官、为师。而民众："至于昏浊偏驳之甚，而无复少有清明纯粹之气，则虽有不通而懵然莫觉，以为当然，终不知学以求其通也，此则下民而己矣。"③ 换言之，君、官、师有性、有善，下民无性、无善。因此，有学者指出：朱熹性的理论体系，"为君主制度的必然性、合理性和绝对性找到一个理论的支点。"④

王夫之对朱熹性理论体系的解构，首先是从性的本质出发。在王夫之看来，身体的喜怒哀乐是人之常性。他说："喜怒哀乐之发，情也。情者，性之绪也。以喜怒哀乐为性，固不可矣，而直斥之为非性，则情与性判然为二，将必矫情而后能复性，而道为逆情之物以强天下，而非其固欲者矣。若夫爱敬之（感）发，则仁义之实显诸情而不昧者，乃以为非性，是与告子'杞柳梧杯桊'之义同，而释氏所谓'本来无一物'，'缘起无生者'，正此谓矣。"⑤ 王夫之认为，无论君主，还是下民，都具有此性，这就直接否定了宋明理学家圣人之性高于下民之性的观点。

其次，王夫之主张性善和性的践形性。王夫之认为性无不善。他说："人之体惟性，人之用惟才。性无有不善，为不善者非才，故曰：人无有不善。道则善矣，器则善矣。性者道之体，才者道之用，形者性之凝，色者才之撰也。故

①　黎靖德. 朱子语类［M］. 王星贤，点校. 北京：中华书局，1986：77.

②　朱熹. 大学章句序［M］//朱杰人，严佐之，刘永翔. 朱子全书（第24册）. 上海：上海古籍出版社，2002：141.

③　朱熹. 论语或问［M］//朱杰人，严佐之，刘永翔. 朱子全书（第6册）. 上海：上海古籍出版社，2002：871.

④　刘泽华. 中国政治思想史（隋唐宋元明清卷）［M］. 杭州：浙江人民出版社，1996：326.

⑤　王夫之. 礼记章句［M］长沙：岳麓书社，1991：891.

曰：汤武身之也。谓即身而道在也。道恶乎察？察于天地。性恶乎著？著于形色。有形斯以谓之身，形无有不善，身无有不善，故汤、武身之而以圣。"（《尚书引义·洪范三》）在这里，王夫之不但指出"道则善矣，器则善矣"和"性无有不善"，而且指出性"著于形色"。换言之，王夫之的"性"是践形的。王夫之指出："人之形色所以异于禽兽者，只为有天之元、亨、利、贞在里面，思则得之，所以外面也自差异。故言'形色天性'者，谓人有人之性，斯以有人之形色，则即人之形色而天与人之性在是也。尽性斯以践形，唯圣人能尽其性，斯以能践其形。"① 这里的"践形"是指通过知性、养性和尽性，人的身体转化为凝聚着道德光辉的精神性身体。王夫之在描述这种践形气象时说："但其宣著盛大者，多在衣冠举动上见。严密武毅则就神情气魄上见。徒有其威仪，而神情气魄，或疏或弛，则以知其非根心所生之色，故以'存乎中'言之。然亦有神情气魄不失有道者之色，而举动周旋，或脱略而不一中于礼，则其感人者不著不盛，故又须威仪之宣著盛大有以传之，方是至善。"② 这就揭示着践形的身体是一种合乎道、忠于礼的德性身体和礼义身体。

由于身体和性都是德性的和礼义的，因此，在王夫之身体思想里，无朱熹身体等级思想的区隔。又由于身体和性的向善性，王夫之对封建皇权统治的专横与残暴进行了猛烈的抨击。他说："秦起西戎，以诈力兼天下，蔑先王之道法，海内争起，不相统一，杀掠相寻，人民无主。"③他又说："夫郡县之天下，其治九州也，天子者一人也，出纳无讽议之广，折中无论道之司，以一人之耳目心思，临六典分司之烦冗，即有为之代理者，一二相臣而止，几何不以拘文塞责、养天下于痿痹，而大奸巨猾之胥史，得以其文亡害者、制宗社生民之命乎？"④ 这里"人民无主"和"制宗社生民之命"的谴责揭示王夫之具有强烈的民本情怀。从这一点来讲，王夫之身体民主思想非常浓厚。

第四，对传统身心关系的重构。在宋明理学和心学的身心关系中，心一直起着主导作用。这固然可以使士的理性意识唤醒，但对身体的禁锢也越来越严厉。因此，重构身心关系，就是要解除封建礼教对身体的束缚。

王夫之认为，在身心关系中，身体是基础，心通过身体才能起作用。他说：

---

① 王夫之. 读四书大全说［M］//王夫之. 船山全书（第六册）. 长沙：岳麓书社，2011：1132.
② 王夫之. 读四书大全说［M］//王夫之. 船山全书（第六册）. 长沙：岳麓书社，2011：408.
③ 王夫之. 读通鉴论［M］//王夫之. 船山全书（第十册）. 长沙：岳麓书社，2011：851.
④ 王夫之. 读通鉴论［M］//王夫之. 船山全书（第十册）. 长沙：岳麓书社，2011：581.

"一人之身，居要者心也。而心之神明散寄于五脏，待感于五官。肝脾肺肾，魂魄志思之藏也。一藏失理，而心之灵已损矣。无目而心不辨色，无耳而心不知声，无手足而无能指使。一官失用，而心之灵已废矣。其能孤挖一心以绌群明而可效其灵乎。"（《尚书引义·毕命》）他又说："一身若虚若实，腑脏血肉，筋骨皮肤，神明何所不行，何所不在，只此身便是神明之舍，而岂心之谓与？"（《读四书大全说·孟子尽心上篇》一）在王夫之看来，身体决定着心灵，无身体便无心灵。

因此，王夫之主张"贵身"。他说："人而不仁，言动皆非人之所测；天下而不仁，向背皆任其意之所安。不仁者，非但残忍忮害之谓也。残忍忮害者，抑必先蒙昧其心，漠然于身，漠然于天下，而后敢动于恶而无忌。……唯夫为善不力，为恶不力，漠然于身，漠然于天下，优游淌濊而夷然自适者，则果不仁也，如死者之形存而哀乐不足以感矣。此其为术，老聃、杨朱、庄周倡之，而魏、晋以来，王衍、谢鲲之徒，鼓其狂澜，以荡患孝之心，弃善恶之辩，谓名义皆前识也，谓是非一天籁也，于我何与焉？漠然于身而丧我，漠然于天下而丧耦，其说行，而天下遂成一刀刺不伤、火焚不爇之习气，君可弑，国可亡，民可涂炭，解散披离，悠然自得，尽天下以不仁，祸均于洪水猛兽而抑甚焉。"（《读通鉴论》卷十六《郁林王》二）在这里，王夫之猛烈批判了封建统治者以不仁之心，行"漠然于身"之事的行为。进而指出"漠然于身而丧我，漠然于天下而丧耦"。这说明王夫之的"天下观"是建立在贵"我身"的基础上的，无贵"我身"，便无贵"天下"，因此，封建统治者要有"德心"，要爱惜民力。他说："德足以君天下，功足以安黎民，统一六宇，治安百年，复有贤子孙相继以饰治，兴礼乐，敷教化，存人道，远禽狄，大造于天人者不可忘，则与天下尊之，而合乎人心之大顺。"① 从为民性来说，王夫之身体民主化思想凸现。

同时，王夫之的"心"也是践形的。他说："均一'心'字，有以虚灵知觉而言者，'心之官则思'之类是也；有以所存之志而言者，'先正其心'是也；有以所发之意而言者，'从心所欲'是也；有以函仁义为体，为人所独有，异于禽兽而言者，'求放心'及'操则存，舍则亡'者是也；有统性情而言者，四端之心是也；有性为实体，心为虚用，与性分言者，'尽心知性'与张子所云'性不知检其心'是也。"② 这里"函仁义为体"就是"心"的践形性。张再林

---

① 王夫之. 读通鉴论［M］//王夫之. 船山全书（第十册）. 长沙：岳麓书社，2011：852.
② 王夫之. 夕堂永日绪论外编［M］//王夫之. 船山全书（第十五册）. 长沙：岳麓书社，2011：856.

教授指出：王夫之"作为一种彻底意向性和功能化的心，以一种即用显体、即器践道的方式，其就活生生地体现在人身体的一切器官及其视听言动之中，也即'身之所亲'的'实践'活动之中。"① 张再林教授所说王夫之的"'身之所亲'的'实践'活动"，就是王夫之"心"的践形过程。

由于王夫之推崇一种从身体出发，心的知觉运动，因此，在"践形"的道德修养方式上主张"反身而诚"。按照王夫之的解释，"'反身而诚'，与《大学》'诚意''诚'字，实有不同处，不与分别，则了不知'思诚'之实际。'诚其意'，只在意上说，此外有正心，有修身。修身治外而诚意治内，正心治静而诚意治动。在意发处说诚，只是'思诚'一节工夫。若'反身而诚'，则通动静、合外内之全德也。静而戒惧于不睹不闻，使此理之森森然在吾心者，诚也。动而慎于隐微，使此理随发处一直充满，无欠缺于意之初终者，诚也。外而以好以恶，以言以行，乃至加于家国天下，使此理洋溢周遍，无不足用于身者，诚也。"（《读四书大全说·孟子离娄上篇》十）从这段解释可以看出，王夫之的"反身而诚"，不只是治内，还有治外的价值功能。

进一步说，王夫之"反身而诚"的价值追求就是身体的行为要达到"天下为公"的境界。他说："夫君子之以康乃心者，诚而已矣。诚而后洵为天下之大本也，故曰志以道宁。诚与道，异名而同实者也。修道以存诚，而诚固天人之道也。奚以明其然邪？"② 因此，在修身和治心上，王夫之指向是天下的百姓，而非一姓一家。他说："当春秋时，功利之习方兴，名法之学已起，古帝王修己治人之道将泯，而天下亦且散而无纪。夫子乃正言治理以示人曰：人君而苟有志于为政，则必有操之于心，见之于事者，以为经世之大用，而抑将何所以哉？法成而天下且窃吾法，刑立而天下且乱吾刑，导之以善而莫我向也，欲止其恶而益相违也，则唯以德乎！民皆有善之本心，上无以倡之，则志气不发；上无以启之，则从违不审。唯为政者以无欲清主心，而躬行者皆其心得；以善教正民好，而心得者见之施行；不恃法而法简矣，不尚刑而刑静矣。此乃以己之正，正人之不正之要道也。"③ 这里"为政者以无欲清主心，而躬行者皆其心得……不尚刑而刑静矣"揭示的是统治者以百姓利益"无为"而治天下。从这点来看，

① 张再林. 作为"身体哲学"的中国哲学的历史 [J]. 西北大学学报（哲学社会科学版），2007（3）.
② 王夫之. 尚书引义·大禹谟一 [M] //王夫之. 船山全书（第二册）. 长沙：岳麓书社，2011：267.
③ 王夫之. 四书训义（卷6）[M] //王夫之. 船山全书（第七册）. 长沙：岳麓书社，2011：277-278.

王夫之的修身与治心主张是以民本思想为基点的。因此，在君主专制社会里，以修身与治心为核心的"反身而诚"，具有民主的因子。

第五，对封建专制统治摧残身体的现象进行了揭露和批判。中国两千多年的封建社会历史，是一部身体被摧残被规训的历史。王夫之深刻地揭露了这一历史现象。他说："商周之德，万世之所怀，百王之所师也。祚已讫而明禋不可废，子孙不可替，大公之道也。秦起西戎，以诈力兼天下，蔑先王之道法，海内争起，不相统一，杀掠相寻，人民无主，汉祖灭秦夷项，解法纲，薄征徭，以与天下更始，略德而论功，不在汤武下矣。汉祚既终，曹魏以下二百余年，南有司马、刘、萧、陈氏，皆窃也；北有五胡、拓拔、宇文，皆夷也；隋氏始以中原族姓一天下，而天伦绝，民害滋，唐扫除群盗为中国主，涤积重之暴政，预兆民以安，嗣汉而兴，功亦与汉埒等矣。"① 在他看来，除了商周汉唐外，各个朝代"杀掠相寻，人民无主"。换言之，"人与人为伦，而幸彼之裂肌肉、折筋骨以为快，导天下以趋于残忍，快之快之，而快人者行将自及，抑且有所当悲闵而快焉者，浸淫及于父子兄弟（之）不知。为政者，期于纾一时愚贱之忿疾而使之快，其率天下以贼仁也，不已甚乎！"（《宋论卷14·理宗9》）整个社会处于身体摧残的状态。

基于此，王夫之从身体的主体性出发，大力主张身体自由人格，张扬身体自由发展。他说："身者，父母之身也。故宠辱听命而不渐。至于杀，则父母之自戕其生，父不可以为父；子不能免焉，子不可以为子也。臣之于君，可贵、可贱、可生、可杀，而不可辱。刑赏者，天之所以命人主也，贵贱生死，君即逆而吾固顺乎天。至于辱，则君自处于非礼，君不可以为君；臣不知愧而顺承之，臣不可以为臣也。"② 在王夫之看来，身可杀而不可辱。因此，对于"致之于君子"的肉刑深恶痛绝。他说："致之君子也者，其名也；残性命，折支体，剧痛楚者，其实也。名奖而实伤之……其教也不素，其矜也不诚，徒托于名以戕其实！不仁哉！"③ 而对维护专制政治统治的佛教更是大加鞭挞。他说："若教人养其大者，便不养其小者，正是佛氏真赃实据。佛氏说甘食是填饥疮，悦色是蒸砂作饭，只要败坏者躯命。乃不知此固天性之形色而有则之物，亦何害于心耶！……释氏说此身为业海，不净合成，分段生死，到极处只是褊躁忿戾，

---

① 王夫之. 读通鉴论（卷22）［M］//王夫之. 船山全书（第十册）. 长沙：岳麓书社，2011：851.
② 王夫之. 读通鉴论（卷2）［M］//王夫之. 船山全书（第十册）. 长沙：岳麓书社，2011：35.。
③ 王夫之著：《尚书引义》，《船山全书》第2册，第256页。

要灭却始甘休，则甚矣其劣而狂也。"（《读四书大全说·孟子告子上篇》24）从这些来说，王夫之的身体思想已上升到对封建专制制度的批判。王夫之身体思想较之前人，独具只眼。他不但批判维护封建专制统治的理学，而且批判封建专制统治。他说："自隋文以来，欲销天下之才智，毁天下之廉隅，利百姓之怨大臣以偷固其位者，非一朝一夕之故矣。呜呼！为人君者，唯恐人之修洁自好，竭才以用，择其不肖而后任之，则生民之荼毒，尚忍言乎？"（《读通鉴论》卷19《隋炀帝》）王夫之的身体思想已具有民主的因子。

二、王夫之身体民主化思想的评价

张再林教授指出："王夫之的学说在从君主为本转向族类为本的同时，代表了中国历史上对于君主专制主义的至为激进和深刻的批判。"① 也就是说，王夫之的身体思想是以民主思想为其主要内核的。事实上也是如此，在王夫之身体思想里，无时无地不显示着他对封建君主专制制度的批判、对百姓痛苦的同情和对身体自由平等的追求。

在封建专制社会的末期，王夫之之所以能产生身体民主化思想，与他的人生经历和政治生涯不无关系。

首先，王夫之出生在一个没落的封建官僚地主家庭。据王船山家谱《邴江家乘·谭孺人行状》所说，王夫之"家徒四壁，先君子素业，慎交游，薄田不给膻粥，而慎终之厚，倍徙素封，称贷繁猥，一皆酬赏。斥衣补，销簪珥，固不待言，抑数米指薪，甘荼如饴。"王夫之出生时，家已经中道没落了。

等到他长大成年时，又碰上明末农民战争和清军入关。战争造成无数人颠沛流离和死伤，王夫之也不例外。在战争中，他的父母、岳父母、叔父、妻子、兄长、侄儿和朋友都死在刀兵之下。多次面对死亡后，王夫之感到天命无常，主张安生安死。他说："天之命，有理而无心者也。有人于此而寿矣，有人于此而夭矣，天何所须其人之久存而寿之？何所患其人之妨已而夭之？其或寿或夭不可知者，所谓命也。而非天必欲寿之，必欲夭之，屑屑然以至高大明之真宰与人争蟪蛄之春秋也。生有生之理，死有死之理，治有治之理，乱有乱之理，存有存之理，亡有亡之理。天者，理也；其命，理之流行者也。寒而病，暑而病，饥而病，饱而病，违生之理，浅者以病，深者以死，人不自知，而自取之，而自昧之，见为不可知，信为莫之致，而束手以待之，曰天之命也。是诚天命

---

① 张再林. 王夫之的身体哲学思想 [J]. 陕西师范大学学报（哲学社会科学版），2008，37（1）：103-112.

之也。"（《读通鉴论·卷24·德宗30》）这一身体观念升华开去，就是对百姓身体的重视。王夫之说："举天而属之民，其重民也至矣。""天显于民，而民必依天以立命，合天人于一理。天者，理而已矣。"① 这样，势必促使王夫之在天的名义下对封建统治者对百姓的残酷压迫进行大力鞭挞。他指出："国家重敛以毒民，而民知毒矣，乃且畏督责，避棰楚，食淡茹草，暑而披裘以负薪，寒而衣葛以履霜，薄昏葬之情，竭耕织之力，以翼免于罪罟，犹可逃也。既颁明诏予之蠲免矣，于是而心乃释然，谓有仅存之力，可以饱一食而营一衣，而不知有司积累以督责其后者之尤迫也，夫乃无可以应，而伐木撤屋、鬻妻卖子，终不给而死于徵繰之下，是蠲免之令驱民于死之阱也。"② 而对封建专制制度的批判，从某一方面来说，就是对民主价值的追求。

其次，王夫之所处的时代也促使他主张身体民主化。王夫之所处的时代是封建社会从繁荣走向衰落的时代。在这一时代里，封建社会的腐朽与堕落已完全显示出来。官僚地主"广田亩，益陂池，敞榭邃房，鼓钟妖舞，春容鱼雅以终天年。锢石椁，簪翁仲，梵呗云潮以施于重泉之下。而游侻公子，发其盈余，买越娃，拥小吏，食游客，长夜酣饮，骤马轻纨，六博投琼而散犹未尽。"③ 封建统治者日益沉溺于身体享受之中。而对日益出现的政治危机充耳不闻。最终导致明末农民起义和满人入关。

在这一动荡的岁月里，作为封建社会培养出来的"以天下为己任"的士大夫的王夫之不得不去总结明王朝灭亡的原因。在总结中，王夫之发现朱氏一家以私天下为其目的，建立起庞大的君主专制制度，与天下民众为敌。王夫之指出："以一人敌天下之力，以一代敌天下数百年之力，力穷法匮，私蠹蚀烂。"结果"天下元气萎，大务阁，民愁闾左，士叹十亩，粮空于野，金蚀于藏匿晋夷狄而奉之大位，可不痛与！则仁义不立而疑制深也。"④

基于此，王夫之猛烈批判封建君主专制制度。他说："迄于孤秦，家法沦坠，胶胶然固天下于揽握，顾盼惊猜，恐强有力者旦夕崛起，效己而劫其藏。故翼者翦之，机者撞之，腴者割之，贰人主者不能藉尺土，长亭邑者不能橐寸

---

① 王夫之. 读通鉴论（卷19）［M］//王夫之. 船山全书（第十册）. 长沙：岳麓书社，2011：540.
② 王夫之. 读通鉴论（卷27）［M］//王夫之. 船山全书（第十册）. 长沙：岳麓书社，2011：826.
③ 《船山全书》，卷十二，第528-529页。
④ 《船山全书》第12册，第526页。

金。欲以凝固鸿业，长久一姓，而偾败旋趾。"① 王夫之认为私天下是一切罪恶的根源。

王夫之主张一切以"我身"为中心。他说："我者，大公之理所凝也。"②他又说："一日之间，而引万物以大吾之量，始以为志之所至可至焉矣，而未也。志者一日之起者也。万物至重矣，而任之者气；气之不养，养之不直，则见芸生之情诡变纷纭，而不信我之能为其藏。今而见吾之气，天地之气也，刚者可驭，柔者可扶，变迁殊质，至于吾之身皆胜之而无可慑，然后吾所立之志非虚扩之使大也，万物皆备也。一念之动，而恤万物以慰吾之情，始以为仁之所感能感焉矣，而未也。仁者一念之涵者也。万物不齐矣，而各有其义；义不生心，心不集义，则见勃发之欲损益无恒，而不信我之能持其衡。今而见天下之义，吾心之义也，取不损廉，与不损惠，生杀异术，裁以吾之心皆宰之而无可疑，然后吾所存之仁非固结之使亲也，万物皆备也。是当然之理所自出，必然之情所由生也。反身焉，莫匪诚矣，无不乐矣。"（《经义下》"公孙丑问曰夫子加齐之卿相章"）这里"我者，大公之理"和"万物皆备吾身"显示王夫之的身体思想是以"我身"为基点的。换言之，王夫之以"我身"为准绳，猛烈批判封建专制制度的罪恶。从这一点来说，王夫之身体思想具有民主化的因子。

最后，王夫之的政治生涯也使他的身体思想日趋民主化。王夫之很早就参加了封建科举制度考试，儒家的"舍身取义"深深地影响着他。在他的诗中，有许多这样的表达："血痕一缕留青史，从来白刃杀英雄。"（《踏莎行·与李治尹夜话致身录事有感而作》）"天吝孤臣唯一死，人拚病骨付三尸。"（《续哀雨诗四首·其二》）和"十四年来争一死，英雄消受野棠开"（《哭欧阳三弟叔敬沈湘六首·其五》）等。

这种英雄主义的身体思想在他参加抗清后，表现得更为明显。他在《续落花诗三十首·其八》写道："谁与虫尸忙万蚁，聊拚颈血跃双钩。"从身体的视角来说，王夫之的身受与身任是联系在一起的。正如他自己所指出："吾惧夫薄于欲者之亦薄于理，薄于以身受天下者之薄于以身任天下也。"（《诗广传·陈风》一）

由于王夫之身受与身任相结合，在抗清失败后，他仍然不剃发，不易衣冠。而晚年的流亡生活又异常凄凉。据《同治衡阳县志》记载："湖南久乱，（王夫之）往来永、宝山谷间，茕茕无所复之。父母既前死，介之留乡里亦不得相闻，

---

① 《船山全书》第 12 册，第 505 页。
② 《思问录》内篇，《船山全书》第 12 册。

子身悲吟，寄食人家，始益刻厉，有述作之志。"① 这就促使他去思考造成身体破碎和山河破碎的原因。

他在读史中发现："人自取之，而治身治世，肆应而不穷。"② 通过对历史经验的总结，可以"治身治世"。而在对历史的审视中，王夫之发现君主专制统治是造成身体破碎和山河破碎的根本原因。他说："夫盗也，而称帝王，悖乱之尤，名实之舛甚矣，然而虚拥其名，尚不如其无名也。既曰帝矣，曰王矣，为之副者，曰将相矣，曰牧守矣，即残忍颠越，鄙秽足乎讪笑，然且曰此吾民也，固不如公然以蛇豕自居、唯其突而唯其螫也。故位也者，名也，虽圣人有元后父母之实，而天下之尊之以位者，亦名而已。君天下而天下保之，君天下而思保其天下，盗窃者闻风而强效焉，则名位之以敛束暴人之虐刘，而翕合离散之余民者，又岂不重哉?"③ 在王夫之看来，帝王将相实际上与盗贼无异。他们把百姓当作自己的私人财产，他们借名位剥夺百姓。王夫之对君主专制制度的揭露和批判，揭示王夫之身体思想已具有浓烈的民主成分。

同时，王夫之的身体思想又有民族主义成分，王夫之指出："失身于异类，则已无身矣，无身而君谁之君，父谁之父，遑及忠孝哉！且若琳者，则失身于异类而亦无据也，倏而禽，倏而人，妖魅而已矣。"④ 在王夫之看来，"失身于异类"无身，进而无父、无君。这样看来，王夫之的身体是一种族类化的身体。通过"我身"与"他身"的区隔，建构起一种以汉人身体为中心的"华夷之辨"的身体思想。从这一点来说，王夫之的身体思想又具有民族主义的因子。

王夫之身体民主化思想对后来影响非常深刻。

第一，阴阳男女身体的回归。张再林教授在《中国古代身体观的十个面相》中指出："视身体为阴阳男女的身体，这是中国古人的身体观的最具独特也至为深刻之处。它不仅使中国古代哲学的身体与西方哲学的那种'无性的身体'迥然异趣，同时还为我们回答了我们身体生命何以发生这一'生命的原发机制'问题。"⑤ 王夫之身体思想的最大特点，就是从《易经》出发，重构了阴阳男女身体。

---

① 《船山全书》第16册，第109页。

② 王夫之. 读通鉴论 [M] //王夫之. 船山全书（第十册）. 长沙：岳麓书社，2011：956.

③ 王夫之. 读通鉴论（卷19）[M] //王夫之. 船山全书（第十册）. 长沙：岳麓书社，2011：725.

④ 王夫之. 读通鉴论（卷18）[M] //王夫之. 船山全书（第十册）. 长沙：岳麓书社，2011：518.

⑤ 张再林. 中国古代身体观的十个面相 [J]. 哲学动态，2010（11）：35–38.

他在《周易内传》上说："神在气之中，天地阴阳之实与男女之精，互相为体而不离，气生形，形还生气，初无二也。男女者，阴阳之成形、天地之具体，亦非二也。从其神理形质而别言之耳。"（《周易内传》卷6《系辞下传第五章》）这里阴阳二气与男女之精，"互相为体而不离"实际上已回归了《周易》"男女媾精，万物化生"（《周易·系辞下》）的身体观念。换言之，"人只是作为男人和女人而生存着"①，这已经把阴阳男女身体不仅当作根身的宇宙生命原发之根源，而且当作根身的社会伦理的"元语言"。因此，阴阳男女身体的回归，"使王夫之以一种中国哲学史上前所未有的理论自觉，为我们从根本上彻底消解了宋明理学长期难以超克的身心二元的理论对立，并使一直困扰着理学家的身心关系问题最终成为一不折不扣的哲学'伪问题'。"② 也就是说，从王夫之起，身体的自主性凸显，身体思想从家国的身体思想转向至为本我的身体思想，有力地促进了近代身体的觉醒和身体自由。

第二，重新界定理欲关系。王夫之在天理与人欲关系上，肯定人欲的正当性和合理性，但同时把天理与人欲统一起来。他说："天之使人甘食悦色，天之仁也。"③ "好勇、好货、好色，即是天德。"④ 在这里，"甘食悦色"和"好勇、好货、好色"既是"天理"又是"人欲"，它们统一于身体而共同作用于人的实践生存活动。这不仅否定了程朱理学将"天理"和"人欲"截然对立的存理灭欲观，而且将封建社会的伦理道德寓于人欲之中。他说："动则见天地之心，则天理之节文随动而现也。人性之有礼也，二殊五常之实也。二殊之为五常，则阴变、阳合而生者也……是礼虽纯为天理之节文，而必寓于人欲以见；（饮食，货。男女，色。）虽居静而为感通之则，然因乎变合以章其用。（饮食变之用，男女合之用。）唯然，故终不离人而别有天，（礼，天道也，故《中庸》曰'不可以不知天'。）终不离欲而别有理也。"⑤ 王夫之这种新的理欲观，"在一定

① 费尔巴哈. 费尔巴哈哲学著作选集（下卷）［M］. 荣震华，王太庆，刘磊，译. 北京：商务印书馆，1984：123.
② 张再林. 王夫之的身体哲学思想［J］. 陕西师范大学学报（哲学社会科学版），2008，37（1）.
③ 王夫之. 思问录内篇［M］//王夫之. 船山全书（第十二册）. 长沙：岳麓书社，2011：406.
④ 王夫之. 读四书大全说［M］//王夫之. 船山全书（第六册）. 长沙：岳麓书社，2011：962.
⑤ 王夫之. 读四书大全说［M］//王夫之. 船山全书（第六册）. 长沙：岳麓书社，2011：912-913.

范围内肯定人欲的合理性和功利的价值，调整和纠正宋明理学流弊。"① 它对后世的影响也显而易见。

戴震把自然身体与道德身体结合起来，就是受王夫之理欲统一的影响。他说："一私于身，一及于身之所亲，皆仁之属也。私于身者，仁其身也；及于身之所亲者，仁其所亲也；心知之发乎自然有如是。人之异于禽兽亦不在是。"② 这里"一私于身，一及于身之所亲，皆仁之属也。"就是王夫之"终不离欲而别有理也"的呈现。而谭嗣同所说："世俗小儒，以天理为善，以人欲为恶，不知无人欲，尚安得有天理！吾故悲夫世之妄生分别也。天理，善也；人欲，亦善也。王船山有言'天理即在人欲之中；无人欲，则天理亦无从发见。'"则是对王夫之理欲统一观念的继承与回响。近现代生理性身体的苏醒与个性的张扬，更是这一影响的产物。从这一点来说，王夫之身体思想价值甚巨。

第三，"循天下之公"的提出。王夫之无论建构阴阳男女身体，还是提出理欲统一观念，其目的都是解构封建专制统治对人身的束缚，从而"循天下之公"。王夫之指出："天理、人欲，只争公私诚伪。"③ 他又说："以天下论者，必循天下之公"（《读通鉴论》卷末）"一姓之兴亡，私也；而民之生死，公也。"（《读通鉴论》卷17）从这些话来看，王夫之的身体观念，不是"君主本位"的身体观念和"族类本位"的身体观念，而是"天下为公"的身体观念。这一观念无疑具有民主的因子。

梁启超曾经指出："近世的曾文正、胡文忠都受他的熏陶，最近的谭嗣同、黄兴，亦都受他的影响。清末民初之际，智识阶级没有不知道王船山的人，并且有许多青年作很热烈的研究，亦可谓潜德幽光久而愈昌了。"④ 虽然曾、胡和谭、黄对船山学说的取舍不同，但有一点是肯定的。他们都吸取了王夫之"循天下之公"理论。谭嗣同、黄兴就是从王夫之"天下为公"的身体观念看出封建专制制度对身体的摧残与禁锢，要求冲决封建专制政治之网罗。谭嗣同说："即令付诸衡阳王子之噩梦，而万无可为之时，斯盖有一息尚存之责。纵然春蚕到死犹复持麝成尘。"⑤ 从这一点来说，王夫之身体民主化思想对近代身体解放起着筚路蓝缕的作用。

---

① 刘泽华，葛荃. 中国古代政治思想史［M］. 修订本. 天津：南开大学出版社，2015：535.
② 戴震. 孟子字义疏证［M］. 何文光，整理. 北京：中华书局，1982：27.
③ 王夫之. 读四书大全说［M］//王夫之. 船山全书（第六册）. 长沙：岳麓书社，2011：765.
④ 梁启超. 儒家哲学［M］//梁启超. 梁启超全集. 北京：北京出版社，1999：4985.
⑤ 谭嗣同. 谭嗣同集［M］. 长沙：岳麓书社，2012：241.

结　语

在中国古代四千多年的历史长河中，"身体"一词一直隐而不显。即使到近代，身体的出场也是昙花一现。不像西方从柏拉图起就一直探讨肉体与灵魂的关系，特别是近现代，西方对身体的研究如火如荼。梅洛-庞蒂喊出了："我的身体不仅应该在一种瞬间的、特殊的、完全的体验中被理解，而且也应该在一种普遍性的外观下被理解，并被理解为非个人的存在。"① 由此诞生了身体现象学。这并不意味着中国古代的"身体"是缺席的，相反一直在场，一直存在着有别于西方意识哲学和身体现象学的中国式"身体思想"。

杨儒宾教授通过对先秦儒家身体思想的梳理，得出儒家身体观的模式有三：一是礼义化的身体观，二是心气化的身体观，三是自然气化的身体观。秦汉以后儒者对身体的解释大体是此三类的错综结合。② 张再林教授认为中国古代身体观有十个面相，即：①至为本我的身体；②天人一体的身体；③身心一如的身体；④知行合一的身体；⑤即用显体的身体；⑥以生训身的身体；⑦阴阳男女的身体；⑧族类生成的身体；⑨身神相通的身体；⑩以文明身的身体。③ 杨、张二教授对古代身体观念的挖掘、整理与研究，彰显了中国古代身体思想的繁芜。但杨、张二教授所总结的是一种片面的、静态的身体形态和身体观念，不能全面地、系统地反映中国古代身体思想的错综复杂和丰富多彩。笔者把中国古代身体思想划分为三个阶段，即先秦时期的身体图式、两汉魏晋南北朝时期的身体叙事和唐宋元明清时期的身体社会化就是想动态考量身体的发生、发展过程。当然由于才疏学浅，对这一发生、发展过程的把握很不到位，甚至挂一漏万。但至少表明了以下几点：①身体生成伊始就是历史过程进化的产物，不但受生物性过程影响，而且受政治、经济、文化和社会各方面的影响。②随着

---

① 梅洛-庞蒂. 知觉现象学 [M]. 姜志辉，译. 北京：商务印书馆，2005：117.

② 杨儒宾. 儒家身体观 [M]. 台北："中央研究院"中国文哲研究所，1996：1.

③ 张再林. 中国古代身体观的十个面相 [J]. 哲学动态，2010 (11)：35-38.

身体的发展，政治、经济、文化和社会结构不断形塑着身体。③身体对政治、经济、文化和社会关系、结构的建构和认同也具有重大的作用。

第一，就身体的生成来说，它是一个不断发展的过程。在原始先民时期，身体是神塑造的而不是人塑造的。《淮南子·说林训》说："黄帝生阴阳，上骈生耳目，桑林生臂手，此女娲所以七十化也。"（《淮南子·说林训》）这段话揭示出原始先民的身体是女娲在众神的帮助下造就的。《山海经》也有这一方面的记载，如"大荒之中，有不庭之山，荣水穷焉。有人三身；帝俊妻娥皇，生此三身之国，姚姓，黍食，使四鸟。"（《山海经·大荒南经》）这里的"帝俊""娥皇"就是上古的神仙，"有人三身"就是人的身体。这反映在生产力极端低下的原始社会时期，原始初民对身体生成的认知，是神的产物而不是人的产物。

随着生产力的发展，科学技术的进步，人们开始认为："人有三百六十节，偶天之数也。形体骨肉，当地之厚也。有孔窍血脉，当川谷也。血气者，风雨也。多食甘者，有益于肉而骨不利。多食辛者，有益于筋而气不利。"（《太平御览》卷360）身体是一种生物自然性过程的产物。由此，产生了①阴阳说："天地絪缊，万物化醇。男女构精，万物化生。"（《易经·系辞下》）②气生说："人禀元气于天，各受寿夭之命，以立长短之形，犹陶者用土为簋廉，冶者用铜为柈杅矣，器形已成，不可小大；人体已定，不可减增。"（《论衡·无形篇》）③道生说："道生一，一生二，二生三，三生万物。"（《道德经》第四十二章）④乾坤说："乾，天也，故称乎父。坤，地也，故称乎母。震一索而得男，故谓之长男。巽一索而得女，故谓之长女。坎再索而得男，故谓之中男。离再索而得女，故谓之中女。艮三索而得男，故谓之少男。兑三索而得女，故谓之少女。"（《周易·说卦》）⑤天生说："始生之者，天也；养成之者，人也。"（《吕氏春秋·本生》）等。

在政治行为和社会实践中，人们又看到："君无故玉不去身。大夫无故不彻县。士无故不彻琴瑟。"（《礼记·曲礼下》）"天子视不上于袷，不下于带；国君绥视；大夫衡视；士视五步。凡视，上于面则敖，下于带则忧，倾则奸。"（《礼记·曲礼下》）每一个人的身体等级地位是不同的。由此，形成了①威仪化的身体："有威而可畏谓之威，有仪而可象谓之仪。君有君之威仪……臣有臣之威仪……卫诗曰：'威仪棣棣，不可选也。'言君臣、上下、父子、兄弟、内外、大小皆有威仪也。"（《十三经·左传注疏》卷40）②礼义化的身体："凡用血气、志意、知虑，由礼则治通，不由礼则勃乱提僈。食饮、衣服、居处、动静，由礼则和节，不由礼则触陷生疾。容貌、态度、进退、趋行，由礼则雅，不由礼不由礼则夷固僻违、庸众而野。故人无礼则不生，事无礼则不成，国家无礼则不宁。"(《荀子·修身》)③践形化的身体:"形色,天性也。惟圣人然后可以践形。"(《孟子·尽心上》)所以,中国古代身体的生成,不只是生物化的过程,也是政治化社会化的过程。中国古代的身体既是自然性的身体,又是政治性社会性的身体。

第二,就身体的形塑来说,中国古代的身体既是共时之身,又是历时之身。作为共时之身来说,中国古代身体具有身学各种身体形态和各种身体图式。首先,就身体形态来说,除了张再林教授指出的中国身体观十种面相和杨儒宾教授所谈及的儒家四种身体观外,西方现代社会身体的五种形态:世界身体、社会身体、政治身体、消费身体、医学身体,在中国古代身体思想中都可以找到它们的缩影。

就世界身体来说,身体与宇宙的相洽性在《春秋繁露》中表现得非常明显。《春秋繁露》指出:"天地之符,阴阳之副,常设于身。身犹天也,数与之相参,故命与之相连也。天以终岁之数,成人之身,故小节三百六十六,副日数也;大节十二,分副月数也;内有五脏,副五行数也;外有四肢,副四时数也;乍视乍瞑,副昼夜也;乍刚乍柔,副冬夏也;乍哀乍乐,副阴阳也;心有计虑,副度数也;行有伦理,副天地也。此皆暗肤著身,与人俱生。比而偶之弇合,于其可数也,副数;不可数者,副类,皆当同而副天,一也。是故陈其有形,以著其无形者;拘其可数,以著其不可数者。以此言道之亦以类相应,犹其形也,以数相中也。"(《春秋繁露·人副天数第五十六》)中国古代人们常常把天地、四时、五行、日月星辰和山川河流等与人的身体联系起来,在他们看来,宇宙即身体,身体即宇宙。换句话说,"天下万物皆备吾身"。可以说,世界上没有哪一个国家像中国古代一样,对世界身体的论述这样丰富、这样深刻。

就社会身体来说,中国古人很早就看出了身体的社会性。孔子指出:"子也者,亲之后也,敢不敬与?是故君子无不敬,敬也者,敬身为大。身也者,亲之支也,敢不敬与?不能敬其身,是伤其亲。伤其亲,是伤其本。伤其本,支从而亡。"(《礼记正义·哀公问》)在这里,身体是社会关系的延伸与反映。"敬身"就是敬重社会伦理关系。孔子主张"吾日三省吾身,为人谋而不忠乎?与朋友交而不信乎?传不习乎?"(《论语·学而》)"亲于其身为不善者,君子不入也。"(《论语·阳货》)就是主张在人与人的社会交往中,时刻做到忠、信、亲。这是人时刻检查自身的社会行为准则。也正是忠、孝、仁、义、礼、智、信等一系列传统社会道德规范来规训和统辖人的身体,中国古代的身体才不会像西方那样失衡。从这一点说,中国古代身体的社会性远超西方身体的社会性。

就政治身体来说，在中国古代，身体一直是政治的产物。《尚书》和《礼记》等经典文献早就看出了这一点。《尚书》指出："股肱惟人，良臣惟圣。"（《尚书·说命下》）《礼记》认为："民以君为心，君以民为体。心庄则体舒……心以体全，亦以体伤；君以民存，亦以民亡。"（《礼记·淄衣》）在这里，以比喻的形式，把良臣喻为股肱，君主喻为心，民众喻为体，间接揭示了国君的身体依赖于大臣与民众的身体。反之，大臣、民众的身体离不开国君身体的庇护。而且，为了一国和一身的政治利益，身体常被赏赐、被赠送与和亲。《大盂鼎铭》说："粤我其通省先王，受民受疆土。锡汝鬯一卣，冕衣、巿舄、车马。锡乃祖南公旗用兽。锡汝邦司四伯，人鬲自驭至于庶人六百又五十又九夫。锡夷司王臣十又三伯，人鬲千又五十夫。"在中国古代，身体基本上没有自主权。同时，在先秦时期，中国诞生了三种身体规训模式，即以老子为首的主张对国君身体规训的政治模式、以孔子为首的主张对士身体规训的政治模式和以管子为首的主张对民身体规训的政治模式。先秦以后的政治统治，无外乎这三种政治模式的综合运用。总之，中国古代的身体具有强烈的政治性。

就消费身体来说，中国古代早就注意到了饮食之体和被食之体。《管子》指出："食者，所以肥体也。主恶谏则不安；人餍食则不肥。故曰：'餍食者不肥体也。'"（《管子·形势解》）这里食者肥体和"餍食者不肥体"表面上揭示的是食物与身体的关系，实际上反映的是中国古代帝王和官吏追求身体享受和身体消费的状况。《抱朴子》指出："所急在乎侈靡，至务在乎游晏，般于畋猎，湎于酣乐，闻淫声则惊听，见艳色则改视。"（《抱朴子外篇·用刑》）就是对中国古代一些国君和地主豪强身体消费的最好观照。黄宗羲认为："今也以君为主，天下为客，凡天下之无地而得安宁者，为君也。是以其未得之也，荼毒天下之肝脑，离散天下之子女，以博我一人之产业，曾不惨然，曰'我固为子孙创业也'。其既得之也，敲剥天下之骨髓，离散天下之子女，以奉我一人之淫乐，视为当然，曰'此我产业之花息也'。然则为天下之大害者，君而已矣。"①则道出了中国古代封建帝王消费身体的实质。由于封建帝王和官吏大肆进行身体消费，最终导致了民众的身体反抗。中国古代的农民战争，从身体视角来说，就是对消费身体严重不均的一种强烈反映。

就医学身体来说，中国很早就出现了对身体的医学认知。《灵枢·骨度》载："人长七尺五寸者……头之大骨围二尺六寸，胸围四尺五寸，腰围四尺二寸。发所覆者颅至项尺二寸。发以下至颐长一尺，君子终折。结喉以下至缺盆

---

① 黄宗羲. 明夷待访录［M］. 段志强，译注. 北京：中华书局，2015：8.

中，长四寸。……故骨围大则太过，小则不及。"（《灵枢·骨度》）这里骨围、胸围和腰围的尺寸，就是古人对人身体的一种生理性探索。其后，《伤寒杂病论》《千金方》和《本草纲目》等一系列中医书籍对身体进一步展开研究。在这些中医书籍看来，身体的疾病不只是生理性的，而且是社会性的。《千金方》指出："夫养性者，欲所习以成性，性自为善，不习无不利也。性既自善，内外百病自然不生，祸乱灾害亦无由作，此养性之大经也。善养性者则治未病之病，是其义也。故养性者，不但饵药餐霞，其在兼于百行，百行周备，虽绝药饵，足以遐年。德行不充，纵服玉液金丹，未能延寿。故老子曰：善摄生者，陆行不遇虎兕，此则道德之指也，岂假服饵而祈遐年哉。圣人所以制药饵者，以救过行之人也。故愚者抱病历年而不修一行，缠没齿终无悔心。此其所以歧和长逝，彭跗永归，良有以也。"（《千金方·养性·养性序第一》）《千金方》把疾病与德行联系起来，说明中国古代中医的身体不只是生理性的身体，而且是社会性的身体和政治性的身体。这正是医学身体发生、发展的着眼点和根本点。

通过上面的分析，我们可以看出，中国古代身体具备了身体思想所涉及的各种身体类型和各种身体形态。中国古代身体思想史就是身体类型与形态发生、发展的历史，也是政治、经济、文化和社会不断形塑身体的历史。

其次，就身体图式来说，身体符号、身体生产、身体规训、身体治理和身体认同等身体思想概念和范畴在中国古代典籍中都可以找到它们的源头，都可以看到经济、政治、文化和社会对它们的影响。

就身体符号来说，中国古代是一个盛产身体符号的时代。它包括四个方面的内容，即：一是以《山海经》为代表的神话身体符号。在《山海经》这本典籍中，有许多半人半兽的神，如《西山经》载："西南四百里，曰昆仑之丘，实惟帝之下都，神陆吾司之。其神状虎，身而九尾，人面而虎爪，是神也，司天之九部及帝之囿时。"（《山海经·西山经》）原始先民就是通过这些半人半兽的神的身体符号的塑造，赋予人的身体以超自然的力量。

二是以《易经》为代表的儒家身体符号。《易经》中的八卦符号就是男根与女阴的综合，它反映的是一种性别符号和社会符号。如"乾为天，为圜，为君，为父，为玉，为金，为寒，为冰，为大赤，为良马，为老马，为瘠马，为驳马，为木果。坤为地，为母，为布，为釜，为吝啬，为均，为子母牛，为大舆，为文，为柄，其于地也为黑。震为雷……"（《易经·说卦》）这些符号，正如王夫子所说："乃盈天下而皆象矣。诗之比兴，书之政事，春秋之名分，礼之仪，乐之律，莫非象也，而《易》统会其理。"① 它们揭示的是"天下皆象"。

三是道家的身体符号。如天有九真：高真、至真、太真、虚真、仙真、玄真、上真、神真、天真；九穴：洞房、明堂、泥丸、流珠、玉帝、天庭、极真、玄母、天堂；九宫：上天宫、玄委宫、苍果宫、新洛宫、叶蛰宫、天留宫、苍门宫、阴洛宫、太一宫。地有九州：翼州、徐州、青州、兖州、扬州、荆州、梁州、雍州、豫州。人有九器官：肾、膀胱、肝、胆、心、小肠、肺、大肠、脾。……这些符号建构了人身小宇宙和天地大宇宙的生成的模式与变化规则。道家通过这些模式和变化来观察世界认识世界。

四是佛教的身体符号。佛有三界：欲界、色界、无色界；四生：卵生、胎生、湿生、化生；六根：眼、耳、鼻、舌、身、意；六尘：色尘、声尘、香尘、味尘、触尘、法尘；四相：我相、人相、众生相、寿者相等，这些符号与身体的综合，就是佛教对客观世界和主观世界的认识和改造。总之，中国古代的身体符号学博大精深，它是政治结构和社会结构的产物。

就身体生产来说，其实质就是人口的生产。《诗经》中的"螽斯羽，揖揖兮。宜尔子孙，蛰蛰兮"（《诗经·国风·螽斯》）反映的就是一种多生多育的身体生产状态。《尚书》中"男三十而娶，女二十而嫁……不若是，则上无以孝于舅姑，下无以事夫养子也"（《尚书·大传》）揭示的是一种身体生产制度。《墨子》一书对身体生产进行了专门论述。如它说："'丈夫年二十，毋敢不处家。女子年十五，毋敢不事人。'此圣王之法也。"（《墨子·节用上》）总之，在中国古代，揭示身体生产的身体观念十分丰富与完备。

与此相关的性学也十分发达，出现了《素女经》《御女损益篇》《玉房秘诀》《房中补益》和《紫闺秘书》等性学书籍。性，正如福柯所指出的："性不仅是肉欲与快感的问题，不仅是法律与禁忌的问题，而且是真理与谬误的问题，性的真相成为根本，或有益、或有害、或可贵、或可畏。要言之，性被设定为一个真理问题。"② 它不仅关系到种族的繁衍，而且事关人身的幸福与社会的稳定，是一个"真理问题"。从这一点来讲，中国古代的身体生产思想，对经济、政治、文化和社会有重大的影响，反过来，经济、政治、文化和社会对身体生产也有重大影响。如春秋时期的越国因战争导致人口锐减，为了增强国力，故提出："女子十七不嫁，其父母有罪；丈夫二十不娶，其父母有罪。"（《国语·

① 王夫之. 周易外传（卷6）［M］//王夫之. 船山全书（第一册）. 长沙：岳麓书社，1996：1039.

② 福柯. 性史［M］. 姬旭升，译. 西宁：青海人民出版社，1999：48-49.

越语》）政治、经济、文化和社会不断形塑着身体。

就身体规训来说，中国比世界上任何一个国家的身体规训都要丰富、都要完备、都要系统。单从礼来说，就有"经礼三百，曲礼三千"（《礼记·礼器》）。这些礼不但规训着不同身体等级的人的身体言论，而且规训着不同身体等级的人的身体行动。如"诸侯见天子曰'臣某侯某'，其与民言，自称曰'寡人'。其在凶服，曰'適子孤'。临祭祀，内事曰'孝子某侯某'，外事曰'曾孙某侯某'。死曰'薨'，复曰'某甫复矣'。既葬，见天子曰'类见'。言谥曰'类'。诸侯使人使于诸侯，使者自称曰'寡君之老'。"（《礼记·曲礼下》）可以说，人身体的一举一动都在礼的规训之下，礼的规训是一种全景敞视的身体规训。

除此之外，还有乐、孝和理等身体规训机制。如孝有天子之孝、诸侯之孝、卿大夫之孝、士之孝和庶民之孝。天子之孝："爱亲者，不敢恶于人；敬亲者，不敢慢于人。爱敬尽于事亲，而德教加于百姓，刑于四海。"（《孝经·天子章第二》）诸侯之孝："在上不骄，高而不危；制节谨度，满而不溢。高而不危，所以长守贵也。满而不溢，所以长守富也。富贵不离其身，然后能保其社稷，而和其民人。"（《孝经·诸侯章第三》）卿、大夫之孝："非先王之法服不敢服，非先王之法言不敢道，非先王之德行不敢行，是故非法不言，非道不行；口无择言，身无择行。言满天下无口过，行满天下无怨恶。三者备矣，然后能守其宗庙。"（《孝经·卿、大夫章第四》）士之孝："资于事父以事母，而爱同；资于事父以事君，而敬同。故母取其爱，而君取其敬，兼之者父也。故以孝事君则忠，以敬事长则顺。忠顺不失，以事其上，然后能保其禄位，而守其祭祀。"（《孝经·士章第五》）庶人之孝："用天之道，分地之利，谨身节用，以养父母。"（《孝经·庶人章第六》）这些不同等级孝的身体行为规范揭示了中国古代身体规训的严密性和差异性。同时，也揭示了中国古代有一整套系统性、完整性的身体规训机制。

就身体治理来说，中国古代一直强调对身体的统辖与管制，由此形成了一套身体治理模式：身体治理—家治理—乡治理—国家治理—天下治理。如管子指出"地之守在城，城之守在兵，兵之守在人，人之守在粟。故地不辟则城不固。有身不治，奚待于人？有人不治，奚待于家？有家不治，奚待于乡？有乡不治，奚待于国？有国不治，奚待于天下？天下者，国之本也；国者，乡之本也；乡者，家之本也；家者，人之本也；人者，身之本也；身者，治之本也。故上不好本事，则末产不禁；末产不禁，则民缓于时事而轻地利；轻地利而求田野之辟、仓廪之实，不可得也。"（《管子·经言》）这套模式不只是法家所建构所主张，儒家、道家、墨家都在采纳和实行这一模式，如儒家的"修身—齐家—治国—平天下"思想就是这一身体治理模式的翻版。可以说，中国古代的思想家很早就把身体治理摆在一个重要的位置。从身体治理（主要是修身），向外拓展到家、乡、国、天下的治理，这正是中国乡土社会差序格局的一种反映。这比西方国家主张从国家治理到身体治理的模式更早、更完备。

就身体认同来说，虽然这一概念是西方学者最近才提出来的，但在中国传统文化中早已出现了这一理论。《吕氏春秋》指出："曾子曰：'身者，父母之遗体也。行父母之遗体，敢不敬乎？'"（《吕氏春秋·孝行》）在这里，曾参明确指出了身体的自我认同。由于身体是父母给的，他说："身之发肤，受之父母"（《孝经·开宗明义章第一》），对身体的自我认同，就是对父母他者身体的认同。正如《吕氏春秋》所宣称："故父母之于子也，子之于父母也，一体而两分，同气而异息。若草莽之有华实也，若树木之有根心也。虽异处而相通，隐志相及，痛疾相救，忧思相感，生则相欢，死则相哀，此之谓骨肉至亲。"（《吕氏春秋·精通》）这种身体认同，向外像波浪型拓展开出，这就是孟子所主张的"老吾老，以及人之老；幼吾幼，以及人之幼。"（《孟子·梁惠王上》）中国古代思想家就是这样从身体的自我认同达到他者的身体认同的。

同时，从身体的自我认同和他者认同进一步拓展开去，就是对国家的认同。在这一方面，孟子着力最多。他说："五亩之宅，树之以桑，五十者可以衣帛矣。鸡豚狗彘之畜，无失其时，七十者可以食肉矣。百亩之田，勿夺其时，八口之家可以无饥矣。谨庠序之教，申之以孝悌之义，颁白者不负戴于道路矣。七十者衣帛食肉，黎民不饥不寒，然而不王者，未之有也。"（《孟子·梁惠王上》）在这里，孟子建构起了以"仁"为主的国家认同。整个封建社会一直存在着以礼乐仁义为中心的身体的他者认同和国家认同。身体认同也是中国古代身体思想的一个重大着力点。

总之，无论是身体类型和形态，还是身体图式，中国古代都有着比西方国家更多的种类和方式。其内容繁芜驳杂，其形式丰富多彩。

作为历时之身来说，这些繁芜驳杂的身体类型和身体图式，不断受经济、政治、文化和社会结构与关系的形塑。从形塑的方式来看，主要沿两条路径展开：一条从身体依赖到身体自由；一条从身体规训到身体禁锢。

就第一条来说，先秦时期由于经济的发展、政治的宽松和思想的解放，出现了身体挺立。如《中庸》所说："射有似乎君子，失诸正鹄，反求诸其身。"（《中庸》）在这个时期，"贵身""修身""养身"、身体生产、身体规训、身体治理、身体统制、身体认同思想如雨后春笋蓬勃发展，身体的概念也由"肉身"转化为"道身""仁身""仁心"和"德性"等。如"道血气，以求长年、长心、长德。此为身也。"（《管子·中匡》）中的"身"为"道身"。"修身进至仁"（《性自命出·简》）中的"身"为"仁身"。而"口之于味也，目之于色也，耳之于声也，鼻之于臭也，四肢之于安佚也，性也，有命焉，君子不谓性也。仁之于父子也，义之于君臣也，礼之于宾主也，知之于贤者也，圣人之于天道也，命也，有性焉，君子不谓命也。"（《孟子·尽心下》）中的"性"又打下身体的烙印。可以说，这一时期的身体一直处于经济、政治、文化和社会的形塑之中。

南北朝时期由于战争频繁，经济遭到破坏，政治大动荡，文化大融合。在这变化无常的社会里，如何安身立命成为当时思想家所要思考所要解决的一个重大问题。一些魏晋士人放荡形迹，开始追求身体的解放。如《晋书·五行志》载："惠帝元康中，贵游子弟相与为散发裸身之饮，对弄婢妾，逆之者伤好，非之者负讥，希世之士，耻不与焉。"（《晋书》卷27《五行志》）而另一些逸民"交灵升于造化，运天地于怀抱；恢恢然世故不栖于心术，茫茫然宠辱不汩其纯白。流俗之所欲，不能染其神；近人之所惑，不能移其志。荣华，犹赘疣也；万物，犹蜩翼也。"（《抱朴子外篇·逸民》）追求人身的自由。至于佛门弟子，追求身体布施："须菩提，若三千大千世界中，所有诸须弥山王，如是等七宝聚，有人持用布施；若人以此《般若波罗蜜经》，乃至四句偈等，受持读诵、为他人说，于前福德，百分不及一，百千万亿分，乃至算数、譬喻所不能及。"（《金刚经·福智无比分第二十四》）整个社会出现了身体的反叛与对身体欲望的追求。

明末和清初由于商品经济的发展，出现了资本主义萌芽，这反映在思想界，追求身体的自由与民主。李贽指出："夫道者，路也，不止一途；性者，心所生也，亦非止一种已也。有仕于土者，乃以身之所经历者而欲人之同往，以己之所种艺者而欲人之同灌溉。是以有方之治而驭无方之民也，不亦昧于理欤！且夫君子之治，本诸身者也；至人之治，因乎人者也。本诸身者取必于己，因乎人者恒顺于民，其治效固已异矣。夫人之与己不相若也。有诸己矣，而望人之同有；无诸己矣，而望人之同无。此其心非不恕也，然此乃一身之有无也，而非通于天下之有无也，而欲为一切有无之法以整齐之，惑也。于是有条教之繁，有刑法之施，而民日以多事矣。其智而贤者，相率而归吾之教，而愚不肖则远矣。于是有旌别淑慝之令，而君子小人从此分矣。岂非别白太甚，而导之使争乎？至人则不然：因其政不易其俗，顺其性不拂其能。闻见熟矣，不俗求知新于耳目，恐其未瘳而惊也。止安矣，不欲重之以桎梏，恐其絷而颠且仆也。"①
这里"此乃一身之有无"和"不欲重之以桎梏"揭示李贽以身体为主体，主张
身体个性自由，反对礼教和刑法对身体的桎梏和压制。

而王夫之更是主张以"我身"为中心作为衡量一切事物的标准。他说："是
故以我为子而乃有父，以我为臣而乃有君，以我为己而乃有人，以我为人而乃
有物，则亦以我为人而乃有天地。器道相须而大成焉。未生以前，既死以后，
则其未成而已不成者也。故形色与道，互相为体，而未有离矣。是何也？以其
成也。故因其已成，观其大备，断然近取而见为吾身，岂有妄哉！"② 王夫之的
身体具有强烈的自我性和践形性。这就表明，明末清初开始出现了身体民主和
身体解放的浪潮。

从先秦时期的身体挺立，到明末和清初的身体自由和身体解放，无不是经
济、政治、文化和社会变化的结果。经济、政治、文化和社会无时无地都在形
塑着身体。

就第二条来说，由于身体的失范性和破坏性，人们一直在寻找一种对身体
有用的规训机制。先秦时期，由于处于一个从奴隶社会向封建社会的转型时期，
经济上从奴隶经济向封建经济过渡；政治上旧的阶级没落，新的阶级正在形成；
文化上"礼崩乐坏"，思想上百家争鸣；社会上出现大分化大动荡现象。因此，
一些思想家提出了身体规训的理论。无论是老子国君的身体规训，还是孔子的
士的身体规训；无论是礼的全景敞视，还是乐的润物细无声，都深刻地打上了
时代的烙印。以乐为例，它是现实政治的表达。《乐记》指出："凡音者，生人
心者也。情动于中，故形于声。声成文，谓之音。是故治世之音安以乐，其政
和。乱世之音怨以怒，其政乖。亡国之音哀以思，其民困。声音之道，与政通
矣。"（《礼记·乐记》）乐是现实政治的产物。作为乐的身体规训自然也是现
实政治的产物，也是经济、政治、文化和社会形塑的结果。

西汉时期，由于封建经济的发展，政治的稳定，迫切需要一种大一统的思
想，来对身体进行统辖和管制。董仲舒提出的"三纲五常"身体规训模式适应
了社会发展的需要。有人指出：董仲舒的"显己"思想主要基于神化帝王和圣
人的政治需求，在专制政体下，统治者不仅需要暴力机构维持其统治，还需要
通过礼仪、服色、文采和身体形相等因素文饰神化其统治，才能最大化地获致

① 李贽. 焚书·续焚书校释（卷三）［M］. 陈仁仁，校释. 长沙：岳麓书社，2011：152-
153.

② 王夫之. 周易外传（卷3）［M］//王夫之. 船山全书（第一册）. 长沙：岳麓书社，
1998：.

政治利益。也因此，关于身体形相之问题的论述在汉代思想中占有极为重要的地位，因为它不仅是帝王和圣人政治正当性的表候，也是察觉一个人内在德行的必由之路。① 董仲舒身体规训主张和模式成为封建社会套在人们身上的四根绳索，即君权、父权、夫权和神权。

宋朝时期，由于封建专制制度的强化和经济的发展，一种系统的、完备的身体规训思想出现了，这就是程朱理学。朱熹的《白鹿洞书院揭示》具体指出了程朱理学对人身体规训的旨意。它说："熹窃观古昔圣贤所以教人为学之意，莫非使之讲明义理，以修其身，然后推以及人，非徒欲其务记览、为词章，以钓声名、取利禄而已也。今人之为学者则既反是矣。然圣贤所以教人之法，具存于经，有志之士，固当熟读深思而问辨之。苟知其理之当然，而责其身以必然，则夫规矩禁防之具，岂待他人设之而后有所持循哉！近世于学有规，其待学者为已浅矣，而其为法又未必古人之意也。故今不复以施于此堂，而特取凡圣贤所以教人为学之大端，条列如右而揭之楣间。诸君其相与讲明遵守而责之于身焉，则夫思、虑、云、为之际，其所以戒谨而恐惧者，必有严于彼者矣。"② 这表明作为国家官学的理学已深入人的日常生活当中，身体规训机制随着专制制度的加强也大大强化。总之，从先秦时期礼乐的身体管制，中经西汉董仲舒"三纲五常"身体的管辖到宋明理学的身体的统制，身体规训因经济、政治、文化和社会结构的变化也变得越来越强化。中国古代身体思想史就是一部身体自由与身体规训反复博弈反复斗争的历史。

就身体功能来说，身体对经济、政治、文化和社会的价值也是显而易见的。从经济层面来讲，国家的财富的多少主要取决于人口的数量、质量和利用状况，墨子指出："圣人为政一国，一国可倍也；大之为政天下，天下可倍也。其倍之非外取地也，因其国家，去其无用之费，足以倍之。圣王为政，其发令兴事，使民用财也，无不加用而为者，是故用财不费，民德不劳，其兴利多矣。"③ 中国古代非常重视人口的生产和费用的节省。人口生产的实质就是身体生产，费用节省的实质就是身体消费。中国古代在这方面有许多理论和思想，如老子的"损有余而补不足"，墨子的"兼爱""非攻"和"节用"，孟子的民生思想："夏后、殷、周之盛，地未有过千里者也，而齐有其他矣；鸡鸣狗吠相闻，而达

---

① 聂春华. 从"论心"到"显己"——由《春秋繁露》看汉儒对身体政治性之发现 [J]. 河北师范大学学报（哲学社会科学版），2012，35（3）：33-37.

② 朱熹：《晦菴先生朱文公文集》卷74，《白鹿洞书院揭示》，《朱子全书》第24册，第3586—3587页。

③ （《墨子·节用上》）

乎四境，而齐有其民矣。地不改辟矣，民不改聚矣，行仁政而王，莫之能御也。且王者之不作，未有疏于此时者也；民之憔悴于虐政，未有甚于此时者也。饥者易为食，渴者易为饮。孔子曰：'德之流行，速于置邮而传命。'当今之时，万乘之国行仁政，民之悦之，犹解倒悬也。故事半古之倍之人，功必倍之，惟此时为然。"（《孟子·公孙丑上》）等。这些理论和观念，都是身体对经济作用的表达。换言之，在中国古代出现了"身体经济"思想。

　　从政治层面来讲，中国古代的社会是一个家国同构的社会。在这个社会的政治结构中，国君的价值凸显。因此，在中国古代身体思想中有许多关于国君身体的论述，如《管子》指出："人主好佚欲，亡其身失其国者，殆；其德不足以怀其民者，殆；明其刑而贱其士者，殆；诸侯假之威久而不知极已者，殆；身弥老不知敬其适子者，殆；蓄藏积陈，不以与人者，殆。"（《管子·外言》）管子认为国君"好佚欲"，一定"亡其身失其国"。而孟子说："尧舜，性之也；汤武，身之也；五霸，假之也。久假而不归，恶知其非有也。"（《孟子·尽心上》）这里"尧舜，性之也；汤武，身之也"揭示出古代思想家非常重视国王的身体对政治的作用。

　　除此之外，古代思想家还非常重视臣子的身体、百姓的身体。孟子指出："居下位而不获于上，民不可得而治也。获于上有道，不信于友，弗获于上矣。信于友有道，事亲弗悦，弗信于友矣。悦亲有道，反身不诚，不悦于亲矣。诚身有道，不明乎善，不诚其身矣。是故诚者，天之道也；思诚者，人之道也。至诚而不动者，未之有也；不诚，未有能动者也。"（《孟子·离娄上》）这段话主要阐释的是臣子如何"诚身"。在孟子看来，臣子"诚身"要"明乎善"。"不明乎善，不诚其身矣"。换言之，孟子要打造臣子的德性的身体。而墨子所要打造的主要是百姓的礼义的身体。他说："今人独知爱其身，不爱人之身，是以不惮举其身以贼人之身。……天下之人皆不相爱，强必执弱，富必侮贫，贵必敖贱，诈必欺愚。"（《墨子·兼爱中》）这里"强必执弱，富必侮贫，贵必敖贱，诈必欺愚"是礼义身体的反讽，间接揭示墨子百姓的身体是以礼义身体为着力点的。总之，中国古代对政治结构中的国王、臣子和百姓的身体进行了阐释，由此产生了一系列身体主张，如"贵身""惜身""修身"、身体生产、身体治理和身体规训等。这些主张不只是反映政治结构的变迁，而且对政治统治也有稳定的作用。同时，也产生了身体的暴政，如有人指出："仅就中国历史而言，阳尊阴卑、人身依附、移孝于忠、礼教的等级化、儒家的法家化，以及帝王大权独揽的'家天下'等现象的出现就足以暴露唯身主义的不足。它们无一不与政治的身体性有着千丝万缕的关联，无一不同样以身体的权力和名义大行其道和以售其奸，并且这种'身体的暴政'以其原始和野蛮不仅丝毫不逊于甚至更甚于'思想的暴政'。"① 所以，中国古代身体的政治价值要从正反两方面来辨析。

从文化层面来讲，中国古代的身体思想本身就是一种文化。中国古代文化不但包括儒家的文化，而且还包括道家、佛家、墨家、法家和阴阳家等文化，是各种文化的综合，因此，中国古代的身体思想，不只是儒家身体观，还是道家身体观、佛家身体观、墨家身体观、法家身体观、阴阳家身体观和杂家身体观等。齐林华在《中国古代文化中的身体观念及其发展》中指出："中国文化中的身体观念，较为多元与丰富。这包括儒家的德性身体、礼仪身体、礼教身体、理教身体等身体形态，道教的炼精化气、炼气化神、炼神还虚的身体修炼模式，佛教的'法身''色身''中阴'等身体解构范式，以及法家的刑罚身体等。简约地说，儒家的身体观念是身心合一的前提下，偏向'心'的维度；道教的身体观念是身心合一的前提下，偏向'身'的维度；而佛教的身体观念是非身非心的，偏重于'性'（'佛性'）的维度。"② 换言之，中国古代身体思想，建构和丰富了中国古代文化，在中国传统文化百花园里开出了一朵与西方身体思想相比美的绚丽的花朵。同时，传统文化中礼乐文化、生育文化和消费文化等从某一程度上又是身体文化，中国传统文化与身体文化息息相关。因此，继承与弘扬传统文化，从某一方面来说，就是系统挖掘、整理、总结中国古代身体思想。

从社会层面来讲，身体的作用无疑是巨大的。它不但影响着社会结构的变化，而且影响着社会观念的改变。就社会结构来说，尽管社会结构的变迁决定身体的变迁，但身体对社会结构的形塑也是显而易见的。如缠足，在五代十国和宋时本来是一种身体审美，苏轼词赞："罗袜半钩新月，更把凤鞋珠结。步步着金莲，行得轻轻瞥瞥。"③ 但进入元明时期，由民俗变为礼俗后，妇女的缠足被深深打下权力的烙印，妇女沦为社会结构中的底层。元伊世珍《琅嬛记》载："木寿问于母曰'富贵家女子必缠足，何也？'其母曰：'吾闻之，圣人重女而使之不轻举也，是以裹其足，故所居不过闺阁之中，欲出则有帏车之载，是无事于足者也。'"④ 说的就是男权社会对女性身体的压制。

---

① 张再林. 中国古代身体政治学发微 [J]. 学术月刊，2008，40（4）：22-31.

② 齐林华. 中国古代文化中的身体观念及其发展 [D]. 长沙：湖南师范大学，2013：199.

③ 苏轼：《踏青游》，唐圭璋：《全宋词》第一册，第332页。

④ 伊世珍. 琅嬛记（卷中）[M] //四库全书存目丛书（子部第120册）. 济南：齐鲁书社，1999：79.

就社会观念来说，身体影响着社会观念的改变。如南北朝时期佛家身体观主张以身布施可得福甚多，整个社会加入僧侣的很多。一书这样说道："且要天堂以就善，曷若服义而蹈道！惧地狱以救身，孰与从理以端心？礼拜以求免罪，不由祗肃之意。施一以徼百倍，弗乘无吝之情。美泥垣之乐，生耽逸之虑。赞法身之妙，肇好奇之心。近欲未饵，远利又兴。虽言菩萨无欲，群生固已有欲矣。"（《宋书》卷97《天竺迦毗黎国传》）这段话讲的就是社会观念的变化。中国古代注重教化，其实质是身之教身之化，就是改变人的身体观念和社会观念。《后汉书》说："其身不正，虽令不行；以身教者从，以言教者讼。"（《后汉书·第五伦传》）这里"以身教者从，以言教者讼"揭示的是身体对社会观念改变的价值。总之，身体对经济、政治、文化和社会有着巨大的作用。不仅古代如此，现代亦是如此。因此，正确处理下列身体关系非常重要。

第一，正确处理身与道的关系。关于这，孟子有段精彩的论述。他说："天下有道，以道殉身；天下无道，以身殉道，未闻以道殉乎人者也。"（《孟子·尽心上》）这段话包含两层含义，一是"以道殉身"；二是"以身殉道"。

就"以道殉身"来说，就是用道来约束自己的身体。管子指出："滋味、动静，生之养也；好恶、喜怒、哀乐，生之变也；聪明当物，生之德也。……是故圣人上德而下功，尊道而贱物，道德当身，故不以物惑。是故身在草茅之中，而无慑意；南面听天下，而无骄色。如此而后可以为天下王。"（《管子·戒》）从这一段话来看，"以道殉身"实际上就是修身。无论是道家的修身，还是儒家和墨家的修身，强调的都是身体应该体现"道"的精神性、伦理道德性。墨子说："君子之道也，贫则见廉，富则见义，生则见爱，死则见哀，四行者不可虚假，反之身者也。藏于心者无从以竭爱，动于身者无以竭恭，出于口者无以竭驯。"（《墨子·修身》）这里的"廉""义""爱""哀"的德性规定，既是修身之道，又是实践之道。换句话说，既"反之身"，又"动于身"。因此，"以道殉身"就是塑造德性之体和礼义之体。

"以身殉道"来说，就是为了"道"献出自己的生命。文天祥说："我生不辰逢百罹，求仁得仁尚何语。一死鸿毛或泰山，之轻之重安所处。妇女低头守巾帼，男儿嚼齿吞刀锯。杀身慷慨犹易免，取义从容未轻许。仁人志士所植立，横绝地维屹天柱。以身殉道不苟生，道在光明照千古。"（《言志》）从这段话来看，"以身殉道"就是"杀身成仁"或"舍生取义"。在中国古代有许多这样的典范。"屈原面对楚国'举世混浊''众人皆醉'，宁愿'将董道而不豫兮'，投身汨罗江，葬身鱼腹。陶渊明面对官场黑暗，宁愿解印去县：'吾不能为五斗米折腰，拳拳事乡里小人邪'，也不愿同流合污。文天祥'人生自古谁无死，留取丹心照汗青'。……"①

无论"以道殉身"还是"以身殉道",重要的是"道"。在中国古代,"道"的含义有多种。既指天地间的运行规则,又指社会关系中的道德伦理准则。《左传》说:"所谓道,忠于民而信于神也。上思利民,忠也;祝史正辞,信也。"(《左传·桓公六年》)这里的"道"指的是一种道德规范。

进入近代社会,道的含义发生了改变,既指道路、方法、途径,又指一种理想追求。当前正确处理身与道的关系,就是把理想信念与党性修养结合起来。为了共产主义理想,时刻献出自己的生命,即"以身殉道"。同时,用共产主义理想信念严格要求自己,即"以道殉身"。

第二,正确处理身体与心灵的关系。身体与心灵的关系问题一直是身体思想史和身体哲学所关注的重大命题。

在西方,在笛卡尔以前,一直扬心抑身。王晓华指出:"从米利都学派开始,古希腊思想家就将灵魂当作充盈于宇宙万物中的主导性力量,视身体为其辅佐者。至基督教产生,灵魂仍被当作'此间所有生命的第一原理',肉体则依旧被置于从属地位。"②是笛卡尔把身心摆在同样重要的地位。他说:"自从我最初幼年时期起,我把精神和肉体(我模糊地看到我是由它们组合成的)领会为一个东西;而把许多东西合成一个,把它们当成一个东西,这是一切不完满的认识差不多一般的毛病;这就是为什么必须在以后要不惮其烦地把它们分开,并且通过更确实的检查,把它们互相区别开来的缘故。"③由于笛卡尔把身体从心灵剥离出来,这就促进了后来身体的出场及其发扬光大。在这一方面,尼采厥功甚伟。他提出一切要以身体为标准,他说:"根本的问题:要以肉体为出发点,并且以肉体为线索。肉体是更为丰富的现象,肉体可以仔细观察,肯定对肉体的信仰,胜于肯定对精神的信仰。"④从此之后,西方一直赋予身体主体性地位。

中国古代虽不像西方早期那样心在身上、扬心抑身,但身心关系也比较复杂。荀子说:"天职既立,天功既成,形具而神生,好恶喜怒哀乐臧焉,夫是之谓天情。"(《荀子·天论》)在这里,荀子明确指出"形具而神生",先有身

① 伍小涛."以道殉身"和"以身殉道"的发展历程及当代价值 [J]. 理论与当代,2019(11):62-63.

② 王晓华. 西方哲学中身体——主体概念的演变 [J]. 深圳大学学报(人文社会科学版),2015,32(3):65-73,85.

③ 笛卡尔. 第一哲学沉思集:反驳和答辩 [M]. 庞景仁,译. 北京:商务印书馆,1986:428.

④ 尼采. 权力意志——重估一切价值的尝试 [M]. 张念东,凌素心,译. 北京:商务印书馆,1996:178.

体，再有精神。孟子认为："夫志，气之帅也；气，体之充也。夫志至焉，气次焉；故曰：持其志，无暴其气。"（《孟子·公孙丑上》）孟子把"志"置于"气"上，而"气，体之充也"显然把心置于身上。而《淮南子》中"夫形者，生之舍也；气者，生之充也；神者，生之制也。一失位，则三者伤矣，是故圣人使人各处其位、守其职，而不得相干也。"（《淮南子·原道训》）则赋予身体与心灵各处一个系统，各具有重要价值。

这三种不同的身心关系类型，可以表证为中国古代身体思想史中身心关系的三种类型。虽然在某一时期某一阶段，某一类型凸显，如先秦时期身体挺立，而唐宋元明清时期，性、理和心占主导地位，但都是在身心一如的框架下进行的。

中国古代不像西方古希腊时期和中世纪那样身心彻底分裂，而是身离不开心，心离不开身。如《性命圭旨》所说"是以神不离气，气不离神，吾身之神气合，而后吾身之性命见矣。性不离命，命不离性，吾身之性命合，而后吾身未始性之性、未始命之命见矣。未始性之性、未始命之命，是吾之真性命也。我之真性命，即天地之真性命，亦即虚空之真性命也。"（《性命圭旨·性命说》）中国古代的身心关系一直是身心一如。由此，在身心一如总的框架下诞生了三种不同类型的修炼方式，即修身、养性（心）和身心双修。

孟子的"养浩然之气"为养性（心），荀子的"志意修则骄富贵，道义重则轻王公，内省则外物轻矣。传曰：'君子役物，小人役于物。'此之谓矣。身劳而心安，为之；利少而义多，为之。事乱君而通，不如事穷君而顺焉。故良农不为水旱不耕，良贾不为折阅不市，士君子不为贫穷怠乎道。（《荀子·修身》）"为修身，而《淮南子》中"夫性命者，与形俱出其宗，形备而性命成，性命成而好憎生矣。……是故得道者，穷而不慑，达而不荣；处高而不机，持盈而不倾；新而不朗，久而不渝；入火不焦，入水不濡。是故不待势而尊，不待财而富，不待力而强，平虚下流，与化翱翔。"（《淮南子·原道训》）为身心双修。这三种修炼方式的综合，也是正确处理身心关系问题的方法。也就是说，在身体失范的状况下，既要修身，又要养性（心）。只有这样，身心才会安顿。从这一点来说，身心关系问题，不是身心何者为第一性的问题，而是身心如何安宁的问题。正确处理身心关系，就是使身心都得到全面自由发展，都得到健康和幸福。

第三，正确处理身与国的关系问题。这可以从两个方面展开：一是国家身体化，二是身体国家化。

从国家身体化来看，中国很早就把国家当作身体来看，葛洪指出："一人之身，一国之象也。胸腹之设，犹宫室也。四肢之列，犹郊境也。骨节之分，犹百官也。腠理之位，犹四衢也。神犹君也，血犹臣也，气犹民也。故知治身，则能治国也。夫爱其民所以安其国，惜其气所以全其身。民散则国亡，气竭则身死。死者不可生也，亡者不可存也。是以圣人消未起之患，治未病之疾，医之于无事之前，不追之于既逝之后。"（《抱朴子内篇·地真》）这里"一人之身，一国之象也"就是身国同构。在中国古代，不但天人同构，而且身国一体。因此，治国就是治身，治身就是治国。《吕氏春秋》说："昔者先圣王，成其身而天下成，治其身而天下治。"（《吕氏春秋·先己》）讲的就是这个方面的意思。

在中国古代社会，国君又往往是国家的代名词，治国实际上就是治君。因此，国君要把"贵身""惜身""修身"和"养身"作为治国安邦的出发点。《道藏》指出："夫圣贤之为治，必先身心以度之，自近而及远也，不下庙堂而知四海之外者，因物以识物，因人以知人，当食而思天下之饥，当衣而思天下之寒，爱其亲知天下之有耆老，怜其子知天下之有幼稚也。夫如是，又何出户而知天下哉？……夫圣不行天下而察知人情者，以身观身，以内知外，所谓独悟也。"① 这里"圣贤之治""必先身心以度之"揭示的是国君之身的重大价值功能。在中国古代，人们常常把国家的安危都置于君主身上，这是一种典型的君主专制政治。因此，明末清初一些思想家对君主专制统治进行了解构，喊出了"然则为天下之大害者，君而已矣！"（《明夷待访录·原君》）"自秦汉以来，凡为帝王者皆贼也。"（《潜书·室语》）等。

就身体国家化来看，无论是奴隶社会还是封建社会，身体都不是个体化的身体，而是族类化的身体。"无论是古人的'修身—齐家—治国—平天下'的社会理想，还是古人的'能近取譬''由己推人'的伦理诉求，实际上都深深植根于这种'天下犹一家，中国犹一人'的族类化的身体之中，都以这种身体为其坚实的生命学的基础和其不无合理的系谱学的支撑。"②《诗经》说："溥天之下，莫非王土；率土之滨，莫非王臣。"③ 就是这种族类化身体的表证。

由于国君是国家的象征，国君的身体实际上就是族类化身体，对国君的认同，就是对族类化身体的认同。这就导致了专制制度下的人身依附关系，身体缺乏自主性。但中国古代忠君思想常常与爱国思想联系在一起。它要求国家利

---

① 《地藏》第13册，天津古籍出版社1988年版，第699页。
② 张再林. 中国古代身体观的十个面相［J］. 哲学动态，2010（11）.
③ （《诗经·小雅》）

益置于个人利益之上，如《吕氏春秋》所说："以身为家，以家为国，以国为天下。此四者，异位同本。故圣人之事，广之则极宇宙、穷日月，约之则无出乎身者也。"（《吕氏春秋·审分览·执一》）这就出现了"家国天下"的大写的"类"的身体。以此为切入点，建构起身治、家治、乡治、国治、天下治的身体治理模式和"修身、齐家、治国、平天下"的身体追求目标。从这一点来说，身体国家化，促使人们去关心国家事物，为国家效忠，具有进步意义。因此，正确处理身与国家的关系，就是要把国家当作身体的一部分来热爱。就是把国家利益置于个人利益之上，为了国家和人民的利益，甘于抛头颅、洒热血。

历史学家的任务是寻求历史真相，发现历史规律。本文对中国古代身体思想的论述，就是探讨出一条有别于西方身体思想发展脉络和发展规律的具有中国特色的身体思想发展路径和发展规律，提炼出一套对中国现代化有借鉴意义的身体思想内容。由于身体思想史在当今世界是一门时兴的学问，许多概念、范畴和图式有待进一步梳理和探讨。因此，中国古代身体思想研究还有许多空间需要进一步拓宽，这条身体之路还很漫长……

参考文献

一、古籍

[1] 山海经［M］.方韬，译注.北京：中华书局，2009.

[2] 诗经［M］.周振甫，译注.北京：中华书局，2002.

[3] 尚书［M］.王世舜，王翠叶，译注.北京：中华书局，2012.

[4] 黄帝内经［M］.姚春鹏，译注.北京：中华书局，2010.

[5] 黄帝内经集解［M］.龙伯昭，整理.天津：天津科技出版社，2004.

[6] 战国策［M］.缪文远，罗永莲，缪伟，译注.北京：中华书局，2018.

[7] 邹国义，胡果文，李晓路.国语译注［M］.上海：上海古籍出版社，1994.

[8] 春秋左传正义［M］.杜预，注.北京：中华书局，1980.

[9] 杨伯峻.春秋左传译注［M］.北京：中华书局，1981.

[10] 周振甫.诗经译注［M］.北京：中华书局，2002.

[11] 吕氏春秋［M］.陆玖，译注.北京：中华书局，2011.

[12] 陈鼓应.老子今注今译［M］.北京：商务印书馆，2003.

[13] 杨伯峻.论语译注［M］.北京：中华书局，1980.

[14] 张觉.荀子译注［M］.上海：上海古籍出版社，1995.

[15] 杨伯峻.孟子译注［M］.北京：中华书局，2008.

[16] 耿振东.管子译注［M］.上海：上海三联书店，2014.

[17] 韩非子［M］.高华平，译注.北京：中华书局，2015.

[18] 陈奇猷.韩非子新校注［M］.北京：中华书局，2000.

[19] 陈鼓应.庄子今译今注［M］.北京：中华书局，1983.

[20] 严北溟，严捷.列子译注［M］.上海：上海古籍出版社，1996.

[21] 墨子［M］.里望，徐翠兰，译注.太原：山西古籍出版社，2010.

[22] 十三经注疏 [M]. 阮元, 校刻. 北京: 中华书局, 1982.

[23] 礼记·孝经 [M]. 胡平生, 陈美兰, 译注. 北京: 中华书局, 2007.

[24] 许慎. 说文解字 [M]. 北京: 中华书局, 1963.

[25] 春秋繁露 [M]. 张世亮, 钟肇鹏, 周桂钿, 译注. 北京: 中华书局, 2012.

[26] 刘安. 淮南子 [M]. 何宁集, 释. 北京: 中华书局, 1998.

[27] 王充. 论衡 [M]. 上海: 上海人民出版社, 1974.

[28] 司马迁. 史记 [M]. 北京: 中华书局, 1953.

[29] 桓宽. 盐铁论 [M]. 上海: 上海书店, 1954.

[30] 班固. 汉书 [M]. 北京: 中华书局, 1962.

[31] 陈国庆.《汉书艺文志》注释汇编 [M]. 北京: 中华书局, 1983.

[32] 范晔. 后汉书 [M]. 李贤, 注. 北京: 中华书局, 1965.

[33] 老子, 等. 太平经 [M]. 上海: 上海古籍出版社, 1993.

[34] 饶宗颐. 老子想尔注校证 [M]. 上海: 上海古籍出版社, 1991.

[35] 常璩. 华阳国志 [M]. 北京: 商务印书馆, 1958.

[36] 胡守为. 神仙传校释 [M]. 北京: 中华书局, 2010.

[37] 余嘉锡. 世说新语笺注 [M]. 北京: 中华书局, 2007.

[38] 道藏 [M]. 天津: 天津古籍出版社, 1996.

[39] 大正藏 [M]. 北京: 中华书局, 1984.

[40] 道藏辑要 (娄集) [M]. 成都: 巴蜀书社, 1995.

[41] 抱朴子内篇 [M]. 张松辉, 译注. 北京: 中华书局, 2011.

[42] 抱朴子外篇 [M]. 张松辉, 张景, 译注. 北京: 中华书局, 2013.

[43] 金刚经 [M]. 鸠摩罗什, 译; 王月清, 注评. 南京: 江苏古籍出版社, 2001.

[44] 沈约. 宋书 [M]. 北京: 中华书局, 1974.

[45] 魏收. 晋书 [M]. 北京: 中华书局, 1974.

[46] 魏收. 魏书 [M]. 北京: 中华书局, 1974.

[47] 房玄龄, 等. 晋书 [M]. 北京: 中华书局, 1974.

[48] 李延寿. 南史 [M]. 北京: 中华书局, 1975.

[49] 李百药. 北齐书 [M]. 北京: 中华书局, 1972.

[50] 萧子显. 南齐书 [M]. 北京: 中华书局, 1972.

[51] 僧佑, 道宣. 弘明集·广弘明集 [M]. 上海: 上海古籍出版社, 1991.

[52] 惠能. 六祖坛经 [M]. 王月清, 注评. 南京: 江苏古籍出版社, 2002.

［53］韩愈集［M］.长沙：岳麓书社，2000.

［54］柳宗元.柳河东集［M］.北京：中华书局，1960.

［55］李肪.太平御览［M］.北京：中华书局，1960.

［56］周敦颐.周敦颐集［M］.北京：中华书局，1990.

［57］周子通书［M］.上海：上海古籍出版社，2000.

［58］张载.张载集［M］.北京：中华书局，1987.

［59］程颢，程颐.二程集［M］.北京：中华书局，1987.

［60］朱熹，吕祖谦.近思录［M］.查洪德，译注.郑州：中州古籍出版社，2009.

［61］朱熹.四书章句集注［M］.北京：中华书局，1983.

［62］朱熹.四书或问［M］.上海：上海古籍出版社，2002.

［63］朱熹.晦庵先生朱文公文集［M］.上海：上海古籍出版社，2002.

［64］朱熹.朱子全书［M］.上海：上海古籍出版社，2002.

［65］朱熹.朱熹集［M］.台北：台湾东大图书公司，1990.

［66］黎靖德.朱子语类［M］.王星贤，点校.北京：中华书局，1994.

［67］张君房.云复七签［M］.济南：齐鲁书社，1986.

［68］泗水潜夫.武林日事［M］.杭州：西湖书社，1981.

［69］洪迈.夷坚志［M］.北京：燕山出版社，1997.

［70］司马光.资治通鉴［M］.北京：中华书局，1956.

［71］李焘.续资治通鉴长编［M］.北京：中华书局，2004.

［72］宋慈.洗冤集［M］.北京：群众出版社，2006.

［73］孟元老.东京梦华录［M］.北京：中华书局，2006.

［74］苏轼.苏轼词集［M］.上海：上海古籍出版社，2009.

［75］文天祥.文天祥全集［M］.熊飞，漆身起，黄顺强，校点.南昌：江西人民出版社，1987.

［76］脱脱.宋史［M］.北京：中华书局，1999.

［77］伊世珍.琅嬛记［M］.济南：齐鲁书社，1999.

［78］王阳明.传习录［M］.南京：江苏古籍出版社，2001.

［79］王阳明全集［M］.上海：上海古籍出版社，2012.

［80］王阳明.王阳明全集［M］.陈明，等校注.武汉：华中科技大学出版社，2016.

［81］王艮.王心斋全集［M］.南京：江苏教育出版社，2001.

［82］颜钧.颜钧集［M］.黄宣民，点校.北京：中国社会科学出版

社，1996.

[83] 张廷玉，等. 明史 [M]. 北京：中华书局，1974.

[84] 方祖猷，梁一群，李庆龙，等. 罗汝芳集 [M]. 南京：凤凰出版社，2007.

[85] 近溪子明道录 [M] //四库全书存目丛书：子部第 86 册. 明万历十三年詹事讲刻本. 济南：齐鲁书社，1997.

[86] 李贽文集 [M]. 北京：社会科学文献出版社，2000.

[87] 李贽. 焚书·续焚书 [M]. 陈仁仁，校释. 长沙：岳麓书社，2011.

[88] 王廷相. 王廷相集 [M]. 王孝鱼，点校. 北京：中华书局，1989.

[89] 黄宗羲. 明夷待访录 [M]. 段志强，译注. 北京：中华书局，2011.

[90] 黄宗羲. 明儒学案 [M]. 北京：中华书局，1985.

[91] 黄宗羲. 宋元学案 [M]. 北京：中华书局，1986.

[92] 王夫之. 船山全书 [M]. 长沙：岳麓书社，1998.

[93] 王夫之. 王船山诗文集 [M]. 北京：中华书局，1962.

[94] 王夫之. 诗广传 [M]. 北京：中华书局，1964.

[95] 王夫之. 读通鉴论 [M]. 北京：中华书局，1975.

[96] 续臧经 [M]. 台北：新文丰出版社，1990.

[97] 方宝川. 太谷学派遗书 [M]. 南京：江苏广陵古籍刻印社，1997.

[98] 戴震集 [M]. 上海：上海古籍出版社，1980.

[99] 戴震全集 [M]. 北京：清华大学出版社，1991.

二、著作

[1] 马克思恩格斯文集（第 1 卷）[M]. 中共中央马克思恩格斯列宁斯大林著作编译局，译. 北京：人民出版社，2009.

[2] 中共中央马克思恩格斯列宁斯大林著作编译局. 马克思恩格斯选集（第 2 卷）[M]. 北京：人民出版社，1972.

[3] 中共中央马克思恩格斯列宁斯大林著作编译局. 马克思恩格斯选集（第 1 卷）[M]. 北京：人民出版社，1972.

[4] 中共中央马克思恩格斯列宁斯大林著作编译局. 马克思恩格斯全集（第 2 卷）[M]. 北京：人民出版社，1995.

[5] 马克思恩格斯全集（第 21 卷）[M]. 北京：人民出版社，1965.

[6] 马克思恩格斯全集（第 42 卷）[M]. 中共中央马克思恩格斯列宁斯大

林著作编译局，译. 北京：人民出版社，1979.

[7] 马克思恩格斯全集（第46卷上）[M]. 中共中央马克思恩格斯列宁斯大林著作编译局，译. 北京：人民出版社，1979.

[8] 马克思恩格斯全集（第25卷）[M]. 中共中央马克思恩格斯列宁斯大林著作编译局，译. 北京：人民出版社，1979.

[9] 中国社会科学院近代史研究所中华民国史研究室，中山大学历史系孙中山研究室，广东省社会科学院历史研究室. 孙中山全集（第5卷）[M]. 北京：中华书局，1985.

[10] 毛泽东. 毛泽东选集（第一卷）[M]. 2版. 北京：人民出版社，1991.

[11] 毛泽东. 毛泽东选集（第二卷）[M]. 北京：人民出版社，1991.

[12] 毛泽东. 毛泽东选集（第三卷）[M]. 北京：人民出版社，1991.

[13] 毛泽东. 毛泽东选集（第四卷）[M]. 北京：人民出版社，1991.

[14] 习近平. 习近平谈治国理政 [M]. 北京：外文出版社，2014.

[15] 习近平. 习近平谈治国理政（第二卷）[M]. 北京：外文出版社，2017.

[16] 习近平. 习近平谈治国理政（第三卷）[M]. 北京：外文出版社，2020.

[17] 康有为. 春秋董氏学 [M]. 北京：中华书局，1990.

[18] 严复. 严复集 [M]. 北京：中华书局，1986.

[19] 谭嗣同. 谭嗣同全集 [M]. 北京：中华书局，1981.

[20] 章太炎. 国学概论 [M]. 上海：上海古籍出版社，1997.

[21] 王先谦. 释名疏证补 [M]. 上海：上海古籍出版社，1984.

[22] 梁启超. 中国近三百年学术史 [M]. 北京：中国书店，1985.

[23] 王国维. 王国维经典文存 [M]. 上海：上海大学出版社，2003.

[24] 中国学术讨论社. 中国学术讨论集 [M]. 上海：上海群众图书公司，1927.

[25] 吴泽. 中国原始社会史——中国社会史大系（第一分册）[M]. 桂林：桂林文化供应社，1943.

[26] 段德智. 上帝没有激情——托马斯·阿奎那论宗教与人生 [M]. 武汉：湖北人民出版社，2001.

[27] 郭沫若. 中国古代社会研究 [M]. 北京：人民出版社，1954.

[28] 李泽厚. 中国古代思想史论 [M]. 北京：人民出版社，1985.

[29] 尹振环. 重识老子与《老子》——其人其书其术其演变 [M]. 北京：商务印书馆，2008.

[30] 邓尔麟. 钱穆与七房桥世界 [M]. 北京：社会科学文献出版

社，1998.

[31] 海波. 佛说死亡——死亡学视野中的中国佛教死亡观研究［M］. 西安：陕西人民出版社，2007.

[32] 李雄燕. 从生命美走向生态美——《南华真经》四家注中的美学思想研究［M］. 西安：西安交通大学出版社，2011.

[33] 罗根泽. 管子探源［M］. 长沙：岳麓书社，2010.

[34] 郭沫若，王元化，等. 韩非子二十讲［M］. 北京：华夏出版社，2008.

[35] 杨大春. 感性的诗学——梅洛-庞蒂与法国哲学主流［M］. 北京：人民出版社，2005.

[36] 金岳霖. 论道［M］. 北京：商务印书馆，1988.

[37] 徐复观. 中国艺术精神［M］. 上海：华东师范大学出版社，2001.

[38] 范文澜. 中国通史［M］. 北京：人民出版社，1978.

[39] 冯友兰. 中国哲学史［M］. 北京：中华书局，1961.

[40] 袁珂. 古神话选释［M］. 北京：人民文学出版社，1979.

[41] 侯外庐. 中国思想通史［M］. 北京：人民出版社，1957.

[42] 陈寅恪. 金明馆从稿二编［M］. 上海：上海古籍出版社，1980.

[43] 熊克. 中兴小纪（卷十八）［M］. 北京：文海出版社，1968.

[44] 李水平. 中国传统文化教程［M］. 北京：中国人民大学出版社，2012.

[45] 葛兆光. 中国思想史［M］. 上海：复旦大学出版社，2001.

[46] 周辅成. 西方伦理学名著选辑［M］. 北京：商务印书馆，1987.

[47] 邓广铭，漆侠. 宋史专题课［M］. 北京：北京大学出版社，2008.

[48] 刘京菊. 承洛启闽——道南学派思想研究［M］. 北京：人民出版社，2007.

[49] 余英时. 朱熹的历史世界——宋代七大夫政治文化的研究［M］. 北京：生活·读书·新知三联书店，2004.

[50] 包亚明. 文化资本与社会炼金术——布尔迪厄访谈录［M］. 上海：上海人民出版社，1997.

[51] 卿希泰. 中国道教史［M］. 成都：四川人民出版社，1996.

[52] 方立天. 佛教哲学［M］. 北京：中国人民大学出版社，1991.

[53] 丁福保. 佛学大辞典［M］. 北京：中华书店出版社，2011.

[54] 何兆武，步近智，唐宇元，等. 中国思想发展史［M］. 武汉：湖北人民出版社，2007.

[55] 刘泽华，葛荃. 中国古代政治思想史 [M]. 天津：南开大学出版社，2015.

[56] 余英时. 士与中国文化 [M]. 上海：上海人民出版社，2006.

[57] 王宁. 全球化与文化：西方与中国 [M]. 北京：北京大学出版社，2002.

[58] 中央纪委法规室. 中国共产党纪律处分条例 [M]. 北京：中国方正出版社，2015.

[59] 汪民安，陈永国. 后身体：文化、权力和生命政治学 [M]. 长春：吉林人民出版社，2003.

[60] 汪民安. 身体的文化政治学 [M]. 开封：河南大学出版社，2004.

[61] 汪民安. 身体、空间与后现代性 [M]. 南京：江苏人民出版社，2006.

[62] 汪民安. 福柯的界线 [M]. 南京：南京大学出版社，2008.

[63] 蔡璧名. 身体与自然——以《黄帝内经素问》为中心论古代思想传统中的身体观 [M]. 台北：台湾大学出版社，1997.

[64] 杨儒宾. 儒家身体观 [M]. 台北："中央研究院"中国文哲所，1996.

[65] 杨儒宾. 中国古代思想中的气论及身体观 [M]. 台北：巨流图书公司，1993.

[66] 杨儒宾，何乏笔. 身体与社会 [M]. 唐山：唐山出版社，2005.

[67] 黄金麟. 历史、身体、国家：近代中国的身体生成：1895—1937 [M]. 北京：新星出版社，2006.

[68] 黄金麟. 政体与身体——苏维埃的革命与身体：1928—1937 [M]. 台北：联经出版社，2005.

[69] 李贞德. 性、身体与医疗 [M]. 台北：联经出版公司，2008.

[70] 陈立胜. 王阳明"万物一体"论：从身体的立场看 [M]. 上海：华东师范大学出版社，2010.

[71] 周与沉. 身体：思想与修行——以中国经典为中心的跨文化观照 [M]. 北京：中国社会科学出版社，2005.

[72] 张艳艳. 先秦儒道身体观及其美学意义考察 [M]. 上海：上海古籍出版社，2007.

[73] 张再林. 作为"身体哲学"的中国古代哲学 [M]. 北京：中国社会科学出版社，2008.

[74] 张再林. 中国古代身道研究 [M]. 北京：生活·读书·新知三联书

店，2014.

[75] 李建民. 发现古脉：中国古典医学与数身体观［M］. 北京：社会科学文献出版社，2007.

[76] 许晖. 身体的媚术：中国历史上的身体政治学［M］. 北京：商务印书馆，2013.

[77] 马家忠. 仁术、中和与天道——中华文化身体学与生命伦理思想的多元历史建构［M］. 南京：东南大学出版社，2013.

[78] 黄晓华. 现代人建构的身体维度——中国现代文学身体意识论［M］. 北京：中国社会科学出版社，2008.

[79] 康正果. 身体和情欲［M］. 上海：上海文艺出版社，2001.

[80] 葛红兵. 身体政治［M］. 上海：上海三联书店，2005.

三、刊物

[1] 黄俊杰. 中国思想史中"身体观"研究的新视野［J］. 现代哲学，2002（3）.

[2] 黄俊杰. 先秦儒家身体观中的两个功能性概念［J］. 文史哲，2009（4）.

[3] 黄俊杰. 古代儒家政治论中的"身体隐喻思维"［J］. 鹅湖杂志，1992（9）.

[4] 黄俊杰. 中国古代思想史中的"身体政治论"：特质与涵义［J］. 国际汉学，1999（4）.

[5] 杨儒宾. 两种气学，两种儒学——中国古代气化身体观研究［J］. 中州学刊，2011（5）.

[6] 杨儒宾. 无心之诤——"儒家心身位阶之衡定"读后［J］. 中国文哲学研究通讯，1997（3）.

[7] 蔡璧名. 身体认识：文化传统与医家——以《黄帝内经素问》为中心论古代思想传统中的身体观［J］. 中国典籍与文化论丛，2000（6）.

[8] 张再林. 作为"身体哲学"的中国哲学的历史［J］. 西北大学学报（哲学社会科学版），2007（3）.

[9] 张再林. 身体·对话·交融——身体哲学视阈中的中国传统文化的现代阐释问题［J］. 西北大学学报（哲学社会科学版），2007（4）.

[10] 张再林. 中国古代宇宙论的身体性［J］. 西北大学学报（哲学社会科

学版），2006（4）.

　　[11] 张再林. 中国古代伦理学的身体性 [J]. 陕西师范大学学报（哲学社会科学版），2006（5）.

　　[12] 张再林. 中国古代宗教观的身体性 [J]. 人文杂志，2006（6）.

　　[13] 张再林. 试论中国古代"体知"的三个维度 [J]. 自然辩证法研究，2008（9）.

　　[14] 张再林. 中国古代身体观的十个面相 [J]. 哲学动态，2010（11）.

　　[15] 张再林. 中国古代身体政治学发微 [J]. 学术月刊，2008（4）.

　　[16] 张再林. 中国古代"体知"的基本特征及时代意义 [J]. 西安政治学院学报，2008（4）.

　　[17] 张再林. 身体哲学视阈中的"为仁由己"[J]. 人文杂志，2016（5）.

　　[18] 张再林. 王夫之的身体哲学思想 [J]. 陕西师范大学学报（哲学社会科学版），2008（1）.

　　[19] 张再林. 作为身体符号系统的《周易》[J]. 世界哲学，2010（4）.

　　[20] 张再林. "身道"视野下的李贽和法家 [J]. 江苏社会科学，2009（4）.

　　[21] 齐林华. 中国古代文化中的身体观念及其发展 [D]. 长沙：湖南师范大学，2013.

　　[22] 周瑾. 多元文化视野中的身体——以早期中国身心思想为中心 [D]. 杭州：浙江大学，2003.

　　[23] 李清良. 中国身体观与中国问题——兼评周与沉《身体：思想与修行》[J]. 哲学动态，2006（5）.

　　[24] 司马黛兰. 身体的界限 [J]. 开放时代，2016（2）.

　　[25] 司马黛兰. 《庄子》中关于身体的诸概念 [J]. 中国哲学史，2013（1）.

　　[26] 陈立胜. 身体：作为一种思维的方式 [J]. 东方论坛，2002（2）.

　　[27] 李军学. 身与物游——论中国古典美学身体性及其当代价值 [J]. 河南教育学院学报（哲学社会科学版），2011（3）.

　　[28] 江怡. 中西哲学身体观之比较及其启示 [J]. 现代哲学，2015（6）.

　　[29] 燕连福. 中国哲学身体观研究的三个向度 [J]. 哲学动态，2007（11）.

　　[30] 方英敏. 身体之思：先秦中华民族主体意识觉醒的参照系 [J]. 云南社会科学，2008（5）.

［31］方英敏. 贵身：身体的本体认定——先秦身体哲学的一个核心命题［J］. 江西社会科学，2010（3）.

［32］方英敏. 修身与赤身：两种不同的处"身"理想——先秦身体哲学的一个核心命题［J］. 贵州大学学报（社会科学版），2011（4）.

［33］方英敏. 以气论身：身体构成论——先秦身体哲学的一个核心命题［J］. 中华文化论坛，2013（4）.

［34］方英敏. 王阳明的身体哲学思想［J］. 江西社会科学，2015（3）.

［35］邓万春. 载心之身——中国轴心时代的身体思想［J］. 江淮论坛，2016（6）.

［36］张艳艳. 先秦儒道身体观及其美学意义［D］. 上海：复旦大学，2005.

［37］葛兆光. 宇宙、身体、气与"假求于外物以自坚固"——道教的生命理论［J］. 中国哲学史，1999（2）.

［38］王庆节. 中国思想传统中的身体观与儒家的"亲近学说"［J］. 哲学动态，2010（11）.

［39］冯溪屏，彭毅力. 身体的退隐与自在的精神——佛教追寻自由的致思路向［J］. 浙江传媒学院学报，2014（1）.

［40］李亮. 早期佛教佛身问题研究［D］. 西安：陕西师范大学，2016.

［41］吕有云. 道教身体政治学论纲［J］. 西南大学学报（社会科学版），2012（5）.

［42］周建强. 论全真道的身体观与儒佛身体观的比较［J］. 华夏文化，2016（3）.

［43］李小成.《易经》中的身体哲学［J］. 兰州学刊，2013（4）.

［44］郑吉雄.《易经》身体、语言、义理的开展——兼论《易》为士大夫之学［J］. 中国典籍与文化论丛，2010（6）.

［45］王静.《周易》论及身体文字之要义探析［J］. 闽西职业技术学院学报，2016（3）.

［46］燕燕.《黄帝内经》"身体观"考述［J］. 中国哲学史，2017（4）.

［47］邓联合."贵身"还是"无身"——《老子》第十三章辩议［J］. 哲学动态，2017（3）.

［48］谢阳举. 论老子贵身治天下的思想通于礼的治国论［J］. 西北大学学报（哲学社会科学版），1996（3）.

［49］伍小涛. 从"王"到"士"：中国古代身体规训的转折——《论语》和《道德经》的知识系谱学考察［J］. 铜陵学院学报，2011（5）.

[50] 赖锡三.《庄子》身体技艺中的天理与物性 [J]. 诸子学刊，2018 (12).

[51] 段伟静. 庄子的身体观研究 [D]. 西安：西北大学，2015.

[52] 李剑虹. 自然与自由：庄子身体观研究——以《内七篇》为中心 [D]. 合肥：安徽大学，2011.

[53] 伍小运. 孔子的身体观及其当代效应——以《论语为例》[J]. 合肥学院学报（社会科学版），2013 (3).

[54] 答浩. 论孔子的修身之道 [D]. 上海：上海社会科学院，2007.

[55] 石超. 从修身到治国——孔门威仪观背后的微观身体政治哲学初探 [J]. 西南大学学报（社会科学版），2016 (5).

[56] 方尔加. 荀子修身论简析 [J]. 北京社会科学，1993 (2).

[57] 郭敬东. 身体观视野下的儒家政治义务观分析——以孟子为中心的考察 [J]. 理论界，2013 (10).

[58] 洪涛. 身心观视阈下的孟子工夫论研究 [D]. 上海：上海师范大学，2016.

[59] 伍小运. 身心一如：孟子身体思想研究 [D]. 芜湖：安徽师范大学，2014.

[60] 张艳艳. 孟子"践形"的德性身体观初探 [J]. 汕头大学学报（人文社会科学版），2007 (3).

[61] 冯孟. 身体力行——基于墨子身体观的大学生劳动教育研究 [J]. 智库时代，2020 (1).

[62] 聂春华. 从"论心"到"显己"——由《春秋繁露》看汉儒对身体政治性之发现 [J]. 河北师范大学学报（哲学社会科学版），2012 (3).

[63] 郑毅. 论《淮南子》身体叙事的诗学构成 [J]. 四川师范大学学报（社会科学版），2012 (5).

[64] 郑毅. 身体美学视野下的《淮南子》研究 [J]. 成都：四川师范大学，2012.

[65] 白振奎. 魏晋士人的身体"发现"与身体"反叛"——"魏晋风度"的身体视角解读 [J]. 学术月刊，2009 (7).

[66] 王晓声. 魏晋身体观念与审美风尚之关系 [D]. 石家庄：河北师范大学，2009.

[67] 杨普春. 魏晋南北朝道教身体哲学建设论纲 [J]. 宝鸡文理学院学报（社会科学版），2015 (4).

[68] 邱志诚. 国家、身体、社会：宋代身体史研究 [D]. 北京：首都师范大学，2012.

[69] 王凤杰. 张载与陆九渊身体观及其体育思想之比较 [J]. 渭南师范学院学报，2018 (16).

[70] 肖鹰. 形与身的突出——明代前期画论的美学转向 [J]. 清华大学学报（哲学社会科学版），2012 (6).

[71] 张再林，马新锋. 本心与习心——基于"身体哲学"的阳明心学阐释 [J]. 人文杂志，2010 (2).

[72] 赵宁. 王阳明"身体"哲学的生态维度 [J]. 南京林业大学学报（人文社会科学版），2015 (4).

[73] 朱晓鹏. 论王阳明的"身心之学"[J]. 哲学研究，2013 (1).

[74] 欧阳辉纯. 论王阳明心学之"心"的伦理内蕴及其现代价值 [J]. 宁夏社会科学，2016 (2).

[75] 余红. 万物皆备我身——王门泰州学身体观的一种诠释 [J]. 哲学动态，2009 (4).

[76] 胡维定. 王艮"身本论"的主体存在价值 [J]. 湖北师范学院学报（哲学社会科学版），2000 (1).

[77] 姚文放. 王艮"尊身论"对舒斯特曼"身体美学"的支持和超越 [J]. 中国社会科学院研究生院学报，2017 (2).

[78] 徐春林. 王艮的身体观与儒学转向 [J]. 学海，2007 (4).

[79] 张树俊. 王艮身本语意及其自我解读 [J]. 菏泽学院学报，2017 (6).

[80] 童伟. 颜钧平民主义美学的身视角 [J]. 扬州大学学报（人文社会科学版），2013 (1).

[81] 陈立胜. "身不自身"：罗近溪身体论发微 [J]. 西北大学学报（哲学社会科学版），2012 (1).

[82] 许定国. 王船山的身体美学观 [J]. 船山学刊，2009 (1).

[83] 许定国. 王船山身体美学观与身体审美体验创造 [J]. 衡阳师范学院学报，2009 (2).

[84] 黄晓华. 身体的解放与规训——中国现代文学身体意识论 [D]. 长沙：湖南师范大学，2005.

[85] 伍小涛，彭蓓蕾. 身体的建构：尼采思想的谱系 [J]. 天津行政学院学报，2011 (3).

[86] 伍小涛. 身体现象学：萨特存在主义哲学的内核 [J]. 天津行政学院

学报，2012（1）.

　　[87] 伍小涛. 隐而不显：马克思主义的身体观 [J]. 广东社会科学，2010（5）.

　　[88] 伍小涛. 梅洛-庞蒂身体现象学的马克思主义批判 [J]. 天津行政学院学报，2013（5）.

　　[89] 伍小涛. 论福柯的身体政治思想 [J]. 贵州大学学报（社会科学版），2015（4）.

　　[90] 谢文郁. 身体观：从柏拉图到基督教 [J]. 云南大学学报（社会科学版），2010（5）.

　　[91] 胡艳华. 西方身体人类学：研究进路与范式转换 [J]. 国外社会科学，2013（6）.

　　[92] 马德浩. 身体的谱系——基于西方哲学的构建 [J]. 体育科学，2010（3）.

　　[93] 冯尔康. 近年大陆中国社会史的研究趋势——以明清时期的研究为例 [J]. 明代研究通讯（台北），2002（5）.

　　[94] 蒋云美，何三宁. 转型期传统文化走出去困境考量 [J]. 人民论坛，2013（37）.

　　[95] 王世达. 中国古典哲学气结构论 [J]. 人文杂志，1991（4）.

　　[96] 张岱年. 中国哲学中的本体观念 [J]. 安徽大学学报（哲学社会科学版），1983（3）.

　　[97] 向世陵. 中国哲学的"本体"概念与"本体论" [J]. 哲学研究，2010（9）.

　　[98] 赵源. 中国古代天观念的演变与特征 [J]. 江淮论坛，2000（2）.

　　[99] 李存山. 气论对于中国哲学的重要意义 [J]. 哲学研究，2012（3）.

　　[100] 葛荃. 论传统中国"道"的宰制——兼及"循道"政治思维定式 [J]. 政治学研究，2011（1）.

　　[101] 吕先琼.《山海经》神怪形象的生命意识研究 [D]. 重庆：西南大学，2013.

　　[102] 陈连山.《山海经》对异族的想象与自我认知 [J]. 北京大学学报（哲学社会科学版），2012（1）.

　　[103] 龚瑶. 先秦道家贵己重生思想研究 [D]. 湘潭：湘潭大学，2012.

　　[104] 詹子庆. 先秦士阶层的演变及其历史地位 [J]. 史学月刊，1984（6）.

［105］曾振宇．论先秦儒家思想中的"孝本论"与"仁本论"［J］．哲学研究，2019（1）．

［106］曾琳．余英时对先秦"士"文化的研究及其现代价值的抉发［D］．上海：华东师范大学，2006．

［107］王世巍．周代天命论的道德转化及其审美导向［J］．湖北工程学院学报，2017（1）．

［108］丁茂远．象与生——《周易》"形式"观念探微［J］．船山学刊，2018（2）．

［109］陈道德．论《周易》符号的象征意义［J］．湖北大学学报（哲学社会科学版），1989（5）．

［110］陈良运．论《周易》的符号象征［J］．哲学研究，1988（3）．

［111］周山．《周易》中的男女伦理观［J］．哲学分析，2018（3）．

［112］郭胜坡．周易生命哲学论纲：从天人关系到群己关系、身心关系［D］．北京：清华大学，2005．

［113］黄玉顺．中国哲学的"现象"观念——《周易》"见象"与"观"之考察［J］．河北学刊，2017（5）．

［114］徐瑞．再论《易经》的符号学还原［J］．中华文化论坛，2015（12）．

［115］刘永佶．论诸子思想系统［J］．河北大学学报（哲学社会科学版），2019（6）．

［116］景红．阴阳五行思想与《黄帝内经》［J］．周易研究，2000（3）．

［117］石勇．阴阳五行语境下的中医隐喻思维与隐喻话语研究［D］．南京：南京师范大学，2016．

［118］刘玲．论庄子养生思想［J］．广西科技师范学院学报，2019（2）．

［119］康中乾．试论孔子"仁"的哲学实质［J］．孔子研究，1994．

［120］梅珍生．论孔子思想中的"礼"与"仁"［J］．江汉论坛，2013（6）．

［121］代力阳．试论孟子的王道思想［J］．哈尔滨市委党校学报，2018（2）．

［122］杨义．《韩非子》还原［J］．文学评论，2010（1）．

［123］赵国华．谈郭沫若对韩非子的研究［J］．华中师范大学学报（人文社会科学版），1992（5）．

［124］胡丞嗣．试论谭嗣同对墨学的认知与推崇［J］．湖南广播电视大学

学报，2019（3）.

[125] 曾振宇. 王充气论的思想史意义 [J]. 文史哲，2000（5）.

[126] 卫绍生. 竹林七贤与魏晋玄学 [J]. 中州学刊，2014（10）.

[127] 李传军. 魏晋南北朝时期佛教报应、地狱及忏悔观念的传播与影响 [J]. 青岛大学师范学院学报，2012（3）.

[128] 周常江. 魏晋时期庄学发展探析 [J]. 学理论，2017（9）.

[129] 张雨. 魏晋文人的放荡与庄学的关系 [J]. 佳木斯大学社会科学学报，2019（2）.

[130] 张煜. 文化的多元与冲突——兼析《弘明集》《广弘明集》中的三教关系 [J]. 天津社会科学，2007（1）.

[131] 王耘. 论佛教"相"文化对审美意象创构的三重影响 [J]. 学术月刊，2019（2）.

[132] 单啸洋，何强. 论《金刚经》中"无住生心" [J]. 文化学刊，2020（5）.

[133] 刘艳芬. 试析佛教"神"范畴对六朝诗学的影响 [J]. 青海社会科学，2009（5）.

[134] 张苗. 生命美学视域中《坛经》思想阐释 [D]. 西安：西安电子科技大学，2018.

[135] 耿加进. 试论王学对顾炎武的影响 [J]. 长春师范学院学报（人文社会科学版），2011（4）.

[136] 叶文英. 张载"性"论思想对程朱的影响 [J]. 江西社会科学，2007（6）.

[137] 孙德仁. 张载气化思想考察 [J]. 西安工业大学学报，2016（9）.

[138] 林乐昌. 张载性命论的新架构及学术价值 [J]. 陕西师范大学学报（哲学社会科学版），2017（2）.

[139] 杨国荣. 张载与理学 [J]. 人文杂志，2008（6）.

[140] 涂爱荣，王娟. 宋明理学家理欲对立的道德观浅析 [J]. 学理论，2011（11）.

[141] 方旭东. 同情的限度——王阳明万物一体说的哲学诠释 [J]. 浙江社会科学，2007（2）.

[142] 管正平，彭华艳. 王阳明对"知""行"内涵的界定 [J]. 齐齐哈尔大学学报（哲学社会科学版），2012（6）.

[143] 李德芳. 王阳明"知行合一说"的渊源及其影响 [J]. 贵阳师范学

院学报（社会科学版），1982（4）.

［144］黄宣民. 明代平民儒者颜钧的大中哲学［J］. 哲学研究，1995（1）.

［145］马晓英. 明儒颜钧的七日闭关工夫及其三教合一倾向［J］. 哲学动态，2005（3）.

［146］徐春林. 儒学民间化的内在理路——以泰州学派"百姓日用即道"思想的演进为轴线［J］. 江西社会科学，2007（2）.

［147］蔡桂如. 万物一体泰州哲学思想中的生态文化观［J］. 党政建设，2013（12）.

［148］陈寒鸣. 罗汝芳的社会参与精神及其思想的政治化倾向［J］. 贵阳学院学报（社会科学版），2016（3）.

［149］罗伽禄. 罗汝芳的政治思想［J］. 朱子学刊，2008（1）.

［150］张再林. 作为"解构大师"的李贽［J］. 西北大学学报（哲学社会科学版），2009（3）.

［151］冯琳. 王船山的"践形"思想研究［J］. 江汉论坛，2013（5）.

［152］邓晓芒. 启蒙的进化［J］. 读书，2009（6）.

四、国外著作

［1］特纳. 身体与社会［M］. 马海良，赵国新，译. 沈阳：春风文艺出版社，2000.

［2］希林. 身体与社会理论［M］. 李康，译. 北京：北京大学出版社，2010.

［3］柏拉图. 斐多篇［M］. 杨绛，译. 沈阳：辽宁人民出版社，2000.

［4］笛卡尔. 谈谈方法［M］. 王太庆，译. 北京：商务印书馆，2000.

［5］笛卡尔. 第一哲学沉思集［M］. 庞景仁，译. 北京：商务印书馆，1986.

［6］尼采. 权力意志——重估一切价值的尝试［M］. 张念东，译. 北京：商务印书馆，1996.

［7］萨特. 存在与虚无［M］. 陈宣良，等译. 北京：生活·读书·新知三联书店，2007.

［8］庞蒂. 知觉现象学［M］. 姜志辉，译. 北京：商务印书馆，2001.

［9］鲍德里亚. 消费社会［M］. 刘成富，全志钢，译. 南京：南京大学出版社，2008.

［10］汤浅泰雄. 灵肉探微——神秘的东方身心观［M］. 马超，等译. 北京：中国友谊出版社，1990.

[11] 费侠莉. 繁盛之阴：中国医学史中的性（960—1665）[M]. 甄橙，主译. 南京：江苏人民出版社，2006.

[12] 福柯. 知识考古学 [M]. 谢强，马月，译. 北京：生活·读书·新知三联书店，2007.

[13] 福柯. 临床医学的诞生 [M]. 刘北成，译. 南京：译林出版社，2001.

[14] 福柯. 规训与惩罚 [M]. 刘北成，杨远婴，译. 北京：生活·读书·新知三联书店，2007.

[15] 福柯. 性史 [M]. 姬旭升，译. 西宁：青海人民出版社，1999.

[16] 福柯. 生命政治的诞生 [M]. 莫伟民，赵伟，译. 上海：上海人民出版社，2011.

[17] 弗洛伊德. 图腾与禁忌 [M]. 文良文化，译. 北京：中央编译出版社，2005.

[18] 尤施卡. 性别符号学：政治身体/身体政治 [M]. 程丽蓉，译. 南京：译林出版社，2015.

[19] 波伏瓦. 一个与他人相当的人 [M]. 黄忠晶，译. 北京：光明日报出版社，2007.

[20] 爱莲心. 向往心灵转化的庄子：内篇分析 [M]. 周炽成，译. 南京：江苏人民出版社，2004.

[21] 叔本华. 作为意志和表象的世界 [M]. 石冲，译. 北京：商务印书馆，1995.

[22] 莫斯. 社会学与人类学 [M]. 余碧平，译. 上海：上海译文出版社，2004.

[23] 布尔迪厄. 言语意味着什么——语言交换的经济 [M]. 褚思真，刘晖，译. 北京：商务印书馆，2005.

[24] 奥尼尔. 身体形态——现代社会的五种身体 [M]. 张旭春，译. 沈阳：春风文艺出版社，1999.

[25] 米德. 心灵、自我与社会 [M]. 赵月瑟，译. 上海：上海译文出版社，1992.

[26] 韦伯. 新教伦理与资本主义精神 [M]. 彭强，黄晓京，译. 西安：陕西师范大学出版社，2002.

[27] 刘子健. 中国转向内在——两宋之际的文化内向 [M]. 赵冬梅，译. 南京：江苏人民出版社，2002.

[28] 舒斯特曼. 身体意识体美学 [M]. 北京：商务印书馆，2011.

后　记

记不清是什么时候了。

我坐在窗前，午后的阳光洒在我身上，我随意地翻着一本书，那跳动的身体字符俘虏着我的心……

此后，每个清晨，每个午后，我都如约而至。我徜徉在福柯、黄金麟身体的河里。

回到原单位后，一个偶然的机会，我读到了《回到马克思》。在字里行间，我看到了身体的跳跃。由此，我从马克思，走向尼采、萨特、梅洛-庞蒂、福柯、布隆迪厄……。

在这种困境下，我拾起一位老子研究专家所赠的书，走向《道德经》《庄子》《山海经》《周易》《黄帝内经》……

在历史的天空上，我看到了神仙之身、形躯之身、开放之身、德性之身款款而来；我看到了身体的珍贵，也知道了如何降伏其心；在塑造德性之体与礼仪之体上，我看到了"修身""行身"与"正心"的重要；我看到了封建专制四根绳索的粗大，我也知道身体自由与身体解放的路还很漫长……

回归现实的观照，我想起了劳累奔波的父亲，我想起了课堂老师的叮咛，我想起了工作后权力与话语对我身体的雕刻……

我是谁？我来自何方又去向何处？

是否找个借口继续苟活，或是展翅高飞保持愤怒，我该如何存在？

在肉体与灵魂的碰撞中，我断断续续地书写着中国古代的身体。同时，我的身体不断被经济、政治、文化和社会形塑着。

谨以此书献给我天国的母亲，是您给了我沉重的肉身与不屈的灵魂。

感谢妻子彭蓓蕾女士，在我课题的写作中，无私承担着打字、校对的任务和日常生活中的照顾；感谢儿子的乖巧努力，让我能静下心来，一心一意地思考着身体的意蕴与叙事。

最后，以一小诗，记此时之心情：

无数个路口
无数个枝杈
心潮翻翻滚滚
叶子密密麻麻
是人总会升华
是树总会开花